메가스터디 N제

탐구영역 생활과 윤리

400제

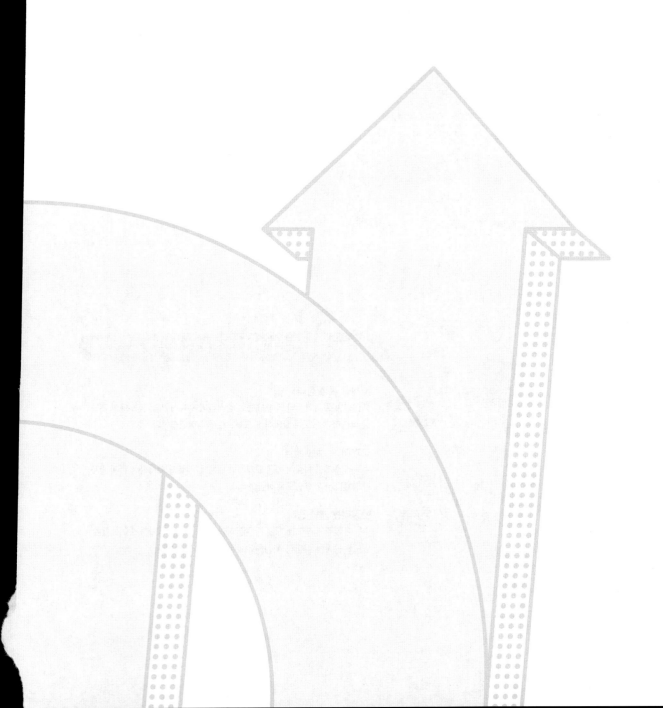

구성과 특징 STRUCTURE

✓ 2015 개정 교육과정이 적용된 **수능, 평가원, 교육청의 출제 경향에 맞추어 새로운 문항을 개발**했습니다.

✓ 교육과정과 기출 분석을 토대로 **아이템별로 수능 유형 자료를 수록**하였습니다.

✓ **한 권으로 수능 대비를 완성**할 수 있도록 교과서 핵심 개념 분석, 수능 유형 자료, 기출 문제, 수능 예상 문제까지 단계별 구성을 하였습니다.

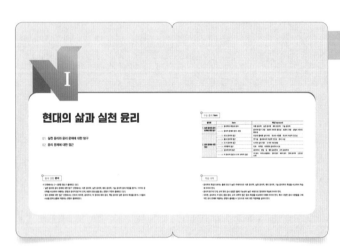

STEP 1 수능 출제 item 한눈에 보기

출제 경향 분석 및 수능 출제 item
최근 수능 출제 경향을 분석하여 대단원별로 살펴볼 수 있도록 하였으며, item별로 수능 출제 핵심 Keyword를 정리하여 한 눈에 파악할 수 있도록 하였습니다.

수능 고득점을 위한 학습 대책
출제 경향을 근거로 수능 고득점을 위한 학습 대책을 제시하였습니다.

STEP 2 교과서 개념 정리하기

자세한 개념 정리
중단원별로 교과서의 핵심 내용을 정리하여 수록하였습니다. 핵심 개념을 학습하기 쉽도록 요약식·도표식으로 정리하였습니다.

교과서 속 수능 개념
수능에 출제될 확률이 높은 교과서의 내용 및 자료를 제시하여 연계 출제 문제에 대비할 수 있도록 하였습니다.

헷갈리는 개념 정리
수능에 자주 출제되는 개념 중 혼돈하기 쉬운 개념을 명확하게 이해할 수 있도록 공통점, 차이점, 특징을 비교하여 제시하였습니다.

STEP **3** 아이템별 유형 자료 보기

수능 출제 패턴 분석
item별로 수능에서 출제되는 패턴을 분석하여 수능 출제 경향을 확인할 수 있노록 하였습니다.

유형 보기
교과서와 기출 문제를 토대로 수능 출제 item을 대표적으로 보여 줄 수 있는 자료를 제시하여 알기 쉽게 설명하였습니다.

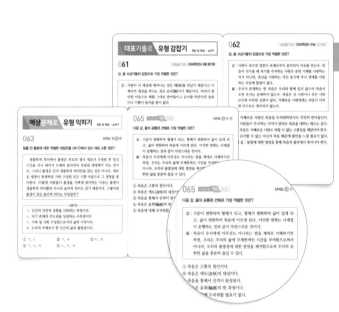

STEP **4** 수능 유형 마스터하기

대표 기출 문제로 유형 감잡기
item별로 문제 유형을 파악하기 쉽도록 기출 문제를 유형별, 자료별, 난이도별로 분석하여 대표 기출 문제를 선별 수록하였습니다. 정답률을 따로 표시하였습니다.

예상 문제로 유형 익히기
item별로 익힌 주요 학습 내용을 다양한 유형 문제로 제시하여 수능에 출제될 수 있는 출제 예상 문제를 확인할 수 있도록 하였습니다.

Challenge 30% 도전 문제
기출 문제 분석을 토대로 예측, 선별된 고난도, 신유형 문항을 Challenge 30% 문항으로 개발 수록하였습니다.

STEP **5** 정답 및 해설

알짜풀이와 오답넘기
충실한 해설과 틀린 문제에 대한 상세한 해설을 수록하여 틀린 이유를 확인하고 점검할 수 있도록 하였습니다.

더 알아보기
문제 유형과 관련하여 꼭 알아 두어야 할 핵심 개념과 학습 자료를 수록하여 개념에 대한 정확한 이해를 할 수 있도록 하였습니다.

이 책의 **차례**

현대의 삶과 실천 윤리

01 실천 윤리와 윤리 문제에 대한 탐구

02 윤리 문제에 대한 접근

출제 경향 **분석**

이 단원에서는 2~3문항 정도가 출제되고 있다.

• '실천 윤리와 윤리 문제에 대한 탐구' 단원에서는 이론 윤리학, 실천 윤리학, 메타 윤리학, 기술 윤리학 등의 특징을 묻거나 각각의 윤리학을 비교하여 이해하는 문항과 윤리적 탐구의 단계, 토론의 중요성을 묻는 문항이 꾸준히 출제되고 있다.

• '윤리 문제에 대한 접근' 단원에서는 칸트의 의무론, 공리주의, 덕 윤리와 배려 윤리, 책임 윤리와 담론 윤리의 특징을 묻거나 이들의 사상을 문제 상황에 적용하는 문항이 출제되었다.

수능 출제 item

중단원	item	핵심 keyword
1. 실천 윤리와 윤리 문제에 대한 탐구	item 01 윤리학의 특징과 분야	이론 윤리학 실천 윤리학 메타 윤리학 기술 윤리학
	item 02 윤리적 문제의 탐구 과정	윤리적 탐구 과정 토론의 의미와 중요성 토론의 과정 성찰의 의미와 중요성
2. 윤리 문제에 대한 접근	item 03 유교 윤리적 접근	유교의 올바른 삶의 태도 유교의 수양론 유교의 이상적 인간상
	item 04 불교 윤리적 접근	연기설 불교에서의 이상적 인간상 윤리 사상
	item 05 도가 윤리적 접근	도자의 삶의 태도 도가의 수양 방법
	item 06 의무론적 접근	칸트 의무론 의무론과 공리주의 비교
	item 07 공리주의적 접근	공리주의 벤담 밀 행위 공리주의 규칙 공리주의
	item 08 덕 윤리적 접근과 도덕 과학적 접근	덕 윤리 아리스토텔레스 정의 윤리 배려 윤리 진화 윤리학 신경 윤리학

학습 대책

• 윤리학의 특징과 분야는 출제 빈도가 높은 주제이므로 이론 윤리학, 실천 윤리학, 메타 윤리학, 기술 윤리학의 특징을 비교하여 학습해 두어야 한다.
• 윤리적 탐구의 단계, 도덕 원리 검사 방법은 출제 가능성이 높은 부분으로 정리하여 학습해 두어야 한다.
• 의무론, 공리주의, 덕 윤리, 동양 윤리, 도덕 과학적 접근 등의 특징을 비교하여 이해해 두어야 한다. 특히 다양한 윤리 이론들을 구체적인 윤리 문제에 적용하는 문항이 출제될 수 있으므로 이에 대한 적응력을 길러야 한다.

01 실천 윤리와 윤리 문제에 대한 탐구

1 윤리학의 특징과 분야

1. 윤리학의 의미와 특징

의미	• 인간의 도덕적 행위에 대해서 연구하는 실천 철학 • 인간의 도덕적 행위, 즉 행위의 옳고 그름이나 좋고 나쁨에 대해 묻는 학문
특징	• 인간의 행위가 도덕적 차원에서 인정받기 위해 갖추어야 할 조건이나 기준을 탐구함 • 가치 있는 삶의 방향 제시 → 바람직한 삶의 모습을 제시하고, 바람직한 삶을 실현하는 과정에서 추구해야 할 올바른 가치와 보편타당한 원리를 탐구함

2. 윤리학의 구분

규범 윤리학	이론 윤리학(=이론 규범 윤리학) : 윤리 이론을 정립하고 이를 정당화하여 행위의 근거가 되는 도덕 판단의 기준을 명확하게 하려고 함 메 의무론, 공리주의, 덕 윤리 등
	실천 윤리학(=응용 윤리학) : 다양한 윤리 이론을 토대로 삶의 구체적 상황에서 발생하는 문제들을 해결하려고 함 메 생명 윤리, 정보 윤리, 환경 윤리 등
메타 윤리학	도덕적 언어의 의미 분석과 도덕적 추론의 논리적 타당성을 입증하는 데 치중함 → 인간의 삶을 안내하거나 도덕적 문제를 해결하는 데 관심이 없음
기술 윤리학	도덕적 현상이나 문제를 명확하게 기술하고 기술된 현상들 간의 인과 관계를 정확하게 설명하는 것에 치중함

3. 현대 사회의 다양한 윤리적 쟁점

생명 윤리 영역	인공 임신 중절, 자살, 안락사, 뇌사, 생명 복제, 유전자 치료, 동물 실험과 동물의 권리 문제 등 삶과 죽음 및 생명의 존엄성에 관한 쟁점
사회 윤리 영역	• 성과 관련한 사랑과 성의 관계, 성차별과 양성평등, 성의 자기 결정권 등에 관한 쟁점 • 가족 관계에서 발생하는 부부 윤리, 가족 해체 현상, 노인 소외 문제 등에 관한 쟁점
과학 윤리 영역	• 과학 기술의 가치 중립성과 과학 기술의 발달에 따른 과학자의 사회적 책임 등에 관한 쟁점 • 사이버 공간에서의 표현의 자유, 저작권 문제 등 정보 기술과 매체의 발달에 따라 발생한 문제 등에 관한 쟁점
문화 윤리 영역	예술과 도덕적 가치 지향과 관련한 문제, 의식주 및 윤리적 소비와 관련한 문제, 다문화 사회와 관련한 문제 등에 관한 쟁점
평화 윤리 영역	사회 갈등 문제, 통일 문제, 국제 사회의 분쟁과 국가 간 빈곤 문제 등에 관한 쟁점

2 윤리적 문제의 탐구 과정

1. 도덕적 탐구의 의미와 특징

의미	도덕적 지식을 통해 도덕적 의미를 새롭게 구성하는 지적 활동
특징	• 현실 문제를 해결할 때 당위적 차원에 주목 → 탐구 대상의 옳고 그름 혹은 선악을 밝혀 행위를 정당화하고 도덕적 실천을 하는 데 중점을 둠 • 대체로 윤리적 딜레마를 활용한 도덕적 추론으로 이루어짐 • 정서적 측면을 고려함 → 논리적 사고, 합리적 사고, 비판적 사고와 같은 이성적 사고의 과정을 중시하면서도 공감, 배려 등의 정서적 측면도 중시함

2. 윤리적 탐구의 과정
윤리적 쟁점 또는 딜레마 확인 → 자료 수집 및 분석 → 입장 채택 및 정당화 근거 제시 → 최선의 대안 도출 → 반성적 성찰

3. 윤리적 성찰과 실천

의미		• 자신이 가진 인간관, 가치관, 세계관 등을 전체적으로 검토하고 반성하는 과정 • 도덕 원리와 모범적인 도덕 행동, 인격 특성을 판단의 준거로 사용하여 자신의 경험이 도덕적으로 좋은지 나쁜지 또는 옳은지 그른지를 판단함
특징	동양	• 유교 : 일일삼성(一日三省)이나 거경(居敬)의 수양 방법 제시 • 불교 : 참선을 제시
	서양	소크라테스의 산파술 : 끊임없는 질문을 통해 자신의 무지를 자각할 수 있도록 돕는 방법으로 참된 지식에 이를 수 있게 함

📌 교과서 속 수능 개념

메타 윤리학의 관심 주제
- '옳다'는 것과 '그르다'는 것의 의미가 무엇인가?
- '선하다'는 것과 '악하다'는 것의 의미가 무엇인가?
- '해야 한다'는 것과 '해서는 안 된다'는 것의 의미가 무엇인가?
- 도덕 판단이란 무엇인가?

규범 윤리학과 메타 윤리학의 관계
- 현대 규범 윤리학은 이론적 타당성을 검토하기 위해 메타 윤리학적 지식과 기술을 활용함
- 도덕적 언어의 의미 분석은 도덕적 행위를 파악하는 토대가 됨

실천 윤리학
구체적이고 실천적인 원칙과 지침을 제공해 주는 학문이다.

실천 윤리학의 특징
- 현실의 삶에서 발생하는 윤리 문제의 원인 분석
- 삶의 구체적인 상황에서 발생하는 윤리 문제의 해결책을 찾고자 함
- 다양한 영역에서 제기되는 문제와 과학 기술의 발달로 발생하는 새로운 문제를 다룸
- 이론 윤리학과 유기적 관계 형성 : 윤리 문제의 해결을 위해 이론 윤리학과 연구 성과를 적극적으로 활용
- 윤리 문제에 학제적 접근 : 현실에서 발생하는 윤리 문제를 분석하고 윤리 문제를 해결하기 위해 다양한 학문 분야의 전문적 지식과 기술을 활용함

정당화 근거에 대한 검토
- 사실 근거 검토 : 전문가의 의견, 신뢰할 수 있는 문헌 등을 참고하여 사실 근거의 참, 거짓을 가려내거나 인과 관계를 따져 보아야 한다.
- 원리 근거 검토 : 반증 사례 검사, 역할 교환 검사, 보편화 결과 검사 등을 통해 원리 근거의 타당성을 검증해 보아야 한다.

📌 헷갈리는 개념 정리

메타 윤리학과 기술 윤리학

메타 윤리학 (metaethics)	도덕적 언어의 논리적 타당성과 의미를 분석하고 연구하는 학문
기술 윤리학 (descriptive ethics)	도덕적 풍습 또는 관습에 대한 단순한 묘사 또는 기술을 하는 학문

윤리학의 특징과 분야

수능 출제 패턴 분석 이론 윤리학, 실천 윤리학, 메타 윤리학, 기술 윤리학

유형보기

1. 이론 윤리학과 실천 윤리학 수능

윤리학의 근본 과제는 도덕적으로 올바른 행위를 판단하기 위한 기본 원리와 토대를 제공하고 일반화하는 데 있다. 그런데 오늘날 과학 기술의 급격한 발달은 기존의 이론 중심 윤리학만으로는 해결하기 어려운 도덕적 문제 상황들을 초래하였고, 그 결과 실제 생활과 관련하여 논쟁이 되는 윤리적 과제들이 대두되었다. 이에 따라 이러한 윤리적 과제들을 해결하기 위해 이 윤리학이 등장하게 되었다. 이 윤리학은 ⊙ 이다.

자료 분석

제시문의 '이 윤리학'은 실천 윤리학(응용 윤리학)이다. 윤리학의 영역에는 도덕 원리나 규범 등 윤리적 행위를 위한 근본 원리를 탐구하는 이론 윤리학, 현대 사회의 다양한 윤리 문제를 해결하고자 하는 실천 윤리학, 도덕적 언어의 의미와 도덕적 추론의 논리적 타당성 분석 및 입증을 탐구의 본질로 삼는 메타 윤리학 등이 있다. 따라서 ⊙에는 "도덕규범의 현실적인 적용과 구체적인 대안의 실천을 강조한다."는 진술이 들어갈 수 있다.

2. 실천 윤리학과 메타 윤리학 교육청

윤리학은 삶의 구체적인 상황에서 새롭게 대두되는 실천적 문제에 대한 해답을 제시해야 한다. 그런데 20세기 중반에 논리 실증주의의 영향을 받아 도덕 언어의 논리적 명료화에 주력하는 새로운 윤리학이 등장한다. 당시 윤리학은 도덕 판단이 단지 감정의 표현이나 명령일 뿐이므로 무의미하다는 결론에 도달하기도 하였다. 나는 이러한 윤리학이 ⊙ 고 생각한다.

자료 분석

메타 윤리학은 실천 윤리학과 달리 도덕적 언어나 의미의 분석과 도덕적 추론의 논리적 타당성을 입증하거나 정당화하는 것을 주요 과제로 삼는다. 따라서 ⊙에는 "도덕 언어의 분석보다 도덕 문제의 해결이 중요함을 간과하였다."는 진술이 들어갈 수 있다.

3. 기술 윤리학

"보신탕을 먹는 것이 옳다고 보는가?", "사형 제도를 존치해야 한다고 보는가?" 등과 같은 설문 조사를 하면서 사람들의 윤리 의식이나 가치관을 조사하는 것은 사회학이나 심리학 등 사회 과학의 탐구 활동이다. 이러한 탐구는 사람들이 어떤 윤리 의식이나 가치관을 실제로 지니고 있는지를 경험 과학적으로 연구하기 때문에 기술 윤리학이라고 한다.

자료 분석

기술 윤리학은 도덕적 풍습 또는 관습에 대한 단순한 묘사 또는 기술을 하는 학문 분야이다. 그러나 윤리 의식이나 가치관의 타당성을 철학적으로 탐구하는 것은 규범 윤리학(이론 윤리, 응용 윤리)의 영역이다. 따라서 응용 윤리적 탐구에 기술 윤리학적인 연구 결과를 활용하면 큰 도움이 된다.

대표기출로 유형 감잡기 정답 및 해설 · p.002

001 정답률 92% | 2024학년도 수능 ⓔ 연계

(가), (나) 윤리학의 핵심 과제로 가장 적절한 것은?

(가) 윤리학은 도덕적 행위를 정당화하는 규범적 근거를 탐구하고, 마땅히 행해야 할 행위의 객관적인 도덕 원리를 제시하는 데 주력해야 한다.
(나) 윤리학은 규범적 속성의 존재론적·인식론적 지위를 탐구하고, 도덕적 용어의 의미를 분석하며, 도덕 추론의 규칙을 검토하는 데 주력해야 한다.

① (가) : 도덕적 삶의 지침이 되는 보편적 원리를 제시하는 것이다.
② (가) : 도덕 현상 간의 인과 관계를 가치 중립적으로 설명하는 것이다.
③ (나) : 학제적 연구 방법으로 실생활의 도덕 문제를 해결하는 것이다.
④ (나) : 각 사회의 다양한 도덕적 관습을 객관적으로 기술하는 것이다.
⑤ (가)와 (나) : 도덕 언어의 의미와 도덕 추론의 구조를 분석하는 것이다.

002 정답률 92% | 2024학년도 9월 평가원

(가), (나) 윤리학의 핵심 과제로 가장 적절한 것은?

(가) 윤리학은 '옳다', '그르다'와 같은 도덕적 용어의 의미를 분석하고 도덕 판단이 정당화될 수 있는 추론의 규칙을 검토하는 데 주력해야 한다.
(나) 윤리학은 인공 임신 중절, 소수 집단 우대 정책 등과 같은 우리 삶의 다양한 문제에 윤리 이론을 적용하여 실천적인 지침을 제공하는 데 주력해야 한다.

① (가) : 도덕 현상을 가치 평가 없이 객관적으로 서술하는 것이다.
② (가) : 도덕적 행위의 근거가 되는 도덕 원리를 정립하는 것이다.
③ (나) : 윤리학의 학문적 성립 가능성을 논리적으로 탐구하는 것이다.
④ (나) : 구체적인 윤리 문제에 대한 해결 방안을 모색하는 것이다.
⑤ (가)와 (나) : 보편타당한 도덕규범의 체계를 수립하는 것이다.

003

정답률 92% | 2020학년도 수능 ⓔ 연계

갑, 을의 입장으로 가장 적절한 것은?

> 갑 : 윤리학은 윤리 이론의 탐구보다는 실제 삶에서 만나는 도덕 문제의 해결을 목표로 삼아야 한다. 이를 위해 도덕 이론의 도움을 받을 뿐 아니라 생명 공학, 법학 등의 자연 과학 및 사회 과학 지식을 적극 활용해야 한다.
> 을 : 윤리학은 개인의 생활 그리고 사회의 구조와 기능 속에 존재하는 도덕 현상을 과학적으로 탐구하는 것을 목표로 삼아야 한다. 즉 사람들이 따랐거나 따르고 있는 윤리가 무엇인지 기술하고 설명해야 한다.

① 갑 : 윤리학은 도덕 관행의 발생 과정을 인과적으로 서술해야 한다.
② 갑 : 윤리학은 구체적 삶의 도덕적 딜레마 해결을 중시해야 한다.
③ 을 : 윤리학은 당위의 관점에서 이상적 덕이 무엇인지 모색해야 한다.
④ 을 : 윤리학은 도덕 문제에 응용되는 보편적 도덕 원리를 정립해야 한다.
⑤ 갑, 을 : 윤리학은 도덕 언어의 의미 분석을 탐구 목적으로 삼아야 한다.

004

정답률 90% | 2020학년도 9월 평가원

㉠에 들어갈 진술로 가장 적절한 것은?

> 윤리학은 실천의 학으로 도덕 이론을 응용하여 실제 삶에서 제기되는 구체적인 도덕 문제의 해결을 궁극적 목표로 삼아야 한다. 그런데 어떤 사람은 윤리학이 실제로 사람들이 따르고 있는 도덕적 관행을 객관적으로 기술하는 것을 목표로 삼아야 한다고 주장한다. 나는 이러한 윤리학이 ㉠ 고 생각한다.

① 도덕 이론과 도덕 문제 간의 유기적 상관성을 강조한다.
② 도덕 문제 해결을 위한 도덕 판단의 중요성을 간과한다.
③ 도덕적 추론의 논리적 타당성이 갖는 중요성을 강조한다.
④ 도덕 이론의 정립보다 도덕적 딜레마의 해결을 강조한다.
⑤ 도덕적 관습에 관한 경험적 서술이 갖는 의의를 간과한다.

예상문제로 유형 익히기

정답 및 해설 • p.002

005

난이도 상 **중** 하

밑줄 친 '구체적인 윤리학'에서 주로 다루는 질문만을 〈보기〉에서 있는 대로 고른 것은?

> 우리는 사회의 변화 때문에 생기는 새로운 문제들에 대하여, 그리고 기존의 사회 문제에 대한 새로운 관점들에 대하여, 윤리적인 숙고를 해야 한다. 특히, 현대 사회에서 과학 기술의 급속한 발달로 말미암아 과거에는 제기되지 않았던 새로운 형태의 윤리적인 문제가 생겨나고 있다. 이에 따라 보편적인 윤리적 원리를 특정한 생활 영역과 행동 영역에 적용함으로써 하나의 특정한 <u>구체적인 윤리학</u>이 요청되고 있다.

〈보기〉
ㄱ. 동물 실험은 정당화될 수 있는가?
ㄴ. '좋다'는 것과 '나쁘다'는 것의 의미가 무엇인가?
ㄷ. 인간 배아도 도덕적 지위를 지닌다고 볼 수 있는가?
ㄹ. 가상 공간에서 표현의 자유는 어디까지 허용될 수 있는가?

① ㄱ, ㄴ   ② ㄱ, ㄷ   ③ ㄴ, ㄹ
④ ㄱ, ㄷ, ㄹ   ⑤ ㄴ, ㄷ, ㄹ

006 Challenge 30% 신유형

난이도 상 중 **하**

다음 글에 비추어 볼 때 메타 윤리학에서 주로 다루는 주제로 적절하지 <u>않은</u> 것은?

> 전통적으로 윤리학자들은 인생에 객관적이며 보편적인 '목적'과 '법칙'으로 작용하는 도덕규범이 있다고 생각하였다. 그들은 그러한 규범에 기초하여 앞에서와 같은 실천적 물음에 답하려고 힘썼다. 하지만 그리 성공하지는 못하였다. 이에 윤리학자들은 전통 윤리학이 인간의 현실적인 도덕 문제에 대해 실질적인 해답을 주지 못한다는 생각을 하게 되었고, 결국 윤리학적 회의론에 빠졌다. 그런 와중에 그들은 앞에서 제기된 규범 윤리적 물음에 답하기에 앞서 '그것을 학문적으로 다룰 수 있는가?'의 문제부터 먼저 분석해 보아야 한다는 생각을 하게 되었다. 그러한 생각은 1930년대에 이르러 도덕적 언어 내지 의미의 분석을 윤리학적 탐구의 본질로 하여야 한다는 이론 철학으로서의 메타 윤리학을 탄생시켰다.

① 도덕 판단이란 무엇인가?
② 인생에서 선과 악은 무엇인가?
③ '옳다'는 것과 '그르다'는 것의 의미가 무엇인가?
④ '선하다'는 것과 '악하다'는 것의 의미가 무엇인가?
⑤ '해야 한다'는 것과 '해서는 안 된다'는 것의 의미가 무엇인가?

007

난이도 상 중 하

그림은 윤리학의 한 분야에 대한 탐구 과정이다. (A)와 (B)에 들어갈 질문으로 옳은 것은?

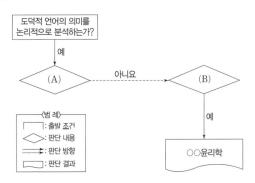

① (A) − '옳다'는 것과 '그르다'는 것의 의미를 연구하는가?
② (A) − '선하다'는 것과 '악하다'는 것의 의미를 연구하는가?
③ (A) − '해야 한다'는 것과 '해서는 안 된다'는 것의 의미를 연구하는가?
④ (B) − 도덕 판단이란 무엇인지에 대해 연구하는가?
⑤ (B) − 인생에서 선과 악은 무엇인지를 연구하는가?

008

난이도 상 중 하

그림은 서술형 평가 문제와 학생 답안이다. ㉠~㉤ 중 옳지 않은 것은?

> **수행 평가**
> ➡ 문제 : (가), (나) 윤리학의 특성을 서술하시오.
>
> (가) 도덕적 행위에 대한 이론적 분석과 정당화를 다루어 현실의 윤리 문제 해결을 위한 토대를 제공한다.
> (나) 삶의 구체적인 상황에서 발생하는 도덕 문제를 이해하고 해결하는 데 초점을 둔다.
>
> ➡ 학생 답안 : (가)윤리학은 ㉠ 도덕적 언어의 의미 분석을 목적으로 삼으며, ㉡ 윤리적 판단의 이론적 근거를 제공한다. (나)윤리학은 ㉢ 실제적인 도덕 문제 해결 및 실천을 목표로 하고, 이를 위해 ㉣ 인접 학문들과의 관련성을 중시한다. ㉤ (가)윤리학은 의무론, 덕 윤리 등이 있고, (나)윤리학은 환경 윤리, 생명 윤리 등이 대표적이다.

① ㉠   ② ㉡   ③ ㉢   ④ ㉣   ⑤ ㉤

009

난이도 상 중 하

대화에서 ㉠에 들어갈 내용으로 가장 적절한 것은?

> 갑 : 윤리학은 도덕 이론들을 연구하며 합리적이고 정당한 근거에 입각한 도덕적 원리들을 확립하고자 노력해야 합니다.
> 을 : 현대 사회는 과학 기술의 발달로 인해 새로운 문제들이 제기되고 있습니다. 따라서 윤리학은 생태, 정보, 환경 등의 윤리 문제 해결에 초점을 두어야 하며, _____㉠_____

① 도덕적 명제의 다양성 검증을 탐구의 본질로 삼아야 합니다.
② 도덕의 규범적 근거로서 객관적인 도덕 원리를 정립해야 합니다.
③ 인접 학문 영역과는 분리된 윤리학의 정체성을 확립해야 합니다.
④ 도덕 원리를 적용하여 실생활의 도덕 문제 해결에 힘써야 합니다.
⑤ 윤리학이 하나의 객관적 학문으로 성립 가능한지를 탐구해야 합니다.

010 Challenge 30% 신유형

난이도 상 중 하

교사가 제기한 질문에 대해 옳게 답변한 학생은?

① 갑 : 도덕적 개념의 논리적 분석을 중시합니다.
② 을 : 사회 문제의 객관적 기술을 윤리학의 본질로 봅니다.
③ 병 : 도덕 원리를 구체적인 삶의 영역에 적용하려고 합니다.
④ 정 : 다른 학문과의 협력 없이 독자적으로 연구를 수행합니다.
⑤ 무 : 보편적 도덕 원리에 대한 이론적 탐구를 핵심 과제로 삼습니다.

수능 출제 패턴 분석 ▶ 윤리적 탐구 과정, 토론의 의미와 중요성, 토론의 과정, 성찰의 의미와 중요성

유형보기

1. 윤리적 탐구 과정

1단계	윤리적 쟁점 또는 딜레마 확인
2단계	자료 수집 및 분석
3단계	입장 채택 및 정당화 근거 제시
4단계	최선의 대안 도출
5단계	반성적 성찰

(자료 분석)

(1) 윤리적 쟁점 또는 딜레마 확인 : 윤리적 탐구 주제나 문제의 쟁점 또는 딜레마가 무엇인지 확인한다.
(2) 자료 수집 및 분석 : 윤리적 쟁점 또는 딜레마 해결에 필요한 자료를 수집하고 분석한다.
(3) 입장 채택 및 정당화 근거 제시 : 윤리적 쟁점 또는 딜레마에 대한 자신의 입장을 채택하거나 대안을 설정하고, 이에 대한 타당한 정당화 근거를 제시한다.
(4) 최선의 대안 도출 : 상호 토론 과정을 거쳐 윤리적 쟁점 또는 딜레마를 해결할 수 있는 최선의 대안을 마련한다.
(5) 반성 및 정리 : 윤리적 탐구 활동을 반성적으로 성찰하고 정리한다.

2. 토론의 중요성

모든 토론을 침묵하게 하는 것은 인간의 절대 무오류성을 가정하는 것이 된다. 하지만 인간은 끊임없이 잘못 판단하고 잘못 행동하면서 살아간다. 우리 인류는 스스로의 과오로부터 벗어나지 못한다는 사실을 이론적으로는 항상 명심하고 있다. 하지만 불행하게도 실제로 자신이 판단을 내릴 때에는 이를 거의 문제 삼지 않는다.

(자료 분석)

(1) 제시문은 밀의 주장이다. 밀에 따르면 인간은 토론을 통해 자신의 과오를 고칠 수 있다.
(2) 토론은 자기 주장을 관철하거나 상대방의 주장을 비판하기 위한 것이 아니라, 상대방을 설득하거나 이해하며 최선의 해결책을 모색하기 위한 것이다.

3. 성찰의 중요성

인간은 근본적으로 가치 있는 것이 무엇인가를 기준으로 자신의 삶을 성찰하고 끊임없이 변화시킬 수 있는 존재이다. 이는 소크라테스가 "성찰하지 않는 삶은 살 가치가 없다."라고 말한 것과 연결된다. 이 말은 아무 생각 없이 지내거나 가치 있는 것을 얻기 위한 최상의 길이 무엇인가에 대해 무지하다면, 그것은 인간의 존엄성을 훼손하는 것과 다름없다는 의미이다.

(자료 분석)

성찰은 도덕적인 앎과 실천 간의 간격을 좁히고, 인격을 함양하는 데 도움을 준다. 따라서 지속적인 성찰 없이 참다운 인격 완성을 기대하기는 어렵다.

대표기출로 유형 감잡기
정답 및 해설 • p.003

011
정답률 94% | 2021학년도 수능 | Ⓔ 연계

다음을 주장한 사상가의 입장에서 〈사례〉 속 A에게 제시할 충고로 가장 적절한 것은?

> 재물이나 명성과 명예는 최대한 많아지도록 마음을 쓰면서도 지혜와 진리, 자신의 영혼이 최대한 훌륭해지도록 하는 일에 대해서는 마음을 쓰지 않는 것을 부끄러워해야 한다. 숙고하지 않는 삶은 살 가치가 없다.

〈사례〉

> 제2차 세계 대전 당시 유대인 학살의 실무 책임자였던 피고 A는 재판 과정에서 자신이 명령받은 일을 하지 않았다면 양심의 가책을 받았을 것이라고 말했다. 이에 많은 사람들은 그를 악마같다고 비난했으나, 그는 맡은 일을 성실히 수행했을 뿐인데 자신이 비난받는 이유를 모르겠다고 항변했다.

① 영혼의 훌륭함보다는 명성과 명예를 추구해야 한다.
② 자신의 행동에서 지혜롭지 못한 것은 없는지 성찰해야 한다.
③ 옳음보다는 유용성을 기준으로 자신의 삶의 목적을 정해야 한다.
④ 직위와 결부된 책임을 충실히 이행하기 위해 노력해야 한다.
⑤ 자신이 속한 국가가 정한 규범을 의심 없이 받아들여야 한다.

012
정답률 95% | 2019학년도 수능 | Ⓔ 연계

다음 강연자의 입장으로 가장 적절한 것은?

> 한 사람이 권력을 가지고 전 인류를 침묵시키는 것은 부당합니다. 마찬가지로 전 인류가 한 사람을 침묵시키는 것 역시 부당합니다. 침묵시키려는 의견이 오류라고 확신할 수 없고, 설령 오류라고 해도 그것을 침묵시키는 것은 해악입니다. 인간의 지적 능력은 한계가 있으므로 누구나 오류를 범할 수 있습니다. 진리로 공인된 견해도 오류 가능성으로부터 자유롭지 못합니다. 어떤 의견이든 그것을 반박하고 반증할 수 있는 완벽한 자유가 보장되어야 합니다.

① 토론에서는 다수가 받아들일 수 없는 의견은 침묵시켜야 한다.
② 토론의 전제 조건은 참이라고 검증된 진술만을 발언하는 것이다.
③ 토론에서는 진리로 공인된 견해를 비판할 자유를 제한해야 한다.
④ 토론의 자유와 인간의 완벽한 지적 능력이 진리 추구의 조건이다.
⑤ 토론에서 오류라고 합의된 소수 의견도 진리 탐구에 기여한다.

013

난이도 상 중 하

다음과 같은 사고를 하기 위해서 필요한 요소를 〈보기〉에서 고른 것은?

자기가 배불리 먹으면 혹시 누군가가 아직 굶주리지 않는가를 생각하고, 자기가 따뜻한 옷을 입었으면 또 누군가 얼어 죽는 사람이 있지 않을까 걱정하며, 자기의 몸이 편안하면 혹시 누군가가 아직 힘에 겨워 피로하지 않은가를 염려한다.

〈보기〉
ㄱ. 도덕적 상상력을 함양해야 한다.
ㄴ. 논리적 사고에 근거한 비판 능력을 길러야 한다.
ㄷ. 역지사지(易地思之)하는 공감 능력을 길러야 한다.
ㄹ. 경쟁 속에서도 살아갈 수 있는 능력을 함양해야 한다.

① ㄱ, ㄴ
② ㄱ, ㄷ
③ ㄴ, ㄷ
④ ㄴ, ㄹ
⑤ ㄷ, ㄹ

014

Challenge 30% 고난도

난이도 상 중 하

그림에서 갑의 입장에 대해 을이 사용한 도덕 원리 검사로 옳은 것은?

갑: 개고기 먹는 것을 왜 반대하는지 모르겠어. 개고기 먹는 것은 옛날부터 내려온 우리나라 전통이잖아?

을: 전통이라면 뭐든지 괜찮다는 말이니? 만약 그렇다면 호주제도 전통이었으니까, 계속 존속시켜야 하겠네?

① 주장한 행동을 모든 사람이 했을 때의 결과를 고려한다.
② 선택한 도덕 원리를 좀 더 상위의 원리에 따라 판단한다.
③ 어떤 일로 인해 불리해지게 되는 사람의 입장을 고려한다.
④ 사실 근거를 검토할 때 인과적인 오류가 없는지를 살펴본다.
⑤ 상대방이 제시한 도덕 원리에 들어맞지 않는 사례를 제시한다.

015

난이도 상 중 하

다음 글에서 강조하는 바람직한 삶의 자세로 가장 적절한 것은?

닭이 울어 잠을 깨면 이러저러한 생각이 점차로 일어나나니, 어찌 그 동안에 마음을 고요히 하여 정돈하지 않을 수 있겠는가. 혹은 지나간 허물을 살피고 혹은 새로 깨달은 것을 생각해 내어 차례로 조리를 세우며 분명하게 이해하여 두자. 마음이 세워졌으면 새벽에 일찍 일어나 세수하고 단정히 앉아 몸을 단속하여라. 마음 이끌기를 마치 솟아오르는 해와 같이 밝게 하고 몸을 엄숙하게 정돈하며, 마음을 비워 밝게 하기를 한결같이 히리.

① 참된 선을 실현하기 위해 절대자에게 귀의한다.
② 지속적인 성찰을 통한 인격 완성에 힘쓴다.
③ 유희 활동을 통해 삶의 즐거움을 추구한다.
④ 집단의 욕구보다는 개인적 욕구를 중시한다.
⑤ 자신의 잘못에 대해 논리적으로 대응한다.

016

난이도 상 중 하

㉠, ㉡을 위해 특히 강조해야 할 자세로 가장 적절한 것은?

　㉠　은/는 생활 속에서 자기가 가지는 마음과 하는 일이나 행동에 대해 윤리적 관점에서 깊게 생각하고 살피는 태도를 말하며, 　㉡　은/는 어떤 문제에 대해 관심을 갖고 있는 사람들이 개인적 성찰을 토대로 서로 의견을 교환하며 문제를 공동으로 해결하는 윤리적 탐구 과정을 말한다. 　㉠　은/는 윤리 문제에 대해 진지한 물음을 제기하고, 지혜로운 답을 구할 수 있도록 작용한다. 　㉡　은/는 윤리 문제에 대한 인식 능력과 윤리적 사고력과 판단력을 길러줄 수 있을 뿐만 아니라 그에 따른 실천 동기를 계발해 준다.

① 다수가 주장하는 견해를 무조건 수용해야 한다.
② 자기 자신에게 이익이 되는 일에 충실해야 한다.
③ 다수보다는 소수의 견해를 우선적으로 수용해야 한다.
④ 다른 사람의 관점에서 생각하는 자세를 확립해야 한다.
⑤ 다른 사람의 주장에 대해 반론을 제기하지 말아야 한다.

02 윤리 문제에 대한 접근

1 유교 윤리적 접근

유교 윤리의 특징	• 수양을 통한 도덕적 인격 완성과 도덕적 이상 사회의 실현에 궁극적 목적이 있음 • 유교에서는 하늘[天]이 자연의 이치에 따라 운행되는 하늘만을 의미하는 것이 아니라 도덕의 원리까지 포함하며, 인간에게 도덕적 본성을 부여하는 존재라고 봄 • 도덕적 공동체의 실현을 중시→충서(忠恕)와 같은 타인에 대한 존중과 배려, 덕치(德治), 항산(恒産)과 항심(恒心), 대동 사회를 이상 사회로 제시함
이상적 인간관	• 수양 방법 : 자기 수양을 통해 타자에 대한 이해와 배려를 확충함 • 공자는 인(仁)을 타고난 내면적 도덕성으로 보았으며, 맹자는 사단(四端)이라는 선한 마음이 누구에게나 주어져 있다고 보았음 • 이상적 인간상 : 군자, 성인
유교 윤리의 시사점	• 성실과 배려를 도덕적 삶의 중요 가치로 여김→현대 사회에서 심화되고 있는 인간 소외와 구성원 간의 갈등을 해결하는 실천 덕목의 원리가 될 수 있음 • 구성원 간의 관계에 따른 역할과 책임 강조→현대 사회의 지나친 개인주의와 반인륜 범죄, 무책임한 태도에서 발생하는 다양한 문제의 근본 원인을 해결하는 데 도움을 줌 • 개인의 이익보다 사회 전체의 정의를 중요하게 여김→현대 사회에 만연한 이기주의와 부정부패를 극복하는 데 도움을 줌

2 불교 윤리적 접근

불교 윤리의 특징	• 생로병사(生老病死)의 끊임없는 삶의 고통에서 벗어나 열반의 상태에 도달하기 위한 깨달음을 추구함→연기(緣起)에 의한 깨달음 강조 • 연기의 법칙을 깨닫게 되면 모든 것에 대해 자비(慈悲)의 마음이 저절로 생길 뿐만 아니라 고통의 근본적인 원인인 탐욕에서 벗어날 수 있다고 봄
이상적 인간관	• 수양 방법 : 참선을 통해 모든 잡념을 없애는 삼매의 경지에 도달함 • 연기적 세계관, 평등적 세계관, 주체적 인간관을 가짐 • 이상적 인간상 : 보살, 성인
불교 윤리의 시사점	• 연기에 의한 상호 의존의 관계를 강조→이기주의의 태도를 극복하고, 자비의 마음을 바탕으로 따뜻한 공동체를 형성할 수 있도록 도와줌 • 지혜롭고 도덕적인 삶을 살기 위한 실천 방법으로 계율 제시→도덕 실천을 강조함으로써 현대 사회에서 발생하는 윤리 문제를 극복할 수 있게 도와줌 • 내면의 성찰과 주체성 강조→사람들이 자신의 참된 모습을 발견하고 마음의 평화와 안정을 얻도록 함 • 화해와 조화의 원리를 강조→정치 이념에 따른 갈등, 노사 간의 갈등과 같은 사회 문제뿐만 아니라 일상생활에서 생기는 사소한 갈등을 해결하는 원리로 적용할 수 있음

3 도가 윤리적 접근

도가 윤리의 특징	• 도교에서는 도(道)가 우주의 근원이며, 만물의 변화 법칙이라고 봄→소국과민(小國寡民)을 이상 사회로 봄 • 노자 : 억지로 하지 않고 자연스러운 도(道)의 흐름에 맡기는 무위자연(無爲自然)의 삶을 강조 • 장자 : 소요와 제물을 통해 인간의 자연성을 회복하고 진정한 행복에 이르는 길을 제시
이상적 인간관	• 수양 방법 : 좌망과 심재를 통해 세속적 생활에서 벗어나 무위자연의 삶을 추구함 • 이상적 인간상 : 지인, 신인, 진인, 천인, 성인
도가 윤리의 시사점	• 도의 관점에서 만물을 평등하게 바라볼 것을 강조→편협한 자기중심적 사고에서 비롯된 현대 사회의 다양한 윤리 문제를 해결하는 데 도움을 줌 • 자연스럽고 소박한 삶을 강조→현대 사회의 인간성 상실, 우울증, 자살 등 사회 문제를 성찰하고 예방하는 데 도움을 줌 • 인간을 자연의 일부로 보고 다른 존재와 구별하지 않음→현대의 환경 윤리와 생명 윤리 영역에 많은 시사점을 줄 수 있음

✎ 교과서 속 수능 개념

항산(恒産)과 항심(恒心)

맹자는 "일반 백성은 항산(恒産)이 없으면 항심(恒心)을 지닐 수 없다."라고 말하며 군주는 백성이 도덕적인 마음을 잃지 않도록 백성의 생업을 보장해 주어야 한다고 보았다.

오륜

인간관계에서 지켜야 할 의무로 강조한 오륜은 유교 윤리의 핵심 규범이다.

사단(四端)

모든 인간이 본래부터 가지고 있는 선천적인 것을 말한다.
• 측은지심(惻隱之心) : 남을 불쌍히 여기는 마음
• 수오지심(羞惡之心) : 옳지 못한 일을 부끄러워하고 미워하는 마음
• 사양지심(辭讓之心) : 양보하고 공경하는 마음
• 시비지심(是非之心) : 옳고 그름을 가릴 줄 아는 마음

연기적 세계관

불교에서는 모든 존재와 현상이 다양한 원인과 조건, 즉 인연에 의해 생겨난다는 연기론을 주장한다.

소국과민(小國寡民)

작은 나라에 적은 수의 백성이 자신의 삶에 만족하며 사는 사회

좌망(坐忘)

조용히 앉아서 자신을 구속하는 일체의 것들을 잊어버리는 것

✎ 헷갈리는 개념 정리

맹자의 인간관

맹자는 인간의 본성이 선하다는 성선설을 주장하였다. 맹자는 인간이 인의예지의 선한 본성을 가지고 있으며 인간의 악함은 타고난 것이 아니라 선한 본성을 발휘하지 못한 데서 생기는 것이라고 하였다. 유교에서는 인간의 도덕적 본성은 하늘로부터 주어진 것으로 지속적인 수양을 통해 이를 실현하기 위해 노력해야 한다고 본다.

4 의무론적 접근

1. 칸트의 의무론적 윤리설

특징	• 행위의 결과보다는 동기 중시→도덕 법칙에 따라야 한다는 의무 의식과 선의지에 근거하여 행위할 때만 그 행위가 도덕적 가치를 지닌다고 봄 • 의사 결정 과정에서 보편화 가능성과 인간 존엄성을 중시함 • 도덕 법칙은 정언 명령의 형식으로 제시됨
시사점	인간 존엄성의 이념과 보편적인 윤리의 중요성을 인식시키는 데 기여함
한계	• 형식만을 제공하여 어떻게 행위하여야 하는가에 대한 구체적인 지침을 제공하지 못함 • 도덕 법칙에 따라 맹목적으로 판단할 수 있음 • 의무가 서로 충돌할 경우 도덕적 판단을 내리기 어려움

2. 자연법 윤리

특징	정언 명법에 따르는 것이 의무라고 본 칸트와 달리 인간 본성에 따르는 것이 옳다고 봄
스토아학파	인간의 자연적 성향으로부터 생명의 불가침성 및 존엄성, 인간 양심의 자유, 만민 평등 등의 자연법적 권리를 도출함
아퀴나스	인간이 공유하는 본성에 따르는 것이 옳다고 봄→인간은 생명을 보존하려는 본성이 있으므로 살인이나 자살은 옳지 않음
한계	사람들 간의 직관에 의한 도덕 판단이 다를 경우 이를 해결할 방법이 없음

5 공리주의적 접근

1. 공리주의

벤담	• 모든 쾌락은 질적으로 동일하며 양적인 차이만 있음 → 쾌락 계산법 제시 • 양적 공리주의 : 모든 쾌락은 질적으로 동일하며 양적인 차이만 있다고 가정하고 쾌락을 계산할 수 있다고 봄
밀	• 쾌락의 양뿐만 아니라 질적인 차이도 고려해야 함을 강조함 • 질적 공리주의 : 쾌락의 양만이 아니라 그 질적인 차이도 고려해야 함

2. 행위 공리주의와 규칙 공리주의

구분	행위 공리주의	규칙 공리주의
옳은 행위의 판단 기준	'어떤 행위가 최대의 유용성을 낳는가?'와 같은 행위 그 자체의 결과	'어떤 규칙이 최대의 유용성을 낳는가?'와 같은 행위가 따르는 규칙의 결과
문제점	• 경우마다 더 큰 공리를 가져올 대안을 계산하기 어려워 신속한 결정이 어려움 • 계산에 따른 결과가 우리의 도덕적 직관과 다를 수 있음	• 규칙의 수준 : 경험 규칙, 갈등 해결 규칙, 3차 규칙 • 규칙의 갈등 시 규칙의 수준에 따라 결국 행위의 유용성을 기준으로 삼음

6 덕 윤리적 접근과 도덕 과학적 접근

1. 덕 윤리의 접근

의미	• 아리스토텔레스의 사상적 전통을 따라 행위자의 품성과 덕성을 중시함 • 의무론과 공리주의 비판 : 행위자 내면의 도덕성과 인성의 중요성을 간과하며, 개인의 자유와 권리를 지나치게 강조하여 공동체의 전통을 무시함
현대 덕 윤리의 특성	• 행위자의 품성을 먼저 평가하고, 이를 근거로 행위의 옳고 그름을 판단해야 한다고 봄 • 윤리적으로 옳고 선한 결정을 하려면 유덕한 품성을 길러야 한다고 봄 • 매킨타이어 : 개인의 자유와 선택보다는 공동체의 전통과 역사를 더 중시함, 도덕적 판단에 있어 구체적이며 맥락적 사고를 중시할 것을 주장함

2. 도덕 과학적 접근

의미	인간의 도덕성과 윤리적 문제를 과학에 근거하여 탐구하는 방식	
내용	신경 윤리학	• 신경 과학의 윤리적 · 법적 · 사회적 함의를 강조하는 학문으로, 신경 세포의 활동으로 윤리적 의식과 도덕성을 해명하고자 함 • 과학적 측정 방법을 통해 이성과 정서, 자유 의지나 공감 능력을 입증함
	진화 윤리학	• 이타적 행동 및 성품과 관련된 도덕성은 자연 선택을 통한 진화의 결과라고 주장함 • 인간의 이타적 행위를 추상적인 도덕 원리가 아닌 생물학적 적응의 산물로 봄

자연법

자연법은 실정법(實定法)에 대비되는 개념으로, 실정법이 민족이나 사회에 따라 내용이 달라지는 것에 비해, 자연법은 영구불변의 보편타당성을 지닌다.

자연법 윤리

자연법 윤리는 의무가 행위의 결과에 의존하지 않고 인간의 본성, 즉 자연의 법칙이나 본성으로부터 이끌려 나온다고 보는 점에서 의무론적 윤리설이다.

스토아학파

기원전 3세기 초에 제논(Zenon)이 창시한 그리스 철학의 한 학파로, 윤리학을 중요하게 다루었고 금욕과 극기로 자연에 순응하는 생활을 이상으로 삼았다.

벤담의 쾌락 산출의 기준

1. 강도 : 그 쾌락은 얼마나 강한가?
2. 지속성 : 그 쾌락은 얼마나 오래 지속되는가?
3. 확실성 : 그 쾌락은 확실하게 얻을 수 있는가?
4. 근접성 : 그 쾌락은 얼마나 빨리 얻을 수 있는가?
5. 다산성 : 그 쾌락은 얼마나 많이 얻을 수 있는가?
6. 순수성 : 그 쾌락은 고통이 따르지 않는 등 얼마나 순수한가?
7. 범위 : 그 쾌락은 얼마나 많은 사람들에게 파급 효과가 있는가?

트롤리의 딜레마

트롤리가 고장 나서 멈출 수 없을 때의 상황을 가정하여 소수를 희생해 다수를 구할 것인지의 문제를 가리키는 것이다.

✏ 헷갈리는 개념 정리

1. 정언(定言) 명령과 가언(假言) 명령

정언 명령	"거짓말을 하지 말라."와 같이 그 자체가 바람직하여 내리는 무조건적인 명령
가언 명령	"네가 신임을 받고 싶으면, 거짓말을 하지 말라."와 같이 어떤 행동이 다른 것의 수단으로서만 바람직하여 내리는 조건적인 명령

2. 아리스토텔레스의 덕 윤리

• 아리스토텔레스가 강조하는 덕은 옳은 행위의 반복적 실천인 '습관화'를 통해 이루어진다.
• "도덕적 덕은 본성적으로 생겨나는 것도 아니요, 본성에 반하여 생겨나는 것도 아니다. 우리는 그것들을 본성적으로 받아들일 수 있으며, 습관을 통하여 완성한다."

수능 출제 패턴 분석 ▶ 유교의 올바른 삶의 태도, 유교의 수양론, 유교의 이상적 인간상

유형보기

1. 유교의 올바른 삶의 태도 평가원

새벽에 잠을 깨면 마음을 고요히 하여 정돈한다. 마음이 세워졌으면 일어나 세수하고 단정히 앉아 몸을 단속한다. 이와 같은 수양으로 덕을 닦아 인의(仁義)를 지켜 나가야 한다.

〔자료 분석〕
(1) 유교는 항상 마음을 바르게 가지고 몸가짐을 조심하여 덕성을 닦음을 통한 수양과 인의(仁義)의 실현을 강조한다.
(2) 유교에서는 수양 방법의 하나로 홀로 있을 때 삼가는 태도, 신독(愼獨)을 강조한다.
(3) 유교는 친소(親疏, 나를 중심으로 가깝고 먼 거리를 구분하는 것)를 구별하는 사랑을 중시한다.

2. 유교의 수양론

경(敬)의 공부는 다음과 같다. 마음을 하나로 하여 다른 것에 신경을 쓰지 않는 것[主一無適]이고, 몸가짐을 가지런하게 하고 마음을 엄숙하게 하는 것[整齊嚴肅]이며, 항상 깨어 있어야 하는 것[常惺惺]이다. 그리고 그 마음을 단속하여 한 가지의 잡념도 허락하지 않는 것이다.

– 이황, "성학십도" –

〔자료 분석〕
유교 사상은 사사로운 욕심을 버리고 진정한 예를 실현하여[克己復禮] 인의(仁義)를 함양해야 한다고 강조하였다. 또한 이러한 삶의 자세를 기르고 실천하도록 하기 위해서 신독과 주일무적(主一無適)을 통해 거경(居敬)에 이르는 수양론을 제시하였다.

3. 유·불·도의 이상적 인간상 교육청

사상	이상적인 인간상
유교	본성을 보존하고 함양하는 인간
불교	연기(緣起)를 깨달아 자비를 베푸는 인간
도가	무위자연(無爲自然)의 삶을 살아가는 인간

〔자료 분석〕
성찰은 도덕적인 앎과 실천 간의 간격을 좁히고, 인격을 함양하는 데 도움을 준다. 따라서 지속적인 성찰 없이 참다운 인격 완성을 기대하기는 어렵다.

대표기출로 유형 감잡기
정답 및 해설 · p.004

017
정답률 72% | 2024학년도 6월 평가원

갑, 을 사상가들의 입장으로 가장 적절한 것은?

갑 : 인의예지(仁義禮智)는 바깥에서부터 나에게 녹아들어 온 것이 아니라 내가 본래부터 지니고 있는 것이다. 다만 생각하지 않았을 뿐이다.
을 : 항상 백성들로 하여금 꾀와 욕심이 없게 해야 하고, 꾀가 있는 자가 있다고 하더라도 감히 무언가 하지 못하게 해야 한다. 무위(無爲)하면 다스리지 못할 것이 없다.

① 갑: 서(恕)의 실천을 통해 진정한 인간다움[仁]을 이룰 수 있다.
② 갑: 군자는 항산(恒産)이 있어야만 항심(恒心)을 유지할 수 있다.
③ 을: 백성의 수를 늘리면 자연스럽게 무위의 다스림을 이룰 수 있다.
④ 을: 진정한 자유를 위해 만물의 근원인 도(道)에서 벗어나야 한다.
⑤ 갑과 을: 옳고 그름을 가릴 줄 아는 마음으로 사욕을 제거해야 한다.

018
정답률 95% | 2023학년도 9월 평가원

갑 사상가는 긍정, 을 사상가는 부정의 대답을 할 질문으로 가장 적절한 것은?

갑 : 참된 사람[眞人]은 모자란다고 억지 부리지 않고, 성공을 뽐내지 않으며, 일을 도모하지도 않는다. …(중략)… 이로움[利]과 해로움[害]을 구별하는 자는 군자(君子)가 아니다. 명예를 위해 참된 자기를 잃어버리는 자는 선비[士]가 아니다.
을 : 군자는 의로움[義]으로써 근본을 삼고, 예(禮)로써 실천하며, 공손한 몸가짐으로써 표현하고, 신의로써 일을 이룬다. …(중략)… 군자는 죽은 뒤에 세상에 자신의 이름[名]이 일컬어지지 않는 것을 싫어한다.

① 이상적 인간은 자신의 명예를 소중히 여기는 삶을 살아야 하는가?
② 이상적 인간은 시비(是非)를 판별하여 도(道)를 따라야 하는가?
③ 이상적 인간은 하늘의 명[天命]을 도덕적 실천의 근거로 삼는가?
④ 이상적 인간은 수양을 통해 백성의 편안함을 도모해야 하는가?
⑤ 이상적 인간은 모든 분별에서 벗어나 자연을 따르는 사람인가?

019

그림의 동양 사상가의 가상 인터뷰이다. ㉠에 들어갈 진술로 가장 적절한 것은?

① 인위적 규범에서 벗어나 소박한 삶을 추구해야 합니다.
② 사욕(私慾)을 극복하고 진정한 예(禮)를 회복해야 합니다.
③ 연기(緣起)를 깨닫고 차별이 없는 사랑을 실천해야 합니다.
④ 자연의 질서를 따르는 무위(無爲)의 삶을 추구해야 합니다.
⑤ 시비(是非)를 구별하지 않는 자유로운 삶을 추구해야 합니다.

020

그림의 강연자가 지지할 입장만을 〈보기〉에서 있는 대로 고른 것은?

공자께서는 부모에게 효도하고 형제자매 간에 우애 있게 지내는 것이 인(仁)을 실천하는 근본이라고 말씀하셨습니다. 효도는 부모에 대한 자식의 마땅한 도리이고, 우애는 형제자매 간에 서로 아끼고 도와주며 효도를 실천하는 것입니다. 그래서 사람들에게 사랑하는 도리를 가르치는 데는 효도보다 좋은 것이 없고, 예(禮)를 지키고 가르치는 데는 우애보다 좋은 것은 없습니다.

〈보기〉
ㄱ. 부모에 대한 효도는 인을 실천하는 방법이다.
ㄴ. 형제자매 간의 우애는 예를 가르치는 덕목이다.
ㄷ. 형제자매 간에 사이좋게 지내는 것은 효의 실천이다.
ㄹ. 인의 실천과 형제자매 간의 우애는 근본적으로 다르다.

① ㄱ, ㄴ   ② ㄴ, ㄹ   ③ ㄷ, ㄹ
④ ㄱ, ㄴ, ㄷ   ⑤ ㄱ, ㄷ, ㄹ

021

난이도 상 중 하

퍼즐의 세로 낱말 (A)에 대한 설명으로 옳은 것은?

				(A)	
	(B)				
			(C)		
			(D)		

[가로 열쇠]
(A) : 아버지와 어머니
(B) : 고대 동양 사상가로 인(仁)의 가르침을 중시하고, 대동(大同) 사회를 주장함
(C) : 공리주의에서 행복의 정도를 평가하는 기준으로, 효용성이라고도 함
(D) : 오랫동안 사귄 벗

[세로 열쇠]
(A) : …… 개념

① 어른과 젊은이가 서로 존중하고 공경하는 것이다.
② 부부가 가정의 일을 서로 보완하며 함께 하는 것이다.
③ 친구 간에 서로의 잘못을 고쳐주고 신의를 지키는 것이다.
④ 부모는 자식을 사랑하고 자식은 부모에게 효도하는 것이다.
⑤ 국가 공동체의 한 사람으로서 공동체 발전에 힘쓰는 것이다.

022

난이도 상 중 하

다음 동양 사상의 특징으로 가장 적절한 것은?

하늘이 뭇사람을 내시니, 사물이 있으면 법칙이 있도다. 사람들이 마음에 항상 순선(純善)한 본성을 가지고 있는지라, 이 아름다운 덕성을 좋아한다.

① 인위적 가치의 부정
② 도덕적 실천의 강조
③ 자연환경에의 순응
④ 자연적 감정과 공감 중시
⑤ 공리의 원리에 따른 행위 중시

불교 윤리적 접근

유형보기

1. 연기설

두 개의 갈대 다발이 서로 의지하여 서 있다고 가정해 봅시다. 만일 두 개의 갈대 다발 가운데 하나를 빼내면 다른 하나도 쓰러질 것입니다. 만일 다른 하나를 빼내면 저 하나도 쓰러질 것입니다. 이와 같이 의식이 소멸하기 때문에 정신·물질[名色]이 소멸하고, 정신·물질이 소멸하기 때문에 여섯 감각 장소[六入]가 소멸하고, 여섯 감각 장소가 소멸하기 때문에 감각 접촉[觸]이 소멸하고, 감각 접촉이 소멸하기 때문에 느낌[受]이 소멸하고, 느낌이 소멸하기 때문에 갈애[愛]가 소멸하고, 갈애가 소멸하기 때문에 취착[取]이 소멸하고, 취착이 소멸하기 때문에 존재[有]가 소멸하고, 존재가 소멸하기 때문에 태어남[生]이 소멸하고, 태어남이 소멸하기 때문에 늙음·죽음과 근심·탄식·육체적 고통·정신적 고통·절망이 소멸합니다. 이와 같이 전체 괴로움의 무더기[五蘊]가 소멸합니다.

자료 분석
(1) 연기설에 따르면 모든 현상은 반드시 원인[因]과 조건[緣]에 따라 생겨난다.
(2) 불교에 따르면 인간이 살아가는 세계는 반드시 인과 법칙의 지배를 받는다.
(3) 연기설에 따르면 나라고 주장할 만한 실체는 없다.

2. 불교에서의 올바른 삶의 태도 평가원

여러 인(因)과 연(緣)에 의해 생겨나는 것이 법(法)이다. 단 하나의 법도 인과 연을 따라 생겨나지 않은 것이 없다. 이것을 공(空)이라고 말한다.

자료 분석
(1) 불교는 무수한 원인[因]과 조건[緣]이 서로 연결되어 관계를 맺음으로써 세상의 모든 존재와 현상이 생겨난다고 본다.
(2) 불교는 해탈에 이르기 위한 수행법으로 여섯 가지의 수행 덕목인 육바라밀을 제시한다.
(3) 불교는 나와 남을 구분하지 않는 사랑인 '자비(慈悲)'를 말한다.

3. 불교에서의 이상적인 인간상

대승 불교에서 제시하는 이상적 인간상인 보살(菩薩)은 '위로는 깨달음을 구하고[上求菩提], 아래로는 중생을 구하고자[下化衆生] 노력하는 사람'이다. 보살은 육바라밀(六波羅密)을 수행하여 열반(涅槃)에 이르기 위해 노력한다.

자료 분석
(1) 불교의 이상적 인간은 부처, 보살 등을 들 수 있다.
(2) 보살은 대승 불교가 제시하는 이상적 인간으로, 위로는 진리를 구하고, 아래로는 중생을 구제하는 사람이다.
(3) 보살은 육바라밀을 실천하는데, 바라밀은 "저 언덕으로 간다."라는 뜻으로 욕망과 고통으로 가득 차 있는 현실 세계에서 해탈하기 위한 보살의 수행 방법이다.

대표기출로 유형 감잡기 정답 및 해설 · p.005

023 정답률 76% | 2024학년도 수능 ⓔ 연계

갑, 을 사상가들의 입장으로 가장 적절한 것은?

갑 : 사람의 본성에 어찌 인의(仁義)의 마음이 없겠는가? 그런데도 그 양심을 잃어버리는 이유는 마치 도끼로 산의 나무를 아침마다 베는 것처럼 스스로 양심의 싹을 자르기 때문이다. 양심을 보존하지 못하면 금수(禽獸)와 같아진다.

을 : 괴로움이 생겨나는 것은 마치 사람이 나무를 심어 물을 때맞춰 주고 온도를 유지해 주면, 이 인연(因緣)으로 나무가 자라나는 것과 같다. 이러한 얽매임에 집착하면 애욕(愛欲)과 함께 생로병사(生老病死)의 괴로움이 일어난다.

① 갑 : 나쁜 환경에 처한 사람은 반드시 자신의 본성을 잃게 된다.
② 갑 : 다른 사람을 편안하게 한 후에야 비로소 자기 수양이 가능하다.
③ 을 : 탐욕으로 생긴 번뇌는 깨달음을 얻더라도 소멸될 수 없다.
④ 을 : 나와 남이 둘이 아니라는 자각에서 만물에 대한 사랑이 생긴다.
⑤ 갑과 을 : 인륜의 규범에서 벗어나야 이상적 인간이 될 수 있다.

024 정답률 88% | 2022학년도 수능 ⓔ 연계

갑, 을 사상가들의 입장으로 가장 적절한 것은?

갑 : 이름을 바로잡는 것[正名]이 정치의 시작이다. 이름이 제대로 서지 않으니 예악이 흥성하지 않고, 예악이 흥성하지 않으니 형벌이 제멋대로 된다.

을 : 도(道)는 자연스러움을 본받는다. 인위적인 것을 강제해서는 안 된다. 내버려두면 백성들이 스스로 잘 살게 되고 세상도 잘 돌아간다.

① 갑 : 인간이 제정한 규범에서 벗어나 무위(無爲)를 추구해야 한다.
② 갑 : 내가 하기 싫은 일을 남에게 시키지 않는 서(恕)를 행해야 한다.
③ 을 : 자신의 직분과 지위에 걸맞는 예법을 충실히 따라야 한다.
④ 을 : 시비선악(是非善惡)을 구분하여 질서를 바로 세워야 한다.
⑤ 갑, 을 : 인(仁)의 시작은 모든 사람에 대한 차별 없는 사랑이다.

025

정답률 86% | 2022학년도 9월 평가원

(가), (나)의 입장으로 적절한 것만을 〈보기〉에서 고른 것은?

> (가) 이것이 있기 때문에 저것이 있고, 이것이 생기기 때문에 저것이 생긴다. 이것이 없기 때문에 저것이 없고, 이것이 사라지기 때문에 저것이 사라진다. 이를 연기(緣起)라 한다.
>
> (나) 인위적인 것을 멀리하고 분별적 지혜를 버리면 백성의 이익이 백배가 된다. 인(仁)을 끊고 의(義)를 버리면 백성이 다시 효도하고 자애로워진다.

〈보기〉
ㄱ. (가) : 고정불변의 실체가 있음을 깨달아야 한다.
ㄴ. (가) : 연기의 법칙을 깨달아 자비를 실천해야 한다.
ㄷ. (나) : 인위에 얽매이지 않고 도(道)에 따라야 한다.
ㄹ. (가), (나) : 인의(仁義)를 통해 도덕적 삶을 추구해야 한다.

① ㄱ, ㄴ   ② ㄱ, ㄷ   ③ ㄴ, ㄷ
④ ㄴ, ㄹ   ⑤ ㄷ, ㄹ

026

정답률 84% | 2021학년도 9월 평가원

다음 사상이 강조하는 윤리적 성찰의 방법으로 가장 적절한 것은?

> 요즘 중생은 자신에 대한 집착과 망상에 빠져 자기 본성이 참된 진리 그 자체임을 모르고, 마음 밖에서 그 진리를 찾아 여기저기 헤맨다. 만약 한 생각이 나온 곳으로 빛을 돌이켜 자기 본성을 비춰 보면, 이 본성은 원래 번뇌가 없는 완전한 지혜로, 마음에 본래부터 갖추어져 있어서 부처와 조금도 다르지 않다.

① 내 마음의 참된 진리를 깨닫기 위해 참선(參禪)해야 한다.
② 모든 분별적 생각에서 벗어나기 위해 좌망(坐忘)해야 한다.
③ 하늘이 부여한 선한 본성을 보존하기 위해 거경(居敬)해야 한다.
④ 언제 어디서나 인간의 도리에 어긋나지 않게 신독(愼獨)해야 한다.
⑤ 도(道)에 따라 만물을 평등하게 바라보기 위해 심재(心齋)해야 한다.

예상문제로 유형 익히기

정답 및 해설 • p.005

027

난이도 상 **중** 하

(가), (나) 사상의 올바른 삶의 태도에 대한 설명으로 옳지 않은 것은?

(가)	인간은 하늘이 부여한 인의예지(仁義禮智)의 도덕적 본성을 인간관계에서 완성해야 한다.
(나)	여러 인(因)과 연(緣)에 의해 생겨나는 것이 법(法)이다. 단 하나의 법도 인과 연을 따라 생겨나지 않은 것이 없다. 이것을 공(空)이라고 말한다.

① (가)는 수기(修己)를 통한 치인(治人)의 실현을 중시한다.
② (나)는 해탈에 이르기 위한 바라밀의 실천을 강조한다.
③ (나)는 집착을 버리고 열반(涅槃)의 경지에 들 것을 강조한다.
④ (가)와 (나)는 외물에 얽매이지 않는 좌망(坐忘)을 강조한다.
⑤ (가)는 사덕(四德)의 실천을, (나)는 삼독(三毒)의 제거를 강조한다.

028

난이도 상 **중** 하

교사가 제시한 질문에 대해 옳게 답변한 학생은?

사상	이상적인 인간상
유교	본성을 보존하고 함양하는 인간
불교	연기(緣起)를 깨달아 자비를 베푸는 인간
도가	무위자연(無爲自然)의 삶을 살아가는 인간

이러한 인간들의 공통점은 무엇일까요?

① 갑 : 타고난 본성을 실현합니다.
② 을 : 현실을 벗어나 은둔 생활을 합니다.
③ 병 : 독립적이고 불변하는 자아를 실현합니다.
④ 정 : 악한 본성을 극복하고 인격 완성을 이룹니다.
⑤ 무 : 가능한 한 많은 지식을 얻기 위해 경전을 공부합니다.

도가 윤리적 접근

유형보기

1. 유교와 도가의 하늘관 비교 교육청

- ⊙ 하늘은 인간과 직접적인 관련이 있으므로 하늘의 의지가 인간의 본성에 반영되어 있다.
- ⓒ 하늘은 인간이나 다른 존재들에게 특별한 관심을 가지고 있지 않다. 하늘은 그저 자연이다.

자료 분석
(1) ⊙은 유교의 하늘, ⓒ은 도가의 하늘에 해당한다.
(2) 유교의 하늘은 도덕적 원리를 포함한다.
(3) 도가의 하늘은 인간사에 개입하지 않는 그저 자연일 뿐이다.

2. 도가적 삶의 태도 수능

(가)	도(道)는 늘 아무 일도 하지 않으나 하지 못하는 일이 없다. 제후나 국왕이 이 도를 지킬 수 있다면 천지 만물이 장차 저절로 변화될 것이다.
(나)	⊙ . 그러면 아이처럼 순진무구한 삶을 살 것이다. ⓒ . 그러면 물처럼 서로 다투지 않는 삶을 살 것이다.

자료 분석
(1) ⊙, ⓒ에는 도와 하나 된 삶의 모습을 나타내는 말이 들어가야 한다.
(2) ⊙에는 '인위(人爲)의 가치를 버려라.' ⓒ에는 '자연의 흐름과 하나가 되어라'라는 진술이 들어가야 적절하다.

3. 유교, 불교, 도교의 수양 방법 교육청

- 갑 : 군자는 홀로 있을 때에도 도리에 어긋남이 없도록 몸가짐을 바르게 하고 언행을 삼가야 한다.
- 을 : 물과 같은 삶을 사는 성인이 되기 위해서는 언제나 욕심없이 남들과 부귀와 공명을 다투지 않아야 한다.
- 병 : 탐욕이 없어지고, 성냄이 소멸되며, 어리석음이 사라진 깨달음에 도달해야 한다. 그러기 위해서는 상(相)에 머무르지 않는 보시(布施)를 실천해야 한다.

자료 분석
(1) 갑은 유가의 입장, 을은 도가의 입장, 병은 불교의 입장이다.
(2) 갑, 을, 병은 각기 다른 사상적 이론을 펼치고 있지만 현실 생활에서 과도한 욕망을 절제하는 수양 태도를 강조한다.
(3) 갑, 을, 병은 이상적 인간이 되기 위한 구체적인 방법을 제시하고 있다.

대표기출로 유형 감잡기
정답 및 해설 · p.006

029
정답률 69% 2024학년도 9월 평가원

갑, 을 사상가들의 입장으로 적절한 것만을 〈보기〉에서 있는 대로 고른 것은?

갑 : 최상의 선은 물과 같다. 물은 만물을 이롭게 하면서도 다투지 않고, 사람들이 싫어하는 낮은 곳에 머문다. 물은 도(道)에 가깝고 무엇과도 다투지 않으므로 허물이 없다.

을 : 두 단의 갈대 중 하나를 치우면 다른 하나도 넘어지듯, 이것이 없으면 저것이 없고 이것이 일어나면 저것도 일어난다. 이 법(法)은 내가 만든 것도 다른 사람이 만든 것도 아니다.

〈보기〉
ㄱ. 갑 : 인의(仁義)의 강조는 사회 혼란의 원인이 될 수 있다.
ㄴ. 을 : 끊임없이 변화하는 세계에서 영원한 실체를 찾아야 한다.
ㄷ. 을 : 집착과 번뇌의 제거를 위한 수행이 반드시 필요하다.
ㄹ. 갑과 을 : 차별하는 마음을 버려야 진리를 깨달을 수 있다.

① ㄱ, ㄴ   ② ㄱ, ㄷ   ③ ㄴ, ㄹ
④ ㄱ, ㄷ, ㄹ   ⑤ ㄴ, ㄷ, ㄹ

030
정답률 32% 2023학년도 수능 ⓔ 연계

갑, 을 사상가들의 입장으로 가장 적절한 것은?

갑 : 성인(聖人)의 은혜가 만세에 베풀어져도 사람에게 특별히 치우치지 않는다. 친함이 있으면 어진 자가 아니며, 명성을 추구하여 참된 자기를 잃으면 선비가 아니다.

을 : 이것이 있기 때문에 저것이 있고, 이것이 일어나기 때문에 저것이 일어난다. 이 법(法)은 내가 만든 것도 아니고 다른 사람이 만든 것도 아니다.

① 갑 : 자신을 구속하는 일체의 것을 잊어버리고 자유롭게 살아야 한다.
② 갑 : 사욕(私欲)을 극복하고 예로 돌아가는 삶을 지향해야 한다.
③ 을 : 바른 수행으로 만물이 서로 독립하여 존재함을 깨달아야 한다.
④ 을 : 연기법에 대한 자각을 통해 변하지 않는 자아를 깨달아야 한다.
⑤ 갑과 을 : 하늘이 부여한 순선한 본성을 따르는 삶을 살아가야 한다.

031

정답률 85% 2021학년도 10월 교육청

다음을 주장한 사상가가 부정의 대답을 할 질문으로 옳은 것은?

> 명성을 추구하지 말고 모략을 일삼지 말아야 한다. 일의 책임자가 되지 말고 지혜의 주인이 되지 말아야 한다. 다함이 없는 도(道)를 체득하여 없음의 경지에서 노닐어야 한다. 지극한 사람[至人]의 마음 씀은 거울과 같아서 일부러 보내지도 않고 일부러 맞아들이지도 않는다. 그저 응할 뿐 간직하지 않는다.

① 자연의 섭리에 순응하고 선악을 객관적으로 분별해야 하는가?
② 천지 만물 어디에나 있는 도와 일치하는 삶을 살아야 하는가?
③ 마음을 비워 깨끗이 하고 타고난 본성에 따라 살아야 하는가?
④ 세속을 초월해 무엇에도 얽매이지 않는 삶을 추구해야 하는가?
⑤ 조용히 앉아 자신을 구속하는 일체의 것을 잊어버려야 하는가?

032

정답률 83% 2021학년도 6월 평가원

(가) 사상의 입장에서는 긍정, (나) 사상의 입장에서는 부정의 대답을 할 질문으로 가장 적절한 것은?

> (가) 자신의 수양을 경(敬)으로써 하며, 자신을 수양하여 다른 이를 편안하게 한다. 요순(堯舜)도 자신을 수양하여 백성을 편안하게 하는 일은 항상 부족하다 여기고 노력하였다.
>
> (나) 배우면 날마다 쌓이고, 도에 따르면 날마다 덜어진다. 덜고 또 덜면 무위(無爲)에 이른다. 무언가 일삼으려 하면 오히려 부족하며, 일삼지 않아야 천하를 취할 수 있다.

① 만물을 차별하지 말고 평등하게 보아야 하는가?
② 명예와 욕심을 버리고 소박한 삶을 살아야 하는가?
③ 사회적 지위에 따른 예의와 규범을 중시해야 하는가?
④ 연기의 법칙을 깨달아 자비의 정신을 실천해야 하는가?
⑤ 예법에 집착하지 말고 자연의 흐름에 따라 살아야 하는가?

예상문제로 유형 익히기

정답 및 해설 · p.006

033

난이도 상 중 하

그림의 (가)~(다)에 들어갈 질문으로 옳은 것은?

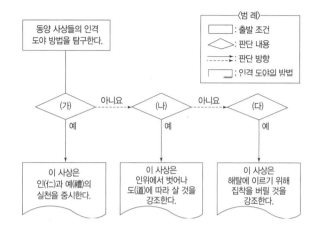

① (가) : 무위자연(無爲自然)의 삶을 살아야 하는가?
② (가) : 거경(居敬)의 자세를 유지하며 살아야 하는가?
③ (나) : 집착을 버리고 열반(涅槃)의 경지에 들어야 하는가?
④ (다) : 좌망(坐忘)과 심재(心齋)를 실천해야 하는가?
⑤ (다) : 수양을 통해 사덕(四德)이 구현된 삶을 지향하는가?

034

난이도 상 중 하

갑 사상가의 관점에서 〈문제 상황〉의 A에게 조언할 수 있는 내용으로 가장 적절한 것은?

> 갑 : 최고의 선은 물과 같다. 물처럼 살아가면서 만족할 줄 아는 사람은 부끄러움을 당하지 않는다. 무엇이든 지나치게 좋아하면 그만큼 낭비가 크고, 너무 많이 쌓아 두면 그만큼 잃게 된다.
>
> 〈문제 상황〉
> 학생 A는 구입한 지 얼마되지 않은 스마트폰을 갖고 있다. 그런데 최신형 스마트폰이 출시되자 교체하고 싶은 생각 때문에 해야 할 일에 집중하지 못하고 있다.

① 사욕을 극복하고 인의(仁義)를 실천하렴.
② 고통의 원인이 되는 집착에서 벗어나렴.
③ 물질적 욕심을 버리고 소박한 삶을 살아가렴.
④ 타고난 악한 본성을 선하게 변화시키기 위해 노력하렴.
⑤ 사사로운 욕심을 버리고 공동선의 실현을 위해 살아가렴.

의무론적 접근

수능 출제 패턴 분석 칸트, 의무론, 의무론과 공리주의 비교

유형보기

1. 칸트의 의무론

갑 : 의무는 법칙에 대한 존경심에서 비롯된 필연적 행위이다. 행위의 도덕적 가치는 그것에서 기대되는 결과에 있지 않다. 따라서 인간의 최고의 도덕적 완성은 의무를 다하는 것이다.

자료 분석

(1) 갑은 인간의 최고의 도덕적 완성은 의무를 다하는 것에 있다고 보는 칸트이다.
(2) 칸트는 도덕성을 판단함에 있어 행위의 결과보다 동기를 중시하고, 오로지 의무 의식에서 나온 행위만이 도덕적 가치를 지닌다고 보았다.

2. 칸트 윤리 사상의 특징

이 세상에서, 아니 이 세상 밖에서까지라도 무제한적으로 선하다고 생각될 수 있는 것은 오로지 선의지뿐이다. 천부적 재능이나 기질도 그것을 사용하는 의지가 선하지 못하다면, 지극히 악하고 또 해로운 것이 될 수도 있다.

자료 분석

(1) 칸트는 행위의 선악을 결정하는 것은 행위의 결과가 아니라 오직 그 행위를 낳는 의지일 뿐이라고 본다. 따라서 무조건적으로 선하다고 말할 수 있는 것은 오로지 선의지밖에 없다고 본다.
(2) 칸트는 행위의 결과보다는 동기를 중시하며, 이성적이고 자율적인 인간은 보편적인 도덕 법칙을 인식할 수 있음을 강조한다.

3. 칸트의 사상과 공리주의 비교 교육청

갑 : 도덕적 명령은 어떤 목적을 달성하기 위한 수단으로서의 명령이 아니라 그 자체가 목적인 정언 명령이어야 한다.
을 : 행위의 옳고 그름을 평가하는 유일한 도덕적 기준은 행위에 의해 생겨날 쾌락과 고통의 양이다

자료 분석

(1) 갑은 선의지에 따른 행위만이 도덕적 행위라고 보는 칸트이다.
(2) 을은 도덕 원리는 유용성에서 도출된다고 보는 공리주의 입장을 갖고 있다.
(3) 칸트는 행위의 결과보다는 동기를 중시하면서 오로지 의무 의식에서 나온 행위만이 도덕적 가치를 지닌다고 본다. 반면 공리주의는 쾌락과 행복을 가져다주는 행위를 옳은 행위로 본다.

대표기출로 유형 감잡기 정답 및 해설 • p.007

035

정답률 88% | 2024학년도 9월 평가원

다음을 주장한 사상가의 입장에서 〈문제 상황〉 속 A에게 제시할 조언으로 가장 적절한 것은?

도덕성은 행위가 의지의 자율과 맺는 관계이다. 의지의 준칙이 자율성의 법칙과 필연적으로 조화를 이룰 때, 그 의지는 단적으로 선한 의지가 된다.

〈문제 상황〉
평소 함께 식사하던 친구가 급식실에 늦게 도착한 A에게 자신의 앞에 서라고 권했다. A는 새치기를 할지 질서를 지켜야 할지 고민하고 있다.

① 친구들 사이에서 더 인정받을 수 있는 행위를 선택하세요.
② 구체적인 상황을 고려하여 중용에 따른 행위를 선택하세요.
③ 친구와 함께하고자 하는 마음이 이끄는 행위를 선택하세요.
④ 가능한 행위 중에서 의무로부터 비롯된 행위를 선택하세요.
⑤ 더 많은 쾌락을 가져올 것으로 예상되는 행위를 선택하세요.

036

정답률 61% | 2023학년도 3월 교육청

갑, 을 사상가들의 입장으로 가장 적절한 것은?

갑 : 품성적 덕은 본성적으로 생겨나는 것도 아니요, 본성에 반하여 생겨나는 것도 아니다. 우리는 그것을 본성적으로 받아들일 수 있으며 습관을 통해 완성시킨다.
을 : 정언 명령은 어떤 행위를 그 자체로서, 다른 목적과 관계없이 필연적인 것으로 표상한다. 정언 명령만이 도덕 법칙으로서의 필연성을 가진다.

① 갑 : 덕에 따르는 삶을 위해 공동체의 전통에서 벗어나야 한다.
② 갑 : 인간은 선천적으로 지니고 있는 품성적 덕을 길러야 한다.
③ 을 : 의무에 맞는 모든 행위를 도덕적 행위로 간주해야 한다.
④ 을 : 이성적 존재는 스스로 도덕 법칙의 수립자가 되어야 한다.
⑤ 갑과 을 : 도덕적 행위를 하려면 자연적 경향성을 따라야 한다.

037

정답률 88% | 2023학년도 6월 평가원

다음을 주장한 사상가의 입장에서 〈사례〉 속 A에게 제시할 조언으로 가장 적절한 것은?

> 너의 행위의 준칙이 보편적 법칙이 되기를 바랄 수 있도록 그렇게 행위하라.
>
> 〈사례〉
>
> 사장 A가 돈을 빌리지 않으면 회사는 부도가 나고 직원도 실직하게 된다. A는 친구에게 돈을 빌리기 위해 갚지 못할 것을 알면서도, 돈을 반드시 갚겠다는 거짓 약속을 할지 고민하고 있다.

① 정직한 행위에 따르는 보상을 기대하고 행동하세요.
② 직원의 처지를 보고 느끼는 동정심에 따라 행동하세요.
③ 당신의 고통보다 친구의 고통이 크게 되지 않도록 행동하세요.
④ 거짓 약속을 해서라도 당신의 경제적 피해를 최소화하도록 행동하세요.
⑤ 모두가 거짓 약속을 시도한다면 과연 약속이란 것이 가능할지 판단하여 행동하세요.

038

정답률 79% | 2022학년도 6월 평가원

다음을 주장한 사상가의 입장에서 〈사례〉 속 A에게 해 줄 수 있는 조언으로 가장 적절한 것은?

> 어떤 행위가 의무에 맞을지라도 반드시 도덕적 가치를 갖는다고 할 수는 없다. 비록 그 행위가 의무가 명령한 것에 맞게 일어난다 할지라도 의무로부터 일어난 것이 아니라면 도덕적 가치를 갖지 않기 때문이다.
>
> 〈사례〉
>
> 상인 A는 정직하게 손님을 대하여 많은 단골손님을 갖게 되었다. 그러던 어느 날 정직한 행동이 이익으로 돌아온다는 생각이 들었다. 하지만 시간이 갈수록 그는 이익을 위해 정직하게 행동하는 것이 진정으로 도덕적인 것인지 고민하게 되었다.

① 꾸준한 도덕적 실천으로 얻어진 덕에 따라 행동하세요.
② 당신의 자연적 성향에 따라 손님들을 정직하게 대하세요.
③ 모두의 이익을 증진시킬 수 있도록 정직하게 행동하세요.
④ 당신의 정직한 행위가 도덕적 의무에 맞기만 하면 됩니다.
⑤ 경향성이 섞이지 않은 순수한 도덕적 동기에 따라 행동하세요.

예상문제로 유형 익히기

정답 및 해설 · p.007

[039~040] 다음 자료를 읽고 물음에 답하시오.

> (가) 도덕적 가치는 오직 그렇게 행위하는 것이 우리의 의무라는 사실을 인식하고 행위할 경우에만 드러난다. 이성은 이러한 의무의 요구를 다음과 같은 방식으로 표현한다. "네 의지의 격률이 언제나 동시에 보편적 입법의 원리가 될 수 있도록 행위하라."
>
> (나) 자녀의 수업료를 걱정하던 K 씨는 길에서 지갑을 주웠다. 지갑 속에는 현금과 함께 주인의 명함이 들어 있었다. 그는 지갑을 돌려주어야 할지 자녀의 수업료로 써야 할지 고민하고 있다.

039

Challenge 30% 신유형

난이도 상 중 하

(가)의 사상가가 지지할 주장을 〈보기〉에서 고른 것은?

> 〈보기〉
> ㄱ. 도덕 법칙은 행복 실현의 수단이다.
> ㄴ. 옳고 그름은 행위의 결과에 의해 결정된다.
> ㄷ. 도덕적 행동은 선의지에 따라 이루어진 행위이다.
> ㄹ. 누구에게나 적용되는 보편적인 행위 기준이 있다.

① ㄱ, ㄴ   ② ㄱ, ㄷ   ③ ㄴ, ㄷ
④ ㄴ, ㄹ   ⑤ ㄷ, ㄹ

040

난이도 상 중 하

(가)의 관점에서 (나)의 K 씨에게 해줄 수 있는 조언으로 가장 적절한 것은?

① 지갑을 잃어버린 사람의 고통을 먼저 고려하라.
② 우리가 마땅히 지켜야 할 도리가 무엇인지를 고려하라.
③ 어떤 행위가 최대의 유용성을 가져올 수 있는지를 고려하라.
④ 수업료로 사용하는 것이 자연의 질서에 어긋나는지를 고려하라.
⑤ 지갑을 돌려주는 것이 지속적인 쾌락을 가져오는지를 고려하라.

041

난이도 상 **중** 하

그림은 어느 학생의 수행 평가 답안지이다. ㉠~㉣ 중 옳은 내용을 고른 것은?

수행 평가

➡ 문제 : 다음은 윤리학을 구분한 것이다. (가), (나)의 특징을 서술하시오.

구분	사례
(가)	행위에 대한 도덕적 판단은 행위의 결과와 무관하게 요구되는 의무와 원칙에 따라 이루어져야 한다.
(나)	행위의 결과가 가져다주는 쾌락이나 행복을 행위의 도덕적 판단 기준으로 보아야 한다.

➡ 학생 답안

㉠ (가)는 의무론적 윤리론이고, (나)는 공리주의적 윤리론이다. ㉡ 의무론적 윤리론과 공리주의적 윤리론 모두 이론적 윤리학에 해당한다. ㉢ (가)는 최선의 결과를 가져오는 행위를 선하고 옳은 행위로 본다. ㉣ (나)는 행위자에 초점을 두어 도덕적 행동이 행위자의 덕에 따라 정해진다고 본다.

---

① ㉠, ㉡   ② ㉠, ㉢   ③ ㉡, ㉢
④ ㉡, ㉣   ⑤ ㉢, ㉣

042

난이도 상 **중** 하

(가) 사상가의 관점에서 (나)의 ㉠, ㉡의 행위에 대해 내릴 수 있는 판단으로 가장 적절한 것은?

(가)	자신의 인격과 다른 사람의 인격에 있어서 인간성을 언제나 동시에 목적으로 간주하여야 하며, 결코 한갓 수단으로 사용해서는 안 된다.
(나)	• A는 가족의 빚을 갚기 위해 고심한 끝에 생명이 위독한 환자에게 ㉠자신의 장기를 팔았다. • B는 평소 갖고 싶던 물건을 사기 위해 ㉡자신의 몸을 성매매의 대상으로 삼았다.

① ㉠은 동기가 선하므로 도덕적이다.
② ㉠은 타인의 생명 연장에 도움을 주었으므로 도덕적이다.
③ ㉡은 자율성을 바탕으로 하였으므로 도덕적이다.
④ ㉡은 사회의 도덕규범과 관습에 위배되므로 도덕적이지 않다.
⑤ ㉠과 ㉡은 자신을 목적을 위한 도구로 사용하였으므로 도덕적이지 않다.

043

난이도 상 **중** 하

(가)의 관점에서 (나)의 갑에게 제시할 수 있는 조언으로 가장 적절한 것은?

(가)	도덕 법칙만이 존경의 대상일 수 있고 그래서 명령이 될 수 있다. 의지를 결정할 수 있는 것은 객관적으로 보면 법칙뿐이며 주관적으로 보면 실천 법칙에 대한 순수한 존경, 즉 나의 모든 경향성을 포기하고서라도 그 법칙을 따르겠다는 준칙뿐이다.
(나)	갑은 말기 암 환자로 극심한 고통을 겪고 있다. 그는 자신의 고통과 가족의 경제적 부담을 줄일 수 있도록 안락사를 시켜 달라고 의사에게 요청하였다.

① 자신의 행복을 극대화하는 방향으로 행동해야 한다.
② 사회적 비난을 받지 않는 범위 내에서 행동해야 한다.
③ 삶의 의미란 삶이 다하는 날까지 기다려봐야 아는 것이다.
④ 고통을 피하려고 인격의 절대적 가치를 침해해서는 안 된다.
⑤ 고통에 초연함으로써 참된 마음의 평화를 얻도록 해야 한다.

044

난이도 상 **중** 하

다음 사상가가 〈사례〉 속 A의 행위를 도덕적 행위라고 평가할 때, 이 사상가가 제시할 이유로 가장 적절한 것은?

감정은 도덕적 행위의 기반이 될 수 없다. 오로지 실천 이성이 내리는 정언 명령을 따르는 행위만이 도덕적 가치를 갖는다.

〈사 례〉

A는 중간고사를 대비하기 위해 도서관에 가던 중, 무거운 짐을 들고 있는 할머니를 보았다. A는 시험에 대한 부담감 때문에 잠시 망설였지만 그래도 할머니를 돕는 것이 마땅하다고 생각하고는 짐을 받아 들고 목적지까지 모셔다 드렸다.

---

① 행위의 결과가 가져다줄 효용성을 따져 행동했기 때문이다.
② 이웃을 도와야 한다는 규칙의 유용성을 고려했기 때문이다.
③ 자연적인 경향성을 극복하고 의무 의식을 따랐기 때문이다.
④ 불쌍한 사람에 대한 동정심에 근거하여 행동했기 때문이다.
⑤ 어려운 이웃은 도와주어야 한다는 종교적 가르침을 따랐기 때문이다.

공리주의적 접근

유형보기

1. 의무론적 윤리설과 공리주의 윤리설 교육청

갑 : 너 자신에게나 다른 사람에게 있어서 인격을 언제나 동시에 목적으로 대하고 수단으로 대하지 말라.

을 : 자연은 인류를 고통과 쾌락이라는 두 주권자의 지배하에 두었다. 우리가 무엇을 할 것인가를 결정하는 것은 고통과 쾌락뿐이다.

자료 분석

(1) 갑은 의무론자인 칸트이고, 을은 공리주의 사상가인 벤담이다.

(2) 칸트에 따르면 행위의 옳고 그름은 행위의 결과와 상관없이 그 행위가 의무에 부합하느냐에 의해 결정된다. 즉 의무론적 관점에서는 행위의 동기나 의무 의식 등이 도덕 판단의 근거가 된다.

(3) 벤담이나 밀과 같은 공리주의자들은 가장 좋은 결과를 가져오는 행위가 옳다고 본다. 따라서 공리주의적 관점에서는 행위의 결과나 유용성, 혹은 비용 대비 혜택 등이 도덕 판단의 근거가 된다.

2. 벤담이 제시한 쾌락 계산법의 일곱 가지 기준

1. 강도 : 그 쾌락은 얼마나 강한가?
2. 지속성 : 그 쾌락은 얼마나 오래 지속되는가?
3. 확실성 : 그 쾌락은 확실하게 얻을 수 있는가?
4. 근접성 : 그 쾌락은 얼마나 빨리 얻을 수 있는가?
5. 다산성 : 그 쾌락은 얼마나 많이 얻을 수 있는가?
6. 순수성 : 그 쾌락은 고통이 따르지 않는 등 얼마나 순수한가?
7. 범위 : 그 쾌락은 얼마나 많은 사람들에게 파급 효과가 있는가?

자료 분석

(1) 벤담은 모든 쾌락은 질적인 면에서는 차이가 없고 양적인 면에서만 차이가 있다고 주장하며, 쾌락을 양적으로 계산할 수 있다고 보았다. 그러나 우리가 행위를 할 때마다 그 행위로 인한 쾌락이나 불쾌의 양을 계산하는 것은 쉬운 일이 아니다.

(2) 현대 공리주의자들은 이런 공리주의의 난점을 해소하기 위해 행위 공리주의와 규칙 공리주의를 구분하였다.

3. 행위 공리주의와 규칙 공리주의

구분	행위 공리주의	규칙 공리주의
도덕 표준	최대 다수의 최대 행복을 가져다주는 유용한 행위를 하여라.	최대 다수의 최대 행복을 가져다주는 규칙에 따른 유용한 행위를 하여라.
도덕 규칙	한 행위의 결과가 다른 행위의 결과보다 더 좋으면 도덕적이다.	도덕 규칙을 따른 행위의 결과가 다른 행위의 결과보다 더 좋으면 도덕적이다.

자료 분석

공리주의는 윤리적 의사 결정을 내리는 기준에 따라 '행위 공리주의'와 '규칙 공리주의'로 구분한다. 행위 공리주의는 행위 그 자체의 결과를, 규칙 공리주의는 행위가 따르고 있는 규칙의 결과를 옳은 행위의 결정 기준으로 삼는다.

대표기출로 유형 감잡기 정답 및 해설 • p.008

045

정답률 92% | 2023학년도 9월 평가원

다음을 주장한 사상가의 입장에서 〈사례〉 속 A에게 제시할 조언으로 가장 적절한 것은?

공리의 원리란 모든 행위에 관해 그것이 우리의 행복을 증진하느냐 혹은 감소하느냐에 따라 좋다거나 나쁘다고 평가하는 원리이다. 쾌락과 고통은 강도, 지속성, 확실성 등을 기준으로 오직 양으로만 계산될 수 있다.

〈사례〉

로봇 개발자인 A는 인공지능 로봇 제작을 의뢰받았다. A는 인공지능 로봇이 사람을 대신하여 유용한 일을 할 수 있지만, 범죄나 전쟁 등과 같은 유해한 일에 악용될 수 있기 때문에 이 로봇을 개발할지 고민하고 있다.

① 로봇 개발이 가져올 해악과 편익의 총합을 계산하여 결정하세요.
② 로봇 개발이 산출할 타인의 이익에 가중치를 두고 결정하세요.
③ 로봇 개발이 산출할 쾌락의 질적 차이를 고려하여 결정하세요.
④ 로봇 개발이 결과와 무관하게 선한 것인지 숙고하여 결정하세요.
⑤ 로봇 개발이 당신에게 가져올 이익만을 고려하여 결정하세요.

046

정답률 88% | 2022학년도 9월 평가원

갑, 을 사상가들의 입장으로 적절하지 않은 것은?

갑 : 이성적 존재자로서 인간의 행위는 도덕 법칙의 지배를 받는다. 이 법칙에 자신의 행위를 자율적으로 복종시킬 때 그 행위는 결과와는 상관없이 도덕적 가치를 갖는다.

을 : 모든 쾌락을 합산하고 모든 고통을 합산하여 이 둘을 비교하였을 때, 쾌락의 양이 더 크면 그 행위는 옳은 행위이다. 이것이 행위의 옳음을 판단하는 유일한 방법이다.

① 갑 : 좋은 결과를 산출한 행위도 옳지 않은 행위일 수 있다.
② 갑 : 그 자체로 선한 의지에서 비롯된 행위는 옳은 행위이다.
③ 을 : 행위의 옳고 그름을 판단하는 척도는 결과의 유용성이다.
④ 을 : 정신적 쾌락은 감각적 쾌락과 달리 양적 계산이 불가능하다.
⑤ 갑, 을 : 행위의 옳고 그름을 규정하는 보편적 원칙은 존재한다.

047

다음을 주장한 사상가의 입장에서 〈문제 상황〉 속 A에게 제시할 조언으로 가장 적절한 것은?

> 행위가 옳은지 그른지를 알기 위해서는 그 행위의 결과가 어떠한지를 알아야 한다. 유용성의 원리는 선택의 상황에서 개별 행위에 직접적으로 적용된다. 옳은 행위란 다른 어떤 가능한 행위보다 더 큰 유용성을 갖는 행위이다.

〈문제 상황〉

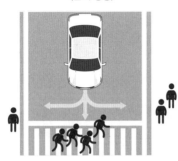

> 자율 주행 자동차를 설계하고 있는 엔지니어 A는 위 그림과 같이 자율 주행 자동차가 고속 주행 중 제동을 시도해도 보행자와의 충돌이 불가피한 경우, 어떻게 주행하도록 설계해야 할지 고민하고 있다.

① 그 자체로 선한 의지를 반영하여 주행하도록 설계하세요.
② 탑승자와 보행자의 고통의 총합을 최소화하도록 설계하세요.
③ 탑승자의 안전을 최우선으로 고려하여 주행하도록 설계하세요.
④ 보행자의 인격을 수단이 아닌 목적으로 대우하도록 설계하세요.
⑤ 사회적 관습에 내재한 선에 따라 상황에 대처하도록 설계하세요.

048

갑, 을 사상가들의 입장에서 〈사례〉 속 A에게 해 줄 수 있는 조언으로 가장 적절한 것은?

> 갑 : 의무란 도덕 법칙에 대한 존경심 때문에 반드시 어떤 행위를 할 수밖에 없는 것이다. 의무로부터 비롯된 행위만이 도덕적 가치를 갖는다.
> 을 : 두 가지 쾌락을 경험한 사람들이 그중 특정한 쾌락을 선호해야 한다는 도덕적 의무감과 상관없이 어느 한 쾌락을 확실히 선호한다면 그 쾌락이 더 바람직한 쾌락이다.

〈사례〉

> A는 운영하던 회사가 어려워지자 돈을 갚을 수 없다는 것을 알면서도 친구에게 돈을 갚겠다는 거짓 약속을 하고 돈을 빌릴 것인가를 고민하고 있다.

① 갑 : 거짓말해도 된다는 준칙은 보편화될 수 없음을 명심하세요.
② 갑 : 자연적인 경향성에 따라 항상 정직해야 함을 명심하세요.
③ 을 : 거짓말로 인한 결과는 고려할 필요가 없음을 명심하세요.
④ 을 : 정직함은 유용성과 무관하게 도덕적인 것임을 명심하세요.
⑤ 갑, 을 : 거짓말은 상황에 따라 허용될 수 있음을 명심하세요.

049

갑 사상가가 을 사상가에게 제기할 반론으로 가장 적절한 것은?

> 갑 : 인간에 대한 배려는 윤리적 행위의 결과물이기도 하지만 오히려 그 토대이다. 배려했던 기억과 배려받았던 기억이 윤리적 행위의 초석이다.
> 을 : 인류는 고통과 쾌락의 두 주권자의 지배하에 있다. 마땅히 해야만 하는 것으로 인도하며 의무를 결정짓는 것은 오로지 고통과 쾌락뿐이다.

① 최대 행복의 원리보다 인간관계의 맥락을 우선해야 함을 간과한다.
② 유용성의 계산은 보편적 도덕 원리에 의거해야 함을 간과한다.
③ 고통의 회피와 쾌락의 추구가 인간 고유의 성향임을 간과한다.
④ 나의 행복과 타인의 행복이 동등하게 고려되어야 함을 간과한다.
⑤ 윤리적 행위를 위해서는 동기보다 결과가 더 중요함을 간과한다.

예상문제로 유형 익히기

정답 및 해설 · p.008

050

난이도 상 중 하

(가) 사상가의 입장에서 답변할 때, (나)의 ㉠에 들어갈 적절한 내용만을 〈보기〉에서 있는 대로 고른 것은?

(가)	만족한 돼지보다는 불만족한 인간이 되는 것이 더 낫고, 만족한 바보보다는 불만족한 소크라테스가 되는 것이 더 낫다.
(나)	

어떤 마음으로 이웃을 돕는 것이 좋을까요?

㉠

〈보기〉

> ㄱ. 유용성의 원리에 따라 이웃을 도와야 합니다.
> ㄴ. 최대 다수의 최대 행복을 고려하여 이웃을 도와야 합니다.
> ㄷ. 어려운 사람을 도와야 한다는 의무감에 따라 이웃을 도와야 합니다.
> ㄹ. 쾌락의 양뿐만 아니라 쾌락의 질도 고려하여 이웃을 도와야 합니다.

① ㄱ, ㄴ
② ㄱ, ㄷ
③ ㄷ, ㄹ
④ ㄱ, ㄴ, ㄹ
⑤ ㄴ, ㄷ, ㄹ

051 Challenge 30% 고난도   난이도 상 중 하

⊙에 들어갈 옳은 내용만을 〈보기〉에서 있는 대로 고른 것은?

> 현대의 공리주의는 유용성의 원리를 개별적 행위가 아닌 '행위의 규칙'에 제한적으로 적용하는 이른바 규칙 공리주의 이론을 체계화하였다. 즉, 행위의 규칙을 따른 결과로써 발생한 행위가 선인가, 악인가에 따라 그 행위의 도덕적 가치를 판단한다. 이는 어떤 행위가 옳은가 그른가에 대한 도덕 판단은 그 행위가 타당한 도덕 규칙에 부합하는가의 여부에 달려 있다는 뜻이다. 따라서 규칙 공리주의는 _____⊙_____이 도덕적이라고 주장한다.

〈보기〉

ㄱ. 보편화된 행위의 결과를 고려하여 행동하는 것
ㄴ. 행위 하나하나의 결과만을 평가하여 행동하는 것
ㄷ. 도덕 규칙에 따른 행위의 결과를 고려하지 않고 행동하는 것
ㄹ. 최대 다수의 최대 행복을 가져다주는 도덕 규칙에 따라 행동하는 것

① ㄱ, ㄴ   ② ㄱ, ㄹ   ③ ㄴ, ㄷ
④ ㄱ, ㄷ, ㄹ   ⑤ ㄴ, ㄷ, ㄹ

052 Challenge 30% 신유형   난이도 상 중 하

(가)의 갑, 을 사상가들의 입장을 (나) 그림으로 표현할 때 A~C에 해당하는 진술로 가장 적절한 것은?

(가)	갑 : 행위자의 도덕성은 행위의 결과에 따르려는 자연적 경향성을 배제하고 선의지를 바탕으로 한 자율적인 도덕 원리를 따를 때 정당화된다. 을 : 행위의 도덕적 가치는 그 행위가 유용성을 증진시키는가 그렇지 않은가에 따라 판단되어야 한다. 만약 어떤 행위가 '최대 다수의 최대 행복'을 가져온다면 그 행위는 옳은 행위라고 할 수 있다.
(나)	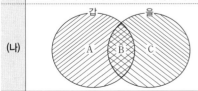 〈범례〉 A : 갑만의 입장 B : 갑, 을의 공통 입장 C : 을만의 입장

① A : 가장 좋은 결과를 가져오는 행위가 선한 행위이다.
② A : 의무 의식에서 나온 행위만이 도덕적 가치를 지닌다.
③ B : 행복의 증진에 기여하는 행위가 선한 행위이다.
④ C : 행위의 동기를 기준으로 선악을 판단해야 한다.
⑤ C : 행복의 추구보다 도덕적 의무를 우선시해야 한다.

053   난이도 상 중 하

(가)의 갑, 을 사상가들이 (나)의 K 씨에게 제시할 조언으로 가장 적절한 것은?

(가)	갑 : 행위의 옳고 그름을 평가하는 유일한 기준은 행위에 의해 생겨날 쾌락과 고통의 양입니다. 을 : 어떤 종류의 쾌락이 다른 종류의 쾌락보다 더 가치 있다는 것을 인정하는 것은 유용성의 원리에 어긋나지 않습니다.
(나)	K 씨는 예술성이 뛰어난 명화를 감상하는 것보다 자신이 좋아하는 만화를 보는 것이 더 바람직하다고 생각한다. 왜냐하면 K 씨는 예술 작품을 감상할 때보다 만화를 볼 때에 더 많은 쾌락을 느끼기 때문이다.

① 갑 : 쾌락보다 금욕을 추구하는 삶을 살아야 합니다.
② 갑 : 어떤 행위가 자연의 질서에 부합하는지 살펴봐야 합니다.
③ 을 : 질적으로 높고 고상한 쾌락을 추구해야 합니다.
④ 을 : 타인의 쾌락보다 자신의 쾌락을 우선적으로 추구해야 한다.
⑤ 갑, 을 : 욕구로부터 비롯된 행위는 결코 도덕적 행위가 될 수 없음을 알아야 합니다.

054   난이도 상 중 하

다음 사상의 입장에서 긍정의 대답을 할 질문으로 옳은 것은?

> 행위의 도덕적 가치는 그 행위가 결과적으로 유용성을 증진시키는가 그렇지 않은가에 따라 판단되어야 한다. 만약 어떤 행위가 '최대 다수의 최대 행복'을 가져온다면 그 행위는 옳은 행위라고 할 수 있다.

① 사회적 효용이 증대되는 행위를 해야 하는가?
② 편견 없이 타인을 대하는 것은 도덕적 당위이기 때문인가?
③ 도덕 법칙을 행위의 결과와 상관없이 무조건 따라야 하는가?
④ 보편적 윤리 규범을 도덕적 의무 이행의 기본 원칙으로 삼아야 하는가?
⑤ 도덕적 가치는 우리가 오직 의무로부터 행위할 경우에만 드러나는 것인가?

덕 윤리적 접근과 도덕 과학적 접근

수능 출제 패턴 분석 덕 윤리, 아리스토텔레스, 정의 윤리, 배려 윤리, 진화 윤리학, 신경 윤리학

유형보기

1. 덕 윤리 교육청

현대 덕 윤리는 20세기 중반 이후 의무와 원리에 따른 행위 중심의 근대 윤리에 대한 불만이 생기면서 등장하였다. 덕 윤리는 도덕 법칙이나 추상적인 원리보다 행위자의 내면적 도덕성이나 성품의 중요성을 강조한다. 따라서 '어떤 행위를 해야 하는가?'보다는 '어떤 사람이 되어야 하는가?'에 더 큰 관심을 둔다.

자료 분석

(1) 덕 윤리는 행위의 결과나 도덕 원리보다 행위자의 품성과 덕성을 중시한다.

(2) 덕 윤리는 공동체 구성원으로서 인간의 삶에 관심을 가지며, 자신이 속한 공동체에서 어떻게 행동해야 할 것인가를 고민하고 유덕한 성품을 기를 것을 강조한다.

(3) 덕 윤리에서 강조하는 덕을 갖춘 사람은 바람직한 행동을 일관성 있게 실천하는 사람이다. 덕을 갖춘 사람은 도덕 규칙이나 원리를 기계적으로 적용하는 사람이 아니라 상황의 특수성을 고려하여 문제 상황을 해결하는 지혜를 갖춘 사람이다.

2. 덕 윤리와 배려 윤리의 강조점과 차이점

현대 덕 윤리는 아리스토텔레스에 있어서처럼 덕을 고정된 인간 본성에 의거해서 보지 않는다는 점에서 고대 덕 윤리와 다르다. 하지만 현대와 고대의 덕 윤리는 둘 다 덕을 성품이나 인격의 관점에서 강조한다는 점에서 같다.

한편 배려 윤리가 윤리 문제에서 인간관계적 맥락을 강조하는 것은 현대 덕 윤리와 공통된 부분이다. 하지만 배려 윤리는 덕 윤리에 비해 타인에 대한 동정심과 상호 의존성 내지 책임 등을 강조한다는 점에서 차이가 있다.

자료 분석

(1) 현대 덕 윤리는 아리스토텔레스의 사상에서 유래하여 인간의 성품에 초점을 맞춘다.

(2) 덕 윤리와 배려 윤리 모두 인간관계적 맥락을 중시하지만 배려 윤리는 덕 윤리에 비해 타인에 대한 배려를 더 중시한다.

3. 도덕 과학적 접근

윤리학은 인간 존재의 특성이나 윤리 문제를 주로 철학적으로 이해하려고 하지만 최근에는 신경 윤리학이나 진화 윤리학처럼 윤리 문제를 과학적으로 이해하려는 도덕 과학적 접근이 시도되고 있다.

자료 분석

(1) 도덕 과학적 접근은 도덕성과 관련된 다양한 현상을 과학적 방법을 통해 설명하고자 한다.

(2) 도덕 과학적 접근은 인간의 도덕성과 도덕적 행동을 새롭게 하여 이해의 폭을 넓혀 주고, 도덕 판단이나 윤리 문제에 대한 객관적인 정보를 제공해 주며, 현대 사회의 다양한 윤리 문제를 해결하는 데 이성뿐만 아니라 정서와 신체적인 부분까지 통합적으로 고려해야 한다는 점을 시사하고 있다.

대표기출로 유형 감잡기
정답 및 해설 · p.010

055
정답률 75% 2024학년도 6월 평가원

다음을 주장한 사상가의 입장으로 적절한 것만을 〈보기〉에서 고른 것은?

> 덕은 인간이 습득한 성질로, 인간의 선을 성취할 수 있도록 하는 데 필수적이다. 이것은 개인이 삶의 서사적 통일성 속에서 좋은 삶의 목적을 이해하는 능력이며, 도덕적 전통의 보존과 관련된다.

〈보기〉

ㄱ. 공동체의 선보다 보편적인 도덕 원칙을 더 중시해야 한다.

ㄴ. 개인은 공동체를 벗어나면 덕을 실천하는 방법을 배울 수 없다.

ㄷ. 도덕 판단을 할 때 행위자보다 행위 자체를 중시해야 한다.

ㄹ. 개인의 도덕적 정체성은 사회적 · 역사적 맥락 속에서 형성되어야 한다.

① ㄱ, ㄴ　　　② ㄱ, ㄷ　　　③ ㄴ, ㄷ
④ ㄴ, ㄹ　　　⑤ ㄷ, ㄹ

056
정답률 64% 2023학년도 수능 Ⓔ 연계

다음을 주장한 사상가의 입장에서 〈문제 상황〉 속 A에게 제시할 조언으로 적절한 것만을 〈보기〉에서 있는 대로 고른 것은?

> 도덕적 덕은 대상에 있어서의 중간이 아니라 우리와의 관계에서 성립하는 중용에 의존한다. 중용은 두 악덕, 즉 지나침에 따른 악덕과 모자람에 따른 악덕 사이의 중용이다.

〈문제 상황〉

인성교육 전문가인 A는 아동을 바른 품성을 지닌 사람으로 기르고자 한다. 이를 위해 A는 인성교육 프로그램을 어떤 방향과 내용으로 개발해야 할지 고민 중이다.

〈보기〉

ㄱ. 아동이 인간의 고유한 본성을 실현할 수 있도록 개발하세요.

ㄴ. 아동이 습관화를 통해 도덕적 품성을 함양하도록 개발하세요.

ㄷ. 아동이 행복은 곧 옳고 그름에 관한 앎임을 알도록 개발하세요.

ㄹ. 아동이 어떠한 상황에서도 두려움의 감정을 갖지 않는 용기있는 사람이 되도록 개발하세요.

① ㄱ, ㄴ　　　② ㄱ, ㄷ　　　③ ㄷ, ㄹ
④ ㄱ, ㄴ, ㄹ　　　⑤ ㄴ, ㄷ, ㄹ

057

난이도 상 중 하

빈칸 ㉠의 입장으로 가장 적절한 것은?

근대 초기에 이르러 의무론과 공리주의가 등장하면서 고대의 ㉠ 은/는 주목을 받지 못하였다. 그러다가 20세기 중반 이후에 의무와 원리에 따른 행위 중심의 근대 윤리에 대한 불만이 생기면서 매킨타이어 등에 의해 성품 내지 인격을 중시하는 행위자 중심의 현대의 ㉠ (으)로 새롭게 부활하였다. 따라서 현대의 ㉠ 은/는 '나는 어떤 사람이 되어야 하는가?'에 관심을 둔다.

① 도덕적 원리를 맥락적 상황에 맞게 적용해야 한다.
② 행위를 결정하는 주요 동기는 효용성이 되어야 한다.
③ 도덕적 감정을 배제한 합리적 판단 능력을 갖춰야 한다.
④ 공동체의 전통보다 개인의 자유와 권리를 강조해야 한다.
⑤ 행위에 대한 도덕적 판단은 행위의 결과와 무관해야 한다.

058

난이도 상 중 하

㉠에 들어갈 내용으로 가장 적절한 것은?

어느 고대 서양 사상가는 "집을 지어 봄으로써 건축가가 되고, 거문고를 탐으로써 거문고 타는 악사(樂士)가 되는 것과 같이 우리는 옳은 행위를 함으로써 옳게 되고, 절제 있는 행위를 함으로써 절제 있게 되며, 용감한 행위를 함으로써 용감하게 된다."라고 말하였다. 이러한 입장에 따르면 우리가 도덕적인 성품을 갖추기 위해서는 ㉠ 이 중요하다.

① 쾌락을 추구하고 고통을 피하는 것
② 옳은 행위를 꾸준히 행하여 습관화하는 것
③ 인간의 자연적 감정을 완전히 제거하는 것
④ 많은 사람에게 이익이 되는 것을 선택하는 것
⑤ 결과를 예측하고 책임질 수 있도록 행동하는 것

059

난이도 상 중 하

다음 사상이 강조하고자 하는 내용만을 〈보기〉에서 있는 대로 고른 것은?

도덕 판단을 할 때 여성은 남성보다 감정 이입과 공감을 중시하고, 가상적 딜레마보다 현실적 딜레마에 더 관심을 보인다. 이러한 여성의 도덕성을 제대로 반영하는 윤리가 필요하다.

〈보기〉
ㄱ. 배려를 도덕성의 중요한 요소로 본다.
ㄴ. 다른 사람에 대한 유대감과 공감을 중시한다.
ㄷ. 맥락적인 사고를 바탕으로 도덕 규칙을 구성한다.
ㄹ. 이성, 권리, 공정성 등에 근거해 도덕성을 판단한다.

① ㄱ, ㄴ   ② ㄱ, ㄹ   ③ ㄷ, ㄹ
④ ㄱ, ㄴ, ㄷ   ⑤ ㄴ, ㄷ, ㄹ

060

난이도 상 중 하

(가), (나) 사상에 대한 설명으로 옳은 것은?

(가) 덕은 전통과 서사적 맥락 속에서 형성된다. 덕의 소유는 선을 성취할 수 있도록 해주며, 덕의 결여는 선의 성취를 방해한다.
(나) 여성의 도덕성은 책임과 보살핌의 과정이다. 그것은 모성(母性)적 배려를 바탕으로, 모두에게 유익한 관계를 형성하기 위한 상호성을 중심으로 진행된다.

① (가)는 개인의 권리보다 공동선을 중시한다.
② (가)는 행위자의 덕성보다 행위의 도덕성을 중시한다.
③ (나)는 인간의 감정보다 이성을 중시한다.
④ (나)는 정의(正義) 중심적인 윤리를 추구한다.
⑤ (가), (나)는 의무론적 접근의 필요성을 강조한다.

생명과 윤리

출제 경향 분석

이 단원에서는 3~4문항 정도가 출제되고 있다.

- '삶과 죽음의 윤리' 단원에서는 삶과 죽음의 의미, 인공 임신 중절과 안락사에 대한 찬반 입장 비교, 인간 배아의 도덕적 지위, 뇌사의 인정 여부 등을 묻는 문항에 출제되었다.
- '생명 윤리' 단원에서는 장기 매매의 정당성, 인체 실험의 윤리적 쟁점, 유전자 조작에 대한 윤리적 입장 등을 묻는 문항이 출제되었다.
- '사랑과 성 윤리' 단원에서는 성의 자기 결정권과 사랑의 의미, 성의 상품화에 대한 비판적 입장 등을 묻는 문항과 효 사상, 혼례의 기본 정신, 부부 관계의 도리, 전통적 가족 관계 등을 파악하는 문항이 출제되었다.

중단원	item	핵심 keyword
1. 삶과 죽음의 윤리	item 09 출생과 죽음의 의미	삶의 의미 죽음의 의미 서양 사상가들의 죽음에 대한 입장 동양 사상의 죽음에 대한 입장
	item 10 인공 임신 중절과 자살의 윤리적 쟁점	인공 임신 중절 허용론 인공 임신 중절 반대론 자살을 금지하는 입장 자살의 윤리적 문제점
	item 11 안락사의 윤리적 쟁점	안락사의 의미 안락사 찬성 입장 안락사 반대 입장 안락사에 대한 평가
	item 12 뇌사의 윤리적 쟁점	뇌사 인정론 심폐사 인정론
2. 생명 윤리	item 13 생명 복제와 유전자 치료의 윤리적 쟁점	생명 공학 기술 배아에 대한 관점 배아 복제에 대한 찬반 입장 유전자 치료
	item 14 동물 실험과 동물의 권리에 대한 다양한 관점	동물 실험에 대한 찬반 논쟁 동물의 권리에 대한 논쟁
3. 사랑과 성 윤리	item 15 사랑과 성의 관계	에리히 프롬의 사랑 자유주의적 성 윤리 중도주의적 성 윤리 보수주의적 성 윤리
	item 16 성과 관련된 윤리 문제	성의 자기 결정권 성 상품화 성차별
	item 17 결혼과 가족의 윤리	결혼의 의미 부부 간의 윤리 부자 간의 윤리 효의 의의 효의 실천 방법 형제 관계

학습 대책

- 인공 임신 중절, 생식 보조술, 자살, 안락사, 뇌사 인정 및 장기 이식, 인체 실험, 생명 복제, 유전자 조작에 대한 찬반 논거를 깊이 있게 학습해 두어야 한다.
- 성 상품화에 대한 긍정적 논거와 부정적 논거, 성의 자기 결정권의 특징 등을 학습해 두어야 한다.
- 효의 특징, 음양론에 근거한 부부관계의 도리, 형제자매 관계의 특징 등을 학습해 두어야 한다.

01 삶과 죽음의 윤리

출제 예상 item 09 출생과 죽음의 의미   10 인공 임신 중절과 자살의 윤리적 쟁점   11 안락사의 윤리적 쟁점   12 뇌사의 윤리적 쟁점

1 출생과 죽음의 윤리

1. 출생의 의미

생물학적 의미	태아가 모체로부터 분리되어 독립된 새로운 생명체로 되는 단계
윤리적 의미	• 인간의 자연적 성향을 실현하는 과정 • 도덕적 주체로서의 출발점이자 다양한 관계의 시작점
사회적 의미	• 사회의 유지 및 지속 : 출생으로 새로운 세대를 구성하게 됨 • 문화의 계승과 발전 : 세대를 이어 문화를 계승·발전시킴

2. 죽음의 특징과 윤리적 의미

특징	• 보편성 : 죽음은 모든 사람들이 겪는 인생의 한 과정임 • 불가피성 : 어느 누구도 죽음을 피할 수 없음 • 일회성 : 죽음은 단 한 번 경험할 수 있음 • 평등성 : 죽음은 조건에 따라 차별 없이 주어짐
윤리적 의미	죽음을 이해함으로써 생명의 소중함과 삶의 의미를 깨달을 수 있음

3. 죽음에 대한 동양의 관점

유교	• 죽음 이후의 세계에 대한 관심보다는 현세에서 인격적 수양과 도덕적 삶에 최선을 다해야 함 • 공자 : 죽음보다는 도덕적으로 실천하는 삶에 더 관심을 가짐→죽음이 아쉽지 않도록 도덕적으로 충실하게 살아야 함
도가	• 삶과 죽음을 기(氣)가 모이고 흩어지는 것으로 보면서 자연적이고 필연적인 과정으로 이해함 • 장자 : 삶과 죽음은 차별이 없으므로 죽음 앞에서 슬퍼할 필요가 없고, 죽음에 초연해야 함
불교	• 죽음은 생로병사(生老病死)라는 인생의 대표적 고통[4苦] 중 하나 • 죽음은 현실의 세계로부터 벗어나 또 다른 세계로 윤회하게 됨을 의미함→윤회 과정에서 인간의 선행과 악행은 죽음 이후의 삶을 결정함

4. 죽음에 대한 서양의 관점

플라톤	육체에 갇혀 있는 영혼이 죽음을 통해 영원불변한 이데아의 세계로 들어가는 것
에피쿠로스	살아 있는 동안에는 죽음을 경험할 수 없으므로 두려워할 필요가 없음
하이데거	현존재인 인간만이 다가올 죽음에 대해 인식할 수 있고, 죽음에 대한 자각을 통해 삶의 의미와 가치를 성찰하게 하여 더욱 의미 있는 삶을 살게 함
야스퍼스	죽음은 인간이 피할 수 없는 한계 상황임
그리스도교	죽음은 신에 의해 이미 결정되어 있는 것으로 자연스럽게 받아들여야 함

2 인공 임신 중절과 자살의 윤리적 쟁점

1. 인공 임신 중절의 윤리적 쟁점

찬성 논거 (선택 옹호주의)	• 소유권 논거 : 여성은 자기 몸에 대한 소유권을 지니며, 태아는 여성의 몸의 일부임 • 생산 논거 : 여성은 태아를 생산하므로, 태아를 마음대로 할 수 있음 • 자율권 논거 : 여성은 자신의 삶을 자율적으로 결정할 수 있음 • 평등권 논거 : 여성은 남성과 동등한 권리를 누려야 하는데, 이를 위해서는 인공 임신 중절에 관한 결정을 자유롭게 할 수 있어야 함 • 정당방위 논거 : 여성은 자기 방어와 정당방위의 권리를 지니기 때문에 일정한 조건하에서는 인공 임신 중절을 할 권리가 있음
반대 논거 (생명 옹호주의)	• 존엄성 논거 : 모든 인간 생명은 존엄하며, 태아 역시 생명이 있는 인간이므로 보호해야 함 • 무고한 인간의 신성불가침 논거 : 잘못이 없는 인간을 해치는 것은 도덕적으로 옳은 일이 아니며, 태아는 잘못이 없는 인간임 • 잠재성 논거 : 태아는 임신 순간부터 한 인간으로 성장할 잠재성을 갖고 있으므로 태아도 인간으로서의 지위를 가지고 있음

교과서 속 수능 개념

윤회(輪廻)

수레바퀴가 끊임없이 구르는 것과 같이, 중생이 번뇌와 업에 의하여 생사 세계를 그치지 않고 돌고 도는 것. 인간의 선행과 악행은 죽음 이후의 삶을 결정한다고 본다.

한계 상황

인간이 바꿀 수 없고 피할 수 없고 이해할 수 없는 상황으로서 죽음, 고통, 투쟁, 죄책감 등이 있다.

실존주의에서 말하는 죽음의 의미

• 키르케고르 : 인간은 죽음을 떠나서 살 수 없다.
• 하이데거 : 인간은 언제나 죽음과 함께 하고 있다. 죽음을 외면하지 말고 항상 죽음이 자기 것이라고 인지하면서 살아야 한다.

현존재

자기를 인간으로서 이해하는 주체로서의 존재자로, 실존 철학에서는 인간을 가리키는 말로 쓰인다.

인공 임신 중절

태아가 모체 밖에서는 생명을 유지할 수 없는 시기에 태아를 인공적으로 모체에서 분리하여 임신을 종결하는 행위로 '낙태'라고도 한다.

헷갈리는 개념 정리

인공 임신 중절에 대한 다양한 입장

불교 윤리	인공 임신 중절을 '살아 있는 것을 직접 죽여서는 안 된다. 또 남을 시켜 죽여서도 안 된다. 그리고 죽이는 것을 보고 묵인해도 안 된다.'라는 불살생계(不殺生戒)를 어기는 행위로 봄
자연법 윤리	인공 임신 중절을 생명과 종족 보존이라는 자연적 성향에 어긋나는 것으로 봄
칸트 윤리	인공 임신 중절은 인간을 수단으로 대우하는 것이므로 보편화할 수 없다고 봄

2. 자살의 윤리적 쟁점

자살의 윤리적 문제	• 자신의 소중한 생명을 스스로 훼손하는 행위임 • 자기 삶의 일회성을 인식하지 못한 채 인격을 훼손하고 자아를 실현할 가능성을 없애는 일 • 타인의 삶에 커다란 영향을 끼침 → 가족, 친구 등 주변 사람에게 깊은 슬픔과 고통을 안겨 줌
자살을 반대하는 다양한 입장	• 유교 : 자신의 신체를 훼손하지 않는 것이 효의 시작이라고 봄 • 불교 : '불살생(不殺生)'의 계율로 생명을 해치는 것을 금함 • 그리스도교 : 신으로부터 선물 받은 목숨을 끊어서는 안 됨 • 자연법 윤리 : 자연적 성향인 자기 보존의 의무를 다하지 않는 것 • 칸트 : 인간을 '고통 완화의 수단'으로 대우하는 것은 옳지 않으며, 자살은 자율적 인간으로서 가지는 의무를 위반하는 행위임 • 쇼펜하우어 : 자살은 문제를 해결하는 것이 아니라 회피하는 것임

3 안락사의 윤리적 쟁점

1. 안락사의 구분

환자의 의사에 따른 구분	• 자발적 안락사 : 환자가 안락사를 원하는 상황 • 반자발적 안락사 : 환자가 안락사를 원하지 않는 상황 • 비자발적 안락사 : 안락사의 허용 여부에 대한 환자의 의사를 알 수 없는 상황
방법에 따른 구분	• 적극적 방법 : 약물을 주입하는 등의 인위적 방법으로 죽음에 이르게 함 • 소극적 방법 : 연명 치료를 중단하는 방법으로 죽음에 이르도록 함

2. 안락사에 대한 찬반 입장

찬성 입장	• 인간은 자기 자신의 신체와 생명, 죽음에 대한 권리를 가지고 있음 • 공리주의적 관점 : 치유 불가능한 환자에게 과다한 경비를 사용하는 것은 환자와 가족에게 경제적으로 큰 부담이며, 환자 본인에게 심리적·신체적 고통을 주는 것이기 때문에 사회 전체의 이익에 부합하지 않음
반대 입장	• 죽음은 인간이 선택할 수 없는 문제임 • 자연법 윤리와 의무론적 관점 : 인간의 죽음을 인위적으로 앞당기는 행위는 자연의 질서에 어긋날 뿐만 아니라 생명의 존엄성을 훼손하는 일이며, 생명의 존엄성은 어떠한 경우에도 지켜져야 함

4 뇌사의 윤리적 쟁점

1. 뇌사와 심폐사

뇌사	뇌간이 회복 불가능할 정도로 손상되어 기능을 하지 못하는 상태로, 뇌간이 죽으면 대뇌도 곧 죽게 됨
심폐사	호흡과 심장 박동이 영원히 정지되는 것 → 전통적인 죽음의 기준

2. 뇌사에 대한 찬반 입장

(1) **논쟁 배경** 장기 이식 기술의 발달로 장기 기증을 통해 많은 사람의 생명을 살릴 수 있게 됨

(2) **뇌사에 대한 입장**

뇌사 인정	• 뇌 기능이 정지하면 인간으로서 고유한 활동을 수행할 수 없음 • 뇌사자의 장기를 다른 환자에게 이식해 생명을 구할 수 있음 • 유기적 인격체인 인간의 인간다움은 심장이 아닌 뇌에서 비롯됨
뇌사 부정	• 인간의 생명은 실용적 가치로 따질 수 없는 존엄한 것임 • 기계 장치를 이용하면 호흡이 가능하고 심장 박동이 지속됨 • 뇌의 기능 상실 여부를 분명하게 판단하기 쉽지 않음

(3) **뇌사 판정에 대한 위험성** 뇌사 판정의 객관성을 보장하기 어렵고, 장기 이식 등의 문제로 뇌사 판정이 남용될 가능성이 있음

(4) **뇌사 판정의 객관성을 높이기 위한 노력** 뇌사 판정의 핵심적 역할을 담당하는 의사들의 높은 책임 의식과 전문성이 요구됨

수능 출제 패턴 분석 ▶ 삶의 의미, 죽음의 의미, 서양 사상가들의 죽음에 대한 입장, 동양 사상의 죽음에 대한 입장

유형보기

1. 유교의 죽음에 대한 관점 평가원

(가)	자신의 몸을 닦고자 하면 먼저 자신의 마음을 바르게 한다[正心]. 자신의 마음을 바르게 하고자 하면 먼저 자신의 뜻을 정성스럽게 한다[誠意].
(나)	사람을 제대로 섬길 줄 모르면서 어떻게 귀신을 섬길 수 있으며, 삶에 대해서도 아직 제대로 모르면서 어떻게 죽음에 대해 알려 하는가?

자료 분석

(1) (가)는 유교 사상이고, (나)는 공자의 주장이다.
(2) 유교에서는 죽음 이후의 세계에 대해서는 관심을 갖지 않고, 현세에서의 삶을 위해 자신의 인격적 수양과 도덕적 삶에 최선을 다해야 한다고 주장한다.
(3) 유교에서는 죽음에 관해서는 애도하는 것이 마땅한 일인 동시에 자연에 순응하는 과정으로 본다.

2. 죽음에 대한 장자와 에피쿠로스의 관점 교육청

갑 : 삶과 죽음은 기(氣)의 자연스러운 흐름이며, 계절이 바뀌는 것과 같다. 따라서 삶과 죽음을 기쁨이나 슬픔으로 구분해서는 안 된다.
을 : 죽음을 회피해야 할 악으로 여기지만, 죽음은 우리에게 아무것도 아니다. 죽으면 모든 감각이 사라져서 어떠한 쾌락과 고통도 느낄 수 없다.

자료 분석

(1) 갑은 죽음을 사계절의 운행과 같은 자연스러운 과정으로 여기며, 삶과 죽음을 차별하지 말 것을 강조하는 장자의 입장이다.
(2) 을은 죽음은 감각적으로 경험할 수 없으므로 두려워하지 말아야 한다고 보는 에피쿠로스의 입장이다.

3. 죽음에 대한 서양의 관점 교육청

갑 : 죽음은 영혼이 육체의 속박으로부터 벗어나는 것이다. 영혼은 육체를 떠나 될 수 있는 대로 그것과 상관하지 않을 때 가장 잘 사유하게 된다.
을 : 죽음은 우리에게 아무것도 아니라는 것에 익숙해져야 한다. 좋고 나쁨은 감각에 달려 있는데 죽음은 바로 모든 감각의 상실을 의미하기 때문이다.
병 : 죽음은 현존재에게 던져진 끝으로서 반드시 찾아오는 것이며 타인이 대신 할 수 없는 것이다. 죽음으로 미리 달려가 봄으로써 참된 실존을 깨달을 수 있다.

자료 분석

(1) 갑은 플라톤, 을은 에피쿠로스, 병은 하이데거이다.
(2) 플라톤은 죽음을 육체로부터 해방되어 이상 세계로 들어가는 계기로 보았다.
(3) 에피쿠로스는 일반적으로 사람들은 죽음의 공포 때문에 고통스러워하는데, 죽음이라는 것은 우리가 경험할 수 없는 것이므로 고통의 대상이 될 수 없다고 보았다.
(4) 하이데거는 인간은 죽음을 피할 수 없는 존재라는 점을 자각함으로써 자신의 실존을 직시하게 된다고 보았다.

대표기출로 유형 감잡기 정답 및 해설 • p.011

061 정답률 78% | 2024학년도 9월 평가원

갑, 을 사상가들의 입장으로 가장 적절한 것은?

갑 : 사람이 이 세상에 태어나는 것은 때[時]를 만났기 때문이고 어쩌다가 세상을 떠나는 것은 순리[順]이기 때문이다. 따라서 편안한 마음으로 때를 그대로 받아들이고 순리를 따른다면 슬픔이나 기쁨이 들어올 틈이 없다.
을 : 삶은 내가 원하는 바이지만 이보다 더 원하는 것[義]이 있기에 구차하게 살고자 하지 않는다. 또한 죽음은 내가 싫어하는 바이지만 이보다 더 싫은 것[不義]이 있기에 환란으로 죽더라도 피하지 않는다.

① 갑 : 죽음을 거부하면서 도덕을 실천하는 삶을 추구해야 한다.
② 갑 : 삶과 죽음은 낮과 밤처럼 순환하므로 초연하게 대해야 한다.
③ 을 : 죽음 이후의 새로운 삶을 받지 않도록 열반에 도달해야 한다.
④ 을 : 삶과 죽음을 서로 차별하지 말고 동등하게 수용해야 한다.
⑤ 갑과 을 : 삶과 죽음은 슬퍼하거나 기뻐해야 할 대상이 아니다.

062 정답률 94% | 2023학년도 수능 ⓔ 연계

갑, 을 사상가들의 입장으로 가장 적절한 것은?

갑 : 사람이 죽으면 영혼이 육체로부터 분리되어 자유를 얻는다. 죽음이 다가올 때 죽기를 주저하는 사람은 분명 지혜를 사랑하는 자가 아니며, 육신을 사랑하는 자인 동시에 부나 명예를 사랑하는 자임에 틀림이 없다.
을 : 우리가 존재하는 한 죽음은 우리와 함께 있지 않으며 죽음이 오면 우리는 존재하지 않는다. 죽음은 산 사람이나 죽은 사람 모두와 아무런 상관이 없다. 지혜로운 사람에게는 죽음이 어떠한 악으로도 생각되지 않는다.

① 갑 : 지혜로운 사람은 죽음을 두려워하면서도 의연히 받아들인다.
② 갑 : 사람들이 추구하는 가치가 달라도 죽음을 대하는 태도는 같다.
③ 을 : 죽음은 지혜로운 사람도 피할 수 없는 고통임을 깨달아야 한다.
④ 을 : 감각할 수 없는 자신의 죽음 때문에 불안을 느낄 필요가 없다.
⑤ 갑과 을 : 불멸에 대한 열망을 통해 죽음의 불안에서 벗어나야 한다.

예상문제로 유형 익히기 정답 및 해설 • p.011

063
난이도 상 **중** 하

밑줄 친 물음에 대한 적절한 대답만을 〈보기〉에서 있는 대로 고른 것은?

> 생물학적 의미에서 출생은 부모의 생식 세포가 수정된 후 임신 기간을 지나 태아가 모체와 분리되어 독립된 생명체가 되는 것이다. 그러나 출생은 단지 생물학적 의미만을 갖는 것은 아니다. 새로운 생명이 탄생하면 가족 구성원 모두 기쁜 마음으로 그 생명을 맞이한다. 이렇게 사람들이 출생을 기쁘게 맞이하는 이유는 출생이 생물학적 의미뿐만 아니라 윤리적 의미도 갖기 때문이다. 그렇다면 출생이 갖는 윤리적 의미는 무엇일까?

> ───────〈보기〉───────
> ㄱ. 인간의 자연적 성향을 극복하는 과정이다.
> ㄴ. 자기 존재의 주도권을 상실하는 시작점이다.
> ㄷ. 가족 및 사회 구성원으로서의 삶의 시작이다.
> ㄹ. 도덕적 주체로서 한 인간의 삶의 출발점이다.

① ㄱ, ㄴ   ② ㄱ, ㄹ   ③ ㄷ, ㄹ
④ ㄱ, ㄴ, ㄷ   ⑤ ㄴ, ㄷ, ㄹ

064
난이도 상 **중** 하

다음은 어느 서양 윤리 사상가의 가상 인터뷰이다. 이 사상가가 강조하는 내용으로 가장 적절한 것은?

> 기　자 : 죽음에 대해서 어떻게 생각하세요?
> 사상가 : 우리가 무엇인가를 순수하게 인식하고자 한다면, 우리는 육체로부터 떠나야 하며 오로지 영혼만을 사용하여 사물 자체를 보아야 합니다. 죽었을 때에야 비로소 우리는 간절히 바라는 지혜를 얻을 수 있습니다.

① 죽음에 대한 두려움은 사회적 성공으로 이어진다.
② 죽음은 인간의 영혼이 육체로부터 벗어나는 것이다.
③ 죽음을 미리 성찰하면 현재의 소중함을 알 수 있다.
④ 죽음에 이르는 과정은 그 자체로 고통스러운 것이다.
⑤ 죽음으로 인해 미래에 대한 꿈과 희망을 포기하게 된다.

065
Challenge 30% 고난도
난이도 **상** 중 하

다음 갑, 을의 공통된 견해로 가장 적절한 것은?

> 갑 : 기운이 변화하여 형체가 되고, 형체가 변화하여 삶이 있게 되고, 삶이 변화하여 죽음에 이르게 된다. 이러한 변화는 사계절이 운행하는 것과 같이 자연스러운 것이다.
> 을 : 죽음이 우리에게 아무것도 아니라는 점을 제대로 이해하기만 하면, 우리는 우리의 삶에 무제한적인 시간을 부여함으로써가 아니라, 오히려 불멸성에 대한 열망을 제거함으로써 우리의 유한한 삶을 충분히 즐길 수 있다.

① 죽음은 고통의 원인이다.
② 죽음은 애도(哀悼)의 대상이다.
③ 죽음을 통해서 인격이 완성된다.
④ 죽음은 윤회(輪廻)의 한 과정이다.
⑤ 죽음에 대해 두려워할 필요가 없다.

066
난이도 상 **중** 하

동양 사상 (가), (나)의 입장으로 옳은 것은?

(가)	중생들의 무리로부터 떨어짐, 오온(五蘊)의 부서짐, 생명의 끊어짐을 죽음이라고 한다. 태어남이 있을 때에만 죽음이 있다. 삶의 모든 현상은 꿈과 같고 이슬같고 그림자같고 번개와 같으니 그대, 마땅히 그렇게 바라보아야 한다.
(나)	인간은 본시 생명이 없었다. 생명은 고사하고 형체도 없었고, 기(氣)조차 없었다. 그저 망막하고 혼돈(混沌)한 대도(大道) 속에 섞여 있던 것이 변해서 기가 되고, 기가 변해서 형체가 되고, 형체가 변해서 생명이 되었다. 그리고 그것이 변해서 죽음이 된 것이다.

① (가) : 내생의 더 나은 삶을 위해 현생에서 도덕적 수행이 필요하다.
② (가) : 삶과 죽음의 고통에서 벗어나려고 해서는 안 된다.
③ (나) : 죽음은 그 근원을 성찰하고 애도해야 할 고통이다.
④ (나) : 삶보다 죽음이 더 가치가 있음을 깨달아야 한다.
⑤ (가), (나) : 죽음은 모든 고통에서 벗어난 상태이다.

인공 임신 중절과 자살의 윤리적 쟁점

수능 출제 패턴 분석 ▶ 인공 임신 중절 허용론, 인공 임신 중절 반대론, 자살을 금지하는 입장, 자살의 윤리적 문제점

유형보기

1. 인공 임신 중절 허용론과 반대론의 논거 교육청

> 인공 임신 중절을 허용하지 않으면 더 많은 사회 문제가 생길 수 있습니다.

> 인공 임신 중절을 허용해서는 안 됩니다. 인공 임신 중절은 그 자체로 비윤리적입니다.

갑   을

자료 분석

(1) 갑은 인공 임신 중절 허용론, 을은 인공 임신 중절 반대론의 입장이다.

(2) 여성의 선택을 강조하는 인공 임신 중절 허용론의 주요 논거
 • 여성은 자신의 신체에서 일어난 일을 선택할 권리가 있다. 태아는 여성 몸의 일부이다. 따라서 여성은 임신을 지속할지 또는 중단할지를 선택할 수 있다.
 • 태아는 완전한 인간이 아니므로 인공 임신 중절을 살인이라고 볼 수 없다.

(3) 태아의 생명권을 존중하는 인공 임신 중절 반대론의 논거
 • 수정란이 태아로 성장해서 성숙한 인간이 되므로 태아를 죽이는 것은 살인이다.
 • 무고한 인간을 죽이는 행위는 잘못이다. 태아도 무고한 인간이므로 태아를 죽이는 행위는 잘못이다.

2. 자살에 대한 칸트의 입장

해악이 잇따라 절망에까지 이르러 생에 염증을 느낀 어떤 사람은, 절망에서 벗어나기 위해 자신의 생을 파괴해도 된다는 준칙이 보편적 자연법칙이 될 수 있는가를 검토해야 한다. 그때 사람들이 이내 알게 되는 바는 이 행위의 준칙이 모든 의무의 최상 원리와 전적으로 상충한다는 사실이다.

자료 분석

(1) 제시문은 칸트의 주장이다. 칸트에 따르면, 우리는 자기 자신을 포함하여 모든 인간을 수단이 아닌 목적으로 대우해야 하고, 하고 싶은 것들을 보편타당한 법칙에 부합하도록 해야 한다.

(2) 칸트의 입장에서 자살은 고통을 벗어나기 위해 자신의 생명과 인격을 수단으로 삼는 행위이므로 보편타당하지 않다.

(3) 칸트는 인간에게 자기 보존의 의무가 있다고 보았으므로, 자신의 생명을 전체적으로 죽이는 자살과 부분적으로 해를 입히는 상해는 자기 보존 의무를 위반하는 것이 된다.

대표기출로 **유형 감잡기**
정답 및 해설 • p.012

067
정답률 49% | 2020학년도 6월 평가원

갑, 을의 입장으로 적절한 것만을 〈보기〉에서 있는 대로 고른 것은?

> 태아는 인간 생명체이지만 완전한 인격체는 아니기에 부분적인 도덕적 지위만을 가집니다. 따라서 태아를 함부로 죽이는 것은 안 되지만, 임신부의 질병 등으로 현재 상황이 좋지 않고 나중에 더 좋은 상황에서 임신하려는 경우라면 임신 중절은 허용됩니다.

> 태아가 잠재적인 인간이라는 사실은 부정될 수 없습니다. 잠재성이 중요한 이유는 태아를 죽이는 것이 미래의 합리적이고 자의식적인 존재를 죽이는 것이기 때문입니다. 따라서 인간으로서의 잠재성을 지닌 태아를 해치는 것은 옳지 않습니다.

갑   을

〈보기〉
ㄱ. 갑 : 태아의 권리와 임신부의 권리를 동등하게 대우해야 한다.
ㄴ. 을 : 태아는 특별한 방해가 없는 한 하나의 인격체로 자랄 것이다.
ㄷ. 을 : 태아는 합리적·자의식적인 존재이기에 해쳐서는 안 된다.
ㄹ. 갑, 을 : 태아를 단순한 세포 조직처럼 함부로 대우해서는 안 된다.

① ㄱ, ㄷ   ② ㄱ, ㄹ   ③ ㄴ, ㄹ
④ ㄱ, ㄴ, ㄷ   ⑤ ㄴ, ㄷ, ㄹ

068
정답률 79% | 고2 2019학년도 6월 교육청

㉠에 들어갈 내용으로 가장 적절한 것은?

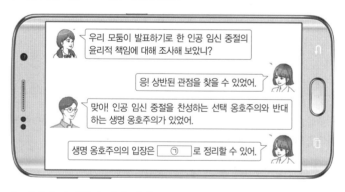

> 우리 모둠이 발표하기로 한 인공 임신 중절의 윤리적 책임에 대해 조사해 보았니?

> 응! 상반된 관점을 찾을 수 있었어.

> 맞아! 인공 임신 중절을 찬성하는 선택 옹호주의와 반대하는 생명 옹호주의가 있었어.

> 생명 옹호주의의 입장은 ㉠ 로 정리할 수 있어.

① 여성의 사생활에 대한 권리를 존중해야 한다.
② 여성은 자신의 삶을 자율적으로 선택할 수 있다.
③ 태아는 존엄성을 가진 인간이기 때문에 보호해야 한다.
④ 태아는 여성 몸의 일부이므로 태아에 대한 권리는 임신한 여성에게 있다.
⑤ 여성은 자기방어와 정당방위의 권리에 따라 인공 임신 중절을 선택할 수 있다.

069

난이도 상 중 하

(가)의 입장에서 (나) 사례의 갑에게 조언할 수 있는 말로 가장 적절한 것은?

> (가) 태아는 임신 순간부터 성인으로 발달할 잠재성이 있기 때문에 인간으로서의 지위를 갖는다.
> (나) 갑은 조그만 마을의 유일한 의사이다. 을은 경제적 어려움으로 자식들을 더 낳아서 키울 수 없기 때문에 인공 임신 중절을 해 줄 것을 갑에게 부탁했다. 갑은 인공 임신 중절이 비도덕적이라고 생각하고 있다. 그러나 갑은 을이 경제적으로 매우 어려운 상황에 처해 있음을 알고 심한 갈등을 느끼고 있다.

① 인간의 생명은 존엄하므로 인공 임신 중절을 해서는 안 됩니다.
② 인간은 인공 임신 중절 수술에 관해 자유롭게 결정할 권리를 갖고 있습니다.
③ 독자적인 생존 능력이 없는 태아에게 도덕적 지위를 부여해서는 안 됩니다.
④ 인공 임신 중절로 인해 제기될 수 있는 비난을 얼마든지 감수할 수 있어야 합니다.
⑤ 태아는 여성 몸의 일부이기 때문에 인공 임신 중절은 결코 살인 행위가 될 수 없습니다.

070

난이도 상 중 하

그림은 인공 임신 중절에 대한 윤리적 입장을 알아본 것이다. A, B에 들어갈 옳은 질문만을 〈보기〉에서 있는 대로 고른 것은?

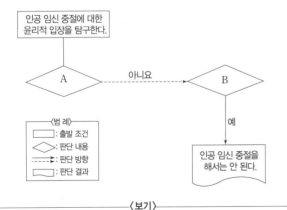

〈보기〉
ㄱ. A : 여성은 태아를 마음대로 할 수 있는 권리를 갖는가?
ㄴ. A : 인공 임신 중절은 잘못이 없는 인간을 죽이는 행위인가?
ㄷ. B : 태아는 임신 순간부터 성인으로 발달할 잠재성이 있는가?
ㄹ. B : 여성의 자기방어 권리는 인공 임신 중절에도 적용될 수 있는가?

① ㄱ, ㄷ   ② ㄱ, ㄹ   ③ ㄴ, ㄹ
④ ㄱ, ㄴ, ㄹ   ⑤ ㄱ, ㄷ, ㄹ

071

난이도 상 중 하

다음은 인공 임신 중절에 대한 견해를 도덕 추론 과정으로 정리한 것이다. ㉠에 대한 반론으로 가장 적절한 것은?

① 수정과 동시에 태아는 생명권을 갖는다.
② 태아는 완전한 인격체가 아니므로 인간이 아니다.
③ 임신의 지속 여부는 여성이 선택할 문제가 아니다.
④ 여성은 신체의 일부인 태아에 대해 소유권을 갖는다.
⑤ 태아는 임신 순간부터 성인으로 발달할 잠재성이 있다.

072

난이도 상 중 하

(가)를 주장한 사상가의 입장에서 볼 때, (나)의 ㉠에 대한 설명으로 옳은 것은?

(가)	• 너 자신에게 있어서나 다른 사람에게 있어서나 인격을 언제나 동시에 목적으로서 대하고 결코 수단으로서 대하지 말라. • 이성이 순수한 실천적 법칙들을 규정하는 필연성에 주목할 때, 우리는 그 자체가 목적인 보편적인 도덕 법칙들을 수립할 수 있다.
(나)	㉠ 은/는 자신의 목숨을 스스로 끊는 행위이다.

① 자유 의지에서 비롯된 행위이므로 도덕적인 행위이다.
② 보편타당한 행위가 될 수 있으므로 도덕적인 행위이다.
③ 인간의 자연적 경향성에 위배되는 비도덕적인 행위이다.
④ 많은 사람들에게 고통을 주기 때문에 비도덕적인 행위이다.
⑤ 자율적 인간으로서 가지는 의무를 위반하는 비도덕적인 행위이다.

안락사의 윤리적 쟁점

유형보기

1. 안락사의 윤리적 쟁점 교육청

갑 : 불치병 환자에게 극심한 고통만 있는 삶을 유지하라고 하는 것은 가혹하다. 우리는 약물 투여 등을 통해 불치병 환자들이 스스로 고통스럽기만 한 상황에서 벗어나 편안한 죽음을 맞이하도록 도와야 한다.

을 : 회복 가능성이 없는 말기 환자가 죽음 이외에는 고통을 이겨낼 방법이 없다 해도 인위적으로 죽음에 이르게 하는 것은 옳지 않다. 어떤 이유로든 인간 생명의 존엄성에 예외를 두어서는 안 된다.

자료 분석

(1) 갑은 안락사를 찬성하는 입장이고, 을은 반대하는 입장이다.

(2) 안락사 허용론자들은 안락사가 환자의 삶의 질을 높이고, 자율성을 존중하며, 환자 가족이 겪는 경제적 부담을 줄일 수 있을 것으로 본다. 이에 비해 반대론자들은 안락사가 인간의 생명을 인위적으로 단축시키는 것이므로 옳지 않다고 본다.

2. 안락사 허용 조건

• 환자의 안락사 요청은 당사자의 자유 의지에 의해 심사숙고된 것이며, 지속적인 것이어야 한다.

• 의사는 환자가 참을 수 없고, 지속적인 고통에 시달리고 있으며, 더 이상 치유의 가능성이 없다는 사실을 실질적으로 확인해야 한다.

• 안락사를 시행할 의사는 최소한 한 명의 다른 의사와 상의해야 하고, 그 의사 역시 환자를 진찰해야 한다.

• 의사는 환자에게 환자의 상황과 앞으로의 전망에 대해서 충분히 설명해야 하고, 더 이상의 대안이 없다는 사실에 대해서 환자와 함께 확신에 이르러야 한다.

• 의사만이 안락사를 시행해야 한다.

자료 분석

네덜란드는 2002년부터 세계 최초로 안락사법을 제정하여 시행하고 있다. 안락사가 정당화되기 위해서는 안락사 허용 조건을 충족해야 하며, 환자로부터 그 죽음에 대한 자발적 동의를 받아야 한다.

대표기출로 유형 감잡기
정답 및 해설 • p.012

073
정답률 80% | 2023학년도 3월 교육청

다음 토론의 핵심 쟁점으로 가장 적절한 것은?

갑 : 회생 불가능한 환자가 고통스러운 삶을 살아가는 것은 무의미합니다. 환자가 요청한다면 연명 치료의 중단으로 죽음을 맞이할 수 있도록 허용해야 합니다.

을 : 동의합니다. 연명 치료의 중단과 같은 소극적 안락사뿐만 아니라 약물 주입과 같은 적극적 안락사로도 환자가 죽음에 이를 수 있도록 허용해야 합니다.

갑 : 아닙니다. 소극적 안락사는 도덕적인 행위이지만 적극적 안락사는 환자를 살인하는 행위와 같으므로 비도덕적입니다.

을 : 그렇지 않습니다. 두 가지 모두 환자를 죽음에 이르게 하지만 고통을 제거한다는 점에서 도덕적입니다. 적극적 안락사도 죽음을 앞당겨 환자의 불필요한 고통을 제거한다는 점에서 도덕적인 행위입니다.

① 연명 치료를 중단하려면 환자의 동의가 반드시 요구되는가?
② 적극적 안락사는 소극적 안락사와 달리 비도덕적 행위인가?
③ 도덕적으로 허용될 수 있는 안락사 시행 방법이 존재하는가?
④ 회생 불가능한 환자는 연명 치료의 중단을 요청해야 하는가?
⑤ 회생 불가능한 환자의 고통을 제거하는 것은 정당화 가능한가?

074
정답률 90% | 2021학년도 10월 교육청

다음 신문 칼럼의 입장만을 〈보기〉에서 있는 대로 고른 것은?

○○신문　　　　　　　　　　　　○○○○년 ○○월 ○○일

칼 럼

오늘날에는 생사를 좌우하는 주요 신체 기능을 기계로 대체함으로써 심장 박동, 순환, 신진대사 등을 유지시키며 생명을 연장할 수 있게 되었다. 이는 죽음의 자연적 진행 과정을 기계적으로 조작할 수 있음을 의미한다. 그런데 회생 가능성이 없는 환자의 생명을 인위적으로 지속시키거나 단축시키는 것은 죽어가는 사람의 인간답게 죽을 권리를 침해하는 일이다. 인간의 존엄성에는 죽어가는 사람의 존엄성도 포함된다. 예컨대 불치병 환자에게 심폐 소생 장치를 연결하여 연명 치료를 지속하는 것보다 그 환자의 존엄성 유지를 위해 심폐 소생 장치를 연결하지 않는 것이 바람직하다.

〈보기〉

ㄱ. 회생 불가능한 환자일지라도 존엄하게 대우해야 한다.
ㄴ. 회생 불가능한 환자에 대한 적극적 안락사가 필요하다.
ㄷ. 회생 불가능한 환자에게는 인간답게 죽을 권리가 있다.
ㄹ. 회생 불가능한 환자 생명을 인위적으로 연장하면 안 된다.

① ㄱ, ㄴ　　　　② ㄱ, ㄷ　　　　③ ㄴ, ㄹ
④ ㄱ, ㄷ, ㄹ　　　⑤ ㄴ, ㄷ, ㄹ

075

난이도 상 중 하

다음은 생명 윤리와 관련된 어느 용어를 정리한 것이다. ㉠을 정당화하기 위한 조건만을 〈보기〉에서 있는 대로 고른 것은?

> 1. ___㉠___의 의미
>
> (1) 이원 : 좋은 죽음(euthanatos) = 좋은(ou) + 죽음(thanatos)
>
> (2) 정의
>
> • "옥스퍼드 영어 사전" : 조용하고 편안한 죽음을 야기하는 행위
>
> • 웹스터 "새 국제 사전" : 치유될 수 없는 상황이나 질병으로 커다란 고통이나 어려움을 안고 있는 사람을 아무런 고통을 주지 않고 죽여 주는 행위나 관행
>
> • "표준 국어 대사전" : 극심한 고통을 받고 있는 불치의 환자에 대하여, 본인 또는 가족의 요구에 따라 고통이 적은 방법으로 생명을 단축하는 행위

〈보기〉

ㄱ. 죽음의 동기가 환자에게 최대한의 이익이 되는 것이어야 한다.
ㄴ. 환자 자신으로부터 그 죽음에 대한 자발적 동의를 받아야 한다.
ㄷ. 사람을 죽여서는 안 된다는 살인 금지의 원칙이 적용되어야 한다.
ㄹ. 자연적인 사망 시기보다 앞서 환자를 사망에 이르게 해서는 안 된다.

① ㄱ, ㄴ   ② ㄱ, ㄷ   ③ ㄷ, ㄹ
④ ㄱ, ㄴ, ㄹ   ⑤ ㄴ, ㄷ, ㄹ

076

난이도 상 중 하

다음 글에서 강조하는 입장을 〈보기〉에서 고른 것은?

> 사람들은 누구나 자신의 고통을 멈추기 위해 '편안한 죽음'을 요청할 수 있어야 한다. 극도의 고통을 느끼는 말기 환자들의 생명을 더 연장시키려고 노력하는 행위는 오히려 환자들의 고통만을 더욱 가중시킬 뿐이다. 따라서 의료 시술을 중단하거나, 약물주사 등을 통해서라도 그들이 사람답게 죽을 수 있도록 해야 한다.

〈보기〉

ㄱ. 환자의 생명권은 어떤 상황에서도 보장되어야 한다.
ㄴ. 환자의 회복이나 치유 가능성을 포기해서는 안 된다.
ㄷ. 무의미한 연명 치료를 환자에게 강요해서는 안 된다.
ㄹ. 죽음을 선택할 수 있는 환자의 권리를 존중해야 한다.

① ㄱ, ㄴ   ② ㄱ, ㄷ   ③ ㄴ, ㄷ
④ ㄴ, ㄹ   ⑤ ㄷ, ㄹ

077

난이도 상 중 하

갑의 관점에서 검색어 (A)를 평가한 것으로 가장 적절한 것은?

> 갑 : 정당한 행위에 대한 판단 근거는 결국 유용성뿐이다. 유용성은 되도록 많은 사람들에게 행복을 가져다주는 것을 의미한다.

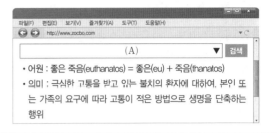

> • 어원 : 좋은 죽음(euthanatos) = 좋은(eu) + 죽음(thanatos)
> • 의미 : 극심한 고통을 받고 있는 불치의 환자에 대하여, 본인 또는 가족의 요구에 따라 고통이 적은 방법으로 생명을 단축하는 행위

① 자연의 질서에 어긋난 비도덕적 행위이다.
② 자기애의 의무를 다하고자 한 도덕적 행위이다.
③ 의학적 지식의 부족에서 비롯된 비도덕적 행위이다.
④ 인간의 존엄성을 훼손할 수 있는 비도덕적 행위이다.
⑤ 환자와 가족들에게 도움을 줄 수 있는 도덕적 행위이다.

078

난이도 상 중 하

그림은 토론 과정의 일부이다. ㉠에 들어갈 내용으로 가장 적절한 것은?

① 환자를 고통에서 해방시켜 주어야 하기 때문입니다.
② 환자 가족의 고통을 경감시켜 줄 수 있기 때문입니다.
③ 자신의 죽음을 선택할 권리를 인정해야 하기 때문입니다.
④ 장기 이식으로 더 많은 생명을 살릴 수 있기 때문입니다.
⑤ 생명의 존엄한 가치는 언제나 존중되어야 하기 때문입니다.

뇌사의 윤리적 쟁점

유형보기

1. 뇌사 인정론과 심폐사 인정론 교육청

> 갑 : 인간에게 있어서 죽음이란 뇌의 전체적인 기능뿐만 아니라 심장이 완전히 정지되었을 때를 말한다.
> 을 : 심장의 기능이 유지된다 하더라도 뇌의 모든 기능이 정지된 상태에서는 인간다운 모습을 구현할 수 없으므로 죽은 존재로 보아야 한다.

[자료 분석]

(1) 갑은 심폐사 인정론자, 을은 뇌사 인정론자이다.
(2) 뇌사를 죽음으로 인정해야 한다고 주장하는 사람들은 뇌사 상태에서의 치료 연장으로 말미암은 심리적·경제적 고통, 의료 자원의 비효율적인 사용, 그리고 무엇보다도 장기 이식의 필요성 등을 제시하면서 뇌사를 죽음으로 판정해야 할 필요성을 주장한다.
(3) 심폐사를 지지하는 사람들은 비록 뇌 기능이 완전히 정지했다고 하더라도 인공적인 기계 장치 등을 이용하면 짧은 시간이나마 호흡이 가능하고 심장 박동이 지속되므로 아직 죽음에 이른 것이 아니라고 주장한다.
(4) 뇌사 인정론자에 대해 심폐사 인정론자는 인간의 죽음을 실용적 동기에서 바라보아서는 안 된다고 강조한다.

2. 뇌사와 관련된 법 규정

> 우리나라의 '장기 등 이식에 관한 법률'에 따르면, 뇌사 추정자의 장기 등을 기증하기 위하여 뇌사 판정을 받으려는 사람은 뇌사 추정자의 검사 기록 및 진료 담당 의사의 소견서를 첨부하여 뇌사 판정 기관의 장에게 뇌사 판정 신청을 해야 한다. 뇌사 판정 신청은 뇌사 추정자의 가족, 뇌사 추정자의 가족이 없는 경우에는 법정 대리인 또는 진료 담당 의사가 할 수 있다. 뇌사판정위원회는 전문 의사 2명 이상과 의료인이 아닌 위원 1명 이상을 포함한 4명 이상 6명 이하의 위원으로 구성한다.

[자료 분석]

(1) 우리나라는 뇌사를 사망으로 인정하지 않지만 장기 기증을 전제한 경우에는 뇌사를 죽음으로 인정해 준다. 이에 따라 장기 기증을 전제로 하면 사망자가 되지만, 그렇지 않으면 사망자가 되지 않는다는 모순적인 결과가 나오게 된다.
(2) 우리나라는 뇌사 판정의 객관성을 확보하기 위해 뇌사판정위원회를 구성하여 뇌사 판정을 위한 일정한 기준을 마련하였다. 하지만 뇌사판정위원회의 결정을 따른다 해도, 뇌사 판정의 오류 가능성이 완전히 없어지는 것은 아니다.

대표기출로 유형 감잡기 정답 및 해설 • p.013

079

정답률 76% | 2022학년도 6월 평가원

(가)의 입장에서 (나)의 입장에 대해 제기할 수 있는 비판으로 가장 적절한 것은?

> (가) 심장 박동과 호흡이 비가역적으로 정지된 심폐사만을 죽음으로 인정해야 한다. 심폐사는 죽음에 대한 전통적인 판정 기준으로, 죽음의 시점을 확실하게 적시할 수 있어서 누가 보더라도 죽음을 판정할 수 있다는 장점이 있다.
> (나) 뇌의 모든 기능을 상실한 사람은 결국 수일 내에 심폐사에 이르게 된다. 뇌사자에게 불필요한 치료를 억지로 지속하는 것은 뇌사자를 비인간적으로 대우하는 것일 뿐만 아니라, 한정된 의료 자원을 소모하면서 장기를 기증할 기회도 잃게 하므로 뇌사를 죽음으로 인정해야 한다.

① 의료 자원의 효율적 이용이 필요하다는 것을 간과한다.
② 뇌사가 죽음에 이르는 과도기적 상태라는 것을 간과한다.
③ 뇌사 인정은 뇌사자의 생명권을 존중하는 것임을 간과한다.
④ 장기 이식을 위해 뇌사를 죽음의 기준으로 삼아야 함을 간과한다.
⑤ 무의미한 연명 치료는 인간 존엄성을 훼손한다는 것을 간과한다.

080

정답률 93% | 2019학년도 수능 Ⓔ 연계

다음 글의 입장에서 긍정의 대답을 할 질문을 〈보기〉에서 고른 것은?

> 심장과 폐가 활동한다 해도, 뇌의 기능이 불가역적으로 상실된 사람은 살아 있는 존재로 볼 수 없다. 생명체의 활동에 있어서 뇌가 결정적 기능을 담당하기 때문이다. 뇌사를 죽음의 기준으로 인정하게 되면 당사자의 사전 동의를 통해 뇌사자로부터 장기 이식을 받아 보다 많은 인명을 구할 수 있으므로 공익의 실현에 기여하게 된다. 일부에서는 뇌사의 오판 가능성을 제기하지만, 뇌사 판정 위원회를 통해 이를 최소화할 수 있다.

〈보기〉
ㄱ. 뇌사를 죽음의 기준으로 인정하는 것은 정당화될 수 있는가?
ㄴ. 뇌사 판정의 오류를 줄일 수 있는 제도적 절차가 있는가?
ㄷ. 뇌사자 장기 이식은 사회적 유용성의 증진을 저해하는가?
ㄹ. 심폐 기능의 불가역적 상실만을 죽음으로 판정해야 하는가?

① ㄱ, ㄴ ② ㄱ, ㄷ ③ ㄴ, ㄷ
④ ㄴ, ㄹ ⑤ ㄷ, ㄹ

081

난이도 상 중 하

갑의 입장에 대한 을의 비판으로 적절한 것만을 〈보기〉에서 있는 대로 고른 것은?

〈보기〉
ㄱ. 인간의 인간다움은 심장이 아닌 뇌에서 비롯된다.
ㄴ. 심장 자체는 뇌의 명령 없이도 자발적으로 박동한다.
ㄷ. 인간의 죽음을 실용적 동기에서 바라보아서는 안 된다.
ㄹ. 삶의 신체적 기능보다 인간의 사고 능력이 더 중요하다.

① ㄱ, ㄴ   ② ㄴ, ㄷ   ③ ㄷ, ㄹ
④ ㄱ, ㄴ, ㄹ   ⑤ ㄱ, ㄷ, ㄹ

082

난이도 상 중 하

갑의 관점에서 〈사례〉 속의 밑줄 친 '부모'가 내린 판단을 가장 적절하게 평가한 것은?

갑 : 쾌락과 행복을 가져다주는 행위는 옳으며 고통과 불행을 가져다주는 행위는 그르다. 따라서 우리는 최대한 많은 사람들에게 큰 행복을 가져오는 것을 선택해야 한다.

〈사 례〉

승용차 뒷좌석에 타고 있던 K 씨는 큰 교통사고를 당하여 병원으로 실려 왔다. 심폐 소생술로 겨우 목숨은 건졌지만 심하게 손상된 뇌는 회복되지 않았다. 이튿날 K 씨는 최종 뇌사 판정이 내려졌다. 뇌사 판정 소식에 K 씨의 가족들은 한동안 슬픔을 감추지 못했다. 하지만 부모는 곧바로 K 씨의 주요 장기를 기증하겠다는 결정을 내렸다.

① 유용성만을 고려한 비도덕적 행위이다.
② 부모의 의무를 다하고자 한 도덕적 판단이다.
③ 장기 기증자의 의사를 무시한 비도덕적 판단이다.
④ 인간의 존엄성을 훼손할 수 있는 비도덕적 판단이다.
⑤ 다른 사람들에게 생명을 줄 수 있는 도덕적 판단이다.

083

Challenge 30% 고난도

난이도 상 중 하

갑, 을의 입장에 대한 설명으로 옳지 않은 것은?

갑 : 인간에게 있어서 심장 자체가 자발적으로 박동하고 호흡한다는 것은 살아 있음의 증거이다. 죽음이란 심장이 완전히 정지되었을 때를 말한다.
을 : 유기적 인격체의 인간다움은 심장이 아닌 뇌에서 비롯한다. 뇌의 모든 기능이 정지된 상태에서는 인간다운 모습을 구현할 수 없으므로 죽은 존재로 보아야 한다.

① 갑은 죽음에 대한 판정 기준으로 심폐사를 지지한다.
② 갑은 생명의 존엄성을 실용적 가치보다 더 강조한다.
③ 을은 죽음에 대한 판정 기준으로 뇌사를 지지한다.
④ 을은 갑에 비해 장기 이식의 필요성을 강조한다.
⑤ 갑, 을 모두 죽음에 대한 인간의 자기 결정권을 강조한다.

084

난이도 상 중 하

(가)의 관점에서 제시할 (나)의 문제 해결 방안으로 가장 적절한 것은?

(가) 개인적인 양심과 덕목의 실천으로는 복잡한 사회 문제를 해결하기 어렵고 사회 정책과 제도의 개선을 통해 문제를 해결해야 한다.
(나) 몇 년 전 법원은 의식 없는 환자를 부인의 요구에 따라 퇴원시켜 사망하게 한 혐의로 담당 의사에게 실형을 선고한 적이 있다. 이 사건으로 의료계가 큰 혼란을 겪었다. 이전까지는 생명이 위태로운 환자라 할지라도 치료비가 없다는 등의 이유로 가족이 퇴원을 원하면 '자의(自意) 퇴원'이라는 형식으로 이를 묵인한 것이 관행이었기 때문이다.

① 의사의 양심에 호소한다.
② 생명의 존엄성을 널리 홍보한다.
③ 치료비를 지원할 수 있는 법을 제정한다.
④ 환자 가족들에게 자의 퇴원의 해악성을 알려 준다.
⑤ 환자를 진단한 의사의 의견에 무조건 따르게 한다.

02 생명 윤리

출제 예상 item   13 생명 복제와 유전자 치료의 윤리적 쟁점   14 동물 실험과 동물의 권리에 대한 다양한 관점

1 생명 복제와 유전자 치료의 윤리적 쟁점

1. 생명의 존엄성에 대한 관점

동양	유교	부모로부터 물려받은 생명을 존엄하게 여길 것을 강조함
	불교	연기의 가르침을 통해 생명의 상호 의존 관계를 강조하고, 불살생의 계율로 생명의 보존을 강조함
	도가	자연스러운 것을 인위적으로 조작하는 일은 바람직하지 않다고 봄
서양	의무론	생명은 그 자체로 존엄하므로 생명을 함부로 조작하거나 훼손해서는 안 된다고 봄
	공리주의	생명을 대상으로 하는 과학 기술과 의료 행위가 개인과 사회에 행복과 이익을 가져다 준다면 정당화될 수 있다고 봄
	그리스도교	신의 피조물인 생명은 존엄하면서도 일정한 위계를 가진다고 봄→아퀴나스와 슈바이처의 생명 사상 등으로 계승됨

2. 생명 복제의 윤리적 쟁점

(1) 동물 복제

찬성 입장	• 동물 복제를 통해 우수한 품종을 개발·유지할 수 있음 • 희귀 동물의 보존과 멸종 동물의 복원이 가능함→동물 복제를 통해 얻을 수 있는 유용한 결과나 행복 증진에 관심을 둠
반대 입장	• 동물 복제는 자연 질서에 어긋남 • 종의 다양화를 해침 • 동물의 생명이 인간의 유용화를 위한 도구로 사용될 수 있음

(2) 인간 복제

배아 복제	찬성 입장	• 배아는 아직 완전한 인간이 아님 • 배아로부터 획득한 줄기세포를 활용해 난치병을 치료할 수 있음
	반대 입장	• 배아 역시 초기 인간 생명이므로 보호되어야 함 • 줄기세포 추출을 위해 배아를 수단적으로 사용할 수 있음 • 배아 복제 과정에서 많은 수의 난자를 사용하는 것은 여성의 인권과 건강권을 훼손하는 것임
개체 복제	찬성 입장	인간 복제를 통해 불임 부부의 고통을 덜어 줄 수 있음
	반대 입장	• 인간 복제는 인간의 존엄성을 훼손함 • 인간의 자연스러운 출산 과정에 어긋남 • 인간의 고유성, 개체성, 정체성을 상실함

3. 유전자 치료의 윤리적 쟁점

(1) 동물 복제

① 의미 : 질병을 치료하기 위해 체세포 또는 생식 세포 안에 정상 유전자를 넣어 유전자의 기능을 바로잡거나 이상 유전자 자체를 바꾸는 치료법

② 종류

• 체세포 치료 : 체세포를 대상으로 함→주로 환자 개인에게만 영향을 미침

• 생식 세포 치료 : 수정란이나 배아를 대상으로 함→생식 세포에 영향을 미치므로 변형된 유전적 정보가 유전되어 후세대와 인간의 유전자 풀(pool)에 직접적인 영향을 미침

(2) 생식 세포 치료에 대한 찬반 논쟁

① 찬성 입장

• 병의 유전을 막아 다음 세대의 병을 예방할 수 있음

• 유전 질환을 물려주지 않으려는 부모의 자율적 선택을 존중

• 새로운 치료법의 개발을 통해 경제적 효용 가치를 산출할 수 있음

교과서 속 수능 개념

생명 과학

생명 현상의 본질과 그 특성을 종합적으로 연구하는 학문으로, 인간의 삶과 밀접한 관련이 있다.

생명 복제

동일한 유전 형질을 가진 생명체를 만들어 내는 기술로, 크게 동물 복제와 인간 복제로 나뉜다.

배아

수정 후 인간의 모든 기관이 형성되는 8주까지의 조직체. '배아 복제'에서의 배아는 착상 전까지의 초기 배아를 말한다.

줄기세포

아직 분화되지 않은 미성숙 세포. 개체의 발달 시기와 위치하는 장소 등에 따라 생물체를 이루는 다양한 종류의 세포로 분화되어 나갈 수 있는 세포이다.

우생학

인류를 유전학적으로 개량하고자 하는 목적으로 여러 가지 조건과 인자 등을 연구하는 학문이다.

헷갈리는 개념 정리

배아 복제와 개체 복제

배아 복제	배아 줄기세포를 얻기 위해 복제를 통해 배아 단계까지만 발생을 진행시키는 것을 말함
개체 복제	복제를 통해 새로운 개체를 탄생시키는 것으로, 일반적으로 인간 복제를 말함

② 반대 입장

- 미래 세대의 동의 여부가 불확실함
- 생식 세포의 변화를 통해 인간을 개선하려는 우생학에 대한 우려
- 의학적으로 불확실하고 임상 실험의 위험성으로 인한 부작용 발생 가능성
- 고가의 치료비로 그 혜택이 일부 사람에게 집중되어 분배 정의에 어긋날 수 있음

2 동물 실험과 동물의 권리에 대한 다양한 관점

1. 동물 실험의 의미와 윤리적 쟁점

(1) **의미** : 의료, 교육, 실험, 연구 및 생물학적 약품의 생산 등을 위하여 살아 있는 동물을 대상으로 시행하는 실험 또는 그 과학적 절차

(2) **윤리적 쟁점**

① 찬성 입장

- 인간은 동물과 근본적으로 다른 존재 지위를 갖고 있음
- 인간과 동물은 생물학적으로 유사하므로 동물 실험의 결과를 인간에게 적용할 수 있음
- 동물 실험을 통해 인체 실험으로 인한 위험성을 줄일 수 있음
- 동물 실험을 통해 다양한 치료약이나 치료법 등을 개발하여 인간의 건강 증진에 이바지할 수 있음

② 반대 입장

- 인간과 동물의 존재 지위는 별 차이가 없음
- 인간과 동물은 생물학적으로 유사하지 않음
- 긍정적 이해 관심을 가진 동물을 실험의 도구로 활용하고 있음
- 목적이 불분명하고 필수적이지 않은 동물 실험으로 동물이 불필요한 고통을 당하고 있음

2. 동물의 권리에 대한 다양한 관점

(1) **인간 중심주의 관점** 동물은 도덕적으로 고려받을 권리를 가지지 않는다는 입장

데카르트	동물은 자동인형 또는 움직이는 기계에 불과하다고 주장 → 유럽에서 마취제 없이 이루어진 동물 실험을 정당화하는 데 이용됨
아퀴나스, 칸트	• 동물이 도덕적으로 고려받을 권리를 갖지는 않지만, 인간의 품성에 부정적인 영향을 끼치기 때문에 동물을 함부로 다루어서는 안 된다고 주장 • 인간에 대한 잔혹한 처우를 조장할 수 있기 때문에 동물에 대한 잔혹한 처우에 반대

(2) **동물 중심주의 관점** 동물은 도덕적으로 고려받을 권리를 가진다는 입장

벤담	동물도 고통을 느끼므로 도덕적으로 고려받을 권리를 갖는다고 봄 → 도덕적 고려의 대상을 쾌락과 고통을 느끼는 능력을 가진 모든 존재로만 확대함
싱어	• 벤담의 영향을 받아 공리주의 관점에서 동물이 느끼는 고통을 감소시켜야 한다는 동물 해방론을 주장 • 쾌락과 고통을 느끼는 능력을 이익 관심의 필요 조건으로 간주함 • 동물이 쾌고 감수 능력을 지니고 있으므로 동물의 이익도 평등하게 고려되어야 한다고 주장 • 이익 관심을 동일하게 고려해야 한다는 원칙에 따라 인간과 동물을 똑같이 고려해야 함 • 동물 실험이 동물에게 고통을 주기 때문에 기본적으로 반대함 • 싱어의 동물 해방론 : 만약 어떤 존재가 고통을 느낀다면, 그와 같은 고통을 고려하지 않으려는 것은 도덕적으로 정당화될 수 없다. 평등의 원리는 그 존재가 어떤 특성을 갖건 그 존재의 고통을 다른 존재의 동일한 고통과 동등하게 취급할 것을 요구한다. 만약 어떤 존재가 고통을 느낄 수 없거나 즐거움이나 행복을 누릴 수 없다면, 거기에서 고려해야 할 바는 아무것도 없다. 따라서 쾌고 감수 능력은 다른 존재들의 이익에 관심을 가질지의 여부를 판가름하는, 우리가 옹호할 수 있는 유일한 경계가 되는 것이다. → 오랫동안 동물 실험은 인체 실험을 대신해 시행되어 왔으며 오늘날에도 시행되고 있다. 이에 대해 비판을 제기하는 입장에서는, 동물도 고통을 느끼는 존재라는 것을 알아야 하며 동물을 도덕적 고려의 대상에 포함시켜야 한다고 주장한다.
레건	• 의무론적 입장에서 동물은 그 자체로 존중받아야 할 '권리'가 있다고 주장함 • 동물을 감정적 존재이자 희망과 목적을 추구하는 행위자로 봄 • 동물도 삶을 영위할 권리가 있는 도덕적 주체임 → 인간을 위한 수단으로 취급해서는 안 됨 • 인간은 물론 일부 동물도 '삶의 주체'가 될 수 있음 → 과학의 발전을 위해 동물에게 고통을 주는 동물 실험은 동물의 내재적 가치를 존중하지 않고, 단지 동물을 인간의 목적을 위한 수단으로 이용하는 것이기 때문에 부당하다고 봄

생명 복제와 유전자 치료의 윤리적 쟁점

수능 출제 패턴 분석 ▶ 생명 공학 기술, 배아에 대한 관점, 배아 복제에 대한 찬반 입장, 유전자 치료

유형보기 ▶

1. 생명 공학 기술에 대한 이해 교육청

갑 : 자기 유전 정보를 '아는 것이 병'입니다. 자신의 유전 정보에 대한 앎은 미래의 유전 질환에 대한 불안, 공포 등의 해악만 야기할 뿐입니다. 따라서 해악 금지의 원칙에 따라 자기 유전 정보를 '모를 권리'가 보장되어야 합니다.

을 : 자기 유전 정보를 '아는 것이 힘'입니다. 자신의 유전 정보에 대한 앎은 미래의 유전 질환을 감안하여 스스로 삶의 계획을 세울 수 있게 해 줍니다. 따라서 자율성 존중의 원칙에 따라 자기 유전 정보를 '알 권리'가 보장되어야 합니다.

자료 분석

(1) 갑은 생명 공학 기술의 발달을 통해 전망할 수 있는 자기 유전 정보에 대한 앎에 대해 반대 입장을, 을은 찬성 입장을 표현하고 있다.

(2) 갑은 해악 금지 원칙과 '모를 권리'에 근거해 자신의 삶을 스스로 만들어 갈 자유를 개인의 권리로 인정해야 한다고 주장한다.

(3) 을은 자신의 삶에 대한 자율적 계획과 '알 권리' 보장에 근거해 유전 정보를 알아야 한다고 주장한다.

2. 배아에 대한 관점 교육청

갑 : 모든 참나무가 한때는 도토리였지만, 도토리가 참나무와 같지는 않다. 도토리와 참나무가 같은 가치를 지닐 수 없듯이, 배아와 인간의 관계도 마찬가지이다. 단지 배아는 인간이 될 수 있는 가능태(可能態)일 뿐이다.

을 : 어떤 차별도 정당화되지 않듯이 발달 과정에서의 차별 역시 정당화되지 않는다. 모든 인간은 배아로부터 시작되고 인간의 생명은 오로지 그 자체로 존중받아야 하므로, 우리는 배아를 인간과 동일한 존재로 보아야 한다.

자료 분석

(가)는 배아는 인간이 될 수 있는 잠재성이 있을 뿐, 인간과 동일한 가치를 지니지 않는다고 본다. 반면 (나)는 배아의 생명은 인간의 생명과 마찬가지로 존중받아야 한다고 본다.

3. 배아 복제에 대한 입장 교육청

갑 : 배아 복제는 난치병 치료에 도움을 줄 수 있으므로 찬성합니다.

을 : 저는 반대합니다. 왜냐하면 배아는 [㉠]

자료 분석

(1) ㉠에는 배아 복제를 반대하는 입장이 들어가야 한다.

(2) 배아 복제를 찬성하는 입장에서는 배아가 완전한 인간이 아니기 때문에 배아로부터 얻은 줄기세포를 활용해 난치병을 치료할 수 있다고 주장한다. 이들은 참나무가 도토리에서 시작하지만, 도토리를 참나무라고 하지 않는 것처럼 배아와 인간이 동일한 가치를 지니지 않는다고 본다.

(3) 배아 복제를 반대하는 입장에서는 배아 역시 생명을 가진 인간으로 볼 수 있고, 도덕적 지위를 갖고 있다고 주장한다. 따라서 배아 복제의 허용은 인간 생명의 상품화나 각종 비인간적인 활동으로 가는 '미끄러운 경사'로 이어질 수 있으므로 배아 복제를 허용해서는 안 된다고 본다.

대표기출로 유형 감잡기
정답 및 해설 • p.014

085
정답률 83% | 2024학년도 수능 ⓔ 연계

(가)의 주장을 (나) 그림으로 나타낼 때, ㉠에 대한 반론의 근거로 가장 적절한 것은?

(가)	인간 배아 복제는 줄기세포를 추출하기 위해 인간 배아를 파괴하여 인간의 생명권을 침해하기 때문에 허용되어서는 안 된다.

(나)	대전제	인간의 생명권을 침해하는 행위는 허용되어서는 안 된다.	+	소전제	㉠

↓

결론	인간 배아를 파괴하는 인간 배아 복제는 허용되어서는 안 된다.

① 인간 배아 복제는 인간의 생명권을 침해한다.
② 인간은 인간 배아와 유전적 특징이 다르지 않다.
③ 인간 종의 구성원들 중에는 인간 배아도 포함된다.
④ 인간 배아가 인간이 되는 과정은 끊임없이 연속적이다.
⑤ 인간 배아는 도덕적 지위가 없는 단순한 세포 덩어리이다.

086
정답률 90% | 2022학년도 9월 평가원

다음 토론의 핵심 쟁점으로 가장 적절한 것은?

갑 : 유전 공학은 우리를 질병으로부터 해방시키고 우리가 바라는 인간의 현재와 미래의 모습을 실현시켜 줄 것입니다. 유전 공학의 발전은 행복한 미래를 위한 필수 조건입니다.

을 : 질병 극복은 선(善)이므로 치료를 목적으로 하는 유전 공학 연구는 진행되어야 합니다. 그러나 유전자 강화 연구는 치료를 넘어 자연적 형질의 변화를 추구하므로 지속되면 안 됩니다.

갑 : 치료가 소극적 선이라면 강화는 적극적 선입니다. 유전자 강화를 통해 우리의 자연적 능력은 확연히 강화될 것입니다. 이를 통해 우리는 더 높은 차원의 삶을 경험할 것입니다.

을 : 유전자 강화 기술이 설령 자신과 미래 세대에게 높은 차원의 삶을 보장해 줄 수 있을지라도, 이 기술은 인간의 고유성과 정체성을 훼손하기 때문에 선이라 할 수 없습니다.

① 유전 공학 연구는 선을 추구해야 하는가?
② 치료를 목적으로 하는 유전 공학은 발전해야 하는가?
③ 유전자 강화 기술의 궁극적 목적은 질병의 치료인가?
④ 유전자 강화 기술은 인간의 자연적 능력을 변화시키는가?
⑤ 유전자 강화를 목적으로 하는 유전 공학 연구는 중단되어야 하는가?

087

난이도 상 중 하

(가), (나)는 생명 복제에 대한 상반된 두 입장을 정리한 것이다. (가), (나)가 추구하는 바를 바르게 연결한 것은?

구분	주요 주장
(가)	• 생명 공학의 발전은 난치병 치료를 가능하게 한다. • 생명 복제 방법을 통해서 불임 부부에게 아기를 제공할 수 있다.
(나)	• 복제 인간이 치료를 위한 수단으로 간주될 수 있다. • 배아는 인간이 될 수 있는 잠재적인 가능성이 있다.

      <u>(가)</u>   <u>(나)</u>
① 공동의 이익 증진   학문의 자유 보장
② 국가 경쟁력 제고   생명의 위계성 존중
③ 공동의 이익 증진   인간의 존엄성 존중
④ 학문의 자유 보장   생명의 위계성 존중
⑤ 인간의 존엄성 존중   국가 경쟁력 제고

088

난이도 상 중 하

다음 대화에서 밑줄 친 (가)에 들어갈 '을'의 견해로 적절한 것만을 〈보기〉에서 있는 대로 고른 것은?

인간 복제 기술은 아이를 낳지 못하는 부부들에게 희망을 줄 수 있어서 좋다고 생각해. 오늘날 인간 복제와 같은 생명 공학 기술의 발달은 불가피한 대세가 아닐까?

글쎄. 생명 공학 기술이 인류에게 혜택만을 가져다주는 것은 아니야. 생명 공학 기술을 제한 없이 허용하게 되면 _____ (가)

갑 / 을

〈보기〉
ㄱ. 생명의 존엄성을 훼손할 수 있어.
ㄴ. 과학 기술 발전을 저해할 수 있어.
ㄷ. 생명이 상업적으로 이용될 수 있어.
ㄹ. 난치병 환자의 희망을 꺾을 수 있어.

① ㄱ, ㄷ   ② ㄱ, ㄹ   ③ ㄴ, ㄹ
④ ㄱ, ㄴ, ㄷ   ⑤ ㄴ, ㄷ, ㄹ

089

난이도 상 중 하

갑이 을의 주장에 대해 제기할 수 있는 비판을 〈보기〉에서 고른 것은?

갑 : 배아 복제는 영원한 삶을 보장해 주는 것이 아니라 인간을 물질로 취급하는 결과를 초래할 것이다. 우리는 인간의 존엄성에 근거해서 배아의 도덕적 지위를 확보해야 한다.

을 : 배아 복제를 통해 난치병 등 각종 질병을 치료할 수 있는 길이 열리게 되었다. 복제된 배아를 배양해 얻은 줄기세포는 뼈, 근육, 장기 등 각종 신체 기관으로 분화할 수 있는 기본 세포가 된다. 따라서 배아 복제 연구를 허용하여 하루 빨리 상용화될 수 있도록 해야 한다.

〈보기〉
ㄱ. 배아 세포는 단순한 세포 덩어리이다.
ㄴ. 배아 세포는 인간이라는 종(種)에 속한다.
ㄷ. 배아가 도덕적 지위를 갖는 인간이라고 보기는 어렵다.
ㄹ. 인간의 발달 과정은 선명한 경계선이 없는 연속적인 과정이다.

① ㄱ, ㄴ   ② ㄱ, ㄷ   ③ ㄴ, ㄷ
④ ㄴ, ㄹ   ⑤ ㄷ, ㄹ

090

난이도 상 중 하

밑줄 친 부분이 강조하는 내용으로 옳은 것은?

나에게는 유전자 조작의 위험성을 과장해서 무조건 금지해야 한다는 어느 학자의 말보다, 하루에 한 끼의 식사조차 마련하지 못해 기아로 고통받고 있는 아프리카의 많은 어린이들의 얼굴이 떠오른다. 필요한 것은 유전자 조작에 대한 연구의 중단이 아니라 그것을 <u>인간을 위해 올바르게 사용할 수 있도록 경계하는 일이다.</u>

① 유전자 조작 연구를 제한 없이 허용해야 한다.
② 유전자 조작 기술은 인류의 행복을 보장해 준다.
③ 유전자 조작 연구는 과학 기술의 발전을 저해한다.
④ 유전자 조작 기술에 대해 탈(脫)가치적 태도를 지녀야 한다.
⑤ 유전자 조작 기술을 적용할 때에는 윤리적 검토가 필요하다.

수능 출제 패턴 분석 ▶ 동물 실험에 대한 찬반 논쟁, 동물의 권리에 대한 논쟁

유형보기

1. 동물 실험에 대한 자료 분석 교육청

질문	응답(단위 : %)	
	예	아니요
인간은 동물을 연구용으로 사용할 근본적 권리가 있는가?	33%	67%
동물을 연구하여 인간의 질병에 관한 정보를 얻는다면 이를 허용하겠는가?	75%	25%
동물 실험을 거쳐 효능이 검증된 의약품이 개발되면 구입하겠는가?	81%	19%

자료 분석

(1) 첫 번째 질문으로 볼 때 인간은 동물보다 절대적으로 우위에 있다고 보기보다는 동물의 생명 역시 중요하다는 인식을 가지고 있음을 알 수 있다.

(2) 두 번째, 세 번째 질문에서 동물 실험의 유용성을 인정하는 경향이 있음을 알 수 있다.

(3) 동물의 생명을 존중하는 첫 번째 질문과 실용성을 추구하는 두 번째, 세 번째 질문에서 동물의 생명을 존중하면서도 실용성을 추구하는 이중적인 태도를 보이고 있음을 알 수 있다.

2. 동물의 권리에 대한 싱어의 관점 교육청

(가)	만약 한 존재가 고통이나 행복이나 즐거움을 겪을 수 없다면, 고려해야 할 것은 아무것도 없다. 이러한 것이 타자의 이익을 고려할 때, '쾌고 감수 능력'이라는 기준이 유일하게 옹호되는 이유이다.
(나)	공장식 가축 사육이란 마치 공장에서 물건을 생산하듯이 동물을 사육하는 것을 말한다. 사육을 당하는 동물들은 비좁은 축사에 갇혀 있는데 이 때문에 스트레스를 받거나 질병에 시달리곤 한다.

자료 분석

(1) (가)는 인종 차별이나 성차별이 옳지 않은 것과 마찬가지로 종(種)이 다르다는 이유로 동물을 차별하는 것을 '종 차별주의'로 규정하는 싱어이다.

(2) 싱어는 (나)의 문제에 대해 인간과 동물의 이익 관심을 동등하게 고려해야 한다고 주장한다.

(3) 공리주의자인 싱어는 전체 고통의 양을 줄여야 하는 윤리적 의무를 강조하며 동물의 전체적인 고통을 줄이기 위해 복지 증진에 노력을 해야 한다고 말한다. 그 예가 공장식 축산 환경을 개선하여 가축들의 고통을 줄이는 복지형 축산이다.

대표기출로 유형 감잡기 정답 및 해설 · p.015

091 정답률 80% | 2024학년도 6월 평가원

다음 토론의 핵심 쟁점으로 가장 적절한 것은?

갑 : 동물 실험은 인간을 위한 신약 개발이나 제품의 안전성 검증 등을 위해 수행되고 있습니다. 그런데 동물 실험 과정에서 수많은 동물이 큰 고통을 받고 있습니다. 동물에게도 고통받지 않을 권리가 있습니다.

을 : 동의합니다. 하지만 모든 동물 실험이 부당한 것은 아닙니다. 동물이 겪는 고통에도 불구하고 인간의 생명과 건강을 위해 큰 이익을 주는 경우에는 동물 실험이 정당성을 확보할 수 있습니다.

갑 : 동물 실험이 인간에게 큰 이익을 줄 수 있지만, 인간의 이익이 동물 실험을 정당화할 수는 없습니다. 동물도 인간과 동등한 권리를 가집니다. 모든 동물 실험은 동물의 권리를 침해하는 것이기 때문에 금지되어야 합니다.

을 : 아닙니다. 동물의 권리와 이익보다 인간의 권리와 이익을 중시해야 합니다. 다만 인간에게 큰 이익을 주지 못하면서 동물에게 큰 고통을 줄 경우에는 동물 실험이 금지되어야 합니다.

① 동물 실험이 허용되어서는 안 되는 경우가 있는가?
② 인간은 동물 실험을 통해 큰 이익을 얻을 수 있는가?
③ 동물은 동물 실험 과정에서 고통받지 않을 권리가 있는가?
④ 동물 실험에서 인간의 권리보다 동물의 권리를 중시해야 하는가?
⑤ 인간의 이익은 동물 실험을 정당화하기 위한 근거가 될 수 있는가?

092 정답률 90% | 2022학년도 6월 평가원

(가), (나)의 입장으로 적절한 것만을 〈보기〉에서 고른 것은?

(가) 인간의 행복을 위해서는 질병을 극복할 수 있는 신약이 개발되어야 한다. 개발 과정에서 인간에게 미칠 수 있는 신약의 부작용을 최소화하기 위해서는, 설령 동물에게 고통을 준다 해도 동물 실험은 불가피하다. 다만, 고통은 악(惡)이므로 연구자는 동물에게 가하는 고통을 최소화해야 한다.

(나) 질병은 극복되어야 할 인류의 과제이다. 하지만 인간과 동물은 질병의 종류와 증상이 매우 다르기 때문에, 동물 실험은 그 효과가 의심스러우며 신약 개발에 도움이 되지 않는다. 특히 인간처럼 쾌고 감수 능력을 지닌 동물에게 고통을 주는 동물 실험을 금지하고 그 대안을 강구해야 한다.

〈보기〉

ㄱ. (가): 동물 실험은 그 목적이 선해도 허용될 수 없다.
ㄴ. (가): 인간의 복지가 동물들의 이익 관심보다 우선한다.
ㄷ. (나): 인간은 생물학적으로 대부분의 질병을 동물과 공유한다.
ㄹ. (가), (나): 동물에게 고통을 가하는 것은 도덕적으로 악하다.

① ㄱ, ㄴ   ② ㄱ, ㄷ   ③ ㄴ, ㄷ
④ ㄴ, ㄹ   ⑤ ㄷ, ㄹ

093

정답률 25% | 고2 2019학년도 9월 교육청

갑 사상가의 입장에서 〈사례〉에 대해 제시할 적절한 견해만을 〈보기〉에서 있는 대로 고른 것은?

> 갑 : '삶의 주체'는 믿음과 욕구를 가지며 지각과 기억을 하고, 미래에 대한 감각을 가지며, 즐거움과 고통을 느끼는 정서적 생활을 한다. …(중략)… 그들은 다른 존재에게 유용하다는 것에 논리적으로 독립하여 그들의 삶이 자신에게 이롭거나 해롭다는 의미에서 개별적 복지를 갖는다.

〈사 례〉

> 개, 원숭이, 토끼 등 많은 정상적인 동물들이 꼭 필요하지도 않은 실험임에도 불구하고 인간의 이익을 위해서 실험 대상이 되어 희생당하고 있다.

〈보기〉

> ㄱ. 삶의 주체인 동물의 도덕적 권리를 침해하지 말아야 한다.
> ㄴ. 내재적 가치를 지닌 동물은 실험 대상으로 삼지 말아야 한다.
> ㄷ. 쾌고 감수 능력을 지닌 모든 존재를 동일하게 대우해야 한다.
> ㄹ. 모든 동물은 인간과 평등한 내재적 가치를 지님을 알아야 한다.

① ㄱ, ㄴ   ② ㄱ, ㄷ   ③ ㄷ, ㄹ
④ ㄱ, ㄴ, ㄹ   ⑤ ㄴ, ㄷ, ㄹ

094

정답률 26% | 고2 2018학년도 3월 교육청

(가)의 갑, 을 사상가들의 관점에서 (나) 그림 속 주장에 대해 내릴 판단으로 적절하지 않은 것은?

(가)	갑 : 우리는 쾌고 감수 능력, 자신의 정체성을 느낄 수 있는 능력 등을 가진 삶의 주체를 도덕적으로 존중해야 한다. 을 : 우리는 쾌고 감수 능력을 지닌 존재들의 이익 관심을 동등하게 고려하여 동물에게 부당한 고통을 주어서는 안 된다.
(나)	 모피를 얻기 위한 사냥을 중지하라!

① 갑 : 동물의 도덕적 권리를 옹호하자는 주장이므로 정당하다.
② 갑 : 동물을 오직 수단으로 대우하지 말자는 주장이므로 정당하다.
③ 을 : 동물의 이익 관심을 고려하자는 주장이므로 정당하다.
④ 을 : 동물에게 과도한 고통을 주지 말자는 주장이므로 정당하다.
⑤ 갑, 을 : 동물을 도덕적 행위 주체로 대우하자는 주장이므로 정당하다.

예상문제로 유형 익히기

정답 및 해설 · p.015

095

난이도 상 중 하

그림은 어느 학생의 노트 필기 내용이다. ㉠~㉤ 중 옳지 않은 것은?

> 학습 주제 : 동물 실험
>
> 1. 의미
> • 인간의 과학적 목적을 위해 동물을 대상으로 하는 실험 ━━━ ㉠
>
> 2. 동물 실험에 찬성하는 입장
> • 동물 실험을 통해 인체 실험으로 인한 위험성을 줄일 수 있음 ━━━ ㉡
>
> • 신약 개발로 인간의 생명과 건강을 보호할 중요한 이익을 얻을 수 있음 ━━━ ㉢
>
> 3. 동물 실험에 반대하는 입장
> • 인간은 동물과 근본적으로 다른 존재 지위를 가짐 ━━━ ㉣
> • 인간과 동물은 생물학적으로 유사하지 않음 ━━━ ㉤

① ㉠   ② ㉡   ③ ㉢   ④ ㉣   ⑤ ㉤

096

난이도 상 중 하

다음 사상가가 지지할 견해만을 〈보기〉에서 있는 대로 고른 것은?

> 화장품의 안전성을 알아보기 위해 토끼가 이용된다는 사실을 아시나요? 토끼의 눈에 화장품을 바르고 상태의 변화를 보는데, 이 과정에서 토끼는 무척 고통스러워한다고 합니다. 동물도 인간처럼 고통을 회피하고 쾌락을 추구하는 이익 관심을 가지고 있다는 측면에서 보면, 동물과 인간은 차이가 없습니다. 따라서 종(種)에 관계없이 고통은 최소화되어야 합니다.

〈보기〉

> ㄱ. 모든 생명체는 내재적 가치를 지닌다.
> ㄴ. 동물에게 부당한 고통을 가하는 행위를 금지해야 한다.
> ㄷ. 동물의 이익을 인간의 이익과 동등하게 고려해야 한다.
> ㄹ. 고통을 느낄 수 없는 존재는 도덕적 고려 대상이 아니다.

① ㄱ, ㄴ   ② ㄴ, ㄷ   ③ ㄷ, ㄹ
④ ㄱ, ㄴ, ㄹ   ⑤ ㄴ, ㄷ, ㄹ

03 사랑과 성 윤리

1 사랑과 성의 관계

1. 사랑의 의미와 요소

의미	인간의 근원적 감정으로, 인간과 인간 사이의 인격적인 교감을 이룰 수 있도록 함
요소	• 프롬의 사랑의 4요소 : 보호, 책임, 존경, 이해 • 스턴버그의 사랑의 3요소 : 친밀감, 열정, 책임감

2. 성과 사랑의 다양한 관점

(1) 성과 사랑의 관계

보수주의 입장	성은 부부간의 신뢰와 사랑을 전제로 할 때만 도덕적임 → 결혼을 통해 이루어지는 성적 관계만이 도덕적임
중도주의 입장	사랑이 동반된 성적 관계는 허용될 수 있음 → 성과 결혼을 결부시키지 않음
자유주의 입장	자발적 동의에 따라 다른 사람에게 피해를 주지 않는 한 성적 관계가 허용될 수 있음 → 성과 사랑의 결합을 강조하기보다는 개인의 자발적 동의에 따라 이루어지는 성적 관계를 허용함

(2) 성과 관련된 윤리적 문제   동물은 도덕적으로 고려받을 권리를 가지지 않는다는 입장

- 인간의 존엄성 훼손 문제 : 스토킹, 성추행, 성폭행 등은 상대방과 자신의 존엄성을 해치는 결과를 가져옴
- 책임의식 약화 문제 : 책임이 따르지 않는 성행위나 성적 욕망 충족은 원치 않는 임신, 무분별한 인공 임신 중절 등의 사회 문제를 일으킬 수도 있음

2 성과 관련된 윤리 문제

1. 성의 자기 결정권

의미	• 인간이 자신의 성적 행동을 스스로 결정할 수 있는 권리 • 외부의 압력이나 강요 없이 스스로의 의지나 판단에 의해 성적 행동을 결정할 수 있는 권리
유의점	• 성적 자기 결정권을 존중받기 위해서는 타인의 성적 자기 결정권도 존중해야 함 • 자신의 성적 욕망과 성적 활동에 대해서도 책임을 져야 함 • 성적인 방종을 정당화하는 수단으로 악용되어서는 안 됨

2. 성 상품화

의미		성 자체를 상품처럼 사고팔거나 다른 상품을 팔기 위한 수단으로 성을 이용하는 행위(성매매뿐만 아니라 성적 이미지를 제품과 연결하여 성을 도구화하는 것도 포함)
찬반 논쟁	찬성 입장	• 성의 자기 결정권과 표현의 자유를 인정해야 함 • 이윤 극대화를 추구하는 자본주의 논리에 부합하는 것임
	반대 입장	• 인간의 성이 가지는 본래적 가치와 의미를 변질시키고 대상화함 • 외모 지상주의를 조장하여 과도한 성형이나 다이어트에 집착하는 부작용을 초래함

3. 성차별

의미	남성 혹은 여성이라는 이유로 사회적·문화적·경제적으로 부당한 대우를 하는 것(← 성 역할에 대한 잘못된 인식에서 비롯됨)
문제점	• 인간이 누려야 할 자유와 평등, 인간 존엄성을 훼손하여 윤리적 문제를 야기할 수 있음 • 여성 혹은 남성이라는 이유로 개인의 능력이 제한당할 수 있음 → 인적 자원의 낭비를 초래할 수 있음 • 보부아르 : "여성은 태어나는 것이 아니라 여성으로서 만들어진다." → 남자다움과 여자다움을 사회적·문화적으로 규정한 후 이를 따르게 한다면 다양한 성차별이 발생할 수 있음
양성평등을 위한 노력	남녀의 차이를 인정하고 다양성과 개성을 존중하는 사회 분위기 조성

📌 교과서 속 수능 개념

프롬이 제시한 사랑의 4요소

- 보호 : 사랑하는 사람의 생명과 성장에 관심을 가지고 돌보는 것
- 책임 : 상대방의 욕구에 성실하게 반응하는 것
- 존경 : 상대의 있는 모습 그대로를 인정하는 것
- 이해 : 상대의 고유한 특성을 알고 상대의 입장에서 보는 것

성의 세 가지 의미

- 생물학적 개념 : 남자와 여자라는 성별의 차이를 나타내는 말 → 성(sex)
- 사회·문화적 개념 : 사회·문화적 환경에 의해 학습된 여성성 또는 남성성 → 성(gender)
- 성적 욕구와 행동을 나타내는 개념 : 성에 대한 전반적인 태도 → 성(sexuality)

성 역할

사회 집단이 성과 관련하여 개인에게 기대하는 행동 유형으로, 전통 사회에서는 남성과 여성의 성 역할이 생물학적 성에 근거하여 고정되어 있다고 여겼다.

양성평등

평등권에 기초하여 남성 또는 여성이 성을 이유로 하는 차별과 폭력, 소외와 편견을 받지 않고 인간의 존엄과 권리 및 자유를 동등하게 보장받는 한편, 성과 성별에 따른 고유한 특성을 존중받으며, 가정과 사회에 동등하게 참여하고 책임을 분담하는 것이다.

📌 헷갈리는 개념 정리

성매매와 성의 자기 결정권

성매매를 하는 여성들은 대체로 경제적 약자에 해당하는 경우가 많고, 이로 인해 성매매 결정 자체가 불평등한 상황에서 이루어질 수 있다. 또한 자발적 성매매라고 하더라도, 이는 자신의 성의 자기 결정권과 자율성을 포기하고 자신을 수단시하는 것이다. 따라서 인간을 수단시하는 성매매는 인간의 존엄성을 훼손하는 비도덕적 행위이다.

3 결혼과 가족의 윤리

1. 결혼과 부부 윤리

결혼의 의미	• 서로의 사랑을 지키겠다는 약속 • 사회 구성원으로서의 가정 형성 • 상호 의무와 책임을 다할 것을 다짐하는 사회적 의식	
부부간의 윤리	전통 윤리	• 부부상경 : 부부는 서로 상대방의 인격과 역할을 존중해야 할 것을 강조 • 부부유별 : 음양론에 따른 부부 윤리 → 음과 양은 서로 상반된 기운이지만 상호 보완적인 관계임 • 음양론에서 본 부부간의 윤리 : 부부는 상호 보완적이고 대등한 관계이며, 고정불변의 역할이 있는 것이 아님
	여성주의 윤리학자	• 보부아르 : 모든 인간은 자유를 통해 자신을 실현하는 주체적인 존재이기 때문에 남성뿐만 아니라 여성도 한 주체로서 존중해야 하며, 당연히 부부도 각 주체로서 평등한 관계를 유지해야 한다고 주장 • 길리건 : 배려의 관계는 나와 다른 사람의 상호 의존성을 존중하는 가운데 성립하기 때문에 부부도 서로 보살핌을 주고받는 관계가 되어야 한다고 주장

2. 가족의 의미와 가치

의미	혼인, 혈연, 입양 등으로 이루어지는 공동체
가치	• 정서적 안정 : 가족 간의 사랑과 이해 속에서 정서적 안정을 느낌 • 사회의 유지 : 자녀를 출산하고 양육하여 다음 세대를 이루게 함 • 생계유지 : 재화를 생산 · 소비함으로써 생계를 유지하고 더 나은 삶을 추구함 • 사회화 : 가족 관계 속에서 사회생활에 필요한 규칙이나 예절을 배움 • 문화의 전승 : 가족생활 속에서 자연스럽게 전통과 문화를 후대에 계승함

3. 가족 윤리

가족 윤리	전통 사회	부자유친, 부자자효, 형우제공의 윤리 강조
	현대 사회	• 부모 자녀 간의 자애와 효도, 형제자매 간의 우애 실천 • 가족 해체 예방과 건강한 가족 유지를 위한 국가적 · 사회적 차원의 노력 병행
부모 자녀 간의 윤리		• 자식에 대한 부모의 자세 : 자녀가 건강하게 살 수 있도록 해야 하며, 자녀가 성숙한 인격을 형성할 수 있도록 도와주어야 함 • 부모에 대한 자식의 자세 : 부모의 은혜에 감사하는 마음을 갖고 효(孝)를 실천해야 함 • 효(孝)의 의미 : 자식이 부모를 정신적 · 물질적으로 잘 모시는 것 → 유학은 효를 인(仁)의 구체적 실천 덕목으로 강조함

형제자매의 윤리		• 형제자매 관계의 특징
		  – 서로 관심을 갖고 사랑하면서도 경쟁하는 관계임
		  – 형제자매는 순서가 있는 상하 관계이면서도 한 부모 아래의 동기(同氣)라는 횡적 관계를 가짐
		• 형제자매 사이에 지켜야 할 윤리적 덕목 : 우애와 형우제공
		• 형제자매 윤리의 확대 : 연령의 차이를 통해 장유유서(長幼有序)의 도리를 깨닫고, 성별이 다를 경우 이성 간에 지켜야 할 기본적인 예절을 배움

4. 가족 해체 현상

의미	• 현대 사회에서 가족 구성원 수의 감소와 구성원 간의 정서적 연결이 약해져서 가족이 제 기능을 발휘하지 못하는 현상 • 가족 해체 현상의 심화로 제 기능을 발휘하지 못하는 현상
극복 방안	• 가족 간 정서적 단절에서 오는 갈등을 대화로 해소 • 구성원 간의 이해와 신뢰 회복 • 약화된 가족 공동체의 역할을 보완하기 위한 사회와 국가의 역할 필요(예 소외 가정에 대한 복지 지원, 아이 돌봄 서비스 등)

사랑과 성의 관계

유형보기

1. 사랑에 대한 프롬의 관점 평가원

삶이 일종의 기술인 것처럼 사랑도 기술이라는 것을 깨달아야 한다. 사랑은 상대에게 응답할 수 있고 응답할 준비가 갖추어져 있다는 뜻이다. 사랑은 인간 존재를 타인과 결합시키는 능동적인 능력으로, 인간의 고립감을 극복하게 하면서도 각자 자신의 통합성을 유지시킨다. 따라서 사랑에 있어서 두 존재는 하나로 되면서도 둘로 남아 있다.

자료 분석

(1) 프롬은 "사랑의 기술"에서 사랑에는 책임, 존경, 이해, 보호 등과 같은 인격적 가치가 포함되어 있어야 한다고 주장하였다.

(2) 따라서 프롬은 사랑은 사랑하는 사람의 성장에 관심을 갖고, 상대방이 지닌 고유한 개성을 존중하는 것, 서로가 서로를 있는 그대로 존중하는 것, 상대의 요구에 자발적으로 책임을 느끼는 것으로 보았다.

2. 보수주의적 성 윤리와 자유주의적 성 윤리 평가원

갑 : 성은 '최대한의 책임과 최소한의 성적 자유'를 지향해야 한다. 성은 그것의 자연적 결과인 출산을 통해 가정에서의 안정된 자녀 양육으로 이어져야만 한다. 성의 가장 중요한 목표는 출산에 대한 책임과 양육의 안정성에 있다.

을 : 성은 '최소한의 책임과 최대한의 성적 자유'를 지향해야 한다. 성에 관한 결정은 타인에게 피해를 주지 않는 범위 내에서 개인의 자유의사에 근거해야 한다. 따라서 강제와 무지, 기만에 의해 이루어진 성은 정당화될 수 없다.

자료 분석

(1) 갑은 성의 목표는 출산에 대한 책임과 양육의 안정성에 있다고 보며, 성은 혼인 관계 내에서만 도덕적으로 허용될 수 있다고 본다.

(2) 을은 성에 대한 결정은 타인에게 피해를 주지 않는 범위 내에서 개인의 자유의사에 근거해야 한다고 보며, 행위의 결과와는 무관한 개인 간의 합의의 문제라고 본다.

대표기출로 유형 감잡기

정답 및 해설 · p.016

097

정답률 85% | 2024학년도 9월 평가원

다음 가상 편지를 쓴 사상가의 입장으로 가장 적절한 것은?

○○에게

지난 편지에서 자네는 요즘 만나는 이성 친구를 진정한 사랑의 대상으로 여겨도 되는지 물었지. 내 생각은 이러하네. 자네는 사랑이 영혼의 힘이자 활동이라는 사실을 잘 모르는 것 같더군. 사랑은 상대의 성장과 행복에 대한 갈망이고 보호, 존경, 책임, 이해를 의미한다네. 사랑은 능동적인 활동으로 인간의 고립을 극복하게 하면서도 각자의 특성을 유지할 수 있게 하는 힘이라네. 단지 적절한 사랑의 대상을 찾기만 한다고 해서 사랑이 완성되는 것은 아니라네. 그것은 그림을 그리는 방법을 배우지 않은 채 좋은 대상을 고르는 것만으로 아름다운 그림이 저절로 그려지지 않는 것과 같네. 세상에 노력 없이 얻어지는 것은 없는 법이네. 사랑도 그렇다네. 우선 제대로 사랑하는 방법을 배워야 한다네. …(후략)…

① 참된 사랑은 사랑의 대상과 하나가 될 때 느끼는 영속적 감정이다.

② 참된 사랑의 궁극적 목적은 자신이 사랑할 대상을 찾아내는 일이다.

③ 참된 사랑은 자신의 관점에서 이해한 상대의 입장을 따르는 것이다.

④ 참된 사랑은 수동적 감정으로서 자신의 의지와 무관하게 다가온다.

⑤ 참된 사랑은 삶의 기술처럼 학습과 노력으로 계발되는 기술이다.

098

정답률 94% | 2023학년도 수능 ⓔ 연계

그림의 강연자의 입장으로 가장 적절한 것은?

사랑은 자유의 소산이지 결코 지배의 소산은 아닙니다. 사랑이 지배의 관계로 타락하지 않기 위해서는 존경이 필요합니다. 존경은 상대방에 대한 두려움이나 외경이 아닙니다. 어원적으로도 존경은 어떤 사람을 있는 그대로 보고 그의 독특한 개성을 아는 능력이라고 합니다. 사람들은 사랑할 때, 상대방이 자신에게 이바지할 것을 기대하지만 그것은 사랑하는 사람을 존경하는 것은 아닙니다. 만일 여러분이 다른 사람을 사랑하여 상대방에게 일체감을 느낀다면, '있는 그대로의 그 혹은 그녀'와 일체가 되려는 것이어야 합니다. 사랑하는 사람에 대한 존경은 자유를 바탕으로해서 성립될 수 있습니다.

① 사랑은 일체감을 느끼는 상대방으로부터 도움을 받기 위한 것이다.

② 사랑은 미성숙한 상대방을 변화시키려는 마음에 근거해야 한다.

③ 사랑은 상대방에 대한 존경을 바탕으로 서로에게 복종하는 것이다.

④ 사랑은 상대방의 고유성을 존중하는 방식으로 표현되어야 한다.

⑤ 사랑은 상대방에 대한 외경을 통해 드러내는 존경의 감정이다.

099

정답률 84% | 2024학년도 6월 평가원

(가)의 입장에 비해 (나)의 입장이 갖는 상대적 특징을 그림의 ⊙~⑩ 중에서 고른 것은?

> (가) 성적 관계에 관한 결정은 해악 금지의 원칙과 자율성 존중의 원칙에 근거해야 한다. 성적 쾌락의 추구를 혼인과 출산 및 사랑으로 제약하는 것은 성적 자유에 대한 부당한 침해이다.
>
> (나) 성적 관계는 출산과 양육의 책임을 발생시킬 수 있기 때문에 사랑하는 남녀의 결혼을 통해서만 이루어져야 한다. 결혼은 성의 사회적 책임을 위한 제도적 장치이다.

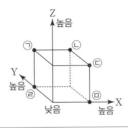

- X: 성적 관계에서 쾌락적 가치보다 생식적 가치를 강조하는 정도
- Y: 사랑과 무관한 성적 관계가 정당함을 강조하는 정도
- Z: 혼전(婚前) 성적 관계의 도덕적 허용을 강조하는 정도

① ⊙   ② ⓒ   ③ ⓒ   ④ ⓒ   ⑤ ⑩

100

정답률 82% | 2022학년도 9월 평가원

다음을 주장한 사상가의 입장으로 가장 적절한 것은?

> 결혼은 서로에게 평등한 권리를 허용하고, 자신의 전인격을 온전히 상대방에게 양도한다는 조건을 받아들이겠다는 두 사람 사이의 계약이다. 그리하여 각자는 상대방의 전인격에 대한 완전한 권리를 갖게 되며, 이제 인간성을 추락시키지도 않고 도덕성을 위반하지 않으면서도 성관계가 가능한 방식이 이성(理性)을 통해 명확해진다.

① 자발적 동의가 없는 성관계도 도덕적으로 정당화될 수 있다.
② 결혼이라는 조건이 충족될 때 상대방의 성을 향유할 수 있다.
③ 타인에게 해를 끼치지 않는 모든 성관계는 도덕적으로 정당하다.
④ 인격적 만남을 통한 성관계는 부부 사이가 아니어도 정당하다.
⑤ 부부 사이의 성관계도 출산을 의도할 때에만 도덕적으로 정당하다.

101

난이도 상 **중** 하

갑, 을, 병이 서로에게 제기할 수 있는 비판으로 가장 적절한 것은?

> 갑 : 사랑이 없는 성적(性的) 관계는 비도덕적이다. 사랑은 성의 고유한 가치이고 인간의 존엄성을 고양시킨다.
>
> 을 : 남녀가 결혼이라는 합법적 테두리 내에서 출산과 양육에 대한 책임을 질 수 있는 성만이 도덕적으로 정당하다.
>
> 병 : 자발적 동의에 따라 다른 사람에게 피해를 주지 않는 한 성적 관계가 허용될 수 있다고 본다.

	~이	~에게	비판 내용
①	갑	을	종족 보존이라는 생산적 가치를 간과하고 있어.
②	갑	병	상대방을 자신의 쾌락 충족을 위한 도구로 간주할 가능성이 있어.
③	을	갑	성이 지닌 인격적 가치를 간과하고 있어.
④	병	갑	사랑이 없는 성적 관계를 옹호하고 있어.
⑤	병	을	정당한 성적 관계는 혼인 관계 내에서만 도덕적으로 허용될 수 있다는 것을 부인하고 있어.

102

난이도 상 **중** 하

갑, 을의 입장에 대한 설명으로 가장 적절한 것은?

> 갑 : 성적 쾌락을 다른 가치를 실현하기 위한 수단으로 보는 것은 성적 쾌락이 지니는 고유한 가치를 무시하는 것이다. 타인에게 피해를 주지 않는 한 자발적 동의가 이루어진 성 관계는 자유롭게 허용되어야 한다.
>
> 을 : 성은 사랑하는 남녀가 혼인이라는 사회적 승인을 거쳐 출산과 관련해 이루어질 때 정당화된다. 성 그 자체를 위한 성은 수단과 목적이 뒤바뀐 것으로 도덕적이지 않다.

① 갑 : 성에 대한 개인의 자율적 선택권을 존중해야 한다.
② 갑 : 새로운 생명을 만들어 인류를 존속시키는 데 기여하는 성적 관계만을 허용해야 한다.
③ 을 : 성은 생리적 욕구보다 성의 인격적 교감을 중시해야 한다.
④ 을 : 남녀의 제도적 결합이 없더라도 인격 완성에 도움을 주는 성은 도덕적이다.
⑤ 갑, 을 : 부부관계 외에 이루어지는 성이라도 성이 지닌 목적을 이룰 수 있다면 도덕적으로 정당화될 수 있다.

수능 출제 패턴 분석 성의 자기 결정권, 성 상품화, 성차별

유형보기

1. 성의 자기 결정권의 한계

헌법 재판소는 "모든 국민은 인간으로서의 존엄과 가치를 가지며, 행복을 추구할 권리를 가진다."라는 헌법 제10조 행복 추구권에 성의 자기 결정권이 포함된다고 보았다. 그러면서도 성의 자기 결정권은 혼인과 가족생활의 유지·보장 등을 위해 성의 자기 결정권의 본질적 내용을 침해하지 않는 한도 내에서 법률로써 제한할 수 있다고 명시하였다.

자료 분석

(1) 헌법 재판소의 판결은 성의 자기 결정권이 어느 경우에나 절대적으로 보장되는 것이 아니라는 것을 보여 준다.
(2) 성의 자기 결정권이 국가적·사회적 공동생활의 테두리 안에서 타인의 권리, 공중도덕, 사회 윤리, 공공복리 등을 침해하지 않는 범위 내에서 행해져야 함을 보여 준다.

2. 성 상품화의 쟁점 교육청

최근 우리 사회는 성(性)을 직접적 혹은 간접적으로 이용하여 이윤을 추구하는 경향이 많다. 성 그 자체 또는 성과 관련된 것을 판매하기도 하고, 특정 제품에 성적 이미지를 부여함으로써 그 제품의 판매를 촉진하기도 한다. 광고, 드라마, 가요, 영화 등을 비롯한 각종 대중문화에서 성을 상업적 이익 달성을 위한 수단으로 삼는 것이 그 대표적인 예이다.

자료 분석

성적 자기 결정권을 강조하는 입장에서는 성의 상품화를 성의 자유로운 표현으로 이해하기도 한다. 하지만 성 상품화를 반대하는 입장에서는 성의 본래적 가치를 변질시키고 외모 지상주의 풍조를 조장한다고 주장한다.

3. 성차별 문제 교육청

여성의 사회 진출이 확대되고 있지만 능력이 부족하지 않은 여성들이 여전히 남자 입사 동기보다 승진에서 뒤처지는 경우가 많다. 또한 출산 휴가를 신청할 때 상사나 동료의 눈치를 보거나 퇴직 압력을 받는 경우도 있다. 이로 인해 양성평등을 지향하는 제도가 늘었음에도 불구하고 여성은 사회에서 여전히 보이지 않는 차별의 장벽을 체감하고 있다.

자료 분석

(1) 제시문에는 양성평등 제도의 확대에도 불구하고 여전히 여성들이 부당한 대우를 받거나 여성의 특성에 따른 정당한 권리를 제대로 보장받지 못하는 경우가 문제점으로 나타나 있다.
(2) 성차별 문제를 해결하기 위해서는 여성의 특성과 어려움에 대한 이해를 바탕으로 양성평등 의식을 확립함으로써 실질적 양성평등이 실현될 수 있도록 해야 한다.

대표기출로 유형 감잡기
정답 및 해설 • p.017

103
정답률 84% | 2021학년도 6월 평가원

그림의 강연자가 긍정의 대답을 할 질문으로 가장 적절한 것은?

인간에게 정해진 본성은 없습니다. 그럼에도 남성은 운명적인 여성성이라는 속임수로 여성을 지배하고 강제했습니다. 여성의 자연스러운 출산마저 사회는 모성의 의무로 강요했습니다. 그러나 실존적인 인간은 타인으로부터 하찮은 존재로 취급되면 반드시 자기의 주권을 회복하려 합니다. 이때 여성은 남성의 지배에서 벗어나려 하고 남성은 계속 지배하려 하므로 갈등이 발생합니다. 이 갈등은 남성과 여성이 자율적 존재로서 동등한 관계임을 인정하고, 이것이 사회적 성과로 이어져 새로운 여성이 탄생해야 끝이 납니다.

① 여성은 남성에게 헌신하려는 성향을 가지고 태어나는가?
② 여성의 의무는 생물학적 특성에 의해 규정되어야 하는가?
③ 여성성은 남성 중심의 가치관이 반영된 사회적 산물인가?
④ 여성은 수동적인 삶을 통해 실존적 자유를 회복해야 하는가?
⑤ 여성의 남성에 대한 우월성이 여성을 속박에서 해방시킬 수 있는가?

104
정답률 86% | 2020학년도 6월 평가원

다음 신문 칼럼의 입장으로 적절하지 <u>않은</u> 것은?

○○신문 　　　　　　　　　○○○○년 ○○월 ○○일

칼 럼

남성과 여성 간 지적 능력의 차이는 사회적이고 환경적인 요인에 의한 것이다. 여성으로 태어난 것이 사회적 지위를 결정하거나 다양한 직업으로의 진출을 방해하는 이유가 되어서는 안 된다. 가정 속에서 여성이 평등한 권리를 누리고 남성이 여성을 존중하게 되면 인간 본성에도 유익한 영향을 줄 것이다. 여성이 자신의 생각을 피력할 수 있게 되면 사회 전체의 생각과 감정을 발전시킬 것이다. 인간으로서의 기본권을 누리지 못하고 있는 여성에 대해 차별이 지속되는 것은 사회 전체의 손실이 아닐 수 없다.
… (후략).

① 여성들을 존중하는 태도를 통해 도덕성을 함양시킬 수 있다.
② 차별적인 관습과 제도로부터 여성을 해방시키는 것이 필요하다.
③ 여성의 자유권 확대와 사회 전체의 이익 증진은 양립 가능하다.
④ 남녀의 지적 능력의 차이는 선천적이지만 성차별을 해서는 안 된다.
⑤ 여성에게 표현의 자유를 보장하면 사상의 발전에 기여할 수 있다.

105

난이도 상 중 **하**

다음 글의 ㉠에 대한 옳은 설명을 〈보기〉에서 고른 것은?

법적 관점에서 자기 결정권이란 '의미 있는 동의'를 할 수 있는 능력을 의미한다. 즉, 타인에게 피해를 주지 않는 한, 그 결정이 결과적으로 자신에게 불이익을 가지고 온다 하더라도, 자신과 관계되는 것을 스스로 결정할 수 있는 권리를 포함한다. 자기 결정권은 성적 행동에 관한 것도 포함하는데 이를 _____㉠_____(이)라고 한다.

〈보기〉
ㄱ. 어떠한 성적인 행동도 할 수 있는 능력이다.
ㄴ. 출산이나 결혼과 관련된 행위에만 적용된다.
ㄷ. 자신과 타인의 인격을 존중하기 위한 기본적 권리이다.
ㄹ. 자신이 원하지 않는 성적 행위에 저항할 수 있는 능력이다.

① ㄱ, ㄴ   ② ㄱ, ㄷ   ③ ㄴ, ㄷ
④ ㄴ, ㄹ   ⑤ ㄷ, ㄹ

106

난이도 상 중 **하**

다음의 성 문제로 인해 나타날 수 있는 문제점만을 〈보기〉에서 있는 대로 고른 것은?

현재 우리 사회 전반에는 성적인 자극을 이용한 이윤 추구가 널리 퍼져 있다. 광고, 누드 사진, 가요, 영화 등을 비롯한 각종 대중문화에서 성을 상업적 영리 달성을 위한 수단으로 삼는 사례를 쉽게 찾아볼 수 있다.

〈보기〉
ㄱ. 인간의 육체를 상품화하는 데 관심을 갖게 된다.
ㄴ. 인간의 성이 가진 본래적 가치만을 강조하게 된다.
ㄷ. 인간을 인격체가 아닌 성적 대상으로만 여기게 된다.
ㄹ. 타인이 자신에 대해 내리는 성적인 평가를 무시하게 된다.

① ㄱ, ㄴ   ② ㄱ, ㄷ   ③ ㄷ, ㄹ
④ ㄱ, ㄴ, ㄹ   ⑤ ㄴ, ㄷ, ㄹ

[107~108] 다음 글을 읽고, 물음에 답하시오.

(가)	• 모든 것은 평등하기 때문에 미추(美醜)의 구별은 무의미하다. • 여희는 사람마다 미인이라고 하지만, 물고기는 그를 보면 물속 깊이 숨고, 새는 그를 보면 하늘 높이 날아오르며, 순록은 그를 보면 기운껏 달아난다.
(나)	A는 연예인과 같은 외모를 갖기 위해서 반복적으로 성형 수술을 하다가 부작용으로 얼굴이 이상하게 변하였다. 그 결과 사회생활조차 할 수 없게 되었다.

107

난이도 상 중 **하**

(가)를 주장한 사상가의 관점을 〈보기〉에서 고른 것은?

〈보기〉
ㄱ. 외모는 개인 간의 우열과 성패를 가름한다.
ㄴ. 외모를 기준으로 사람을 차별해서는 안 된다.
ㄷ. 외모 지상주의는 사회적 편견으로 바람직하지 않다.
ㄹ. 외모에 대한 자신감이 있어야 마음의 평화를 얻을 수 있다.

① ㄱ, ㄴ   ② ㄱ, ㄷ   ③ ㄴ, ㄷ
④ ㄴ, ㄹ   ⑤ ㄷ, ㄹ

108

난이도 상 중 **하**

(가)의 관점에서 (나)의 A에게 제시할 수 있는 조언으로 가장 적절한 것은?

① 자신의 순수한 본래 모습을 따라야 한다.
② 성공하기 위해서 외모를 잘 관리해야 한다.
③ 부작용이 없는 범위 내에서 성형 수술을 해야 한다.
④ 인위적 노력을 통해 개성 있는 모습을 만들어야 한다.
⑤ 많은 사람들이 추구하는 미(美)의 기준을 따라야 한다.

결혼과 가족의 윤리

유형보기 ▶

1. 유교에서 강조하는 부부간의 윤리 교육청

(가)	만물의 도리가 모두 나에게 갖추어져 있다. 자신을 반성하며 정성을 다하여 도리를 지키면 즐거움은 이보다 더 클 수가 없을 것이다. 힘써 남을 먼저 생각하며 행동하면 인(仁)을 추구하는 가장 가까운 길이 될 것이다.
(나)	• ⬚ ⊙ 의 도(道)는 음양(陰陽)이 짝을 이루어 하늘과 땅의 신령에 통달하는 것이니 진실로 인륜(人倫)상의 크나큰 일이다. • 천지(天地)가 생긴 다음에 만물이 있고, 만물이 생긴 다음에 남녀가 있으며, 남녀가 생긴 다음에 ⊙ 이/가 있고, 그 이후에 부자(父子)가 있다.

자료 분석

(1) (가)는 유교 사상이고, (나)의 ⊙에 들어갈 말은 '부부'이다.

(2) 유교 사상에서는 오륜(五倫) 가운데 하나로서 부부유별(夫婦有別)을 강조하는데, 이는 서로 다른 성이 결합된 부부가 분별 있게 서로를 공경하는 관계가 되어야 함을 의미한다.

2. 전통적인 효의 실천 방법 평가원

(가)	나이 칠십에 아이처럼 장난하며 색동옷을 입고, 물을 떠 당(堂)에 오르다가 일부러 넘어져 아이 울음소리를 내었으니 부모 곁에서 새끼 새랑 놀며 기쁘게 해 드리고자 하였다.
(나)	과실(過失)이 있으시면 기(氣)를 내리고 낯빛을 온화하게 하고 음성을 가다듬어 간(諫)한다. 그래도 들어주지 않으면 공경심을 일으키고, 기뻐하시면 다시 간한다.

자료 분석

(1) (가)는 부모님의 마음을 기쁘게 해 드리고자 하는 것이고, (나)는 부모님에 대한 간언(諫言)과 관련된 것으로 (가)와 (나)가 공통적으로 강조하는 덕목은 효이다.

(2) 효는 양지(養志)의 마음으로 상황에 따라 적절히 실천하는 것이다. 양지란 부모님의 뜻을 잘 헤아려 근심과 걱정이 없도록 하는 것이다.

3. 형제 관계의 특징 교육청

형제는 부모의 기운을 똑같이 받고 태어난 것이니 한 몸과 같은 것이다. 형은 굶주리고 아우만 배가 부르거나, 아우는 춥고 형만 따뜻하게 있다면, 한 몸이 어찌 편안할 수 있겠는가? 이는 도리에 어긋나는 것으로, 이 또한 부모의 뜻을 저버리는 것이다. 그러므로 형과 아우는 서로를 아낌으로써 효(孝)를 실천해야 한다.

자료 분석

(1) 제시문은 형제 관계에 대한 설명이다. 형제는 동기간(同氣間)으로서 같은 부모를 근원으로 한다.

(2) 형제가 부모의 뜻을 받들어 형우제공(兄友弟恭)하며 서로 간에 우애 있게 지내는 것은 효의 실천이다.

대표기출로 유형 감잡기 정답 및 해설 · p.017

109

정답률 96% 2021학년도 수능 Ⓔ 연계

다음 사상의 입장으로 적절하지 **않은** 것은?

> 부부는 백성을 낳는 시작이며 모든 행복의 근원이다. 남편은 바깥채에 거처하며 안채의 일을 말하지 않고, 아내는 안채에 거처하며 바깥채의 일을 말하지 않는다. 남편은 아내에게 정중하게 임하여 하늘의 건실한 도리를 실천하고, 아내는 부드러움으로 남편을 바로잡아 땅의 순응하는 도리를 실천한다면, 집안이 바르게 될 것이다. 부부가 서로 공경하여 집안이 화목하고 순조로워야 부모께서 편안하고 즐거우실 것이다.

① 화목한 부부 생활은 효도의 한 방법이다.

② 부부는 서로 의존하면서 보완하는 관계이다.

③ 부부는 서로의 고유한 영역을 인정하고 존중해야 한다.

④ 부부의 의의는 세대를 계승하고 행복을 추구하는 데 있다.

⑤ 부부의 관계는 옳고 그름이나 예절의 규제로부터 자유롭다.

110

정답률 86% 2020학년도 9월 평가원

(가) 사상의 입장에서 볼 때, (나)의 ⊙에 대한 설명으로 가장 적절한 것은?

(가)	소인은 한가롭게 지낼 때는 거침없이 불선(不善)을 행하다가, 군자를 보면 그런 일이 없었다는 듯이 자신의 불선함을 가리고 선함을 드러낸다. 군자는 반드시 홀로 있을 때에도 신중하게 행동한다.
(나)	몸과 마음은 부모님이 물려주신 것이다. 마음 가운데 온갖 이치[理]가 갖추어져 있으니, 만약 한 가지 이치라도 알지 못하고 실천하지 못했다면, 부모에게서 받은 것에 흠과 모자람이 있게 하는 것이다. 사람의 도리를 다하지 않고서는 ⊙ 을/를 다했다고 볼 수 없다.

① 정신적 공경보다 물질적 봉양을 우선하여 이루어진다.

② 항상 동기간(同氣間)의 사랑을 실천함으로써 완성된다.

③ 인(仁)을 실천하는 출발점으로 모든 행실의 근원이 된다.

④ 도덕적 수행을 통한 입신양명(立身揚名)에서 시작된다.

⑤ 상호 관계에서 성립하기에 부모가 돌아가시면 종료된다.

111

난이도 상 **중** 하

다음 내용에서 추론할 수 있는 남녀관의 특징을 〈보기〉에서 고른 것은?

음양론은 인간의 성과 사랑을 음과 양의 관계로 설명한다. 음과 양은 서로 분리되어 대립하는 것으로 보이지만, 서로가 서로를 존재하게 하는 근거로서 하나가 되기 위해 항상 서로 따른다. 음과 양은 근원적으로 서로에게 이끌리며 상호 작용과 교감을 통해 서로를 보완한다. 또한 음과 양은 각기 고유한 특성을 가지고 있으므로, 음이 양의 역할을 배척할 수 없고, 양 또한 음의 역할을 무시할 수 없다.

〈보기〉
ㄱ. 남녀간의 조화를 중시한다.
ㄴ. 남녀의 성 역할이 다르다고 본다.
ㄷ. 남성이 여성보다 우월하다고 본다.
ㄹ. 남녀의 타고난 기질이 같다고 본다.

① ㄱ, ㄴ　　　　② ㄱ, ㄷ　　　　③ ㄴ, ㄷ
④ ㄴ, ㄹ　　　　⑤ ㄷ, ㄹ

112

난이도 상 **중** 하

(가) 사상의 입장에서, (나)의 전통 의례를 통해 맺어진 인간관계에 대한 설명으로 가장 적절한 것은?

(가)	태극이 움직여 양을 낳고 움직임이 극에 이르면 다시 고요해지는데 고요하면 음을 낳는다. 고요함이 극에 이르면 다시 움직여서, 한 번 움직이고 한 번 고요함이 서로 뿌리가 되어 음과 양으로 나누어진다. 음양의 두 기운이 교감하여 만물을 화생(化生)하고, 만물은 낳고 낳아서 변화가 무궁하다.
(나)	하나의 박을 쪼개 술을 나누어 마신 후 다시 하나로 만든다. 그리고 인연을 맺으면 죽을 때까지 지조와 절개를 지키겠다는 의미에서 기러기를 놓고 북쪽을 향해 절을 함으로써 북두칠성에게 백년해로를 맹세한다.

① 보본(報本) 의식을 바탕으로 봉양(奉養)을 실천하는 관계이다.
② 효(孝)와 자애(慈愛)를 주고받으며 사랑을 실천하는 관계이다.
③ 항렬(行列)과 촌수(寸數)를 고려하여 정성을 다하는 관계이다.
④ 동기간(同氣間)으로서 서로 존중하며 우애를 실천하는 관계이다.
⑤ 이성(異性)이 결합하여 서로 부족한 점을 보완해 주는 관계이다.

113

난이도 상 **중** 하

다음 글을 통해 추론한 내용으로 가장 적절한 것은?

형제자매는 모든 인간관계의 기본이기도 하다. 본능적 친애의 감정에 기초한 부모 자식 간의 관계와는 달리, 엄격한 의미에서 형제자매는 타인끼리의 최초의 교섭이라고 할 수 있다. 특히, 남매는 남녀의 유별이 최초로 나타나는 관계로 서로 다른 성에 대한 이해와 존중심을 배울 수 있는 토대가 되기도 한다. 따라서 형제자매 간에 지녀야 하는 행동 양식은 장유(長幼), 붕우(朋友) 관계의 윤리로 나타나기도 한다.

① 형제자매 관계에서는 의리보다 이익이 중시된다.
② 우애와 효는 서로 대립적이어서 조화되기 어렵다.
③ 형제자매 관계는 계약을 기초로 한 인간관계이다.
④ 우애는 이웃 관계에서 지켜야 할 윤리로 적용될 수 있다.
⑤ 형제와 자매는 성장하여 서로 다른 가문을 형성하게 된다.

114

난이도 상 **중** 하

다음 글에서 강조하는 있는 인간관계에 대한 옳은 설명을 〈보기〉에서 고른 것은?

- 형제는 부모의 뼈와 살을 나누어 가진 가까운 사이이므로 더욱 우애(友愛)가 깊어야 한다.
- 부모의 기운을 똑같이 받고 태어난 것이 형제이다. 어릴 때부터 밥을 먹을 때에는 나란히 같은 밥상에서 먹고, 잠을 잘 때에도 한 이불 속에서 자며, 부모의 은혜를 똑같이 받은 것으로 나의 형제만한 사람이 없다. 그러므로 자기 부모를 사랑하는 사람은 반드시 형제를 사랑한다.

〈보기〉
ㄱ. 가정의 인간관계 중 가장 먼저 형성된다.
ㄴ. 혈연적 관계 속에서 서로에게 친밀감을 느낀다.
ㄷ. 남녀유별의 윤리가 생략될 수 있을 정도로 친밀하다.
ㄹ. 부모의 기운을 똑같이 받고 태어난 사이라는 의미에서 동기간이라고 불린다.

① ㄱ, ㄴ　　　　② ㄱ, ㄷ　　　　③ ㄴ, ㄷ
④ ㄴ, ㄹ　　　　⑤ ㄷ, ㄹ

사회와 윤리

출제 경향 분석

이 단원에서 출제되는 문항의 수는 4~5문항이다.

• '직업과 청렴의 윤리' 단원에서는 직업의 의미를 묻는 문제와 기업의 사회적 책임을 묻는 문제가 출제되었다.

• '사회 정의와 윤리' 단원에서는 니부어의 사상을 묻는 문제가 가장 많이 출제되었다. 개인 윤리와 공동체 윤리를 비교하는 문제와 함께 롤스와 노직의 분배 정의에 관한 문제가 항상 출제되었다. 사형 제도의 논점을 비교하는 문제도 자주 출제되었다.

• '국가와 시민의 윤리' 단원에서는 국가의 권위와 시민에 대한 의무, 시민 불복종에 대한 문제가 출제되었다.

중단원	item	핵심 keyword
1. 직업과 청렴의 윤리	item 18 직업 생활과 행복한 삶	동양의 직업관 서양의 직업관 소명 의식 직업의 성공
	item 19 기업가와 근로자의 윤리	기업의 사회적 책무 근로자의 권리와 책무 기업가와 근로자의 관계
	item 20 전문직과 공직자의 윤리	전문직의 특징 전문직 윤리 공직자의 자세
	item 21 청렴의 의미와 필요성	부패의 의미 청렴의 의미 청백리 정신 봉공 정신 정약용의 청렴 사상
2. 사회 정의와 윤리	item 22 사회 정의의 의미	개인 윤리 사회 윤리 니부어의 사회 윤리 사회 정의
	item 23 분배적 정의	분배적 정의 롤스의 정의관 노직의 정의관 원초적 입장 무지의 베일, 재분배 정책
	item 24 소수자 우대 정책과 역차별	인간 존엄성 인권의 특징 인권 존중의 의미 우대 정책 차별과 역차별
	item 25 교정적 정의의 의미와 공정한 처벌	응보주의 공리주의 죄형 법정주의 비례성의 원칙
	item 26 사형 제도와 교정적 정의	사회 계약론 응보주의 공리주의 사형 제도 찬반론
3. 국가와 시민의 윤리	item 27 국가의 권위의 정당성	국가의 권위 국가 권위의 정당성
	item 28 시민에 대한 국가의 의무	동양에서의 국가의 역할 서양에서의 국가의 역할 현대 국가의 인권
	item 29 민주 시민의 정의	대의 민주주의 정치 참여
	item 30 시민 불복종	준법의 근거 시민 불복종의 의미 시민 불복종의 정당화 조건

 학습 대책

- 직업의 의미에 관한 내용을 동서양 사상과 관련하여 학습해 두어야 한다. 또한 기업의 사회적 책임에 관한 두 가지 입장도 알고 있어야 한다.
- 니부어의 사상의 특징을 정확하게 이해하고 있어야 한다. 특히 니부어의 사상은 고난도 문항으로 출제될 가능성이 높다.
- 롤스와 노직 등이 제시한 분배 정의의 특징을 정확하게 학습해 두어야 한다. 이 부분은 순서도나 벤다이어그램 등 다양한 유형으로 출제될 수 있다. 또한 소수 집단 우대 정책 문제, 부패 방지 대책 등을 정리해 두어야 한다.
- 국가의 권위, 국가의 의무에 대한 동서양의 관점에 대해 이해하고 있어야 한다. 또한 소로와 롤스의 시민 불복종에 관한 내용도 학습해 두어야 한다.

01 직업과 청렴의 윤리

1 직업 생활과 행복한 삶

1. 직업의 의미와 기능

의미	일반적으로 한 인간이 독립적인 삶을 꾸려 가기 위해 경제적 보상을 얻으면서 행하는 자발적이고 지속적인 일 또는 활동	
기능	생계유지의 수단	직업은 경제적으로 안정된 삶을 살아가는 데 필수적인 소득원임
	개인의 자아실현	자신의 재능과 소질을 발휘하여 보람을 느끼고, 직업 활동을 통해 만족감과 성취감을 얻음
	사회적 역할 분담	여러 가지 일들을 분담하고 그 성과를 서로 교환함 → 사회의 유지·발전

2. 동양의 직업관

공자	자신이 맡은 직분에 충실해야 한다는 정명(正名) 정신 강조
맹자	• 역할에 따른 상호 보완적 사회적 분업 주장 • 직업을 통한 경제적 안정[恒産(항산)]이 도덕적 삶[恒心(항심)]의 기반이 된다고 봄 • 정신노동과 육체노동을 구분하고, 양자의 상보성과 노력자(勞力者)에 대한 노심자(勞心者)의 세심한 배려를 강조함
순자	• 덕성과 능력에 따른 사회적 역할 분담 강조 • 모든 사람들이 자기 직분을 올바로 수행한다면 천하가 태평해진다고 보았음
실학	• 생업 활동에 의한 물질적 풍요가 백성들의 교양과 도덕적 인격의 기초라고 보았으며, 인간의 능력이 선천적으로 정해져 있는 것이 아니라고 봄 • 개인의 재능에 따른 사회적 분업 주장 • 정약용 : 공동체의 필요에 따라 능력을 기준으로 사민구직의 직능을 국가가 배정해야 한다고 봄

3. 서양의 직업관

플라톤	타고난 재능에 따라 한 가지 일에 종사해야 함을 주장
중세 그리스도교	노동은 속죄의 의미로 신이 부과한 것
루터	직업 생활에서 탐욕과 게으름을 경계하였고 자신의 직업에 충실할 것을 강조
칼뱅	• 직업은 신의 부르심에 따라 자기 몫을 다하는 것 • 직업의 성공을 위해 근면, 성실, 검소한 직업 생활이 필요하다고 주장
베버	칼뱅의 프로테스탄티즘(Protestantism) 윤리가 자본주의 발달의 정신적 밑바탕이 되었다고 보았음
마르크스	• 능력에 따라 일하고 필요에 따라 분배받는 사회 지향 • 유물론적 관점에서 노동의 본질은 물리적 가치를 창출하는 것이라고 보았음 • 노동자가 노동의 생산물에서 소외되는 자본주의 경제 체제 비판

4. 직업 선택의 중요성과 행복한 삶

직업 선택의 중요성	직업은 행복한 삶의 통로이므로 경제적 보상과 사회적 지위만이 아니라 자신의 적성과 능력에 알맞은 직업을 선택하는 것이 중요함
직업 생활의 자세	• 자신이 좋아하는 일에 몰입하는 충실한 직업 생활 • 자신의 역할에 최선을 다하고 타인을 배려함 • 자신의 일에 대한 비전을 가짐

5. 직업 탐색과 진로 계획

매슬로	사람은 생산적이고 의미 있는 일을 통해 자아실현을 도모할 수 있으며, 직업을 통해 자신의 잠재 능력을 최대한으로 발휘할 수 있다고 봄
진로 설계 과정	자아 특성 분석 → 적합한 직업 탐색 → 선호 직업 세부 정보 탐색 → 진로 목표 설정 및 미래 모습 그리기 → 진로 목표 달성에 필요한 역량 점검 → 세부 진로 계획 수립

📌 교과서 속 수능 개념

공자의 정명 정신

"군주는 군주다워야 하고, 신하는 신하다워야 하며, 어버이는 어버이다워야 하고, 자식은 자식다워야 한다." → 각자의 지위를 바르게 하는 것으로, 자기 자신이 맡은 직분에 충실하면 사회의 질서가 확립된다는 사상이다.

프로테스탄티즘의 직업관

프로테스탄티즘에서는 직업을 신이 우리에게 부여한 사명이라고 보기 때문에 직업 활동에 최선을 다하는 것이 신의 뜻에 따라 사는 길이라고 주장한다.

칼뱅의 직업 소명설

칼뱅은 신이 각 사람에게 독특한 생활 양식을 지정하였다고 본다. 그는 모든 직업이 신의 부름, 즉 소명에 따라 주어지는 것이므로 각자는 자신의 직업을 성실하게 수행하여 소명을 적극적으로 실천해야 한다고 주장한다.

마르크스의 노동의 소외

자본가는 인격화된 자본으로서 자본의 운동을 대변한다. 그래서 자본가는 노동자가 자신의 일을 규칙적으로, 또한 매우 높은 강도로 수행하도록 감시한다. 자본가는 노동자에게 자기 노동력의 가치보다 더 많은 노동을 하도록 요구한다. 자본주의 생산 양식에서는 생산 수단에 포함된 죽은 노동이 노동자의 살아 있는 노동을 지배하는 전도 또는 왜곡이 발생한다.

– 마르크스, "자본론" –

긍정 심리학

긍정 심리학에서는 행복한 삶의 조건으로 적극적인 삶, 즐거운 삶, 의미 있는 삶을 제시하였다.

📌 헷갈리는 개념 정리

일반 직업윤리와 특수 직업윤리

일반 직업윤리는 근면, 성실, 정직, 책임, 준법 등 일반적으로 지켜야 하는 직업윤리에 해당하며, 특수 직업윤리는 각 직종에서 지켜야 할 행위 규범이나 덕목을 말한다. 예를 들어 의사는 생명 존중, 환자의 비밀 준수 등의 덕목을 직업윤리로 요구한다.

2 기업가와 근로자의 윤리

1. 기업가의 사회적 책무의 의미

의미	• 이윤을 추구하면서 기업의 존속을 도모하고, 법과 윤리 규범에 따라 활동하며 사회 공헌에 이바지하는 것 • 경제적 책임 : 재화와 서비스를 생산하고 일자리를 창출하여 사회에 기여할 책임 • 법적 책임 : 이기적인 이윤 추구를 하지 않고 법을 지키며 경제 활동을 해야 할 책임 • 윤리적 책임 : 사회의 기대치에 맞는 윤리적 행동을 해야 할 책임 ⑩ 근로자 복지 향상, 고객에 대한 친절, 자발적 리콜 등 • 자선적 책임 ; 사회의 공익을 위한 자선 활동을 해야 할 책임 ⑩ 사회적 기부, 사회 복지 시설 운영, 보육 시설 운영 등

2. 기업가의 사회적 책무를 바라보는 관점

프리드먼 (소극적 관점)	• 기업의 목적을 이윤의 극대화로 보아, 합법적인 이윤 추구를 넘어서는 사회적 책임을 기업에 강요해서는 안 된다고 보았음 • 고용 차별, 불합리한 해고, 환경 오염 등의 해를 끼치지 않으면서 사회 전체의 부(富)를 극대화하는 것만을 기업의 사회적 책임이라고 주장
애로 (적극적 관점)	• 기업이 법을 지키는 차원을 넘어 사회·문화·경제·환경 등 다양한 영역에서 장애인 고용, 소외 지역 내 공장 설립, 예술 및 교육 사업 지원 등의 사회적 책임을 자발적으로 이행해야 한다고 보았음 • 기업이 사회적 책임을 적극적으로 이행하면 소비자의 신뢰를 얻을 수 있으므로 장기적으로 기업의 추구와 효율성 향상에 이바지 한다고 주장

3 전문직과 공직자의 윤리

1. 전문직의 특징과 전문직 윤리

특징	• 고도의 전문적 교육과 훈련을 거쳐야만 종사할 수 있는 직업 • 전문성, 독점성, 자율성을 특징으로 하기 때문에 전문직 종사자의 사회적 영향력이 매우 큼
전문직 윤리	• 높은 수준의 도덕성(노블레스 오블리주)과 직업윤리가 요구됨 • 직업에 대한 숙련된 기술 축적과 사회에 대한 책임감을 지녀야 함

2. 공직자의 특징과 공직자 윤리

특징	• 국가 기관이나 공공 단체의 일을 보는 직책이나 직무를 맡은 사람 • 국민 삶의 질 향상, 국가 유지 및 발전에 중요한 역할 담당
공직자 윤리	• 공익을 실현하기 위해 높은 도덕성이 요구됨 → 청렴, 봉공, 봉사의 자세 • 국민에게 봉사하는 자세를 가지고, 업무 수행의 민주성과 효율성을 조화시키도록 해야 함 • 연고주의와 같은 불공정한 관행과 불합리한 제도를 개선하고, 내부 고발을 보호할 수 있는 제도를 확립해야 함

4 청렴의 의미와 필요성

청렴	의미	성품과 품행이 맑고 깨끗하여 탐욕을 부리지 않는 것
	청렴 윤리	• 다양한 부패를 방지하고 공정한 사회를 이루기 위해 필요 • 전문직 종사자와 공직자는 물론 모든 직업인이 올바른 직업윤리를 갖추고 이를 실천 • 청렴을 강조하는 전통 윤리로 청백리 정신을 들 수 있음
부패	부패의 문제	• 개인적 측면 : 시민 의식의 발달을 저해함 • 사회적 측면 : 사회적 비용의 낭비로 이어져 사회 발전을 저해할 수 있음
	부패 방지의 필요성	공정하고 건전한 사회 질서 유지를 위해 부정부패를 방지해야 함
	부패 방지를 위한 노력	• 개인적 차원 : 청렴 의식 고취 • 사회·윤리적 차원 : 내부 공익 신고 제도 운용, 부패 방지법 제정, 시민 단체의 감시 활동 강화 등 청렴 의식을 제도적·사회적 차원으로 확립하려는 노력도 필요

플라톤의 공직자 윤리

플라톤은 나랏일을 하는 수호자 계급은 어떤 사유 재산도 가져서는 안 되며, 공동생활을 통해 검소한 삶을 살아야 한다고 보았다. 즉, 플라톤은 공익을 위해 수호자 계층에게 검소하고 절제된 삶을 요구하였다.

캐롤의 기업가의 사회적 책임

• 경제적 책임 : 제품 생산, 서비스 제공, 적절한 가격의 판매로 수익 창출(모든 다른 책임의 기반)
• 법적 책임 : 법을 지키며 경제 활동(옳고 그름에 대한 사회적 법제화)
• 윤리적 책임 : 사회가 요구하는 윤리 준수(옳고 정당하고 공정한 행위)
• 자선적(자의적) 책임 : 기부 행위, 사회 복지 시설 운영 등 사회의 공익을 위한 활동(지역 사회 자원에 기여하여 삶의 질 개선)

노블레스 오블리주

지배층의 도덕적 의무를 뜻하는 말로, 특권에는 반드시 책임이 따르고 사회적 지위가 높을수록 의무에 충실해야 한다는 뜻이다.

청백리

자신의 직무에 충실하고 청렴하게 임했던 관리를 일컫는 말이다.

1. 드리커가 제시한 기업의 사회적 책임

적극적 책임	법적 차원을 넘어서는 사회 지원과 인류애를 구현할 윤리적·자선적 책임을 실천하는 것
소극적 책임	기업의 목적인 이윤 창출, 법 규범 준수

2. 전문직의 특징

전문성	고도의 전문적 훈련을 통해 전문 지식을 갖춰야 함
독점성	일정한 자격을 갖춘 사람만이 그 직업을 수행할 수 있음
자율성	독자적이고 자율적으로 업무를 수행할 수 있음

직업 생활과 행복한 삶

수능 출제 패턴 분석 ▶ 동양의 직업관, 서양의 직업관, 소명 의식, 직업의 성공

유형보기

1. 마르크스와 칼뱅의 직업의 의미 평가원

갑 : 인간은 노동을 통해 자기의 본질을 실현하고자 한다. 그러나 자본주의하에서는 노동의 본질이 왜곡된다. 노동자는 생계유지를 위해 자신의 노동을 자본가에게 팔아야 하기 때문에 생산을 위한 도구로 전락한다.

을 : 인간은 구원을 예정해 놓은 신의 부르심[召命]에 노동을 통해 응답해야 한다. 왜냐하면 신은 여러 가지 삶의 양식(樣式)들을 구분해 놓음으로써 각 개인이 해야 할 일을 정해두었기 때문이다.

[자료 분석]

(1) 갑은 마르크스, 을은 칼뱅이다.

(2) 마르크스는 자본주의하에서 노동이 자기실현이 아니라 생존을 위한 수단으로만 간주됨으로써 인간은 노동으로부터 소외된다고 본다.

(3) 칼뱅은 직업이 원죄에 대한 속죄의 의미가 아니라 이웃 사랑을 실천할 수 있는 터전이며, 창조주의 노동에 참여하는 것이라고 이해한다. 즉 신의 부르심이라는 소명직의 개념이 직업의 사회적 책임으로 발전하는 것이다.

2. 맹자의 직업관 평가원

• 인정(仁政)은 토지의 경계를 바로 잡는 것에서 시작된다. 경계를 바로 잡으면 토지를 바르게 분배하는 일은 쉽게 할 수 있다. 백성들에게도 토지를 바르게 지급하면 나라가 기름지게 될 것이다.

• 스스로 농사를 지어 자급자족하면서 천하를 다스릴 수 있겠는가? 대인(大人)이 하는 일이 있고 소인(小人)이 하는 일이 있는 것이다. 또 사람은 많은 사람들이 만든 물건들을 사용하기 마련이고, 모든 것을 스스로 만들어 사용하면서 살아갈 수는 없는 것이다.

[자료 분석]

(1) 맹자는 백성은 일할 권리가 있으며, 국가는 백성에게 생계유지 수단으로서의 생업을 보장해주어야 한다고 본다.

(2) 그는 마음을 수고롭게 하는 사람(정신노동)과 몸을 수고롭게 하는 사람(육체노동)이 각각의 역할을 통해 보완적 관계에 있으며, 모든 사람은 다른 사람의 노동의 결과물(생산물)을 통해 자신의 삶을 영위해 나간다고 주장한다.

3. 순자와 플라톤의 직업관 평가원

갑 : 사람들은 본성적으로 누구나 온 세상을 차지할 만큼 부유해지기를 원한다. 그러나 사람들의 욕망을 모두 받아들일 수가 없고 물건은 충분할 수 없다. 따라서 예의(禮義)를 제정하고 분별을 마련하여[分] 언제나 사람들로 하여금 각기 그에게 합당한 일을 갖게 해 주어야 한다.

을 : 한 나라가 올바른 나라가 되는 것은 이 나라 안에 있는 성향이 다른 세 계층이 저마다 자신에게 맞는 일을 했을 때이다. 그리고 이 나라가 절제 있고 용기 있으며, 또한 지혜로운 나라인 것은 바로 이들 세 계층이 처한 서로 다른 처지와 서로 다른 습성으로 인한 것이다.

[자료 분석]

(1) 갑은 순자, 을은 플라톤이다. 순자는 예(禮)를 통해 각 사람의 능력에 따라 합당한 직업을 갖게 하여 자신의 욕망을 적절하게 충족시킬 수 있게 해야 한다고 보았다.

(2) 플라톤은 각 개인이 타고난 성향에 따라 한 가지 일에 종사하면서 자신의 고유한 기능을 탁월하게 발휘할 때 정의로운 국가가 이루어질 수 있다고 보았다.

대표기출로 유형 감잡기
정답 및 해설 • p.019

115
정답률 87% | 2024학년도 9월 평가원

갑, 을 사상가들의 입장으로 적절한 것만을 〈보기〉에서 있는 대로 고른 것은?

갑 : 천하를 두루 이롭게 함은 직분[分]과 예의[義]로부터 나온다. 사람이 무리를 이루어 살되 역할에 따른 구분이 없으면 다투게 되고, 다투면 나라가 혼란해져 편히 살 수 없게 된다. 따라서 사람은 잠시도 예의를 버릴 수 없다.

을 : 사회를 이루는 세 계층은 각자 타고난 성향에 따라 한 가지 일에 배치되어야 한다. 그리고 자신이 맡은 일에서 탁월함을 발휘하여 서로 조화를 이루어야 한다. 만약 서로의 일에 간섭한다면 사회에 해악을 끼치게 된다.

〈보기〉

ㄱ. 갑 : 군주가 나라를 다스리려면 모든 직분에 통달해야 한다.

ㄴ. 갑 : 사회 구성원의 직분을 나누는 도덕적 기준이 존재한다.

ㄷ. 을 : 세 계층이 각자의 직분에 충실해야 정의가 실현될 수 있다.

ㄹ. 갑과 을 : 직분의 구분은 공동체 이익 증진에 도움이 된다.

① ㄱ, ㄴ　　　② ㄱ, ㄷ　　　③ ㄴ, ㄹ

④ ㄱ, ㄷ, ㄹ　　　⑤ ㄴ, ㄷ, ㄹ

116
정답률 93% | 2022학년도 9월 평가원

갑, 을 사상가들의 입장으로 적절하지 않은 것은?

갑 : 백성은 항산(恒産)이 있어야 항심(恒心)을 지닐 수 있다. 성인(聖人)이 천하를 다스리면 곡식이 물이나 불과 같이 풍족해질 것이다. 만일 곡식이 물이나 불과 같이 풍족해지면 백성에게 어찌 불인(不仁)함이 있겠는가?

을 : 왕공(王公)과 사대부의 자손이라도 예의(禮義)를 힘써 행할 수 없다면 서인(庶人)으로 귀속시킨다. 서인의 자손이라도 학문을 쌓아 몸을 바르게 하고 예의를 힘써 행할 수 있다면 사대부로 귀속시킨다.

① 갑 : 성인(聖人)은 백성의 기본적 생계유지를 중시한다.

② 갑 : 경제적 안정은 백성에게 도덕적 삶의 기반이 된다.

③ 을 : 사회적 역할은 능력보다는 선호에 따라 결정되어야 한다.

④ 을 : 예(禮)를 기준으로 하여 사회적 역할이 분담되어야 한다.

⑤ 갑, 을 : 사회적 분업은 사회 질서를 유지하는 데 기여할 수 있다.

117

정답률 84% | 2020학년도 9월 평가원

갑, 을 사상가들의 입장으로 옳지 <u>않은</u> 것은?

> 갑 : 각자의 직분을 나누는 것이 예법(禮法)의 핵심이다. 농부, 공인, 상인은 각 분야에 정통하지만, 그 분야를 지도하는 관리가 될 수 없다. 도(道)에 정통한 사람은 이 세 가지 일을 하나도 못 해도 이 세 가지 일을 다스릴 수 있다.
>
> 을 : 마음을 쓰는 사람[勞心者]은 다스리는 사람이고, 몸을 쓰는 사람[勞力者]은 다스림을 받는 사람이다. 다스림을 받는 사람은 남을 먹여 살리고, 다스리는 사람은 남에 의해 먹고 산다. 이처럼 서로 도우며 살아가는 것이 세상 이치이다.

① 갑 : 예(禮)에 맞게 사회적 분업이 이루어져야 한다.
② 갑 : 군자는 도를 익혀야만 자신의 일을 완수할 수 있다.
③ 을 : 다양한 직업들 사이에는 상호 보완적 관계가 성립한다.
④ 을 : 몸을 쓰는 사람은 항산(恒産)에 앞서 항심(恒心)을 지녀야 한다.
⑤ 갑, 을 : 모든 사람은 각자가 맡은 직분과 역할에 충실해야 한다.

118

정답률 71% | 2019학년도 6월 평가원

다음 사상가가 부정의 대답을 할 질문으로 가장 적절한 것은?

> 프로테스탄트는 자신의 구원의 여부가 예정되어 있다고 보았으며, 직업 노동을 신에게 선택받았다는 확신에 이르기 위한 가장 훌륭한 수단이라고 여겼다. 이들의 금욕주의가 세속의 윤리를 지배하게 되면서 근대적 경제 질서를 구축하는 데 일조하였다. 직업이 정신적 가치와 직접 관련을 맺지 않거나 경제적 강제로 느껴질 경우 인간은 영혼 없는 전문가, 열정 없는 향락주의자로 전락할 것이다.

① 프로테스탄트는 직업적 성공이 구원의 징표라고 보는가?
② 프로테스탄트는 직업이 정신적 가치와 무관하지 않다고 보는가?
③ 금욕주의 직업윤리는 자본주의 정신 형성에 기여할 수 있는가?
④ 프로테스탄트는 직업을 신으로부터 부름 받은 것으로 보는가?
⑤ 프로테스탄트는 노동을 통한 부의 추구를 영혼의 타락으로 보는가?

119

난이도 상 중 하

갑, 을의 입장에 대한 설명으로 옳은 것은?

> 갑 : 신은 여러 가지 삶의 방식들을 구분해 놓음으로써 각 개인이 해야 할 일을 정해 두었다. 인간은 구원을 예정해 놓은 신의 부르심[김命]에 응답해야 한다.
>
> 을 : 한 사람의 몸도 여러 장인들이 만든 것을 필요로 하는데, 만약 자신이 스스로 만든 것만 사용한다면 이는 사람들을 지치게 만드는 것이다. 어떤 사람은 마음을 쓰고 어떤 사람은 힘을 쓴다.

① 갑은 부의 축적을 직업의 궁극적 목적으로 본다.
② 갑은 직업을 원죄에 대한 속죄의 수단으로만 본다.
③ 을은 직업들 간에 역할 구분과 분업이 필요하다고 본다.
④ 을은 사회 구성원 간의 역할 교환이 필수적이라고 본다.
⑤ 갑, 을은 각자가 직업을 자유롭게 선택해야 한다고 본다.

120

난이도 상 중 하

㉠에 들어갈 내용으로 가장 적절한 것은?

> 자본주의 사회에서 노동자의 노동은 자발적인 것이 아니라 강제된 노동이다. 이것은 노동자가 자기 자신에게 속하지 않고 타자에게 속한다는 것을 의미한다. 이런 노동자의 노동은 필연적으로 소외를 낳는다. 그리고 소외된 노동은 인간의 삶을 생활 수단으로만 간주함으로써 인간에게 고유한 자유로운 의식적 활동으로부터 인간을 소외시킨다. 소외된 노동은 결국 인간에 의한 인간의 소외를 일으킨다. 이를 해결하기 위해서는 [㉠   ]

① 노동이 지닌 본질적인 의미를 회복해야 한다.
② 모든 직종에서 철저한 분업화를 이루어야 한다.
③ 개인의 사유 재산권을 철저하게 보장해야 한다.
④ 노동자의 업적에 비례하여 분배의 몫을 정해야 한다.
⑤ 국가가 노동자들의 전문성 향상을 적극 지원해야 한다.

121 Challenge 30% 고난도

(가), (나) 사상가의 직업관에 대한 설명으로 옳은 것은?

> (가) 마음을 수고롭게 하는 사람은 남을 다스리고, 몸을 수고롭게 하는 사람은 남의 다스림을 받으며, 남에게 다스림을 받는 사람은 남을 먹여 주고, 남을 다스리는 사람은 남한테 먹여지는 것이 온 천하에 통용되는 원칙이다.
> (나) 농군은 농사를 짓고, 선비는 벼슬을 살고, 공인은 물건을 만들고, 상인은 장사를 하는 것도 한 가지 원리에 의한 것이다.

① (가)는 신분제적 직업관을 폐지할 것을 주장하였다.
② (가)는 정신노동을 육체노동보다 열등한 것으로 간주하였다.
③ (나)는 직업을 신의 부르심이라고 보고 직업에 대한 소명을 강조하였다.
④ (나)는 직업의 상호 보완성보다는 직업 간의 귀천이나 우열을 강조하였다.
⑤ (가), (나) 사상가 모두 직업을 사회적 분업의 관점에서 해석하려고 하였다.

122

다음 사상가의 입장으로 가장 적절한 것은?

> 천자(天子)처럼 귀해지고 부유해지는 것은 사람들의 성정(性情)으로 모두 바라는 바이다. 따라서 사람들의 욕심을 따르면 물건은 충분할 수 없다. 그러므로 옛 임금은 예의를 제정하고 분별을 마련해 귀하고 천한 등급이 있게 하고 어른과 아이, 지혜 있는 자와 어리석은 자, 능력 있는 자와 없는 자의 분별을 마련하셨다. 언제나 사람들로 하여금 그들의 일을 맡아 하게 함으로써 각기 그에게 합당한 일을 갖게 하셨다.

① 사람들이 자유롭게 직업을 선택할 수 있어야 한다.
② 직업을 통해서 획득된 부(富)는 악(惡)한 것이다.
③ 사람이 지닌 능력에 따라 사회적 역할을 분담해야 한다.
④ 직업에 귀천이 없으므로 모든 직업적 차별을 없애야 한다.
⑤ 자신의 직업에서 성공한 사람은 보다 좋은 직업으로 이동할 수 있어야 한다.

123

다음 글을 토대로 추론한 것으로 적절하지 않은 것은?

> 전문가들은 앞으로 미래 사회에서는 지금보다 훨씬 더 다양한 가치관이 등장할 것으로 내다보고 있다. 그에 따라 직업도 세분화되거나 새로 생겨나기 때문에 그 종류는 매우 많아질 것이 예상된다. 또 직업 선택의 기준으로 과거에는 보수나 지위가 중요시되었지만, 앞으로는 자아실현과 자기표현, 상호 독립성과 기쁨의 추구 등이 강조될 것으로 예상되고 있다.

① 진로 설정을 위해서는 미래 지향적인 안목이 필요하다.
② 미래 사회에서는 올바른 가치관과 합리적인 가치 판단력이 요구된다
③ 미래 사회에는 삶의 객관적 지표보다는 주관적 지표가 중요시 될 것이다.
④ 미래 사회에서는 직업의 개인적 의미보다는 사회적 의미가 더욱 강조된다.
⑤ 보다 만족스러운 직업 생활을 영위하기 위해서는 자신의 적성과 능력을 꾸준히 계발해야 한다.

124 Challenge 30% 고난도

다음 사상가의 입장으로 적절한 진술만을 〈보기〉에서 있는 대로 고른 것은?

> 세계는 오직 신의 영광에 봉사하도록 정해져 있고, 선택된 그리스도교는 오직 신의 율법을 집행하여 신의 영광을 각자의 몫만큼 세계에 증대시키도록 정해져 있다. 신은 그리스도교의 사회적 실행을 요구한다. 왜냐하면 신은 사회적 형성이 자신의 율법에 맞게 이루어져 자신의 목적에 일치하기를 요구하기 때문이다. 세상에서 칼뱅파의 사회적 활동은 오직 '신의 영광을 더하기 위한 활동'일 뿐이다. 그러므로 모든 이의 현세적 삶에 봉사하는 직업 활동 역시 그러한 성격을 갖는다. 왜냐하면 성서의 계시에 따라 그리고 자연적 통찰에 따라 인류의 효용에 봉사하려고 만들어진 것이 분명한 이 우주의 놀라운 합목적적 형성과 질서는 사회적 효용을 위한 노동이 신의 영광으로서 장려되고 또 그러한 것으로 신이 의욕한 것임을 알려 주기 때문이다.

〈보기〉
ㄱ. 금욕적 생활은 자본주의 발전에 기여한다.
ㄴ. 가난한 사람의 노동은 자본주의 발전을 저해한다.
ㄷ. 직업을 통한 봉사의 실천은 자본주의 발전에 기여한다.
ㄹ. 부의 추구를 긍정하는 종교적 신념은 자본주의 발전에 기여한다.

① ㄱ, ㄴ   ② ㄱ, ㄹ   ③ ㄴ, ㄷ
④ ㄱ, ㄷ, ㄹ   ⑤ ㄴ, ㄷ, ㄹ

기업가와 근로자의 윤리

수능 출제 패턴 분석 기업의 사회적 책무, 근로자의 권리와 책무, 기업가와 근로자의 관계

유형보기

1. 기업의 사회적 책임 교육청

갑 : 기업은 환경 보호, 사회 복지 공헌과 같은 사회적 책임을 다해야 합니다. 이는 기업에 대한 소비자의 신뢰를 높이고 긍정적인 기업 이미지를 갖게 하여 기업의 이윤 추구에 도움을 줍니다

을 : 기업에 사회적 책임을 요구하는 것은 주주들의 이익 추구에 방해가 되며 자유 시장 경제를 왜곡합니다. 기업의 유일한 목적은 합법적인 범위 내에서 이윤을 극대화하는 것입니다.

자료 분석

(1) 갑은 기업의 사회적 책임 이행이 이윤 추구에 도움이 된다고 보는 반면, 을은 기업이 이윤 추구를 유일한 목적으로 삼아야 한다고 본다.

(2) 갑의 입장에서 을의 입장을 비판한다면, 을은 기업의 사회적 책임 이행이 기업의 이윤 추구에 도움이 될 수 있음을 모르고 있다고 할 수 있다.

(3) 기업의 사회적 책임 이행은 기업의 이미지 제고에 도움을 주고, 이것이 소비자의 구매로 이어져 기업에 긍정적인 영향을 주게 된다.

2. 기업의 이윤 추구 평가원

사회악의 근원을 개인의 이기심에만 돌리는 것은 진부한 처방일 뿐만 아니라 바람직하지 않은 결과를 낳는다. 자신의 이익을 합리적 방법을 통하여 성취하는 것은 자유 민주주의와 시장 경제 체제에서는 지극히 당연한 일이다. 그래서 혈연, 지연, 학연 등에 의해 이윤 추구의 경쟁이 제한되는 비합리적인 관행은 타파되어야 한다. 장기적으로 볼 때, 이러한 요인들에 의해서 공정한 경쟁이 제한되는 것은 결국 기업뿐만 아니라 사회 전체를 패배자로 만들 것이다.

자료 분석

(1) 제시문은 기업의 목적은 이윤 추구에 있기에, 법을 어기거나 연고주의와 같은 비합리적인 관행에 의한 활동이 아니라면 기업의 이윤 추구 활동이 보장되어야 한다고 주장하고 있다.

(2) 제시문은 기업의 이윤 추구 활동의 보장을 강조하고 있는 것이지 공익이나 사회적 책임을 말하는 것이 아니다.

(3) 제시문은 비합리적 관행의 타파를 주장하고 있으며, 이를 통해 과정도 중시하고 있음을 유추할 수 있다.

3. 헌법으로 보장된 노동자의 권리 평가원

우리나라 헌법 제33조 : "근로자는 근로 조건의 향상을 위하여 자주적인 단결권, 단체 교섭권, 단체 행동권을 가진다."

자료 분석

(1) 노동 3권은 근로자의 인간다운 삶을 보장하기 위해 헌법상의 기본권으로 보장하는 근로자의 세 가지 권리이다.

(2) '단결권'은 근로자가 근로 조건을 유지·개선하기 위하여 노동조합과 같은 단체를 결성하고 이에 가입할 수 있는 권리를 말한다.

(3) '단체 교섭권'은 근로자 단체가 근로 조건의 유지·개선 및 노동 협약의 체결에 관하여 직접 사용자와 교섭할 수 있는 권리이다.

(4) '단체 행동권'은 근로자가 사용자에 대항하여 단체적인 행동을 할 수 있는 권리를 말한다.

대표기출로 유형 감잡기 정답 및 해설 · p.020

125
정답률 76% | 2020학년도 9월 평가원

갑, 을 모두가 부정의 대답을 할 질문만을 〈보기〉에서 있는 대로 고른 것은?

갑 : 기업은 시장 경쟁력 강화를 위한 경영 전략 차원에서 공익 증진이라는 사회적 책임에 힘써야 한다. 그러한 기업은 소비자 불매운동을 예방하고, 직원들의 헌신과 소비자들의 신뢰를 얻는 데 훨씬 유리하기 때문이다.

을 : 기업의 사회적 책임은 오로지 시장의 규칙을 준수하면서 기업 이익의 극대화를 위해 자유로운 경쟁에 전념하는 것이다. 이 과정에서 기업은 보이지 않는 손에 이끌려 원래 의도하지 않았던 공익에 기여하게 된다.

〈보기〉

ㄱ. 기업은 모든 사회적 책임으로부터 자유로워야 하는가?
ㄴ. 기업은 자유 시장 경제 원리에 따라 경영되어야 하는가?
ㄷ. 기업은 공익의 증진을 본질적 목적으로 삼아야 하는가?
ㄹ. 기업은 기업 이익 증진을 위해 공익을 추구해야 하는가?

① ㄱ, ㄴ   ② ㄱ, ㄷ   ③ ㄴ, ㄹ
④ ㄱ, ㄷ, ㄹ   ⑤ ㄴ, ㄷ, ㄹ

126
정답률 59% | 2019학년도 10월 교육청

갑, 을 사상가들의 입장으로 가장 적절한 것은?

갑 : 자본주의 사회는 적대적인 두 계급으로 분열되어 있고, 프롤레타리아는 그들의 노동이 자본을 증식시키는 한에서만 일거리를 얻을 수 있다. 부르주아의 존립은 더 이상 사회와 양립할 수 없다.

을 : 자본주의 사회는 대부분의 경제 행위가 민간 기업을 통해 이루어진다. 기업의 사회적 책임은 오직 기업의 이윤 극대화를 위해 노력하는 것이고, 노동조합 지도자들의 사회적 책임은 조합원의 이익을 위해 봉사하는 것이다.

① 갑 : 인간은 노동을 통해 자신의 본질을 실현할 수 있어야 한다.
② 갑 : 노동자의 소득 증가를 위해 공장 내 분업을 촉진해야 한다.
③ 을 : 기업은 이윤 극대화를 위해서 공익 활동을 확대해야 한다.
④ 을 : 기업에 경제적 책임 이외에 법적 책임을 부과하면 안 된다.
⑤ 갑, 을 : 노동자와 자본가는 연대와 협력을 통해 상생해야 한다.

127

갑, 을의 입장에 대한 설명으로 가장 적절한 것은?

> 갑 : 자유 경제에서 기업의 사회적 책임은 오직 하나뿐이다. 이는 법을 준수하는 한에서 기업의 이익 극대화를 위하여 자원을 활용하고 이를 위한 활동에 매진하는 것이다. 따라서 기업은 속임수 없이 공개적이고 자유로운 경쟁에 전념해야 한다.
>
> 을 : 기업은 경제적 이익에만 몰두할 것이 아니라 자선 활동, 장애인 고용 등 사회적 책임을 적극적으로 이행해야 한다. 기업이 사회적 책임을 이행함으로써 소비자의 신뢰를 얻을 수 있고, 이를 통해 기업의 장기적 이익과 효율성도 향상될 수 있다.

① 갑 : 기업의 사적 이익보다 공공의 이익을 우선해야 한다.
② 갑 : 기업은 법적 차원을 넘어선 윤리적 책임을 져야 한다.
③ 을 : 기업은 이윤 추구 이외에도 사회적 책임이 필요하다.
④ 을 : 기업은 언제나 자기 주주의 이익만을 고려해야 한다.
⑤ 갑, 을 : 위법한 행위를 하더라도 기업의 이익 추구가 중요하다.

128

갑, 을 사상가들의 입장에 대한 설명으로 옳지 <u>않은</u> 것은?

> 갑 : 자본주의에서 노동은 노동 주체의 의지와 무관하게 자본을 위해 수행될 뿐이다. 분업은 생산성을 대폭 향상시켰지만, 노동자는 생산에 필요한 정신적 능력 이외의 다른 모든 정신적 능력들을 잃어버렸다. 이는 예외 없는 현상이다.
>
> 을 : 노동을 은총 상태를 확신하기 위한 수단으로 파악한 청교도는 철저한 노동 의무의 수행을 통해 신의 나라에 도달하려고 시도하였다. 동시에 노동 계급에 강제된 엄격한 금욕이 자본주의의 노동 생산성을 강력히 촉진시켰다.

① 갑은 자본주의에서 정신적 능력 회복으로 소외가 극복된다고 본다.
② 갑은 분업이 노동자의 정신적 능력 쇠퇴와 소외를 심화시킨다고 본다.
③ 을은 금욕과 결합된 노동 의무가 생산성을 향상시켰다고 본다.
④ 을은 청교도가 직업 노동을 종교적 실천으로 간주했다고 본다.
⑤ 갑은 분업 노동, 을은 소명 의식이 자본주의 발전에 기여했다고 본다.

129

난이도 상 ⓒ 하

다음을 주장한 사상가가 지지할 입장을 〈보기〉에서 고른 것은?

> 자유 경제 체제에서 기업은 게임의 규칙을 준수하는 한에서 오로지 기업 이익의 극대화를 추구한다. 이를 위해 기업은 자원을 활용하고 속임수나 기만행위 없이 공개적으로 자유로운 경쟁에 전념해야 한다.

〈보기〉
ㄱ. 기업의 사회적 책임은 이윤 극대화뿐이다.
ㄴ. 이윤을 창출하는 것이 기업 활동의 목적이다.
ㄷ. 기업은 법의 테두리 안에서 이윤을 추구해야 한다.
ㄹ. 기업은 이윤의 사회적 환원을 적극 모색해야 한다.

① ㄱ, ㄴ ② ㄱ, ㄹ ③ ㄷ, ㄹ
④ ㄱ, ㄴ, ㄷ ⑤ ㄴ, ㄷ, ㄹ

130

난이도 상 중 ⓗ

밑줄 친 빈칸에 들어갈 적절한 표현을 〈보기〉에서 고른 것은?

> 기업가와 근로자는 상대방을 절대적으로 요구하는 관계를 맺고 있다. 즉, 어느 한쪽이 자신의 역할을 제대로 수행하지 않는다면 효율적인 생산과 고용을 기대할 수 없다. 그러므로 기업가와 근로자는 근로 계약에 따라 자신의 역할과 의무를 성실하게 이행해야 한다. 기업가와 근로자는 필연적으로 상보적인 관계이므로 양자의 욕구가 무엇인지 서로의 의견에 귀 기울이는 것이 중요하다. _____은/는 양자의 바람직한 상호 관계 성립에 바탕이 된다.

〈보기〉
ㄱ. 상명하달식의 노사 문화
ㄴ. 이익에 대한 균등한 분배
ㄷ. 서로에 대한 신뢰와 자율성
ㄹ. 이익 창출에 대한 공동의 노력

① ㄱ, ㄴ ② ㄱ, ㄷ ③ ㄴ, ㄷ
④ ㄴ, ㄹ ⑤ ㄷ, ㄹ

131

난이도 상 중 **하**

다음은 어느 기업에서 발표한 선언 결의문이다. 이에 대한 설명으로 적절하지 <u>않은</u> 것은?

□□□□ 선언 결의문

우리는 상호 신뢰와 협력을 바탕으로 노사가 하나 되어 회사의 발전과 직원의 삶의 질 향상을 위하여 다음과 같이 결의한다.

하나. 우리는 기업의 투명성과 건전성을 통해 노사 간 신뢰의 기반을 조성하고 근로자의 고용 안정과 삶의 질 향상을 위해 적극 노력한다.

하나. 우리는 화합과 신뢰를 바탕으로 서로 win-win하는 상생이 노사 문화 전통을 만들어 나간다.

하나. 우리는 업계 최고의 ◇◇◇회사로 성장할 수 있도록 기술과 품질 향상에 정성을 다한다.

하나. 우리는 끊임없이 개선하고 학습하는 기업 문화를 통하여 경쟁력 강화에 최선을 다한다.

2000년 ○월 ○일

---

① 노조를 동반자로 인식하고 있다.
② 노사 모두의 상생을 추구하고 있다.
③ 화합과 협력, 인간 존중의 가치를 공유하고 있다.
④ 근로자의 인간다운 삶의 실현을 위해 애쓰고 있다.
⑤ 개인의 이익과 권리보다 공동체의 이익을 중시하고 있다.

132

난이도 상 **중** 하

갑의 입장에서 을에게 제시할 수 있는 견해로 가장 적절한 것은?

갑 : 기업은 사회적 책임을 이행할 때 소비자의 신뢰를 얻을 수 있고 장기적 이익을 증대시킬 수 있다. 기업이 사회적 책임을 소홀히 할 경우 오히려 기업의 이익 증대가 어려워질 수 있다.

을 : 자유 경제에서 기업의 존재 이유는 오로지 게임의 규칙을 준수하면서 기업 이익을 극대화하는 것이다. 이를 위해서 기업은 속임수나 기만행위 없이 자원을 활용하고 이윤 추구 활동에 매진해야 하나.

---

① 기업의 설립 목적은 사회 복지의 증진임을 알아야 한다.
② 기업은 이윤 추구를 배제하고 사회적 책임을 다해야 한다.
③ 기업의 이윤은 생산성 증대를 위한 재투자로 이어져야 한다.
④ 기업은 수단과 방법을 가리지 않고 이윤 극대화에 힘써야 한다.
⑤ 기업이 사회적 책임을 이행하면 이윤 극대화에도 도움이 됨을 알아야 한다.

전문직과 공직자의 윤리

수능 출제 패턴 분석 전문직의 특징, 전문직 윤리, 공직자의 자세

유형보기

1. 히포크라테스 선서

이제 의업에 종사할 허락을 받으며 나의 생애를 인류 봉사에 바칠 것을 엄숙히 서약하노라. 나의 양심과 위엄으로써 의술을 베풀겠노라. 나의 환자의 건강과 생명을 첫째로 생각하겠노라. 나는 환자가 알려준 모든 내정의 비밀을 지키겠노라. 나는 인종, 종교, 국적, 정당, 정파, 또는 사회적 지위 여하를 초월하여 오직 환자에 대한 나의 의무를 지키겠노라. 나는 인간의 생명을 수태된 때로부터 지상의 것으로 존중히 여기겠노라. 비록 위협을 당할지라도 나의 지식을 인도에 어긋나게 쓰지 않겠노라.

[자료 분석]

히포크라테스는 '의학의 아버지'라고 불리는 고대 그리스의 의학자이다. 히포크라테스 선서는 그가 말한 의료 윤리의 지침으로 오늘날에도 의료 윤리의 고전으로 받아들여지고 있다.

2. 공직자의 자세

옛날에는 백성만 있었을 뿐 목민관이 없었다. 백성이 함께 모여 살면서 이웃 간에 해결을 보지 못한 것을 공정한 말을 잘하는 어른이 해결하자 모두 감사하며 그를 추대하여 '이정(里正)'이라 하였다. 또한, 여러 마을 백성이 자기 마을에서 해결하지 못한 다툼거리를 지혜가 높은 어른이 해결하자 그를 추대하여 '당정(黨正)'이라 하였다. 황왕(皇王)의 근본은 이정으로부터 시작된 것으로, 백성을 위한 목민관임을 알 수 있다.

– 정약용, "원목" –

[자료 분석]

공직자는 국민을 위하여 공무를 수행할 때 그 존재 의의가 있다. 공직자는 공적 의사 결정에 끼치는 영향력이 매우 크므로 무엇보다 공익에 대한 책임감을 중시해야 한다.

3. 바람직한 공직자의 자세 교육청

백성을 다스리는 자들은 오직 거두어들이는 데만 급급하고 백성을 부양할 바는 알지 못한다. 다스리는 자가 고운 옷과 맛있는 음식에 자기만 살찌고 있으니 슬프지 아니한가! 청렴은 수령된 자의 본연의 의무로써 온갖 선정(善政)의 원천이 되고 모든 덕행의 근본이 된다. 청렴하지 않고 목민관 노릇을 제대로 한 사람은 아직 없었다.

[자료 분석]

(1) 제시문의 정약용은 청렴과 절약을 실천함으로써 목민관 본연의 의무를 다해야 한다고 보았다.
(2) 제시문은 오늘날의 공직자에게 사적인 것보다는 공적인 것을 우선해야 하고, 검소와 절용을 실천하며 국민을 존중해야 하며, 자신의 역할에 맞는 덕을 갖추기 위해 노력해야 하고, 공무 수행 과정에서 사익보다 의로움을 추구해야 한다는 교훈을 주고 있다.

대표기출로 유형 감잡기
정답 및 해설 • p.021

133
정답률 95% | 2024학년도 수능 E 연계

다음을 주장한 사상가가 강조하는 공직자의 자세로 옳지 <u>않은</u> 것은?

> • 관청에서 쓰는 모든 물건은 하늘에서 비처럼 내리고 땅에서 물처럼 솟는 것이 아니니, 씀씀이를 절약하면서 물건 사용의 폐해를 살펴 백성들의 힘을 덜어 주어야 한다.
> • 청렴한 선비는 벼슬자리에 부임하러 갈 때 가족을 데려가지 않는데, 이때의 가족이란 아내와 자식을 일컫는다. 형제 간에는 가끔 왕래해도 되지만 오래 머물러서는 안 된다.

① 사사로운 정(情)에 따른 이익보다는 청렴을 중시해야 한다.
② 자애의 덕을 지니기 위해서는 반드시 절용(節用)해야 한다.
③ 청백리가 되려면 자신에게만 관대하고 가족에게는 엄격해야 한다.
④ 세금 사용에 주의를 기울여 국민의 경제적 부담을 줄어야 한다.
⑤ 공적 재산이 국민의 노력으로 이루어진 것임을 유념해야 한다.

134
정답률 88% | 2020학년도 수능 E 연계

다음 글의 입장으로 적절하지 <u>않은</u> 것은?

> 옛 성인(聖人)이 세금 제도를 만든 것은 백성으로부터 거두어 자기를 봉양하자는 것이 아니었다. 백성들이 모여 살면서 갈등과 투쟁이 생겨 서로 죽이기까지 하거니와, 통치자가 법으로 다스려 평화롭게 해 주어야만 민생이 편안해진다. 그러나 이 일은 농사를 지으면서 함께할 수 없으므로, 백성은 수확의 10분의 1을 세(稅)로 바쳐 통치자를 공양(供養)하는 것이다. 통치자가 백성으로부터 거두어들인 것이 큰 만큼, 백성에 대한 보답도 무거운 것이다. 후세의 통치자는 세금 제도를 만든 의의를 모르고 '백성이 나를 공양하는 것은 당연한 것'이라고 말하면서 가혹하게 수취하니, 백성들도 그 영향을 받아 서로 싸워 국가가 혼란해진다.

① 공직자는 별도의 생업에 종사하며 나랏일에 충실해야 한다.
② 공직자는 자신의 본분에 충실하여 민생을 안정시켜야 한다.
③ 공직의 설치는 필수적인 것으로 사회적 역할 분담의 일환이다.
④ 공직자는 세금을 납부한 국민들에게 봉사로써 보답해야 한다.
⑤ 공직자의 탐욕과 수탈은 국민의 반목과 국가의 분란을 야기한다.

135
난이도 상 중 하

다음 글에 부합하는 공직자의 자세를 〈보기〉에서 있는 대로 고른 것은?

공직자란 정부 및 지방 자치 단체와 그 산하 기관, 국영 기업체 등 정부의 예산이 출원된 기관에 근무하면서 정부의 정책을 수행하는 사람을 일컫는다. 이들은 정책 개발 및 시행, 법 위반자의 제재 등을 통해 국민에게 봉사하는 직업인이다. 일반 국민들에 비해 상대적으로 많은 특권을 가지게 되는 공직자는 그만큼 부패에 노출될 위험도 크다. 따라서 공직자는 나눔, 배려, 솔선수범, 청빈과 같은 청백리의 삶을 추구하는 노블레스 오블리주를 실천할 필요가 있다. 공직자의 윤리적인 모습은 정부에 대한 국민의 신뢰를 이끌어내기 때문이다.

〈보기〉
ㄱ. 민주성보다 효율성을 추구한다.
ㄴ. 업무상 얻게 된 권한을 남용하지 않는다.
ㄷ. 시민의 의사를 적극적으로 수렴하려고 노력한다.
ㄹ. 공직자 권한의 근원은 공직자 자신에게 있음을 깨닫는다.

① ㄱ, ㄴ ② ㄱ, ㄹ ③ ㄴ, ㄷ
④ ㄱ, ㄷ, ㄹ ⑤ ㄴ, ㄷ, ㄹ

136
난이도 상 중 하

빈칸 ㉠에 들어갈 개념으로 인해 나타나는 문제를 해결할 수 있는 방안을 〈보기〉에서 고른 것은?

공직자는 국민보다 전문 지식이나 정보력에서 앞서고, 재량권 역시 우세하다. 이렇게 일반 국민보다 상대적으로 많은 특권을 가지는 직업의 특성으로 공직자는 쉽게 부패에 노출될 수 있다. 공직자의 부패 문제는 주인—대리인의 문제와 관련이 깊다. 주인—대리인 문제란 주인으로 간주하는 국민의 의사를 수렴하여 정책에 반영해야 할 대리인으로서의 공직자가 자신의 이익을 추구하는 것을 말한다. 이러한 문제가 발생하는 주된 요인은
〔 ㉠ 〕에 있다.

〈보기〉
ㄱ. 자신의 직무와 관련된 모든 정보를 항상 공개한다.
ㄴ. 자신의 권한을 자신의 이익을 위해 사용하지 않는다.
ㄷ. 다른 사람을 통솔할 수 있는 강한 리더십을 배양한다.
ㄹ. 무사안일한 태도에서 벗어나 적극적으로 직무에 임한다.

① ㄱ, ㄴ ② ㄱ, ㄷ ③ ㄴ, ㄷ
④ ㄴ, ㄹ ⑤ ㄷ, ㄹ

137
난이도 상 중 하

다음 글을 통해서 얻을 수 있는 교훈으로 옳은 것은?

코스닥 상장사 A사의 분식 회계 사건을 수사한 검찰이 말한 바로는 국내 10위권의 대형 회계법인 ○○소속의 베테랑 회계사들은 재무제표에까지 직접 손을 대는 등 분식 회계의 전 과정을 앞장서 주도한 것으로 나타났다. 이들은 상장 폐지 위기에 몰린 A사 관계자로부터 1억여 원의 뒷돈과 함께 "상장 폐지를 면할 수 있도록 감사 보고서의 의견을 바꾸어 달라."라는 청탁을 받고 장부 조작에 나섰다고 김철은 밝혔다. 이들의 감사 보고서 조작 덕분에 A사의 상장 폐지가 10개월이나 늦춰졌고 그 기간에 코스닥 시장에서는 1,500억 원 규모의 회사 주식이 거래되었으며, 이 중 상당액이 일반 개인 투자자의 피해액인 것으로 추정된다.

① 기업은 생산성 향상에 힘써야 한다.
② 전문직 종사자는 더 높은 도덕성을 지녀야 한다.
③ 개인 투자자는 기업 가치가 높은 주식에 투자해야 한다.
④ 회계직 종사자들은 전문적 지식과 기술 연마에 힘써야 한다.
⑤ 기업을 경영하는 데 있어서 건전한 노사 관계를 수립해야 한다.

138
Challenge 30% 고난도
난이도 상 중 하

다음 사상가의 관점에 해당하는 것에만 모두 '✓'를 표시한 학생은?

배우지 못하고 무식한 자는 겨우 한 고을을 얻기만 하면 교만 방자하고 사치해져 절제하는 바 없이 손닿는 대로 함부로 써 버리고, 빚이 많아지면 반드시 탐욕스럽게 된다. 탐욕을 채우려면 아전(衙前)과 더불어 일을 꾸미게 되고, 아전과 일을 꾸미면 그 이득을 나누어야 되며, 그 이득을 나누게 되면 백성의 고혈(膏血)이 마르게 된다. …(중략)… 함부로 낭비하면 재정이 부족하게 되고, 재정이 부족하면 백성을 착취하게 된다.

관점 \ 학생	갑	을	병	정	무
항심(恒心)을 잃지 않고 절용(節用)에 힘써야 한다.	✓			✓	✓
타락한 현실 정치를 멀리하고 학문에 힘써야 한다.		✓	✓	✓	
천하에 이(利)를 나누는 것이 의(義)임을 깨달아야 한다.			✓		✓
위엄은 청렴에서 생기고 신의는 진실한 충성심에 기반함을 깨달아야 한다.	✓		✓	✓	✓

① 갑 ② 을 ③ 병 ④ 정 ⑤ 무

수능 출제 패턴 분석 부패의 의미, 청렴의 의미, 청백리 정신, 봉공 정신, 정약용의 청렴 사상

유형보기

1. 공직자의 청렴의 자세 교육청

우리 사회는 공직자 부패를 방지하기 위해 각종 법률을 만들어 운영하고 부패 행위 신고를 위한 제도적 장치도 마련해 놓고 있다. 그럼에도 불구하고 공직자 부패 문제는 여전히 줄어들지 않고 있다. 이를 통해 볼 때 공직자 부패 현상은 법과 제도만으로는 근절되기 어려우며 공직자 스스로의 도덕적 실천이 필요함을 알 수 있다. …(중략)… 일찍이 정약용은 "청렴은 목민관(牧民官)의 본무(本務)이며, 모든 선(善)의 원천이요, 모든 덕(德)의 근본이다."라고 하였다.

자료 분석

제시문은 법과 제도만으로는 공직자 부패 문제를 해결하기 어렵다고 보고, 공직자 스스로 사사로운 욕심을 버리고 절제의 덕을 함양함으로써 청렴을 실천할 것을 강조하고 있다.

2. 선비 정신 교육청

• 그는 마음으로 옛 성현의 도(道)를 사모하고, 몸은 유교인의 행실로 신칙(申飭)*하며, 입은 법도에 맞는 말을 하고, 공론(公論)을 지니는 자이다.
• 그는 산림에 묻혀서 자신의 몸만 깨끗하게 하는 것이 아니라, 벼슬을 하여 모든 사람들을 자신처럼 깨끗하게 만드는 데 목적을 두어야 한다.
*신칙(申飭) : 단단히 타일러서 경계함.

자료 분석

(1) 밑줄 친 '그'는 선비이다. 선비는 의리 정신과 검약 정신을 지닌 전통 사회의 지식인이다. 선비는 학문과 수양을 통해 올바름을 사회에 실현하고자 하였다.
(2) 선비들은 청렴(淸廉)과 검약(儉約)의 덕을 실천했고, 물질적 이익보다 원칙과 대의명분을 중시했으며, 부조리한 현실에 대해 비판적 지성으로서의 역할을 다하였다.

3. 청렴의 가치

청렴함은 천하에서의 '큰 장사[大賈(대고)]'이다. 그러므로 욕심이 큰 자는 반드시 청렴하려 한다. 사람들이 청렴하지 못하는 것은 그 지혜가 짧기 때문이다. 내가 생각하기에 '청렴한 자는 청렴함을 편안히 여기고 지혜로운 자는 청렴함을 이롭게 여긴다.'고 하겠다. 무엇 때문인가? 재물이란 우리 사람들이 크게 욕심내는 바이다. 그러나 욕심내는 것에 재물보다 더욱 큰 것이 있으므로 재물을 버리고 취하지 않기도 한다. … (중략) … 진실로 생각이 능히 여기에 미친다면 청렴하지 않을 사람이 거의 없을 것이다.
– 정약용, "목민심서" –

자료 분석

정약용은 청렴을 강조하며, 청렴이 사회에 많은 이익을 가져올 수 있다고 보았다.

대표기출로 유형 감잡기 정답 및 해설 • p.022

139 정답률 86% | 2014학년도 7월 교육청

(가)에 나타난 사회 문제를 해결하기 위한 바람직한 자세를 (나)의 그림으로 표현할 때, ㉠~㉤ 중 가장 적절한 것은?

(가)	국제투명성기구(TI)에 의하면 우리나라의 2013년 부패 인식 지수는 OECD 가입 34개 국가 중 27위로 2008년 5.6(10점 만점)을 기록한 이후 계속 낮은 점수를 기록하고 있다. 이는 우리 사회의 부패 정도가 심각하다는 반증이다.
(나)	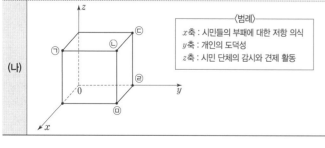 〈범례〉 x축 : 시민들의 부패에 대한 저항 의식 y축 : 개인의 도덕성 z축 : 시민 단체의 감시와 견제 활동

① ㉠   ② ㉡   ③ ㉢   ④ ㉣   ⑤ ㉤

140 정답률 85% | 2013학년도 7월 교육청

다음에 나타난 삶의 태도로 적절한 것을 〈보기〉에서 고른 것은?

• 세종 때 우의정 맹사성은 여러 벼슬을 거쳤으나 평생을 청빈하게 살았다. 셋집에 살다가 겨우 작은 집을 장만했는데 그마저 비가 새는 낡은 집이었다.
• 중종 때 사간 벼슬을 지낸 박수량은 사사로운 정을 두면 공도(公道)가 망하며, 청탁(請託)이 모든 일을 그르치게 한다는 신념에 따라 청렴하고 검소하게 살았다.

〈보기〉
ㄱ. 이(利)보다 의(義)를 우선하는 삶을 추구하였다.
ㄴ. 절용(節用)을 실천하는 청백리의 삶을 지향하였다.
ㄷ. 공(公)보다 사(私)를 더 중시하는 삶을 지향하였다.
ㄹ. 현실을 벗어나 형이상(形而上)의 진리를 추구하였다.

① ㄱ, ㄴ   ② ㄱ, ㄷ   ③ ㄴ, ㄷ
④ ㄴ, ㄹ   ⑤ ㄷ, ㄹ

141

난이도 상 중 **하**

갑의 입장에서 〈문제 상황〉의 K 씨에게 제시할 옳은 조언을 〈보기〉에서 있는 대로 고른 것은?

> 갑 : 수령 노릇을 잘하려는 자는 반드시 자애로워야 하고, 자애로워지려는 자는 반드시 청렴해야 한다.
>
> 〈문제 상황〉
> 정부 기관의 건설 업무를 담당하고 있는 K 씨는 최근 친한 친구가 불법 건축물 증축을 허가해 달라는 부탁과 함께 돈 봉투를 가져오자 깊은 고민에 빠졌다.

> 〈보기〉
> ㄱ. 선공후사와 멸사봉공의 자세를 지녀야 합니다.
> ㄴ. 연고주의를 바탕으로 정책을 결정해야 합니다.
> ㄷ. 친구의 부탁을 들어주는 것이 진정한 우정입니다.
> ㄹ. 사회 통합을 해칠 수 있는 행위를 해서는 안 됩니다.

① ㄱ, ㄴ   ② ㄱ, ㄹ   ③ ㄷ, ㄹ
④ ㄱ, ㄴ, ㄷ   ⑤ ㄴ, ㄷ, ㄹ

142

난이도 상 **중** 하

갑의 관점에서 〈보기〉의 문제에 대해 제시할 수 있는 조언으로 가장 적절한 것은?

> 갑 : 아무리 개인이 도덕적으로 살려고 해도 그가 살고 있는 사회의 도덕성이나 사회 구조가 잘못되어 있다면, 개인의 그러한 노력이 무슨 소용이 있겠는가? 사회의 전체 구조가 잘못되었는데 개인에게만 올바른 삶을 살아가라고 요구할 수 있는가? 개인에게 선하게 살라고 말하기 전에 우선 잘못된 사회 관행이나 제도를 고쳐야 할 것이 아닌가?

> 〈보기〉
> 국가의 청렴도를 나타내는 부패 인식 지수(CPI)에서 한국의 점수와 순위는 매년 하락해 2012년에는 176개국 중 45위에 머물렀다. 1위는 덴마크와 핀란드, 뉴질랜드가 공동으로 차지했다. 일본은 17위, 미국은 19위, 칠레와 우루과이는 공동 20위였다.

① 부패에 대한 저항 의식을 고취한다.
② 개인의 도덕적 실천 의지를 함양한다.
③ 부패 방지를 위한 시민 단체의 감시 활동을 정례화한다.
④ 사회적으로 부정부패에 대한 관용의 문화를 정착시킨다.
⑤ 업무 담당자가 부패 행위를 하지 않도록 양심에 호소한다.

143

난이도 상 중 **하**

그림은 어느 학생의 필기 내용이다. ㉠~㉤ 중 옳지 않은 것은?

> 주제 : 부패 방지와 청렴
> 1. 사회의 부패 문제
>   (1) 부패의 의미 : 부당한 방법으로 금전적 · 사회적 이익을 얻거나 다른 사람이 이익을 얻도록 돕는 행위
>   (2) 부패의 문제점 : 개인과 사회의 도덕성을 훼손 ┄┄┄┄ ㉠
> 2. 부패 극복을 위한 노력
>   (1) 청백리 정신 : 효율과 능률을 중시하는 태도 함양 ┄┄┄┄ ㉡
>   (2) 봉공 정신 : 사익보다 공익을 우선시하는 선공후사(先公後私)의 모습에 잘 나타남 ┄┄┄┄ ㉢
> 3. 청렴 사회 실현을 위한 노력
>   (1) 개인적 차원 : 사회 정의와 규범에 대한 의식 강화 ┄┄┄┄ ㉣
>   (2) 사회적 차원 : 엄한 처벌과 감시 수단 마련 ┄┄┄┄ ㉤

① ㉠   ② ㉡   ③ ㉢   ④ ㉣   ⑤ ㉤

144

난이도 상 **중** 하

갑은 부정, 을은 긍정의 대답을 할 질문으로 가장 적절한 것은?

> 갑 : 청렴한 사회를 만들기 위해서는 개인의 양심이 가장 중요합니다. 왜냐하면 아무리 작은 개인의 부패라도 곧바로 사회로 퍼져 나갈 수 있기 때문입니다. 따라서 사회 구성원 각자가 자신의 이익을 위해 부당한 이익을 취하지 않으려는 윤리 의식을 갖출 때 청렴한 사회를 만들 수 있습니다.
>
> 을 : 제 생각은 조금 다릅니다. 물론 개인의 선한 의지가 청렴한 사회를 만드는 데 도움은 되겠지만 그것만으로는 한계가 있습니다. 왜냐하면 사회 전반에 부패가 만연해 있다면 개인은 어쩔 수 없이 부정한 행동을 하게 될 것이기 때문입니다. 따라서 국가는 원천적으로 부패가 발생하지 않도록 강제력이 있는 사회 제도를 마련하거나 건전한 사회 구조를 확립해 나가야 합니다.

① 청렴한 사회를 만들기 위해 개인의 도덕성이 필요한가?
② 사회에 부패가 만연하면 사회 통합을 이루기가 어려워지는가?
③ 사회 부패 문제를 해결하기 위해 시민 단체의 사회 감시가 필요한가?
④ 개개인이 저지르는 부패가 누적되면 부패가 만연한 사회가 되는가?
⑤ 개인의 양심에 호소하는 것만으로는 사회의 부패 문제를 해결하기 어려운가?

02 사회 정의와 윤리

1 사회 정의의 의미

1. 개인 윤리와 사회 윤리

구분	개인 윤리	사회 윤리
의미	개인의 양심 및 합리적 판단 등의 회복으로 사회 문제 해결	사회 구조나 제도, 정책, 관습, 관행 등의 개선을 중심으로 사회 문제 해결
윤리 문제의 해결	• 개인의 도덕적 양심이나 실천적 합리성의 완성으로 가능 • 전통 사회 : 윤리적 문제의 해결을 위해 개인의 도덕성 함양과 인격 완성을 강조함	• 사회 구조나 제도, 정책 등의 개선을 통한 도덕성(공정성) 추구 • 니부어의 사회 윤리 : 사회 구조와 제도의 개선을 통한 도덕성 실현을 강조함

2. 사회 정의

의미		개인 간의 올바른 도리 또는 사회를 구성하고 유지하는 공정한 도리로, 사회가 추구해야 할 가장 핵심적이고 기본적인 덕목 중 하나
종류	분배적 정의	• 사회적 재화의 이익과 부담에 대한 공정한 분배 • 각자가 자신의 몫을 누릴 수 있게 하는 것 • 공정한 분배 기준에 대한 사회적 합의와 관련됨
	교정적 정의	• 위법과 불공정에 대한 공정한 처벌과 배상 • 잘못에 대한 대응이 공정한지에 대한 것 • 어떤 잘못에 대해 처벌과 배상이 피해의 정도에 따라 공정하게 정해졌는지를 보는 것
	절차적 정의	공정한 절차를 통하여 발생한 결과는 정당하다는 것 → 합의 과정의 투명성과 공정성에 초점을 둠

2 분배적 정의

1. 롤스 공정으로서의 정의

특징		• 절차적 정의 : 절차가 공정하다면 결과도 공정한 것으로 간주함 → 합의 과정의 투명성과 공정성 중시 • 공정으로서의 정의 : 개인의 노력과 무관한 우연적 요소로 나타난 사회의 불평등을 공정하게 조정하고자 함 • 공리주의 비판 : '최대 다수의 최대 행복'을 비판하며, 다수를 위한 소수의 희생은 정당화될 수 없다고 봄
정의의 원칙	제1원칙	평등한 자유의 원칙 : 모든 사람은 기본적 자유에서 평등한 권리를 가짐
	제2원칙	• 차등의 원칙 : 사회적·경제적 불평등은 최소 수혜자에게 최대 이익을 보장해야 함 • 기회균등의 원칙 : 불평등의 계기가 되는 지위는 모든 사람에게 평등하게 개방되어야 함

2. 노직 소유권으로서의 정의

특징	• 취득과 이전의 과정이 정당하면 소유물에 대해 절대적 권리를 가짐 • 개인의 자유 강조, 복지를 위한 국가에 의한 재분배 거부
정의의 원칙	• 취득의 원칙 : 정의의 원리에 따라 소유물을 취득한 자는 그 소유물에 대한 소유 권리가 있음 • 이전의 원칙 : 소유물의 소유 권리를 가진 사람에게 정의의 원리에 따라 그 소유물을 취득한 자는 그 소유물에 대한 소유 권리가 있음 • 교정의 원칙 : 취득의 원칙, 이전의 원칙을 따르지 않은 부당한 취득은 교정되어야 함

3. 왈처의 복합 평등의 다원적 정의

복합 평등	특정 영역의 사회적 가치가 지배적 역할을 하여 다른 영역을 획득하는 데 기여하는 것을 금지하고, 자신의 고유한 영역 안에 머무르는 것
다원적 정의	공동체의 역사적·문화적 맥락에 따른 현실적으로 다양한 정의 기준 인정

교과서 속 수능 개념

니부어(Niebuhr, R.)

제1차 세계 대전과 대공황의 경험을 바탕으로 도덕적 개인이 모인 사회를 비도덕적으로 만든 국가와 집단의 이기주의를 비판하며 "도덕적 인간과 비도덕적 사회"를 저술하였다.

동양의 사회 정의

• 정의 : 천리(天理)에 부합하는 '올바름' 혹은 올바른 도리로서 '의로움'
• 공자 : 견리사의(見利思義)의 자세 강조
• 맹자 : 옳고 그름을 분별하는 판단 기준으로 의로움 제시

서양의 사회 정의

• 정의 : '올바름' 혹은 '공정함'
• 소크라테스 : 질서가 잘 잡힌 영혼이 추구하는 본성
• 플라톤 : 지혜, 용기, 절제가 완전한 조화를 이룰 때 나타나는 최고 덕목
• 아리스토텔레스 : 각자가 자기의 것을 취하며 법이 정하는 대로 따르는 것

헷갈리는 개념 정리

1. 원초적 입장(original position)

롤스가 정의의 원칙을 도출하기 위해 설정한 가상 상황이다. 전통적인 사회 계약론에서 계약 이전의 상태인 자연 상태와 유사하지만 무지의 베일이라는 조건이 존재한다는 점에서 자연 상태와는 다르다. 정의의 두 원칙의 발생 조건이면서 정의의 두 원칙을 윤리적으로 정당화해주는 조건이다.

2. 무지의 베일(veil of ignorance)

롤스가 정의의 원칙을 도출하기 위해 설정한 가상 상황인 원초적 입장에서 합의 당사자들이 사회에 대한 일반적 사실 이외에 자신의 신분, 지위, 능력, 재산 등에 대해 알지 못하게 하는 가상의 장치를 말한다.

3 소수자 우대 정책과 역차별

소수자 우대 정책	사회적 약자 또는 소외 계층의 불리한 조건을 제거하고, 이들에게 직간접적으로 혜택을 제공함 예 장애인 의무 고용제, 여성 할당제 등	
찬반 입장	찬성 논거	반대 논거
	• 보상의 논리 : 과거 차별에 따른 고통에 대해 보상받을 권리가 있음 • 재분배의 논리 : 사회적 약자에게 유리한 기회를 부여하여, 사회적 부를 재분배할 필요 있음 • 공리주의 논리 : 사회적 약자를 배려하여 사회적 갈등을 방지하고 사회 전체의 행복을 증진시킬 수 있음	• 역차별 : 소수 집단 우대 정책 역시 다른 집단에 대한 또 다른 차별이 될 수 있음 • 부당한 책임 전가 : 가해 당사자가 아닌 후손 전체 혹은 다른 집단 전체에게 보상의 책임을 지우는 것은 부당함 • 업적주의 원칙 위배 : 소수 집단을 우대함으로써 자격이 있는 다수의 권리를 침해할 수 있음

4 교정적 정의의 의미와 공정한 처벌

의미	어떤 잘못에 대한 대응이 공정한지에 관한 것 → 주로 국가의 법 집행에 의한 처벌을 통해 불법 행위나 부정의를 바로잡음으로써 실현됨	
관점	응보주의적 관점	공리주의적 관점
	• 범죄에 대한 정당한 응보, 범죄 행위에 상응하는 벌을 가하는 것 • 칸트의 입장 : 인간은 자유롭게 자신의 행위를 결정할 수 있는 이성적 존재 → 자신이 저지른 범죄에 대한 책임으로 처벌을 받는 것은 당연함 • 응보가 반드시 동해(同害) 보복일 필요는 없음 → 공동체의 합의를 통해 응분의 처벌을 내릴 수 있음 • 범죄 예방과 범죄자의 교화에 상대적으로 무관심하다는 비판을 받음	• 처벌의 본질을 사회적 이익을 증진하기 위한 수단으로 봄 → 처벌의 목적은 응보가 아닌 범죄 예방에 있음 • 일반 예방주의 : 범죄자를 처벌하여 일반 사람이나 잠재적 범죄자가 유사 범죄를 저지르지 않도록 예방하는 것 • 특수 예방주의 : 특정 범죄자가 다시 범죄를 저지르지 못하도록 예방하는 것 • 사회 안정을 위해 인간을 수단화했다는 비판을 받기도 함

5 사형 제도와 교정적 정의

1. 사형 제도에 대한 관점

응보주의 관점	• 타인의 생명을 앗아간 중대 범죄를 저지른 사람의 생명을 박탈하는 사형 제도는 응보의 원리를 충족하기 때문에 정당함 • 칸트 : 인간 존엄성을 훼손한 범죄자에 대해 그에 상응하는 처벌을 하는 것이 정당함 → 스스로 저지른 살인 행위에 대해 응분의 책임을 지우는 것임
공리주의 관점	• 일반 예방주의 : 사형을 폐지하면 흉악 범죄가 더 증가할 것이므로 사형은 존치되어야 함 • 특수 예방주의 : 형벌의 목적은 범죄자의 교화와 범죄 예방에 있으나 사형은 범죄자의 생명을 박탈함으로써 그러한 목적 자체를 부정함 • 베카리아 : 생명은 양도할 수 없는 것이기 때문에 사형은 불가하며, 공리주의적 관점에서 사형보다 종신 노역형이 범죄 예방과 사회 전체 이익 증진에 부합하므로 사형 제도는 폐지되어야 함
사회 윤리적 관점	• 범죄에 대한 책임은 개인에게만 있는 것이 아니라 사회 구조에도 있음 • 범죄자에게 극형을 내려 흉악 범죄를 예방하고자 하는 것은 근본적인 해결책이 아님

2. 사형 제도에 대한 찬반 입장

찬성 근거	반대 근거
• 응보주의 : 형벌의 목적은 범죄자에 대한 인과응보적 응징에 있음 • 일반 예방주의 : 일반인이나 잠재적 범죄자들의 범죄 억제 효과가 있음 • 사회 방위론 : 범죄인을 사회로부터 격리할 필요가 있음 • 시기 상조론 : 사회 상황 등을 고려해 폐지를 유보해야 함 • 국민의 법 감정 : 일반 국민의 법 감정은 사형 제도를 지지함	• 특수 예방주의 : 형벌의 목적은 범죄자의 교화·개선에 있음 • 범죄 예방 효과 미흡 : 찬성론자가 말하는 것처럼 범죄 억제의 효과가 없음 • 오판 가능성 : 오판으로 사형이 집행될 수 있고, 법이 완전무결하지도 않음 • 악용 가능성 : 정치 탄압 도구로 악용될 소지가 있음 • 인도주의 : 잔혹한 형벌로 생명권과 인간 존엄성을 훼손함

교과서 속 수능 개념

공정한 처벌

의미	처벌은 신체의 자유와 행복 추구권을 제한할 수 있으므로 공정하게 이루어져야 함
조건	• 죄형 법정주의에 근거한 유죄 조건에 부합할 때에만 처벌해야 함 • 비례성의 원칙(과잉 금지의 원칙)이 충족되어야 함

헤겔의 응보주의

헤겔은 칸트의 동해 보복적 응보주의를 비판하면서 같은 가치의 응보라면 충분하다는 등가치(等價値) 응보주의를 주장하였다.

칸트의 사형 제도에 관한 입장

정언 명령과 비례의 원칙에 입각하여 인간 존엄성을 훼손한 범죄자를 사형을 통해 응보적으로 처벌하는 것이 정당하다고 보았다. 그는 "사회가 구성원들의 합의에 의해 해체된다고 할지라도 감옥에 있는 최후의 살인자를 먼저 사형시켜야 한다."라고 주장하였다.

루소의 사형 제도에 대한 관점

사회 계약설의 관점에서 루소는 계약자인 시민의 생명권과 안전을 확보하기 위하여 국가에 의한 사형 제도를 인정하였다. 사형에 처할 만큼 중죄를 범한 사람은 일반 의지로 규정된 사회 계약으로서의 법을 위반했기 때문이다.

헷갈리는 개념 정리

1. 형벌적 정의와 배상적 정의

교정적 정의	
형벌적 정의	배상적 정의
범법자에 대하여 응분의 처벌을 내리는 것	입은 손해나 손실 등을 똑같은 가치로 회복시켜 주는 것

2. 응보주의적 처벌

응보주의 이론은 형벌의 본질을 범죄에 대한 정당한 응보에 있다고 하는 입장이다. 형벌의 결과와 상관없이 범죄자가 자발적으로 그릇된 행위를 했기 때문에 형벌이 정당하다고 본다. 공정한 형벌은 다양한 범죄자들에 대한 적절한 형량을 부여하는 것이다. 응보주의 이론에서 형벌의 적절한 양은 보복법에 따른다. 즉, '눈에는 눈, 이에는 이'이다. 따라서 응보주의 이론은 개인의 복수가 아니라 공동체가 공동체의 이름으로 복수를 하여 질서를 유지하려는 것으로, 정당한 응보를 통해 정의를 실현하고자 하는 입장이다.

수능 출제 패턴 분석 개인 윤리, 사회 윤리, 니부어의 사회 윤리, 사회 정의

유형보기

1. 개인 윤리와 사회 윤리 평가원

갑 : 사회적 문제의 책임은 개인에게 있습니다. 사회의 변화에 따라 개개인의 가치관이 올바르게 자리 잡는다면, 사회적 문제를 자연스럽게 해결할 수 있습니다.

을 : 사회적 문제의 책임은 개인이 아니라 사회 구조나 제도에 있습니다. 시대의 흐름에 따라 사회 구조와 제도를 개선하고 잘 정비한다면 사회적 문제는 자연스럽게 해결될 수 있습니다.

자료 분석

⑴ 갑은 개인 윤리적 관점으로 사회 문제 해결을 위해 개인의 품성이나 도덕성 향상을, 을은 사회 윤리적 관점으로 사회 제도의 개선을 요구할 수 있다.

⑵ 예컨대 노인 문제 해결을 위해서 갑은 노인에 대한 공경심을 길러야 한다고 주장할 것이며, 을은 노인 일자리 박람회 개최와 같은 사회 제도의 개선을 주장할 것이다.

2. 니부어의 사회 윤리 교육청

인간의 집단은 도덕적으로 둔감하기 때문에 순수한 도덕성을 집단에서 찾기란 거의 불가능하다. 또한 그 어떤 사회 집단도 순수한 사랑의 영향을 수용할 만한 능력을 갖기가 쉽지 않다. 따라서 인간 사회의 집단적 이기심은 불가피한 것으로 보아야 한다. 만약 이러한 이기심이 비정상적으로 확장된다면, 이는 그것에 맞서는 다른 집단들의 이기심에 의해서만 견제될 수 있을 것이다.

자료 분석

⑴ 니부어는 사회 집단의 도덕성이 개인의 도덕성보다 현저하게 떨어진다고 보았다.

⑵ 니부어는 집단 이기주의를 극복하고 사회 정의를 실현하기 위해서는 개인의 양심이나 선의지의 함양뿐만 아니라 사회 제도나 구조의 개선을 위한 정치적 강제력이 필요하다고 보았다.

3. 사회 윤리적 관점의 적용 교육청

(가) 사회 속에는 개인 행위의 총합만으로는 설명할 수 없는 독자적인 구성 원리와 질서가 있다. 그러므로 사회의 윤리 문제는 사회 구조와 제도적 관점에서 접근해야 한다.

(나) 대중매체에서 폭력적이고 선정적인 프로그램을 접한 시간이 많은 청소년일수록 비행을 저지를 가능성이 높다는 조사 결과가 발표되었다. 그러나 지금 이 순간에도 대중매체는 폭력적이고 선정적인 내용의 프로그램을 내보내고 있다.

자료 분석

⑴ (가)의 사회 윤리적 관점에서 (나)의 사회 문제를 해결하기 위한 방안을 추론할 수 있어야 한다.

⑵ 사회 윤리적 관점은 사회 문제를 위해 사회 제도와 정책의 개선을 강조하므로, 사회 구조적인 접근법을 유추하면 된다.

대표기출로 유형 감잡기
정답 및 해설 · p.022

145
정답률 78% | 2020학년도 9월 평가원

다음 사상가의 입장으로 옳은 것은?

개인은 자신의 이익이 아닌 다른 사람의 이익을 고려하기도 한다. 그러나 집단은 개인이나 다른 집단과의 관계에서 상대의 이익에 주목하기보다 자기 집단의 이익을 관철하려는 경향을 강하게 나타낸다. 왜냐하면 개인들의 이기적 충동은 개별적으로 나타날 때보다 하나의 공통된 충동으로 결합되어 나타날 때 더 강하게 표출되기 때문이다. 그 결과, 인간은 개인적으로는 도덕적이지만 집단적으로는 비도덕적인 특성을 나타낸다.

① 집단 간 힘의 차이를 정치적 방법으로 조정해서는 안 된다.
② 개인과 사회의 최고의 도덕적 이상 간의 모순은 절대적이다.
③ 집단 규모가 커질수록 충동을 제어하는 이성의 힘은 커진다.
④ 올바른 정치적 도덕성은 합리성에 부합하는 강제력을 권고한다.
⑤ 집단 간 관계는 각 집단의 요구를 합리적으로 수용하여 수립된다.

146
정답률 89% | 2018학년도 수능 Ⓔ 연계

갑, 을 사상가들의 입장에 대한 설명으로 가장 적절한 것은?

갑 : 아무런 제한 없이 선하다고 생각할 수 있는 것은 오직 선의지뿐이다. 지성, 용기, 결단성 등은 많은 의도에서 선하고 바람직하지만, 이런 천부적인 자질들을 이용하는 의지가 선하지 않다면 극도로 악하고 해가 될 수 있다.

을 : 개인의 도덕적 상상력이 동료 인간의 요구와 이익을 이해하지 못한다면 진정한 정의는 달성될 수 없다. 또한 정의 달성을 위한 비합리적 수단이 도덕적 선의지의 통제를 받지 않는다면 사회에 엄청난 위험을 초래할 수 있다.

① 갑은 오직 결과를 고려한 행위만이 도덕적 행위라고 본다.
② 을은 진정한 정의는 선의지만으로 충분히 달성될 수 있다고 본다.
③ 갑은 을과 달리 사회 구조가 개인 행위의 도덕성을 좌우할 수 있다고 본다.
④ 을은 갑과 달리 선한 천부적 자질은 선의지의 통제가 필요하다고 본다.
⑤ 갑, 을은 모두 개인의 선의지가 사회생활에서 반드시 필요하다고 본다.

147

난이도 상 중 하

밑줄 친 '이것'에 대한 옳은 설명을 〈보기〉에서 고른 것은?

• 이것은 사회가 추구해야 할 가장 핵심적이고 기본적인 덕목이다.
• 이것은 어느 한쪽에 치우치지 않고 공정하게 각자의 몫을 분배하는 것이다.

〈보기〉
ㄱ. 개인의 권리와 가치보다 공동선을 중시하는 경향이 강하다.
ㄴ. 사회를 구성하고 유지하는 도리와 행위의 기준을 제공한다.
ㄷ. 사회가 추구하는 기본 덕목으로, 사회 제도를 정당화하는 역할을 한다.
ㄹ. 사회의 조직화된 관행과 절차로서 기존 사회 질서의 유지를 주요 목적으로 한다.

① ㄱ, ㄴ   ② ㄱ, ㄷ   ③ ㄴ, ㄷ
④ ㄴ, ㄹ   ⑤ ㄷ, ㄹ

148

난이도 상 중 하

갑, 을이 강조하는 분배 방식에 관한 설명으로 옳지 않은 것은?

갑 : 더 많은 기여를 한 사람에게 더 많은 보상이 이루어져야 하므로 많은 판매량을 기록한 사원에게 더 많은 임금을 지급하는 것이 정의를 실현하는 방법이다.
을 : 부양가족이 없이 혼자 사는 사람보다 부양가족이 많은 사람이 더 많은 돈이 필요하므로 후자에게 더 많은 임금을 지급하는 것이 정의를 실현하는 방법이다.

① 갑의 입장은 사회적 약자를 배려하기 어렵다.
② 갑의 입장은 여러 업적들을 단일 척도로 통합·평가하기 어렵다.
③ 을의 입장은 모든 사람의 필요를 충족시킬 수 있다는 장점이 있다.
④ 을의 입장은 성취 동기와 경제적 효율성을 약화시키는 한계가 있다.
⑤ 갑은 업적을, 을은 필요를 분배의 기준으로 강조한다.

149

난이도 상 중 하

갑, 을의 공통된 입장으로 옳은 것을 〈보기〉에서 모두 고른 것은?

갑 : 백성이 배부르게 먹고 따뜻하게 지낼 수 있게 한다면 왕도(王道)는 자연히 열리며, 이것이 좋은 정치이다.
을 : 국가를 다스리는 사람은 백성이나 토지가 적은 것을 걱정하지 말고 분배가 고르지 못한 것을 걱정하며, 가난한 것을 걱정하지 말고 평안하지 못한 것을 걱정해야 한다.

〈보기〉
ㄱ. 위정자는 분배보다 성장을 우선적으로 추구해야 한다.
ㄴ. 분배 정의를 바탕으로 공동체의 복지를 추구해야 한다.
ㄷ. 재화의 균등 분배를 통하여 모든 백성들의 삶의 질을 높여야 한다.
ㄹ. 백성들의 기본적인 물질적 삶을 보장하고 사회적 약자를 부양해야 한다.

① ㄱ, ㄴ   ② ㄱ, ㄷ   ③ ㄴ, ㄹ
④ ㄱ, ㄷ, ㄹ   ⑤ ㄴ, ㄷ, ㄹ

150 Challenge 30% 고난도

난이도 상 중 하

갑, 을, 병의 정의에 대한 입장을 설명한 것으로 옳지 않은 것은?

갑 : 생산자, 방위자, 통치자 세 계층이 각각 타고난 본성에 따라 그에 부합하는 고유한 기능을 수행하여 전체적으로 조화를 이룬 상태가 정의로운 국가이다.
을 : 정의는 모든 덕 가운데 유일한 것이다. 공익 실현을 목적으로 하는 법을 준수해야 하며, 이를 위해 인간관계를 바로잡아 주고 사회를 화합으로 이끌어야 한다.
병 : 정의는 최대 다수의 최대 행복의 원리를 근거로 하여 선(善)의 최대화, 즉 사회 전체의 효용을 극대화하는 것이다.

① 갑은 국가의 각 계급 및 개인의 영혼의 각 부분이 제 기능을 발휘하여 조화를 이룬 상태를 정의라고 본다.
② 을은 각자에게 각자의 정당한 몫을 주는 것을 정의라고 본다.
③ 병은 사회적 유용성을 증대시키는 행위를 정의로운 행위로 본다.
④ 갑, 을, 병은 모두 결과적 평등을 정의의 원칙으로 제시해서는 안 된다고 본다.
⑤ 병의 입장은 갑, 을과 달리 분배 절차에 초점을 맞추어 분배 결과를 무시하는 문제점이 있다.

분배적 정의

수능 출제 패턴 분석　분배적 정의, 롤스의 정의관, 노직의 정의관, 원초적 입장, 무지의 베일, 재분배 정책

유형보기

1. 롤스와 노직의 정의에 관한 입장 비교　평가원

갑 : 공리주의는 개인의 선택 원칙을 사회로 확대하지만, 나의 정의론은 정의의 원칙을 원초적 합의 대상으로 본다. 사회는 상호 이익을 위한 협동체이므로 정의는 다수의 이익을 위해 소수의 권리가 침해되는 것을 용납하지 않는다.

을 : 공리주의는 개인의 권리를 부차적 위치에 두지만, 나의 정의론은 개인의 권리를 절대적 존중의 대상으로 본다. 최소 국가는 개인의 권리를 존중하므로 타인의 이익을 위해 개인의 권리가 침해되는 것을 용납하지 않는다.

[자료 분석]

(1) 갑은 롤스의 순수 절차적 정의관이고, 을은 노직의 소유 권리론에 기초한 정의관이다.

(2) 롤스는 자발적 협력이 가능한 '공정으로서 정의'를 위해 무지의 베일을 가정하지만, 경제학이나 심리학처럼 일반적인 사실적 지식은 배제하지 않는다.

(3) 롤스는 계약 당사자들이 자신의 이해관계를 알 수 없는 무지의 베일을 쓴 원초적 입장에 들어갈 때, 이해관계나 자연적·사회적 우연성을 배제하여 정의의 원칙을 도출하기 위한 공정성을 확보할 수 있다고 본다.

(4) 롤스와 노직 모두 공리의 극대화를 위해 기본적 자유의 제한에 대해 반대한다.

(5) 노직은 최소 국가를 이상적인 국가로 보고 국가는 부정한 계약의 감시, 거래자의 안전 보장 등 최소한의 임무만을 수행해야 한다고 본다.

2. 정의 이론의 현실적 적용　평가원

갑 : 개인이 정당한 노동으로 취득한 소득에는 침해할 수 없는 소유권이 인정된다. 국가는 범죄로부터 시민을 보호하고 계약 이행을 감시하는 최소 국가의 역할을 담당해야 한다.

을 : 개인들은 원초적 상황에서 합리적 선택을 통해 공정으로서의 정의관에 기초한 원칙들을 합의하게 된다. 이 원칙들은 사회 기본 구조의 원리가 된다.

〈사례〉

A국가는 일정 소득 수준 이하인 사회적 약자의 교육 기회를 확대하기 위해 상속세율과 비례적 소비 세율을 인상하여 교육 예산을 증대하였다.

[자료 분석]

(1) 갑은 노직의 입장을, 을은 롤스의 입장을 대변하고 있다.

(2) A국가의 정책은 사회적 불평등을 완화하기 위한 정책이다. 이에 대해 갑은 국가가 개인의 권리를 침해하려 한다며 반대할 것이고, 을은 사회적 우연성으로 인한 불평등을 완화하는 정책이라며 지지할 것이다.

대표기출로 유형 감잡기

정답 및 해설 · p.023

151

정답률 64% | 2024학년도 수능 | Ⓔ 연계

갑, 을 사상가들의 입장으로 적절한 것만을 〈보기〉에서 있는 대로 고른 것은?

갑 : 정의의 일차적 주제는 사회의 기본 구조, 즉 사회의 주요 제도가 권리와 의무를 배분하고 사회 협동체로부터 생긴 이익의 분배를 정하는 방식이다. 사회의 기본 구조를 규제하는 원칙은 원초적 합의의 대상이다.

을 : 정의의 주제는 세 가지이다. 즉, 누구의 소유물도 아니던 것이 어떻게 누군가의 소유물이 될 수 있는가, 한 사람의 소유물이 어떻게 다른 사람의 소유물이 될 수 있는가, 그리고 부정의를 어떻게 바로잡을 수 있는가이다.

〈보기〉

ㄱ. 갑 : 차등의 원칙은 천부적 능력의 차등이 있어도 성립한다.

ㄴ. 을 : 각 개인에게 소유물을 분배하는 최소 국가만이 정의롭다.

ㄷ. 을 : 소유물 취득의 정당성은 타인의 처지 개선을 요구한다.

ㄹ. 갑과 을 : 개인은 사유 재산을 소유할 불가침적 권리를 지닌다.

① ㄱ, ㄷ　　　② ㄱ, ㄹ　　　③ ㄴ, ㄷ

④ ㄱ, ㄴ, ㄹ　　　⑤ ㄴ, ㄷ, ㄹ

152

정답률 52% | 2024학년도 6월 평가원

현대 사상가 갑, 을의 입장으로 적절한 것만을 〈보기〉에서 고른 것은?

갑 : 도덕적 관점에서 볼 때 자연적 자산이 자의적이건 아니건 상관없이, 개인은 이에 대한 소유 권리를 지니며 이로부터 창출되는 결과물에 대해서도 그러하다.

을 : 도덕적 관점에서 볼 때 자연적 자산은 자의적이기 때문에, 개인은 자신의 더 큰 천부적 능력을 사회에 있어서 더 유리한 출발점으로 이용할 자격은 없다.

〈보기〉

ㄱ. 갑 : 지능 지수에 따른 분배 원리는 역사적이고 정형적이다.

ㄴ. 을 : 사유 재산을 소유할 권리는 제1원칙에 의해 평등해야 한다.

ㄷ. 을 : 천부적 능력이 분배 몫의 결정에 미치는 영향을 경감시킬 필요는 없다.

ㄹ. 갑과 을 : 자연적·사회적 우연성의 이용에 따른 경제적 불평등은 허용될 수 있다.

① ㄱ, ㄴ　　　② ㄱ, ㄷ　　　③ ㄴ, ㄷ

④ ㄴ, ㄹ　　　⑤ ㄷ, ㄹ

153

정답률 67% : 2023학년도 6월 평가원

갑, 을 사상가들의 입장으로 적절한 것만을 〈보기〉에서 있는 대로 고른 것은?

> 갑 : 사람이 천부적으로 타고난 것이나 사회의 어떤 특정한 지위에 태어나는 것은 정의롭다거나 부정의하다고 할 수 없다. 이것은 단지 자연적 사실에 불과하다. 정의 여부가 문제되는 것은 제도가 그러한 사실들을 처리하는 방식이다.
>
> 을 : 정형적 분배 원리는 생산과 분배를 독립된 주제로 취급한다. 하지만 소유 권리론에 따르면 이들은 분리된 것이 아니다. 생산과 관련된 사람들의 과거 행위는 사물들에 대한 차별적인 소유 권리를 창조한다.

〈보기〉
ㄱ. 갑 : 차등의 원칙은 자연적 운의 도덕적 임의성을 처리하는 공정한 분배의 원칙이다.
ㄴ. 갑 : 최소 수혜자에게 이득이 된다면 천부적 재능으로 인한 소득 격차도 허용될 수 있다.
ㄷ. 을 : 역사적 원리에 따른 부의 불평등은 정당화될 수 있다.
ㄹ. 갑, 을 : 개인은 사회적 운의 결과물에 대해 정당한 자격을 갖지 않는다.

① ㄱ, ㄴ ② ㄱ, ㄹ ③ ㄷ, ㄹ ④ ㄱ, ㄴ, ㄷ ⑤ ㄴ, ㄷ, ㄹ

154

정답률 65% : 2022학년도 9월 평가원

(가)의 갑, 을, 병 사상가들의 입장을 (나) 그림으로 표현할 때, A~D에 해당하는 질문으로 적절한 것만을 〈보기〉에서 있는 대로 고른 것은?

(가)	갑 : 노동이 생활 수단일 뿐만 아니라 일차적인 생활 욕구로 된 후에, 사회는 자신의 깃발에 '각자는 능력에 따라, 각자에게는 필요에 따라'라고 쓸 수 있게 된다. 을 : 한 사람의 소유물은 취득, 이전, 불의의 교정 원리에 의해 권리를 부여받았으면 정당하다. 각 개인의 소유물이 정당하다면 소유물의 전체 집합도 정당하다. 병 : 원초적 입장에서 합의된 정의 원칙들은 사회 협동체의 종류와 설립할 정부 형태를 명시해 준다. 정의 원칙들을 이렇게 보는 방식을 공정으로서의 정의라 부른다.

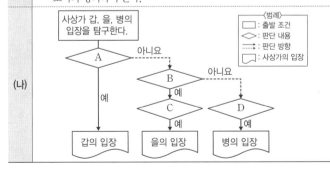

〈보기〉
ㄱ. A : 가장 바람직한 분배는 국가가 없는 상태에서 가능한가?
ㄴ. B : 자기 노동의 결과에 대해서만 정당한 소유권을 갖는가?
ㄷ. C : 최소 국가는 정의 실현을 위해 분배 과정에 개입할 수 있는가?
ㄹ. D : 재산에 대한 사적 소유권은 차등적으로 분배되어야 하는가?

① ㄱ, ㄴ ② ㄱ, ㄷ ③ ㄴ, ㄹ ④ ㄱ, ㄷ, ㄹ ⑤ ㄴ, ㄷ, ㄹ

155

난이도 상 중 하

갑은 긍정, 을은 부정의 대답을 할 질문만을 〈보기〉에서 있는 대로 고른 것은?

> 갑 : 정의로운 사회는 개인의 소유권이 최우선적으로 보장되는 사회이다. 국가는 시민의 안전 보호와 계약 집행의 감독만을 수행하는 최소 국가가 되어야 한다.
>
> 을 : 정의로운 사회는 공정한 절차를 통해 사회 구성원이 합의한 원칙이 사회 제도의 기반이 되는 사회이다. 정의의 원칙은 원초적 입장에서 합리적인 개인들에 의해 도출될 수 있다.

〈보기〉
ㄱ. 정의로운 사회 실현을 위해 국가는 소멸해야 하는가?
ㄴ. 사회적 약자 지원은 전적으로 개인에게 맡겨야 하는가?
ㄷ. 소유 권리를 침해하지 않는 국가가 정의로운 국가인가?
ㄹ. 공익 증진을 위한 목적으로도 기본적 자유를 제한해서는 안 되는가?

① ㄱ, ㄴ ② ㄱ, ㄹ ③ ㄴ, ㄷ ④ ㄱ, ㄷ, ㄹ ⑤ ㄴ, ㄷ, ㄹ

156

난이도 상 중 하

그림은 서술형 평가 문제에 대한 학생 답안이다. ㉠~㉤ 중 옳은 것은?

> **서술형 평가**
> ◎ 문제 : 정의로운 사회에 대한 갑, 을의 입장을 비교하시오.
>
> > 갑 : 공정한 분배를 위해서는 당사자들이 자신의 지위나 계층, 타고난 능력 등을 모른다는 가상적 상황이 필요합니다. 이 상황에서는 최소 수혜자의 처지를 우선적으로 고려하는 원칙에 합의하게 됩니다.
> >
> > 을 : 올바른 재화의 분배는 이를 개인의 자유에 전적으로 위임할 때 실현됩니다. 이 상황에서는 각 개인의 소유권이 최우선적으로 보장되며, 국가는 최소한의 임무만을 수행하게 됩니다.
>
> ◎ 학생 답안
> 정의로운 사회에서 ㉠갑은 산술적 균등 분배를 통해 사회 정의를 실현할 것을 강조했고, ㉡을은 사회·경제적 약자를 우선적으로 배려해야 한다고 보았다. 또한 ㉢갑은 을과 달리 최소 국가가 최선의 국가라는 입장에서 국가의 역할을 인정하였고, ㉣을은 공정한 분배라는 명목으로 재화의 분배 과정에 국가가 개입하는 것은 옳지 못하다고 보았다. 한편 ㉤갑, 을은 사회 질서를 유지하기 위해서 개인의 기본적 자유는 제한될 수 있다고 보는 점에서 공통적이다.

① ㉠ ② ㉡ ③ ㉢ ④ ㉣ ⑤ ㉤

[157~158] 다음은 한 학생이 어느 학자의 정의론을 정리한 것이다. 물음에 답하시오.

○○의 정의론
1. 정의의 원칙을 도출하기 위한 가상적 상황(원초적 입장)
   • 자신의 개인적 특성이나 상대적인 사회적 위치를 모른다.
   • 서로에게 무관심하며 합리적으로 자신의 이익을 추구한다.
2. 원초적 입장에서 도출되는 정의의 원칙
   • ㉠ 원칙 1 : 모든 사람은 기본적 자유를 평등하게 누려야 한다.
   • ㉡ 원칙 2 : 사회적·경제적 불평등은 최소 수혜자에게 최대의 이익을 보장하는 경우에 인정되어야 하며, 불평등의 원인이 되는 기회는 모든 사람에게 균등하게 열려 있어야 한다.

157
난이도 상 중 **하**

위 정의론을 주장한 사상가의 주장으로 옳은 것은?

① 능력에 따라 일하고 필요에 따라 분배해야 한다.
② 소득 분배는 공정한 사회에서 균등하게 이루어진다.
③ 정의의 원칙은 다른 사람의 필요를 기준으로 수립된다.
④ 공정한 절차를 준수해 나타난 결과는 불평등해도 인정된다.
⑤ 원초적 상황의 사람들은 자신의 사회·경제적 위치를 이해해야 한다.

158
난이도 상 **중** 하

밑줄 친 ㉠, ㉡에 대한 옳은 설명을 〈보기〉에서 고른 것은?

〈보기〉
ㄱ. ㉠은 신체, 사상, 언론, 집회 등의 자유를 보장하고자 한다.
ㄴ. ㉠은 공익을 위해서 개인의 자유가 제한될 수도 있음을 인정한다.
ㄷ. ㉡은 모든 사람에게 똑같이 분배하는 것을 정당한 것으로 본다.
ㄹ. ㉡은 인간다운 삶을 위한 최소한의 조건이 필요함을 강조한다.

① ㄱ, ㄴ   ② ㄱ, ㄹ   ③ ㄴ, ㄷ
④ ㄴ, ㄹ   ⑤ ㄷ, ㄹ

159
난이도 **상** 중 하

밑줄 친 '이 사상가'의 입장으로 옳은 것은?

이 사상가는 '공정으로서의 정의'를 주장하면서 분배 정의를 실현하기 위한 두 가지 원칙을 제안한다. 이 원칙들은 무지의 베일 뒤에서 합리적 행위자에 의해 선택된다. 이 행위자는 그의 계급 또는 지위가 무엇인지, 그가 어떤 종류의 경제적, 정치적, 문화적, 사회적 질서 속에서 살고 있는지 알지 못한다. 모든 사람들이 유사한 상황에 놓여 있기에 누구도 특정 조건에 유리하도록 원칙을 선택할 수는 없다. 원초적 상황에서 사람들이 선택할 두 원칙들은 다음과 같다. 제1의 원칙은 "모든 사람은 자유에 있어 동등한 권리를 부여받는다."라는 것이고, 제2의 원칙은 "사회적·경제적 불평등은 차등의 원칙과 기회균등의 원칙을 충족시킬 경우에만 허용될 수 있다."라는 것이다.

① 자유와 평등의 가치를 조화롭게 추구해야 한다.
② 사회적·경제적 불평등을 허용하지 말아야 한다.
③ 공익을 위해 정치적 자유와 권리를 제한해야 한다.
④ '최대 다수의 최대 행복'을 도덕 원리로 삼아야 한다.
⑤ 차등의 원칙이 평등한 자유의 원칙보다 우선해야 한다.

160
Challenge 30% 고난도
난이도 **상** 중 하

분배 정의에 관한 갑, 을의 입장으로 옳은 것만을 〈보기〉에서 있는 대로 고른 것은?

질문	갑	을
사회적 약자를 우선적으로 배려해야 하는가?	예	아니요
근로 소득에 대한 과세는 강제 노동과 동등한가?	아니요	예
국가에 의한 재화의 재분배는 허용될 수 있는가?	예	아니요
무지의 베일을 가정하여 정의 원칙을 도출하는가?	예	아니요

〈보기〉
ㄱ. 갑 : 절차가 공정하다면 불평등은 허용된다.
ㄴ. 갑 : 우연성이 배제된 상태에서 분배 원칙을 결정해야 한다.
ㄷ. 을 : 사회 총 효용을 극대화시키는 정책이 가장 바람직하다.
ㄹ. 을 : 국가가 국민들의 기본적인 삶의 조건을 보장해야 한다.

① ㄱ, ㄴ   ② ㄱ, ㄷ   ③ ㄴ, ㄹ
④ ㄱ, ㄷ, ㄹ   ⑤ ㄴ, ㄷ, ㄹ

소수자 우대 정책과 역차별

수능 출제 패턴 분석 인간 존엄성, 인권의 특징, 인권 존중의 의미, 우대 정책, 차별과 역차별

유형보기

1. 소수 집단 우대 정책에 대한 찬반론 비교

찬성 논거	㉠ 과거 차별에 따른 고통에 대해 보상받을 권리가 있음
	㉡ 사회적 약자에게 유리한 기회를 부여할 필요가 있음
	㉢ 사회적 약자를 배려하여 사회적 긴장을 완화하고 사회 전체의 행복을 증진할 수 있음
반대 논거	㉠ 다른 집단에 대한 또 다른 차별로 이어짐
	㉡ 가해 당사자가 아닌 후손 전체에게 보상의 책임을 지우는 것은 부당함
	㉢ 장애인, 여성, 소수 인종을 우대함으로써 자격이 있는 다수의 권리를 침해함

자료 분석

우대 정책 찬성 논거에는 ㉠ 보상의 논리, ㉡ 재분배의 논리, ㉢ 공리주의 논리 등이 있으며, 반대 논거에는 ㉠ 역차별, ㉡ 부당한 책임 전가, ㉢ 업적주의 원칙에 위배 등이 있다.

2. 소수 집단 우대 정책의 필요성과 문제점 · 교육청

 정의로운 사회를 실현하기 위해 공동체 내에서 소외 계층을 우선적으로 배려하는 정책이 필요합니다.

갑

 하지만 그것은 또 다른 차별과 갈등을 초래할 수 있습니다. 따라서 시행 전에 어느 정도까지 소외 계층을 배려할 것인지 구성원들의 의견을 수렴해야 합니다.

을

자료 분석

(1) 갑은 사회적 약자나 소외 계층을 우선적으로 배려하는 소수 집단 우대 정책이 필요하다는 입장이다.

(2) 을은 소수 집단 우대 정책이 또 다른 차별을 가져오므로 이것이 정당성을 얻기 위해서는 사회 구성원들의 합의가 필요하다고 보는 입장이다.

대표기출로 유형 감잡기 · 정답 및 해설 · p.025

161

정답률 66% | 고2 2019학년도 9월 교육청

갑의 입장에 비해 을의 입장이 갖는 상대적 특징을 그림의 ㉠~㉤ 중에서 고른 것은?

> 갑 : 사회적 약자에 대한 우대 정책은 사회적 긴장을 완화하고 사회 전체의 행복을 증진하기 위해 필요하다. 따라서 장애인, 소수 인종 등의 사회적 약자가 과거부터 받아 온 차별을 바로잡을 수 있도록 정책적으로 지원해야 한다.
>
> 을 : 사회적 약자에 대한 우대 정책은 일반 사람의 기회를 박탈하여 또 다른 차별과 갈등을 유발할 수 있다. 또한 사회적 약자에 대한 특혜는 다른 사람들의 노력이나 성취를 무시하는 것이므로 공정하지 못하다.

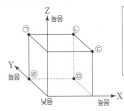

X : 개인의 업적에 따른 분배를 강조하는 정도
Y : 우대 정책으로 인한 역차별 문제를 강조하는 정도
Z : 사회적 약자를 위한 보상의 필요성을 강조하는 정도

① ㉠   ② ㉡   ③ ㉢

④ ㉣   ⑤ ㉤

162

정답률 77% | 고2 2019학년도 6월 교육청

㉠에 들어갈 적절한 내용만을 〈보기〉에서 있는 대로 고른 것은?

> 갑 : 사회적 약자에 대한 적극적 우대 정책을 실시해야 합니다. 왜냐하면 오랫동안 부당한 차별로 고통을 받았던 사람들에게 적절한 보상을 해야만 모든 사회 구성원들에게 균등한 기회를 부여할 수 있기 때문입니다.
>
> 을 : 제 생각에 당신은 ㉠ 는 사실을 간과하고 있습니다. 그래서 사회적 약자에 대한 적극적인 우대 정책은 실시하면 안 됩니다.

〈보기〉

ㄱ. 노력이나 성취를 무시하여 공정성을 저해할 수 있다
ㄴ. 사회적 약자에게 실질적인 기회균등이 보장되어야 한다
ㄷ. 사회적 약자를 위한 정책은 또 다른 차별을 발생시킬 수 있다
ㄹ. 과거의 차별과 관련이 없는 현세대에게 책임을 전가할 수 있다

① ㄱ, ㄴ   ② ㄴ, ㄹ   ③ ㄷ, ㄹ

④ ㄱ, ㄴ, ㄷ   ⑤ ㄱ, ㄷ, ㄹ

163

정답률 91% : 2018학년도 9월 평가원

갑, 을, 병의 입장으로 가장 적절한 것은?

> 갑 : 교육 환경 같은 우연적 요인에 의해 실질적으로 평등한 교육 기회를 부여받지 못하는 것은 부당하다. 이를 바로잡기 위해 교육 환경이 불리한 특정 지역 학생들에게 일정한 대학 입학 정원을 할당하는 대학 입학 할당제를 실시해야 한다.
>
> 을 : 대학 입학 제도는 모두에게 형식적으로 동등한 지원 기회만 주어진다면 정당하다. 입학 전형에서 교육 환경의 차이는 고려할 필요가 없으며 학업 능력을 기준으로 입학 권리가 주어져야 한다. 따라서 대학 입학 할당제는 부당하다.
>
> 병 : 개인의 학업 능력보다는 사회 전체의 이익을 입학 전형의 기준으로 삼아야 한다. 대학 입학 할당제는 해당 지역의 발전을 촉진하여 결국 사회 전체의 이익을 증진하게 된다. 따라서 대학 입학 할당제는 필요하다.

① 갑 : 교육 환경 같은 우연적 요인으로 인한 불평등은 부당하다.
② 을 : 대학 입학 할당제는 누구의 입학 권리도 침해하지 않는다.
③ 병 : 성적 우수자가 할당제로 불이익을 받는 것은 정당화될 수 없다.
④ 갑, 을 : 대학 입학 전형에서 교육 환경의 차이를 고려하면 안 된다.
⑤ 을, 병 : 오직 학업 능력만을 대학 입학 전형의 기준으로 삼아야 한다.

164

정답률 84% : 2018학년도 6월 평가원

갑, 을이 〈사례〉에 대해 취할 입장으로 적절하지 않은 것은?

> 갑 : 소수 집단 우대 정책은 소수자들이 받은 과거의 차별을 보상하기 위한 것이다. 이러한 정책은 기회의 재조정을 통해 실질적인 정의를 구현할 뿐만 아니라 사회의 다양성을 확보하여 사회 발전에 기여할 수 있다.
>
> 을 : 소수 집단 우대 정책은 노력이나 업적과는 무관하게 소수자에게 과도한 혜택을 주는 것이다. 이러한 정책은 일반 사람들의 본질적 권리를 침해하거나 그들의 기회를 박탈함으로써 또 다른 차별을 낳을 수 있다.

〈사 례〉

유럽계 미국인 A는 미국의 B 의과 대학에 지원했다. 그런데 이 대학은 소수 집단 학생의 수를 늘리기 위해 입학 정원의 16%를 그들에게 할당하는 규정을 두고 있었다. A는 우수한 입학시험 성적에도 불구하고 불합격했다. 이에 A는 학교를 상대로 소송을 제기했다.

① 갑 : 입학 정원에서 소수자의 몫을 할당하는 것은 정당하다.
② 갑 : 소수자를 우대하는 입학 정책은 실질적 평등을 실현한다.
③ 을 : 과거의 차별을 보상하는 입학 정책은 공정 경쟁을 해친다.
④ 을 : 소수자의 입학을 위해 다른 지원자에게 해를 끼쳐서는 안 된다.
⑤ 갑, 을 : 소수자를 우대하는 입학 정책은 부당한 역차별을 심화시킨다.

예상 문제로 유형 익히기

정답 및 해설 • p.025

165

난이도 상 **중** 하

갑, 을이 〈문제 상황〉에 대해 제기할 주장으로 옳은 것은?

> 갑 : 사회적 약자에 대한 적극적인 우대 조치는 국가의 권력에 의한 불공정 개입이며, 이는 사회적 약자가 아닌 사람들에 대한 역차별이다.
>
> 을 : 공정한 기회의 균등을 실질적으로 실현하기 위해서는 사회적으로 부당한 차별을 받는 사회적 약자들의 불리한 조건을 국가가 나서서 시정해야 한다.

〈문제 상황〉

요즈음 많은 대학들이 대입 전형 지역 할당제를 시행하고 있다. 대입 전형 지역 할당제란 농어촌 등 특정 지역의 학생에게 일정 비율의 입학 정원을 할당 또는 배정하는 입시 제도를 말한다. 이러한 지역에 있는 학생들은 이 전형을 통해 유리한 조건으로 대학에 진학할 수 있다.

① 갑 : 기회균등에 어긋나므로 잘못이다.
② 갑 : 상대적 약자를 배려하는 기회를 부여하므로 옳다.
③ 을 : 자유로운 경쟁에 어긋나므로 잘못이다.
④ 을 : 경쟁에 불공정 요소를 도입하는 것은 역차별이다.
⑤ 갑, 을 : 국가의 개입이 오히려 부정의한 결과를 낳을 수 있다.

166 Challenge 30% 고난도

난이도 **상** 중 하

(가)의 입장을 (나) 그림으로 탐구하고자 할 때, A, B에 들어갈 옳은 질문을 〈보기〉에서 고른 것은?

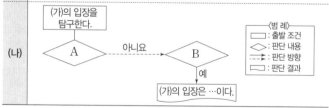

(가)	사회적 약자를 배려하기 위해서 실시되는 적극적 우대 조치는 다른 사회 구성원들에게 일종의 불이익을 초래할 수 있다. 왜냐하면 차별의 희생자인 사회적 약자를 보호하기 위하여 사회적으로 한정된 기회나 재화들 가운데 특별히 그들만을 위한 부분을 할애하여 보장하면 이것은 다른 사회 구성원들에게는 그만큼 불이익으로 돌아오기 때문이다.

〈보기〉

ㄱ. A : 사회적 약자를 배려하는 것은 공정한 경쟁을 해치는 불합리한 것인가?
ㄴ. A : 사회적 약자의 불리한 여건을 완화함으로써 그들에게 도움을 주어야 하는가?
ㄷ. B : 앞으로 약자일 가능성이 높은 사회적 약자에게 공평한 경쟁의 기회를 보장해야 하는가?
ㄹ. B : 과거의 불평등을 보상하기 위해 현재의 경쟁에 불공정한 요소를 도입하는 것은 분배 정의에 어긋나는 것인가?

① ㄱ, ㄷ ② ㄴ, ㄹ ③ ㄱ, ㄴ, ㄷ ④ ㄱ, ㄷ, ㄹ ⑤ ㄴ, ㄷ, ㄹ

교정적 정의의 의미와 공정한 처벌

수능 출제 패턴 분석 응보주의, 공리주의, 죄형 법정주의, 비례성의 원칙

유형보기

1. 처벌에 대한 응보주의적 관점과 공리주의적 관점

(가) 누군가가 타인의 권리를 침해하여 타인에게 해악을 가했다면 자신이 유발한 해악에 대해 책임을 지는 것은 당연하며, 또한 동일한 정도로 처벌을 받아야 한다. 처벌은 누군가가 과거에 잘못된 행위를 했다는 그 이유 하나만을 이유로 이루어져야 한다.

(나) 사회 전체에 행복을 증진시키는 결과를 가져오는 행위는 바람직하다. 따라서 처벌 역시 그 자체가 목적이 아니라 사회의 이익을 증진하기 위한 수단으로 간주된다. 처벌은 사람들이 처벌에 대한 두려움으로 범죄를 저지르지 않게 하고, 범죄자를 교화시켜 장래의 범죄를 예방할 수 있기 때문에 정당화된다.

자료 분석

(1) (가)는 칸트의 응보적 정의관이다. 칸트는 처벌은 죄를 저질렀다는 이유만으로 범죄자에게 부과되어야 하며, 그 처벌의 정도는 죄의 정도에 비례해야 한다고 본다.

(2) (나)는 처벌에 대한 공리주의적 관점으로 처벌을 필요악으로 본다. 처벌로 얻는 선한 결과가 처벌 때문에 발생하는 악보다 크기 때문에 처벌이 필요하다는 것이다.

2. 공정한 처벌의 조건

공정한 처벌을 위해서는 _____㉠_____ 에 따라 처벌의 근거인 법이 존재해야 하고, 그 법이 공정해야 하며, 혐의자가 해당 범죄를 저질렀다는 조건, 즉 유죄 조건이 충족되어야 한다. 또한 _____㉡_____ 에 따라 처벌의 목적 자체가 정당해야 하고, 처벌 수단은 그 목적에 적합해야 하며, 처벌로 인한 기본권 제한이나 침해는 최소한이어야 하며, 처벌이 의도하는 공익상의 효과를 능가해서는 안 된다.

자료 분석

(1) ㉠에 들어갈 말은 죄형 법정주의이다. 죄형 법정주의는 "법률이 없으면 범죄가 없고 형벌도 없다."라는 근대 형법의 기본 원리이다. "법률 없이는 범죄가 없다."라는 것은 어떤 행위가 사회적으로 매우 유해하여 비난 가능성이 크다 하더라도 그러한 행위가 범죄로서 사전에 법률로 명백히 공표되어 있는 경우에만 처벌이 가능하다는 원칙이다.

(2) ㉡에 들어갈 말은 비례의 원칙이다. 비례의 원칙은 죄형 법정주의와 같이 헌법상에 제시된 원칙으로, 처벌 목적의 정당성, 수단의 적합성, 침해의 최소성, 법익의 균형성 등을 근거로 한다.

대표기출로 **유형 감잡기**

정답 및 해설 • p.026

167

정답률 84% | 2024학년도 수능 E 연계

갑, 을 사상가들의 입장으로 적절한 것만을 <보기>에서 고른 것은?

> 갑 : 법은 공공 의사의 표현이다. 법은 살인을 미워하고 처벌한다. 그런데 그런 법이 스스로 살인을 범한다니 얼마나 어리석은가. 사형은 한 시민에 대한 국가의 전쟁이다. 이 전쟁은 필요하지도 효과적이지도 않다.
>
> 을 : 법을 제정하는 행위는 일반 의지의 행사이다. 위법 행위와 형벌의 관계에 따라 형법이 제정된다. 국가에 맞서 전쟁을 선포한 죄인을 사형에 처할 때 우리는 그를 국가의 적으로서 처벌하는 것이다.

---〈보기〉---
ㄱ. 갑 : 형벌은 모든 고통을 한순간에 집중시켜야만 효과적이다.
ㄴ. 갑 : 법은 살인을 금지하므로 법에 의해 살인하는 형벌은 부당하다.
ㄷ. 을 : 모든 형벌은 범죄자를 시민의 일원으로서 처벌하는 것이다.
ㄹ. 갑과 을 : 사회 계약의 목적에 반하는 형벌은 정당성이 없다.

① ㄱ, ㄴ   ② ㄱ, ㄷ   ③ ㄴ, ㄷ   ④ ㄴ, ㄹ   ⑤ ㄷ, ㄹ

168

정답률 47% | 2023학년도 수능 E 연계

(가)의 갑, 을, 병 사상가들의 입장에서 서로에게 제기할 수 있는 비판을 (나) 그림으로 표현할 때, A~F에 해당하는 내용으로 가장 적절한 것은?

| (가) | 갑 : 법은 각자의 자유 중 최소한의 몫을 모은 것으로 일반 의사를 대표한다. 생명의 포기는 그 최소한의 몫에 포함되지 않는다. 사형은 한 시민에 대한 국가의 전쟁이다.
을 : 법은 일반 의지의 행위에 속하고, 의지의 보편성과 대상의 보편성을 결합하고 있다. 법을 위반한 살인범은 자기 보존을 목적으로 한 사회 계약을 파기한 자이다.
병 : 입법권은 국민의 합일된 의지에만 귀속한다. 보편적으로 합일된 의지만이 법칙 수립적일 수 있기 때문이다. 따라서 형벌의 법칙은 하나의 정언 명령이다. |

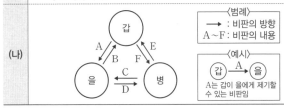

〈범례〉
→ : 비판의 방향
A~F : 비판의 내용

〈예시〉
갑 —A→ 을
A는 갑이 을에게 제기할 수 있는 비판임

① A, F : 사형은 강렬한 인상을 줄 수 없는 비효과적 형벌임을 간과한다.

② B : 생명권 양도 여부가 사형제의 정당성을 판단하는 근거가 될 수 있음을 간과한다.

③ C : 살인범은 더 이상 도덕적 인격으로 간주될 수 없음을 간과한다.

④ D : 모든 형벌은 공공의 이익을 위해서 집행되어야 함을 간과한다.

⑤ E : 형벌의 목적은 범죄자에게 고통을 주는 데 있지 않음을 간과한다.

[169~170] 다음 글을 읽고 물음에 답하시오.

> 갑 : 공적인 정의는 어떠한 종류의 처벌을 원리와 기준으로 삼는가? 그것은 분동을 사용하는 접시저울에서와 같은 등가성의 원리이다. 그러므로 만일 네가 다른 국민의 한 사람에게 아무런 이유없이 악한 행위를 했을 경우, 너는 너 자신에게도 같은 것을 행하는 셈이 된다. 만일 네가 그 사람을 모욕했다면, 너는 너 자신을 모욕하는 것이다. 만일 네가 그에게 사기를 친다면, 너는 너 자신에게 그렇게 하는 것이다. 네가 그를 죽인다면, 너는 너 자신을 죽이게 된다. 법정에서는 오직 응보의 권리만이 처벌의 질과 양을 결정할 수 있다. 이 권리를 제외한 다른 모든 기준은 그때그때의 경우에 따라 동요하기 마련이며, 또 그 경우에 연루된 다른 사정들을 고려하기 때문에 순수하고 엄격한 정의의 판결에는 적합하지 않다.
>
> 을 : 한 사회의 도덕 규칙은 오직 그것의 수용이 다른 어떤 도덕 규칙보다 더 큰 유용성을 가지리라 기대되는 경우에만 가장 바람직하다. 개별적 행위는 그 사회를 위해 가장 바람직한 도덕 규칙에 의해서 허용되거나 요구되는 경우에 옳다.

169   난이도 상 **중** 하

서양 근대 사상가인 갑의 입장만을 〈보기〉에서 있는 대로 고른 것은?

〈보기〉
ㄱ. 범죄자에게 그 범죄에 상응하는 응분의 형벌을 내려야 한다.
ㄴ. 처벌이 어떤 좋은 결과를 가져오지 못하더라도 처벌을 해야 한다.
ㄷ. 처벌의 목적은 범죄자가 다시 범죄를 저지르지 못하도록 하는 것이다.
ㄹ. 처벌이 정당성을 확보하려면 그것은 범죄의 심각성에 비례해서 내려져야 한다.

① ㄱ, ㄴ   ② ㄱ, ㄷ   ③ ㄷ, ㄹ
④ ㄱ, ㄴ, ㄹ   ⑤ ㄴ, ㄷ, ㄹ

170   난이도 상 **중** 하

을의 입장에서 갑에게 제기할 수 있는 비판으로 가장 적절한 것은?

① 처벌을 범죄 예방적 차원에서만 고려하고 있다.
② 범죄에 상응하는 처벌의 필요성을 간과하고 있다.
③ 인간을 사회 안정을 위한 수단으로 강조하고 있다.
④ 처벌을 통한 범죄자의 교화만을 지나치게 강조하고 있다.
⑤ 처벌 자체만 생각하고 처벌의 효과를 고려하지 않고 있다.

171   난이도 상 **중** 하

밑줄 친 내용과 관련하여 옳은 내용만을 〈보기〉에서 있는 대로 고른 것은?

> 법적 정의가 실현되기 위해서는 그것에 따른 처벌이 공정해야 한다. 개인의 기본권을 최대한 보장하고 누구에게나 공정하게 법을 적용하기 위해서는 처벌 과정에서 일정한 조건이 충족되어야 한다.

〈보기〉
ㄱ. 처벌 과정에서 범죄자의 기본권을 침해해서는 안 된다.
ㄴ. 사회적으로 비난받을 만한 범죄에 대해서만 처벌해야 한다.
ㄷ. 범죄 예방 효과를 높이고 사회 질서를 유지하기 위해서 범죄의 해악보다 과중한 처벌을 해야 한다.
ㄹ. 어떤 행위가 매우 유해하더라도 범죄 행위 이전에 법률로 공표되어 있는 경우에만 처벌해야 한다.

① ㄱ, ㄴ   ② ㄱ, ㄹ   ③ ㄷ, ㄹ
④ ㄱ, ㄴ, ㄷ   ⑤ ㄴ, ㄷ, ㄹ

172   Challenge 30% 고난도   난이도 **상** 중 하

갑, 을, 병의 정의에 대한 입장을 설명한 것으로 옳지 **않은** 것은?

> **(가)**
> 갑 : 처벌의 본질은 범죄 행위에 상응하는 처벌을 가하는 것이다. 자유롭게 자신의 행위를 결정할 수 있는 이성적 존재는 자신의 행동에 책임을 져야 하므로 범죄에 대한 대가로 처벌을 받는 것이 마땅하다.
> 을 : 사회 전체에 행복을 증진시키는 결과를 가져오는 행위는 바람직하다. 처벌은 사람들이 처벌에 대한 두려움으로 범죄를 저지르지 않게 하는 데 도움이 되기 때문에 가치 있는 것이다.
>
> **(나)**
> 갑   을
> A   B   C
>
> 〈범 례〉
> A: 갑만의 입장
> B: 갑, 을의 공통 입장
> C: 을만의 입장

〈보기〉
ㄱ. A : 처벌의 목적은 범죄를 예방하기 위한 것이다.
ㄴ. B : 처벌은 공동체의 안녕과 질서 유지를 위해 필요하다.
ㄷ. B : 처벌은 어떤 목적이나 좋은 결과를 달성하기 위해 필요하다.
ㄹ. C : 처벌은 사회 이익 증진을 위한 수단이다.

① ㄱ, ㄷ   ② ㄴ, ㄹ   ③ ㄱ, ㄴ, ㄹ
④ ㄱ, ㄷ, ㄹ   ⑤ ㄴ, ㄷ, ㄹ

사형 제도와 교정적 정의

유형보기

1. 처벌에 대한 관점 교육청

갑 : 형벌의 목적은 응보적 정의를 실현하는 것이다. 오직 보복법만이 형벌의 질과 양을 명확하게 제시할 수 있다. 그러므로 살인을 한 사람은 사형을 당해야 한다.

을 : 형벌의 목적은 범죄 행위를 예방하는 것이다. 사형은 일시적으로 강렬한 인상만을 줄 뿐이지만, 종신 노역형은 지속적인 인상을 주므로 사형보다 더 효과적이다.

자료 분석

(1) 갑은 칸트, 을은 베카리아이다.
(2) '사형은 살인에 상응하는 형벌로서 집행되어야 하는가?'의 질문에 갑은 긍정, 을은 부정의 대답을 할 것이다.

2. 사회 계약론과 공리주의 논점 비교 평가원

갑 : 사회 계약의 목적은 계약자의 생명 보존에 있다. 이를 위해 각자는 모든 것을 공동체에 양도함으로써 일반 의지의 감독하에 둔다. 살인을 저질러 계약을 위반한 자는 공공의 적으로 간주되어야 한다.

을 : 법의 일반적 목적은 해악을 방지하는 것이다. 그러나 모든 형벌은 악이다. 공리의 원칙에 의하면 형벌이 허용될 수 있는 경우는 그것을 통해 더 큰 악을 제거하는 것이 보장될 때뿐이다.

자료 분석

(1) 갑은 사회 계약론의 입장에서 사형 제도를 찬성하고 있고, 을은 공리주의의 입장에서 사형 제도를 반대하고 있다.
(2) 갑은 계약자의 생명을 해치는 것은 계약자의 생명 보전이라는 계약의 목적을 위반한 것으로서 그의 생명도 해침을 당해야 한다고 본다. 을은 법의 목적은 해악을 방지하는 것으로서, 더 큰 악을 제거하거나 방지할 경우에만 형벌이 정당화될 수 있다고 본다.

3. 칸트의 사형 제도에 대한 입장 교육청

사회자 : 선생님은 '인간을 단지 수단으로서만 대우하지 말고 항상 동시에 목적으로 대우하라'고 주장하셨지요? 이와 관련하여 정당한 형사적 처벌의 원리에 대해 말씀해 주시겠습니까?

사상가 : 형사적 처벌은 한 인간이 범죄를 저질렀다는 이유에 의해서만 이루어져야 합니다. 그리고 처벌의 형태와 정도는 평등의 원리에 따라야 하지요.

사회자 : 그렇다면 선생님은 사형 제도의 존폐 문제에 대해 어떻게 생각하십니까?

사상가 : 사형 제도는 [㉠]

자료 분석

(1) 대화 속의 사상가는 응보론적 관점의 칸트이다.
(2) 칸트는 다른 사람을 죽인 사람은 마땅히 그에 상응하는 처벌을 받아야 하며, 이를 위해 사형 제도는 유지되어야 한다고 본다. 따라서 ㉠에 들어갈 적절한 개념은 "범죄의 심각성에 상응하는 처벌을 위해 존치되어야 합니다."이다.

대표기출로 유형 감잡기
정답 및 해설 • p.027

173
정답률 70% | 2022학년도 9월 평가원

(가)의 갑, 을, 병 사상가들의 입장에서 서로에게 제기할 수 있는 비판을 (나) 그림으로 표현할 때, A~F에 해당하는 내용으로 가장 적절한 것은?

(가)
갑 : 사형은 살인에 상응하는 보복을 위한 것이다. 또한 사형은 인간성을 해치는 죄책감으로부터 사형수를 해방시켜 준다.

을 : 사형은 한순간에 강렬한 인상만을 줄 뿐이다. 반면, 종신 노역형은 더 큰 공포를 안겨 주므로 인간 정신에 미치는 효과가 사형에 비해 크다.

병 : 사형은 죄인을 적으로 간주하는 것으로서, 그에 대한 재판과 판결은 그가 더 이상 국가의 구성원이 아니라는 증명이자 선고이다.

(나)
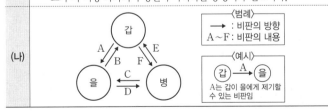

① A, C : 형벌이 주는 공포는 강도보다 지속성에서 나옴을 간과한다.
② B : 종신 노역형이 범죄자를 목적으로 대우하는 형벌임을 간과한다.
③ D : 사형은 시민의 범죄 의욕을 전혀 억제할 수 없음을 간과한다.
④ E : 사형은 시민들의 생명을 지키기 위해 실행되는 형벌임을 간과한다.
⑤ F : 범죄자를 처벌하는 것이 그가 처벌을 의욕했기 때문임을 간과한다.

174
정답률 79% | 2020학년도 9월 평가원

(가)의 갑, 을, 병 사상가들의 입장에서 서로에게 제기할 수 있는 비판을 (나) 그림으로 표현할 때, A~F에 해당하는 내용으로 가장 적절한 것은?

(가)
갑 : 형벌은 범죄자가 처벌받아야 할 행위를 의욕했기 때문에 가해져야 한다. 사형은 살인에 상응하는 보복으로, 사형수의 인간성을 존중하는 길이다.

을 : 국가의 목적은 계약 당사자들의 생명 보전에 있고, 사형 제도는 계약을 유지하기 위한 수단이다. 우리의 신체와 능력은 일반 의지의 최고 감독하에 있다.

병 : 형벌은 사회 계약에 기초하며 그 목적은 범죄의 예방과 교화에 있다. 사형을 대체한 종신 노역형만으로도 형벌은 충분한 엄격성을 지닌다.

(나)
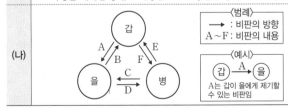

① A, C : 국가는 사형을 집행할 권한을 갖지 못한다는 것을 간과한다.
② B : 살인자도 인간으로 존중받을 자격이 있다는 것을 무시한다.
③ D : 형벌적 정의는 사회 계약에 근거해야 한다는 것을 부정한다.
④ E : 처벌의 목적은 교화가 아니라 응보에 있다는 것을 간과한다.
⑤ F : 형벌은 공리 증진을 위한 수단으로 가해질 수 없다는 것을 간과한다.

175

정답률 76% | 2020학년도 6월 평가원

(가)의 갑, 을, 병 사상가들의 입장을 (나) 그림으로 표현할 때, A~C에 해당하는 적절한 진술만을 〈보기〉에서 있는 대로 고른 것은?

(가)	갑 : 범법자에 대한 처벌은 정언명령으로 주어진다. 사법적 처벌은 범죄자 자신을 위해서든 시민사회를 위해서든 다른 어떤 선을 촉진하기 위한 수단으로 시행될 수 없다. 을 : 모든 형벌 자체는 해악이지만 공리의 원칙에 따르면 형벌이 주는 해악보다 더 큰 해악을 제거하여 사회의 행복을 증진시킬 수 있는 경우에는 형벌이 허용될 수 있다. 병 : 사형은 범죄자를 교정하기보다는 죽여서 고통을 느낄 수 없게 한다. 범죄자의 지속적인 불행을 본보기로 보여주는 것이 사람들에게 사형보다 강력한 인상을 준다.
(나)	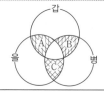 〈범례〉 A : 갑과 을만의 공통 입장 B : 갑과 병만의 공통 입장 C : 을과 병만의 공통 입장

〈보기〉

ㄱ. A : 사형은 살인범의 인격을 존중하기 위해 실시해야 한다.

ㄴ. B : 살인죄에 대하여 사형을 대체할 다른 처벌이 존재한다.

ㄷ. C : 형벌이 방지할 해악이 형벌의 해악보다 크다면 형벌은 정당하다.

ㄹ. C : 범죄자 처벌을 통해 범죄를 예방하는 것은 형벌의 목적이다.

① ㄱ, ㄴ　② ㄴ, ㄷ　③ ㄷ, ㄹ　④ ㄱ, ㄴ, ㄹ　⑤ ㄱ, ㄷ, ㄹ

176

정답률 84% | 2019학년도 수능 Ⓔ 연계

갑, 을 사상가들의 입장으로 가장 적절한 것은?

갑 : 누구든 그가 처벌받아야 할 행동을 원했기 때문에 처벌받는 것이다. 아무리 고통이 가득한 삶이라도 삶과 죽음은 같은 종류의 것이 아니다. 법정의 심판대 앞에서 살인죄에 대한 최상의 균형자는 사형이다. 을 : 누구든 자신의 생명을 빼앗을 권한을 기꺼이 양도하지 않을 것이다. 사회 계약의 목적은 공리, 즉 최대 다수의 최대 행복이며, 이것이 인간적 정의의 기초이다. 사형보다 종신 노역형이 공리에 부합한다.

① 갑 : 범죄자는 범행이 아닌 처벌을 원했기 때문에 처벌받는 것이다.

② 갑 : 사형은 살인범을 수단으로서만 대하려는 응분의 보복 행위이다.

③ 을 : 종신 노역형은 비공개로 집행하는 것이 범죄 예방에 효과적이다.

④ 을 : 사형은 범죄 억제력이 최대이므로 사회 계약의 목적에 부합한다.

⑤ 갑, 을 : 형벌은 사적인 보복이 아니라 공적인 정의를 실현해야만 한다.

177

난이도 상 중 **하**

갑, 을의 공통된 입장으로 가장 적절한 것은?

갑 : 모든 인간은 살인자에게 희생될 수 없다. 그러므로 살인자가 된다는 것은 자신이 죽임을 당해도 좋다고 동의한 것이다. 사회 계약은 생명을 처분하는 것이 아니라 생명을 보전하는 것이다. 시민은 국가에게 생명 박탈의 권리를 양도하였으므로 국가는 시민을 사형에 처할 권리가 있다. 을 : 살인범은 반드시 죽어야 한다. 정의를 실현하려면 다른 벌로 대체할 수 없다. 아무리 비참하더라도 삶은 죽음과 다르므로 범죄에 응당한 벌을 받으려면 가해자는 사형당해야 한다.

① 형벌은 죄에 대한 보복을 위해서 있는 것이 아니다.

② 질서 유지를 위한다는 이유로 사형을 집행해서는 안 된다.

③ 인간의 생명을 박탈하는 제도는 인간의 존엄성을 침해한다.

④ 사회 구조로 인해 일어난 범죄는 사회가 그 책임을 져야 한다.

⑤ 타인의 생명권을 침해한 사람은 그에 대한 정당한 대가를 지불해야 한다.

178

난이도 상 **중** 하

그림은 서술형 평가의 문제와 학생 답안이다. 학생 답안의 ㉠~㉤ 중 옳지 않은 것은?

◎ 문제 : 사형 제도를 폐지하자는 입장의 근거를 서술하시오. ◎ 학생 답안 사형은 ㉠ 인간의 생명을 박탈함으로써 인간의 존엄성을 침해한다. 어떤 경우에도 인간의 생명은 존중되어야 한다. 그리고 ㉡ 형벌의 본질은 범법자의 교화에 있다. 사형으로는 살인범을 속죄시킬 수 없다. 또한 ㉢ 사회 구조로 인해 일어난 범죄는 사회에도 책임이 있다. 사회의 구조적 모순 때문에 범죄자가 생기기도 하니까 말이다. 그리고 ㉣ 살인범의 생명을 피해자의 생명보다 높게 평가하면 평등에 위배된다. 범죄자의 생명만 소중한 것은 아니다. 무엇보다 사형 제도가 위험한 것은 ㉤ 정치적으로 악용될 수 있다는 것이다. 정치적 음모로 피해를 보는 경우가 그것이다.

① ㉠　　② ㉡　　③ ㉢　　④ ㉣　　⑤ ㉤

179

(가)의 질문에 대해 (나)의 관점에서 할 수 있는 대답으로 가장 적절한 것은?

> (가) 최근 많은 국가에서 사형 제도를 폐지하고 있지만, 일부 국가에서는 여전히 시행되고 있다. 과연 사형 제도는 존치되어야 할까, 폐지되어야 할까?
>
> (나) 행위의 선악을 결정하는 것은 행위의 결과가 아니라 오직 그 행위를 낳는 의지일 뿐이다. 그래서 무조건적으로 선하다고 말할 수 있는 것은 오로지 선의지밖에 없다. …(중략)… 우리의 의지가 무조건 따라야 할 도덕적 원칙은 보편성을 담고 있어야 한다. 그러므로 최고의 도덕 법칙은 "네 의지의 준칙이 보편적 법칙이 되기를 바랄 수 있는 그런 준칙에 따라서만 행위하라."이다.

① 범죄 억제 효과를 지니고 있으므로 존치되어야 한다.
② 범죄의 심각성에 상응하는 처벌을 위해 존치되어야 한다.
③ 오판의 가능성이 있기 때문에 신속하게 폐지되어야 한다.
④ 형벌의 목표인 교화와 개선에 부적합하므로 폐지되어야 한다.
⑤ 목적적 존재로서의 인간 존엄성을 훼손하기 때문에 폐지되어야 한다.

180

서양 사상가 갑, 을이 사형 제도에 대해 가질 수 있는 견해를 〈보기〉에서 옳게 짝지은 것은?

> 갑 : 그가 살인을 했다면, 그는 사형에 처해야 한다. 이 경우에 정의를 충족시킬 다른 방법은 없다. 시민 사회가 모든 구성원들의 동의에 의해 해체될 때조차도 감옥에 있는 마지막 살인자는 처형되어야만 한다.
>
> 을 : 최대 다수의 최대 행복의 원리에 따라 처벌의 형량은 어떤 경우에도 위법 행위로 인한 이득보다 작아서는 안 된다. 처벌은 각각 개개의 위법 행위에 맞도록 조정되어야 한다.

> ──────────〈보기〉──────────
> ㄱ. 등가성의 원리에 따라 행해져야 한다.
> ㄴ. 범죄 예방 효과가 극대화되어야 한다.
> ㄷ. 처벌의 목적은 범죄자를 교화하는 데 있다.
> ㄹ. 타인의 생명을 훼손한 범죄를 응보적으로 처벌해야 한다.

	갑	을		갑	을
①	ㄱ	ㄷ	②	ㄴ	ㄱ
③	ㄷ	ㄴ	④	ㄷ	ㄹ
⑤	ㄹ	ㄱ			

03 국가와 시민의 윤리

1 국가의 권위의 정당성

특징	• 국가의 권위는 '명령을 내릴 수 있는 권리' 혹은 '통치를 할 수 있는 권리'를 의미함 • 다른 집단에 대한 의무보다 우선할 것을 요구하며, 국가의 명령이라는 이유만으로 강한 구속력을 가짐
정당화 근거	• 동의론 : 시민이 국가에 복종하기로 동의하였기 때문에 국가에 마땅히 복종해야 한다고 봄 • 혜택론 : 국가가 제공하는 여러 가지 혜택 때문에 국가에 복종해야 한다고 봄 • 홉스, 로크, 루소의 계약론 : 동의와 혜택의 관점이 모두 포함되어 있음 • 정의의 관점 : 국가의 명령과 법이 정의로울 경우, 그것을 따라야 하는 것은 이성적으로 정당화될 수 있음

2 시민에 대한 국가의 의무

1. 동양에서의 국가의 역할

공자, 맹자	군주가 스스로 덕을 쌓아 백성을 교화하고 민본 정치를 실행하면 서로 신뢰하는 사회가 실현됨
묵자	군주는 남의 나라를 내 나라 돌보듯이, 남을 자신을 돌보듯이 차별하지 않고 서로 돌보고 상호 이익을 추구하면 혼란이 없어지게 됨
한비자	이기적인 백성들을 효과적으로 통치하기 위해서는 엄격한 법에 따라 통치해야 함
정약용	지방 관리들이 애민(愛民) 정신으로 노인을 봉양하고, 어린이를 돌보고, 가난한 백성들의 장례를 지원해 주고, 각종 재난을 구제해야 함을 강조

2. 서양에서의 국가의 역할

홉스	자연 상태는 '만인의 만인에 대한 투쟁' 상태 → 국가는 사람들의 생명과 재산을 보호하고 사회의 질서를 형성해야 할 의무를 지님
로크	인간은 이성을 지니기는 했지만 오류 가능성이 있어 자연 상태에서 분쟁을 겪음 → 국가는 사람들의 분쟁을 해결하고 개인의 생명과 자유, 재산을 사회의 침략자로부터 보호하여 평화롭고 안전한 삶을 살게 할 의무를 지님
루소	인간의 본성이 선하여 자연 상태에서는 평화로웠으나 사유 재산의 증가로 사회적 불평등의 문제가 생김 → 국가는 시민들의 생명을 보존하고 번영하도록 해야 할 의무를 지님
밀	국가는 시민이 다른 사람에게 해악을 끼치는 경우를 제외하고는 시민의 자유 등 기본권을 보장해야 할 의무가 있음
롤스	• 국가 구성원의 선을 증진시켜 주는 '질서 정연한 사회'의 모습 제시 • 국가는 개인의 평등한 자유를 보장하고, 사회의 가장 불리한 위치에 있는 사람에게 최대 이익이 돌아가게 해야 함 • 국가는 질서 정연한 사회를 구현하기 위해 정의를 실현해야 함

3. 인권

의미	인간으로서 마땅히 누려야 할 권리, 인간 존엄성을 유지하면서 자유롭고 평등하게 살아갈 권리
특징	• 보편성 : 인종, 성별, 종교, 사회적 신분 등에 관계없이 모든 인간이 보편적으로 누려야 하는 권리 • 천부성 : 사람이면 누구나 처음부터 가지고 태어나는 권리 • 항구성 : 박탈당하지 않고 영구히 보장되는 권리 • 불가침성 : 인권을 향유하는 것은 누구도 침범할 수 없는 권리

⚓ 교과서 속 수능 개념

우리나라 헌법 제1조 제2항

"대한민국의 주권은 국민에게 있고, 모든 권력은 국민으로부터 나온다."고 규정하여, 국가의 권위는 국민의 동의를 얻어야 정당화될 수 있고, 국민이 선출한 대표인 국회에서 제정한 헌법의 범위 내에서 발휘되어야 한다고 하고 있다.

유교 윤리에서의 국가

국가를 하나의 거대한 가족으로 이해한다. 따라서 백성을 국가가 성립하는 근본으로 여기고, 백성을 위한 정치를 펼쳐야 한다고 주장한다.

민본주의

백성을 나라의 근본으로 삼고, 근본을 튼튼히 해야 나라가 평안하다는 것이 민본주의이다. 민본주의는 백성을 위한 정치를 지향하고, 민주주의는 시민을 위한 정치를 지향한다는 점에서 서로 유사한 점이 있다.

대중문화의 획일성

대중문화가 대중 매체에 의해 형성되고 주도되기 때문에 모든 사람은 동시에 동일한 문화 요소를 접하게 됨에 따라 획일적인 양상을 띠게 된다.

유길준의 국가관

개화 사상가 유길준은 근대적 의미의 국가관을 제시하며, 정부는 국민들의 자유와 권리를 보호하기 위해 법치주의, 편안한 질서 유지 그리고 복지를 실현해야 한다고 주장하였다.

⚓ 헷갈리는 개념 정리

인권의 범주

• 1세대 인권 : 시민적 · 정치적 권리
　⑩ 신체의 자유, 사상의 자유 등
• 2세대 인권 : 경제적 · 사회적 · 문화적 권리
　⑩ 사회 보장에 대한 권리, 일할 수 있는 권리, 실업으로부터 보호받을 권리 등
• 3세대 인권 : 연대와 단결의 권리
　⑩ 전쟁 없는 평화로운 사회생활을 누릴 권리, 환경에 대한 권리 등
• 4세대 인권 : 정보 접근권을 중심으로 한 소통의 자유와 관련된 권리

3 민주 시민의 정의

1. 민주 시민의 권리와 의무

시민의 권리	사회에서 주권자로서 자유를 행사하는 권리 → 민주 시민은 국가로부터 시민의 생명, 재산, 인권의 보호, 사회 보장과 사회 복지의 증진, 공공재의 효율적인 권리와 제공 등을 요구할 수 있는 권리가 있음
시민의 의무	사회 질서를 유지하고 조정하고자 수행해야 하는 맡은 바 임무 → 민주 시민은 국가가 시민을 위한 역할을 잘 수행하고 있는지 지속적으로 확인하고 필요할 경우 이를 지원하고 참여할 의무가 있음

2. 민주 시민의 참여

필요성	• 개인의 권리를 보장받고, 공동체의 발전을 위해서 민주 시민의 참여가 필요함 • 대의 민주주의의 한계를 보완하고 '시민에 의한 통치'라는 민주주의를 실현하기 위함
참여 방법	주민 투표, 정당 가입을 통한 정치 참여, 시민 단체 활동, 언론 및 인터넷 매체를 통한 활동, 행정 기관에 민원 청구 및 건의 등 → 직접 민주주의 실현 방식으로서, 대의 민주주의를 보완하는 역할을 할 수 있음

4 시민 불복종

1. 의미와 이론적 근거

의미		정의롭지 못한 법이나 정부 정책에 대하여 공개적으로 위법을 저지르며 저항하는 것 예 간디의 비폭력 불복종 운동, 킹 목사의 인종 차별 반대 운동 등
이론적 근거	소로	국민으로서 법에 대한 존경심보다는 인간으로서의 양심을 우선해야 한다고 봄
	킹	인간의 존엄성과 인격을 무시하거나 부정하는 법에 대한 불복종으로 봄
	롤스	개인의 양심보다 사회적 다수의 정의관에 주목하여, 평등한 자유의 원칙이나 공정한 기회균등의 원칙과 같이 정의의 원칙에 어긋나는 법이나 정책에 대해서 저항할 수 있다고 봄
	드워킨	헌법 정신에 반하는 법률에 대해서 시민이 저항할 수 있다고 봄
	싱어	공리주의적 관점에서 시민 불복종이 산출할 이익과 손해, 불복종 행위의 성공 가능성을 고려하여야 한다고 주장

2. 시민 불복종의 정당화 조건

목적의 정당성	• 공익성 : 개인의 이익이 아닌 정의로운 사회 실현을 목표로 해야 함 • 공개성 : 공동체의 정의감에 호소하기 위하여, 은밀히 행하지 않고 공개적으로 이루어져야 함
최후의 수단	합법적인 개혁의 방법(헌법 소원, 항의, 시위 등)을 동원했지만 효과가 없을 때 마지막 수단으로 사용해야 함
비폭력	폭력적이거나 파괴적인 방법을 사용하지 않아야 함
처벌 감수	정당한 법체계에 대한 존중을 바탕으로 위법에 대한 처벌을 감수해야 함

3. 시민 불복종의 긍정적 측면과 부정적 측면

긍정적 측면	공정하지 못한 법이나 정책을 재검토하고 그것들의 부정의를 교정하도록 하는 역할을 함으로써 사회 정의 실현에 기여하고 사회 안정을 가져올 수 있음
부정적 참여	불복종에 대한 지나친 강조는 사회와 국가의 안전과 존립 자체를 위협할 수 있음

4. 시민 불복종의 의의와 한계

의의	부정의의 시정과 사회 정의 실현을 위해 필요
한계	실정법의 권위를 약화시키고 국가와 사회의 존재 위협

✎ 교과서 속 수능 개념

주인 – 대리인 문제

정보의 비대칭성에서 기인하는 문제 중의 하나. 원래 정보 경제학에서 논의하는 내용이었으나 정부가 국민의 의사를 대리하는 것이라고 인식하기 시작한 현대에 이르러 모든 공공 기관을 포함한 정부의 행태를 대리인의 입장으로 설명한다.

시민 불복종을 반대하는 주장

시민 불복종 행위는 법에 대한 존중심의 토대를 파괴하고, 민주적 절차를 무시하는 것이다. 또 이러한 행위가 무정부 상태를 초래하여 사회 질서가 무너질 수 있다고 하며 시민 불복종을 반대한다.

로크의 준법의 근거

"개인이 정부의 통치권 안에 있는 어느 것을 소유하거나 향유하건 간에, 그는 그 행위에 의해 묵시적 동의를 하는 것이다. …… 그것들을 향유하는 동안에는 정부의 통치하에 있는 다른 사람과 마찬가지로 그 정부의 법을 준수할 의무를 갖는다."

롤스의 시민 불복종

롤스는 시민 불복종이 거의 정의로운 사회에서 부정의한 법이나 정부 정책에 변혁을 가져올 목적으로 행해져야 하며, 사회적 다수에 의해 공유된 공적 정의관에 근거해서 시민 불복종을 전개해야 한다고 주장한다.

✎ 헷갈리는 개념 정리

로크의 준법의 근거

시민 불복종	정의로운 체제 안에서 만들어진 부당한 법이나 정책을 거부할 수 있는 권리 → 헌법 내적 저항권, 작은 저항권(예 간디의 비폭력 불복종 운동, 킹 목사의 인종 차별 반대 운동 등)
저항권	민주 헌법을 파괴하고 국민의 기본권을 전면적으로 유린하는 체제나 정부에 대해 저항할 수 있는 권리

유형보기

1. 노직의 국가관

- 국가가 완수해야 할 임무는 재산이나 인권의 보호, 계약 집행의 감독 이 두 가지 뿐이다.
- 각 개인은 자기 자신에 대한 완전한 소유권을 지니고 있으며 올바른 재화의 분배는 전적으로 개인의 자유에 위임해야 한다.
- 취득할 때 정의의 원리에 맞도록 어떤 재화를 취득한 사람과 양도할 때 정의의 원리에 맞도록 어떤 재화에 대한 소유권을 가지고 있는 다른 사람으로부터 그 재화를 취득한 사람은 그것에 대한 소유권을 갖는다.

자료 분석

⑴ 자유 지상주의를 대표하는 노직은 이상적인 국가의 모습과 역할을 '최소 국가'로 제시하였다.

⑵ 노직은 국가는 부유한 사람들에게 부당한 세금을 거두어서는 안 되며, 거래의 안전 보장, 부정한 계약의 감시와 같은 최소한의 임무만을 수행하고 더 이상의 개입을 해서는 안 된다고 보았다.

2. 국가의 권위

국가의 권위는 시민들이 국가의 뜻에 따르게 하는 힘을 의미한다. 국가의 권위는 법적으로 정당화되며 실질적으로 시민의 지지와 존중을 받아야 진정성을 지닌다. 이러한 권위는 시민의 인정 여부와 상관없이 효과적인 강제력을 뜻하는 권력과 다르다.

국가의 권위가 정당한가에 관한 논의는 국가의 역할과 시민에 대한 의무를 규정하는 전제가 되므로 중요한 의미가 있다. 소크라테스는 국가의 뜻에 따라야 하는 두 가지 근거로 '법과의 약속'과 '국가로부터 받은 혜택'을 제시하였다.

자료 분석

⑴ 국가의 권위는 시민들이 국가의 뜻을 따르게 하는 힘이다.

⑵ 소크라테스는 시민들은 국법에 복종하기로 합의했기 때문에 국가가 불의를 행하였을 때 무조건 반항하는 것은 옳지 않다고 본다.

⑶ 소크라테스는 국가는 부모처럼 시민들을 낳고 길러 주었다고 본다.

대표기출로 유형 감잡기
정답 및 해설 · p.028

181
정답률 68% | 2024학년도 수능 | E 연계

(가)의 사상가 갑, 을의 입장을 (나) 그림으로 탐구하고자 할 때, A~C에 들어갈 적절한 질문만을 〈보기〉에서 있는 대로 고른 것은?

(가)	갑 : 만인은 서로 늑대처럼 싸우는 자연 상태에서 벗어나기 위해 상호 계약을 맺어 하나의 인격으로 결합해야 한다. 이 인격을 지닌 통치자는 모든 사람의 힘과 수단을 임의로 사용할 수 있는 권력을 지닌다. 을 : 절대 권력에 책임을 묻지 않는 식의 합의는 여우나 스컹크를 피해 사자에게 잡아먹히는 데 만족하는 것과 같다. 통치자가 시민의 생명, 자유 및 자산을 보존하지 못할 때 시민은 통치자에 저항할 수 있다.
(나)	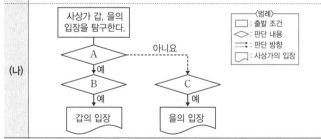

〈보기〉

ㄱ. A : 국가의 통치자가 사회 계약을 위반하는 것은 가능한가?

ㄴ. B : 국가는 신의(信義) 계약으로 탄생한 자연적 인격인가?

ㄷ. B : 국가가 부재하는 곳에서는 각자의 소유권도 부재하는가?

ㄹ. C : 국가의 통치자에게는 단지 신탁된 권력만 주어지는가?

① ㄱ, ㄴ ② ㄱ, ㄷ ③ ㄷ, ㄹ
④ ㄱ, ㄴ, ㄹ ⑤ ㄴ, ㄷ, ㄹ

182
정답률 65% | 2023학년도 9월 평가원

(가)의 갑, 을, 병 사상가들의 입장에서 서로에게 제기할 수 있는 비판을 (나) 그림으로 표현할 때, A~F에 해당하는 내용으로 가장 적절한 것은?

(가)	갑 : 국가는 자기 완결적 조직으로서 최고선을 추구한다. 공동의 선을 나누어 가질 수 없거나 나누어 가질 필요가 없는 자는 국가의 일부가 아니며, 짐승 아니면 신이다. 을 : 국가가 형성될 때 개개인은 자신을 그 모든 권리와 함께 공동체 전체에 전면 양도한다. 이를 일반 의지의 지배 아래 둔 개인은 자기 자신에게만 복종한다. 병 : 국가가 없는 자연 상태에서 개개인은 모든 것에 대한 권리를 갖는다. 자기 보존과 평화를 위해 그러한 권리를 포기함으로써 주권자인 리바이어던이 탄생한다.
(나)	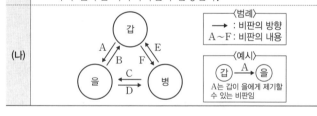

① A : 공공의 이익에 입각하여 국가가 운영되어야 함을 간과한다.

② B, E : 인간은 국가 안에서만 행복한 삶을 살 수 있음을 간과한다.

③ C : 국가 구성원의 생명권 보장이 국가의 목적임을 간과한다.

④ D : 국가 구성원은 법을 따르는 동시에 제정하는 자임을 간과한다.

⑤ F : 국가 권위에 복종할 의무는 자연 발생적이지 않음을 간과한다.

183

난이도 상 중 하

다음 사상가의 입장으로 가장 적절한 것은?

어떤 정부 안에서 태어났다고 할지라도 오직 자신의 동의만이 그를 그 정부의 구성원으로 만들 수 있으며, 공동체를 움직이게 하는 것은 오직 구성원들의 동의뿐이다. 한 단체는 한 방향으로 나갈 수밖에 없으므로 가장 커다란 힘, 즉 다수의 동의가 이끄는 방향으로 움직이지 않을 수 없다. 그렇지 않다면 한 단체, 한 공동체로서 활동하거나 존속하는 것이 불가능해진다. 공동체를 결성한 개인은 동의를 통해 그렇게 되어야 한다고 합의한 셈이다.

① 묵시적 동의는 정치적 의무를 발생시킬 수 있다.
② 명시적 동의에 의해서는 정치적 의무가 부여될 수 없다.
③ 정치적 의무는 개인의 자발적 동의와 무관하게 주어진다.
④ 사회 계약 이후에 국가에 대한 국민의 저항권은 소멸된다.
⑤ 국가는 개인의 권리 보장이 아닌 공동선 실현을 목표로 한다.

184

난이도 상 중 하

갑, 을, 병의 입장에 대한 설명으로 옳지 않은 것은?

갑 : 국가는 완전한 공동체이며 인간은 국가를 통해 궁극 목적인 행복을 실현할 수 있다.
을 : 명시적 동의뿐만 아니라 묵시적 동의에 의해서도 정치적 의무가 성립한다.
병 : 국가가 평화와 질서를 유지하기 때문에 국민은 정치적 의무를 다해야 한다.

① 갑은 국가를 최상의 공동체로 간주한다.
② 을은 묵시적 동의가 정치적 의무를 발생시킬 수 있다고 본다.
③ 병은 정부로부터 얻는 이익이 있을 때에만 국민은 정치적 복종의 의무를 진다고 본다.
④ 갑은 병과 달리 국가의 궁극적 목적은 국민에게 안전과 보호를 제공하는 것이라고 본다.
⑤ 을, 병은 국가가 본연의 역할을 수행하지 못하면 국민은 복종할 의무가 없다고 본다.

185

난이도 상 중 하

다음 사상가의 입장으로 옳지 않은 것은?

정의론의 관점에서 볼 때, 가장 중대한 자연적 의무는 정의로운 제도를 유지하고 발전시켜야 하는 의무이다. 우선 정의로운 제도가 현존하고 그것이 우리에게 적용되고 있을 경우 우리는 그것에 따르고 그 속에서 우리의 본분을 다해야 한다. 다음으로 그러한 제도가 현존하지는 않으나 우리가 조금만 노력을 하면 그러한 것이 성립될 수 있을 경우 정의로운 체제를 확립하는 데 협력해야 한다.

① 국가에 대한 충성과 복종은 자연적 의무에 속한다.
② 인간은 정의로운 제도를 유지하고 발전시킬 의무가 있다.
③ 인간이 공동선을 증진하고자 하는 것은 자연스러운 일이다.
④ 인간이 정치적 의무를 이행하는 것은 효율성과 편의성 때문이다.
⑤ 인간은 국가를 구성하고 국가를 통해서 정의를 실현하는 존재이다.

186 Challenge 30% 고난도

난이도 상 중 하

(가)의 갑, 을 사상가들의 입장을 (나) 그림으로 표현할 때, A~C에 해당하는 진술로 가장 적절한 것은?

(가)	갑 : 국가가 개인의 권리 보호나 공동선을 실현한다는 전제하에 구성원이 국가의 명령에 복종하기로 동의하고 사회 계약을 체결하는 것에서 정치적 의무가 발생한다.
	을 : 국가는 공공재를 제공하고, 각종 제도나 법률과 같은 관행을 만들어 국민들에게 이득과 혜택을 주므로 국민은 정치적 의무를 수행해야 한다.

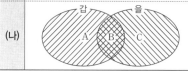

(나)	
〈범 례〉 A : 갑만의 입장 B : 갑, 을의 공통 입장 C : 을만의 입장

① A : 국가 권위에 복종하기로 동의한 사람들만 정치적 의무를 가진다.
② B : 국가가 제 역할을 못해도 국민의 정치적 의무는 지속된다.
③ B : 국가의 핵심 역할은 교육을 통해 국민의 도덕성을 제고하는 것이다.
④ C : 국가에 대해 충성을 다해야 한다는 것은 국민의 무조건적 의무이다.
⑤ C : 국가의 주된 역할은 개인의 생명과 자유, 재산을 안전하게 보호하는 것이다.

시민에 대한 국가의 의무

수능 출제 패턴 분석 동양에서의 국가의 역할, 서양에서의 국가의 역할, 현대 국가의 인권

유형보기

1. 민본주의와 민주주의

(가) 옛날 성왕은 반드시 백성들의 귀와 눈을 자신의 귀와 눈으로 삼아 민의를 모두 파악하였으며, 모든 백성들을 왕의 잘못을 고치도록 간언(諫言)하는 관리로 여겼다.

(나) 이 나라는 새로운 자유의 탄생을 보게 될 것이며, 국민의, 국민에 의한, 국민을 위한 정부는 이 지상에서 결코 사라지지 않을 것입니다.

[자료 분석]

(1) (가)는 유교의 민본주의, (나)는 링컨의 민주주의에 대한 내용이다.
(2) (가)는 왕이 백성을 위해 통치하는 것이다.
(3) (나)는 권력의 정당성을 국민의 동의에서 찾는다.
(4) (가), (나)는 국민을 위한 정치의 중요성을 주장한다.

2. 동서양의 국가관

(가) 부모가 자녀를 사랑으로 돌보는 것처럼 국가는 백성을 아끼고 돌보아야 한다. 따라서 백성을 국가가 성립하는 근본으로 여기고, 백성을 위한 정치를 펼쳐야 한다.

(나) "좋은 인간의 삶은 국가 공동체의 밖에서 이루어질 수 없다."

(다) "조국은 자유 없이 유지될 수 없고, 자유는 덕 없이 유지될 수 없으며, 덕은 시민 없이 유지될 수 없다."

[자료 분석]

(1) (가)는 유교 윤리의 국가관, (나)는 서양의 아리스토텔레스의 국가관, (다)는 루소의 국가관에 대한 설명이다.
(2) 시민은 개인의 삶을 국가와 관련지어 생각하고, 국가는 시민이 인간다운 삶을 살아갈 수 있도록 노력해야 한다.

대표기출로 유형 감잡기

정답 및 해설 · p.029

187

정답률 86% | 2022학년도 9월 평가원

다음을 주장한 사상가의 입장으로 적절한 것만을 〈보기〉에서 고른 것은?

> 본래 인간은 자유롭고 평등하고 독립된 존재이므로 자신의 동의 없이 다른 사람의 정치권력에 복종할 수 없다. 어떤 사람이 자신의 자유를 포기하고 시민 사회의 구속을 받아들이는 유일한 방법은, 자신의 재산을 보호하고 다른 사람들과 상호 간에 안전한 삶을 영위하기 위해서 공동체를 결성하기로 합의하는 것이다.

〈보기〉

ㄱ. 국가는 가족 공동체 의식이 전제된 정치적 공동체여야 한다.
ㄴ. 국가는 개인의 기본권 보장을 목적으로 계약에 의해 수립된다.
ㄷ. 국가는 인간의 정치적 본성으로 형성되는 자연적 공동체이다.
ㄹ. 국가는 시민 모두에게 동등한 자유와 권리를 보장해야 한다.

① ㄱ, ㄴ ② ㄱ, ㄷ ③ ㄴ, ㄷ
④ ㄴ, ㄹ ⑤ ㄷ, ㄹ

188

정답률 32% | 2014학년도 3월 교육청

(가)의 갑, 을 사상가의 입장을 (나) 그림으로 표현할 때, A~C에 해당하는 옳은 진술만을 〈보기〉에서 있는 대로 고른 것은?

(가)	갑 : 백성의 마음을 얻어야 천하를 얻는다. 백성의 마음을 얻기 위해서는 백성이 원하는 것을 베풀고 백성이 싫어하는 것은 주지 말아야 한다. 을 : 인간이 평화로운 자연 상태에서 벗어나 사회의 구속에 합의하는 이유는 자신의 재산을 지키고 외부 위협으로부터 안전을 확보하기 위해서이다.

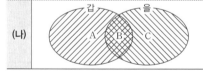

(나)	〈범례〉 A: 갑만의 입장 B: 갑, 을의 공통 입장 C: 을만의 입장

〈보기〉

ㄱ. A : 주권은 백성에게 있고 군주는 백성의 대리인이다.
ㄴ. A : 덕으로 백성을 다스려 도덕적인 사회를 구현해야 한다.
ㄷ. B : 바람직한 정치는 민의(民意)를 존중하는 것이다.
ㄹ. C : 국민은 안전을 위해 절대 군주에게 주권을 양도해야 한다.

① ㄱ, ㄴ ② ㄱ, ㄹ ③ ㄴ, ㄷ
④ ㄱ, ㄴ, ㄷ ⑤ ㄴ, ㄷ, ㄹ

189

난이도 상 중 하

갑, 을 사상가들의 입장으로 가장 적절한 것은?

갑 : 인(仁)을 파괴하는 사람은 도적이고, 의(義)를 파괴하는 사람은
강도이다. 도적이나 강도는 하나의 필부(匹夫)에 지나지 않는
다. 폭군을 죽이는 것은 인과 의를 파괴한 사람을 죽이는 것이
므로 필부를 죽이는 것이지 임금을 죽이는 것이 아니다.

을 : 인간의 이기적인 이해관계를 조정하는 것이 정치이다. 인간은
상을 좋아하고 벌을 싫어하므로 이를 통해 이해관계를 조정해
야 한다. 상벌의 주도권이 신하에게 있으면 사람들이 신하를
따르게 되므로 군주는 상벌을 주도해야 한다.

① 갑 : 군주는 도덕적 인격을 갖추고 통치해야 한다.
② 갑 : 군주는 자국과 타국을 차별 없이 동등하게 대해야 한다.
③ 을 : 군주는 법이 아닌 덕으로 나라를 다스려야 한다.
④ 을 : 군주는 인간의 선한 본성이 발현될 수 있도록 도와야 한다.
⑤ 갑, 을 : 군주는 힘을 바탕으로 사회 질서를 유지해야 한다.

190

난이도 상 중 하

다음 사상가가 긍정의 대답을 할 질문으로 가장 적절한 것은?

하늘의 뜻에 순응하는 자는 서로 사랑하고 이로움을 나누므로[兼
愛交利] 필히 상을 받지만, 하늘의 뜻에 반하는 자는 서로 차별하고
반목하며 적대시하므로 필히 벌을 받는다. 하늘의 뜻에 따라 다스
리는 자는 차별 없이 사랑하고 다스림을 받는 자는 윗사람의 뜻을
따라야 한다.

① 군주는 백성을 분별적으로 사랑해야 하는가?
② 군주는 백성과 상호 이익을 나누어야 하는가?
③ 군주는 이익보다 대의명분을 중시해야 하는가?
④ 군주는 자국의 이익을 타국의 이익보다 중시해야 하는가?
⑤ 군주는 백성들이 각자 자신의 이익을 추구하도록 장려해야 하는
가?

191

난이도 상 중 하

다음 사상가의 입장으로 가장 적절한 것은?

천성적으로 자유를 사랑하고 타인을 지배하기를 좋아하는 인간이
코먼웰스(국가) 속에서 구속을 스스로 부과하는 궁극적 원인과 목적
과 의도는 자기 보존과 그로 인한 만족된 삶에 대한 통찰에 있다. …
(중략)… 코먼웰스의 정의는 다음과 같다. 다수 사람들이 상호 신의
계약을 체결하여 세운 하나의 인격으로서, 그들 각자가 그 인격이 한
행위의 본인이 됨으로써, 그들의 평화와 공동 방위를 위해 모든 사람
의 힘과 수단을 그기 임의로 사용할 수 있도록 한 것이다.

① 자연 상태는 선과 악을 분별할 수 있는 혼란 상태이다.
② 군주가 역할을 못할 경우에는 국민은 저항권을 발휘할 수 있다.
③ 사회 계약을 통해 국민은 군주로부터 주권을 이양 받아야 한다.
④ 국가는 만인의 만인에 대한 투쟁 상태에서 벗어나기 위해 만들어
졌다.
⑤ 국가는 국민들이 선한 본성을 발휘하여 질서를 유지할 수 있도록
해야 한다.

192 Challenge 30% 고난도

난이도 상 중 하

다음 사상가의 입장으로 옳지 않은 것은?

백성의 마음을 얻어야 천자가 되고, 천자의 마음을 얻어야 제후가
되며, 제후의 마음을 얻어야 대부가 된다. 제후가 사직을 위태롭게
하면 그를 바꾼다. …(중략)… 임금의 푸줏간에 기름진 고기가 있고
마구간에 살찐 말이 있으면서 백성들은 굶주린 기색이 있고 들판에
는 백성들의 시체가 있다면 이는 짐승을 몰아다가 백성들을 죽게 한
것이나 다름없다.

① 백성을 근본으로 하는 통치를 해야 한다.
② 정명(正名) 사상에 근거하여 통치해야 한다.
③ 나라의 안정을 위해 백성을 풍요롭게 해야 한다.
④ 군주의 덕성에 바탕을 둔 위민(爲民) 통치를 해야 한다.
⑤ 백성의 악한 본성을 변화시켜 왕도(王道)를 실현해야 한다.

민주 시민의 정의

수능 출제 패턴 분석 대의 민주주의, 정치 참여

유형보기

1. 정치 참여의 중요성

처음에 그들은 유대인을 잡아갔습니다. / 그러나 나는 침묵하였습니다. / 나는 유대인이 아니었기 때문입니다. / 그 다음에 그들은 공산주의자들을 잡아갔습니다. / 그러나 나는 침묵하였습니다. / 나는 공산주의자가 아니었기 때문입니다.
……(중략)……
그러던 어느 날 내 친구들이 잡혀갔습니다. / 그러나 그때도 나는 침묵했습니다. / 나는 내 가족들이 더 소중했기 때문입니다. / 그러던 어느 날 그들은 나를 잡으로 왔습니다. / 하지만 내 주위에는 아무도 남아 있지 않았습니다.

자료 분석

(1) 자신의 이익과 직접적인 관계가 없는 것에서 시작된 무관심이 점점 커져 사회에 만연하게 되고, 나치라는 독재 정권이 자신들의 마음대로 권력을 휘둘러도 저항하지 않게 된 것이다. 시민들이 정치 참여를 통해 정부의 결정을 감시한다면 이러한 정부의 자의적인 결정과 집행을 막을 수 있다.
(2) 시민의 참여는 민주주의의 필수 요소이며, 참여를 통해 국가 권력 남용을 견제하고 공동체의 문제를 협력적으로 해결함으로써 민주주의 실현에 기여할 수 있다.

2. 시민의 정치적 참여의 영향

• 공청회나 정책 토론회 등과 같은 공적 담론의 장에 적극적으로 참여하여 공동체의 문제를 함께 해결한다.
• 시민 단체나 민원 도우미 활동에 참여하여 국민 감시 활동, 행정 소송 청구 등을 통하여 적극적으로 정부의 정책을 제안하고 비판한다.

자료 분석

(1) 제시문은 시민의 참여 방법을 소개하고 있다.
(2) 시민의 참여는 국가의 권력 남용을 견제하고, 공동체의 문제를 협력적으로 해결하는 역할을 한다.
(3) 시민 참여는 개인 이익이 아니라 공적 이익의 실현을 위한 것이다.
(4) 정책의 심의, 결정, 집행 과정에 영향력을 행사할 수 있다.
(5) 시민 참여는 공동체 전체의 연대 의식을 강화할 수 있다.
(6) 한 사회의 구성원으로서 공정한 사회 제도 수립에 기여할 수 있다.

예상문제로 유형 익히기
정답 및 해설 • p.030

193
난이도 상 중 하

다음은 ㉠에 대한 인터넷 검색 화면이다. ㉠에 대한 설명으로 옳지 <u>않은</u> 것은?

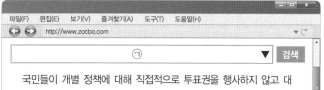

파일(F) 편집(E) 보기(V) 즐겨찾기(A) 도구(T) 도움말(H)
http://www.zocbo.com
㉠   ▼ 검색

국민들이 개별 정책에 대해 직접적으로 투표권을 행사하지 않고 대표자를 선출해 정부나 의회를 구성하여 정책 문제를 처리하도록 하는 민주주의를 말한다. 이와 대비되는 직접 민주주의는 개개 법률에 대한 승인과 거부, 즉 정부 정책을 국민들의 직접적인 투표로써 결정하는 정치 체제를 말한다. 즉 중간 매개자나 대표자 없이 개별 국민들이 의사 결정을 하는 권력을 직접 행사하기 때문에 직접 민주주의로 불린다. 대부분의 대의 민주주의는 국민 투표와 같은 직접 민주주의의 요소를 포함하고 있다.

① 시민들이 대표를 뽑아 정치를 대신하는 정치 형태이다.
② 고대 그리스의 민주주의 형태를 그대로 반영한 정치 형태이다.
③ 선출된 대표가 현대 사회의 전문적인 문제를 해결하지 못할 수 있다.
④ 시민들이 직접 정치에 참여하여 의사 결정을 하지 않는 정치 형태이다.
⑤ 선출된 대표가 국민의 의견을 충분히 반영하지 못한다는 한계를 지닌다.

194
난이도 상 중 하

다음에서 을의 입장으로 옳지 <u>않은</u> 것은?

갑 : 탕왕이 걸(桀)을 쫓아내어 가두고, 무왕이 주(紂)를 정벌했다고 하는데, 그런 일이 있었습니까?
을 : 옛 기록에 있습니다.
갑 : 신하가 자기 왕을 죽여도 됩니까?
을 : 인(仁)을 해치는 자를 적(賊)이라고 하고, 의(義)를 해치는 자를 잔(殘)이라고 합니다. 잔적(殘賊)을 일컬어 한 사람의 필부라고 합니다. 한 사람의 필부인 주(紂)를 죽였다는 말은 들었어도, '왕을 시해했다'는 말은 듣지 못했습니다.

① 백성은 군주를 부모와 같이 섬겨야 한다.
② 군주는 백성에 의한 정치를 지향해야 한다.
③ 군주는 백성을 나라의 근본으로 여겨야 한다.
④ 군주가 백성을 위하지 않으면 역성혁명이 가능하다.
⑤ 군주는 백성의 기본적인 삶의 조건을 마련해 주어야 한다.

시민 불복종

유형보기

1. 시민 불복종의 사례

(가) 우리는 모두 인간이어야 하고, 그다음 국민이어야 한다. 법에 대한 존경심보다는 먼저 정의에 대한 존경심을 지니는 것이 바람직하다. 내가 마땅히 따라야 할 의무는, 어떤 때이든 내가 옳다고 생각하는 일을 하는 것이다. …(중략)… 법이 자연법에 비추어 헌법성보다는 독단에 치우쳐 있다고 판단한다면 순순히 따르지 말고 양심에 따라 저항하라. ― 소로, "시민 불복종" ―

(나) 나는 오늘 친애하는 여러분께 말하고자 합니다. 비록 지금 우리가 역경에 시달리고 있지만, 그래도 나에게는 꿈이 있습니다. …(중략)… 언젠가 이 나라가 우뚝 서서 우리는 "모든 사람이 평등하게 태어났다는 것은 자명한 진리이다."라고 한 신조의 참된 의미를 몸소 실천하는 날이 오리라는 꿈입니다. ― 1963년, 마틴 루서 킹의 연설 ―

[자료 분석]

(가)와 (나)는 불의에 저항하며 시민 불복종을 실천한 소로와 마틴 루서 킹의 글이다. 시민 불복종은 법이 인권을 침해하는 등의 문제가 있을 때 그 부당함에 항의하기 위해 법을 위반하는 것이다.

2. 롤스의 시민 불복종의 정당화 조건

입헌 민주주의 사회에서 시민 불복종 행위는 '마지막 수단'이며, 만약 그러한 행위가 정당화될 수 있으려면 네 가지 조건이 충족되어야 한다. 첫째, 목표는 사회 정의의 기본적인 원리에 사회가 따르도록 하는 것이어야 한다. 둘째, 합법적인 개혁의 방법, 즉 의회 · 청원 · 선거를 시도했지만, 그것들이 소용이 없어야 한다. 셋째, 시민 불복종의 전략과 목표가 보편화 가능해야 한다. 넷째, 시민 불복종이 성공할 수 있는 것이라는 합당한 전망이 있어야 한다. ― 롤스, "정의론" ―

[자료 분석]

(1) 시민 불복종은 부당한 법이나 정책에 대해 거부할 수 있는 '헌법 내적 저항권'으로 '작은 저항권'이라고도 한다.

(2) 시민 불복종은 정의로운 사회를 실현하겠다는 목표를 위한 마지막 수단으로 평화적인 방법으로 이루어져야 한다. 또한 시민 불복종은 법체계에 대한 존중을 바탕으로 하기 때문에, 불복종으로 인한 처벌을 감수할 때 정당화될 수 있다.

대표기출로 유형 감잡기 정답 및 해설 · p.030

195

정답률 50% | 2024학년도 수능 ⓔ 연계

다음을 주장한 사상가의 입장으로 적절한 것만을 〈보기〉에서 있는 대로 고른 것은?

시민 불복종은 법에 대한 충실성의 한계 내에서 부정의한 법에 대한 불복종을 나타낸다. 시민 불복종 행위에 가담함으로써 소수자는 다수자에게 그들의 행위가 정의의 원칙들에 대한 위반으로 해석되기를 바라는지 아니면 공통된 정의감에 비추어 소수자의 합당한 요구를 인정하고자 하는지를 숙고하도록 강요하게 된다.

〈보기〉
ㄱ. 시민 불복종은 다수자의 정의감을 나타내는 양심적인 행위이다.
ㄴ. 시민 불복종은 법의 경계선 내에서 행해지는 정치적 행위이다.
ㄷ. 부정의한 법의 변혁은 시민 불복종의 목적이 아니라 결과이다.

① ㄱ ② ㄴ ③ ㄱ, ㄷ
④ ㄴ, ㄷ ⑤ ㄱ, ㄴ, ㄷ

196

정답률 68% | 2023학년도 9월 평가원

갑, 을 사상가들의 입장으로 적절한 것만을 〈보기〉에서 고른 것은?

갑 : 시민 불복종은 해당 문제를 다수에게 알리려는 시도이거나 국가적인 관심을 촉구하는 것이다. 이때 우리는 중단시키려는 악의 크기와 우리의 행위가 가져올 법과 민주주의에 대한 존중심의 감소 정도를 저울질해 봐야 한다.

을 : 시민 불복종은 정치적 다수자로 하여금 공통된 정의감에 비추어 소수자의 합당한 요구에 대한 숙고를 강요한다. 이는 헌법과 사회 제도 일반을 규제하는 정의의 원칙들에 의해 지도되고 정당화되기에 정치적 행위가 된다.

〈보기〉
ㄱ. 갑 : 시민 불복종의 목적은 결코 그 수단을 정당화할 수 없다.
ㄴ. 을 : 합법적인 민주적 권위에 대한 시민 불복종은 가능하다.
ㄷ. 을 : 다수의 정의감이 상실될 때 시민 불복종은 반드시 요청된다.
ㄹ. 갑과 을 : 시민 불복종이 가져올 효과를 신중히 고려해야 한다.

① ㄱ, ㄴ ② ㄱ, ㄷ ③ ㄴ, ㄷ
④ ㄴ, ㄹ ⑤ ㄷ, ㄹ

197

난이도 상 중 하

다음 서양 사상가가 긍정의 대답을 할 질문으로 옳은 것은?

> 시민 불복종은 법이나 정부의 정책에 변혁을 가져올 목적으로 행해지는, 공공적이고 비폭력적이며 양심적이긴 하지만 법에 반하는 정치적 행위이다. 이러한 행위를 통해서 우리는 공동 사회의 다수자가 갖고 있는 정의감을 드러내고, 자유롭고 평등한 개인들 사이에서 정의의 원칙이 존중되고 있지 않음을 보여 준다.

① 시민 불복종은 정의의 원칙을 위반하는 행위인가?
② 시민 불복종은 다수자의 정의감을 거부하는 행위인가?
③ 시민 불복종은 처벌을 피하고자 하는 정치적 행위인가?
④ 시민 불복종은 정치 체제를 변혁하기 위한 폭력 행위인가?
⑤ 시민 불복종 운동은 비폭력적인 방법으로 전개해야 하는가?

198

난이도 상 중 하

갑의 입장에 대해 을이 제기할 수 있는 견해로 가장 적절한 것은?

> 갑 : 시민 불복종은 '법에 대한 충실성'의 한계 내에서 법에 대한 불복종을 표현한다. 법에 대한 충실성은 양심적이고 진지하며 다수의 정의감에 호소하는 불복종의 의도를 보여 준다.
> 을 : 다수에게 순응하기보다 그들에게 온 힘을 다해 맞설 때 소수는 거역할 수 없는 힘을 갖게 된다. 양심이 아니라 다수가 옳고 그름을 결정하는 정부는 정의에 입각한 정부라고 할 수 없다.

① 시민 불복종은 정의 실현에 도움이 됨을 알아야 한다.
② 시민 불복종은 공개적으로 이루어져야 함을 알아야 한다.
③ 다수의 정의관이 시민 불복종의 기준이 됨을 알아야 한다.
④ 부정의한 모든 법률이 시민 불복종의 대상임을 알아야 한다.
⑤ 시민 불복종에 참여한 사람은 처벌을 감수해야 함을 알아야 한다.

199

난이도 상 중 하

다음 사상가의 입장으로 옳지 않은 것은?

> 시민 불복종은 법적·제도적 측면이든 도덕적 측면이든 그것이 사회 구성원들에게 부정적 영향을 주는 모든 사항에 대해 전개되어야 한다. 더 나아가서 현재의 법률이나 정책이 지금 당장 해로운 결과를 가져오지 않는다 하더라도, 원자력 발전처럼 미래 세대에게 해로운 결과를 가져온다면 그러한 정책은 지금 이 순간에도 도덕적으로 부당한 것으로 간주되어 그에 대한 현재의 시민 불복종도 정당화되어야 한다. 또한 처벌에 저항함으로써 국가 행동의 부당함을 폭로하고, 이를 통해 다수의 동조를 이끌어 내는 것도 허용되어야 한다.

① 시민 불복종으로 인한 처벌에 저항해야 한다.
② 시민 불복종은 국가 행동의 부당함을 폭로하는 위법 행위이다.
③ 시민 불복종은 결과와 무관하게 개인의 양심에 따라 이루어져야 한다.
④ 미래에 해로운 결과를 가져올 수 있는 정책도 시민 불복종의 대상이다.
⑤ 시민 불복종은 법적·제도적·도덕적 측면 등의 모든 영역에서 전개되어야 한다.

200

난이도 상 중 하

다음 토론의 핵심 쟁점으로 가장 적절한 것은?

> 갑 : 어떤 정부에서 정의롭지 못한 법이나 정책을 펼친다면 이를 개선하기 위해 불복종 운동을 전개할 필요가 있습니다.
> 을 : 그렇습니다. 그러한 의도적인 위법 행위를 통해 부당한 법이나 정책을 개선시켜 나갈 수 있어야 합니다.
> 갑 : 하지만 시민 불복종은 가장 처음에 시도되어서는 안 되고, 합법적인 개혁의 방법을 모두 동원해 보았지만 효과가 없는 경우에 한하여 이루어져야 합니다.
> 을 : 아닙니다. 그렇게 할 경우에는 너무 많은 시간이 걸리기 때문에 부당한 법률이나 정책을 시정할 수 없습니다. 개인의 양심에 비추어 볼 때, 부당한 법률이나 정책에 대해서는 즉각 불복종 운동을 전개해야 합니다.

① 시민 불복종은 최후의 수단으로 시행되어야 하는가?
② 시민 불복종은 사회 정의를 실현하는 데 기여하는가?
③ 시민 불복종은 공개적인 방법으로 이루어져야 하는가?
④ 시민 불복종은 의도적으로 법률을 위반하는 행위인가?
⑤ 시민 불복종은 폭력적인 방법을 사용해서는 안 되는가?

201

난이도 상 중 **하**

㉠이 정당화되기 위한 조건을 〈보기〉에서 있는 대로 고른 것은?

> 불의(不義)한 법이 존재한다. 우리는 그 법을 준수하는 것으로 만족할 것인가, 아니면 법을 개정하려고 노력하면서 그 법을 준수할 것인가, 아니면 당장이라도 법을 어길 것인가? …(중략)… 국가는 불의한 일을 시민들에게 강요해서는 안 되며, 시민은 그러한 국가의 강요에 ㉠불복종할 수 있는 권리를 행사할 수 있다.

〈보기〉
- ㄱ. 개인의 이익보다 공동의 선(善)을 추구해야 한다.
- ㄴ. 목적을 달성할 수 있도록 물리력을 행사해야 한다.
- ㄷ. 기존의 법보다 상위의 가치인 정의에 근거해야 한다.
- ㄹ. 합법적 방법을 시행하기 이전에 우선적으로 시행해야 한다.

① ㄱ, ㄷ ② ㄴ, ㄹ ③ ㄱ, ㄴ, ㄹ
④ ㄱ, ㄷ, ㄹ ⑤ ㄴ, ㄷ, ㄹ

202

난이도 상 **중** 하

갑~정 사상가들이 공통적으로 강조하는 내용으로 가장 적절한 것은?

> 갑 : 비록 헌법재판소가 합헌 판결을 내린 경우라 할지라도 헌법 정신에 비추어 의심스러운 법률이라면 시민이 그에 대해 저항할 권리를 지닌다.
> 을 : 헌법을 넘어선 개인의 양심을 저항 판단의 최종 근거로 삼아야 한다.
> 병 : 개인적 양심이 아니라 사회적 다수의 정의관이 저항의 기준이 되어야 한다.
> 정 : 행위가 산출할 이익과 손해, 성공 가능성까지를 고려하는 공리주의적 계산을 거쳐야만 저항이 정당화될 수 있다.

① 개인의 양심보다 실정법을 지키는 것을 우선시해야 한다.
② 인간으로서의 삶보다도 국민으로서의 삶을 더 중시해야 한다.
③ 위법에 따른 처벌의 가능성이 있을 경우에는 저항을 철회해야 한다.
④ 법률에 대한 저항은 공개적인 방법이 아닌 은밀한 방법으로 추진되어야 한다.
⑤ 잘못된 법률에 대해서는 복종의 의무가 없고 공개적으로 위법을 저지르며 저항할 수 있다.

203

난이도 상 중 **하**

다음 사례를 통해서 추론할 수 있는 시민 불복종의 정당화 조건으로 가장 적절한 것은?

> 1930년, 영국 정부는 '소금 법'*으로 인도 사람들을 더욱 억압하였다. 소금 세가 너무 높아 가난한 농민은 소금을 사 먹지 못하는 상황이 벌어졌다. 그러자 간디는 영국 정부에게 '소금 법'을 폐지하라고 요구했다. 그러나 이러한 간디의 요구는 받아들여지지 않았다. 그래서 그는 '소금 법'에 대한 저항의 표시로 제자들을 데리고 24일 동안의 평화적 행진을 시작하게 된다. 간디 일행은 3주에 걸친 행진 끝에 동쪽 해안에 이르렀으며, 일행은 손으로 바닷물을 떠다가 햇볕에 말려 소금을 만들기 시작했다. 이 행진이 끝날 때쯤 약 6만여 명의 사람들이 투옥되었고, 간디 역시 체포되었다.
>
> *소금 법 : 소금은 반드시 영국에서 수입해야 한다는 것을 명시한 법으로, 영국은 50%의 높은 세금을 붙여 소금을 팔았다.

① 부당한 법률이라도 폐지되기 전까지는 준수해야 한다.
② 공개적인 방식보다 은밀한 방식으로 추진되어야 한다.
③ 공동선(善)보다도 개인의 자유와 권리를 중시해야 한다.
④ 합법적인 노력 이후에 최후의 수단으로 행사되어야 한다.
⑤ 요구가 수용되지 않을 경우에는 물리력을 사용해야 한다.

204

난이도 상 **중** 하

갑, 을 사상가들의 공통적인 관점에만 모두 '✓'를 표시한 학생은?

> 갑 : 나에게는 꿈이 있습니다. 언젠가 나의 네 자녀들이 피부색으로 사람을 평가하는 나라가 아니라 인격으로 평가하는 나라에 살게 되리라는 꿈입니다.
> 을 : 내가 마땅히 따라야 할 의무는 어떤 때이든 내가 옳다고 생각하는 일을 하는 것이다. 불의가 당신으로 하여금 다른 사람에게 불의를 행하는 하수인이 되라고 요구한다면 그 법을 어겨라. 바보 같은 법에 따르지 않음으로써 우리는 그로부터 빚어질 엄청난 재앙을 막을 수 있다.

관점＼학생	갑	을	병	정	무
실정법보다 더 상위의 가치가 존재한다.	✓			✓	✓
악법 폐지를 위해서라면 무장 투쟁도 불사해야 한다.		✓	✓	✓	
부당한 법률이나 정책에 대해서는 공개적으로 저항해야 한다.	✓	✓			✓
부당한 법률의 거부로 인한 처벌도 부당한 것이므로 거부해야 한다.			✓	✓	✓

① 갑 ② 을 ③ 병 ④ 정 ⑤ 무

IV

과학과 윤리

01 과학 기술과 윤리

02 정보 사회와 윤리

03 자연과 윤리

출제 경향 분석

이 단원에서 출제되는 문항의 수는 3~4문항이다.

• '과학 기술과 윤리' 단원에서는 과학 기술의 가치 중립성 논란과 관련된 문항이 가장 많이 출제되었다.

• '정보 사회와 윤리' 단원에서는 정보 공유론과 정보 사유론의 논점을 비교하는 문제가 가장 많이 출제되었다. 정보 사회의 특성이나 바람직한 윤리적 자세를 묻는 문제도 출제되고 있다.

• '자연과 윤리' 단원에서는 인간 중심주의, 동물 중심주의, 생명 중심주의, 생태 중심주의 이론의 공통점과 차이점을 묻는 문제, 요나스의 환경 윤리에 관한 문제가 항상 출제되었다. 이 밖에 바람직한 환경 윤리의 자세를 묻는 문제도 출제되고 있다.

중단원	item	핵심 keyword
1. 과학 기술과 윤리	item 31 과학 기술을 바라보는 관점	과학 기술에 대한 관점 과학 탐구에 대한 윤리적 과제 과학 기술 지상주의 과학 기술 혐오주의
	item 32 과학 기술의 가치 중립성 논쟁	과학 기술의 가치 중립성을 긍정하는 입장 과학 기술의 가치 중립성을 부정하는 입장
	item 33 과학 기술의 사회적 책임	과학 기술자의 책임 요나스의 책임 윤리
2. 정보 사회와 윤리	item 34 정보 사회의 윤리적 문제	정보 통신 기술과 윤리 정보 격차 사이버 공간
	item 35 정보 공유론과 정보 사유론	정보 공유론 정보 사유론 저작권 정보 공유
	item 36 정보 사회에서의 매체 윤리	뉴 미디어 알 권리 인격권 매체 윤리
3. 자연과 윤리	item 37 동양의 자연관	불교의 연기설 도가의 무위자연 유교의 천인합일 풍수지리설
	item 38 인간 중심주의 윤리	인간 중심주의 이분법 도구적 자연관 온건한 인간 중심주의
	item 39 동물 중심주의 윤리	싱어의 동물 해방론 레건의 동물 권리론 종 차별주의 쾌고 감수 능력
	item 40 생명 중심주의 윤리	생명 외경 사상 테일러의 생명 중심주의 목적론적 삶의 중심 내재적 가치
	item 41 생태 중심주의 윤리	레오폴드의 대지 윤리 심층 생태주의 전일론 생태 중심주의 환경 파시즘
	item 42 환경 문제와 기후 변화	기후 변화의 문제 기후 변화 협약 교토 의정서 탄소 배출권 거래제
	item 43 미래 세대에 대한 책임과 생태적 지속 가능성	요나스의 책임 윤리 성장과 보전의 딜레마 환경적으로 건전하고 지속 가능한 발전

학습 대책

• 과학 기술의 가치 중립성에 관한 논점을 잘 학습해 두어야 한다. 이러한 문제는 대화체 형식으로 출제되는 경우도 많다.

• 정보 공유론과 정보 사유론의 논점을 정확하게 학습해 두어야 한다. 이 부분은 순서도, 벤다이어그램, 대화체 등 다양한 형식으로 출제될 수 있다.

• 여러 가지 환경 윤리 이론들의 공통점과 차이점을 정확하게 파악하고 있어야 한다. 특히 이 부분은 고난도 문항으로 출제될 확률이 높다.

• 요나스의 책임 윤리, 기후 변화와 관련된 환경 문제를 학습해 두어야 한다.

01 과학 기술과 윤리

출제 예상 item   31 과학 기술을 바라보는 관점   32 과학 기술의 가치 중립성 논쟁   33 과학 기술의 사회적 책임

1 과학 기술을 바라보는 관점

1. 과학 기술의 성과와 윤리적 문제

과학 기술의 성과	과학 기술의 윤리적 문제
• 물질적으로 풍요롭고 안락한 삶을 제공함 • 인류의 건강을 증진시키고 생명을 연장해 줌 • 교통과 정보 통신 기술의 발달로 시공간적 제약을 극복할 수 있게 함 • 다양한 매체의 등장으로 대중문화를 발달시킴	• 과학 기술에 종속되어 인간의 주체성을 약화시키고 비인간화시킴 → 기술 지배 현상 발생 • 인격적인 인간관계를 파괴하고 사생활 침해 등의 문제를 야기하여 판옵티콘과 같은 거대 감시 체제를 만들 수 있다는 우려를 낳음

2. 과학 기술을 바라보는 관점

과학 기술 지상주의(=낙관주의)	과학 기술 혐오주의(=비관주의)
• 과학 기술이 무한한 부와 당면한 모든 문제를 해결할 수 있다고 봄 • 합리성과 효율성을 지나치게 강조하는 환원주의적 입장 • 문제점 : 과학 기술이 갖는 부정적 측면을 간과하고, 인간의 반성적 사고 능력을 훼손할 수 있음	• 과학 기술의 부작용만을 지나치게 염려하여 기술이 지배하는 인간 소외 사회가 될 것으로 봄 • 과학 기술의 가치를 인정하지 않고 과학 기술의 성과와 혜택을 전면 부정함 • 문제점 : 과학 기술의 가치를 인정하지 않고 과학 기술이 인류에게 가져다준 여러 가지 혜택과 성과를 부정한다는 측면에서 현실을 반영하지 못함

2 과학 기술의 가치 중립성 논쟁

과학 기술의 가치 중립성 인정	• 과학 기술 그 자체는 좋은 것도 나쁜 것도 아님 • 과학 기술은 사실의 영역에 속하기 때문에 윤리적 규제나 평가의 대상이 아님 • 과학 기술은 사회적 책임으로부터 자유로워야 하며, 과학 기술의 결과에 대한 책임은 과학 기술을 실제로 활용한 사람들의 몫임 • 야스퍼스 : "기술은 수단일 뿐이며 그 자체로 선도 아니고 악도 아니다. 그것은 인간이 기술로부터 무엇을 만들어 내고, 기술을 어디에 사용하고, 어떤 조건에서 기술이 만들어지느냐에 달려 있다." • 푸앵카레 : "과학과 윤리는 한 점에서 접하기만 하는 두 개의 원과 같이 별개의 영역이다."
과학 기술의 가치 중립성 부정	• 과학 기술도 가치 판단에서 자유로울 수 없으므로 윤리적 검토가 필요함 → 과학 기술은 궁극적으로 인간의 존엄성 실현과 삶의 질 향상이라는 윤리적 목적에 기여해야 함 • 과학 기술자가 연구 대상을 설정하고 그 결과를 활용하는 과정은 가치로부터 독립적이지 않음 • 하이데거 : "과학 기술을 가치 중립적인 것으로 고찰할 때 우리는 무방비 상태로 과학 기술에 내맡겨진다."

3 과학 기술의 사회적 책임

과학 기술자의 윤리적 책임	• 내적 책임 : 과학 기술자는 연구하는 어떠한 정보·자료도 표절하거나 조작·날조해서는 안 됨 • 외적 책임 : 자신의 연구 결과가 사회적 위기를 가져올 수 있음을 인식하고 자신의 연구와 그 활용에 관하여 사회적 책임을 다해야 함
요나스의 책임 윤리	• 책임의 범위를 현세대로 한정하는 기존의 전통적 윤리관은 과학 기술 시대에 발생하는 문제를 해결하는 데 한계를 지님 • 윤리적 책임의 범위를 확대해 인간뿐만 아니라 자연과 미래 세대에 대한 책임까지 고려해야 함 • 인류의 생존에 방해되는 어떠한 행동도 하지 말아야 하며, 그 행동의 결과가 생명이 살 수 있는 미래를 파괴하지 않도록 해야 함

✎ 교과서 속 수능 개념

과학 기술의 가치 중립성 논쟁

• 오펜하이머 : "내가 원자 폭탄을 만든 것은 사실이지만 원자 폭탄의 사용에 대한 결정은 정치인이 내린 것이며, 나는 주어진 역할에 충실했을 뿐이다."

• 하이젠베르크 : "히틀러의 손에 원자 폭탄이 들어가 인류에게 씻을 수 없는 죄를 지을 수는 없다. 우리의 연구는 평화로운 원자 에너지 활용 방안에 한정되어야 한다."

오펜하이머의 과학자 책임

어떤 과학자도 자신의 연구와 실험 결과가 인류의 복지에 얼마나 기여할 것인가 또는 유해할 것인가를 측정할 수 없다. 그리고 그와 같은 가치 판단의 문제는 과학의 영역이 아니다. 다시 말하면 과학자는 정당한 방법으로 연구하고, 이를 통해 발견한 진리를 공표할 책임만을 가진다. 그 학문적 성과가 인류 복지에 이용될 것인가, 그렇지 않으면 인류의 절멸과 범죄 행위에 악용될 것인가의 문제는 이미 과학의 영역이 아니다.

요나스의 책임 윤리

요나스는 근대적인 인간 중심적 자연관을 비판하며 책임의 윤리를 제시하였다. 그는 인간 상호 간의 관계에서 인간과 자연과의 관계로 윤리의 영역을 확장해야 한다고 보고, 과학 기술의 발전이 미래에 미칠 영향을 예측하여 도덕적 책임을 져야 한다고 보았다.

✎ 헷갈리는 개념 정리

1. 가치 중립성

가치 중립성 개념을 처음 제시한 것으로 알려진 막스 베버는 과학적 지식의 객관성을 보장하기 위해 사실 인식과 가치 판단을 엄격히 구별해야 한다고 주장하였다. 하지만 그는 과학적 방법으로 현실에 접근할 때에만 가치 중립성이 적용되는 것이지, 연구 목적을 설정할 때에는 가치가 개입할 수 있다고 보았다.

2. 과학 기술의 성과에 대한 잘못된 시각

과학 기술 지상주의	과학 기술의 성과를 지나치게 긍정적으로 바라보려는 태도
과학 기술 혐오주의	과학 기술로 인한 윤리적 문제에만 주목하여 과학 기술을 모두 부정하는 태도

과학 기술을 바라보는 관점

유형보기

1. 과학 기술에 대한 관점 평가원

현대의 기술은 자연스럽게 얻을 수 있는 에너지를 자연스럽지 않은 방식으로 무리하게 얻으려고 한다. 과거의 풍차는 바람의 힘으로 돌아가며 바람에 전적으로 자신을 내맡겼지만, 수력 발전소는 강물의 흐름을 발전소에 맞추어 버렸다. 즉, 수력 발전소가 세워진 그 강은 발전소의 요구에 맞추어 수압 공급자로서 존재하게 되었다

[자료 분석]

(1) 제시문은 과학 기술에 대한 비판적 관점을 지니고 있으며, 현대의 기술이 자연의 고유한 존재 방식을 변질시킨다고 본다.
(2) 과학 기술에 대한 비판적 관점은 주로 과학 기술에 의해 인간의 주체성이 파괴된다고 비판한 실존주의 철학에서 제시되었다.

2. 과학 탐구의 윤리적 과제 교육청

교사 : 과학 기술에 대한 반성적 성찰이 부족할 때의 문제점에는 어떤 것들이 있을까요?
학생 1 : 생명의 존엄성을 훼손할 수 있습니다.
학생 2 : 생태계의 파괴를 가져올 수 있습니다.
학생 3 : 거대한 감시 체제가 등장할 수 있습니다.

[자료 분석]

(1) 생명의 존엄성을 훼손할 수 있고, 생태계의 파괴를 가져올 수 있으며, 거대한 감시 체제가 등장할 수 있다는 과학 기술의 부정적인 면들에 대한 지적은 과학 기술에 대한 반성적 성찰이 부족할 때 나타날 수 있다.
(2) 인간성 파괴와 생태계 파괴의 심각성에 주목하는 과학 기술 비관론은 과학 기술 혐오주의를 초래할 수 있다.

대표기출로 유형 감잡기
정답 및 해설 • p.032

205
정답률 82% | 2024학년도 9월 평가원

갑, 을 사상가들의 입장으로 가장 적절한 것은?

기술은 행복과 불행 모두에 기여할 수 있으나 그 자체로는 중립적입니다. 기술은 수단일 뿐이지 그 자체로는 선도 아니고 악도 아닙니다.

기술을 긍정하건 부정하건 우리는 기술에 붙들려 있습니다. 최악의 경우는 기술을 중립적인 것으로 고찰할 때이며, 이 경우 우리는 무방비 상태로 기술에 내맡겨집니다.

 갑   을

① 갑 : 기술은 인간이 설정한 목적의 실현을 위한 공허한 힘이다.
② 갑 : 기술의 활용 방안은 인간의 결정으로부터 독립적일 수 있다.
③ 을 : 기술은 가치 판단으로부터 자유롭기 때문에 통제되어야 한다.
④ 을 : 기술은 인간이 자연과 관계 맺는 방식을 변화시킬 수 없다.
⑤ 갑과 을 : 기술은 인간의 개입이 없을 때에도 해악이 될 수 있다.

206
정답률 93% | 2020학년도 수능 ⓔ 연계

갑, 을 사상가들의 입장으로 옳은 것은?

갑 : 과학의 목적은 자연을 인간의 의도에 맞도록 변형함으로써 인간의 활동 영역을 넓히는 것이다. 인간은 자연의 사용자이자 해석자로서 자연을 경험적으로 연구해야 한다. 자연에 대한 인간의 지배권은 오직 기술과 학문에 달려 있다.

을 : 현대 기술의 본질은 기술적인 것이 아니다. 우리는 어디서나 부자유스럽게 기술에 붙들려 있다. 최악의 경우는 기술을 중립적으로 고찰할 때이며, 이 경우 우리는 무방비 상태로 기술에 내맡겨져 전적으로 기술의 본질에 대해 맹목적이게 된다.

① 갑 : 관찰과 실험으로부터 유용한 지식을 이끌어 낼 수는 없다.
② 갑 : 과학의 목적은 삶의 개선이 아니라 진리 탐구 그 자체이다.
③ 을 : 현대 기술의 본질에 대한 자각과 비판적 성찰이 필요하다.
④ 을 : 현대 기술은 인간의 자율적 의지에 전적으로 종속되어 있다.
⑤ 갑, 을 : 기술은 수단일 뿐 그 자체는 가치 판단의 대상이 아니다.

207

정답률 92% | 2019학년도 수능 ⓒ 연계

다음 토론의 핵심 쟁점으로 가장 적절한 것은?

> 갑 : 과학은 가치 중립적이지 않습니다. 과학자는 연구 주제를 설정할 때 주관적 가치를 개입시키게 됩니다. 또한 연구 과정에서 과학자는 연구 윤리를 준수해야 합니다.
>
> 을 : 동의합니다. 또한 과학자는 연구 과정에서의 내적 책임뿐만 아니라 자신의 연구 결과가 미칠 사회적 영향을 인식하여 연구 및 개발과 그 활용에 관한 사회적 책임까지 다해야 합니다.
>
> 갑 : 아닙니다. 과학자에게 그러한 책임까지 돌리면 과학의 발전이 지체됩니다. 연구 결과가 활용되어 사회에 부정적 결과를 초래해도 그것은 연구 결과를 활용한 사람들의 책임일 뿐입니다.
>
> 을 : 과학의 발전이 지체될 수 있지만 과학자에게 사회적 책임을 부과하는 것은 정당합니다. 과학의 발전에서 더 중요한 것은 시간적 속도가 아니라 윤리적 방향입니다.

① 과학자는 연구 과정에서 연구 윤리를 준수해야 하는가?
② 과학자는 연구 주제를 설정할 때 가치 중립적 태도를 취하는가?
③ 과학자는 과학 연구에 대한 모든 책임에서 면제되어야 하는가?
④ 과학자에게 내적 책임과 더불어 사회적 책임도 부과해야 하는가?
⑤ 과학자에게 사회적 책임을 부과하면 과학 발전이 지체될 수 있는가?

208

정답률 66% | 2018학년도 6월 평가원

다음 토론의 핵심 쟁점으로 가장 적절한 것은?

> 갑 : 현대 기술 사회에서 기술은 대다수 시민들에게 막대한 영향력을 행사하고 있습니다. 따라서 기술 정책 결정과 관련하여 시민들에게 기술 시민권을 보장해야 합니다.
>
> 을 : 동의합니다. 다만, 시민들이 기술 정책 결정 과정에 직접 참여하는 것은 많은 비용이 발생하므로 기술 시민권은 기술 정보에 대한 접근권으로 한정되어야 합니다.
>
> 갑 : 아닙니다. 그러한 접근권만으로는 기술 정책의 정당성을 확보할 수 없습니다. 많은 비용이 발생하더라도 기술 정책 결정 과정에 시민들이 직접 참여할 권리를 보장해야 합니다.
>
> 을 : 그렇지 않습니다. 기술 정책 결정은 고도의 전문성을 요구합니다. 따라서 전문가의 참여만으로도 기술 정책의 정당성은 충분히 확보될 수 있습니다.

① 기술 사회에서는 기술 시민권이 보장되어야 하는가?
② 기술 사회에서 기술은 막대한 사회적 영향력을 행사하는가?
③ 기술 정책 결정에 시민이 참여하면 많은 비용이 발생하는가?
④ 기술 정책은 적절한 의사 결정 과정을 통해 수립되어야 하는가?
⑤ 기술 정책의 정당성은 전문가의 참여만으로 충분히 확보되는가?

예상문제로 유형 익히기

정답 및 해설 • p.032

209

난이도 상 **중** 하

빈칸 (가)에 들어갈 개념에 대한 설명으로 옳은 것을 〈보기〉에서 고른 것은?

> (가) 은/는 과학 기술 문명이 인류에게 끼친 커다란 물질적 혜택과 같은 구체적 성과를 토대로 나타난 태도이다. 이는 과학적 인식 방법이야 말로 우주와 인간을 연결하는 최고의 유일한 방법이며, 모든 문제가 과학에 의해서 해결될 수 있다고 주장한다.

〈보기〉
ㄱ. 과학 기술의 성과를 일방적으로 높게 평가하는 것이다.
ㄴ. 과학 기술의 발전에 지나치게 의존하는 경향을 보인다.
ㄷ. 인간이 자연의 힘을 통제하거나 활용하지 못한다고 믿을 때 나타난다.
ㄹ. 자연 과학의 문제를 인간의 내면적 영역을 통해서 관찰하고 분석하려고 한다.

① ㄱ, ㄴ   ② ㄱ, ㄷ   ③ ㄴ, ㄷ
④ ㄴ, ㄹ   ⑤ ㄷ, ㄹ

210

난이도 상 **중** 하

다음 과학적 입장이 지닌 특징만을 〈보기〉에서 있는 대로 고른 것은?

> 우리에게는 태양과 천체를 모방한 발열 장치가 갖추어져 있습니다. 온갖 물체를 데울 뿐만 아니라 이 열은 앞으로 나아가기도 하고 되돌아오기도 합니다. 그래서 원하는 대로 다양한 효과를 거둘 수 있습니다. 또 분비물의 열, 살아 있는 동물의 위에서 나오는 열, 혈액의 열, 육체의 열, 쌓여서 썩어가는 건초나 풀의 열 등을 연구하여 활용합니다. 강한 태양열을 받아 내는 시설도 있으며, 지하에 인공적으로 열을 발생하도록 만들어 놓은 시설도 있습니다. 우리가 진행하는 연구의 성격에 따라 이들 다양한 열이 활용되기 때문입니다.

〈보기〉
ㄱ. 과학 기술에 대해 무한한 신뢰를 지니고 있다.
ㄴ. 과학적 방법을 모든 가치 판단의 기준으로 삼는다.
ㄷ. 과학 기술의 합리성과 효율성을 지나치게 강조한다.
ㄹ. 과학 기술의 부정적 측면을 윤리적 기준을 바탕으로 평가한다.

① ㄱ, ㄴ   ② ㄱ, ㄹ   ③ ㄷ, ㄹ
④ ㄱ, ㄴ, ㄷ   ⑤ ㄴ, ㄷ, ㄹ

수능 출제 패턴 분석 과학 기술의 가치 중립성을 긍정하는 입장, 과학 기술의 가치 중립성을 부정하는 입장

유형보기

1. 과학 기술의 가치 중립성에 관한 논쟁 교육청

갑 : 기술은 그 자체로 선하지도 악하지도 않은 수단이다. 그것은 인간이 기술로부터 무엇을 만드느냐, 기술이 인간의 무엇을 위해 기여하느냐, 그리고 어떤 조건 하에서 기술이 만들어지느냐에 달려 있다.

을 : 과학 기술이 인간과 자연에 미치는 영향을 고려할 때 과학 기술의 목적은 인간의 행복과 인류의 발전이라는 가치 아래 논의해야 한다. 과학 기술을 가치 중립적인 것으로 고찰할 때 우리는 무방비 상태로 과학 기술에 내맡겨진다.

자료 분석

(1) 갑은 과학 기술이 도덕적 평가로부터 자유로워야 한다는 가치 중립적 입장을 가지고 있다.

(2) 을은 과학 기술은 가치 판단에서 자유로울 수 없으며 연구 전반에 걸쳐 윤리적 성찰이 필요하다는 입장을 가지고 있다.

2. 과학 기술의 가치 중립성을 반대하는 견해

핵분열 이론을 연구한 사람은 원자 폭탄 투하의 책임이 없습니다. ㉠ 그러나 원자 폭탄을 만든 사람은 다릅니다. 그는 응분의 책임을 져야 합니다. 과학자는 한 개인의 차원만이 아니라 인간 공동체의 차원에서 행동해야 하기 때문입니다. 과학자는 자신의 연구 활동을 사회와의 연관성 안에서 생각해야 합니다. 원자 폭탄을 만든 미국의 원자 물리학자들은 원자 폭탄의 역효과를 연구 초기부터 이미 충분히 알고 있었을 것이기 때문입니다.
– 하이젠베르크, "부분과 전체" –

자료 분석

㉠에서 하이젠베르크는 과학 기술의 가치 중립성을 인정하는 입장에 반대하고 있다. 그는 원자 폭탄을 만든 사람은 원자 폭탄이 가져올 커다란 사회적 영향력에 대해서 이미 충분히 알고 있기 때문에 원자 폭탄으로 인한 결과에 대하여 응분의 책임을 져야 한다고 주장한다.

3. 과학 기술에 대한 태도 교육청

갑 : 과학 기술의 타당성은 불변의 기준에 의해 가려지는 것이 아니므로, 당시의 정치 · 사회 · 문화적 영향을 받을 수밖에 없습니다.

을 : 과학 기술은 그 자체가 좋은 것도 나쁜 것도 아닙니다. 과학 기술은 그것을 사용하는 사람이 어떻게 사용하느냐에 따라 달라집니다.

자료 분석

(1) 갑은 과학 기술에 대한 가치 중립성을 부정하고, 을은 긍정한다.

(2) 갑은 과학 기술은 발견 및 활용의 맥락에서 가치가 개입된다는 입장이다. 따라서 과학 기술의 결과에 대한 책임과 사회적 평가를 의식하고 고려한다.

(3) 을은 과학 기술이 객관적인 관찰, 실험 및 논리적 사고를 통해 지식을 얻기 때문에 주관적 가치가 개입될 수 없다는 입장이다.

대표기출로 유형 감잡기 정답 및 해설 · p.033

211

정답률 90% | 2019학년도 10월 교육청

갑, 을 사상가들의 입장으로 가장 적절한 것은?

갑 : 현대 기술의 지배적인 탈은폐 방식은 일종의 닦달로, 자연에게 에너지를 내놓으라고 강요한다. 기술에 의해 인간과 사물은 기술을 위한 재료가 될 위험에 내던져진다.

을 : 현대 기술은 자연과 인간을 대상으로 전락시키고 있다. 이러한 상황에서는 공포의 발견술이 요청된다. 즉 두려워함 자체가 윤리학의 예비적인 의무가 되어야 한다.

① 갑 : 기술은 자연이 지닌 내재적 가치를 중시한다.
② 갑 : 기술은 인간의 삶의 방식에 영향을 줄 수 없다.
③ 을 : 기술의 발달은 인간의 윤리적 책임을 축소시킨다.
④ 을 : 기술의 폐해에 대한 책임은 인간만이 질 수 있다.
⑤ 갑, 을 : 기술은 단순한 가치 중립적인 도구에 불과하다.

212

정답률 86% | 2017학년도 수능 ⓔ 연계

(가)의 입장에 비해 (나)의 입장이 갖는 상대적 특징을 그림의 ㉠~㉤ 중에서 고른 것은?

(가) 과학 기술을 가치 중립적인 것으로 간주해서는 안 된다. 과학 기술 연구 및 그 결과 활용에 대한 과학자의 공적인 책임 의식과 외부 규제가 없다면, 인류는 과학 기술에 종속당하여 제어할 수도 없고 돌이킬 수도 없는 불행한 미래에 봉착하게 된다.

(나) 과학 기술 자체에 선악의 잣대를 적용할 수 없으며, 연구 성과의 활용과 초래되는 결과에 대해 과학자에게 어떠한 책임도 물어서는 안 된다. 외부 간섭에서 벗어나 연구에만 전념할 때 과학 기술은 발전 가능하며, 그 결과 인류는 지속적으로 번영하게 된다.

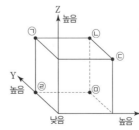

X : 과학 기술 연구의 독립성이 인류 진보에 공헌함을 강조하는 정도
Y : 과학 기술 자체에 대한 윤리적 판단을 배제해야 함을 강조하는 정도
Z : 과학 기술 연구 결과의 활용에 대한 과학자의 사회적 책임을 강조하는 정도

① ㉠ ② ㉡ ③ ㉢ ④ ㉣ ⑤ ㉤

213

난이도 상 중 하

다음 대화의 빈칸 ㉠에 들어갈 내용으로 옳은 것은?

갑: 과학자의 연구가 사회적으로 부정적인 결과를 낳았다 하더라도 그것은 이용한 사람들의 잘못이지. 과학자는 책임질 이유가 없어.

을: 나는 그렇게 생각하지 않아. 왜냐하면 ㉠ .

① 과학은 객관적인 것이기 때문이야
② 과학은 가치 중립적인 것이기 때문이야
③ 과학자에게 사회적 책임을 물을 수 없기 때문이야
④ 과학은 가치 판단으로부터 자유롭지 않기 때문이야
⑤ 과학의 연구 결과는 사회 문제와 분리되어 있기 때문이야

214

난이도 상 중 하

다음 글의 ㉠에 들어갈 내용으로 가장 적절한 것만을 〈보기〉에서 있는 대로 고른 것은?

> 과학 기술은 인간의 삶에 위험을 초래할 수도 있기 때문에 과학자는 연구를 수행할 때 사회에 미칠 영향을 염두에 두어야만 한다. …(중략)… 그런데 어떤 사람들은 "과학 기술이 초래한 결과에 대한 책임은 과학자가 아니라 전적으로 과학 기술을 사용한 사람들에게 있다."라고 주장한다. 나는 이러한 견해에 대해 ㉠ 고 생각한다.

〈보기〉
ㄱ. 과학자의 연구가 가치 중립적임을 강조하고 있다
ㄴ. 과학 연구에 사회적 규제의 중요성을 강조하고 있다
ㄷ. 연구의 성과는 도덕적 가치로 판단됨을 강조하고 있다
ㄹ. 연구를 수행하는 과학자의 사회적 책임을 경시하고 있다

① ㄱ, ㄴ　　　② ㄱ, ㄹ　　　③ ㄴ, ㄷ
④ ㄱ, ㄷ, ㄹ　　　⑤ ㄴ, ㄷ, ㄹ

215

Challenge 30% 고난도

난이도 상 중 하

갑, 을이 서로에게 제기할 수 있는 비판으로 가장 적절한 것은?

> 갑: 과학 기술 그 자체는 선하지도 악하지도 않다. 과학 기술의 가치는 그것을 사용하는 사람이 어떻게 사용하느냐에 따라 결정된다.
> 을: 과학 기술은 가치 판단에서 자유로울 수 없다. 과학 기술의 궁극적 목적은 인간의 존엄성 구현과 삶의 질 향상과 연결되어 있다.

①	갑이 을에게	과학 기술이 인류에게 필요함을 간과하고 있다.
②	갑이 을에게	과학 기술 연구에서 과학자의 책임성이 강조되어야 함을 간과하고 있다.
③	을이 갑에게	과학 기술 그 자체의 가치 중립성을 간과하고 있다.
④	을이 갑에게	과학 기술의 본질이 진리의 발견임을 간과하고 있다.
⑤	을이 갑에게	과학 기술이 윤리적 가치 평가의 대상임을 간과하고 있다.

216

Challenge 30% 고난도

난이도 상 중 하

(가)의 갑, 을의 입장을 (나) 그림으로 나타낼 때, A~C에 해당하는 진술로 옳은 것은?

(가)	갑: 과학 기술이란 관찰, 실험, 조사 등의 객관적인 방법으로 얻어 낸 자연 현상에 대한 체계적인 지식과 그 지식을 활용하여 무엇인가를 만들어 내는 전 과정을 말합니다. 과학 기술은 객관성과 확실성이 중요하므로 가치 중립적이어야 합니다.
	을: 저는 그렇게 생각하지 않습니다. 과학 기술의 발견과 활용이라는 맥락에서는 가치가 개입될 수밖에 없습니다. 과학 기술자가 연구 대상을 선정하고 그 결과를 활용하는 과정은 가치로부터 독립적이지 않기 때문입니다.
(나)	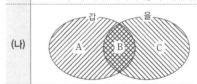 〈범례〉 A: 갑만의 입장 B: 갑, 을의 공통 입장 C: 을만의 입장

① A : 과학자는 과학 기술의 활용에 책임을 져야 한다.
② A : 과학 기술의 객관적 타당성을 검증하는 과정에 가치가 개입되어서는 안 된다.
③ B : 과학 연구는 사회와 독립된 영역을 보장받아야 한다.
④ C : 과학 연구는 사회에 끼칠 영향을 고려해야 한다.
⑤ C : 과학 기술자는 사회적 책임으로부터 자유로워야 한다.

과학 기술의 사회적 책임

수능 출제 패턴 분석 과학 기술자의 책임, 요나스의 책임 윤리

유형보기

1. 과학자의 책임 교육청

갑 : 과학자들에게 필요한 것은 사실을 규명하는 연구 과정에서의 윤리뿐이다. 과학은 단지 순수한 지적 호기심에 따라 '자연적 사실'을 규명하는 학문이다. 과학자가 연구에만 전념할 때 과학은 발전 가능하다.

을 : 과학자들은 과학적 지식을 추구할 때 윤리적인 절차를 준수해야 한다. 나아가 과학자들은 사회에 해로운 결과가 예측되는 과학 연구에 대해서는 그 위험성을 알리고 스스로 연구를 중단해야 한다.

자료 분석

(1) 갑은 과학자에게 연구 결과 활용에 대한 책임이 없다고 보는 반면 을은 있다고 본다.

(2) 갑, 을 모두 과학 연구 과정에서 윤리적인 절차를 준수해야 한다고 본다.

(3) 갑, 을 모두 과학적 지식의 추구와 발견은 과학적이고 윤리적인 방법을 따라야 하므로 어떠한 정보 자료도 표절, 위조, 변조, 날조해서는 안 된다고 본다.

(4) 갑, 을은 과학자는 과학적·윤리적 절차와 방법에 따라 학문적 지식을 추구하고 발견해야 한다는 것을 인정하는 입장이다.

2. 요나스의 책임 윤리 교육청

㉠ 프로메테우스는 과학을 통해 이제까지 알려지지 않았던 힘을 부여받아 마침내 사슬로부터 풀려났지만, 그는 자신의 힘이 불행을 자초하지 않도록 스스로를 제어해야 한다.

㉡ 지구상에서 우리 모두가 몰락하지 않으려면 우리의 탐욕스러운 권력을 억제해야 한다. 이것이 바로 말 없는 피조물들의 고발이다.

㉢ 너의 행위의 결과가 지구 상에서 인간의 지속 가능한 삶과 조화될 수 있도록, 즉 미래 인류의 존속 가능성을 파괴하지 않도록 행위하라.

자료 분석

(1) ㉠, ㉡, ㉢은 모두 요나스의 주장이다.

(2) ㉠에서 요나스는 과학 기술에 대한 반성적 성찰을 강조하고 있다.

(3) ㉡, ㉢에서 요나스는 과학 기술의 무분별한 이용에 대해 비판하면서 미래 세대에 대한 책임감을 바탕으로 환경 문제를 해결해야 한다고 보았다.

대표기출로 유형 감잡기

정답 및 해설 • p.033

217

정답률 81% | 2024학년도 6월 평가원

다음을 주장한 사상가의 입장에서 〈문제 상황〉 속 A에게 제시할 조언으로 가장 적절한 것은?

인류의 존속은 부정적 방식으로 강력해진 기술 문명의 시대에 있어서 우리 모두의 일차적 책임이다. 현재 우리 손에 달려 있는 지구의 생명은 그 자체로 우리의 보호를 요청할 권리를 가지고 있다. 이 요청은 미래 세대에게도 해당된다.

〈문제 상황〉

A는 핵분열을 유도할 수 있는 지식과 기술의 권위자인데, 정부로부터 핵무기 개발을 요청받았다. A는 핵무기를 개발할 것인지 고민하고 있다.

① 인류의 존속을 위해 과학 기술의 힘을 억제해야 함을 생각하라.

② 과학 기술의 장기적 결과의 위험성보다 단기적 효과를 생각하라.

③ 객관적 사실을 다루는 과학 기술이 윤리의 나침반임을 생각하라.

④ 환경 파괴는 과학 기술의 발전을 위한 불가피한 대가임을 생각하라.

⑤ 도구적 이성이 과학 기술의 개발과 활용을 주도해야 함을 생각하라.

218

정답률 89% | 2023학년도 9월 평가원

갑이 을에게 제기할 수 있는 비판으로 가장 적절한 것은?

갑 : 과학자 집단에 필요한 것은 자연적 사실을 규명하는 과정에서의 내적 책임뿐이다. 과학자 집단에 외적 책임을 부과하면 연구의 범위가 확대되기 어렵다. 과학 연구는 과학적 지식이 관찰과 일치하는지, 논리적 기준에 근거하는지에 기초해서 그 타당성을 판단하면 된다.

을 : 과학자 집단에는 내적 책임뿐만 아니라 외적 책임이 필요하다. 과학 연구에는 연구자의 과거 경험이나 지식, 사회적 기대가 반영되기 때문에 가치가 개입된다. 따라서 과학자 집단은 자신의 과학 연구를 비판적으로 성찰하고 해로운 결과가 예측되는 연구에 대해 책임 있는 행동을 해야 한다.

① 연구 대상 선정과 결과 활용에 가치가 반영된다는 것을 간과한다.

② 연구 활성화를 위해 사회적 책임을 강조해서는 안 됨을 간과한다.

③ 과학자 집단이 준수해야 하는 윤리가 존재한다는 것을 간과한다.

④ 과학이 궁극적으로 삶의 질 향상을 지향한다는 것을 간과한다.

⑤ 과학 연구에 사회적 필요와 정치적 목적이 개입될 수 있음을 간과한다.

219

다음을 주장한 사상가가 부정의 대답을 할 질문으로 가장 적절한 것은?

> 인간은 기술 문명의 힘으로 자신을 포함한 모든 것을 위험에 빠뜨리게 되었다. 이성과 결탁한 권력은 그 자체로 책임을 동반한다. 이것은 예전부터 인간 상호 간에는 자명한 일이었다. 인간의 책임이 종전의 범위를 넘어서서 생물계의 상태와 인간 종족의 미래의 생존까지 포괄하게 된 것은 권력의 확장과 연관되어 있다.

① 인간이 져야 할 책임은 자신이 가진 권력에 비례하는가?
② 과학 기술의 비의도적 결과는 책임의 대상에서 제외되는가?
③ 경험하지 못한 미래의 위협으로부터 책임을 도출해야 하는가?
④ 권리를 주장하는 존재 외에도 현세대가 책임져야 할 대상이 있는가?
⑤ 책임질 수 있는 능력으로부터 책임을 져야 하는 당위가 도출되는가?

220

갑 사상가가 을 사상가에게 제기할 수 있는 비판으로 가장 적절한 것은?

> 갑 : 우리는 원하는 것보다 원하지 않는 것을 더 잘 안다. 따라서 실제로 무엇을 보호해야 하는가를 알아내기 위해 우리는 희망보다 공포로부터 논의를 시작해야 한다. 왜냐하면 행위를 하도록 북돋우는 공포가 책임의 본질적 속성이기 때문이다.
> 을 : 인간은 자연의 사용자 및 자연의 해석자로서 자연에 대해서 실제로 관찰하고 고찰한 것만큼 자연을 이해할 수 있고, 무엇인가를 할 수 있다. 더 나은 지식이 만들어지면 과학 기술의 진보를 기대할 수 있다는 것이 우리가 희망을 말하는 근거이다.

① 과학 기술자는 사회적 책임으로부터 자유로워야 함을 간과한다.
② 인간의 책임 범위가 자연에 대해서까지 확대되어야 함을 간과한다.
③ 인류의 복지를 위한 과학 기술의 사용은 제한될 수 없음을 간과한다.
④ 현세대와 미래 세대 사이에 호혜적 책임이 있어야 함을 간과한다.
⑤ 과학 기술 발전에 따른 부작용도 과학 기술로 해결 가능함을 간과한다.

221

다음을 주장한 사상가의 입장만을 〈보기〉에서 고른 것은?

> • 우리는 원하는 것보다 원하지 않는 것을 더 잘 안다. 우리가 실제로 무엇을 보호해야 하는가를 알아내기 위해서 새로운 윤리학은 희망보다는 두려움을 논의 대상으로 삼아야 한다.
> • 행해야 할 것과 관련된 책임 개념에 따르면, 현재의 행위로 인해 발생할 사태에 대해 책임져야 한다. 사태의 의존자인 미래 세대는 명령자가 되고, 권력자인 현세대는 의무자가 된다.

〈보기〉
ㄱ. 선의 탐구에서 악의 인식보다 선의 인식이 더 효과적이다.
ㄴ. '할 수 있다'는 능력에 근거해서 '해야 한다'는 책임이 발생한다.
ㄷ. 인간의 힘이 자연으로 확장될수록 자연 파괴의 가능성도 높아진다.
ㄹ. 현세대와 미래 세대는 삶의 지속을 위해 상호 간에 의무를 가진다.

① ㄱ, ㄴ　　　　② ㄱ, ㄷ　　　　③ ㄴ, ㄷ
④ ㄴ, ㄹ　　　　⑤ ㄷ, ㄹ

222

다음 글의 입장에서 긍정의 대답을 할 질문을 〈보기〉에서 고른 것은?

> 과학자는 연구와 실험의 결과가 인류의 운명에 긍정적 영향을 미칠지, 부정적 영향을 미칠지를 객관적으로 예측할 수 없다. 과학적 발견을 어떻게 활용할지 여부를 결정하는 것은 과학자의 몫이 아니다. 그것은 가치 판단의 문제로 과학의 영역이 아니다. 과학자는 입증된 방법으로 연구와 실험을 진행할 뿐이며, 오로지 진리 탐구를 목적으로 자신의 연구에 책임을 다할 뿐이다.

〈보기〉
ㄱ. 과학자는 연구 결과의 모든 활용에 대해 책임져야 하는가?
ㄴ. 과학자는 연구의 외적 책임으로부터 자유로워야 하는가?
ㄷ. 과학자는 이론의 타당성을 객관적으로 검증해야 하는가?
ㄹ. 과학자는 연구 주제의 사회적 파급 효과를 고려해야 하는가?

① ㄱ, ㄴ　　　　② ㄱ, ㄷ　　　　③ ㄴ, ㄷ
④ ㄴ, ㄹ　　　　⑤ ㄷ, ㄹ

223

난이도 상 **중** 하

다음을 주장한 사상가의 입장으로 옳은 것만을 〈보기〉에서 있는 대로 고른 것은?

> 새롭게 등장한 윤리학은 책임이라는 개념을 통해 요약될 수 있다. 책임의 윤리학은 이제까지 그런 종류의 대상을 가진 적이 없으며, 또한 이 윤리 이론은 이제까지 별로 연구되지도 않았다. 멀리 떨어져 있는 미래를 예견하고 지구의 전 영역을 인과성의 의식 속에 포함시키기에는 지식과 권력이 너무 제한되어 있었기 때문이다. … (중략) … 책임의 범위를 현세대로 한정하는 기존의 전통적 윤리관으로는 과학 기술 시대에 발생하는 문제를 해결하는 데 한계가 있다. 우리는 행동하기 전에 행동의 결과에 대하여 주의를 기울이는 예견적 책임을 져야 한다. 과학 기술의 발전이 먼 미래에 끼치게 될 결과를 예측하여 생명에 대하여 도덕적인 책임을 져야 하는 것이다.

〈보기〉
ㄱ. 윤리적 책임의 범위를 미래 세대와 자연까지 확대해야 한다.
ㄴ. 내재적 가치를 지니는 모든 생명체에 대하여 책임을 져야 한다.
ㄷ. 자연의 가치를 인류의 복지를 증진시킬 수 있느냐의 여부를 가지고 평가해야 한다.
ㄹ. 윤리학은 현재의 순간적 행위가 아니라 추후의 결과에 대해서도 책임을 부과해야 한다.

① ㄱ, ㄷ   ② ㄱ, ㄹ   ③ ㄴ, ㄷ
④ ㄱ, ㄴ, ㄹ   ⑤ ㄴ, ㄷ, ㄹ

224

난이도 상 **중** 하

다음을 주장한 사상가의 관점에만 모두 '✓'를 표시한 학생은?

> • 네 행위의 결과가 인간 삶의 미래의 가능성을 파괴하지 않고 조화될 수 있도록 행위하라.
> • 자연은 인간 생존을 위한 필수 조건이기 때문만이 아니라 그 자체로도 보호되어야 한다.

관점 \ 학생	갑	을	병	정	무
과학 기술에 대한 반성적 성찰이 필요하다.	✓	✓		✓	
인류 존속이라는 무조건적인 명령을 이행해야 한다.	✓			✓	✓
윤리적 책임의 범위를 현세대로 한정하여 환경 문제를 해결해야 한다.		✓	✓		✓
자연환경과 미래 세대가 존속할 수 있는 범위 내에서 과학 기술의 발전을 추구해야 한다.			✓	✓	✓

① 갑   ② 을   ③ 병   ④ 정   ⑤ 무

225

난이도 상 **중** 하

갑, 을이 공통적으로 강조하고 있는 과학 기술에 대한 태도로 적절하지 <u>않은</u> 것은?

> 갑 : 선한 의도로 과학 기술을 사용하더라도 나쁜 결과를 가져올 수 있다. 또한 과학 기술은 장기간에 걸쳐 넓은 범위에서 예측 불가능한 영향력을 발휘한다. 예를 들어, 식량 생산을 목적으로 개발된 농약이 생태계 전체 또는 미래 세대에까지 광범위하게 악영향을 미칠 수 있다.
>
> 을 : 인간은 자신들의 경제적 이익을 위해 살충제를 사용한다. 하지만 살충제를 많이 뿌리게 되면 벌레가 내성을 갖게 되어 더 많은 살충제를 뿌리게 되는 악순환이 반복된다. 우리가 극복해야 할 대상은 인간 중심적 사고방식이지 결코 자연이 아니다.

① 모든 생명에 대하여 존중심과 책임감을 지녀야 한다.
② 아직 일어나지 않은 일에 대한 예견적 책임을 져야 한다.
③ 최대 다수의 최대 행복을 과학 연구의 목적으로 설정해야 한다.
④ 현세대의 윤리적 책임의 범위를 미래 세대까지 확장해야 한다.
⑤ 자연환경과 미래 세대가 존속할 수 있는 과학 기술 발전을 지향해야 한다.

226 Challenge 30% 고난도

난이도 상 **중** 하

(가)의 입장을 (나) 그림으로 탐구하고자 할 때, A, B에 들어갈 옳은 질문을 〈보기〉에서 고른 것은?

(가)	우리는 과학 기술이 인간의 생존과 다른 생명체를 위협할 수 있는 상황에서 생명체를 보존해야 할 책임이 있다. 우리는 내재적이고 본질적인 가치를 지니는 모든 생명에 대하여 책임을 져야 한다.
(나)	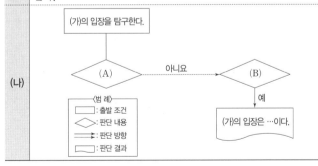

〈보기〉
ㄱ. A : 생명에 대한 도덕적 책임 의식을 지녀야 하는가?
ㄴ. A : 자연을 지배함으로써 인간의 복지를 증진시켜야 하는가?
ㄷ. B : 책임의 범위를 모든 생명과 자연환경까지 확대해야 하는가?
ㄹ. B : 인간은 유용성의 관점에서 생명과 자연의 가치를 평가해야 하는가?

① ㄱ, ㄴ   ② ㄱ, ㄷ   ③ ㄴ, ㄷ
④ ㄴ, ㄹ   ⑤ ㄷ, ㄹ

02 정보 사회와 윤리

출제 예상 item   34 정보 사회의 윤리적 문제   35 정보 공유론과 정보 사유론   36 정보 사회에서의 매체 윤리

1 정보 사회의 윤리적 문제

1. 정보 통신 기술의 발전과 윤리적 문제

긍정적 변화	• 삶의 편리성 증대 : 인터넷의 발달로 전자 상거래 등이 활성화됨 • 정치 참여의 기회 확대 : 정치적 공론의 장을 형성하고 정치적 의사를 표명할 수도 있음 • 다양한 문화에 대한 이해의 폭이 넓어짐 : 인터넷이나 사회 관계망 서비스(SNS)를 통해 전 세계의 정치, 제도, 예술, 풍습 등과 관련된 정보들이 실시간으로 전달됨에 따라 다양한 문화를 경험하고 이해할 수 있게 됨
윤리적 문제	• 사이버 공간에서도 정직이나 배려, 존중과 같은 현실 세계의 기본 덕목을 지켜야 함 • 사이버 공간에서 발생하는 윤리 문제를 예방하고 해결하기 위해 사이버 윤리 또한 필요함 → 인간 존중, 책임, 해악 금지, 정의

2. 정보 기술의 발달에 따른 윤리적 문제

저작권 문제	정보가 지닌 가치가 증대되면서 저작권을 둘러싼 윤리 문제 발생 → '저작권 보호'와 '정보 공유 권리'의 입장이 대립하고 있음
사생활 침해의 문제	정보 기술의 발달로 개인 정보를 쉽게 얻게 되면서 개인의 사생활이 침해당하거나 유출된 개인 정보가 범죄에 악용되기도 함 → 정보 자기 결정권을 강조하면서 잊힐 권리가 강조되고 있음
표현의 자유 문제	익명성의 보장으로 자유로운 의사 표현이 타인의 인권을 침해하는 문제 발생 → 공익 증진의 원리, 해악의 원리, 상심(傷心)의 원리 등을 근거로 공공의 이익 증진이나 타인에게 해악이나 상처를 입히지 않는 범위에서만 표현의 자유 인정
사이버 폭력의 문제	사이버 따돌림, 사이버 명예 훼손, 사이버 모욕, 사이버 스토킹, 사이버 성폭력 등의 사이버 폭력 문제 발생

3. 사이버 공간에서 지켜야 할 윤리 원칙

인간 존중의 원칙	• 사이버 공간에서 만나는 모든 사람을 자신과 같이 소중하게 여기는 것 • 타인의 인격, 사생활, 지적 재산권을 보호해야 한다는 것
책임의 원칙	• 사이버 공간의 익명성을 악용하여 무책임하게 행동하지 않는 것 • 보편적인 윤리 규범에 근거하여 책임 있게 행동해야 함
해악 금지의 원칙	사이버 공간에서 만나는 다른 사람들에게 피해를 주지 않는 것
정의의 원칙	사이버 공간에서 타인의 기본적인 자유와 권리를 침해하지 않고 모든 사람을 공정하고 평등하게 대우하는 것

2 정보 공유론과 정보 사유론

정보 공유론	• 정보의 소유권은 소프트웨어의 발전에 방해가 될 뿐이며 부정적인 결과를 초래하므로 지적 재산을 공유해야 한다는 입장 • 지적 재산에 대한 과도한 금전적 보상 요구는 새로운 창작을 어렵게 하고, 경제적 약자의 정보 접근을 어렵게 함 • 저작권 제도 자체가 창작 행위를 유인하는 것이 아니라, 창작을 활성화하는 최선책은 정보·저작물을 자유롭게 이용·향유하는 것이라고 봄 • 리처드 스톨먼 : 소프트웨어의 발전은 일종의 진화 과정과 같은 것으로, 소유권자가 존재한다는 것은 이러한 종류의 진화를 방해하게 되며, 어떤 프로그램을 개발하려고 할 때 무(無)에서 시작할 수밖에 없게 만든다고 함
정보 사유론	• 정보와 정보를 통해서 나온 것들을 개인의 재산으로 인정하고 보호해야 한다고 보는 입장 • 창작자의 경제적 동기를 자극하여 창작 의욕을 고취시킬 수 있음 • 창작자에게 저작권이라는 배타적 권리를 주어야 창작 활동이 늘고 궁극적으로 문화 발전을 유도할 수 있다고 봄 • 빌 게이츠 : 타인의 창작물을 무단 사용해서 원저자에게 손해를 입히거나 이로부터 이득을 취하는 행위는 명백한 불법 행위이며, 이는 인터넷에서 정보 교환을 활발히 하기 위해서도 금지되어야 할 행위라고 함

교과서 속 수능 개념

정보 격차

새로운 정보 기술에 접근할 수 있는 능력을 보유한 사람과 그렇지 못한 사람 사이에 생기는 경제적·사회적 격차를 말한다.

정보 자기 결정권

자신의 개인 정보를 누구에게, 어떤 범위까지, 얼마 동안, 어떤 형식으로 공개 또는 폐기할 것인지를 정보의 주인인 개인이 알고 그 정당한 처리를 요구할 수 있는 권리이다.

잊힐 권리

개인 정보뿐만 아니라 과거 자신의 글, 사진, 영상 등을 삭제할 수 있는 권리이다.

사이버 괴롭힘

인터넷, 휴대 전화 등 정보 통신 기기를 이용해 특정인을 대상으로 지속적, 반복적으로 심리적 공격을 가하거나, 특정인과 관련된 개인 정보 또는 허위 사실을 유포해 상대방이 고통을 느끼게 하는 일체의 행위. '사이버 불링(Cyber bullying)'이라고도 한다.

밀의 표현의 자유

가령 한 사람만을 제외한 모든 인류가 같은 의견인데, 단 한 사람만이 그것에 반대의 의견을 가지고 있다. 인류가 한 사람을 침묵하게 하는 것이 부당한 것은 한 사람이 힘을 가지고 있어서 인류를 침묵하게 하는 것이 부당한 것과 같은 것이다.

헷갈리는 개념 정리

스피넬로의 사이버 윤리

자율성의 원칙	인간은 스스로 도덕 원칙을 수립하고 따를 수 있는 능력이 있으며 타인도 그러한 능력이 있음을 존중함
해악 금지의 원칙	남에게 해악을 끼치거나 상해를 입히는 일을 피함
선행의 원칙	다른 사람의 복지를 증진시키는 방향으로 행동해야 함
정의의 원칙	어떤 집단이나 사회에서 공정한 기준에 의해 혜택이나 부담이 공정하게 배분되어야 함

3 정보 사회에서의 매체 윤리

1. 뉴 미디어의 등장과 특징

의미	기존의 매체들이 제공하던 정보를 인터넷을 통해 가공, 전달, 소비하는 포괄적 융합 매체를 뜻함
등장 배경	인터넷과 모바일(mobile) 기술의 발달로 뉴 미디어라고 불리는 새로운 대중 매체가 등장
특징	• 종합화 : 아날로그 시대에 개별적으로 존재했던 매체들이 하나의 정보망으로 통합됨 • 상호 작용성 : 뉴 미디어가 기존의 대중 매체가 지닌 일방향성을 극복하고 송수신자 간의 쌍방향 정보 교환을 가능하게 함 • 비동시화 : 정보 교환에서 송수신자가 동시에 참여하지 않고도 수신자가 원하는 시간에 정보를 볼 수 있게 함 • 탈대중화 : 대규모 집단에 획일적 메시지를 전달하는 방식에서 벗어나 특정 대상과 특정 정보를 상호 교환할 수 있게 함
문제점	• 검증되지 않은 뉴 미디어의 정보는 기존 매체 수준으로 신뢰하기 어려울 수 있음→실제로 뉴 미디어의 정보가 객관성을 지니는지 점검할 감시 장치가 기존 매체에 비해 부족함 • 허위 정보나 음란 및 각종 유해 정보를 전달할 때도 있음→뉴 미디어가 지닌 빠른 확산력과 결합하면 심각한 사회 문제가 나타날 수 있음

2. 매체의 기능과 영향력

정보 제공	다양한 정보를 제공하는 기능을 하여, 사람들이 이러한 정보를 통해 위기에 대응하고 안전한 생활을 누리게 됨
정보의 해석 및 평가	특정 인물이나 사회의 쟁점을 파고들어 사회적으로 부각시키는 등 정보가 갖는 의미를 해석하고 평가하는 기능을 함
가치와 규범의 전달	한 사회의 전통과 가치, 규범 등을 다음 세대에 전달하는 기능을 함
휴식과 오락의 기회 제공	사회 구성원에게 휴식과 오락을 즐길 수 있는 기회를 제공함

3. 국민의 알 권리와 인격권 문제

(1) **국민의 알 권리**
- 국민은 사회적 현실에 관한 정보를 자유롭게 알 수 있는 권리를 지님
- 국민의 알 권리는 인간의 존엄성을 실현하고 헌법에 명시된 행복 추구권을 보장하는 데 필요함
- 알 권리가 도덕적 정당성을 가지기 위해서는 공익을 위한 목적에서 올바르게 사용되어야 함

(2) **인격권**
- 인간의 존엄성에 바탕을 둔 사적 권리로 인격적 이익을 기본 내용으로 하며 그 주체만이 행사할 수 있는 권리
- 사생활을 침해당하지 않을 사생활권, 자신의 성명을 사용하는 것에 대한 성명권, 자신의 초상에 대한 초상권, 자신의 저작물에 대한 정신적·인격적 이익을 갖는 저작 인격권 등이 있음

(3) **국민의 알 권리와 인격권의 관계**
- 개인의 사생활은 국민의 알 권리를 보장하기 위해 일부 제한될 수 있음(例 범죄자의 신상 공개, 공직자의 사생활 등)
- 매체는 정보를 전달할 때 국민의 알 권리를 보장하려고 노력하는 동시에 그 정보가 개인의 인격권을 침해하고, 공익 증진을 해치는지 등을 검토해야 함

4. 뉴 미디어 시대의 매체 윤리

매체 윤리	• 진실 보도 : 정보 생산자는 있는 그대로의 사실을 시민에게 전달하는 진실된 태도를 지녀야 함 • 공정한 편집과 편성 : 의견을 표명할 때 관련 내용에 대한 객관성과 공정성을 유지해야 함 • 타인의 인격 존중 : 알 권리를 충족하는 과정에서 특정 개인의 명예나 사생활, 인격권을 침해하지 않아야 함
수신자 윤리	• 매체가 일방적으로 정보를 전달하고 사람들이 그것을 비판적 사고 없이 수용하는 것은 바람직하지 않음 • 매체가 제공하는 정보를 비판적으로 해석할 수 있는 도덕적 사고 능력을 길러야 함

수능 출제 패턴 분석 정보 통신 기술과 윤리, 정보 격차, 사이버 공간

유형보기

1. 정보 통신 기술의 발달에 따른 윤리적 문제

갑 : '위치 기반 서비스(LBS)'란 이동 통신망과 IT 기술을 종합적으로 활용한 위치 정보 기반의 서비스를 말합니다. 이 서비스는 고객의 위치 정보를 기반으로 상품 정보뿐만 아니라 교통 정보, 위치 추적 정보 등을 제공해 생활 전반에 걸쳐 다양한 편익을 증진시켜 주고 있습니다.

을 : 하지만 위치 기반 서비스는 개인 정보를 담고 있으며, 그러한 정보가 유출된다면 심각한 문제가 발생할 수 있습니다. 이를 예방하기 위해서는 　⑦　

자료 분석

(1) 을은 정보 통신 기술의 발달로 인한 개인 정보 유출 문제의 심각성을 제기하며 이를 예방하기 위한 방법에 대해 주장하고 있다. 따라서 ⑦에 들어갈 적절한 표현은 "개인의 사생활을 보호하는 제도적 장치를 마련해야 합니다."이다.

(2) 정보 통신 기술의 발달로 인해 삶의 편익이 증가했지만 한편으로는 개인 정보 유출 등의 부작용을 낳기도 한다. 따라서 사생활 보호를 위한 법적·제도적 장치를 마련하는 것이 필요하다.

2. 현대 정보 사회의 문제점과 해결 방안 　교육청

현대 정보 사회는 효율적인 통제가 가능한 '판옵티콘'과 유사하다. 판옵티콘에서는 중앙에 감시탑을 세우고, 감시탑 둘레에 죄수들의 방을 배치한다. 또 중앙의 감시탑은 늘 어둡게 하고 죄수들 방은 밝게 해, 중앙에서 감시하는 감시자의 시선이 어디로 향하는지를 죄수들이 알 수 없도록 되어 있다. 여기서 감시자는 피감시자를 볼 수 있지만 피감시자는 감시자를 볼 수 없기 때문에 피감시자는 항상 감시를 받고 있다는 느낌을 갖게 된다.

자료 분석

(1) 프랑스의 철학자 미셸 푸코는 벤담이 제안한 원형 감옥인 '판옵티콘'의 문제점이 현대 정보 사회에서도 나타날 수 있다고 보았다. 즉 컴퓨터 통신망을 통해 전달되는 다양한 데이터베이스들이 거대 권력 기관을 통해 보다 쉽게 감시·통제될 수 있다고 본 것이다.

(2) 결국 판옵티콘은 정보 기술로 구축된 감시 체계의 위험성을 보여주는 것으로, 이러한 문제를 해결하기 위해서는 특정 집단이 정보를 독점적으로 관리하지 못하도록 해야 한다.

대표기출로 유형 감잡기 　정답 및 해설 • p.035

227
정답률 85% | 2024학년도 수능 | Ⓔ 연계

다음 토론의 핵심 쟁점으로 가장 적절한 것은?

갑 : 사회 관계망 서비스(SNS)를 통한 광고를 이용하는 기업이 늘어나면서 허위·과장 광고에 의한 피해 사례가 늘고 있습니다. 따라서 SNS를 통한 광고를 규제할 필요가 있습니다.

을 : 동의합니다. 하지만 SNS를 통한 광고는 사회적 기업이 제작한 제품에 대한 윤리적 소비로 이어지는 사례도 많습니다. 따라서 SNS를 통한 광고는 허용되어야 합니다.

갑 : 아닙니다. SNS를 통한 광고는 윤리적 소비로 이어지기도 하지만 허위·과장 광고의 수단으로 악용될 소지가 큽니다. 따라서 SNS를 통한 광고는 전면 금지되어야 합니다.

을 : 아닙니다. SNS를 통한 광고를 허용하되 적극적인 단속을 실시해 나간다면, SNS가 허위·과장 광고의 수단이 될 가능성을 최소화할 수 있습니다.

① SNS를 통한 광고를 규제할 필요가 있는가?
② SNS를 통한 광고는 모두 금지되어야 하는가?
③ SNS를 통한 광고는 윤리적 소비로 이어지는가?
④ SNS는 기업의 광고 수단으로만 이용되어야 하는가?
⑤ SNS는 허위·과장 광고의 수단으로 악용될 수 있는가?

228
정답률 92% | 2024학년도 6월 평가원

다음 신문 칼럼에서 강조하는 내용으로 가장 적절한 것은?

○○신문　　　　　　　　　　　　　○○○○년 ○○월 ○○일
칼 럼

정보 기술의 발달로 정보가 새로운 자산으로 자리매김하고 있다. 정보는 물질적 재산과 달리 소유할 수 없고 네트워크를 통해 접속된다. 그 결과 우리는 접속의 시대를 살아가고 있다. 접속의 시대에는 정보가 곧 돈이 된다. 누구든지 정보를 창조적으로 생산할 자유를 지니지만 현실에서는 정보 부자와 정보 빈자 간의 격차가 상존할 수밖에 없다. 물론 정보의 창조적 생산에는 지적 능력이 필요하고 또 이 능력의 평준화는 불가능하지만, 이보다 더 중요한 요소는 정보 활용 능력이다. 특히 정보를 활용할 수 있으려면 정보에 대한 접근권이 누구에게라도 똑같이 보장되어야 한다. 따라서 정보 불평등을 해소하려면 정보 기술의 발달만으로는 부족하고 무엇보다도 정보 접속의 사회적 인프라 구축이 선행되어야 한다.

① 정보 기술이 발달하면 개인 간 정보의 빈부 격차가 사라진다.
② 정보에 대한 평등한 접근권이 보장되어야 정보 평등이 가능하다.
③ 네트워크 시대에는 물질적 재화가 더 이상 자산이 되지 못한다.
④ 정보를 창조하는 지적 능력이 정보 활용 능력보다 더 중요하다.
⑤ 정보를 생산하는 능력이 평등해야 정보의 불평등이 극복된다.

229

정답률 91% | 2023학년도 6월 평가원

다음 글의 입장에서 ㉠에 대한 해결 방안으로 가장 적절한 것은?

> 우리가 효율성이 높은 인공지능 개발에만 주로 관심을 기울인 나머지, 인공지능이 행하는 혐오와 차별의 표현은 용인될 수 없는 사회적 문제로 대두되었다. 이 문제는 인공지능이 학습하는 데이터 자체의 비윤리성에 기인한다. 인공지능이 인간 수준의 윤리적 판단력을 갖추는 것은 불가능하므로 적절한 여과 과정을 거친 데이터를 인공 지능에 제공해야 한다. 주목할 것은 그것의 비윤리적인 표현들이 우리의 일상 언어에 근거한다는 사실이다. 이 언어들은 인공지능에게는 숫자로 변환되는 전산 언어에 불과하지만, 그것들이 우리에게 다시 돌아올 때에는 ㉠ 윤리적 문제를 일으킬 수 있다.

① 인공지능의 데이터 처리 속도를 높이기 위한 기술을 개발해야 한다.
② 인공지능의 표현을 수용할 수 있는 관용적인 태도를 함양해야 한다.
③ 인간의 도덕적 검증을 거친 학습 데이터를 인공지능에 입력해야 한다.
④ 인간보다 뛰어난 도덕적 판단력을 지닌 인공지능을 개발해야 한다.
⑤ 인간 친화적인 인공지능 개발을 위해 일상 언어를 인공지능에 그대로 입력해야 한다.

230

정답률 96% | 2022학년도 수능 Ⓔ 연계

다음 신문 칼럼에서 강조하는 내용으로 적절하지 않은 것은?

> ○○신문   ○○○○년 ○○월 ○○일
>
> **칼 럼**
>
> 인터넷을 활용한 뉴 미디어의 발달로 우리는 정보의 소비뿐 아니라 유통과 생산에도 적극 참여하고 있다. 그 과정에서 우리는 사이버 공간에서 자신의 정체를 숨길 수 있다는 막연한 생각을 갖고 허위 정보 내지 유해 정보를 생산하거나 전달하기도 한다. 이러한 정보의 홍수로 인해 사회 곳곳에서 선의의 피해자가 발생하고 있다. 잘못된 정보의 희생자가 되지 않으려면 우리 스스로 정보를 비판적으로 수용하는 지혜가 필요하다. 무엇보다 사이버 공간에서 실명을 숨겨도 IP 추적과 같은 방법으로 실제 사용자가 밝혀질 수 있음을 기억해야 한다. 따라서 사이버 공간에서도 우리는 책임 있는 존재로 활동해야 한다.

① 현실 세계에서처럼 사이버 공간에서도 윤리가 필요하다.
② 우리는 정보의 소비뿐 아니라 정보의 유통에서도 주체이다.
③ 표현의 자유를 위해 사이버 공간의 익명성을 강화해야 한다.
④ 거짓 정보의 생산자는 그로 인한 피해에 대해 책임져야 한다.
⑤ 정보의 올바른 이용을 위해 미디어 리터러시를 함양해야 한다.

231

난이도 상 중 하

(가), (나) 현상이 일반화될 경우에 나타날 문제점으로 옳은 것만을 〈보기〉에서 있는 대로 고른 것은?

> (가) 일부 회사들이 직원들에게 업무용으로 지급한 스마트폰을 통해 이들의 위치를 추적한 사실이 밝혀져 논란이 되고 있다. 이들은 직원들을 효율적으로 관리하기 위해 스마트폰에 설치된 실시간 위치 추적 프로그램을 이용하여 직원들의 위치는 물론 이동 경로와 속도까지 파악한 것으로 드러났다.
>
> (나) 대학생 A군은 자신의 근무 시간에 거의 나오지 않았던 편의점 주인에게 "근무 시간에 휴대전화 만지지 말고 일만 열심히 해라."라는 말을 듣고 깜짝 놀랐다. 주인은 스마트폰 애플리케이션으로 매장에 설치된 CCTV 화면을 모니터링하며 A군을 감시하고 있었던 것이다.

> 〈보기〉
> ㄱ. 사회 구성원들의 사생활이 침해될 것이다.
> ㄴ. 사회 구성원들의 의사소통이 원활해질 것이다.
> ㄷ. 익명성의 보장으로 표현의 자유가 남용될 것이다.
> ㄹ. 정보 통신 기술에 의해 개인의 기본권이 침해될 것이다.

① ㄱ, ㄴ   ② ㄱ, ㄹ   ③ ㄴ, ㄷ
④ ㄱ, ㄷ, ㄹ   ⑤ ㄴ, ㄷ, ㄹ

232

난이도 상 중 하

㉠에 들어갈 내용으로 옳은 것만을 〈보기〉에서 있는 대로 고른 것은?

> '불링(bullying)'은 '특정한 사람을 대상으로 한 의도적이고 지속적인 괴롭힘'을 일컫는 용어로, 특히 청소년들이 학교를 비롯한 일상생활의 공간에서 소수 사람을 표적으로 삼아 육체적·경제적·정신적 피해를 주는 행위가 모두 포함된다. 특히 사이버 공간에서 특정인을 음해하거나 조롱하는 행위, SNS나 채팅방에서 욕설이나 폭력적 언사를 퍼붓는 행위 등 다양한 양상으로 나타나는 사이버 불링은 피해자들에게 회복하기 어려운 피해를 주는 심각한 범죄 행위로 여겨지고 있다. 이러한 행위를 예방하기 위해서는 "㉠"는 자세가 필요하다.

> 〈보기〉
> ㄱ. 꼭 필요한 경우에만 나의 개인 정보나 사진을 공개한다.
> ㄴ. 상대방을 존중해야 나도 존중받는다는 사실을 명심한다.
> ㄷ. 상대방의 인격권보다 다른 사람들의 알 권리를 우선한다.
> ㄹ. 거짓된 정보가 아니라면 어떤 정보도 사이버 공간에 공개하려고 노력한다.

① ㄱ, ㄴ   ② ㄱ, ㄹ   ③ ㄴ, ㄷ
④ ㄱ, ㄷ, ㄹ   ⑤ ㄴ, ㄷ, ㄹ

수능 출제 패턴 분석 정보 공유론, 정보 사유론, 저작권, 정보 공유

유형보기

1. 정보 공유론과 정보 사유론

(가) 정보의 복제 가능성은 무한하다. 하지만 정보를 자유롭게 복제할 수 없도록 한다면 정보는 더 이상 무한한 것이 아니라 유한한 것이 된다. 그렇게 되면 정보의 고유한 특성은 사라지고 그것은 사람들에게도 불행한 일이 된다.

(나) 우리의 법은 어떤 것을 발견하거나 합법적 절차를 거쳐 그것을 소유한 사람에게 소유권을 부여한다. 따라서 어떤 아이디어를 발견하거나 그것을 구현해 주는 소프트웨어를 개발한 사람에게 소유권을 주는 것은 당연하다.

자료 분석

(1) (가)의 정보 공유론(카피레프트)은 지적 재산권에 대한 과도한 사용료 요구는 지식과 정보의 발전을 어렵게 하고, 정보 격차를 심화시킬 수 있다는 입장이다.

(2) (나)의 정보 사유론(카피라이트)은 정보와 정보를 통해서 나온 것들을 개인의 재산으로 인정하고 보호해야 한다고 보는 입장이다. 즉 창작자의 경제적 이익을 보장함으로써 창작 의욕을 높여 수준 높은 지적 산물이 창조될 수 있도록 하자는 것이다.

2. 정보 공유론과 정보 사유론의 적용 평가원

갑 : 내 촛불을 여러 사람에게 붙여 주더라도 나에게는 아무런 손해가 없으면서 세상은 더욱 밝아질 거야. 정보도 이와 같아서 어느 한 사람만의 것이 아니라 모두가 나누어야 할 공공의 소중한 자산이야.

을 : 촛불을 여러 사람에게 붙여 세상이 밝아지는 것은 처음 불씨를 일으킨 사람이 있기 때문이야. 따라서 그의 노력에 정당한 대가를 지불해야 그 불빛이 더욱 의미가 있어. 이처럼 정보는 소유권을 인정해야 할 개인의 재산이야.

자료 분석

(1) 갑은 정보 공유론의 입장으로, 지적 재산에 대한 권리 행사 때문에 새로운 창작이 이루어지기 어렵다고 본다.

(2) 을은 정보 사유론의 입장으로, 창작자의 권리를 인정하고 보호할수록 창작 의욕이 고취되어 더 많은 지적 산물이 창조될 수 있다고 주장한다. 즉 정보를 공유할 경우 지적 재산의 침해로 인해 창조 의욕 저하되고 품질이 하락할 수 있으므로, 저작권 보호를 통해 이를 최소화하자는 것이다.

대표기출로 유형 감잡기
정답 및 해설 · p.036

233
정답률 69% | 2023학년도 9월 평가원

다음은 신문 칼럼이다. ⊙에 들어갈 내용으로 가장 적절한 것은?

○○신문 칼 럼 ○○○○년 ○○월 ○○일

최근 저작권 행사로 얻을 수 있는 경제적 이익이 커지면서 저작권을 대기업이나 이익 단체가 독점하기 시작했다. 그로 인해 저작물을 이용하는 가격이 비싸지면서 정보를 이용하는 데 부익부 빈익빈 현상이 심화하고 있다. 이러한 문제는 카피레프트라는 정보 공유 운동을 통해 해결할 수 있다. 우리가 지지하는 카피레프트는 저작자의 저작권을 부정하는 운동이 아니다. 오히려 저작자가 자신의 저작권을 기반으로 모든 사람에게 자유롭고 평등하게 정보에 접근하고 이를 이용, 배포, 수정할 수 있는 권리를 부여함으로써 정보 독점을 막고 지식의 진보를 이루고자 하는 운동이다. 이러한 카피레프트는 ⊙ …(후략).

① 저작자의 저작권을 폐기함으로써 정보 공유를 확대하고자 한다.
② 저작자가 저작물 이용에 대한 배타적 권리를 포기하는 것을 전제한다.
③ 저작권의 상업적 거래를 활성화할 수 있는 기반을 조성하고자 한다.
④ 정보의 폐쇄성을 조장함으로써 기술 진보와 문화 발전을 가로막는다.
⑤ 정보 접근 권한을 소득 수준에 따라 차등적으로 분배할 것을 지향한다.

234
정답률 91% | 2019학년도 9월 평가원

갑, 을의 입장으로 가장 적절한 것은?

대동강을 돈을 받고 판 김선달의 행위는 옳지 않습니다. 왜냐하면 대동강의 강물은 한 개인의 소유가 될 수 없는 공유의 대상이기 때문입니다. 이처럼 정보 또한 강물과 같은 것이므로 누구나 사용 가능해야 하며 매매의 대상이 될 수 없습니다.

북청 물장수를 아십니까? 사람들은 그냥 흐르는 강물이 아닌, 물장수가 한강에서 퍼 온 물통 속의 강물을 삽니다. 이처럼 정보 또한 물통 속의 물과 같아서 누군가의 노력이 들어갔다면 매매의 대상이 될 수 있습니다.

 갑   을

① 갑 : 정보는 누구나 향유할 수 있는 공공적 가치를 지닌다.
② 갑 : 정보의 사적 소유권은 자유롭게 이전될 수 있어야 한다.
③ 을 : 정보는 배타적인 권리를 주장할 수 없는 공유 자산이다.
④ 을 : 정보에 대한 소유권은 개인의 노력과는 무관하게 성립된다.
⑤ 갑, 을 : 정보를 생산한 자에게 경제적인 보상은 필요하지 않다.

235

난이도 상 중 하

갑은 긍정, 을은 부정의 대답을 할 질문만을 〈보기〉에서 있는 대로 고른 것은?

> 갑 : 정보는 인류의 집단적 경험이 담겨 있는 공동의 자산이다. 정보를 특정 개인의 소유로 인정한다면 공동의 자산이 상품화되고 다수가 소수에 종속될 수 있다.
> 을 : 정보는 시간과 비용을 들여 만들어진 것이므로 생산자의 소유권을 인정해야 한다. 어떤 아이디어를 발견하거나 이를 구현하는 사람들은 그것에 대한 소유권을 가져야 한다.

〈보기〉
ㄱ. 정보의 공유가 정보의 소모를 초래하는가?
ㄴ. 지식과 정보를 공공재로 인정해야 하는가?
ㄷ. 정보를 공유하면 정보의 가치가 상승하는가?
ㄹ. 정보 확산을 위해 저작권을 보호해야 하는가?

① ㄱ, ㄴ ② ㄴ, ㄷ ③ ㄷ, ㄹ
④ ㄱ, ㄴ, ㄷ ⑤ ㄴ, ㄷ, ㄹ

236

난이도 상 중 하

그림은 수업 장면이다. 소전제 ㉠에 대한 반론으로 가장 적절한 것은?

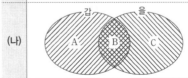

정보 공유는 정보 격차를 줄이기 때문에 바람직해.

너의 주장을 삼단 논법으로 정리하면 칠판의 내용과 같겠군.

대전제 : 정보 격차를 줄이는 것은 바람직하다.
소전제 : ㉠
결론 : 정보 공유는 바람직하다.

① 정보를 인류 공동의 재산으로 인정해야 한다.
② 정보를 공유할수록 정보 격차를 줄일 수 있다.
③ 정보 창작자의 권리를 소유권으로 인정해야 한다.
④ 정보를 공유한다고 해서 정보 격차가 줄어들지는 않는다.
⑤ 지적 재산에 대한 배타적 권리를 인정함으로써 정보 격차를 줄일 수 있다.

237

난이도 상 중 하

다음의 주장과 부합하는 관점에만 모두 '✓'를 표시한 학생은?

> 정보와 지식이 생산자의 독창적인 산물이라고 볼 수는 없다. 정보와 지식은 '무(無)'에서 창조되는 것이 아니라, 이미 형성된 사회의 지적 재산에 근거하여 형성된 것이다. 그러므로 누구나 정보와 지식을 아무런 제약 없이 접근하여 이용할 수 있어야 한다.

관점 \ 학생	갑	을	병	정	무
지적 재산권 보장이 사회의 이익을 가져온다.	✓			✓	✓
정보와 지식의 공유가 창작물의 수준을 높인다.		✓	✓		
생산된 정보를 사유재가 아닌 공공재로 간주해야 한다.	✓	✓			✓
정보의 공공성보다 창작자의 권리가 우선시되어야 한다.			✓	✓	✓

① 갑 ② 을 ③ 병 ④ 정 ⑤ 무

238

Challenge 30% 고난도

난이도 상 중 하

(가)의 갑, 을의 입장을 (나) 그림으로 나타내고자 할 때, A~C에 들어갈 옳은 진술만을 〈보기〉에서 있는 대로 고른 것은?

(가)	갑 : 정보와 지식은 사회의 지적 재산에 근거하여 만들어진 것이므로, 생산자만의 독창적인 것이 아니야. 많은 사람들이 이용할 수 있도록 해야 사회가 발전할 수 있어. 을 : 정보와 지식은 생산자의 것이므로, 생산자에 대한 권리를 법으로 보장해 주어야 해. 그래야 창작할 의욕이 생겨서 사회가 발전할 수 있어.

(나)

갑 을
A B C

〈범 례〉
A : 갑만의 입장
B : 갑, 을의 공통 입장
C : 을만의 입장

〈보기〉
ㄱ. A : 모든 정보는 인류 공동의 소유물이다.
ㄴ. B : 정보와 지식은 실용적 가치를 지니고 있다.
ㄷ. B : 지적 재산권을 보호함으로써 사회가 발전할 수 있다.
ㄹ. C : 정보 격차 해소를 핵심 과제로 삼아야 한다.

① ㄱ, ㄴ ② ㄴ, ㄷ ③ ㄷ, ㄹ
④ ㄱ, ㄴ, ㄷ ⑤ ㄴ, ㄷ, ㄹ

수능 출제 패턴 분석 ▶ 뉴 미디어, 알 권리, 인격권, 매체 윤리

유형보기

1. 정보화 사회의 위험성   평가원

현대 정보 사회는 효율적인 통제가 가능한 '판옵티콘'과 유사하다. 판옵티콘에서는 중앙에 감시탑을 세우고, 감시탑 둘레에 죄수들의 방을 배치한다. 여기서 감시자는 피감시자를 볼 수 있지만 피감시자는 감시자를 볼 수 없다. 이러한 구조로 인해 피감시자는 항상 감시를 받고 있다는 느낌을 갖게 된다.

[자료 분석]

(1) 벤담이 설치한 원형 감옥인 판옵티콘의 개념으로 정보 사회의 부작용에 대해 성찰하고 있다.

(2) 정보 사회의 부작용을 해결하기 위해서는 '개인의 사생활 보호를 위한 법적 장치를 강화해야 한다.', '특정 집단이 정보를 독점적으로 관리하지 못하게 한다.'는 방안이 제시될 수 있다.

2. 정보 사회의 문제점   교육청

갑 : '빅 데이터(Big Data)'가 전 세계적으로 큰 이슈가 되고 있습니다. 이것은 방대한 데이터에서 가치를 추출하고 결과를 분석하는 기술입니다.

을 : 빅 데이터로 무엇을 할 수 있나요?

갑 : 예를 들면, 홈 쇼핑 구매 내역을 분석하여 맞춤형 쇼핑 서비스를 제공할 수 있고, 범죄자들의 온라인 접속 기록을 분석하여 범죄를 예방할 수도 있다고 합니다.

을 : 그런 좋은 점이 있군요. 그런데 빅 데이터와 같은 정보 통신 기술의 발달이 가져올 수 있는 부정적인 면은 없나요?

갑 : ⊙ 될 수 있습니다.

[자료 분석]

(1) 갑과 을은 정보 통신 기술의 발달이 지닌 양면성에 대해서 대화하고 있으므로, ⊙에는 정보 통신 기술의 발달이 가져온 부정적인 면이 들어가야 한다.

(2) 데이터 추출을 위해서는 불가피하게 개인의 상거래 기록과 같은 개인 정보를 필요로 하게 된다. 이를 통해 정보 통신 기술이 발달함에 따라 개인 정보 유출이나 정보의 악용 가능성, 부정확한 정보의 유통 및 표절 등의 문제가 증가할 수 있음을 추론할 수 있다.

대표기출로 **유형 감잡기**   정답 및 해설 · p.036

239   정답률 95% | 2023학년도 수능 | Ⓔ 연계

다음 신문 칼럼에서 강조하는 내용으로 가장 적절한 것은?

> ○○신문   ○○○○년 ○○월 ○○일
>
> **칼 럼**
>
> 최근 자녀의 사진이나 동영상을 온라인에 게시하고 타인과 공유하는 뉴 미디어 세대의 육아 방식이 유행하고 있다. 이러한 육아 방식은 자녀의 성장 과정을 기록하고 육아 정보를 공유할 수 있다는 점에서 유익하다. 하지만 이로 인해 자녀의 사생활과 정보 자기 결정권이 침해되고 자녀가 사이버 범죄에 노출될 위험성이 증가하고 있다. 아동 · 청소년은 이러한 피해의 직접적 당사자가 될 수 있기 때문에 이들에게도 잊힐 권리가 보장되어야 한다. 즉, 아동 · 청소년도 본인이나 타인이 올린 자신의 개인 정보와 관련된 게시물을 자신의 의사만으로 삭제해 달라고 직접 요청할 수 있도록 해야 한다.

① 잊힐 권리는 게시물 작성자에게 부여되어야 할 독점적 권리이다.

② 아동 · 청소년은 개인 정보의 보호 대상이면서 주체가 되어야 한다.

③ 악의 없이 공유한 게시물이라면 개인의 권리를 내세워 삭제할 수 없다.

④ 자녀의 정보 자기 결정권은 부모의 동의를 통해 행사되어야 한다.

⑤ 공유 게시물의 삭제 여부는 정보의 유용성에 따라 결정되어야 한다.

240   정답률 93% | 2022학년도 9월 평가원

다음은 신문 칼럼이다. ⊙에 들어갈 제목으로 가장 적절한 것은?

> ○○신문   ○○○○년 ○○월 ○○일
>
> **칼 럼**
>
> ⊙
>
> 뉴 미디어가 등장한 이후 유통되는 정보의 양은 기하급수적으로 늘어나고 유통의 구조도 다양화되고 있다. 이에 따라 우리는 원하는 정보에 손쉽고 빠르게 접근할 수 있게 되었고 보다 효율적인 의사소통이 가능해졌다. 반면, 검증되지 않은 정보가 광범위하게 확산되거나, 다양한 정보가 임의적으로 조합되어 실체가 없는 거짓 정보가 양산되는 등 심각한 사회 문제가 생겨났다. 단순히 수용적인 태도로 미디어가 보여 주는 정보에 접근한다면 편견에 사로잡혀 세상을 객관적으로 보지 못할 수 있다. 이것이 바로 뉴 미디어 시대의 새로운 시민성으로서 미디어 리터러시(media literacy)가 요청되는 이유이다.

① 뉴 미디어 시대, 쌍방향 의사소통이 가능해진다.

② 뉴 미디어 시대, 빅 데이터 처리 기술이 요청된다.

③ 뉴 미디어 시대, 계층 간 정보 격차를 줄여야 한다.

④ 뉴 미디어 시대, 정보에 대한 접근이 더 용이해진다.

⑤ 뉴 미디어 시대, 정보에 대한 비판적 사고력이 필요하다.

241

갑 사상가의 입장에서 〈사례〉 속 A에게 해 줄 수 있는 조언으로 적절하지 <u>않은</u> 것은?

> 갑 : 최대 행복의 원리는 모든 윤리적 문제에 적용되어야 한다. 타인에게 해악을 끼쳐 타인의 행복을 빼앗는 행위를 막기 위해서라면, 당사자의 의지에 반해 권력이 사용되는 것은 정당하다. 이 유일한 경우를 제외하고는 시민의 자유를 침해하는 그 어떤 정치권력의 행사도 정당화될 수 없다.
>
> 〈사례〉
>
> A는 금전적 이익을 얻기 위해 직장 동료들의 일상을 담은 영상을 그들의 동의 없이 인터넷에 게시할지를 고민하고 있다.

① 가상 공간에서도 타인의 자유가 존중되어야 함을 명심하세요.
② 가상 공간에서도 유용성의 원리가 적용되어야 함을 명심하세요.
③ 가상 공간에서 자신의 행동이 초래하게 될 결과를 고려하세요.
④ 가상 공간에서도 개인의 자유가 제한될 수 있음을 고려하세요.
⑤ 가상 공간에서는 쾌락 증진을 위한 행동이 금지됨을 명심하세요.

242

다음은 신문 칼럼이다. ㉠에 들어갈 내용으로 가장 적절한 것은?

○○신문	○○○○년 ○○월 ○○일
칼 럼	

인터넷에서 익명성에 기대어 악성 댓글을 다는 것은 심각한 문제이지만, 표현의 자유를 강제적으로 제한해서는 안 된다. 이러한 제한은 인터넷 이용자의 표현의 자유와 사회 문제에 대한 비판을 위축시킬 수 있으므로 바람직하지 않다. 따라서 각 개인이 양심과 도덕성에 따라 표현을 스스로 규제할 수 있도록 하면 이러한 문제는 해결될 수 있다. 그런데 어떤 사람들은 악성 댓글이 표현의 자유를 남용한 일탈 행위로서 해당 개인과 집단에 심각한 해악을 끼치므로, 이를 규제할 수 있는 제도적 장치만이 이 문제를 바람직하게 해결할 수 있다고 주장한다. 나는 이러한 주장이 _____㉠_____고 생각한다.

① 익명성으로 인해 비도덕적으로 행동할 수 있음을 간과한다.
② 제도적 규제보다 자율적 규제가 적절한 해결책임을 간과한다.
③ 표현의 자유보다 해악 금지 원칙이 우선되어야 함을 간과한다.
④ 타인의 피해를 방지하기 위한 법적 규제가 필요함을 간과한다.
⑤ 표현의 자유를 강제적으로 제한하여 악성 댓글이 예방될 수 있음을 간과한다.

243

다음 대화에서 갑, 을의 입장으로 가장 적절한 것은?

> 정보에 대한 접근은 자유로워야 하지만 생산과 유통은 국가가 규제해야 합니다. 표현의 자유는 해악 금지의 원칙에 위배되지 않는 한에서 보장되어야 합니다. 국가는 혐오표현의 유해성에 대한 법적 기준을 정해 정보의 생산과 유통을 규제할 책무가 있습니다.

> 정보에 대한 접근은 물론 생산과 유통도 개인의 자율에 맡겨야 합니다. 정보의 생산과 유통에 대한 국가의 규제는 그 자체로 표현의 자유를 침해하는 것입니다. 혐오표현의 유해성에 대한 판단은 사람에 따라 다르기 때문에 국가가 일률적 기준을 마련할 수는 없습니다.

 갑   을

① 갑 : 국가는 정보에 자유롭게 접근할 권리를 제한해야 한다.
② 갑 : 국가는 혐오표현의 유해성을 판단할 기준을 설정해야 한다.
③ 을 : 국가는 정보의 접근이 아닌 생산·유통의 자유만 보장해야 한다.
④ 을 : 국가는 해악 금지 원칙에 따라 정보 생산을 규제해야 한다.
⑤ 갑, 을 : 혐오표현에 대한 국가 규제는 표현의 자유와 양립 가능하다.

예상문제로 유형 익히기
정답 및 해설 • p.036

244

난이도 상 **중** 하

다음 글의 ㉠에 들어갈 내용으로 가장 적절한 것은?

> 최근 어떤 나라에서 한 언론사가 정부의 외교 기밀을 폭로한 기사를 연재했다. 이에 정부는 그 기사가 국익에 배치된다는 이유로 보도 중지 요청 소송을 제기했다. 그런데 법원은 정부가 진실을 감추거나 국민을 속이지 못하게 하는 것이 언론의 책무란 점을 근거로 보도를 허용하였다. 이 판결은 정부가 자의적으로 규정한 정보 공개 기준이 언론 자유를 제약하는 이유가 될 수 없음을 명시하였다. 민주 사회에서 국민은 국가 정책의 정당성을 판단하는 주권자로서, 무엇이 진실인지 판단할 수 있도록 일체의 관련 정보를 제공받을 권리가 있다. 국민을 위한 정보 제공이 바로 언론 본연의 사명이자 존재 의미인 것이다. 따라서 민주 사회의 언론은 _____㉠_____ …(후략).

① 공적인 영역에 한정되어야 한다.
② 시민의 인격권에 최고의 가치를 부여해야 한다.
③ 국민의 알 권리 충족을 위해 항상 진실을 추구해야 한다.
④ 사회의 모순과 부조리를 비판하는 역할에 충실해야 한다.
⑤ 국익과 관련된 정보 보도에 언론의 자유를 적용해서는 안 된다.

03 자연과 윤리

1 동양의 자연관

1. 동양의 자연관

유교	• 인간과 자연의 조화를 이루는 천인합일(天人合一)의 경지 추구 • 하늘의 도를 본받아 모든 존재를 사랑하고 인(仁)을 베풀어야 함
불교	• 우주 만물이 연기(緣起)의 원리에 따라 생겨남 • 만물의 상호 의존성을 자각하고 소중히 여기며 자비를 베풀어야 함
도교	• 무위자연(無爲自然)을 추구하며, 인간을 자연의 한 부분으로 여김 • 자연에 대한 인위적인 행동을 자제하고 인간과 자연의 평형과 조화를 추구

2. 우리 조상들의 자연관

단군 신화	천인합일의 사상이 녹아 있음
민간 신앙	자연 만물에 영혼이 있다고 믿는 물활론적 자연관
풍수지리설	대자연을 살아 있는 생명체로 이해하고 땅과 인간의 조화 중시

3. 서양의 자연관

플라톤	자연의 조화로운 질서 속에서 이상의 추구를 강조
아리스토텔레스	식물은 동물을 위해서, 동물은 인간을 위해서 만들어진 것이라고 주장
그리스도교	자연은 신에 의해 창조된 것으로, 인간이 신의 명령에 따라 관리해야 할 대상이자 신의 섭리를 발견할 수 있는 대상으로 봄

2 인간 중심주의 윤리

기본 관점	이성과 자율성을 지닌 인간만이 도덕적 지위를 갖는다는 입장
특징	• 자연을 인간의 욕구 · 이익 · 필요에 따라서만 평가함 • 자연은 인간에게 있어 도구적이며 수단적인 가치를 지닌다고 봄
사상적 근원	• 아퀴나스 : 신의 섭리에 의해 동물은 자연의 과정에서 인간이 사용하도록 운명 지어짐 • 데카르트 : 모든 존재를 정신과 물질로 구분함→인간의 정신은 존엄한 것이지만, 자연은 의식 없는 단순한 물질로 하나의 기계에 불과함 • 베이컨 : 인류의 윤택한 삶을 위해 자연 정복에 필요한 지식 습득을 강조→"지식은 힘이다." • 칸트 : 이성적 능력을 지닌 인간만이 도덕적 주체임
문제점	• 자연에 대한 지배와 착취, 남용과 훼손을 정당화함 • 자연 자체가 지니고 있는 내재적 가치를 인정하지 않음

3 동물 중심주의 윤리

기본 관점		쾌락과 고통의 감정을 중시하여 동물도 쾌(快), 고(苦)를 느끼는 존재이므로 도덕적 고려의 대상이 되어야 함
특징		인간 중심주의의 편협한 관점을 비판하면서 도덕적 권리와 고려 대상을 동물에까지 확대함
대표 이론	동물 해방론	• 동물이 쾌락과 고통을 느끼는 능력을 지니므로 동물을 도덕적 고려의 대상으로 보아야 한다고 주장 • 싱어 : 이익 평등 고려의 원칙을 제시하며, 인간과 동물의 이익을 동등하게 고려해야 한다고 주장
	동물 권리론	• 일부 동물이 본래적 가치를 지닌 존재로서 삶을 살아갈 권리를 가지므로 도덕적 고려의 대상으로 보아야 한다고 주장 • 레건 : 일부 동물이 삶의 주체로 살아가므로 그 자체로 본래적 가치를 지니며, 도덕적으로 존중받을 권리가 있다고 보았음
한계		• 인간과 동물의 이익 관심이 충돌하는 경우 이익 관심의 질을 고려하지 못함 • 동물만을 도덕적으로 고려하기 때문에 식물, 무생물, 종(種)과 같은 생태계를 고려하지 못함 • 싱어의 관점은 공장식 축산이 다른 방식들보다 동물들에게 더 적은 양이 고통을 가져다준다면 그것을 정당화할 우려가 있음

⚲ 교과서 속 수능 개념

아퀴나스

중세 스콜라 철학의 대표자로 신앙과 이성의 조화를 추구하는 신학 이론을 체계화하였다.

온건한 인간 중심주의

온건한 인간 중심주의자인 패스모어는 오늘날의 환경 위기를 극복하기 위해서는 새로운 윤리가 필요한 것이 아니라 기존의 윤리를 잘 준수하면 된다고 주장한다. 그는 자연이 가치 있는 이유는 인간이 자연을 사랑하고 아름답다고 느끼기 때문이라고 본다. 강경한 인간 중심주의와 달리 온건한 인간 중심주는 인간이 자연에 대해서 책임을 느껴야 한다고 본다.

내재적 가치

인간의 의식과는 독립적으로 자연이나 자연 존재에 내재하는 가치를 말한다.

싱어(Singer, P.)

호주 출신의 철학자로서 실천 윤리의 전문가이며 공리주의적 관점을 가지고 윤리적 문제에 접근하였다.

⚲ 헷갈리는 개념 정리

1. 강경한 인간 중심주의와 온건한 인간 중심주의

강경한 인간 중심주의는 자연이 욕망과 같은 감각적 선호를 만족시킬 때만 가치를 지닌다고 보는 반면, 온건한 인간 중심주의는 감각적 선호뿐만 아니라 아름다움을 감상하고 식별하는 성찰적 선호를 만족시킬 때도 가치를 가진다고 본다.

2. 레건과 싱어의 공통점과 차이점

공통점	개체론적 탈인간 중심주의
차이점	• 싱어는 공리주의적 입장에서 '복지'를 강조 • 레건은 의무론적 입장에서 동물의 '권리'를 강소

4 생명 중심주의 윤리

기본 관점	• 도덕적 지위와 고려의 범위를 인간과 동물뿐 아니라 모든 생명체로 확장함 • 도덕적 지위를 갖는 기준은 생명이며, 인간과 동물만이 아니라 식물을 포함한 모든 생명체가 내재적 가치를 지닌다는 점에서 동일하다고 봄	
대표 이론	슈바이처	• 생명은 그 자체로 선(善)이며 본래적 가치를 지니므로 모든 생명을 존중해야 함 • 모든 생명은 살고자 하는 의지가 있으며, 그 자체로 신성하고 동등한 존재 • 필연적이고 불가피하게 살생을 해야 하는 경우, 희생된 생명에 대한 책임 의식을 지녀야 함
	테일러	• 인간은 본질에서 다른 생명체보다 우월하지 않음 • 모든 생명체는 자기 생존·성장·발전·번식이라는 목적을 추구하는 '목적론적 삶의 중심'임 → 모든 생명체에 대한 도덕적 고려가 요구됨
한계	• 개별 생명체에 중점을 두어 생태계 전체를 고려하지 못함 • 생명체 존중을 주장함으로써 인간의 삶 자체를 어렵게 만들 수 있음 • 자연에 대한 불간섭의 의무는 인간이 자연에 개입해야만 하는 상황을 고려하지 못함	

5 생태 중심주의 윤리

기본 관점	무생물을 포함한 생태계 전체를 도덕적 고려의 대상으로 여기는 입장 → 전일론적 관점
대표 이론	• 레오폴트의 '대지의 윤리': "어떤 것이 생명 공동체의 온전함, 안정성 그리고 아름다움의 보전에 이바지하는 경향이 있다면 옳고 그렇지 않으면 그르다." • 네스의 심층적 생태주의: 인류의 건강과 풍요를 위해 환경 오염과 자원 고갈 등의 문제 해결에만 관심을 갖는 것을 비판하고, 세계관과 생활 양식 자체를 생태 중심적으로 바꿔야 한다고 주장
의의	• 생태계 전체를 볼 수 있는 포괄적 시각 제공 • 인간이 생태계의 구성원이라는 인식 제공 → 생태 교육의 필요성 강조
한계	• 생태계 안정 유지의 도덕적 근거 제시 미약 • 불특정 다수에 대한 과도한 책임 요구 → 생태계의 선(善)을 위해 개별 구성원의 희생 강요

6 환경 문제와 기후 변화

기후 변화의 원인	화석 연료나 에너지 등의 과다 소모 → 자연적 원인이 아닌 인간 활동의 영향이 주요 원인	
기후 변화에 따른 문제	• 지구 생태계 파괴: 다양한 생물 종의 감소와 멸종 등으로 생태계 먹이 사슬이 파괴됨 • 인간의 삶 위협: 사막화, 온난화, 해수면 상승 등으로 인한 환경 변화로 인간의 삶이 위협받고 있음 • 저개발 국가의 피해 심화: 상대적으로 기술력과 경제력이 부족한 저개발 국가가 더 큰 피해를 입게 됨	
국제적 노력	기후 변화 협약	온실가스 배출 억제 규정 → 강제력·구속력 부족으로 구체적 실천 미흡
	교토 의정서	• 선진국의 온실가스 배출 감축량 설정, 탄소 배출권 거래제 실시 • 긍정적 기대: 온실가스 감축, 에너지 절약, 신·재생 에너지 개발, 국제적 대응 강화 • 비판적 시각: 탄소 배출권 매매라는 시장 논리로 인해 인류 공동의 책임감 약화

7 미래 세대에 대한 책임과 생태적 지속 가능성

미래 세대에 대한 현세대의 책임	• 미래 세대의 필요 충족을 위한 고려: 미래 세대는 그들의 삶을 영위하기 위해 의식주를 비롯한 맑은 물과 공기 등이 필요할 것임 • 미래 세대와 우리의 상호 연관성: 현세대의 출현이 과거 세대가 없이 불가능했던 것처럼 과거 세대로부터 받은 혜택을 후세에게 줄 의무가 있음 • 요나스: 책임 윤리의 관점에서 자연 개발과 환경 보전의 문제를 검토해야 한다고 주장 → 우리는 미래 세대의 존재를 보장해야 할 책임과 그들의 삶의 질을 배려할 책임이 있다고 보았음
생태적 지속 가능성을 위한 노력	• 개인적 측면: 인간을 비롯한 모든 생물의 가치를 존중하고 함께 공존하려는 삶의 방식 추구 • 제도적 측면: 저탄소 녹색 성장 지향, 삼림 자원 조성·관리 법률 제정, 자연 휴식년제 도입 등 • 국제적 측면: 기후 변화 협약, 생물 다양성 보존 협약, 람사르 협약 등 국제적 협력이 필요함

교과서 속 수능 개념

슈바이처의 생명 동등성과 차등성
• 생명의 동등성: 모든 생명은 살고자 하는 의지가 있으며, 생명은 그 자체로 신성하다는 의미에서 모든 생명은 동등하다.
• 생명의 차등성: 자신의 존재를 유지하기 위하여 필연적이고 불가피하게 다른 생명을 해쳐야 하는 경우가 발생하는데, 여기서 생명의 차등성이 느러난나.

테일러의 생명체에 대한 네 가지 의무
• 악행 금지의 의무: 생명체에 해를 끼쳐서는 안 됨
• 불간섭의 의무: 개별 유기체의 자유를 제약하는 것을 금지하고, 생태계의 진행 과정에 간섭하지 말아야 함
• 성실의 의무: 덫을 놓는 등 생명체를 속이는 행위를 해서는 안 됨
• 보상적 정의의 의무: 다른 종의 개체들에게 해를 입혔을 경우 이를 보상해야 함

온건한 인간 중심주의와 온건한 생태 중심주의의 차이점
인간 중심주의는 궁극적으로 인간의 이익을 위하여 자연 보전을 강조하는 반면, 생태 중심주의는 인간의 이익과 관련 없이 자연은 그 자체로 보전할 가치가 있다고 주장한다.

생태적 지속 가능성
생태계의 본질적인 기능과 과정들을 유지하고 생태계의 생명 다양성을 보존할 수 있는 생태계의 능력을 말한다.

헷갈리는 개념 정리

1. 미래 세대의 권리에 대한 공리주의와 의무론의 관점

공리주의	• 불확실하고 멀리 있는 쾌락보다 확실하고 가까이 있는 쾌락이 중요함 • 미래 세대보다 현재 세대가 더 중요하다고 할 수 있음
의무론	• 인간은 결코 수단으로 대우받아서는 안 됨 • 미래 세대도 우리와 같이 삶을 영위할 도덕적 권리를 갖고 있음

2. 환경 개발론과 환경 보전론

개발론	• 자연환경의 경제적 이용을 통해 다수의 이익과 행복의 증진을 옹호하는 공리주의적 관점에 기초함 • 자연은 도구적 성격을 지녔으며 사람들에게 도움이 된다면 자연을 개발하는 것이 바람직하다고 봄
보전론	• 자연은 단순히 인간의 수단으로 존재하는 것이 아니라 본래적 가치를 지니므로 자연을 보전해야 한다고 봄 • 장기적으로 인간의 행복을 위하여 자연 보전이 필요하다고 봄

수능 출제 패턴 분석 ▶ 불교의 연기설, 도가의 무위자연, 유교의 천인합일, 풍수지리설, 동학의 자연관

유형보기

1. 불교의 자연관 평가원

• 고정된 자성(自性)이 있다면, 세상의 모든 현상들은 생겨나지도 않고 없어지지도 않을 것이다. 공(空)하지 않다고 하면, 아직 얻지 못한 것은 결코 얻을 수 없을 것이며 번뇌도 끊을 수 없을 것이다.
• 털끝 하나에도 끝없는 대지와 큰 바다가 들어 있으며, 끝없는 대지와 큰 바다가 티끌과 다르지 않다는 것을 깨달아야 고통이 없는 해탈을 이루게 될 것이다.

자료 분석

(1) 제시문은 불교 사상이다. 첫째 제시문은 공(空) 사상을 설명하고 있고, 둘째 제시문은 연기(緣起)를 자각할 것을 말하고 있다.
(2) 불교는 이 세계는 마치 거대한 그물처럼 모두 연결되어 있으며, 원인과 조건에 의해 생멸한다는 연기설로 자연을 이해한다. 따라서 자연을 원인과 조건에 의해 생멸하는 관계의 그물[網]로 간주한다.

2. 전통적 자연관 비교 교육청

갑 : 일체의 것을 잊고 마음을 비워 깨끗이 할 때, 도(道)가 그 빈 마음속에 모여 물아일체(物我一體)의 경지에 이른다.
을 : 땅에는 인간의 몸처럼 기가 흐르고 있고, 인간의 몸에 기가 모이는 혈(穴)이 있는 것처럼 땅에도 그런 지점이 있다.
병 : 천지는 만물을 낳는 것을 마음으로 삼으니, 인간은 그 마음을 본받아 자신의 마음으로 삼고 인(仁)을 실천해야 한다.

자료 분석

(1) 갑, 을, 병은 모두 전통적 자연관으로, 갑은 도가, 을은 풍수지리 사상, 병은 유교의 입장이다.
(2) 풍수지리 사상은 자연에도 인간의 몸처럼 기와 혈이 있다고 본다. 유학은 만물이 모두 본래적 가치를 지닌다고 보며, 인간과 자연이 조화를 이루는 천인합일(天人合一)의 경지를 지향한다. 도가는 무위자연(無爲自然)을 추구하며 인간의 의지나 욕구와 상관없이 존재하는 자연의 아름다움을 강조한다.

3. 동양의 자연관

(가) 이것이 있으면 그것이 있고 이것이 생기기 때문에 그것이 생긴다. 이것이 없으면 그것이 없고, 이것이 멸(滅)하기 때문에 그것이 멸한다. 이 세상에 홀로 존재하는 것은 아무것도 없다.
(나) 저절로 변하고 길러지도록 만물을 맡겨 두지 않고 인간들이 조작하려고 하면, 나는 그러한 짓을 못하게 자연의 소박한 덕으로 진정시킬 것이다.

자료 분석

(1) (가)는 세상의 그 어떤 존재도 독립적으로 존재할 수 없고 상호 의존적인 관계에 놓여 있다는 불교의 연기 사상이다.
(2) (나)는 인위적인 것을 거부하고 무위자연의 삶을 통해 인간과 자연의 조화를 강조하는 도가 사상에 해당한다.
(3) 만물의 상호 의존을 강조하는 불교, 무위자연을 주장하는 도가는 모두 인간과 자연의 상생을 추구하는 동양 사상으로 오늘날의 환경 문제 해결에 도움을 줄 수 있다.

대표기출로 **유형 감잡기** 정답 및 해설 • p.037

245
정답률 83% | 고2 2017학년도 6월 교육청

(가), (나)의 자연관에 대한 설명으로 가장 적절한 것은?

(가) 인간은 인위적 힘이 가해지지 않은 자연 그대로의 상태[無爲自然]를 지향해야 한다. 그리고 만물의 근원인 도(道)를 따르며 살아가는 것이 이상적인 삶이라고 할 수 있다.
(나) 식물은 동물을 위해서, 동물은 인간의 생존을 위해서 존재한다. 따라서 야생 동물은 식량이나 의복, 도구 등을 만드는 데 사용할 수 있다.

① (가) : 자연과 인간 간의 위계적 질서 체계를 확립해야 한다.
② (가) : 자연의 섭리에 순응하는 조화로운 삶을 살아야 한다.
③ (나) : 다른 인간과 존재를 어진 마음으로 사랑해야 한다.
④ (나) : 모든 생명체를 소중히 여기고 자비를 베풀어야 한다.
⑤ (가), (나) : 자연에 대한 통제가 효율적으로 이루어져야 한다

246
정답률 77% | 2015학년도 수능 ⓔ 연계

그림은 서술형 평가 문제와 학생 답안이다. 학생 답안의 ㉠~㉤ 중 옳지 않은 것은?

서술형 평가

◎문제 : (가), (나) 사상의 자연에 대한 관점을 비교하여 서술하시오.

(가) 인(因)과 연(緣)에 의해 생겨나는 것이 법(法)이다. 이것을 공(空)하다고 한다. 단 하나의 법도 인과 연에 따라 생겨나지 않는 것이 없으니 일체의 법이 공하다.
(나) 하늘이 명한 것을 성(性)이라고 하고 성을 따르는 것을 도(道)라고 한다. 하늘이 음양(陰陽)과 오행(五行)으로 만물을 생겨나게 하니[化生], 천지 만물은 본래 나와 일체이다.

◎ 학생 답안

(가), (나)의 관점을 비교하면, (가)는 ㉠ 자연 만물에 고정된 실체가 없다고 보며, ㉡ 살아 있는 모든 생명에 대한 존중을 강조한다. 이에 비해 (나)는 ㉢ 하늘[天]을 인간이 따라야 하는 도덕 원리의 원천으로 보며, ㉣ 하늘 아래 만물이 무위(無爲)의 자연스러움을 따라야 함을 강조한다. 한편 ㉤ (가), (나) 모두 자연 만물을 상의(相依)와 화해(和諧)의 관계에 놓인 것으로 본다.

① ㉠   ② ㉡   ③ ㉢
④ ㉣   ⑤ ㉤

247

난이도 상 중 **하**

다음 글의 밑줄 친 부분에 해당하는 동양 윤리 사상의 내용으로 옳지 않은 것은?

> 자연을 지배하고 정복함으로써 인간 삶의 풍요로움을 가져오고자 했던 서구의 자연 과학이 성공적인 물질 문명을 건설한 것은 사실이다. 그러나 오늘날 생태계 파괴, 물질적 소유욕의 조장 등의 문제점이 나타나게 되었고, 자연과 인간, 인간과 인간 사이에서 야기되는 불균형과 갈등을 제대로 해결할 수 없게 된 측면도 생기게 되었다. 그러므로 예로부터 모든 것을 대립적이거나 이원적으로 파악하지 않고 전체적 조화와 균형을 중시했던 동양 사상을 받아들여서 오늘날 서구 물질 문명이 지니고 있는 문제점을 보완하는 이론적 지침으로 삼아야 한다.

① 물처럼 사는 것이 으뜸되는 선이다.
② 땅에도 인간의 몸처럼 기운이 흐르고 있다.
③ 저것이 있을 때 이것이 있고, 이것이 있을 때 저것이 있다.
④ 인간은 자연의 품에서 벗어나 자연을 객관적으로 바라볼 수 있다.
⑤ 인간이 자연을 본받아 다른 존재와 사람에게 인(仁)을 베풀어야 한다.

248

난이도 상 **중** 하

(가)와 (나)에서 종합적으로 도출할 수 있는 주장으로 가장 적절한 것은?

> (가) 지구는 동물, 식물, 광물, 토양, 물, 공기 등의 구성 요소들이 상호 작용하면서 항상성을 유지하는 하나의 거대한 통합적 생명체와 같다.
> (나) 사람은 땅을 법칙 삼아 어긋나지 않고, 땅은 하늘을 법칙 삼아 어긋나지 않으며, 하늘은 도를 법칙 삼아 어긋나지 않고, 도는 자연을 법칙 삼아 어긋나지 않는다.

① 인류의 행복을 위해서는 자연에 대한 개발이 정당화될 수 있다.
② 자연은 신이 인간에게 부여한 선물이므로, 그것의 처분은 인간의 몫이다.
③ 자연의 가치는 인간의 삶의 질 향상에 얼마나 기여하느냐에 달려 있다.
④ 인간과 자연의 관계를 전체적이고 유기적인 관점에서 조망할 필요가 있다.
⑤ 인류가 직면한 생태계 위기는 과학 기술의 발달을 통해서만 해결할 수 있다.

249

난이도 상 중 **하**

(가) 사상의 입장에서 (나)의 문제를 해결하기 위한 조언으로 가장 적절한 것은?

(가)	도(道)는 늘 아무 일도 하지 않는다. 그러나 하지 못하는 일이 없다. 이름 없는 순수한 도라면 욕망 없는 상태를 가져올 것이다. 욕심을 내지 않으면 천하가 저절로 편안해질 것이다.
(나)	○○시에서는 △△지역에서 도시 개발 사업을 하면서 많은 벌목으로 홍수와 산사태를 일으켰고, 대규모 토사가 인근 저수지로 유입되어 수질 오염은 물론 생태계 서식 환경을 크게 악화시켰다.

① 인류의 복지를 위해 자연을 보호해야 합니다.
② 자연 보호를 위해 개발의 속도를 조절해야 합니다.
③ 자연에 인위적 조작과 통제를 가하지 않도록 해야 합니다.
④ 국민의 삶의 질 제고를 위해 국가가 시장에 적극 개입해야 합니다.
⑤ 하늘의 도[天道]가 인간의 본성에 내면화되어 있다는 신념을 지녀야 합니다.

250

난이도 상 중 **하**

(가)의 입장에서 (나)의 입장에 대해 제기할 수 있는 비판으로 가장 적절한 것은?

> (가) 하늘을 아버지라 하고, 땅을 어머니라 한다. 나는 그 가운데 혼연히 있다. 그러므로 천지에 가득 찬 기운은 나의 몸이요, 천지를 운용하는 원리는 나의 본성이 된다. 사람들과 나는 한 배에서 나왔고, 만물은 나와 더불어 한 형제이다.
> (나) 천지와 나는 함께 생기고 만물은 나와 하나가 된다. …(중략)… 천지는 어질지 않아서 만물을 짚으로 만든 개처럼 취급한다.

① 인간은 자연과 상호 독립된 존재임을 알아야 합니다.
② 우주 만물이 연기(緣起)에 의해 생겨남을 깨달아야 합니다.
③ 자연의 순리에 순응하여 인간의 악한 본성을 변화시켜야 합니다.
④ 무위자연(無爲自然)을 추구하며 인간은 자연의 한 부분임을 깨달아야 합니다.
⑤ 인간은 하늘의 도(道)를 본받아 모든 존재를 사랑하고 인(仁)을 베풀어야 합니다.

인간 중심주의 윤리

유형보기

1. 도구적 자연관과 인간 중심주의

- 지식은 힘이다. 방황하고 있는 자연을 사냥해서 노예로 만들어 인간의 이익에 봉사하도록 해야 한다. 그녀(자연)는 구속되어야 하고 과학자의 목적은 고문을 해서라도 자연의 비밀을 밝혀내는 것이다.　— 베이컨 —
- 신체는 본질적으로 언제나 분할될 수 있지만 정신은 어떤 경우에도 분할될 수 없다는 점에서 신체와 정신 사이에는 큰 차이가 존재한다. 실제로 정신, 즉 사유하는 실체로서의 나 자신을 고찰할 때 나는 내 안에서 어떤 부분도 구분할 수 없으며, 나 자신을 전체적이고 통일적인 대상으로 인식한다.　— 데카르트 —

자료 분석

(1) 베이컨과 데카르트는 모두 인간 중심주의 윤리에 해당한다.
(2) 베이컨은 경험주의적 사고를 통하여, 데카르트는 이분법적 사유를 통하여 인간이 자연을 지배할 수 있다고 보았다.

2. 온건한 인간 중심주의　교육청

갑 : 인간이 진정으로 영리하다면 자원으로서의 자연을 가능한 장기간 이용할 수 있도록 노력할 것이고, 자연을 파괴하기보다는 환경을 보호하려고 노력할 것이다.
을 : 한 세대가 자기 세대만을 위하여 이기적 욕망을 무분별하게 추구하는 것은 바람직하지 않다. 미래 세대에 대해 책임질 줄 아는 사람은 미래 세대의 생존 근거인 환경을 보호하려고 할 것이다.

자료 분석

(1) 갑, 을은 모두 온건한 인간 중심주의를 주장하고 있다. 갑은 영리함의 논증, 을은 세대 간 분배 정의 논증이다.
(2) 온건한 인간 중심주의는 인간의 모든 욕구를 적절히 선별하고 조절함으로써 실질적으로 자연을 보호할 수 있고, 자연의 질서에 부합하는 인간의 문화적 활동을 통해 좋은 세상을 실현할 수 있다고 본다.

대표기출로 유형 감잡기　정답 및 해설 • p.038

251

정답률 76% : 2022학년도 10월 교육청

(가)의 갑, 을, 병 사상가들의 입장에서 서로에게 제기할 수 있는 비판을 (나) 그림으로 표현할 때, A~F에 해당하는 내용으로 가장 적절한 것은?

(가)	갑 : 생명은 없지만 아름다운 것을 파괴하는 행위를 일삼는 것은 도덕성을 촉진하는 감정을 약화시키므로 인간의 자기 자신에 대한 의무와 대립한다. 을 : 쾌고 감수 능력은 이익 관심을 갖기 위한 선행조건이다. 쾌고 감수 능력을 지닌 동물의 이익은 인간의 이익과 동등하게 고려되어야 한다. 병 : 모든 생명체는 자신의 생존 유지, 종의 재생산, 환경 적응 활동을 성공적으로 수행하게 하는 일정한 경향성을 갖고 있는 목적론적 삶의 중심이다.
(나)	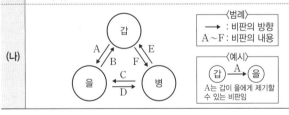

① A, F : 의식은 도덕적 행위의 주체가 되기 위한 필요충분조건임을 간과한다.
② B : 인간뿐만 아니라 동물과 관련해서도 인간의 의무가 발생함을 간과한다.
③ B, D : 인간을 위해 동물에게 친절한 것은 종 차별주의 입장이 아님을 간과한다.
④ C : 어떤 개체가 이익 관심을 갖지 않아도 도덕적 지위를 지닐 수 있음을 간과한다.
⑤ C, E : 생태계를 조작하여 생태계 자체의 도덕적 지위를 훼손하면 안 됨을 간과한다.

252

정답률 58% : 2020학년도 6월 평가원

(가)의 갑, 을, 병 사상가들의 입장에서 서로에게 제기할 수 있는 비판을 (나) 그림으로 표현할 때, A~F에 해당하는 내용으로 가장 적절한 것은?

(가)	갑 : 우리는 인간에 대해서만 직접적인 의무를 지니며, 다른 존재들에 대해서는 그러한 의무를 지니지 않는다. 인간만이 실천 이성을 지닌 자율적 존재이기 때문이다. 을 : 목적론적 삶의 중심인 생명체는 내재적 가치를 지닌다. 그러한 생명체는 자신의 고유한 선을 추구하며 일관성과 통일성을 지향하는 존재이다. 병 : 흙, 물, 식물, 동물, 인간을 포함하는 생명 공동체는 생명적 성질을 지닌다. 인간은 생명 공동체의 지배자가 아니며, 대지 위의 모든 존재는 평등한 구성원이다.
(나)	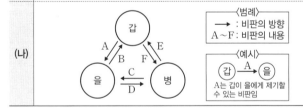

① B : 쾌고 감수 능력을 지닌 존재는 도덕적 지위가 없음을 간과한다.
② C : 생태계 안정을 위해 생명체를 해치는 행위 모두는 잘못임을 간과한다.
③ A, F : 도덕적인 행위의 주체는 오직 인간뿐이라는 점을 간과한다.
④ B, E : 인간은 다른 생명체보다 우월한 지위를 지니지 않음을 간과한다.
⑤ D, F : 모든 생명체가 내재적 가치를 지니는 것은 아님을 간과한다.

253

난이도 상 중 **하**

서양 사상가 갑, 을, 병의 입장에 대한 설명으로 옳지 <u>않은</u> 것은?

> 갑 : 식물은 동물의 생존을 위해 존재하고, 동물은 인간의 생존을 위해 존재한다.
> 을 : 인간이 동물을 이용하는 것은 신의 섭리이므로, 인간이 동물을 죽이거나 이용하는 것은 그릇된 일이 아니다.
> 병 : 이성적 능력을 지닌 인간만이 도덕의 주체이며, 인간은 동물에 대해서 간접적인 도덕적 의무만을 지닌다.

① 갑은 인간이 다른 생명보다 우월한 존재라고 본다.
② 을은 인간이 자연을 이용하는 것은 신의 섭리라고 본다.
③ 병은 인간이 이성적 능력이 있기 때문에 존엄한 존재라고 본다.
④ 갑, 을은 병과 달리 자연을 기계론적 인과 관계로 파악한다.
⑤ 갑, 을, 병은 모두 자연의 내재적 가치를 인정하지 않는다.

254

난이도 상 중 **하**

㉠의 특징을 설명한 것으로 가장 적절한 것은?

> 지금까지의 인간의 역사가 인간에 의한 자연 정복의 역사에 지나지 않는 것으로 본다면 그러한 역사의 밑바닥에는 반드시 그것을 뒷받침하는 한결같은 세계관·인생관이 숨어 있다. 그것은 ㉠ (이)라는 말로 가장 적절히 부를 수 있는 이념이다. ㉠ 은/는 모든 가치는 인간적 가치이며 그런 가치를 위해서 인간 외의 모든 존재는 단순한 도구·수단에 지나지 않는다는 신념으로 정의될 수 있다.

① 인간과 자연은 평등한 관계를 맺을 수 있다고 본다.
② 인간은 자연의 지배자가 아니라 구성원일 뿐이라고 본다.
③ 자연은 도덕적으로 존중받을 가치를 지니고 있다고 본다.
④ 인간은 다른 존재와 구별되는 유일한 도덕적 존재라고 본다.
⑤ 쾌고 감수 능력을 지닌 동물을 도덕적으로 고려해야 한다고 본다.

255

난이도 상 **중** 하

서양 사상가 갑, 을의 입장에 대한 설명으로 옳지 <u>않은</u> 것은?

> 갑 : 인간에게는 자연을 이용할 수 있는 권한과 능력이 있다. 과학의 목적은 자연을 정복해 인간의 물질적 생활을 향상시키는 데 있다. 이를 위해 인간은 자연이 어떻게 작동하는지 알고, 자연을 이용할 수 있어야 한다.
> 을 : 인간의 정신은 물질로 환원할 수 없는 존엄한 것이지만 자연은 의식 없는 단순한 물질, 즉 하나의 기계에 불과하다.

① 갑은 자연을 인간의 이익에 봉사하는 수단으로 간주하였다.
② 을은 주체와 대상을 구분하는 이분법적 사유를 전개하였다.
③ 갑은 경험론, 을은 합리론을 바탕으로 철학적 사유를 전개하였다.
④ 갑은 을과 달리 자연을 기계적 인과 법칙에 종속된 물질로 간주하였다.
⑤ 갑, 을은 공통적으로 자연의 내재적 가치를 부정하고 정복 지향적 자연관의 이론적 토대를 제공하였다.

256 Challenge 30% 고난도

난이도 상 중 **하**

(가)의 입장을 (나) 그림으로 탐구하고자 할 때, A, B에 들어갈 옳은 질문을 〈보기〉에서 고른 것은?

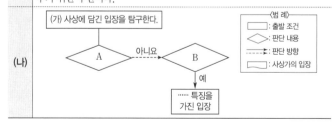

(가)	인간 존재만이 가치 있고 인간 이외의 다른 모든 존재는 인간의 목적을 이루기 위한 수단이다.

〈보기〉
ㄱ. A : 인간은 자연에 비해 우월적인 존재인가?
ㄴ. A : 동물의 내재적 가치를 인정해야 하는가?
ㄷ. B : 인간과 자연은 평등한 관계를 이룰 수 있는가?
ㄹ. B : 이성과 자율성을 지닌 존재만이 도덕적 지위를 지니는가?

① ㄱ, ㄴ   ② ㄱ, ㄷ   ③ ㄴ, ㄷ
④ ㄴ, ㄹ   ⑤ ㄷ, ㄹ

동물 중심주의 윤리

유형보기

1. 칸트와 싱어의 동물에 대한 관점   교육청

갑 : 우리는 동물에 대한 직접적 의무를 갖지 않는다. 동물은 자의식을 갖지 못하며 그들은 인간의 목적을 위한 단순한 수단으로만 존재한다. 하지만 동물을 고통스럽게 대하는 것은 우리 자신에 대한 의무를 위반하는 것과 유사한 것이다.

을 : 만약 어떤 존재가 고통을 느낌에도 불구하고 그와 같은 고통을 고려하지 않으려는 것은 도덕적으로 정당화될 수 없다. 평등의 원리는 그 존재가 어떤 특성을 갖든 그 존재의 고통을 다른 존재의 동일한 고통과 동등하게 취급할 것을 요구한다.

자료 분석

(1) 갑의 칸트는 인간 중심주의적 관점을, 을의 싱어는 동물 중심주의적 관점을 설명하고 있다.

(2) 갑은 인간이 동물에 대한 직접적 의무를 갖지 않는다고 간주하지만, 을은 동물도 인간과 마찬가지로 배려받아야 하는 존재라고 본다.

2. 동물 해방론   교육청

우리가 동물을 고려해야 하는 이유는 동물이 느끼는 고통을 감소시켜야 하기 때문이다. 고통은 그 자체로 나쁜 것이므로, 이를 감소시켜야 한다. 동물을 고통으로부터 해방시키려면 동물의 도덕적 지위를 인정해야 한다. 인종 차별이나 성 차별이 옳지 않은 것과 마찬가지로 종(種)이 다르다는 이유로 동물을 차별하는 '종 차별주의'도 옳지 않다.

자료 분석

(1) 싱어는 공리주의에 근거하여 동물 해방론을 주장하였다.

(2) 그는 도덕적 고려의 범위를 동물에게까지 확장할 것을 주장하면서, 인간 종이 아니라고 해서 동물을 인간과 차별하는 것은 종 차별주의라고 비판하였다.

(3) 싱어는 벤담의 주장을 적극 수용하여 모든 이익 관심은 동등한 대우를 받아야 한다는 '이익의 평등한 고려 원칙'을 바탕으로 동물 해방론을 주장하였다.

3. 동물 권리론

우리가 동물을 고려해야 하는 이유는 동물이 삶의 주체로서 자신만의 고유한 삶을 영위할 권리를 가지기 때문이다. 우리는 의무론에 근거하여 동물 권리론을 주장하며, 동물에 대한 인간의 의무를 도출할 수 있다. '삶의 주체'란 단순히 살아 있다는 의미를 넘어서 자신의 삶을 영위할 수 있는 능력을 가진 행위자이다. 동물도 하나의 삶의 주체이므로 인간을 위한 수단으로 취급해서는 안 된다.

자료 분석

(1) 레건은 동물도 하나의 삶의 주체로 보고 동물 권리론을 주장하였다.

(2) 삶의 주체는 단순히 살아 있다는 의미를 넘어서 자신의 삶을 영위할 수 있는 능력을 가진 행위자를 의미한다. 레건은 동물도 하나의 삶의 주체라고 할 수 있으므로, 인간을 위한 수단으로 취급해서는 안 된다고 강조하였다.

대표기출로 유형 감잡기   정답 및 해설 • p.039

257   정답률 47% ┊ 2021학년도 6월 평가원

(가)의 갑, 을, 병의 입장을 (나) 그림으로 표현할 때, A~D에 해당하는 적절한 진술만을 〈보기〉에서 있는 대로 고른 것은?

(가)

갑 : 도덕 판단은 보편화 가능해야 한다. 어떤 이익이 단지 인간에게 유용하다는 이유만으로, 이익 관심을 가진 동물의 이익보다 중요하다고 간주해서는 안 된다.

을 : 도덕적 존중의 대상에는 도덕적 권리를 가질 수 있는 삶의 주체인 동물도 포함된다. 그들 각각은 다른 존재의 이익과 독립해 개별적 복지를 추구한다.

병 : 도덕적 의무를 질 수 있는 인간에 대한 의무 외에 다른 존재에 대한 의무는 없다. 물론 동물이 수행한 봉사에 대한 감사는 간접적으로 인간의 의무에 속한다.

(나)

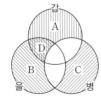

〈범례〉
A: 갑만의 입장
B: 을만의 입장
C: 병만의 입장
D: 갑과 을만의 공통 입장

〈보기〉

ㄱ. A : 이익 관심을 지닌 모든 개체는 동일한 대우를 받아야 한다.

ㄴ. B : 목적 그 자체로서 가치를 지닌 존재는 도덕적 존중의 대상이다.

ㄷ. C : 동물 학대가 그릇된 근본 이유는 인간성 실현을 저해함에 있다.

ㄹ. D : 자율적 행위 능력과 무관하게 도덕적 지위는 부여되어야 한다.

① ㄱ, ㄴ   ② ㄱ, ㄷ   ③ ㄷ, ㄹ

④ ㄱ, ㄴ, ㄹ   ⑤ ㄴ, ㄷ, ㄹ

258   정답률 45% ┊ 2020학년도 수능 ┊ Ⓔ 연계

(가)의 갑, 을, 병 사상가들의 입장에서 서로에게 제기할 수 있는 비판을 (나) 그림으로 표현할 때, A~F에 해당하는 내용으로 가장 적절한 것은?

(가)

갑 : 도덕적 행위 능력과 무관하게 인간과 일부 동물은 도덕적 권리를 갖는다. 그들 각자는 고유한 삶을 살아가는 삶의 주체이다.

을 : 도덕적 행위 능력이 없어도 생명체라면 존중해야 한다. 모든 생명체는 목적론적 삶의 중심이며 내재적 가치를 지닌다.

병 : 도덕적 행위 능력이 있는 인간은 자연을 파괴하는 행위를 삼가야 한다. 그러한 파괴적 성향은 인간의 도덕성에 기여하는 감정을 약화시킨다.

(나)

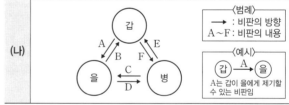

〈범례〉
→ : 비판의 방향
A~F : 비판의 내용

〈예시〉
갑 -A→ 을
A는 갑이 을에게 제기할 수 있는 비판임

① A : 개체 각각이 지닌 고유한 선은 보호되고 증진되어야 함을 간과한다.

② B : 개체에 대한 도덕적 존중은 내재적 가치에 근거함을 간과한다.

③ D : 도덕적 행위 능력이 없는 존재도 모두 내재적 가치를 지님을 간과한다.

④ F : 어떤 존재를 목적 그 자체로 보는 근거가 이성이 아님을 간과한다.

⑤ C, E : 도덕적 행위 주체들의 도덕적 지위가 서로 평등함을 간과한다.

259

난이도 상 중 **하**

(가)의 관점에서 (나)의 주장을 지지할 경우에 그 이유로 가장 적절한 것은?

(가)	사람의 피부색이나 성별이 다르다고 해서 그 사람의 이익을 다르게 고려해서는 안 되는 것처럼, 어떤 존재가 어느 동물 집단에 속하느냐에 따라 그 존재의 이익을 다르게 고려해서는 안 된다.
(나)	모피를 만들기 위해 1년에 5,000마리 이상의 동물이 고통받고 있다. 우리는 우리의 옷을 만들기 위해서 많은 수의 동물을 살상하는 행위를 중단해야 한다.

① 동물은 쾌락이나 고통을 경험하지 못한다.
② 동물 실험이 인간 실험으로 이어질 수 있다.
③ 인간은 자연 전체에 대한 도덕적 의무를 지닌다.
④ 인간에게 유익한 결과를 가져오는 행위를 해야 한다.
⑤ 쾌고 감수 능력을 가진 존재들의 이익을 평등하게 고려해야 한다.

260

난이도 상 중 **하**

갑이 을에게 제기할 수 있는 비판으로 가장 적절한 것은?

> 갑 : 인간은 자신에게 부여했던 생명에의 경외를 살려고 하는 모든 존재에게 부여하지 않으면 안 된다고 느낀다. 그래서 그는 생명을 고양하는 것을 선으로, 생명을 파괴하는 것을 악으로 여긴다.
>
> 을 : 공장식 동물 사육을 중단해야 한다. 육류의 대량 생산과 대량 소비를 위한 공장식 동물 사육은 그 과정에서 동물에게 끔찍한 고통을 주기 때문이다.

① 생태계 전체를 고려하지 못하고 있다.
② 동물을 '삶의 주체'로 간주하고 그 권리를 인정해야 한다.
③ 쾌고 감수 능력이 없는 생명도 내재적 가치를 인정해야 한다.
④ 인간의 이익을 증진시키는 행위만을 바람직한 것으로 간주해야 한다.
⑤ 쾌락과 고통을 느낄 수 있는 능력을 도덕적 고려의 기준으로 삼아야 한다.

[261~262] 서양 사상가인 갑~병의 주장을 읽고 물음에 답하시오

> 갑 : 지식은 힘이다. 진정한 지식이란 자연을 정복하여 인간의 현실 생활에 실익을 거두게 하는 것이다.
>
> 을 : 이익 평등 고려의 원칙에 따라 우리가 속한 종(種)과 다르다는 이유로 다른 종을 착취할 권리는 없다.
>
> 병 : 동물은 자신의 삶의 주체이며 자신의 삶을 영위할 권리를 지닌다.

261 Challenge 30% 신유형

난이도 **상** 중 하

갑, 을, 병의 입장을 그림과 같이 탐구하고자 할 때, A~D에 들어갈 질문으로 옳은 것은?

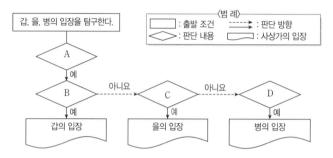

① A : 인간만이 도덕적으로 존중받아야 할 존재인가?
② B : 생명을 유지하고 증진하는 것은 선(善)인가?
③ B : 동물도 인간과 마찬가지로 도덕적 지위를 지니는가?
④ C : 동물의 이익 관심을 인간과 동등하게 고려해야 하는가?
⑤ D : 자연의 모든 존재는 내재적 가치를 지니는가?

262 Challenge 30% 고난도

난이도 **상** 중 하

병이 갑, 을에게 제기할 수 있는 비판으로 가장 적절한 것은?

①	병이 갑에게	생명체 간의 위계질서를 인정해야 합니다.
②	병이 갑에게	개별 생명체보다 생태계 전체를 우선시해야 합니다.
③	병이 을에게	동물을 인간을 위한 수단으로 취급해서는 안 됩니다.
④	병이 을에게	동물은 자신만의 고유한 삶을 영위할 권리를 지니고 있습니다.
⑤	병이 을에게	이익 관심을 지닌 동물을 차별하는 종 차별주의는 잘못된 행위입니다.

생명 중심주의 윤리

수능 출제 패턴 분석 생명 외경 사상, 테일러의 생명 중심주의, 목적론적 삶의 중심, 내재적 가치

유형보기

1. 동물 중심주의와 생명 중심주의 비교 _평가원_

갑 : 인종이나 성(性)을 근거로 하여 평등한 도덕적 지위를 부정하는 것이 그른 것처럼, 우리 종(種)의 구성원이 아니라는 것을 근거로 하여 평등한 도덕적 지위를 부정하는 것은 옳지 않다. 고통과 쾌락의 감수 능력이 이익 관심을 갖는 전제 조건이다.

을 : 모든 생명은 '목적론적 삶의 중심'에 서 있기 때문에 자기 고유의 선(善)을 가지고 있다고 할 수 있다. 그래서 모든 생명은 변화하는 환경에 성공적으로 적응하여 자신의 생존을 유지하고, 종(種)을 재생산하려는 경향성을 지닌다.

자료 분석

(1) 갑은 동물 중심주의자인 싱어이고, 을은 생명 중심주의자인 테일러이다.
(2) 싱어는 고통과 쾌락을 느끼는 모든 존재에게 도덕적 지위를 부여해야 한다고 본다.
(3) 테일러는 모든 생명체는 목적론적 삶의 중심으로서 자기실현을 위한 고유의 선을 가지며 선을 갖는 실체들은 내재적 존엄성을 갖는다고 본다.

2. 슈바이처의 생명 중심주의 _교육청_

인간은 도와줄 수 있는 모든 생명을 도와주라는 명령에 따르고, 살아 있는 것은 어떤 것이건 해치지 않을 때에만 진정으로 윤리적이 된다. 인간은 이 생명, 저 생명을 모두 귀중한 존재라고 인식하고 이것이 우리의 동정심을 얼마나 받을 만한가를 묻지 않는다. …(중략)… 생명은 그 자체로서 인간에게 신성한 것이다.

– 슈바이처 –

자료 분석

(1) 슈바이처는 생명 외경 사상을 제시하였다. 생명 외경이란 생명의 신비를 두려워하고 존경하는 마음으로 생명을 지극히 소중히 하는 태도를 말한다.
(2) 그는 생명이 그 자체로 선이며 본래적 가치를 지니므로 모든 생명을 존중해야 한다고 본다. 따라서 생명을 유지하고 증진하며 고양시키는 것은 선(善)이며, 생명을 파괴하고 해를 끼치는 것은 악(惡)이라고 주장한다.

대표기출로 유형 감잡기

정답 및 해설 · p.040

263

정답률 42% | 2024학년도 6월 평가원

(가)의 갑, 을, 병 사상가들의 입장을 (나) 그림으로 표현할 때, A~D에 해당하는 적절한 진술만을 〈보기〉에서 고른 것은?

| (가) | 갑 : 목적론적 삶의 중심으로서 유기체는 의식이 있든 없든 자신을 보존하고 자신만의 독특한 방식으로 고유한 선을 실현하려고 애쓰는 지속적인 경향이 있다.
을 : 비록 무생물이라 할지라도 자연 안에 있는 아름다운 대상을 파괴해 버리는 인간의 성향, 즉 파괴적 정신은 인간의 자기 자신에 대한 의무와 대립한다.
병 : 어떤 것이 생명 공동체의 통합성과 안정성 그리고 아름다움의 보전에 이바지한다면, 그것은 옳다. 인간은 생명 공동체의 한 구성원일 뿐이다. |

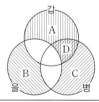

(나)

〈범례〉
A: 갑만의 입장
B: 을만의 입장
C: 병만의 입장
D: 갑과 병만의 공통 입장

〈보기〉

ㄱ. A : 인간이 아닌 생명체에 대한 해악 금지 의무는 그 생명체의 내재적 선에 근거한다.
ㄴ. B : 이성적 삶의 주체만이 생명체에 대한 도덕적 의무를 지닌다.
ㄷ. C : 생명체들의 가치보다 생명 공동체의 가치가 더 중요하다.
ㄹ. D : 어떤 생명체의 존속은 그 생명체의 본래적 가치에 의해 정당화된다.

① ㄱ, ㄴ ② ㄱ, ㄷ ③ ㄴ, ㄷ ④ ㄴ, ㄹ ⑤ ㄷ, ㄹ

264

정답률 43% | 2023학년도 수능 ⓔ 연계

(가)의 갑, 을, 병 사상가들의 입장을 (나) 그림으로 표현할 때, A~D에 해당하는 적절한 진술만을 〈보기〉에서 고른 것은?

| (가) | 갑 : 인간과 마찬가지로 다른 생명체도 목적론적 삶의 중심이다. 그들 각각은 고유의 방식으로 환경 상황에 반응하고 고유의 선을 추구한다.
을 : 인간은 인간에 대한 의무 외에 다른 의무는 갖지 않는다. 인간이 갖고 있는 다른 존재와 관련된 의무를 다른 존재에 대한 의무로 혼동해서는 안 된다.
병 : 인간이 육식을 위해 동물을 죽이는 관행은 동물의 이익을 침해한다. 우리에게는 이익 평등 고려 원칙에 따라 이런 관행을 막아야 할 도덕적 의무가 있다. |

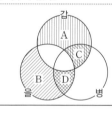

(나)

〈범례〉
A: 갑만의 입장
B: 을만의 입장
C: 갑과 병만의 공통 입장
D: 을과 병만의 공통 입장

〈보기〉

ㄱ. A : 인간은 생명체를 해치지 않을 절대적 의무를 실천해야 한다.
ㄴ. B : 종(種)이 다른 개체를 서로 다르게 대우하는 것이 정당화될 수 있다.
ㄷ. C : 인간에 대한 의무의 근거가 동물에 대한 의무를 정당화할 수 있다.
ㄹ. D : 인간 아닌 감각 없는 개체 중 도덕적 지위를 지닌 존재는 없다.

① ㄱ, ㄴ ② ㄱ, ㄷ ③ ㄴ, ㄷ ④ ㄴ, ㄹ ⑤ ㄷ, ㄹ

265

정답률 51% : 2023학년도 9월 평가원

(가)의 갑, 을, 병 사상가들의 입장을 (나) 그림으로 표현할 때, A~D에 해당하는 적절한 진술만을 〈보기〉에서 고른 것은?

(가)	갑 : 생명 공동체의 온전함, 안정, 아름다움의 보존에 기여한다면 그 행위는 옳다. 대지의 이용을 경제적 관점만이 아닌 윤리적, 심미적 관점에서도 검토해야 한다.
	을 : 생명체는 목적론적 삶의 중심으로서 그 자신의 고유한 선을 갖는다. 우리는 생명체의 고유한 선을 증진하거나 보호하는 활동을 실천해야 한다.
	병 : 생명 공동체를 구성하는 개체들의 권리를 존중한다면 그 공동체는 보존될 것이다. 삶의 주체인 동물은 손중받을 도덕적 권리를 지닌다.

(나)
<범례>
A: 갑만의 입장
B: 갑과 을만의 공통 입장
C: 을과 병만의 공통 입장
D: 갑, 을, 병의 공통 입장

〈보기〉
ㄱ. A : 인간이 생명 공동체에 개입하는 것이 정당화되는 경우가 있다.
ㄴ. B : 어떤 생명체와 비교하든 인간이 본질적으로 우월하지는 않다.
ㄷ. C : 개체의 선에 우선하는 생명 공동체의 선은 존재할 수 없다.
ㄹ. D : 비도구적 가치를 지닌 비이성적 존재를 수단으로 사용하는 것은 어떠한 경우에도 정당화될 수 없다.

① ㄱ, ㄴ   ② ㄱ, ㄷ   ③ ㄴ, ㄷ
④ ㄴ, ㄹ   ⑤ ㄷ, ㄹ

예상문제로 유형 익히기
정답 및 해설 · p.040

266
난이도 상 중 하

다음을 주장한 사상가의 관점에만 모두 '✓'를 표시한 학생은?

'자연에 대한 생명 중심적 관점'은 자연과 인간의 관계에 대한 근본적인 세계관을 제공하는 신념 체계이다. 우리가 이러한 세계관을 채택하게 되면 우리는 모든 생명체를 내재적 가치를 가진 존재로 보는 것만이 유일하게 적절한 방식이라는 알게 된다. 생명 중심적 관점이야말로 합리적인 사람이라면 반드시 채택해야 할 자연관이다.

관점 \ 학생	갑	을	병	정	무
동물을 속이는 행동을 해서는 안 된다.	✓			✓	✓
인간은 내재적으로 다른 생명체보다 우월하지 않다.		✓	✓	✓	
인간은 모든 생명의 삶에 적극적으로 개입해서 도움을 주어야 한다.	✓	✓			
모든 유기체는 자신의 고유한 방식으로 자신의 선을 추구하는 고유한 개체이다.			✓	✓	✓

① 갑   ② 을   ③ 병   ④ 정   ⑤ 무

267
난이도 상 중 하

서양 사상가 갑, 을의 입장에 대한 설명으로 가장 적절한 것은?

갑 : 자기 들판에서 소에게 줄 건초를 만들기 위하여 수많은 풀을 뜯은 농부라도 집으로 돌아오는 길에 아무 생각 없이 길가에 핀 꽃을 꺾지 않도록 해야 한다. 왜냐하면, 꽃을 꺾음으로써 그는 불가피하지 않은 상황에 있으면서도 생명에게 그릇된 짓을 한 것이기 때문이다.

을 : 고통과 쾌락의 감수 능력이야말로 이익 관심을 지니기 위한 전제 조건이다. 그것이야말로 누군가 이익 관심을 갖고 있다고 말하기 위해서 충족되어야 하는 조건이다. 아이들이 길가의 돌멩이를 발로 찼다고 해서 돌멩이의 이익 관심이 손상되는 것은 아니다. 왜냐하면 돌멩이는 고통을 느낄 수 없기 때문에 이익 관심을 가지고 있다고 할 수 없다.

① 갑은 어떤 경우에도 생명체를 살생해서는 안 된다고 본다.
② 을은 모든 생명이 고유한 선(善)을 지니고 있다고 본다.
③ 갑은 을과 달리 인간 중심주의적 관점에서 자연을 바라본다.
④ 을은 갑과 달리 개별 생명체보다 생태계를 우선시해야 한다고 본다.
⑤ 갑과 을은 모두 고등 동물이 도덕적 고려의 대상이라고 본다.

---

268 Challenge 30% 고난도
난이도 상 중 하

(가), (나)는 환경 윤리의 두 입장이다. 각각의 입장에서 볼 때, 질문에 모두 바르게 대답한 것은?

(가) 인간은 모든 살려고 하는 생명에 대한 외경심을 가져야 한다. 생명을 유지하고 촉진하는 것은 선이고, 억압하는 것은 악이다.

(나) 자연은 일정한 목적이나 의도를 위해 존재하는 것이다. 식물과 동물은 인간을 위해 존재하며, 식량이나 의복 등을 만드는 데 사용될 수 있다.

	질문	대답 (가)	대답 (나)
①	모든 생명체는 내재적 가치를 지니고 있는가?	예	예
②	자연의 모든 존재들은 그 자체로 가치가 있는가?	예	아니요
③	인간은 다른 생명체보다 높은 존엄성을 지닌 존재인가?	아니요	아니요
④	모든 생명체를 목적론적 삶의 중심으로 간주해야 하는가?	아니요	예
⑤	고통을 느낄 수 있는 생명체를 도덕적으로 고려해야 하는가?	예	아니요

생태 중심주의 윤리

수능 출제 패턴 분석 레오폴드의 대지 윤리, 심층 생태주의, 전일론, 생태 중심주의, 환경 파시즘

유형보기

1. 인간 중심주의와 레오폴드의 윤리 이론 비교

갑 : 방황하고 있는 자연을 사냥해서 노예로 만들어 인간의 이익에 봉사하도록 해야 한다. 자연은 구속되어야 하고 과학자의 목적은 자연을 고문해서라도 자연의 비밀을 밝혀 내는 것이다.

을 : 대지(大地)란 단순한 흙이 아니다. 흙, 식물, 동물을 순회하며 흐르는 에너지의 원천이다. 대지에 대한 사랑, 존중의 태도를 갖지 않고는 대지에 대한 윤리적 관계가 생겨날 수 없다.

자료 분석

(1) 갑은 베이컨의 주장으로 인간 중심주의 입장이다. 인간 중심주의는 자연이 인간을 위한 수단이라고 본다.

(2) 을은 레오폴드의 생태 중심주의 입장이다. 레오폴드는 도덕 공동체의 범위를 대지(大地)로 확대해야 한다고 본다. 그에게 있어서 대지는 인간을 비롯한 자연의 모든 존재들이 서로 그물망처럼 얽혀 있는 땅을 터전으로 하는 생명 공동체이다. 따라서 그는 생태계 전체를 하나의 도덕적 공동체로 보고 이를 존중해야 한다고 강조한다.

2. 심층 생태주의 환경 윤리

1. 지구상의 인간과 인간을 제외한 생명의 안녕과 번영은 그 자체로서 가치를 가진다. 이 가치들은 자연계가 인간의 목적을 위해 얼마나 유용한가 하는 문제와는 독립해 있다.

2. 생명체의 풍부함과 다양성은 이러한 가치의 실현에 이바지하며 또한 그 자체로서 가치를 가진다.

3. 인간들은 생명 유지에 필요한 것들을 만족하게 하기 위한 경우를 제외하고는 이러한 풍부함과 다양성을 감소시킬 권리가 없다. …(후략)…

자료 분석

(1) 제시문은 심층 생태주의가 제시한 8개의 기본 원리 중 1~3항이다. 심층 생태주의는 생태적 위기를 해결하기 위해서는 개인적, 사회적 관행을 바꾸는 정도로는 부족하고 생태 중심적 세계관으로 전환해야 한다고 주장한다.

(2) 심층 생태주의는 피상적 생태주의를 비판하면서, '큰 자아실현'과 '생명 중심적 평등'을 강조한다. 즉 모든 자연적 존재들과의 상호 평등한 관계 속에서 더불어 살아갈 때 큰 자아를 실현할 수 있다는 것이다.

대표기출로 유형 감잡기

정답 및 해설 • p.041

269

정답률 50% | 2024학년도 수능 ⓔ 연계

(가)의 갑, 을, 병 사상가들의 입장을 (나) 그림으로 표현할 때, A~D에 해당하는 적절한 진술만을 〈보기〉에서 고른 것은?

(가)	갑 : 동물을 폭력적으로 다루면 고통에 대한 공감이 무뎌져 결국 타인과의 관계에서 인간의 도덕성에 매우 유익한 천성적 소질이 고갈될 수 있다. 을 : 어떤 존재가 느끼는 고통을 고려하지 않는 것은 옳지 않다. 이익 평등 고려의 원리는 그 존재의 고통을 다른 존재의 고통과 평등하게 계산하도록 한다. 병 : 경제적 이익 계산의 문제로만 바람직한 대지의 이용을 생각하지 말라. 생명 공동체의 통합성과 안정성 그리고 아름다움의 보전에 이바지한다면 그것은 옳다.

(나)	 〈범례〉 A: 갑만의 입장 B: 을만의 입장 C: 병만의 입장 D: 을과 병만의 공통 입장

〈보기〉

ㄱ. A : 동물을 학대하지 않는 것은 인간의 자신에 대한 의무에 부합한다.

ㄴ. B : 쾌고 감수 능력은 도덕적 행위자임을 판별하는 결정적 기준이다.

ㄷ. C : 생태계뿐만 아니라 개별 생명체도 도덕적 고려의 대상일 수 있다.

ㄹ. D : 인간은 다른 모든 생명체보다 본질적으로 우월하지 않다.

① ㄱ, ㄴ   ② ㄱ, ㄷ   ③ ㄴ, ㄷ   ④ ㄴ, ㄹ   ⑤ ㄷ, ㄹ

270

정답률 64% | 2021학년도 9월 평가원

(가)의 갑, 을, 병 사상가들의 입장을 (나) 그림으로 표현할 때, A~D에 해당하는 적절한 진술만을 〈보기〉에서 있는 대로 고른 것은?

(가)	갑 : 이 세상에는 육체와 영혼이라는 두 가지 실체가 있다. 물질적 육체와 비물질적 영혼의 혼합체인 인간과 달리, 동물은 의식이 없는 기계일 뿐이다. 을 : 일부 포유동물은 삶의 주체가 될 수 있다. 그들은 자신의 미래에 대한 감각 등을 바탕으로 자신의 욕망과 목적을 추구하기 위해 행위할 능력을 갖추었기 때문이다. 병 : 대지의 이용을 경제적 관점만이 아니라 윤리적 관점에서도 고찰해야 한다. 어떤 것이 생명 공동체의 온전성, 안정성, 아름다움의 보전에 기여한다면 그것은 옳고, 그렇지 않다면 그르다.

(나)	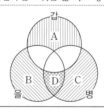 〈범례〉 A: 갑만의 입장 B: 을만의 입장 C: 병만의 입장 D: 을과 병만의 공통 입장

〈보기〉

ㄱ. A : 동물을 자원으로 사용하는 것이 금지되지는 않는다.

ㄴ. B : 사유 능력 여부로 어떤 존재의 도덕적 지위가 결정되지 않는다.

ㄷ. C : 살아 있는 모든 개체는 도덕적 고려 대상인 공동체의 일원이다.

ㄹ. D : 생명에 대한 권리는 인간에게 한정된 특수한 권리가 아니다.

① ㄱ, ㄴ   ② ㄱ, ㄷ   ③ ㄷ, ㄹ

④ ㄱ, ㄴ, ㄹ   ⑤ ㄴ, ㄷ, ㄹ

271 Challenge 30% 고난도 난이도 상 중 하

(가)의 갑, 을의 입장을 (나) 그림으로 탐구하고자 할 때, A~C에 들어갈 질문으로 옳은 것은?

(가)	갑 : 살아 있는 어떤 것에도 해를 끼치지 않으려고 할 때 진정으로 윤리적이다. 이 생명 혹은 저 생명이 느낄 수 있는 능력이 있는지 없는지에 대해 묻지 않으며, 있다면 얼마나 느낄 수 있는지도 묻지 않아야 한다. 을 : 오디세우스 시대의 그리스와 비교해보면 알 수 있듯이 윤리적 고려 대상의 범위는 점점 확장되어 왔다. 대지 윤리는 물, 동식물, 나아가 대지까지 포함하도록 공동체의 범위를 확장하는 것이다.
(나)	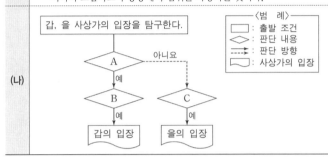

① A : 모든 생명체는 내재적 가치를 지니고 있는가?
② A : 생태계 내의 모든 구성원들은 도덕적 고려의 대상인가?
③ B : 생태계 내의 생명체 사이에는 도덕적 위계가 존재하는가?
④ C : 식물을 도덕적 배려의 대상으로 간주하는가?
⑤ C : 인간은 다른 생명체보다 높은 존엄성을 지닌 존재인가?

272 난이도 상 중 하

갑, 을은 긍정, 병은 부정의 대답을 할 질문으로 가장 적절한 것은?

갑 : 생물과 무생물이 어우러져 있는 대지에도 도덕적인 지위를 부여해야 한다. 을 : 인간은 자신에게 부여했던 생명에의 경외(敬畏)를 살리고 하는 의지를 지닌 모든 존재에게도 부여해야 한다. 병 : 쾌고 감수 능력을 가진 모든 존재는 이익 관심을 갖는다. 우리는 이익 평등 고려 원칙에 따라 인간과 동물의 이익 관심을 차별해서는 안 된다.

① 이성적 존재만이 도덕적 고려의 대상인가?
② 생명에 대한 보호는 인간의 간접적인 의무인가?
③ 고통을 느끼는 모든 존재의 이익을 평등하게 고려해야 하는가?
④ 개별 생명체보다 생태계 전체를 우선적으로 고려해야 하는가?
⑤ 생태계 내의 모든 생명체가 고유한 가치가 있다고 간주해야 하는가?

273 난이도 상 중 하

갑, 을의 입장을 〈보기〉에서 골라 바르게 짝지은 것은?

갑 : 생명을 유지하고 증진하며 고양하는 것이 선이고, 생명을 억압하고 파괴하는 것은 악이다. 을 : 어떤 것이 생태계 전체의 온전성, 안정성, 아름다움을 보전하는 경향이 있으면 옳은 것이고, 그것을 보존하지 않는 것은 그른 것이다.

〈보기〉

		도덕 공동체의 범위를 모든 존재까지 확대해야 하는가?	
		예	아니요
인간은 다른 생명체에 대한 책임이 있는가?	예	A	B
	아니요	C	D

	갑	을		갑	을
①	A	D	②	B	A
③	C	B	④	C	D
⑤	D	C			

274 Challenge 30% 고난도 난이도 상 중 하

(가)의 갑, 을의 입장을 (나) 그림으로 나타내고자 할 때, A~C에 들어갈 옳은 진술만을 〈보기〉에서 있는 대로 고른 것은?

(가)	갑 : 고통을 느낄 수 있는 능력은 어떤 존재가 이익을 갖는다는 것의 전제 조건이다. 단지 종(種)이 다르다는 이유로 고통을 느낄 수 있는 존재를 인간과 다르게 대우하는 것은 도덕적으로 옳지 않다. 을 : 대지 윤리는 물, 동식물, 나아가 대지까지 포함하도록 공동체의 범위를 확장하는 것이다. 대지 윤리는 그들도 존속할 권리가 있음을, 그리고 적어도 좁은 구역이나마 그들이 자연 상태도 존속할 권리가 있음을 천명한다.
(나)	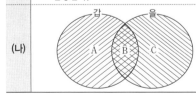　〈범례〉 A : 갑만의 입장 B : 갑, 을의 공통 입장 C : 을만의 입장

〈보기〉

ㄱ. A : 포유류 같은 고등 동물은 도덕적 지위를 지닌다.
ㄴ. B : 인간은 도덕적 행위의 주체이다.
ㄷ. B : 모든 생명체들은 인간과 동등한 권리를 지닌다.
ㄹ. C : 생태계 전체를 하나의 도덕 공동체로 간주해야 한다.

① ㄱ, ㄷ ② ㄱ, ㄹ ③ ㄴ, ㄹ
④ ㄱ, ㄴ, ㄷ ⑤ ㄴ, ㄷ, ㄹ

환경 문제와 기후 변화

유형보기

1. 기후 변화 협약

(가) 기후 변화 협약의 정식 명칭은 '기후 변화에 관한 유엔 기본 협약'이며, '리우 환경 협약'이라고도 한다. 이 협약의 목적은 이산화탄소를 비롯한 온실가스의 방출을 제한하여 지구 온난화를 막는 것이다. 대표적인 규제 대상 물질로 탄산 · 메탄가스 · 프레온가스 등이 있다.

(나) 교토 의정서는 1997년 12월 일본 교토에서 개최된 기후 변화 협약 제3차 당사국 총회에서 채택되었다. 채택에 합의한 의무 이행 대상국은 2008~2012년에 온실가스 총배출량을 1990년 수준보다 평균 5.2% 감축하여야 한다. 미국은 전 세계 이산화탄소 배출량의 28%를 차지하고 있지만, 자국의 산업 보호를 위해 2001년 3월 탈퇴하였다.

[자료 분석]

(1) (가)의 '기후 변화 협약'의 목적은 지구 온난화 방지를 위한 온실가스의 규제에 있다. 그러나 협약의 강제적 구속력이 부족하여 구체적인 실천으로는 이어지지 못하였다.

(2) (나)의 교토 의정서는 지구 온난화 규제 및 방지의 국제 협약인 기후 변화 협약의 구체적 이행 방안으로, 선진국의 온실가스 감축 목표치를 규정하고 있다.

2. 탄소 배출권 거래제

(가) 탄소 배출권은 지구 온난화의 주범인 이산화탄소, 메탄, 아산화질소, 수소불화탄소, 과불화탄소, 육불화황 등 온실가스를 배출할 수 있는 권리를 말한다. 온실가스 중에서 이산화탄소가 비중이 가장 높아 대표적으로 이산화탄소 배출을 규제하기 위한 것이다.

(나) 교토 의정서 가입국들은 2012년까지 이산화탄소 배출량을 1990년 대비 평균 5% 정도 감축해야 하는데, 이를 이행하지 못하는 국가나 기업은 탄소 배출권을 외부에서 구입해야 한다. 다시 말해 교토 의정서가 발효되어 국가별로 배출 가능한 온실가스량이 배정되면 기업도 일정 기준의 규제를 받게 된다.

[자료 분석]

탄소 배출권 거래제는 국제 사회가 기후 변화를 막기 위해 제시한 대표적인 협력 방안으로, 기후 변화의 원인인 지구 온난화를 방지하기 위한 시장식 해법이다. 즉 이산화탄소 배출량이 많은 기업은 에너지 절감 등 기술 개발로 배출량 자체를 줄이거나 배출량이 적어 여유분의 배출권을 소유하고 있는 기업으로부터 그 권리를 사서 해결해야 한다.

대표기출로 유형 감잡기
정답 및 해설 • p.042

275
정답률 90% | 고1 2017학년도 9월 교육청

다음 글에서 강조하는 내용을 〈보기〉에서 고른 것은?

환경 오염 문제 해결에 적용되는 원칙 중 하나는 '망가뜨린 자가 고친다.'이다. 예를 들자면 어떤 화학 공장이 강물을 오염시켰다면 그 공장의 주인이 책임을 져야 한다. 이 원칙을 기후 변화 문제에 적용한다면, 기후 변화 문제 해결에 가장 큰 책임이 있는 국가는 오래전부터 산업화를 진행해 온 선진국이다. 기후 변화에 대한 유엔의 논의를 통해 지구 기온 상승에 끼친 영향에 따라 각 나라의 탄소 배출 감소 목표가 정해져야 한다.

〈보기〉
ㄱ. 기후 변화 문제 해결을 위해 모든 개발을 멈추어야 한다.
ㄴ. 선진국들이 세계의 기후 변화 문제를 앞장서서 해결해야 한다.
ㄷ. 기후 변화 문제에 모든 국가가 동일한 비중의 책임을 져야 한다.
ㄹ. 기후 변화를 유발한 정도에 따라 탄소 배출량을 제한해야 한다.

① ㄱ, ㄴ   ② ㄱ, ㄷ   ③ ㄴ, ㄷ
④ ㄴ, ㄹ   ⑤ ㄷ, ㄹ

276
정답률 85% | 2016학년도 3월 교육청

㉠에 들어갈 내용으로 가장 적절한 것은?

기후 변화 문제에 대한 국제적 대응 차원에서 교토 의정서는 탄소 배출권 거래 제도를 도입하였다. 탄소 배출권 거래 제도는 온실 가스 감축 의무를 각 국가에 부여하고 있다. 이 제도는 국가별로 배정받은 배출권을 기업별 · 부문별로 할당하고, 기업이 할당된 배출량을 초과해야 할 경우 다른 기업으로부터 배출권을 매입할 수 있도록 하는 제도이다. 이에 따라 배출 상한치를 초과한 기업은 초과한 만큼 탄소 배출권을 사야 한다. 그런데 이 제도에 대해 ㉠ 는 비판이 제기되기도 한다.

① 자연 보전을 위한다는 이유로 개발을 부정한다
② 법적 강제력보다 기업의 자율적 준수만을 강조한다
③ 생태계의 순환 과정에 일체의 개입을 허용하지 않는다
④ 경제력이 있으면 환경 파괴도 가능하다는 인식을 갖게 한다
⑤ 개인의 생태적 각성을 통해서만 환경 문제를 해결하려 한다

277

난이도 상 중 하

밑줄 친 '생태계 보전 협력금 제도'에 대해 바르게 분석한 것은?

자연환경 보전법 제49조의 규정에 의한 '생태계 보전 협력금 제도'는 대규모 개발 사업으로 인한 자연 생태계의 훼손을 최소화하고 훼손 지역의 복원 자금을 마련하기 위해 개발 사업자에게 부과하는 것이나. 즉, 이 제도는 오염자 부담 원칙에 입각해 자연 보전 재원을 마련하고 인간의 개발 행위에 대한 생태계 훼손을 극소화하기 위한 것이다. 개발을 하지 말자는 것이 아니고, 개발의 필요성을 인식하면서 중요한 경제적 가치를 지닌 생태계를 보존해 다음 세대도 개발할 수 있는 여지를 남겨 주자는 것이 이 제도의 주요 목적이다.

① 지속 가능한 개발을 중시한다.
② 개발의 득보다는 실을 강조한다.
③ 자연 개발을 최우선의 과제로 삼는다.
④ 시장 기능에 의한 환경 문제 해결을 중시한다.
⑤ 정부 예산을 사용한 생태계 훼손 복구를 강조한다.

278

난이도 상 중 하

다음은 '환경과 개발에 관한 리우 선언'의 일부이다. 이 선언에 반영되어 있는 주장과 거리가 먼 것은?

• 각 국가는 지구 생태계의 건강과 완전성을 보존 · 회복시키기 위하여 범세계적 동반자의 정신으로 협력해야 한다.
• 지속 가능한 개발과 모든 사람의 삶의 질 향상을 위해서 각 국가는 지속 불가능한 생산과 소비 패턴을 줄이고 제거해야 한다.
• 각 국가는 효과적인 환경 법규를 제정해야 한다. 환경 기준, 관리 목표, 우선순위 등에는 이것들이 적용되는 환경과 개발의 정황이 반영되어야 한다.

① 인간은 자연과 조화를 이루면서 생산적인 삶을 영위해야 한다.
② 국제적인 문제의 해결을 위해서는 국가 간의 협력이 필요하다.
③ 국가는 국민들이 인간다운 삶을 영위할 수 있도록 노력해야 한다.
④ 사회 문제를 해결하기 위해서는 정책과 제도가 뒷받침되어야 한다.
⑤ 세계적 차원에서 발생하는 문제들은 대부분 힘에 의해 해결될 수밖에 없다.

279

난이도 상 중 하

다음과 같은 사례가 나타나는 이유로 옳은 것을 〈보기〉에서 있는 대로 고른 것은?

• 리우 환경 회의에서 지구 온난화 방지를 위한 기후 변화 협약을 체결하였다.
• 교토 의정서를 통해 온실가스 감축을 위한 기본 방향을 합의하였다.

〈보기〉
ㄱ. 개발 도상국이 산업 개발을 활성화하기 위해서이다.
ㄴ. 현세대의 필요를 충족시키기 위한 개발을 촉진하기 위해서이다.
ㄷ. 환경 문제를 해결하는 데 있어서 전 지구적 협력의 필요성이 대두했기 때문이다.
ㄹ. 산업주의적 발전 방식으로는 미래 세대의 지속 가능성을 보장할 수 없기 때문이다.

① ㄱ, ㄴ   ② ㄱ, ㄷ   ③ ㄷ, ㄹ
④ ㄱ, ㄴ, ㄹ   ⑤ ㄴ, ㄷ, ㄹ

280 Challenge 30% 신유형

난이도 상 중 하

빈칸 ㉠에 들어갈 진술로 옳은 것을 〈보기〉에서 있는 대로 고른 것은?

탄소 배출권 거래제는 이산화탄소와 같은 온실가스 배출량을 나라별로 할당한 후, 그 배출권을 사고팔 수 있도록 한 제도이다. 탄소 배출권 거래제 도입을 찬성하는 사람들은 배출 할당량이 적은 저개발 국가들이 남은 배출권을 선진국에 팔아 금전적 이득을 취할 수 있고, 선진국들은 경제적 부담을 줄이기 위해서 배출량을 줄일 것이라고 주장한다. 하지만 탄소 배출권 거래제를 반대하는 사람들은 탄소 배출권 거래제가 ┃   ㉠   ┃는 문제점을 지니고 있다고 비판한다.

〈보기〉
ㄱ. 지나치게 시장 논리적 접근을 취하고 있다
ㄴ. 환경을 오염시킬 권리를 돈으로 살 수 있다
ㄷ. 환경 문제 해결에 대한 인류 공동의 책임감을 약화시킨다
ㄹ. 지나치게 이상적인 방안이어서 현실적으로 실현 불가능하다

① ㄱ, ㄷ   ② ㄱ, ㄹ   ③ ㄴ, ㄹ
④ ㄱ, ㄴ, ㄷ   ⑤ ㄴ, ㄷ, ㄹ

미래 세대에 대한 책임과 생태적 지속 가능성

수능 출제 패턴 분석 ▶ 요나스의 책임 윤리, 성장과 보전의 딜레마, 환경적으로 건전하고 지속 가능한 발전

유형보기

1. 요나스의 책임 윤리

인류가 존재해야 한다는 당위적 요청은 인류 존속에 대한 현세대의 책임이다. 우리의 책임은 일차적으로 미래 세대의 존재를 보장하는 것이며, 이차적으로는 그들의 삶의 질을 배려하는 것이다. 책임 원칙의 정언 명령은 한마디로 "너의 행위의 귀결이 미래에도 인간이 존속할 가능성을 파괴하지 않도록 행위하라."이다.

자료 분석

(1) 요나스는 현대의 과학 기술이 갖는 힘과 이것이 모든 생명의 터전을 파괴할 수 있다는 점에 주목하여 과학 기술에 대한 반성적 성찰을 강조한다.

(2) 그는 현시대에 요청되는 것은 존재론적 책임이라고 주장한다. 존재론적 책임은 자연 존재 그 자체에 대한 책임을 요청하는 것이다. 요나스는 칸트의 정언 명법을 자신의 존재론적 책임 이론에 맞게 수정함으로써 미래 윤리의 토대를 마련하였다.

2. 개발론과 보전론

개발론자는 인간의 경제 성장과 복지 향상을 더 중요하게 생각한다. 자연은 도구적 성격을 지녔으며, 사람들에게 도움이 된다면 자연을 개발하는 것이 바람직하다고 본다. 반면 보전론자는 자연이 단순히 인간의 수단으로 존재하는 것이 아니라 본래적 가치를 지닌다고 보고 자연을 보전하자고 주장한다. 또는 인간의 장기적 이익이나 정신적 안식처로서 자연의 역할을 고려하여 보전하는 것이 바람직하다고 주장한다.

자료 분석

(1) 자연 개발에 대해서 개발론자와 보전론자는 서로 다른 입장을 취한다.

(2) 개발론에 따르다 보면 인간의 복지와 풍요를 위해서는 경제 성장이 필요하지만, 경제 성장에 따른 환경 파괴의 가능성이 높아진다.

(3) 보전론에 따르다 보면 자연환경을 유지하고 보호할 수 있는 반면, 일정 부분 경제 성장을 제약하고 둔화시키는 문제가 있다.

대표기출로 유형 감잡기
정답 및 해설 · p.043

281
정답률 71% | 2019학년도 9월 평가원

다음 사상가의 입장에서 볼 때, 〈가상 대담〉의 ㉠에 들어갈 말로 가장 적절한 것은?

> 오늘날과 같은 '윤리적 공백'의 시대에는 구원의 예언보다 불행의 예언에 더 주의를 기울여야 한다. 그러므로 우리는 과학 기술 유토피아주의를 찬양하는 '희망의 원칙'이 아닌, 미리 사유된 위험 그 자체와 관련된 '공포의 원칙'에 우선성을 두어야 한다.

> 〈가상 대담〉
> 리포터 : 지구 온난화와 같은 기후 변화 문제를 해결하기 위해 우리는 어떠한 자세를 가져야 할까요?
> 사상가 : 우리는 그러한 문제를 해결하기 위해 [㉠]를 가져야 합니다.

① 자연과의 상호 책임성을 토대로 자연에 대해 책임지려는 자세
② 부모가 자녀에 대해 책임지는 것처럼 자연에 대해 책임지려는 자세
③ 자연에 대한 주인 의식을 토대로 자연에 대해 책임지려는 자세
④ 과학의 무한한 진보를 바탕으로 자연에 대해 책임지려는 자세
⑤ 행위의 직접적 영향의 한도 내에서만 자연에 대해 책임지려는 자세

282
정답률 71% | 2018학년도 9월 평가원

(가)를 주장한 사상가의 입장에서 (나)의 물음에 대해 제시할 답변으로 가장 적절한 것은?

(가)	전통 윤리학과 달리 새로운 윤리학은 미리 사유된 위험 그 자체가 나침반이 되어야 한다. 미래에 있을 수 있는 심상치 않은 상황의 변화, 전 지구적 차원의 위험, 인류 몰락의 징조 등을 통해 비로소 윤리적 원리들이 발견될 수 있다. 이것을 '공포의 발견술'이라고 부른다.
(나)	현대 사회에서 윤리적 책임과 관련하여 과학 기술자가 지녀야 할 바람직한 태도는 무엇인가?

① 현재가 아니라 미래의 위험만을 고려해야 한다.
② 생태계 전체를 예방적 책임 대상에 포함시켜야 한다.
③ 연구의 위험이 확실할 때에만 예방 조치를 취해야 한다.
④ 세대 간 호혜성의 원칙에 따라 미래 세대를 책임져야 한다.
⑤ 사회에 대한 책임보다 과학적 연구 성과를 더 중시해야 한다.

283

난이도 상 중 하

(가), (나)에 대한 옳은 설명만을 〈보기〉에서 있는 대로 고른 것은?

> (가) 자연은 도구적 성격을 지녔으며, 사람들에게 도움이 된다면 자연을 개발하는 것이 바람직하다.
> (나) 자연은 단순히 인간의 수단으로만 존재하는 것이 아니라 본래적 가치를 지니므로 자연을 보전해야 한다.

〈보기〉
> ㄱ. (가)는 환경 파괴, (나)는 경제 성장 둔화의 문제점이 나타날 수 있다.
> ㄴ. (가)는 (나)와 달리 자연이 도구적 성격을 지니고 있다고 파악한다.
> ㄷ. (나)는 (가)와 달리 인간의 풍요로운 삶을 자연 보전보다 중시해야 한다고 본다.
> ㄹ. (가)와 (나)의 딜레마를 해결하기 위해서 '환경적으로 건전하고 지속 가능한 발전' 전략이 등장하였다.

① ㄱ, ㄴ ② ㄱ, ㄷ ③ ㄷ, ㄹ
④ ㄱ, ㄴ, ㄹ ⑤ ㄴ, ㄷ, ㄹ

284

난이도 상 중 하

갑, 을이 모두 긍정의 대답을 할 질문으로 옳지 않은 것은?

> 갑 : 만약 우리의 잘못된 행위로 인해서 미래 세대를 위한 세계를 타락시킨다면, 우리를 비난할 수 있는 권리가 미래 세대에게 있다. 미래 세대가 생존할 수 있는 조건에 관해서는 현재의 우리에게 책임이 있다고 생각할 수 있다. 따라서 아직 존재하고 있지는 않지만 존재할 것으로 기대되는 미래 세대의 권리에 대하여 우리는 응답할 의무가 있다. 이런 의무 때문에 심각한 결과를 가져올 수 있는 행위를 할 때 우리는 그들에 대한 책임을 져야 한다.
> 을 : 철학은 도덕적 죄의식을 느끼지 않고는 지구를 파괴할 수 없는 이유를 제시해야 한다. 즉, '죽은 것'으로 간주해 왔던 지구도 사실은 일종의 생명적 성질을 소유하며 따라서 우리는 지구 자체를 직관적으로 존중해야 한다.

① 현세대는 환경 보전에 대한 책임을 지녀야 하는가?
② 인간은 자연의 정복자가 아니라 구성원으로 살아가야 하는가?
③ 미래 세대의 생존을 보장하고 그들의 삶의 질을 배려해야 하는가?
④ 인간은 생태계를 보전하기 위한 새로운 도덕규범을 필요로 하는가?
⑤ 책임의 범위를 자신의 과거의 행위만으로 엄격하게 제한하여 자신의 행위에 대한 철저한 책임 의식을 지녀야 하는가?

285

난이도 상 중 하

그림은 서술형 평가 문제에 대한 학생 답안이다. ㉠ ~ ㉤ 중 옳지 않은 것은?

> ### 서술형 평가
> ◎ 문제 : 환경적으로 건전하고 지속 가능한 발전의 관점에서 볼 때, 현세대의 미래 세대에 대한 책임에 관해서 설명하시오.
> ◎ 학생 답안
> 환경적으로 지속 가능한 발전이란 ㉠미래 세대의 욕구를 침해하지 않으면서 현세대의 욕구를 충족하는 발전을 의미한다. 이는 ㉡현세대의 욕구를 억제하고 미래 세대의 욕구를 충족시킴으로써, ㉢보존과 개발을 조화시키고자 하는 것이다. 그리고 ㉣인간·사회·경제·생태적 지속성을 지향함으로써 지속 가능성을 추구하고자 하는 것이다. 이를 위해서는 인간을 비롯한 모든 생물의 가치를 존중하고 함께 공존하려는 삶의 방식을 추구해야 하며, ㉤저탄소 녹생 성장을 지향하고 관련 법률을 제정하는 등의 사회적 노력도 병행되어야 한다.

① ㉠ ② ㉡ ③ ㉢ ④ ㉣ ⑤ ㉤

286

Challenge 30% 고난도 난이도 상 중 하

다음을 주장한 사상가의 입장으로 옳지 않은 것은?

> 나는 미래의 선을 희생함으로써 현재의 선을 바랄 수 있다. 나는 내 자신의 종말과 마찬가지로 인류의 종말도 역시 바랄 수 있다. 내 자신과의 모순에 빠지지 않고서도 나는 스스로와 인류를 위해서 평범하고 끝없이 지속되는 것보다는 극단적인 자기만족을 주는 짧은 불꽃놀이를 선호할 수 있다. 그러나 인간 행위의 새로운 유형에 적합하고 새로운 유형의 행위 주체를 지향하는 이 새로운 명법—너의 행위의 효과가 지상에서의 진정한 인간적 삶의 지속과 조화될 수 있도록 행위하라.—은 우리 자신의 생명을 내걸 수는 있으나 인류의 생명을 위태롭게 해서는 안 된다고 말한다. 또한 우리가 현재 세대의 존재를 위해 미래 세대의 비존재를 선택하거나, 또는 감히 위태롭게 할 권리를 가지고 있지 않다고 말한다.

① 현세대가 미래 세대를 권리의 주체로 간주해서는 안 된다.
② 진정한 윤리는 미래 세대와 자연에 대한 책임을 포함하는 것이다.
③ 미래 세대의 생존과 삶의 질 향상을 위한 현세대의 고려가 필수적이다.
④ 인간 중심적 자연관과 과학 기술 지상주의에 대한 비판적 성찰이 필요하다.
⑤ 현세대는 미래 세대에 대한 책임 이행을 통해 인류가 존재해야 한다는 당위적 요청을 따라야 한다.

문화와 윤리

출제 경향 분석

이 단원에서 출제되는 문항의 수는 2~3문항이다.

• '예술과 대중문화 윤리' 단원에서는 예술에 대한 도덕주의와 심미주의의 관점을 비교하는 문제가 가장 많이 출제되었다.

• '의식주 윤리와 다문화 사회 윤리' 단원에서는 음식 윤리와 주거 윤리, 윤리적 소비와 합리적 소비의 특징을 묻는 문제, 다문화 사회 모델의 공통점과 차이점, 문화 상대주의와 윤리 상대주의의 차이점을 묻는 문제, 엘리아데의 이론이나 종교인의 바람직한 자세를 묻는 문제가 출제되었다.

중단원	item	핵심 keyword
1. 예술과 대중 문화 윤리	item 44 예술과 윤리의 관계	도덕주의 예술 지상주의(심미주의) 예술과 도덕의 관계
	item 45 예술의 상업화	예술의 대중화 예술의 상업화 예술 상업화의 문제점
	item 46 대중문화의 윤리적 문제	예술의 대중화 예술의 상업화 예술 상업화의 문제점
2. 의식주 윤리와 다문화 사회 윤리	item 47 의식주의 윤리	명품 선호 현상 유행의 양면성 음식 문화의 윤리적 문제 슬로푸드 운동 주거의 윤리적 의미
	item 48 윤리적 소비	윤리적 소비 공정 무역 환경적으로 건전하고 지속 가능한 소비
	item 49 문화의 다양성과 존중	문화의 다양성 문화 상대주의 보편 윤리 윤리 상대주의의 문제점
	item 50 다문화 이론	관용의 의미 자문화 중심주의 용광로 이론 다문화주의 다원주의적 접근
	item 51 종교의 보편적 가치	종교적 인간 종교의 역할 종교의 기능 종교의 부정적 측면
	item 52 종교와 관련된 갈등 문제	종교와 과학의 갈등 종교 간의 갈등과 해결 방안 관용 종교 윤리와 세속 윤리 성(聖)과 속(俗) 황금률

학습 대책

• 도덕주의와 심미주의의 관점을 사상가의 원문 자료와 함께 학습해 두어야 한다.
• 의식주와 관련된 윤리적 문제를 이해하고, 이 문제를 해결할 수 있는 방법을 학습해 두어야 한다. 특히 윤리적 소비의 개념과 특징을 합리적 소비와 비교하여 알아 두어야 한다.
• 다양한 다문화 사회 모델의 공통점과 차이점을 학습해 두어야 한다. 또한 문화 상대주의와 윤리 상대주의가 어떤 공통점과 차이점을 지니고 있는지도 알고 있어야 한다.
• 엘리아데의 '성과 속'의 개념을 비롯하여 종교의 특징과 종교인의 바람직한 자세를 학습해 두어야 한다.

01 예술과 대중문화 윤리

출제 예상 item　44 예술과 윤리의 관계　45 예술의 상업화　46 대중문화의 윤리적 문제

1 예술과 윤리의 관계

구분	도덕주의	예술 지상주의
기본 입장	예술이 가치 있는 것은 예술이 지닌 윤리적 가치 때문이라고 봄	예술의 목적은 미적 가치를 구현하는 데 있고, 미적 경험은 그 자체로 가치가 있음
목적	인간의 올바른 품성을 기르는 도덕적 교훈이나 모범을 제공하는 것	예술은 예술 그 자체를 위해 존재할 뿐이며 오로지 미적 가치를 추구함
특징	• 참여 예술론 지지 : 예술은 사회의 모순을 지적하고 사회의 도덕적 성숙에 도움이 되어야 함 → 예술의 사회적 책임 강조 • 예술을 인격을 함양하는 수단으로 간주, 작품의 도덕적 가치가 작품의 예술적 가치를 결정한다고 봄	• 순수 예술론 지지 : 예술은 예술 이외의 다른 것을 위한 수단이 될 수 없음(예술을 위한 예술) → 예술의 자율성 강조 • 표현의 자유 중시, 작품의 예술적 가치는 도덕적 가치와 무관하다고 봄
대표적 인물	• 플라톤 : 예술의 목적은 올바른 행동을 권장하고 덕성을 장려하는 데 있다고 봄 • 톨스토이 : 예술가도 사회 구성원이므로 사회 발전에 이바지해야 한다고 주장	• 와일드 : "예술가가 다른 사람의 욕구를 만족하게 하려는 순간 그는 예술가이기를 포기한 것이며, 예술가에게 윤리적 공감은 독창성을 잃게 하는 것이다." • 스핑건 : "예술 작품을 도덕적으로 논하는 것은 정삼각형은 도덕적이고 이등변 삼각형은 비도덕적이라고 말하는 것과 마찬가지로 무의미하다."
문제점	• 미적 요소가 경시될 수 있음 • 예술의 자율성을 침해할 수 있음	• 인간의 삶과 무관한 예술이 될 수 있음 • 사회 질서를 어지럽힐 수 있음

2 예술의 상업화

예술의 대중화	• 배경 : 예술 작품을 대량으로 생산하고 소비할 수 있는 대중 매체의 발전 • 결과 : 예술 작품은 대중들이 얼마나 소비하느냐에 따라 가치를 평가받음 → 예술의 상업화 문제 발생
예술의 상업화	• 예술이 상업적 가치만을 추구 : 예술 본연의 목적인 미적 가치보다는 상품성에만 주목함 • 예술의 수준 및 도덕성 저하 : 대중의 관심을 끌기 위해 더욱 선정적인 작품들이 생산되어 예술과 도덕성의 수준을 저하시킴 • 아도르노 : 상업화된 예술을 비판하며 획일화된 예술 체험은 진정한 예술 체험이 아니라는 회의적인 입장을 제시함

3 대중문화의 윤리적 문제

1. 대중문화의 의미와 특징

의미	대중 사회를 기반으로 형성되어 다수의 사람이 쉽게 접하고 향유하는 문화
특징	• 대중 매체에 의해 생산되고 확산됨 • 시장을 통해 유통되면서 이윤을 창출하는 상업적 특징을 지님 • 일상과 긴밀하게 연관되어 있음

2. 대중문화와 관련된 윤리적 문제

선정성과 폭력성	대중의 관심과 소비를 유도하기 위해 과도하게 선정적이고 폭력적 요소를 포함하게 됨
자본 종속 문제	상업적 이익이 우선시되면서 다양성이 떨어지고 획일화되는 경향이 나타남 → 문화의 창조성과 다양성 저해, 대중문화를 생산하고 소비하는 각 개인을 문화 사업의 도구로 전락시킴
윤리적 규제에 대한 쟁점	• 규제 찬성 : 미풍양속과 청소년 보호 등을 위해 유해 요소를 규제해야 한다고 봄 • 규제 반대 : 규제가 표현의 자유와 문화를 향유할 권리를 제한할 수 있다고 봄

📌 교과서 속 수능 개념

도덕주의적 견해

• 공자 : "예(禮)에서 사람이 서고 악(樂)에서 사람이 완성된다."
• 정약용 : "인간은 칠정(七情)이 있어 마음이 고르지 못한 까닭에 음(音)을 듣고 마음을 씻어 평온해져야 한다."
• 순자 : "음악이 조화롭고 평온하면 백성은 화합하여 혼란한 데로 흐르지 아니하고 음악이 엄숙하고 장엄하면 백성은 가지런하여 어지럽지 않게 된다. 음악이란 사람을 다스리는 데 있어 효과적이다."
• 플라톤 : "좋은 음악은 훌륭한 덕을 지닌 사람의 용기와 절제를 모방해야 하고, 그 형식이 이러한 내용을 적절히 반영해야 한다."
• 칸트 : "미는 도덕성의 상징이다."

와일드

19세기 말 '예술을 위한 예술'을 주창한 영국 유미주의 운동의 대표자이다. 대표작인 "도리안 그레이의 초상"에서 "어떠한 예술가도 윤리적인 동정심을 지니고 있지 않다. 예술가에 있어서 윤리적 동정심이란 양식(style)에 있어서 용서할 수 없는 매너리즘(mannerism)이다."라고 말하였다.

참여 예술론

사회와 무관한 예술은 있을 수 없고 예술 또한 사회 상황의 산물이라는 견해이다.

순수 예술론

예술을 예술 이외의 다른 어떤 것을 위한 수단으로 취급하는 것과 정치와의 관련을 부정하고 예술의 독창성, 창조성 등을 옹호하는 견해이다.

📌 헷갈리는 개념 정리

예술과 외설

• 예술 : 미적 가치를 표현하기 위한 것, 감상자로 하여금 예술 작품 감상의 즐거움이나 교훈을 체험하게 함
• 외설 : 상업적 이익을 얻기 위해 보는 사람에게 성적인 흥분을 일으키는 것

예술과 윤리의 관계

수능 출제 패턴 분석 ▶ 도덕주의, 예술 지상주의(심미주의), 예술과 도덕의 관계

유형보기

1. 예술에 대한 형식주의와 도덕주의 평가원

갑 : 음악의 근본 요소는 화음이며, 음악의 본질은 리듬이다. 음악은 실제 세계에 대한 표현이나 묘사가 아니다. 음악의 형식은 음 자체의 결합이며, 음악미는 독자적인 것으로서 음과 음이 예술적 결합에 달려 있을 뿐이다.

을 : 음악은 노랫말, 선율, 리듬으로 이루어져 있다. 음악에서 노랫말이 중심이 되며, 선율과 리듬은 노랫말을 따라야 한다. 좋은 음악의 노랫말은 덕을 지닌 사람의 용기와 절제를 모방해야 한다.

자료 분석

(1) 플라톤은 예술에 대한 도덕주의의 입장을 취한다. 그는 예술이 가진 미적 가치가 우리에게 모범이 되고 우리를 도덕적으로 고상하게 해 준다고 보았다.

(2) 이에 따라 예술 작품이 도덕적 가치를 담고 있는지를 국가가 판단해야 하며, 이를 위해 예술 검열이 필요하다고 보았다.

2. 예술과 윤리의 관계 교육청

갑 : 예술은 사람의 마음에 감흥을 불러일으킨다. 또한 정치의 득실을 살피고, 사람들을 어울리게 하며, 윗사람의 잘못을 풍자한다.

을 : 예술은 인생을 위한 예술이 아니라 예술을 위한 예술이 되어야 한다. 예술가를 숨기고 예술 그 자체를 드러내는 것이 예술의 목표이다.

자료 분석

(1) 갑은 도덕주의, 을은 예술 지상주의 입장을 지니고 있다.

(2) 갑은 을에 대해 예술이 도덕적 사회 실현에 기여할 수 있음을 간과하고 있다는 반론을 제기할 것이다.

3. 예술의 상업화

현대 사회에서 예술 활동은 상품이 거래되는 시장처럼 예술 시장에 의존한다. 각종 예술품들은 판매나 경매를 통해 물건처럼 가격으로 평가된다. 이러한 예술이 상업화는 과학 기술 및 대중 매체의 발달에 힘입어 형성된 대중문화의 주된 특징이다. 예술의 상업화는 특수 계층만 누려 오던 예술적 취향을 대중도 쉽게 접근할 수 있는 계기를 제공했다는 점에서 긍정적 측면이 있다. 하지만 예술의 상업화는 ⑦ 는 부정적 측면도 함께 지니고 있다.

자료 분석

(1) 예술의 상업화는 대중 예술에 접근할 수 있는 기회를 확대한다는 점에서 긍정적 측면을 지니고 있다. 그러나 예술 작품을 미적 가치가 아닌 시장의 원리에 따라 평가함으로써 예술이 하나의 상품으로 전락하게 된다는 부정적인 측면도 있다.

(2) ⑦에 들어갈 내용으로는 "예술의 자율성을 훼손한다.", "인문 교양적 가치를 배제할 수 있다.", "예술 작품이 하나의 상품으로 전락한다.", "선정적이고 외설적인 표현들이 범람할 수 있다." 등을 들 수 있다.

대표기출로 유형 감잡기
정답 및 해설 · p.044

287
정답률 77% | 2024학년도 수능 ⓔ 연계

다음을 주장한 사상가의 입장으로 가장 적절한 것은?

> 미적인 것은 윤리적으로 좋은 것의 상징이다. 미적인 것은 다른 모든 사람들의 동의를 요구하며 요구해야 마땅하다. 이때 우리의 마음은 쾌락의 단순한 감각적 수용을 넘어선 순화와 고양을 의식하며, 다른 사람들의 가치도 그들이 지닌 판단력의 비슷한 준칙에 따라서 평가하게 된다.

① 미적 판단과 도덕 판단은 모두 이해 관심에 근거해야 한다.
② 미적 판단은 개인의 주관인 판단이기에 보편화될 수 없다.
③ 미적 판단의 대상인 예술은 그 자체로 자율성을 지닐 수 없다.
④ 미적 대상에 대한 감각적 경험은 도덕성 고양에 기여할 수 있다.
⑤ 미적 판단 능력은 옳고 그름을 판단하는 도덕적 능력에 종속된다.

288
정답률 76% | 2023학년도 9월 평가원

(가)를 주장한 고대 서양 사상가의 입장에서 볼 때, (나)의 ⑦에 들어갈 진술로 가장 적절한 것은?

(가)	예술가는 사물을 모방할 수 있을 뿐 이데아 자체를 만들 수는 없네. 그래도 예술가의 훌륭한 작품은 영혼의 교육에 도움을 주네. 이때 음악적 수련이 가장 가치가 있네. 왜냐하면 리듬과 화음은 영혼 안에 들어가 우아함을 심어 주기 때문이네. 그러하니 작품 속에 무절제와 야비함을 표현하지 못하게 해야 하고, 이를 따르지 않는 예술가를 추방해야 하네.
(나)	제자: 예술이 인간의 삶 속에서 의미가 있기 위해 예술가는 어떤 노력을 해야 합니까? 스승: 예술가는 _____⑦_____

① 예술을 위한 예술 활동에 전념해야 하네.
② 국가가 예술에 개입하는 것을 막아야 하네.
③ 사람의 선한 성품을 작품 속에 표현해야 하네.
④ 아름답거나 추한 모습을 사실적으로 드러내야 하네.
⑤ 사물이 나누어 가지는 아름다움의 이데아를 창조해야 하네.

289

다음은 어느 동양 사상가의 가상 편지이다. ㉠에 들어갈 진술로 가장 적절한 것은?

> ○○ 선생에게
>
> 당신은 간사하고 사악한 음악으로 천하가 혼란에 빠질 수 있기 때문에 선왕(先王)이 제정한 음악으로 백성을 이끌어 주어야 함을 강조했습니다. 그리하여 음악을 즐기게 하면서도 사람의 악한 본성을 변화시켜 마음과 행동을 올바르게 해야 한다고 말했습니다. 하지만 내 생각은 다릅니다. 천하의 혼란이 생긴 이유는 모두가 자신을 사랑하면서도 아울러 서로 사랑하지[兼愛] 않아 자신과 남을 차별하기 때문입니다. 비록 악기 소리가 즐겁지 않은 것은 아니지만, 임금과 대신들이 백성에게 악기를 만들게 하고 연주를 일삼게 한다면 어떻게 되겠습니까? 분명 백성에게 많은 세금을 거두게 될 것이고, 백성은 먹고 입을 재물을 구하기가 어려워질 것입니다. 따라서 내가 볼 때 당신의 견해는 ⃞ ㉠ ⃞ 고 생각합니다. …(후략).

① 음악과 예의의 조화를 통해 혼란을 바로잡을 수 있음을 간과한다.
② 인간의 본성을 교화하여 화합하는 데 음악이 필요함을 간과한다.
③ 사회적인 부작용을 일으키는 음악이 존재할 수 있음을 간과한다.
④ 음악이 이상적 공동체를 구현하는 데 수단이 될 수 있음을 간과한다.
⑤ 위정자가 선왕의 음악을 장려하는 것이 백성에게 무익함을 간과한다.

290

갑, 을 사상가들의 입장으로 옳지 않은 것은?

> 갑 : 미적인 것은 윤리적으로 선한 것을 상징하고, 자연의 미(美)에 대한 직접적인 관심을 갖는 것은 항상 그 영혼이 선하다는 것을 드러내 준다. 예술 작품의 가치는 감각적 즐거움이 아닌 예술 자체의 형식에서 찾을 수 있다.
>
> 을 : 예술 작품은 좋은 곳에서 불어오는 미풍처럼 인간에게 좋은 영향을 주며, 어릴 때부터 자기도 모르는 사이에 아름다운 말을 닮고 사랑하고 공감하도록 이끌어 준다. 예술은 아름답고 우아한 것을 담고 있어야 한다.

① 갑 : 예술 작품에서 아름다움의 판단 근거는 순수한 형식이다.
② 갑 : 미적인 것에 대한 판단은 일체의 이해관심 없이 내려진다.
③ 을 : 예술 작품은 아름다움과 추함을 있는 그대로 표현해야 한다.
④ 을 : 미적 가치는 무질서한 리듬과 운율 안에서는 존재할 수 없다.
⑤ 갑, 을 : 미를 추구하는 행위는 도덕성 촉진에 기여할 수 있다.

예상문제로 유형 익히기

291

난이도 상 중 하

다음을 주장한 사상가의 입장에서 긍정의 대답을 할 질문을 〈보기〉에서 모두 고른 것은?

> 세속의 음악도 듣는 사람의 마음을 움직여 다른 사람을 용서하게 해 주는데 하물며 성인(聖人)의 음악은 어떠하겠는가. 그러므로 "예악은 잠깐 동안이라도 몸에서 떠나게 할 수 없다."라고 한 것이다. 음악이 융성하지 않으면 교화가 이루어지기 어렵고 풍속도 아름답게 변화되기 어려울 것이다.

〈보기〉
ㄱ. 예술은 도덕적 품성의 도야에 기여해야 하는가?
ㄴ. 예술은 선악의 가치 판단에서 자유로워야 하는가?
ㄷ. 예술은 미적 가치에 의해서만 평가되어야 하는가?
ㄹ. 예술은 바람직한 사회를 실현하는 데 기여해야 하는가?

① ㄱ, ㄴ
② ㄱ, ㄹ
③ ㄴ, ㄷ
④ ㄱ, ㄷ, ㄹ
⑤ ㄴ, ㄷ, ㄹ

292

난이도 상 중 하

㉠에 들어갈 내용으로 가장 적절한 것은?

> 예술은 순수하게 예술 그 자체를 목적으로 삼아 아름다움만을 추구해서는 안 된다. 진정한 예술은 아름다움을 추구하면서 동시에 인간의 삶에 도덕적 교훈을 주어야 한다. 그런데 어떤 사람들은 "예술은 미적 가치에 의해서만 평가되어야 한다. 예술에 대해 도덕적 평가를 내리는 것은 수학 계산에 대해 도덕적 평가를 내리는 것만큼 잘못된 것이다."라고 주장한다. 나는 이런 견해에 대해서 " ⃞ ㉠ ⃞ "라고 생각한다.

① 예술의 사회성보다 자율성을 중시해야 한다는 점을 간과하고 있다.
② 예술은 도덕적인 사회를 실현하는 데 기여해야 함을 간과하고 있다.
③ 예술은 선악의 가치 판단으로부터 벗어나야 한다는 점을 간과하고 있다.
④ 예술은 심미적 가치를 유일한 목적으로 삼아야 한다는 점을 간과하고 있다.
⑤ 예술이 대중의 의견을 좇아 물질적 가치만을 추구해서는 안 된다는 점을 간과하고 있다.

293

다음 글의 밑줄 친 (가)와 (나)에 대한 설명으로 적절하지 않은 것은?

> 예술과 도덕의 관계에 대해서는 상반된 두 가지 관점이 있다. 하나는 (가) 예술은 도덕과 무관하다는 주장이고, 다른 하나는 (나) 예술적 미는 도덕적 선과 일치한다는 주장이다.

① (가)의 관점에 있는 예술은 인간의 말초신경을 자극하는 문제점이 나타날 수 있다.
② (가)는 '예(禮)에서 사람이 서고, 악(樂)에서 사람이 이룩된다.'는 관점과 일치한다.
③ (나)는 '훌륭한 사람은 선량한 동시에 아름답다.'는 말로 요약된다.
④ (나)에서는 예술적 체험을 통해 인간이 자연과 이웃을 만나게 되고, 정서적 공감대를 형성할 수 있다고 본다.
⑤ (나)는 "만일 제작된 작품이 실제로 신뢰할 만한 가치를 지닌다면, 이것을 만든 영혼이 진정한 가치를 지니고 있는 셈이다."는 말과 관련된다.

294

다음 글로 미루어 볼 때, 인간이 미적(美的) 가치를 추구하려는 근본적 이유로 가장 적절한 것은?

> 예술은 인간이 단순히 동물로서 생존하기 위하여 필요한 조건들을 초월해서 인간을 위해 의미 있고 가치 있는 세계를 창조해 내려는 인간의 본질적 욕구에서 생긴 것이다. 인간은 본성적으로 아름다운 것을 좋아한다. 인간은 자기의 모습을 그대로 두지 아니하고 더욱 아름답게 꾸미려 한다. 하나의 음식을 먹을 때에도 멋과 맛을 중요시한다. 인간의 이러한 노력이 결집되어 나타난 것이 바로 예술이다.

① 자연을 있는 그대로 간직하고 보존하기 위해서
② 표현과 창작의 자유를 상업적으로 이용하기 위해서
③ 문화의 업적이나 과정 및 효용성의 극대화를 위해서
④ 기능적인 요구에 의해서 생존에 필요한 도구를 만들기 위해서
⑤ 혼란한 세계에 질서를 부여하고 인간의 정신을 순화시키기 위해서

295

다음의 입장과 일치하는 진술을 〈보기〉에서 고른 것은?

> 예술은 사회성이나 윤리성 그 어느 것에도 구속되지 않고 그 자신 때문에 존재해야 한다. 따라서 예술은 '인생을 위한 예술'이 되어서는 안 된다. 예술은 미(美)를 예술 창조 및 향수의 유일한 목적으로 삼아야 하고, 자율성을 지녀야 한다. 만약 예술이 다른 어떤 문화 영역에 종속되거나 관여하게 된다면 이는 예술의 본질을 벗어나는 것이다.

〈보기〉
ㄱ. 예술과 도덕은 무관하다.
ㄴ. 미(美)와 선(善)은 근본적으로 동일한 것이다.
ㄷ. 예술의 타락은 곧 시대 정신의 타락을 가져온다.
ㄹ. 예술을 예술 외적인 기준으로 평가해서는 안 된다.

① ㄱ, ㄴ   ② ㄱ, ㄹ   ③ ㄴ, ㄷ
④ ㄴ, ㄹ   ⑤ ㄷ, ㄹ

296

Challenge 30% 고난도

(가)~(다)에 대한 설명으로 옳지 않은 것은?

> (가) "좋은 말과 좋은 곡조와 우아함과 좋은 장단도 좋은 인품에 따르는 것인데, 그것은 어리석은 사람을 완곡하게 좋은 인품이라고 부르는 것이 아니라 그 성격과 마음이 진정으로 선량하고 훌륭한 것을 말하는 것이다." － 플라톤, 「국가」 －
> (나) "인간은 시(詩)를 통하여 순수한 감정을 일으키고, 예(禮)로서 자신의 주체를 확립시키며, 음악을 통하여 자신의 인격을 완성한다." － 공자, 「논어」 －
> (다) "아무 소용없는 것에 불과할 수 있는 것이 진정으로 아름답다. 유용한 모든 것은 추하다." － 고티에, 「모팽양(孃)」 －

① (가)와 (나)는 절대적 도덕주의, (다)는 절대적 심미주의의 입장에 속한다.
② (가)와 (나)는 순수 예술적인 측면이 강하고, (다)는 대중 예술적인 측면이 강하다.
③ (가)와 (나)에 비해서 (다)는 예술은 '예술을 위한 예술'이 되어야 한다고 강조한다.
④ (가)와 (나)는 예술이 인간의 삶과 연결된다고 보지만, (다)에 비하여 예술적 가치를 경시하는 측면이 있다.
⑤ (다)는 (가)와 (나)에 비하여 예술의 고유한 가치를 확실하게 주장하지만, 예술의 사회적 기능을 회피하는 경향이 있다.

예술의 상업화

유형보기

1. 예술의 상업화

벼락이라도 맞은 것처럼 놀랐다. 미술 전체가 거대한 투기사업이 되어 있었다. 진정으로 그림을 좋아하는 사람은 많지 않았다. 대부분 속물적인 의도로 혹은 세금을 피하려고 그림을 구입해 미술관에 맡겨 둔다. 사람들은 확신이 없기 때문에 가장 비싼 것만 구입한다. 투자 목적으로 그림을 사니 감상은커녕 창고에 넣어 두고 최종가를 알기 위해 매일 화랑에 전화를 걸어 대는 사람들도 있다. 마치 주식을 가장 유리한 시점에 팔려고 기다리는 것처럼 말이다. 내가 600달러에도 팔기 어려웠던 화가들의 작품이 이제는 1만 2천 달러에 거래되고 있다.

– 페기 구겐하임, "자서전" –

[자료 분석]

(1) 페기 구겐하임은 자신의 자서전에서 예술의 상업화 현상을 비판하였다.

(2) 예술의 상업화란 상품을 사고팔아 이윤을 얻는 일이 예술 작품에도 적용되는 현상을 말한다.

2. 예술과 상업주의의 결합

긍정적 측면	대중도 예술에 쉽게 접근할 수 있는 계기 제공
부정적 측면	• 유용성을 강조하여 예술의 자율성이 훼손됨 • 예술 작품의 인문 교양적 가치 배제 • 고급 문화 위축

[자료 분석]

(1) 다양한 관점과 해석을 중시하는 현대 예술은 고급과 저급, 성스러운 것과 속된 것, 창조품과 기성품, 작가와 관객 사이의 경계를 허물고, 일상생활에서 마주치는 모든 대상을 미적 대상으로 간주하는 등 권위주의적인 사고나 인간을 억압하는 제도를 혁신하는 데 이바지하고 있다.

(2) 현대 예술은 상업주의와 결합함으로써 의도적으로 선정적이고 외설적인 표현을 일삼기도 하고, 작가 정신보다 예술의 대중성을 중시하고, 고유한 미적 가치보다 상업성을 강조함으로써 예술의 자율성을 훼손하기도 한다.

3. 예술 상업화의 부정적 측면 평가원

현대 사회에서 예술 활동은 상품이 거래되는 시장처럼 예술 시장에 의존한다. 각종 예술품들은 판매나 경매를 통해 물건처럼 가격으로 평가된다. 이러한 예술의 상업화는 과학 기술 및 대중 매체의 발달에 힘입어 형성된 대중문화의 주된 특징이다. 예술의 상업화는 특수 계층만 누려오던 예술적 취향을 대중도 쉽게 접근할 수 있는 계기를 제공했다는 점에서 긍정적 측면이 있다. 하지만 예술의 상업화는 [㉠   ]는 부정적 측면도 함께 지니고 있다.

[자료 분석]

(1) 예술의 상업화는 대중 예술에 접근할 수 있는 기회를 확대한다는 점에서 긍정적 측면을 지니고 있지만, 여러 가지 부작용도 지니고 있다.

(2) ㉠에 들어갈 내용으로는 "예술의 자율성을 훼손한다", "인문 교양적 가치를 배제할 수 있다", "예술 작품이 하나의 상품으로 전락한다", "선정적이고 외설적인 표현들이 범람할 수 있다" 등이 있다.

대표기출로 유형 감잡기 정답 및 해설 • p.045

297

정답률 93% | 2022학년도 6월 평가원

(가)를 주장한 사상가의 입장에서 (나)의 ㉠에 들어갈 진술로 가장 적절한 것은?

(가)	문화 산업은 획일적인 상품만을 생산할 뿐이다. 문화 산업의 기술은 대량 생산을 가능하게 한다. 문화 산업은 어떠한 문화 상품을 제공하든 소비자는 그것에 만족해야 한다는 것을 소비자에게 주입시킨다. 이로 인해 문화 상품은 소비자로 하여금 적극적으로 사유하는 것을 불가능하게 한다.
(나)	문화 산업은 '스타'를 제조한다. 대부분의 기획사는 스타를 철저한 전략에 따라 기획한 뒤 최대한 많은 매체에 출연시켜 돈을 번다. 그리고 대중이 싫증을 느끼면 유사한 새로운 스타를 내놓는다. 수많은 반짝 스타들이 소모품처럼 사라진다. 이러한 문제의 원인은 [㉠]

① 문화 산업이 대중문화를 규격화된 상품으로 간주하기 때문이다.
② 문화 상품이 작품 창작자의 독창적 견해에 따라 제작되기 때문이다.
③ 문화 산업이 이윤보다는 지속적 창작 활동을 추구하기 때문이다.
④ 문화 산업의 생산자가 소비자의 고유한 체험을 중시하기 때문이다.
⑤ 문화 상품이 표준화된 양식에 맞추어 생산되지 않기 때문이다.

298

정답률 81% | 2021학년도 3월 교육청

갑, 을의 입장으로 가장 적절한 것은?

> 갑 : 가장 상업적인 것이 가장 예술적이고, 가장 예술적인 것이 가장 상업적이다. 돈을 번다는 것은 예술이고, 일하는 것도 예술이며, 잘되는 사업이 최상의 예술이다. 나는 사업 미술가이고 나의 작업실은 공장이다.
>
> 을 : 문화 산업이 만든 문화 상품의 속성은 문화 소비자들의 적극적인 사유를 불가능하게 만드는 데 있다. 문화 산업은 하자 없는 규격품을 만들 듯이 인간의 정신을 단순히 재생산하려 한다.

① 갑 : 예술 작품은 대중화에서 벗어나 미적 가치를 지녀야 한다.
② 갑 : 예술의 상업화에 따른 이윤 창출은 예술 발전을 방해한다.
③ 을 : 문화 산업은 대중의 자발성과 상상력의 발달을 저해한다.
④ 을 : 문화 산업은 대중의 비판적인 의식을 바탕으로 형성된다.
⑤ 갑, 을 : 예술 작품을 교환 가치로 평가하려고 해서는 안 된다.

299

난이도 상 **중** 하

다음 사례를 통해 알 수 있는 현대 예술의 특징으로 옳은 것은?

- 워홀은 실크 스크린 기법으로 캠벨 스프 통조림, 코카콜라 등 대중적인 상품이나 엘비스 프레슬리, 메릴린 먼로 등의 유명 인사들의 이미지를 제작하였다.
- 뒤샹은 화상실 변기에 '샘(fountain)'이라는 이름을 달아, 전시회에 출품하려 하였으나 거절당했다. 그러나 이런 그의 작품이 한 경매에서 엄청난 가격에 팔리게 되면서 세상에서 가장 비싼 변기가 되었다. 전시회의 출품조차 거절당했던 그의 작품이 전문가가 아닌 시장의 원리에 의해 천문학적인 가격에 판매된 것이다.

① 예술 작품 사이의 경계가 뚜렷해지고 있다.
② 상업적 가치에 의해 예술의 가치가 평가되고 있다.
③ 예술 작품을 구분하는 기준이 보다 엄격해지고 있다.
④ 예술의 상품화 현상이 이전에 비해서 쇠퇴하고 있다.
⑤ 예술 작품 제작에 있어서 모방과 표절이 만연되고 있다.

300

난이도 상 **중** 하

그림은 서술형 평가 문제에 대한 학생 답안이다. ㉠~㉤ 중 옳지 않은 것은?

수행 평가

◎ 문제 : 다음과 같은 현상이 지닌 긍정적 측면과 부정적 측면을 설명하시오.

> 오늘날에는 상품을 사고파는 행위를 통해 이윤을 얻는 일이 예술 작품에도 적용되고 있다.

◎ 학생 답안

오늘날에는 예술이 상업화되는 현상이 나타났다. 현대 사회에서 예술의 향유 계층이 대중으로 옮겨감에 따라 ㉠ 예술가는 과거 귀족 계층의 경제적 후원 없이 스스로 경제적 기반을 마련해야 했고, 대중은 예술 작품을 향유하고 소비하고자 했다. 이에 ㉡ 예술 작품에 상품 가치가 매겨지고 자연스럽게 거래되기 시작하였다. 이러한 과정을 거쳐 ㉢ 현대 예술은 대중이 함께 호흡하는 것이 아니라, 일부 고급 계층이 독점하는 것이 되어 버렸다. 그리고 예술의 상업화 현상은 ㉣ 다양한 취향과 가치를 반영한 예술 작품이 창작되면서 다양한 예술 분야가 발전하였다. 이러한 현상이 심화됨에 따라 ㉤ 미적 가치의 추구라는 예술의 본래 목적은 경시되고, 경제적 이익을 얻기 위해 예술 활동을 악용하는 사례도 나타나고 있다.

① ㉠　　② ㉡　　③ ㉢　　④ ㉣　　⑤ ㉤

301

난이도 상 **중** 하

㉠에 따른 문제점을 〈보기〉에서 있는 대로 고른 것은?

> 과거에는 소수 엘리트 계층만이 예술을 향유하였으나, 점차 예술을 소비하는 주체의 범위가 일반 대중으로 확대되었다. 현대 사회에 들어서는 자본주의의 발달하게 되고, 다양한 복제 기술과 대중 매체도 비약적인 성장을 하게 됨에 따라 ____㉠____ 이/가 나타나게 되었다. 오늘날에는 인터넷의 발달로 인해 누구나 예술을 접할 수 있게 되었으며, 심지어 예술을 생산할 수도 있게 되었다.

〈보기〉

ㄱ. 예술을 표준화함으로써 미적 취향을 획일화한다.
ㄴ. 진정한 미(美)를 추구하는 예술의 본질을 왜곡한다.
ㄷ. 외설보다 순수 예술을 지향하려는 태도를 강화한다.
ㄹ. 감각적 표현에 치중함으로써 예술을 질적으로 저하시킨다.

① ㄱ, ㄷ　　　② ㄴ, ㄹ　　　③ ㄱ, ㄴ, ㄹ
④ ㄱ, ㄷ, ㄹ　　⑤ ㄴ, ㄷ, ㄹ

302

난이도 상 **중** 하

밑줄 친 갑, 을의 예술 작품에 대한 공통적인 평가로 가장 적절한 것은?

> 갑은 대중 미술과 순수 미술의 경계를 무너뜨리고 미술뿐만 아니라 영화, 광고, 디자인 등 시각 예술 전반에서 혁명적인 변화를 주도하였다. 그는 살아 있는 동안 이미 전설이었으며 현대 미술의 대표적인 아이콘으로 통한다. 그는 "내가 가장 좋아하는 것은 돈이고, 나는 그것을 따랐을 뿐이다."라고 말하며 솔직한 욕구를 드러냈다. 을은 남성용 소변기나 자전거 바퀴와 같은 다양한 소재들을 활용해 '레디메이드'란 새로운 개념을 창안하여 미술을 그 이전 시대의 미술과는 완전히 다른 것으로 만들어 버렸다. 그는 배설물이 담긴 깡통이나 상어까지도 예술 작품이 될 수 있다고 하여, 미의 개념을 새롭게 정의한 혁명적인 미술가였다.

① 대중과 유리되어 소수의 전유물로 전락하게 하였다.
② 예술 작품과 경제적 상품 사이의 경계가 모호해졌다.
③ 예술의 다양성을 훼손하고 미적 취향을 획일화하였다.
④ 순수 예술을 바탕으로 예술의 진정한 가치를 구현하였다.
⑤ 예술의 상업적 가치를 중시함으로써 고급문화가 발전하였다.

대중문화의 윤리적 문제

수능 출제 패턴 분석 ▶ 예술의 대중화, 예술의 상업화, 예술 상업화의 문제점

유형보기

1. 대중문화의 선정성

갑 : 당신의 공연은 저속하고 문란한 외설입니다. 당신의 공연은 성을 비하하고 잘못된 성 충동을 일으킬 수 있습니다. 예술을 빙자하여 과도한 성적 표현을 상업적 목적을 위한 수단으로 악용하고 있으며 사회의 도덕적 수준을 떨어뜨리고 있습니다.

을 : 저의 공연이 외설이라는 명확하고 과학적인 기준이 있습니까? 오늘날 고전이라고 일컬어지는 작품들도 처음 등장했을 때 외설이라고 비판받았던 경우도 있습니다. 저의 공연은 새로운 예술 형식을 창조한 것이지 외설이라고 속단해서는 안 됩니다.

자료 분석

(1) 갑은 예술의 사회적 책임을 강조하는 입장인 반면, 을은 예술적 표현의 자유를 강조하는 입장이다.

(2) 을의 입장은 모호한 잣대로 예술 활동을 규제하면 예술 활동이 위축될 수 있다고 보는 것이다.

(3) 갑의 입장은 표현의 자유라는 명복으로 외설의 문제가 발생한다고 보는 것이다.

2. 대중문화의 복제 교육청

갑 : 현대의 예술 작품은 문화 산업으로 포장되어 싼값에 제공함으로써 대중의 의식을 포섭해 대중과 예술 모두를 소외시킨다. 그래서 문화 산업에서는 비평이 사라진 것처럼 존경도 사라진다.

을 : 현대의 예술 작품은 기술적 복제가 가능하게 되어 그 '아우라'가 위축된다. 복제 기술은 대중이 예술 작품을 보다 쉽게 접하게 하여 개별화된 미적 체험을 가능하게 한다.

자료 분석

(1) 갑은 아도르노, 을은 벤야민의 주장이다.

(2) 아도르노는 문화 산업이 사회를 몰개성화하고, 대중의 창작 욕구를 약화시킨다고 본다. 또한 문화 산업 속에서 대중문화를 향유하는 대중은 주체적 문화 생산자가 되지 못한다고 본다.

(3) 벤야민은 복제 기술의 발달로 인해 원작인 예술 작품의 아우라(신비감)는 감소하지만 대중과 예술의 거리를 좁혀줌으로써, 대중에게서 미적 체험의 기회를 높인다고 본다.

3. 대중문화의 자본 종속 문제 평가원

현대 자본주의 사회는 과거보다 교묘하고 효과적인 방식으로 대중을 다룰 수 있게 되었다. 대중 예술에 투사된 세계는 갈등이 조화롭게 해결되는 듯한 느낌을 주지만 이는 기만적 대리 만족이다. 문화 산업은 대중을 통제함으로써 지배 계급의 이념을 재생산한다. 개인은 자유가 있는 것 같지만 실은 경제적·사회적 장치의 산물이다. 문화 산업이 독점한 대중 예술은 개인의 특성을 획일화하여 자신의 논리를 관철한다.

자료 분석

(1) 제시문은 아도르노의 글이다.

(2) 아도르노는 자본주의에서 문화 산업은 문화 소비자들의 자발성과 상상력을 위축시킨다고 본다.

(3) 아도르노는 문화 산업이 독점한 대중 예술은 개인의 특성을 획일화하여 자신의 논리를 관철시킨다고 본다.

(4) 아도르노는 대중 예술은 현실적 모순을 은폐하고 대중 의식을 조작한다고 본다.

(5) 아도르노는 문화 산업은 대중을 통제함으로써 지배 계급의 이념을 재생산한다고 본다.

대표기출로 유형 감잡기 정답 및 해설 · p.046

303 정답률 87% | 2024학년도 6월 평가원

그림의 강연자가 지지할 입장으로 가장 적절한 것은?

> 문화 산업은 소비자의 욕구가 실현될 수 있는 것처럼 선전하지만 그 욕구는 문화 산업에 의해 사전 기획된 것입니다. 문화 산업의 공식 목표는 하자 없는 완전한 규격품을 만들듯이 인간을 재생산하는 것입니다. 세상에 나타나고 있는 모든 것에는 문화 산업의 인장이 찍힙니다. 문화 산업의 기획자들은 소비자들을 기만하며 그들을 소비를 위한 단순한 객체로 만듭니다. 문화 상품의 수용 과정에서도 예술 작품의 사용 가치는 교환 가치에 의해 대체됩니다. 하지만 정신은 예술의 잘못된 보편성으로부터 벗어나 진정한 보편성에 충실하고자 합니다. 정신의 진정한 속성은 사물화에 대한 부정입니다. 정신이 문화 상품으로 고정되고 소비를 위한 목적으로 팔아 넘겨지면 정신은 소멸할 수밖에 없습니다.

① 문화 산업은 문화 상품의 표준화 가능성을 약화한다.

② 문화 산업은 사물화를 거부하는 정신의 속성을 강화한다.

③ 문화 산업은 대중문화에 대한 소비자의 주체성을 훼손한다.

④ 문화 산업의 대중적 확산은 예술의 고유한 보편성을 고양한다.

⑤ 문화 산업은 예술 작품이 지닌 경제적 효용 가치를 약화한다.

예상문제로 유형 익히기 정답 및 해설 · p.046

304 난이도 상 중 하

다음 글의 입장으로 가장 적절한 것은?

> 오늘날 문화는 모든 것을 동질화시키고 있다. 영화와 라디오와 잡지는 개개 분야에 있어서나 전체적으로나 획일화된 체계를 만들어 내고 있다. 독점하에서 대중문화는 모두 획일적 모습을 하고 있는데, 독점에 의해 만들어지는 골격과 윤곽이 서서히 드러나기 시작한다. 대중문화의 조종자들은 독점을 숨기려 하지도 않는다. 독점의 힘이 강화될수록 그 힘의 행사도 점점 노골화된다. 영화나 라디오는 예술인 척할 필요가 없다. 대중 매체가 단순히 장사 이외에 아무것도 아니라는 사실은 아예 한술 더 떠 그들이 고의로 만들어 낸 쓰레기들을 정당화하는 이데올로기로 사용된다.

① 대중문화는 감상자에게 표준화된 소비 양식만을 제공한다.

② 대중문화는 예술을 자본의 종속에서 벗어날 수 있게 해준다.

③ 대중문화는 사람들에게 문화에 대한 고유한 체험의 기회를 제공한다.

④ 대중문화는 예술가들에게 자신들의 개성을 발휘할 기회를 넓혀 준다.

⑤ 대중문화는 예술의 다양성을 확대시켜 예술의 자율성을 확장시켜 준다.

305

⊙에 들어갈 옳은 내용만을 〈보기〉에서 있는 대로 고른 것은?

대중문화가 흥행이나 수익성만을 추구하면서 과도하게 선정적이고 폭력적인 요소를 포함하는 경우가 많아지고 있다. 이로 인해 대중문화가 대중의 정서에 악영향을 미칠 수 있고, 선정성과 폭력성에 노출될 경우 모방 범죄로 이어질 가능성이 있다는 문제점이 제기된다. 이러한 문제점을 해결하기 위해서 어떤 사람들은 대중문화에 대한 적절한 윤리적 규제가 필요하다고 주장한다. 하지만 이에 반대하는 사람들은 대중문화에 대한 윤리적 규제가 ⊙ 는 점을 주장한다.

〈보기〉
ㄱ. 자율성과 표현의 자유를 침해할 수 있다
ㄴ. 대중들의 정서에 해로운 대중문화를 선별할 수 있다
ㄷ. 대중이 다양한 대중문화를 즐길 문화적 권리를 침해할 수 있다
ㄹ. 개인들이 대중문화를 누릴 기회를 제한하여 대중문화를 위축시킬 수 있다

① ㄱ, ㄴ   ② ㄱ, ㄹ   ③ ㄴ, ㄷ
④ ㄱ, ㄷ, ㄹ   ⑤ ㄴ, ㄷ, ㄹ

306

난이도 상 **중** 하

다음 글의 입장만을 〈보기〉에서 있는 대로 고른 것은?

대중 사회에서 문화는 실질적으로 권력 소유자들의 비위를 맞추지 않으면 안 된다. 산업의 각 영역은 경제적으로 서로 얽혀 있는데, 방송 산업이 전기 산업에 종속되어 있다든지 영화 산업이 은행업에 매여 있다는 점들이 그 예이다. 문화의 이러한 특징 속에서 개인의 주체성은 사라진다. 자본이 모든 것을 알아서 해 주는 사회 속에서 개인은 단지 그것을 향유하기만 하는 존재이다. 자본은 개인이 적극적으로 사유하는 것을 불가능하게 만든다.

〈보기〉
ㄱ. 대중의 비판적 사고를 바탕으로 대중문화가 형성된다.
ㄴ. 현대 사회에서 문화가 자본에 종속되는 현상이 강화되고 있다.
ㄷ. 자본이 이윤 극대화를 목적으로 대중문화의 전 과정에 개입하고 있다.
ㄹ. 개인들이 대중 매체가 전달하는 상품을 그대로 수용하고 소비하는 존재로 전락하고 있다.

① ㄱ, ㄴ   ② ㄱ, ㄹ   ③ ㄴ, ㄷ
④ ㄱ, ㄷ, ㄹ   ⑤ ㄴ, ㄷ, ㄹ

307

난이도 상 **중** 하

갑, 을의 입장에 대한 설명으로 옳지 않은 것은?

갑 : 대중문화의 선정성과 폭력성이 개인의 분노나 성적 욕구 등을 해소해 주고, 대리 경험을 통해 실제 폭력과 일탈 행위를 줄일 수 있다는 긍정적 측면이 있다는 점을 알아야 한다. 대중문화의 폭력성과 선정성으로 인한 부작용은 개인들의 자율적 규제만으로 충분히 해결할 수 있다.

을 : 대중문화의 폭력성과 선정성은 대중의 폭력에 대한 그릇된 인식을 심어주고 인간의 육체와 성을 욕구 충족의 수단으로만 삼는 등의 많은 문제를 유발한다. 이러한 문제를 해결하기 위해서는 개인들의 자발적 노력뿐만 아니라 제도적 차원의 규제도 필요하다.

① 갑은 대중문화의 폭력성이나 선정성이 어떠한 부작용도 지니지 않는다고 본다.
② 갑은 대중문화의 폭력성과 선정성이 대중에게 긍정적인 영향을 주는 측면이 있다고 본다.
③ 을은 대중문화의 왜곡된 성 표현의 문제점을 지적하고 있다.
④ 을은 대중문화가 폭력을 미화함으로써 부작용이 발생한다고 본다.
⑤ 갑, 을은 대중문화의 부작용 해결을 위한 자율적 노력의 필요성을 주장한다.

308

난이도 상 **중** 하

다음 글의 입장만을 〈보기〉에서 있는 대로 고른 것은?

대중문화는 과거에는 소수의 사람들만이 누리던 문화적 자산을 더 많은 사람이 향유할 수 있도록 한다. 사람들은 대중문화 속에 내포된 가치의 영향을 받아 새로운 가치관이나 삶의 형태 등을 형성한다. 한편으로 대중문화는 현실의 문제를 비판하고 풍자함으로써 사회 변화를 이끌어내는 수단으로 이용되기도 한다.

〈보기〉
ㄱ. 대중문화는 개인의 가치관이나 행동 양식에 많은 영향을 준다.
ㄴ. 대중문화는 물질적 필요에 따라 사용되고 버려지는 소비재에 불과하다.
ㄷ. 대중문화는 사회를 개선하고자 하는 대중의 의지를 표현하는 수단이 된다.
ㄹ. 대중문화는 사람들이 누구나 쉽게 문화에 접근할 수 있는 기회를 제공한다.

① ㄱ, ㄴ   ② ㄱ, ㄹ   ③ ㄴ, ㄷ
④ ㄱ, ㄷ, ㄹ   ⑤ ㄴ, ㄷ, ㄹ

02 의식주 윤리와 다문화 사회 윤리

1 의식주의 윤리

1. 의복 문화와 윤리적 문제

의복의 의미		• 자아 및 가치관 형성과 관련 • 예의에 관한 사회적 기준 반영 → 때와 장소에 맞는 의복을 착용했는지는 그 사람의 됨됨이를 평가하는 기준이 되기도 함
유행 추구 현상	긍정적 입장	• 유행 추구가 새로운 문화 현상을 낳으므로 다양한 문화 발전의 바탕이 됨 • 유행을 따르려는 개인의 선택권 존중 등
	부정적 입장	• 비판 없는 맹목적 모방과 동조 현상이 인간 행동의 획일화와 몰개성화를 초래할 수 있음 • 최신 유행을 반영하는 패스트 패션은 자원 낭비, 환경 문제, 노동 착취 등을 초래할 수 있음 등
명품 선호 현상	긍정적 입장	• 자본주의 사회에서 개인의 자유로운 소비는 정당함 • 명품의 우수한 품질과 희소성은 만족감과 소유자의 품격을 높여줌 등
	부정적 입장	• 과소비와 사치 풍조를 조장하고 계층 간의 위화감을 조성함 • 명품의 후광 효과로 사람들이 정체성의 위기를 겪을 수도 있음 등

2. 음식 문화와 윤리적 문제

음식의 의미	• 생명권과 관련 : 음식 섭취로 생명과 건강이 유지되기 때문 • 사회적 도덕성과 관련 : 음식의 생산과 유통은 사회의 도덕성을 구현하기 때문 • 건강한 생태계 유지와 관련 : 올바른 방법으로 음식 재료를 획득하고 가공할 때 생태계가 건강하게 보존되기 때문
음식 문화와 관련된 윤리 문제	• 식품 안전성 : 유전자 변형 농산물의 안정성, 수입 농산물, 식품 첨가물 등의 안정성 문제 • 환경 오염 : 무분별한 식품 생산과 소비로 음식물 쓰레기 증가 → 쓰레기 처리에 많은 에너지가 소모됨 • 동물 복지 : 공장식 축산업은 가두어 사육하는 동물에 대한 비윤리적 대우라는 비판이 제기됨, 생태 윤리학자 싱어는 과도한 육식 문화에 대한 반성과 채식을 권장함 • 음식 불평등 : 음식을 낭비하고 다이어트를 하는 곳이 있는가 하면, 굶주림으로 고통받는 곳도 있음

3. 주거 문화와 윤리적 문제

주거의 의미	• 개인적 차원 : 신체 안전과 마음의 안정 도모, 행복한 삶을 위한 터전 등 • 공동체 차원 : 공동체의 유대감을 형성하고 관계성을 회복함 등
주거 문화와 관련된 윤리 문제	• 환경 파괴 : 무분별한 공동 주택의 건설로 인해 자연이 파괴됨 • 공동 주택의 폐쇄성 : 이웃과의 소통이 단절되어 갈등이 증가함 • 주거의 본질적 의미 퇴색 : 주거의 편리성과 효율성, 주택의 경제적 가치만을 중시함

2 윤리적 소비

현대 소비 문화의 특징		• 대량 소비 : 물질주의 추구 소비, 과시 소비, 동조 소비 등의 모습으로 나타남 • 인간의 기본 욕구를 뛰어넘는 소비가 이루어지고 있어 다양한 윤리적 문제가 나타남
윤리적 소비	의미	• 소비자가 상품이나 서비스를 구매할 때 윤리적인 가치 판단에 따라 올바른 선택을 하는 것 • 재화의 구매, 사용, 처분 그리고 분배에 이르기까지 사회적 책임을 고려한 행동 • 인권과 정의 등 인류의 보편적 가치를 실현하는 소비
	실천 방법	비윤리적 기업에 대한 불매 운동 및 윤리적 상품 구매, 제품의 재활용 및 재사용, 공정 무역 상품 구매, 기부와 나눔 등(예 공정 무역, 공정 여행, 로컬 푸드 등)

📌 교과서 속 수능 개념

패스트 패션

빠르게 변화하는 유행에 맞춰 디자인을 빨리 바꿔 내놓는 옷을 통틀어 이르는 말이다. 패스트 패션은 소비자가 최신 유행의 옷을 저렴하게 살 수 있고, 업체는 빠른 소비를 통해 재고 부담을 줄일 수 있다.

후광 효과

어떤 사물이나 사람에 대해 평가를 할 때 일부분의 긍정적, 부정적 특성에 주목해 전체적인 평가에 영향을 주어 대상에 대한 비객관적인 판단을 하게 되는 인간의 심리적 특성을 말한다.

슬로 푸드(slow food) 운동

이탈리아 로마에 패스트푸드 지점이 생긴 것에 반대하면서 시작된 것으로 좋고, 깨끗하고, 공정한 먹을거리를 실현하려는 운동이다.

볼노브

인간과 공간의 관계를 좀 더 깊이 추적하려고 했던 볼노브는 집은 외부 세계로부터 자신을 지키고 보호하는 공간이라고 보았으며, "집은 내적으로 자기 자신에게로 돌아갈 수 있는 공간이다."라고 하면서 집이라는 공간이 인간의 정신 건강을 위해 불가결하다고 보았다.

공정 무역

윤리적 소비 운동의 일환으로 1990년대부터 시작되었다. 생산물 직거래, 공정한 가격, 건강한 노동, 환경 보전, 생산자의 경제적 독립 등을 포함한다.

로컬 푸드

식품의 안정성과 가격의 효율성을 높이기 위해 음식 재료의 이동 거리를 최소화하여 생산자와 소비자, 나아가 자연환경에도 이익이 돌아가게 하고자 등장하였다.

📌 헷갈리는 개념 정리

합리적 소비와 윤리적 소비

합리적 소비	자신의 욕구를 정확하게 파악하고 주어진 예산의 범위 내에서 최대의 만족을 주는 것을 구매하는 것
윤리적 소비	재화를 구매, 사용, 처분, 분배함에 있어 환경, 인권, 배려 등의 사회적 책임을 고려하여 행동하는 것

3 문화의 다양성과 존중

1. 다문화 사회

의미	한 국가 안에 다양한 인종과 문화적 배경이 다른 사람들이 공존하는 사회
특징	통일성 보다 다양성을, 단일성보다 다원성을, 동일성보다 차이를 강조
장단점	• 장점 : 새로운 문화 요소의 유입으로 문화가 발전할 기회가 확대됨 • 단점 : 다양한 문화적 요소가 충돌하여 갈등이 발생하기도 함

2. 다문화에 대한 관용

관용의 의미	• 자신과 다른 문화적 배경을 가진 사람의 가치관이나 생각 등을 존중하는 이성적 태도 • 홀 : '차이와 더불어 살아가는 능력이야말로 21세기 개인이 지녀야 하는 중요한 능력'이라고 주장 → 타인의 생각이 자신과 다를지라도 존중해야 한다는 것을 강조
관용의 한계	• 타인의 인격과 자유를 침해하지 않는 범위에서 관용해야 함 • 사회 질서를 훼손하지 않는 범위에서 관용해야 함 • 다문화에 대한 관용의 한계를 인식하고 관용의 역설을 경계해야 함

4 다문화 이론

차별적 배제 모형	이주민을 특정 목적으로만 받아들이고, 내국인과 동등한 권리를 인정하지 않음 → 인간의 존엄성과 평등이라는 보편 윤리에 어긋나는 단점이 있음
동화 모형	• 지구 생태계 파괴 : 다양한 생물 종의 감소와 멸종 등으로 생태계 먹이 사슬이 파괴됨 • 인간의 삶 위협 : 사막화, 온난화, 해수면 상승 등으로 인한 환경 변화로 인간의 삶이 위협받고 있음 • 저개발 국가의 피해 심화 : 상대적으로 기술력과 경제력이 부족한 저개발 국가가 더 큰 피해를 입게 됨
다원화 모형	• 민족이나 문화의 다양성을 평등하게 인정하고 고유한 문화를 유지할 수 있도록 보장함 → 샐러드 그릇 • 문화의 다양성을 인정하면서도 주류 문화의 존재를 인정함 → 국수 대접 이론

5 종교의 보편적 가치

1. 종교의 발생 원인과 본질

발생 원인	인간이 유한하고 불완전한 존재이기 때문 → 인간은 초월적이고 절대적인 존재와 세계를 향한 믿음으로 유한성을 극복하고 이상적인 경지에 이르고자 함
본질	• 내용적 측면 : 성스럽고 거룩한 것에 관한 체험과 믿음을 포함 • 형식적 측면 : 경전과 교리, 의례와 형식, 교단을 포함

2. 종교와 세속 윤리

공통점	인간 존엄성을 중시하고 보편 윤리를 추구하며, 사회 정의를 실현하기 위해 노력함
차이점	• 종교 윤리 : 초월적 세계나 궁극적 존재로부터 인간이 지켜야 할 윤리 규범 도출 • 세속 윤리 : 인간의 이성, 감정, 양심 등에 근거하여 규범 제시

6 종교와 관련된 갈등 문제

구분	과학과 종교 간의 갈등	종교 간의 갈등
원인	서로가 추구하는 영역이 다름으로 인해 발생 → 과학은 사실의 문제, 종교는 믿음의 문제를 다룸 예 진화론과 창조론의 갈등	자신이 믿는 종교의 교리만 절대적인 진리로 생각하며 타 종교를 배척·탄압하면서 발생 예 이스라엘 - 팔레스타인 분쟁, 동티모르 분쟁 등
극복 방안	과학과 종교를 상호 보완적인 관계로 보아야 함 → 과학은 지식을, 종교는 삶의 지혜를 제공함	타 종교를 이해하고, 타 종교에 대해 관용의 마음을 가져야 함

의식주의 윤리

수능 출제 패턴 분석 명품 선호 현상, 유행의 양면성, 슬로푸드 운동, 주거의 윤리적 의미

유형보기

1. 음식과 관련된 윤리 평가원

(가) 자른 것이 바르지 않으면 드시지 않았고 간장이 없으면 드시지 않았다. 고기가 많아도 곡기(穀氣)를 이기지는 않았으며 주량이 대단했으나 어지러울 정도로 마시지는 않았다.

(나) 술과 고기를 먹지 마라. 마늘, 부추, 파, 달래, 흥거의 오신채(五辛菜)를 먹지 마라. 식사는 오전 중 한 번으로 끝내라. 발우의 음식은 수많은 연기(緣起)의 과정을 거친 것이다.

〔자료 분석〕

(1) (가)는 "논어"에서 발췌한 것으로 공자의 식생활과 관련된 내용이며, (나)는 음식과 관련된 불교의 계율들이다.

(2) 공자는 음식을 먹는 것에도 예의와 규칙, 그리고 절제가 있어야 한다고 보았다.

(3) 불교에서는 오신채가 화와 음욕을 불러와 수행에 방해가 된다고 보고 이를 먹지 말 것을 주장한다. 이는 먹는 것과 수행을 연계시켰음을 보여 준다.

2. 유행의 본질

유행은 한편 모방이라는 점에서 사회적 흐름에 따르려는 욕구를 충족시킨다. 다른 한편 차별화 욕구를 만족시킨다. 즉 나를 타인과 구분하거나 부각시키려는 경향을 만족시켜 주는 것이다. 이처럼 유행은 사회적 동질화와 개인적 차별화의 양면성을 가진 특별한 현상이라고 할 수 있다. …(중략)… 유행은 자립심이 없고 의존적이면서도 어떤 식으로든 주목받고 싶어 하는 개인에게 적합한 활동 무대가 된다. 유행은 하찮은 사람까지도 그 지위를 높여주는데, 이는 그 사람이 유행을 따르는 한 유행 전체를 대표하는 사람이 되기 때문이다.

– 지멜, "지멜의 모더니티 읽기" –

〔자료 분석〕

독일의 사회학자 지멜은 유행에는 자신이 주변 사람들과 똑같이 행동하고 있다는 안도감을 얻으려는 심리와 유행에 따르지 않는 다른 사람들과 구별되는 만족감을 얻으려는 심리가 복합적으로 얽혀 있다고 본다.

3. 주거의 철학적 의미

• 인간은 자기의 주거지에서 살기 위해서 자기의 생활을 발전시킬 수 있는 공간적인 확장을 필요로 한다. 사람들은 이러한 거주 공간을 주택이라고 부른다. 주택은 인간이 생활하는 기본 공간이 된다.

• 집이라는 사적인 공간을 소유한다는 것은 인간의 정신 건강을 위해서 불가결한 조건이다. 집은 내적으로 자기 자신에게로 돌아갈 수 있는 곳이다.

• 즉 집은 아늑함을 유지할 수 있는 공간이어야 한다. 인간 삶의 역사가 집 속에 쌓여 있어야 한다는 의미이다.

〔자료 분석〕

독일의 철학자 볼노브는 주거의 철학적 의미를 탐색하여, 집이란 내적 안식처를 제공하고 외부 세계로부터 자신을 보호하는 공간이라고 주장하였다.

대표기출로 유형 감잡기 정답 및 해설 • p.047

309

정답률 77% 2024학년도 6월 평가원

(가), (나)의 입장으로 가장 적절한 것은?

(가) 좋은 음식은 탐을 내고, 맛없는 음식은 찡그리고, 종일 먹어도 음식이 생겨난 바를 모르는 것은 어리석은 일이다. 덕 있는 선비는 배불리 먹을 타령을 금해야 한다.

(나) 음식에 들어간 공(功)을 생각하고 자기의 덕행이 공양을 받을 만한지 생각하라. 탐욕을 버리고 식사를 약으로 알아 몸의 여윔을 방지하라. 깨달음을 이루기 위해 이 음식을 받는다.

① (가) : 음식의 탐닉을 위해 음식이 생겨난 과정을 알아야 한다.

② (가) : 몸의 건강과 마음의 다스림을 위해서는 금식이 필수적이다.

③ (나) : 음식이 지닌 윤리적 가치보다 영양적 가치를 중시해야 한다.

④ (나) : 음식을 먹는 태도가 아니라 음식에 들어간 노력이 중요하다.

⑤ (가)와 (나) : 음식을 먹는 행위는 수양을 통해 조절되어야 한다.

310

정답률 83% 2022학년도 수능 ⓔ 연계

다음을 주장한 사상가의 입장으로 적절하지 <u>않은</u> 것은?

집은 인간이 사는 체험 공간의 구체적인 중심이며, 이런 중심을 창조해야 하는 과제는 거주함으로써 실현된다. 거주한다는 것은 특정한 자리에 속하여 뿌리를 내리고 그곳을 집으로 삼는다는 뜻이다. 특히 거주는 분리된 안전하고 편안한 영역, 즉 인간이 위협적인 외부 세계로부터 도피할 수 있는 집이라는 개인 공간을 갖고 있음을 뜻한다. 인간의 참다운 삶을 위한 거주는 인간이 자신의 존재를 쏟아부어 온전히 노력해야만 얻을 수 있고 실현할 수 있다.

① 인간은 인간다운 삶을 살기 위해 편안함의 영역을 필요로 한다.

② 거주는 주어지는 것이 아니라 각별한 노력을 통해 이루어진다.

③ 집은 인간이 거주하는 공간이며 개인이 활동하는 세계의 중심이다.

④ 거주 공간의 소유는 참다운 인간의 삶을 위한 필요충분조건이다.

⑤ 인간은 거주를 통해 외부의 위협에서 벗어나 안정을 얻을 수 있다.

311

난이도 상 중 하

갑의 입장에서 〈문제 상황〉의 P 씨에게 제시할 조언으로 가장 적절한 것은?

> 갑 : 만약 한 존재가 고통이나 행복이나 즐거움을 겪을 수 없다면, 고려해야 할 것은 아무것도 없다. 이러한 것이 타자의 이익을 고려할 때 '쾌고 감수 능력'이라는 기준이 유일하게 옹호되는 이유이다. 쾌고 감수 능력이야말로 이익 관심(interests)을 갖는 전제 조건이 된다. 그것이야말로 누군가 이익 관심을 갖고 있다고 말해질 수 있기 위해서 만족되어야 할 조건이다.
>
> 〈문제 상황〉
> P 씨는 밍크코트를 만드는 과정에 수많은 동물들이 고통스럽게 죽어간다는 것을 알고 있다. 그런데 백화점에서 밍크코트를 대폭 세일한다는 말을 듣고 이를 살까말까 고민하고 있다.

① 사회적 위화감을 조성하므로 구입하지 말아야 한다.
② 과도한 비용을 부담해야 하므로 구입하지 말아야 한다.
③ 개성을 돋보이게 할 수 있으므로 자유 의사에 맡겨야 한다.
④ 동물들의 고통스러운 죽음으로 만든 것이므로 구입하지 말아야 한다.
⑤ 동종(同種) 의류의 평균가보다 어느 정도 저렴한지를 보고 판단해야 한다.

312

난이도 상 중 하

㉠에 들어갈 진술로 옳은 것만을 〈보기〉에서 있는 대로 고른 것은?

> 주거 문화가 건강하고 정의로운 모습을 지니기 위해서는 어떤 노력이 필요할까? 이 문제는 도시 공간을 어떻게 규정하는가와 밀접한 관련을 맺고 있다. 주거 문화를 포함한 도시 공간의 문제는 무엇보다 공간에 대한 편리성과 효율성만을 강조하는 기능주의적 태도와 집의 경제적 가치에 몰두하는 태도, 그 공간에서 살아온 사람들의 역사와 전통으로부터의 단절 등에 원인이 있다. 이러한 도시 공간의 문제를 해결하기 위해서는 ㉠ 이다.

〈보기〉
ㄱ. 주차 시설과 편의 시설을 확충해야 한다.
ㄴ. 생태학적으로 건강한 공간을 만들어야 한다.
ㄷ. 거주 지역을 역사성을 지닌 공동체로 가꾸어야 한다.
ㄹ. 단독 주택을 대규모 단지의 아파트로 교체해야 한다.

① ㄱ, ㄴ
② ㄱ, ㄹ
③ ㄴ, ㄷ
④ ㄱ, ㄷ, ㄹ
⑤ ㄴ, ㄷ, ㄹ

313

난이도 상 중 하

갑의 관점에 해당하는 것에만 모두 '✓'를 표시한 학생은?

> 갑 : 먹을거리의 선택은 개인의 건강 문제는 물론이고 사회적 차원, 더 나아가 지구 생태계 차원과도 깊은 관련이 있다. 한마디로 '잘 먹는다는 것'은 인간의 건강과 생태학적 건강을 동시에 고려하며, 지속 가능한 식사에 관하여 관심을 둔다는 것이다.

관점＼학생	갑	을	병	정	무
푸드 마일리지를 따져 가며 식품을 골라야 한다.	✓			✓	✓
생산자가 유통 구조에서 제값을 받은 음식을 구입해야 한다.		✓	✓	✓	
맛과 가격과 편리함을 기준으로 먹을거리를 선택해야 한다.	✓	✓			✓
동물이 고통스럽게 희생된 제품이라면 구입하지 말아야 한다.			✓	✓	✓

① 갑
② 을
③ 병
④ 정
⑤ 무

314 Challenge 30% 고난도

난이도 상 중 하

(가)의 입장을 (나) 그림으로 탐구할 때, A, B에 들어갈 옳은 질문을 〈보기〉에서 고른 것은?

(가)	물건은 살기 위해 필요한 만큼이면 족하다. 명품보다는 명품 인간이 되기 위해 노력하라. 명품 인간은 입고 먹고 쓰는 물건 모두를 명품으로 만든다. 게걸스러운 탐욕은 죄악이다. 사 모으기 위해서가 아니라 내가 가진 물건을 즐길 수 있어야 미덕이다.

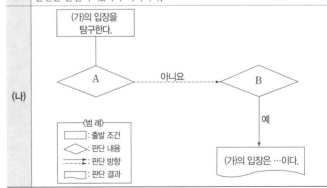

(나)

〈보기〉
ㄱ. A : 명품은 사회 계층 간 위화감을 조성하는가?
ㄴ. A : 명품은 개인의 품위를 효과적으로 표현해줄 수 있는가?
ㄷ. B : 개인이 명품을 선택하는 것은 개인의 자유인가?
ㄹ. B : 명품 소비는 자기를 과시하려는 그릇된 욕망의 표현인가?

① ㄱ, ㄴ
② ㄱ, ㄹ
③ ㄴ, ㄷ
④ ㄴ, ㄹ
⑤ ㄷ, ㄹ

윤리적 소비

수능 출제 패턴 분석 윤리적 소비, 공정 무역, 환경적으로 건전하고 지속 가능한 소비

유형보기

1. 과소비의 원인

과시적 소비가 나타나는 것은 사람들이 상품 그 자체가 아니라 상품이 지시하는 어떤 이미지를 돈으로 사고자 하기 때문이다. 프랑스의 철학자 보드리야르는 소비 사회에서 사람들이 단순히 상품을 소비하는 것이 아니라 상품의 기호를 소비하게 되었다고 말한다. 기호란 자기 아닌 다른 것을 가리키는 것을 말하며, 따라서 명품은 가방이나 시계, 자동차 자체가 아니라 고가품을 구매할 수 있는 경제적 차별성과 세련된 취향을 지시한다.

자료 분석

보드리야르는 현대 사회를 소비 사회라고 규정한다. 보드리야르는 소비자가 제품 그 자체의 실용성이나 필요성보다 제품이 상징하는 신화적인 요소와 환상에 이끌리거나 치중하여 소비를 한다고 보았다.

2. 공정 무역

공정 무역이라는 용어는 브라운(Brown, M. B.)이 1985년 2월 런던에서 개최된 무역 기술 회의에서 처음으로 사용하였다. 공정 무역은 대화와 투명성, 상호 존중에 입각한 무역 협력으로의 국제 무역이 보다 공정하게 이루어지도록 힘쓴다. 이는 특히 제3세계의 소외된 생산자에게 보다 좋은 무역 조건을 제공하고, 그들의 권리를 보장해 줌으로써 지속 가능한 발전에 기여한다.

자료 분석

공정 무역 운동은 경제적으로 불리한 생산자들에게 기회를 부여하고, 생산자들의 역량을 강화하며, 안전하고 건강한 노동 환경을 제공하는 등 개발 도상국 사람들의 삶에 긍정적인 영향을 줄 수 있다.

3. 윤리적 소비

윤리적 소비란 윤리적으로 만들어진 재화와 서비스를 구매하는 것이다. 이는 인간, 동물, 환경을 착취하거나 적어도 해를 끼치지 않는 것을 의미한다. 즉 윤리적 소비는 생산에서 유통, 소비와 사용 이후의 처리와 재생에 이르기까지 사회에 미치는 영향을 고려하고, 이에 대해 배려의 마음을 갖는 것에서부터 시작된다. 그리고 인간과 동물, 환경을 착취하고 해를 끼치는 '비윤리적' 상품에 대해 돈을 지불하는 것을 거부하고, '윤리적' 상품에 지갑을 연다. 또한 윤리적 소비는 물건을 살 때마다 투표를 하는 것과 비슷하다.

자료 분석

윤리적 소비는 인간, 동물, 환경에 해를 끼치는 상품을 사지 않고, 공정한 무역을 통해 만들어진 상품을 구입하는 것을 의미한다.

대표기출로 유형 감잡기

정답 및 해설 • p.048

315

정답률 91% | 2023학년도 수능 | ⓔ 연계

다음 가상 대담의 사상가가 지지할 입장으로 가장 적절한 것은?

1 개인은 자신의 이익을 효율적으로 추구하는 합리적 선택에 따라 소비한다고 합니다. 이러한 입장에 대해 어떻게 생각하시나요?

2 그 입장으로 현대 사회의 소비를 설명하는 것은 소박하고 무력한 생각입니다. 예컨대 세탁기는 도구로써 쓰이지만 사회적 위세를 표현하는 역할도 합니다. 바로 이 후자의 영역이 현대 사회의 소비 영역입니다.

3 현대인은 사회적 지위 및 명성에 있어서의 차이를 드러내고자 사물 및 재화 그 자체가 아니라 기호(記號)를 소비한다는 말씀이신가요?

4 네, 그렇습니다. 그런데 역설적이게도 대(大)부르주아는 과시 소비를 거부하고 눈에 띄지 않는 검소함, 겸손함으로 차이를 드러내기도 합니다.

① 현대 사회의 소비자는 경제적 합리성을 최우선으로 고려하여 소비한다.

② 현대인은 타인과의 차이를 드러내려는 욕구를 충족하기 위해 소비한다.

③ 현대 사회에서 경제적 상위 계층만이 사회적 위세를 표현하고자 한다.

④ 현대인은 사물의 기능을 중시하는 소비를 통해 만족을 얻고자 한다.

⑤ 현대인은 사회적 시선을 의식하지 않고 자신의 선호에 따라 소비한다.

316

정답률 88% | 2020학년도 6월 평가원

갑, 을의 입장에서 〈문제 상황〉 속 A에게 제시할 조언으로 적절하지 <u>않은</u> 것은?

> 갑 : 자신의 욕구를 정확하게 파악하고 상품 정보를 충분히 알아본 뒤 계획을 세워 주어진 예산의 범위 안에서 자신에게 가장 효용이 큰 제품을 선택하여 소비해야 한다.
>
> 을 : 자신의 소비 생활이 개인에게 미치는 영향만이 아니라 사회, 자연 등에 미치는 영향을 고려하여 윤리적인 가치 판단에 따라 올바른 선택을 하는 소비를 해야 한다.

> 〈문제 상황〉
> A는 아보카도가 슈퍼 푸드라는 이야기를 듣고 관심을 가지게 되었다. 그런데 아보카도의 생산 및 유통 과정은 많은 이산화탄소를 발생시켜 지구 온난화의 원인이 된다. 또한 재배에 많은 물이 소모되어 동식물은 물론 지역 주민의 삶에 피해를 준다. A는 그 사실을 알고 아보카도를 구매해야 할지 고민하고 있다.

① 갑 : 자신의 처지에 맞는 가장 효율적인 소비인지를 고려하세요.

② 갑 : 충동적 소비나 과시적 소비가 되지 않는지를 고려하세요.

③ 을 : 생산 지역의 주민의 삶에 해악을 주지 않도록 결정하세요.

④ 을 : 인간을 포함한 생태계에 악영향을 주지 않도록 결정하세요.

⑤ 갑, 을 : 다른 가치보다 경제적 효용을 먼저 고려하여 결정하세요.

317

난이도 상 **중** 하

그림은 어느 학생의 필기 내용이다. ㉠~㉤ 중 옳지 않은 것은?

주제 : 과소비의 원인과 문제점
1. 과소비의 원인
   (1) 타인과의 구별 : 대량 생산 체제가 만들어 내는 평준화와 획일성에
       서 벗어나고자 함 ·····································㉠
   (2) 대중 매체의 무비판적 수용 : 광고와 유행은 소비를 유발하기 위해
       상품의 이미지 부각에 주력함 ···························㉡
   (3) 과시성 소비 : 상위 계층은 부와 지위를 과시하며, 하위 계층은 모
       방 소비를 하고자 함 ·································㉢
2. 과소비의 문제점
   (1) 계층 간의 위화감 조성, 근로 의욕 강화 ·················㉣
   (2) 과도한 상품 생산과 소비로 자원 고갈과 환경 오염을 유발시킴 ·㉤

① ㉠   ② ㉡   ③ ㉢   ④ ㉣   ⑤ ㉤

318

난이도 상 **중** 하

㉠에 들어갈 옳은 내용만을 〈보기〉에서 있는 대로 고른 것은?

매일 쏟아져 나오는 최신형 휴대 전화, 컴퓨터 등이 증가하면서 전자 쓰레기도 급격히 늘고 있다. 세계적으로 한 해 발생하는 전자 쓰레기의 양은 무려 5천만 톤, 그중 단 10%만 재활용되고 나머지 90%는 중국과 인도 등 아시아에 버려지고 있다. 유입된 전자 쓰레기는 되팔 수 있는 부품과 구리나 금속을 떼어 내고, 남은 플라스틱과 전선 피복 등은 아무렇게나 매립되거나 소각되고 있다. 그 과정에서 지역 주민들은 중금속 중독에 시달리고, 유독 물질이 포함된 연기는 대기 순환 경로를 통해 전 세계로 이동한다. 비와 눈으로 지상에 내려온 유독 물질은 식물과 동물의 내부로 유입된다. 이런 현상이 지속된다면 [㉠]이/가 심화될 것이다.

〈보기〉
ㄱ. 대량 생산 체제의 몰락
ㄴ. 생태주의적 생산 및 소비 활동
ㄷ. 선후진국 간의 부의 불균형 문제
ㄹ. 개발 도상국 주민에 대한 인권 침해 현상

① ㄱ, ㄴ   ② ㄱ, ㄹ   ③ ㄷ, ㄹ
④ ㄱ, ㄴ, ㄷ   ⑤ ㄴ, ㄷ, ㄹ

319

난이도 상 **중** 하

㉠에 들어갈 옳은 내용만을 〈보기〉에서 있는 대로 고른 것은?

세계 여러 국가는 녹색 소비를 돕기 위해 각종 환경 관련 마크를 만들어 상품에 관한 정보를 소비자에게 제공하고 있다. 이를 통하여 기업도 친환경 제품을 개발하고 있음을 공개적으로 인정받는다. 이와 같이 녹색 소비는 [㉠]

〈보기〉
ㄱ. 지속 가능한 발전을 가능하게 한다.
ㄴ. 상품의 이미지를 중시하는 소비 형태이다.
ㄷ. 경제적 관점에서 효율적인 구매를 촉진한다.
ㄹ. 최저가의 상품이 반드시 좋은 것은 아니라는 점을 일깨워준다.

① ㄱ, ㄴ   ② ㄱ, ㄹ   ③ ㄴ, ㄷ
④ ㄱ, ㄷ, ㄹ   ⑤ ㄴ, ㄷ, ㄹ

320   Challenge 30% 고난도

난이도 상 **중** 하

㉠에 들어갈 진술로 옳은 것만을 〈보기〉에서 있는 대로 고른 것은?

우리는 제품을 구입할 때, 생산과 유통, 소비와 사용 이후의 처리와 재생에 이르기까지 사회에 미치는 영향을 고려하는 것에서부터 시작해야 한다. 이를 바탕으로 우리는 윤리적으로 만들어진 재화와 서비스를 구입해야 한다. 그런데 어떤 사람들은 "물건을 구매할 때에는 가격 대비 가장 높은 이익을 산출할 수 있는 제품을 구매해야 한다."라고 주장한다. 나는 이 사람들의 주장이 [㉠]고 생각한다.

〈보기〉
ㄱ. 환경적으로 건전하고 지속 가능한 생산과 소비를 간과하고 있다
ㄴ. 우리의 소비가 정의로운 사회를 구축하는 데 기여할 수 있다는 점을 간과하고 있다
ㄷ. 비슷한 제품을 보다 낮은 가격에 구매하는 것이 합리적이라는 것을 간과하고 있다
ㄹ. 상품에 대한 정보를 바탕으로 가장 효용성이 높은 제품을 구입해야 한다는 점을 간과하고 있다

① ㄱ, ㄴ   ② ㄱ, ㄹ   ③ ㄴ, ㄷ
④ ㄱ, ㄷ, ㄹ   ⑤ ㄴ, ㄷ, ㄹ

수능 출제 패턴 분석 문화의 다양성, 문화 상대주의, 보편 윤리, 윤리 상대주의의 문제점

유형보기

1. 문화 상대주의

옳은 방법이란 우리 선조가 사용했고, 지금은 우리에게 전승된 방법이다. 전통은 그러한 방법에 대한 일종의 보증서와 같기 때문에 경험에 의해 증명해야 할 필요는 없다. 옳음에 대한 관념은 관습적인 것이라서 관습을 벗어나서는 존재하지 않으며 독립적인 기원이 있는 것도 아니고 진위를 판단받지도 않는다. 관습적인 것은 그것이 무엇이든지 간에 옳다. 왜냐하면 관습적이라는 것은 전통적인 것이며 따라서 그 자체에 조상으로부터 내려온 권위가 포함되어 있기 때문이다.

– 섬너, "인간의 관습" –

자료 분석

문화 상대주의는 각각의 문화를 그 문화의 환경과 전통 속에서 이해하고, 각 문화의 고유성과 상대적 가치를 존중해야 한다고 본다.

2. 윤리 상대주의

윤리 상대주의가 갖는 한 가지 심각한 문제는 그것이 중요한 가치에 대한 태도를 훼손한다는 데 있다. 만일 윤리 상대주의가 참이라면, 우리는 극악무도한 원리라고 여기는 것을 신봉하는 어떤 사람을 정당하게 비판할 수 없게 된다. 히틀러의 대량 살상 행위가 문화적으로 수용되는 한, 그것은 테레사 수녀의 자선 행위만큼이나 도덕적으로 정당하다. 상대주의가 받아들여진다면, 인종 차별주의, 평판이 나쁜 소수에 대한 학살, 빈민 억압, 노예 제도 그리고 전쟁 그 자체를 옹호하는 것까지도 그것에 반대하는 것만큼이나 똑같이 도덕적이다.

– 포이만 · 피저, "윤리학" –

자료 분석

윤리 상대주의는 도덕적 옳음과 그름의 기준이 사회에 따라 다양하여 보편적 도덕 기준은 존재하지 않는다는 관점이다. 그러나 윤리 상대주의는 문화에 대한 비판적 성찰을 불가능하게 하는 문제점을 지니고 있다.

3. 세계 문화 다양성 선언

• 제1조 문화 다양성 : 문화 다양성은 교류 · 혁신 · 창조성의 근원으로서 인류에게 필요한 것이다. 문화 다양성은 인류의 공동 유산이며 현세대와 미래 세대를 위한 혜택으로 인식하고 보장해야 한다.
• 제2조 문화 다양성에서 문화 다원주의로 : 우리 사회에서는 공존에 대한 의지와 더불어 다원적이고 역동적인 문화 정체성을 지닌 사람들과 집단 사이의 조화로운 상호 작용을 보장해야 한다.
• 제4조 문화 다양성을 위한 조건으로서의 인권 : 문화 다양성을 지키는 것은 윤리적 의무이며, 인간 존엄성을 존중하는 것과 밀접한 관련을 갖는다.

자료 분석

세계 문화 다양성 선언은 문화의 고유성과 다양성을 보호하고 증진하기 위해 2001년 11월 채택되었다. 유네스코는 이 선언문을 통해 문화 다양성을 지키려는 노력을 신성한 윤리적 의무로 인식해야 함을 천명하였다.

대표기출로 유형 감잡기

정답 및 해설 • p.048

321

정답률 80% | 2023학년도 6월 평가원

다음을 주장한 사상가의 관점에서 볼 때 문화에 대해 취할 입장으로 적절한 것만을 〈보기〉에서 고른 것은?

• 이상적인 사회가 당장 가능할 것이라는 가정은 합리적이지 않다. 사회적 문제들을 점진적으로 개선하면서 더 좋은 사회로 나아가려는 태도가 중요하다.
• 인간 이성의 한계는 관용을 요청한다. 하지만 우리가 관용적이지 않은 사람들에게까지 무제한의 관용을 베푼다면, 관용적인 사람들은 파멸할 것이고 관용도 소멸할 것이다.

〈보기〉
ㄱ. 모든 문화는 고유성을 지니기에 용인되어야 한다.
ㄴ. 자기 문화를 비판하는 것에 대해 열린 태도가 필요하다.
ㄷ. 불관용적인 문화에 대해서는 관용하지 않을 권리가 있다.
ㄹ. 어떤 문화가 바람직한지 여부를 판단하는 기준은 존재하지 않는다.

① ㄱ, ㄴ ② ㄱ, ㄷ ③ ㄴ, ㄷ
④ ㄴ, ㄹ ⑤ ㄷ, ㄹ

322

정답률 95% | 2019학년도 수능 ⓔ 연계

다음 신문 칼럼의 입장으로 가장 적절한 것은?

○○ 신문 ○○○○년 ○○월 ○○일

칼럼

공용어와 공통의 문화를 강조할 경우 오히려 국가 내 집단을 다수와 소수로 갈라놓아 소수 집단이 다수에 압도당하게 된다. 통합을 위해서는 첫째, 우리 사회의 다수가 오랫동안 공유해 온 관행과 규범을 고수하지 않으려는 태도가 필요하다. 둘째, 이주민에게 기본적 시민권은 보장하되 관습과 신앙 및 삶의 양식의 통일까지 요구해서는 안 된다. 그들의 집단적 문화를 표현할 여지를 확보해 줘야 하는 것이다. 통합은 몇 세대에 걸쳐 진행된다는 것을 유념해야 한다. 국가적 유대감을 증진시키는 통합의 실행 가능한 방법은 이주민의 정체성을 국가 전체의 정체성에 종속시키는 것이 아니라 수용하는 것이다.
…(후략)….

① 통합 과정에서 우리 사회의 전통적 관행이 변하지 않도록 해야 한다.
② 공용어 사용을 의무화해야 국가적 유대감이 증진됨을 유념해야 한다.
③ 이주민의 고유한 문화적 특수성을 유지할 기회를 보장해야 한다.
④ 동화가 신속하게 추진되어야 통합 실행이 가능함을 유념해야 한다.
⑤ 이주민의 삶의 양식 변화가 그들의 시민권 보장보다 선행되어야 한다.

323

난이도 상 중 **하**

다음 주장이 가져올 문제점만을 〈보기〉에서 있는 대로 고른 것은?

> 문화는 다양하며 상대적인 가치를 지니고 있다. 그런데 윤리도 문화에 포함되므로 윤리 또한 상대적이다. 즉, 행위의 도덕적 옳음과 그름이 사회에 따라 다양하며, 보편적인 도덕적 기준은 존재하지 않는다.

〈보기〉
ㄱ. 자문화 중심주의적 사고방식을 보편화한다.
ㄴ. 보편 윤리를 위배하는 문화도 인정해야 한다.
ㄷ. 타 문화에 대한 편견이나 선입견을 강화시킨다.
ㄹ. 자문화와 타 문화를 비판적으로 성찰할 수 없다.

① ㄱ, ㄴ ② ㄱ, ㄷ ③ ㄴ, ㄹ
④ ㄱ, ㄷ, ㄹ ⑤ ㄴ, ㄷ, ㄹ

324 Challenge 30% 고난도

난이도 상 **중** 하

(가)의 입장을 (나) 그림으로 탐구하고자 할 때, A, B에 들어갈 옳은 질문만을 〈보기〉에서 있는 대로 고른 것은?

(가)	문화 다양성을 지키는 것은 우리의 의무이며, 인간 존엄성을 존중하는 것과 밀접한 관련을 맺는다. 인권과 기본적인 자유의 실천은, 특히 소수 민족과 원주민의 권리를 포함한다. 누구도 국제법으로 보장되는 인권을 침해하거나 제한하는 데 문화 다양성을 이용해서는 안 된다.
(나)	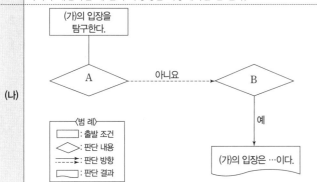

〈보기〉
ㄱ. A : 소수 민족의 정체성을 무시하는 것은 잘못인가?
ㄴ. A : 자신의 민족적 관점에서 다른 민족을 평가해야 하는가?
ㄷ. B : 문화 다양성을 인류의 공동 유산으로 간주해야 하는가?
ㄹ. B : 현재와 미래 구성원들이 평화롭게 공존할 수 있도록 노력해야 하는가?

① ㄱ, ㄴ ② ㄱ, ㄷ ③ ㄴ, ㄹ
④ ㄱ, ㄷ, ㄹ ⑤ ㄴ, ㄷ, ㄹ

325 Challenge 30% 신유형

난이도 상 중 하

(가)의 입장을 지닌 사람이 (나)의 상황에 대해 내릴 판단으로 가장 적절한 것은?

(가)	문화가 상대적인 것과 윤리가 상대적인 것은 별개의 문제이다. 문화는 사실에 관한 문제이고, 윤리는 당위에 관한 것이기 때문에 분리해서 생각해야 한다. 문화의 다양성을 존중한다고 해서 윤리의 다양성까지 인정해서는 안 된다.
(나)	요르단, 이집트, 예멘 등 이슬람권에서는 순결이나 정조를 잃은 여성 또는 간통한 여성들을 집안의 명예를 더럽혔다는 이유로 죽이는 관습이 있다. 명예 살인이라고 불리는 이 관습은 간통이나 정조 상실 등의 이유로 인해 집안의 명예를 더럽혔다는 이유로 남편 등 가족 가운데 누군가가 해당 여성을 살해하는 것을 말한다. 살해한 가족은 붙잡혀도 가벼운 처벌만 받기 때문에 이슬람 국가들에서는 공공연하게 자행된다.

① 자신의 문화적 관점에서 판단해야 한다.
② 전통적으로 전승된 관습이므로 받아들여야 한다.
③ 당사자 간의 합의에 따라 행동하도록 해야 한다.
④ 인류의 보편적 가치에 부합되는지 살펴보아야 한다.
⑤ 해당 국가의 대다수 사람들의 관점에서 판단해야 한다.

326

난이도 상 **중** 하

갑, 을의 입장을 〈보기〉에서 골라 바르게 짝지은 것은?

> 갑 : 각각의 문화가 지닌 고유성과 가치를 이해하고 존중하는 태도를 지녀야 한다.
> 을 : 행위의 도덕적 옳음과 그름이 사회에 따라 다양하며, 보편적인 도덕 기준은 없다.

〈보기〉

		자문화 중심주의적인 사고방식에서 벗어나야 하는가?	
		예	아니요
보편 윤리의 관점에서 문화를 비판적으로 성찰해야 하는가?	예	A	B
	아니요	C	D

	갑	을		갑	을
①	A	C	②	D	A
③	B	A	④	C	B
⑤	C	D			

다문화 이론

유형보기

1. 용광로 이론

19세기 말 미국에 이민자가 급증하면서 생겨난 것으로 철광석과 같은 이민자들이 거대한 용광로인 미국 사회에 융해되어 새로운 인종으로 바뀐다는 개념이다. 결국 동화주의를 지지하는 사람들의 입장은 다양한 문화를 한 국가나 사회에 구현하기보다 하나의 동질한 문화에 융합하여 사회를 통합하려는 노력이 필요하다는 입장이다.

자료 분석

용광로 이론은 여러 종류의 쇠를 용광로에 녹여 새로운 것을 만들어 내듯이 다양한 문화들이 섞여 새로운 문화를 형성한다는 의미를 담고 있다. 용광로 이론은 각 문화의 고유성과 다양성을 인정하지 않는다는 한계를 지니고 있다.

2. 다문화주의

샐러드 볼 이론 또는 모자이크 이론이라고 불리는 다원주의적 접근은 문화와 정체성의 다양성을 어느 정도 받아들인다. 이민으로 생겨난 소수 민족 집단이나 소수 국민 집단, 또 때로는 원주민 소수 집단의 문화적 정체성과 특수성이 공적인 차원에서 인정되는 것이다.

자료 분석

(1) 샐러드 볼 이론과 모자이크 이론으로 상징되는 다문화주의는 다양한 문화의 공존과 조화를 추구한다.
(2) 다문화주의는 소수자의 문화를 존중하고 문화 간의 갈등을 최소화하는 데 기여하지만, 사회적 연대감이나 결속력이 부족하여 사회적 통합을 이루기 어렵다는 단점을 지니고 있다.

3. 타 문화에 대한 다양한 입장

(가) 이주민은 자신들의 문화를 포기하고 기존의 지배적 가치관과 문화를 수용하여 이에 적응해야 한다.
(나) 문화 집단이 각자의 정체성을 유지하면서 대등한 입장으로 공존하는 사회를 이룩해야 한다.
(다) 다문화 사회로의 이행에 따른 혼란을 막기 위해 주류 문화와 비주류 문화의 공존을 지향해야 한다.

자료 분석

(1) (가)의 동화주의는 소수의 비주류 문화를 주류 문화에 편입하여 사회 통합을 이루어야 한다고 본다.
(2) (나)의 샐러드 그릇 모델은 소수 문화를 인정하고 존중할 것을 강조한다.
(3) (다)의 국수 대접 모델은 주류 문화와 비주류 문화의 구분을 인정한다.

대표기출로 유형 감잡기
정답 및 해설 · p.049

327
정답률 82% | 2021학년도 10월 평가원

갑, 을, 병 중에서 한 사람만이 긍정의 대답을 할 질문만을 〈보기〉에서 있는 대로 고른 것은?

> 갑 : 이주민은 자신의 문화 정체성을 포기하고, 이주해 온 국가의 구성원이 되어 주류 사회의 일원으로 편입되어야 한다.
> 을 : 다른 재료들이 섞여 각자 고유의 맛을 지키면서 하나의 샐러드가 되듯이 다양한 문화가 대등하게 조화되어야 한다.
> 병 : 국수가 주된 내용물이지만 고명이 첨가됨으로써 국수 맛이 풍성해지듯이 주류 문화와 비주류 문화가 공존해야 한다.

〈보기〉
ㄱ. 다양한 문화들은 사회 내에서 평등하게 공존해야 하는가?
ㄴ. 이주민들의 서로 다른 문화적 정체성을 인정해야 하는가?
ㄷ. 사회 통합은 문화 단일성을 전제로 이루어 나가야 하는가?
ㄹ. 한 사회에는 구심점이 되는 주류 문화가 존재해야 하는가?

① ㄱ, ㄴ　　　② ㄱ, ㄷ　　　③ ㄴ, ㄹ
④ ㄱ, ㄷ, ㄹ　　　⑤ ㄴ, ㄷ, ㄹ

328
정답률 89% | 2021학년도 9월 평가원

갑, 을의 입장으로 적절한 것만을 〈보기〉에서 있는 대로 고른 것은?

> 각기 다른 재료들이 섞여 각자 고유의 맛을 지키면서 하나의 샐러드가 되듯이, 한 국가나 사회 안에서 다양한 문화를 인정하여 각자 자신들의 생활 방식을 독자적으로 추구하며 조화를 이룰 수 있습니다.

> 국수가 주된 내용물이지만 다양한 고명들이 첨가됨으로써 맛이 풍부해지듯이, 한 국가나 사회 안에서 다양한 이질적인 문화를 허용함으로써 문화적 역동성을 증진할 수 있습니다.

 갑　　 을

〈보기〉
ㄱ. 갑 : 다양한 문화가 서로 대등하게 조화를 이루어야 한다.
ㄴ. 을 : 각 문화가 정체성을 유지하면서 조화를 이루어야 한다.
ㄷ. 갑, 을 : 주류 문화를 중심으로 문화 간 공존을 추구해야 한다.
ㄹ. 갑, 을 : 서로 다른 문화에 대해 관용의 자세를 견지해야 한다.

① ㄱ, ㄴ　　　② ㄱ, ㄷ　　　③ ㄷ, ㄹ
④ ㄱ, ㄴ, ㄹ　　　⑤ ㄴ, ㄷ, ㄹ

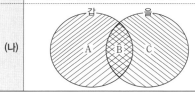

329 Challenge 30% 신유형   난이도 상 중 하

(가)의 갑, 을의 입장을 (나) 그림으로 나타내고자 할 때, A~C에 들어갈 옳은 진술만을 〈보기〉에서 있는 대로 고른 것은?

(가)	갑 : 이민자들은 거주국의 기존 문화와 종교 · 사회적 질서와 가치, 언어 등을 받아들여야 한다. 다양한 문화를 한 국가나 사회에 구현하기보다 하나의 동질한 문화에 융합하여 사회를 통합하려는 노력이 필요하다. 을 : 이민으로 생겨난 소수 민족 집단이나 소수 국민 집단, 또 때로는 원주민 소수 집단들의 문화적 정체성과 특수성을 공적인 차원에서 인정해야 한다. 개인과 집단은 자유롭게 결사하여 법을 존중하면서 자신들의 문화와 정체성을 보존할 수 있다.
(나)	(벤 다이어그램: 갑, 을 두 원이 겹침. A: 갑만의 입장, B: 갑, 을의 공통 입장, C: 을만의 입장) 〈범 례〉 A : 갑만의 입장 B : 갑, 을의 공통 입장 C : 을만의 입장

〈보기〉
ㄱ. A : 이민자들을 기존 문화에 흡수해야 한다.
ㄴ. B : 소수 민족의 문화와 인권을 존중해야 한다.
ㄷ. B : 모든 문화를 녹여 새로운 문화를 만들어야 한다.
ㄹ. C : 이민자들의 다양한 문화를 인정해야 한다.

① ㄱ, ㄴ   ② ㄱ, ㄹ   ③ ㄴ, ㄷ
④ ㄱ, ㄷ, ㄹ   ⑤ ㄴ, ㄷ, ㄹ

330   난이도 상 중 하

다음 글에서 추론할 수 있는 내용으로 옳은 것은?

관용의 역설이란 관용을 무제한적으로 허용한 결과 관용 자체를 부정하는 사상이나 태도까지 인정하게 되어 결국 인권을 침해하고 사회 질서가 무너지는 것을 말한다. 예를 들어 관용을 장려한 독일 바이마르 공화국은 역설적으로 나치 정권의 탄생을 도운 결과를 초래했다. …(중략)… 관용에는 제한이 있어야 한다. 프랑스의 경우 관용의 정신이 흐르는 열린 사회를 지향하지만, 제2차 세계 대전 당시 나치에 협력한 사람들에 대해서는 불관용의 원칙 아래 모두 처벌하였다.

① 관용을 허용하면 사회가 혼란스러워질 수 있다.
② 모든 사안들을 각 국가의 상황을 고려해서 판단해야 한다.
③ 당사자가 관용의 가치를 깨달을 때까지 관용을 베풀어야 한다.
④ 인간의 존엄성을 지키기 위해 관용을 무조건적으로 허용해야 한다.
⑤ 관용은 인류의 보편적인 가치를 훼손하지 않는 범위 내에서 이루어져야 한다.

331   난이도 상 중 하

㉠에 들어갈 진술로 옳은 것만을 〈보기〉에서 있는 대로 고른 것은?

다문화 사회에서 발생하는 갈등 문제를 해결하기 위해서는 샐러드 그릇 모델을 따라야 한다. 다양성은 사회 발전의 토대가 되며, 다양성을 제대로 살리기 위해서는 각 문화의 고유한 정체성을 유지하면서 공존하는 방향으로 나아가야 하기 때문이다. 그런데 어떤 사람들은 "여러 종류의 쇠를 용광로에 녹여 새로운 것을 만들어 내듯, 다양한 문화들이 주류 문화에 섞여 서로 영향을 주고받으면서 통합되어야 한다."고 주장한다. 나는 이 사람들의 주장이 ㉠ 고 생각한다.

〈보기〉
ㄱ. 소수자의 문화를 존중해야 한다는 점을 간과하고 있다
ㄴ. 소수의 주류 문화를 비주류 문화에 통합시킬 것을 강조하고 있다
ㄷ. 이민자들이 그들 고유의 문화를 포기해서는 안 된다는 점을 강조하고 있다
ㄹ. 각 문화의 고유성과 다양성을 존중하지 못하는 문제점이 있음을 간과하고 있다

① ㄱ, ㄴ   ② ㄱ, ㄹ   ③ ㄴ, ㄷ
④ ㄱ, ㄷ, ㄹ   ⑤ ㄴ, ㄷ, ㄹ

332 Challenge 30% 신유형   난이도 상 중 하

(가)의 갑, 을의 입장을 (나) 그림과 같이 탐구할 때, A~C에 들어갈 적절한 질문만을 〈보기〉에서 있는 대로 고른 것은?

(가)	갑 : 다양한 문화를 평등하게 인정해야 한다. 이를 바탕으로 다양한 구성원이 상호 공존하고 서로 조화하여 또 다른 통합성을 이루어 낼 수 있다. 을 : 소수 문화를 주류 문화로 편입하여 통합해야 한다. 이를 바탕으로 다양한 문화들이 섞여 서로 영향을 주고받으면서 새로운 문화를 형성할 수 있다.
(나)	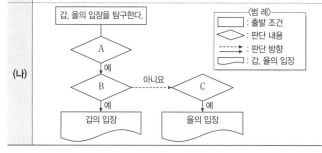

〈보기〉
ㄱ. A : 각 문화의 고유성과 다양성을 존중해야 하는가?
ㄴ. B : 정책의 목표를 '동화'가 아닌 '공존'에 두어야 하는가?
ㄷ. C : 특정 지역이나 직업에서만 이민자를 받아들여야 하는가?
ㄹ. C : 이민자가 출신국의 언어, 문화, 사회적 특성을 포기해야 하는가?

① ㄱ, ㄴ   ② ㄱ, ㄷ   ③ ㄴ, ㄹ
④ ㄱ, ㄷ, ㄹ   ⑤ ㄴ, ㄷ, ㄹ

유형보기

1. 전통 종교 사상 교육청

(가) 모든 괴로움을 일으키는 탐욕은 마음에서 비롯된다. 이런 탐욕에서 벗어나 괴로움이 소멸된 절대 평화의 경지, 즉 열반의 경지에 도달해야 한다.

(나) 접신(接神)할 수 있는 사람[巫]의 도움을 받아서 신령과 소통하고, 천지 만물에 흐르는 기운과 하나가 됨으로써 소원을 성취하고 행복해질 수 있다.

[자료 분석]

(1) (가)는 불교 사상, (나)는 무속 사상이다.

(2) 불교는 탐욕, 성냄, 어리석음이라는 삼독(三毒)을 제거할 것을 강조한다.

(3) 무속에서 무당은 초자연적 존재와의 교류를 통해 질병의 치료뿐만 아니라 미래의 길흉화복을 예언하는 등의 종교적 역할을 담당해 왔다. 무속은 신령과 소통하여 천지 만물에 흐르는 기운과 하나가 되는 것을 강조하고, 인간과 자연의 조화를 추구한다.

2. 종교의 현실 참여적 성격 평가원

• "대장경의 글과 말 속에 무슨 진리가 있느냐? 여러분이 오늘 절집 문을 나가서 만나는 사람들과 노숙자들의 가슴 아픈 삶 속에서 진리를 찾아라."

• 2011년 12월, 로마 교황청에서는 영화 시사회가 열렸다. 이 영화는 아프리카에서 가난한 주민을 위해 의료 봉사를 펼친 한국인 신부(神父)의 삶을 다룬 것이다.

[자료 분석]

(1) 제시문은 모두 종교인이 교리 속에서 안주할 것이 아니라, 현실 속에서 종교의 가르침을 실천해야 한다는 주장을 담고 있다.

(2) 모든 종교마다 추구하는 목적이나 그 목적을 달성하는 방법은 다르지만, 모든 종교는 그 종교가 성취하려는 도덕적 인간상과 실천 방식을 제시한다. 때문에 종교는 사랑과 자비·희생·배려 등의 윤리적 가치를 실천하는 동기를 제공한다.

3. 종교적 존재로서 인간 평가원

인간은 궁극적 존재에 대해 물을 수 있을 뿐만 아니라, 묻지 않으면 안 된다. 즉 묻는 행위로부터 벗어날 수 없는 것이다. 왜냐하면 인간은 자신과 분리된 궁극적 존재의 힘에 속하여 있기 때문이며, 또한 자신이 그 궁극적 존재에 속하여 있음과 동시에 분리되어 있다는 사실 이 모두를 알고 있기 때문이다.

[자료 분석]

(1) 제시문은 궁극적 존재에 대해 묻지 않을 수 없는 인간 존재의 특성을 설명하고 있다. 인간은 실존적 삶을 살아가지만 동시에 초자연적 존재나 궁극적 실재에 대한 믿음을 통해 삶의 궁극적 의미를 찾으려고 노력하며, 이러한 의미에서 인간은 종교적 존재라고 말할 수 있다.

(2) 제시문을 통해 볼 때, "인간은 삶의 참된 의미를 추구하며 초월성을 지향해야 한다."는 것을 알 수 있다.

대표기출로 유형 감잡기 정답 및 해설 • p.050

333

정답률 77% 2023학년도 10월 교육청

다음을 주장한 사상가의 입장으로 적절한 것만을 〈보기〉에서 있는 대로 고른 것은?

종교적 인간은 절대적 실재, 즉 세계 안에서 자신을 현현(顯現)하는 성스러운 존재가 있다고 항상 믿는다. 그러나 비종교적 인간은 초월성을 거부하며 실재의 상대성을 인정한다. 심지어 성스러운 존재의 의미를 의심하는 데까지 나아가기도 한다.

〈보기〉
ㄱ. 종교적 인간에게 우주는 신성성의 여러 양태를 계시한다.
ㄴ. 종교적 인간은 자연물 그 자체를 신으로 숭배하고자 한다.
ㄷ. 비종교적 인간은 자기 자신과 세계를 탈신성화하고자 한다.

① ㄴ ② ㄷ ③ ㄱ, ㄴ ④ ㄱ, ㄷ ⑤ ㄱ, ㄴ, ㄷ

334

정답률 83% 2019학년도 6월 평가원

그림의 강연자가 지지할 입장만을 〈보기〉에서 있는 대로 고른 것은?

종교란 궁극적 관심에 붙잡힌 상태입니다. 종교는 궁극적 관심으로 '죽느냐 또는 사느냐'를 물으며 그 대답을 찾습니다. 진정한 종교는 유한하지 않은 궁극성에 대해 관심을 가지며 순수하고 진지한 관심으로 존재 그 자체로서의 존재를 대면합니다. 이때 궁극적 관심은 절대성을 띠지만, 그 관심의 개별적 표현은 다양한 종교에서 서로 다른 방식으로 드러납니다. 종교는 유한한 실재를 하나의 신으로 만들면 안 됩니다. 그렇게 만든 신은 우상이 되기 때문입니다.

〈보기〉
ㄱ. 종교는 삶과 죽음의 의미를 묻고 답하는 것이다.
ㄴ. 진정한 종교는 유한한 실재를 무한한 존재로 만든다.
ㄷ. 종교는 모든 존재의 근원으로서의 존재와의 만남이다.
ㄹ. 종교적 관심은 절대성을 갖지만 종교적 표현은 다양하다.

① ㄱ, ㄴ ② ㄱ, ㄷ ③ ㄴ, ㄹ
④ ㄱ, ㄷ, ㄹ ⑤ ㄴ, ㄷ, ㄹ

335

난이도 상 중 하

다음 글에서 강조하는 내용으로 가장 적절한 것은?

우리가 지켜야 할 교리가 적을수록 논쟁은 줄어들 것이다. 그리고 논쟁이 줄어들면 그만큼 참화를 겪을 일도 없어질 것이다. 이것이 사실이 아니라면 내가 잘못 생각한 것이다. 종교는 우리 인간이 이 세상을 사는 동안, 그리고 죽은 후에도 행복해지기 위해 만들어졌다. 내세에 행복한 삶을 맞이하려면 어떻게 해야 할까? 올바르게 살아야 한다. 그렇다면 우리 인간의 비뚤어진 본성이 허락하는 범위 안에서 현세의 삶을 행복하게 누리려면 어떻게 해야 하는가? 관용을 알고 베풀 줄 알아야 한다. 형이상학적 문제에서 모든 사람이 똑같이 생각하게 되기를 바라는 것은 아주 터무니없는 욕심일 것이다. 한 마을에 사는 모든 사람의 정신을 예속시키고 통제하려 하기보다는 차라리 무력으로 세계를 굴복시키는 편이 훨씬 쉬우리라.

① 종교를 통해서 인간의 잘못된 행위를 고쳐야 한다.
② 종교 교리를 최소화하고 참선의 방법으로 수양해야 한다.
③ 종교적 편견과 맹신에 빠지면 종교의 근본정신을 잃게 된다.
④ 종교가 현실 문제에 개입하지 않도록 독립성을 보장해야 한다.
⑤ 종교 간에 대화와 타협을 통해서 종교적 갈등을 해결해야 한다.

336

Challenge 30% 고난도

난이도 상 중 하

다음 내용에서 추론할 수 있는 시사점을 〈보기〉에서 고른 것은?

황금률은 이미 공자에게서 확인된 바 있다. 즉, "네가 원하지 않는 바를 다른 사람에게 행하지 마라." 아울러 유대교에서도 "다른 사람이 너에게 행하기를 원하지 않는 바 그것을 다른 사람에게 행하지 마라."라는 황금률이 확인되고 있으며, 기독교의 경우에도 다음과 같이 확인되고 있다. "여러분은 무엇이든지 다른 사람이 여러분을 위해 해 주기를 바라는 바 그대로 그에게도 해 주시오."

〈보기〉
ㄱ. 종교와 윤리는 서로 공존할 수 있다.
ㄴ. 종교와 윤리는 주된 관심 분야가 서로 다르다.
ㄷ. 서로 다른 종교 사이에도 공유될 수 있는 윤리 규범이 존재한다.
ㄹ. 대부분의 종교는 예언적 성격을 띠며, 절대적 진리를 강조한다.

① ㄱ, ㄴ   ② ㄱ, ㄷ   ③ ㄴ, ㄷ
④ ㄴ, ㄹ   ⑤ ㄷ, ㄹ

337

Challenge 30% 고난도

난이도 상 중 하

다음 글에서 강조하는 내용으로 옳은 것만을 〈보기〉에서 있는 대로 고른 것은?

종교들은 인간에게 최고의 양심 규범과 현대 사회를 위해 매우 중요한 정언적 명령을 제공할 수 있으며 이 정언적 명령은 전혀 다른 깊이와 원칙 안에서 의무를 부과한다. 왜냐하면 모든 세계 종교들은 가정적이고 조건적인 규범뿐 아니라 동시에 정언적이고 자명한 절대적 규범, 즉 황금률 같은 것을 요구하고 있기 때문이다. 이 황금률은 "네 자신이 원하지 않는 바를 다른 사람에게도 행하지 말라."라는 공자의 가르침에서 확인된 바 있다. 아울러 유대교의 경우에도 "다른 사람이 너에게 행하기를 원하지 않는 바 그것을 다른 사람에게 행하지 말라."라는 황금률이 확인되고 있으며, 그리스도교의 경우에도 확인되고 있다.

〈보기〉
ㄱ. 종교적 신념과 윤리적 판단은 조화될 수 있다.
ㄴ. 서로 다른 종교 사이에서 공유될 수 있는 윤리적 규범이 존재한다.
ㄷ. 모든 종교는 최선의 결과를 도출하기 위한 규범 체계를 지니고 있다.
ㄹ. 각 종교는 각자가 지닌 독자적 규범을 절대적 진리로 수용해야 한다.

① ㄱ, ㄴ   ② ㄱ, ㄹ   ③ ㄴ, ㄷ
④ ㄱ, ㄷ, ㄹ   ⑤ ㄴ, ㄷ, ㄹ

338

Challenge 30% 고난도

난이도 상 중 하

다음 사상가의 관점에 해당하는 것에만 모두 '✓'를 표시한 학생은?

우리는 나무를 단지 나무로 보면서도 동시에 나무 이상의 나무로 보기도 한다. 앞의 나무는 우리가 일상적으로 경험하는 나무로 속(俗)에 속하며, 뒤의 나무는 독특한 경험을 통해서만 드러나는 나무로 성(聖)에 속한다. 초자연적인 것은 자연적인 것과 불가분의 관계에 있으며, 세계는 그것을 초월하는 어떤 것을 드러낸다. 따라서 인간이 느끼고 접촉하고 사랑한 모든 것은 '성(聖)의 드러남'이 될 수 있다.

관점 \ 학생	갑	을	병	정	무
성스러움보다 인간성의 실현을 중시해야 한다.	✓			✓	✓
현실의 삶 속에서 성스러움의 실현이 가능하다.		✓	✓		
인간의 경험을 통해서는 성스러움을 만나지 못한다.		✓		✓	✓
초월적이고 성스러운 경험을 가지되 현실을 떠나서는 안 된다.			✓		✓

① 갑   ② 을   ③ 병   ④ 정   ⑤ 무

수능 출제 패턴 분석 종교와 과학의 갈등, 종교 간의 갈등과 해결 방안, 관용, 종교 윤리와 세속 윤리, 성(聖)과 속(俗), 황금률

유형보기

1. 바람직한 종교인의 자세 교육청

오늘날 종교적 동기에 의해 발생하는 편협함에 직면하여 우리는 관대함과 종교의 자유를 요구할 수 있어야 한다. 종교적 진리의 수호라는 미명하에 종교의 자유를 억압해서는 안 된다. 마찬가지로 종교의 자유라는 미명하에 종교적 진리를 거부해서도 안 된다. 동시에 미래의 세계 종교라는 유토피아를 구실로 진리에 대한 물음이 희생되어서도 안 된다.

자료 분석

(1) 제시문은 종교 간 대화와 협력을 강조하는 큉의 주장이다. 큉은 세계의 모든 종교들이 상호 이해와 대화의 폭을 넓힘으로써 종교 간 갈등과 대립을 극복해야 한다고 역설하였다.

(2) 제시문의 입장에서 긍정의 대답을 할 질문은 "타 종교가 중시하는 상이한 교리를 존중해야 하는가?"이다.

2. 타 종교에 대한 관용의 자세 교육청

(가)	• 타인의 믿음에 경의를 표하라. 그렇게 하는 것이 너 자신의 믿음과 타인의 믿음 모두를 강화하기 때문이다. • 형이상학적 문제에서 모든 사람이 똑같이 생각하게 되기를 바라는 것은 아주 터무니없는 욕심일 것이다.
(나)	⊙ . 그러면 종교 사이의 화해와 공존을 이룰 수 있을 것이다.

자료 분석

(1) (가)는 다른 종교에 대해서도 인정하고 존중해 줄 것을 강조하고 있다. 따라서 종교 간의 화해와 공존을 위해서는 타인의 믿음과 신앙도 인정하고 이해하려는 관용의 자세가 필요하다.

(2) (가)의 입장을 근거로 할 때, ⊙에 들어갈 내용은 "다른 신앙을 가진 사람도 인정하고 이해하라."이다.

대표기출로 유형 감잡기

정답 및 해설 • p.051

339

정답률 94% | 2024학년도 수능 ⓔ 연계

그림의 강연자가 지지할 입장으로 가장 적절한 것은?

> 문명의 충돌을 막기 위해 우리는 무엇보다 종교 간의 관용과 적극적인 대화에 힘써야 합니다. 종교 간의 갈등은 수많은 사람을 고통스럽게 하고 사회와 국가의 발전을 가로막습니다. 이러한 갈등은 무엇보다 자신의 종교만을 맹신하고 타 종교를 인정하지 않는 배타적인 태도에 기인합니다. 종교 간의 대화 없는 국가 안의 평화는 물론이고 국가 간의 평화도 불가능합니다. 지구에 존재하는 주요 종교들에는 비폭력과 생명 존중, 관용과 진실성, 연대와 정의로운 경제 질서, 평등과 남녀 동반 관계 등의 가치가 들어 있습니다. 종교 간의 대화를 통해 이러한 가치들을 기본으로 하는 세계 윤리를 도출하여 평화로운 세계를 만들어야 합니다.

① 종교 간의 평화 실현에 타인과의 대화 역량은 불필요하다.
② 다른 종교를 관용의 눈으로 바라보는 것은 불필요한 노력이다.
③ 종교의 통일이 문명의 충돌을 막을 수 있는 유일한 해법이다.
④ 종교 간의 갈등은 사회와 국가의 발전과 어떠한 관련도 없다.
⑤ 편견 없이 타 종교를 이해하는 일이 평화로운 공존의 초석이다.

340

정답률 89% | 2018학년도 4월 교육청

다음 가상 편지에서 강조하는 내용으로 가장 적절한 것은?

> 친애하는 ○○에게
>
> 오늘날과 같은 다종교 시대에는 자신의 종교만 옳다는 독선에 빠져 종교 간 오해나 갈등이 생길 수 있다네. 이를 막기 위해 '다른 종교들이 내 종교를 중심으로 돌아야 한다고 믿는 프톨레마이오스적 시각을 버리고, 내 종교를 포함한 모든 종교가 궁극적 실재에 대한 믿음을 중심으로 돌고 있다고 보는 코페르니쿠스적 시각을 채택해야 한다.'는 어느 종교학자의 말에 주목해야 하네. 코페르니쿠스적 시각은 각 종교가 아집에서 벗어나 상호 이해할 수 있는 근거를 마련한다는 점에서 의의가 있다네. …(후략)…

① 과학이 종교보다 우월한 위치에 있음을 인정해야 한다.
② 종교 간 배타적 태도를 지양하여 공존을 모색해야 한다.
③ 스스로가 믿는 종교적 진리가 절대적임을 깨달아야 한다.
④ 종교 교리의 단일화를 통해 종교 간 분쟁을 해결해야 한다.
⑤ 초월적 존재로부터 벗어나 인간의 주체성을 회복해야 한다.

341

난이도 상 **중** 하

그림은 신문 사설이다. ㉠에 들어갈 제목으로 가장 적절한 것은?

○○일보   ○○○○년 ○○월 ○○일

사 설

㉠

인류의 역사에서 분쟁은 종교 간의 갈등에서 기인하는 경우가 많았다. "문명의 충돌"의 저자 헌팅턴은 21세기의 분쟁도 종교 간의 갈등에 의해 발생할 것이라고 예측하였다. …(중략)… 하지만 종교 간의 갈등은 극복할 수 없는 것인가? 그렇지 않다. 한스 큉에 따르면, 세계의 종교에는 윤리적 공통 분모가 존재한다. 종교 간의 소통이 원활하게 이루어진다면 누구나 지킬 수 있는 가치와 규범을 발견할 수 있다. 세계의 종교가 소통을 통해 최소한의 공통된 가치와 규범, 즉 세계 윤리에 합의하고 실천한다면, 세계 평화가 구축될 것이다.

① 세계 평화를 위해 종교 간의 대화를 시작하자.
② 종교 교리들을 단일화하여 세계 윤리를 제정하자.
③ 종교 간의 위계를 확립하여 도덕적 위기를 극복하자.
④ 세속적 평화보다 개인 내면의 종교적 평화를 추구하자.
⑤ 어떤 것에도 흔들리지 않는 자기 종교에 대한 확신을 갖자.

342

난이도 상 중 **하**

밑줄 친 종교의 역기능적인 측면을 해결하기 위한 바람직한 자세로 가장 적절한 것은?

종교는 영원한 안식, 구원, 절대자와의 일치 등의 문제에 대하여 해명을 해 줄 뿐만 아니라, 이웃과 나와의 관계에서 바르게 사는 방법과 생활 지침을 제공해 주기도 한다. 그러나 종교는 이런 긍정적인 기능만을 수행하는 것은 아니라, 역기능적인 측면 또한 지니고 있다. 종교가 지나치게 보수적인 성격을 지니거나 그 교리가 절대화된다면, 종교 간의 갈등이 일어나게 되고, 사회의 연대성을 파괴하며, 시한부 종말론과 같은 사이비 종교가 등장하게 된다. 그리고 종교인들은 때때로 자신의 종교에 심취되어, 다른 종교를 악평하거나 열린 마음과 관용의 자세를 보이지 못하기도 한다.

① 자신의 종교의 포교와 세력 확장에 힘쓴다.
② 자신이 믿는 종교의 교리에 대한 절대적 믿음을 지닌다.
③ 종교에 대한 물음을 전승된 종교 체계에서 배타적으로 찾는다.
④ 종교가 추구하는 목적을 달성하기 위한 윤리적 실천에 힘쓴다.
⑤ 종교가 과학적인 연구 결과와 양립될 수 있도록 교리를 보완한다.

343

난이도 상 **중** 하

㉠에 들어갈 덕목을 실천하기 위한 자세로 가장 적절한 것은?

종교적 신념은 숭배할 만한 특성이 있는 숭배 대상을 믿는 것이다. 하지만 유사 종교를 맹신하는 경우는 숭배할 만한 특성이 없는 대상을 숭배하는 데서 비롯된다. 유사 종교에 대해 종교적 태도를 취하는 것은 개인적으로나 사회적으로 유해한 결과를 낳을 수 있다. 따라서 종교인은 숭배의 대상과 숭배할 만한 가치를 반성적으로 고려하는 자세가 있어야 한다. 숭배할 수 있는 대상에 대한 종교적 신념은 다른 종교의 신념과 상충할 수 있다. 이 경우 자신의 종교적 신념과 타인의 종교적 신념이 불일치할 수 있다. 이때 그 불일치가 인간의 삶에 부정적 영향을 미치지 않는다면, 그것을 ㉠ 할 수 있어야 한다.

① 타 종교의 교리를 논리적으로 비판한다.
② 갈등을 일으킬 만한 종교는 믿지 않는다.
③ 종교의 다양성을 인정하고 이해하려고 노력한다.
④ 성스러운 종교 생활을 위해 건전한 마음을 가진다.
⑤ 다수가 믿는 종교의 교리를 보편적 진리로 받아들인다.

344

난이도 상 **중** 하

다음과 같은 문제를 해결하기 위한 자세로 가장 적절한 것은?

• 물리학자 호킹이 자신의 책에서 신의 존재 없이 우주가 탄생할 수 있다고 주장하자, 신의 창조론을 믿는 종교계에서는 '우주는 무로부터 스스로 창조되었다.'라는 호킹의 말은 무신론의 근거가 되지 못한다며 반발하였다.
• 1615년 지동설을 주장하던 갈릴레이는 로마의 종교 재판소에서 태양이 우주의 중심이고, 지구 주위를 회전하는 것이 아니라는 자신의 주장이 신학적으로 어리석고 불가능한 일이라는 판결을 받았다. 결국 그는 지동설을 그 누구에게도 주장하거나 가르치거나 또는 옹호하지 않겠다는 서약을 하고 석방되었다.

① 과학과 종교는 다른 분야이므로 서로 침해하지 않도록 한다.
② 과학과 종교의 대립은 과거부터 지속되어 온 문제이므로 참견하지 않는다.
③ 과학과 종교는 서로 다른 교리 체계를 지니고 있으므로 갈등이 불가피하다는 생각을 한다.
④ 과학과 종교의 갈등을 해결하기 위해서는 더욱 과학적이고 합리적인 설명을 추가해야 한다.
⑤ 과학과 종교는 서로의 영역을 존중하며 대립이 아닌 상보적 관계로 공존할 수 있도록 한다.

평화와 공존의 윤리

출제 경향 분석

이 단원에서는 2~3문항 정도가 출제되고 있다.

• '갈등 해결과 소통의 윤리' 단원에서는 소통과 하버마스의 담론 윤리 등을 묻는 문항이 출제되었다.

• '민족 통합의 윤리, 지구촌 평화의 윤리' 단원에서는 통일의 필요성이나 독일 통일의 시사점, 국제 관계에 대한 다양한 입장을 파악하는 문항이 많이 출제되었다. 최근에는 해외 원조에 대한 다양한 사상가들의 입장을 묻는 문항, 칸트의 영구 평화론에 대해 묻는 문항이 출제되고 있다.

중단원	item	핵심 keyword
1. 갈등 해결과 소통의 윤리	item 53 사회 갈등과 사회 통합	다양한 사회 갈등 사회 통합
	item 54 소통과 담론 윤리	담론 윤리 하버마스 아펠
2. 민족 통합의 윤리, 지구촌 평화의 윤리	item 55 민족 통합의 윤리	통일의 의의 평화 비용 분단 비용
	item 56 국제 분쟁의 해결과 평화	국제 관계에 대한 입장 형사적 정의 분배적 정의 국제 평화
	item 57 국제 사회에 대한 책임과 기여	국제 원조 의무의 관점(싱어, 칸트, 롤스) 자선의 관점(노직)

학습 대책

- 소통과 담론 윤리의 특징 등을 학습해 두어야 한다.
- 민족의 개념과 통일의 필요성 및 의의를 잘 정리해 두어야 하며, 통일 비용과 통일 편익에 대해서도 알아 둘 필요가 있다.
- 국제 정의를 실현하기 위한 노력(형사적 정의, 배분적 정의)을 알고 있어야 하며, 해외 원조에 대한 자선의 관점과 의무의 관점, 해외 원조에 대한 싱어와 롤스의 입장 등을 잘 정리해 두어야 한다.
- 국제 관계에 대한 이론적 입장을 대표하는 현실주의와 이상주의의 특징을 알고 있어야 한다. 또한 칸트의 영구 평화론에 대한 입장도 정리해 두어야 한다.

01 갈등 해결과 소통의 윤리

출제 예상 item | **53** 사회 갈등과 사회 통합 | **54** 소통과 담론 윤리

1 사회 갈등과 사회 통합

1. 갈등의 원인과 기능

원인	사회적 가치의 희소성, 가치관이나 이해관계의 차이, 소통의 부재 등
기능	• 순기능 : 배려와 관용의 정신으로 갈등 예방, 조정→사회 내적 문제를 명확히 인식→사회 발전 • 역기능 : 이해관계와 가치관을 고집하여 상대방의 문제점만 지적→갈등이 깊어짐→사회 해체

2. 다양한 사회 갈등

이념 갈등	• 사회의 정치·제도·문화 등이 가진 문제점을 어떻게 해결하느냐에 대한 진보적 이념과 보수적 이념 간의 갈등 • 해결책 : 상대방의 가치관 인정, 소통하는 동반자적 관계를 형성해야 함
지역 갈등	• 사회 자원의 배분이나 공공 시설의 입지 선정 등과 같은 경제적 요인, 연고주의 기반에 따른 갈등 등 • 해결책 : 균형 있는 지원, 정치적 지역주의 탈피, 지역 개발 시 토론 과정을 거쳐 갈등을 예방하고 갈등 발생 시 조정하고 관리함
세대 갈등	• 청년 세대와 기성세대 간의 충돌이 가치관의 충돌과 함께 일어나며, 각 세대가 서로의 차이를 이해하고 인정하지 못하여 발생 • 해결책 : 세대 간 차이를 받아들이고 적극적인 소통을 통해 공감대를 형성해야 함

3. 사회 통합의 필요성과 실현 방안

필요성	• 개인의 행복한 삶 • 사회 발전과 국가 경쟁력의 강화
실현 방안	• 상호 존중과 신뢰에 바탕을 둔 소통을 해야 함 • 개인의 이익이 공동선과 조화를 이룰 수 있도록 함 • 사회 통합을 위한 제도와 정책 마련

2 소통과 담론 윤리

1. 소통과 담론의 의미와 필요성

소통	• 막히지 않고 잘 통한다는 의미로, 나와 상대방이 서로 의견을 주고받는 공유의 과정 • 의사소통이 잘 이루어지면 갈등을 예방하고 서로 협력하며 좋은 관계를 유지할 수 있음
담론	• 언어로 표현되는 인간의 모든 관계를 분석하는 도구 • 현실에서 전개되는 각종 사건과 행위를 해석하고 인식하는 틀을 제공함 • 사회 구성원들에게 특정한 인식과 가치관으로 현실을 바라보고 재구성하게 함

2. 소통과 담론에 대한 동서양의 윤리

공자	• 화이부동(和而不同)으로 조화의 중요성 강조 • 군자는 자신의 도덕 원칙을 지키면서 주변과 조화를 추구하지만, 소인은 자신의 원칙을 버리고 남과 같아지는 데만 급급해함
장자	진정한 소통을 위해서는 서로 다른 것을 그 자체로 인정하고 그것의 상호 의존 관계를 이해해야 한다고 함
원효	화쟁 사상(和諍思想) : 내가 바라보는 것이 부분에 지나지 않음을 인정하고, 편견과 집착을 넘어 소통하면서 궁극적 진리로 나아가야 한다고 강조
하버마스	• 담론 윤리 : 의사소통의 합리성을 실현해야 합의에 도달할 수 있고, 대화에 참여한 모든 사람이 합의 결과를 수용할 수 있다고 주장함 • 의사소통의 합리성 : 상호 간의 논증적인 토론 과정을 거쳐 보편적인 합의에 도달하는 것 • 모든 사람이 자신의 목소리를 낼 수 있는 조건으로 '이상적 담화 상황'을 제시함 • 이상적 담화 조건 : 의사소통의 합리성을 실현하려면 담론에 참여한 사람들이 참되고 옳고 진실해야 함, 서로 이해할 수 있는 말을 해야 함
아펠	• 의사소통 공동체의 모든 구성원이 서야 하는 독고직인 책임 깅쥬 • 의사소통 공동체의 구성원들은 합의를 하기 위한 담론에 참여해야 할 책임과 의사소통 공동체를 유지해야 할 책임을 동시에 지닌다고 봄

✏ 교과서 속 수능 개념

화쟁 사상(和諍思想)

원효는 다양한 이론이 갈등하는 것은 불교의 진리가 하나의 마음[一心]과 하나의 지혜(智慧)를 표현한 것임을 모르고, 자기 이론만이 옳다고 믿기 때문이라고 보았다. 그래서 편견과 집착을 넘어 소통하면서 대립을 극복하고, 궁극적으로 진리로 나아가야 한다고 강조하였다. 이렇게 모든 논쟁에 대해 화해를 추구하는 것이 화쟁이다.

담론

갈등 해결을 위한 의사소통 행위로, 주로 논증과 토론으로 이루어진다.

소통과 담론에서 필요한 자세

• 소통과 담론에 참여할 수 있는 사람들의 권리를 인정해야 함
• 대화의 상대방을 존중하는 태도를 지녀야 함
• 진실한 대화에 힘써야 함
• 자신의 오류 가능성을 인정하는 겸허한 태도를 지녀야 함
• 공적 의사 결정에 적극적으로 참여해야 함

공론장

하버마스는 사회를 통합할 수 있는 가능성을 합리적 의사소통의 영역인 공론장에서 찾았다. 공론장은 시민 사회 내부에서 작동하는 의사소통의 망으로, 언론, 텔레비전의 공론, 문학적 공론, 학술적 공론 등 매우 다양하다.

담론 윤리의 특징

• 옳고 그름에 대한 판단의 정당성을 공적 담론에서 찾음
• 이성적으로 논의하는 능력을 가진 시민이 사회적인 문제를 직접 결정하는 주체가 되어야 함을 강조함

✏ 헷갈리는 개념 정리

담론 윤리의 등장 배경과 특징

등장 배경	현대 사회에서 행정·경제 체계의 영향력이 강화되면서 시민의 의사를 공적 결정에 반영하기 어려워짐
특징	• 시민의 의사를 공적 결정에 올바르게 반영할 방법에 대해 관심을 가짐 • 옳고 그름에 대한 판단의 정당성을 공적 담론에서 찾음 • 이성적 논의의 능력을 지닌 시민이 사회의 문제에 대해 결정하는 주체가 되어야 한다고 봄

사회 갈등과 사회 통합

유형보기

1. 정년 연장제를 둘러싼 세대 갈등

국회 환경 노동 위원회가 「정년 60세 연장법」을 통과시켜 근로자의 정년이 60세 이상으로 늘어난다. 재계는 연장을 의무화하면 인건비 등 부담이 커질 것이라고 우려하는 반면, 노동계는 일하는 사람은 줄고 부양할 고령자가 급속도로 늘어나는 상황에서 정년 연장은 효과적인 대처법이라고 보아 환영한다. 한편, 정년 연장 의무화가 세대 간 일자리 전쟁의 신호탄이 될 것이라고 우려하기도 한다. 비어야 할 일자리가 정년 연장으로 유지되면 그 피해가 고스란히 청년층에 미치고, 결국 청년 취업자 수는 줄어들고 실업자가 급증할 수밖에 없다는 것이 경제계의 판단이다.

〔자료 분석〕

(1) 세대 갈등은 어느 사회에나 연령과 시대별 차이로 나타나는 일반적인 현상이다. 오늘날에는 급속한 사회 변화에 따른 세대 간 갈등이 사회 문제로 대두되고 있다.

(2) 최근에는 취업난, 노인 부양 문제 등 경제적 요인으로 인해 세대 간 의견이 충돌하고 있다.

(3) 기성세대와 젊은 세대 간의 충돌이 가치관의 충돌과 함께 발생하여 각 세대가 서로를 이해하지 못하는 것을 '세대 갈등'이라고 한다.

2. 지역 갈등

갑 : 그동안 우리 지역은 근처에 고속도로가 없어서 많은 불편을 겪어 왔습니다. 따라서 신설되는 □□ 고속도로는 꼭 우리 ○○시를 경유해야 합니다.

을 : □□ 고속도로가 우리 △△시를 경유하면 환경 훼손은 최소화되고, 도로의 직선화가 가능해 경제적 효과가 극대화됩니다. 따라서 □□ 고속도로는 꼭 우리 △△시를 경유해야 합니다.

〔자료 분석〕

(1) 제시된 사례는 선호 시설을 자기 지역에 유치하려는 지역 이기주의로 발생하는 지역 갈등이다.

(2) 지역 갈등은 지역주의가 정치적으로 이용되고 지역 이기주의로 변질되면 나타날 수 있다.

3. 기계적 연대와 유기적 연대

기계적 연대는 개인들이 서로 유사할 것을 전제로 하지만, 분업에 의한 유기적 연대는 개인들이 서로 다를 것을 전제로 한다. 기계적 연대는 각 개인이 그 고유한 행동의 영역을 가지고 있을 때만 가능하다. 집단이 규제할 수 없는 특수한 기능들을 위해서 개인이 지닌 지적 의식 등을 통제해서는 dsk 된다. 그 영역이 확장될수록 연대를 기반으로 하는 응집은 강해진다. 그러므로 유기적 연대를 바탕으로 사회 통합을 이루어야 한다.

〔자료 분석〕

(1) 제시문의 사상가는 뒤르켐이다.

(2) 뒤르켐은 유기적 연대를 바탕으로 한 사회 통합을 강조하였다.

(3) 유기적 연대는 전문화된 개인들이 개별성을 유지하면서도 상호적으로 결속한 상태이다.

(4) 기계적 연대는 구성원들이 동일한 가치와 규범을 공유하여 결속한 상태이다. 기계적 연대는 개인들이 서로 유사할 것을 전제로 한다. → 뒤르켐은 기계적 연대가 개성을 소멸시켜 집합적인 생명체가 되도록 만든다고 보고 기계적 연대를 비판하였다.

예상문제로 유형 익히기
정답 및 해설 · p.052

345
난이도 상 **중** 하

다음 글의 입장만을 〈보기〉에서 있는 대로 고른 것은?

사회 갈등은 다양한 원인으로 인해 발생한다. 먼저 인간의 욕망은 무한한 데 비해 지위, 명예, 부와 같은 사회적 가치는 유한하기 때문에 분배 과정에서 갈등이 발생하게 된다. 그리고 각자의 주장이나 가치관 등이 충돌할 때 타인의 생각을 무시하게 되면 갈등이 발생하게 된다. 한편으로는 사회에서 첨예하게 대립하는 주제를 두고 소통이 원활하게 이루어지지 않아 한쪽에만 유리한 결론이 나면 갈등이 발생하게 된다

〈보기〉
ㄱ. 소통의 부재로 인해 갈등이 발생한다.
ㄴ. 가치의 희소성으로 인해 갈등이 발생한다.
ㄷ. 권위주의적 체제의 종식으로 인해 갈등이 발생한다.
ㄹ. 가치관 및 이해관계의 차이로 인해 갈등이 발생한다.

① ㄱ, ㄷ 　　② ㄱ, ㄹ 　　③ ㄴ, ㄷ
④ ㄱ, ㄴ, ㄹ 　　⑤ ㄴ, ㄷ, ㄹ

346
난이도 상 **중** 하

다음 토론의 주제로 가장 적절한 것은?

갑 : 사회 갈등은 집단이나 사회의 통합에 걸림돌이 되기 때문에 사회 갈등은 최소화하거나 없애야 합니다.

을 : 물론 사회 갈등이 사회 통합에 걸림돌이 되는 경우도 있습니다. 하지만 사회 갈등은 사회에 내재된 문제를 명확하게 인식하게 하여 사회 발전의 계기가 될 수 있습니다.

갑 : 아닙니다. 사회 갈등은 사회 발전에 아무런 도움이 되지 않습니다. 오히려 사회 갈등이 심화되면 사회의 발전이 저하되고 심지어는 사회가 해체될 수도 있습니다.

을 : 아닙니다. 사회에서 갈등은 필요 불가결한 것이며 갈등이 합리적으로 해결되면 개인의 발전과 집단 재통합의 계기가 될 수 있습니다.

① 사회 갈등이 없는 사회가 존재할 수 있는가?
② 사회 갈등은 사회 통합에 걸림돌이 될 수 있는가?
③ 사회 갈등은 사회 통합과 발전의 계기가 될 수 있는가?
④ 사회 갈등은 다양한 집단의 의견 표출로 인해 발생하는가?
⑤ 사회 갈등은 구성원들 간의 소통의 부재로 인해 발생하는가?

347

난이도 상 중 하

다음 글의 입장만을 〈보기〉에서 있는 대로 고른 것은?

갈등은 실제 문제의 소재를 명확히 한다. 즉, 개인이나 집단이 그들의 관심사나 차이점을 표시할 경우 표면상에 드러나는 문제와 실제 문제를 파악하는 데 도움이 된다. 갈등이 없이는 많은 조직상의 문제가 알려지거나 해결되지 못한 상태에 빠지게 된다. 한편으로 외부 집단과의 갈등은 집단에 대한 성원들의 동일화를 더욱 강화시키는 기능을 한다. 외부 집단과의 갈등이 커질수록 집단의 내적인 응집력은 강화되며, 구성원들의 집단 이탈은 감소된다.

〈보기〉

ㄱ. 외부 집단과의 갈등은 사회 통합에 기여할 수 있다.
ㄴ. 사회 갈등은 사회에 내재된 문제를 명확히 인식하게 해 준다.
ㄷ. 사회 갈등은 집단 간의 관계를 악화시켜 사회 혼란을 심화시킨다.
ㄹ. 사회 갈등은 사회 문제를 해결하는 데 아무런 도움도 줄 수 없다.

① ㄱ, ㄴ　　　　② ㄱ, ㄹ　　　　③ ㄴ, ㄷ
④ ㄱ, ㄷ, ㄹ　　　⑤ ㄴ, ㄷ, ㄹ

348

난이도 상 중 하

㉠에 들어갈 내용으로 옳지 않은 것은?

이념 갈등은 사회의 구성원들이 서로 추구하는 이념이 달라서 발생한다. 주로 사회 안정과 질서를 추구하는 보수적 입장과 변화를 통해 사회 문제를 해결하려는 진보적 입장 간의 갈등이 심화되어 발생한다. 이들 각자는 사회의 모든 쟁점을 이분법적으로 바라봄으로써 갈등이 더욱 심화된다. 이러한 이념 갈등의 문제를 해결하기 위해서는 　　　㉠　　　

① 상호 소통하는 동반자 관계 형성을 위해 노력해야 한다.
② 자기 입장의 무오류성을 입증하는 데 최선을 다해야 한다.
③ 상대방의 가치관을 인정하고 합리적 의견은 수용해야 한다.
④ 서로의 가치관을 이분법적으로 구분하여 적대시하지 않아야 한다.
⑤ 자유와 평등, 질서와 변화, 성장과 분배 등의 균형을 추구해야 한다.

349

난이도 상 중 하

다음을 주장한 사상가의 입장으로 옳지 않은 것은?

사회 응집을 유지하기 위해 모두가 똑같은 사람이 되기를 요구한다. 우리의 개성은 사라지고 우리는 집합적인 생명체가 된다. 이러한 형태의 연대를 기계적 연대라고 부른다. 이와 반대로 유기적 연대는 분업의 진전과 함께 나타난다. 기계적 연대는 개인들이 서로 유사할 것을 전제로 하지만, 분업에 의한 유기적 연대는 개인들이 서로 다를 것을 전제로 한다. 기계적 연대는 개인이 집단에 흡수될 때 가능하지만, 유기적 연대는 각 개인이 그 고유한 행동의 영역을 가지고 있을 때만 가능하다. 그러므로 집단이 규제할 수 없는 특수한 기능들을 위해서 개인이 지닌 지적 의식을 통제해서는 안 된다.

① 유기적 연대를 바탕으로 한 사회 통합이 적절하다.
② 기계적 연대의 상태에서는 개인들의 개성이 상실된다.
③ 유기적 연대는 개인들의 개별성이 유지된 상태에서는 불가능하다.
④ 기계적 연대는 구성원들이 동일한 가치와 규범을 공유한 상태이다.
⑤ 유기적 연대는 개인들의 고유한 특성이 유지된 상태에서 결속을 유지한다.

350

난이도 상 중 하

다음 글에서 강조하는 내용으로 가장 적절한 것은?

"한 마을이 비옥한 초지를 공유하고 있어 각 집에서 기르는 양들을 적절히 배분한다면 모든 양이 충분히 풀을 뜯어 먹을 수 있었다. 그런데 어느 약삭빠른 농부가 이득을 더 보기 위해 남들보다 더 많은 양을 풀어 놓았다. 그러자 다른 농부들도 상대적으로 손해를 보지 않기 위해 양들을 모두 초지에 풀어놓았다. 초지는 양들로 가득 찼고 얼마 되지 않아 초지는 풀이 하나도 남아 있지 않은 황무지로 변하고 말았다." 이 글은 하딘의 '공유지의 비극'으로, 사회 갈등을 예방하고 사회 통합을 이루기 위해서는 　　　㉠　　　는 점을 보여주고 있다.

① 모든 사람을 차별하지 말고 포용해야 한다.
② 서로의 차이점을 인정하고 받아들여야 한다.
③ 개인의 이익과 공동선이 조화를 이루어야 한다.
④ 집단의 이익이 개인의 인권보다 우선되어야 한다.
⑤ 사회가 개인의 자유와 권리를 최대한 보장해야 한다.

소통과 담론 윤리

유형보기

1. 하버마스의 담론 윤리 교육청

이상적 의사소통이 이루어지기 위해서는 모든 대화 참여자에게 발언할 수 있는 동등한 기회가 주어져야 한다. 또한 주장의 근거를 제시하거나 요구하여 사실을 확인할 수 있어야 한다. 그리고 모든 대화 참여자들은 자신의 입장, 감정, 바람 등을 진실하게 말해야 한다.

자료 분석

(1) 하버마스는 공정하고 합리적인 담론을 통해 윤리적 문제들을 합리적으로 해결할 수 있다고 본다.
(2) 하버마스는 담론의 참여자들이 자신의 오류 가능성을 인정하고 상대방을 동등한 인격의 소유자로 대해야 한다고 본다.
(3) 또한 자신의 주장뿐만 아니라 개인적인 욕구, 감정, 희망 사항 등을 표현할 수 있어야 한다고 주장한다.

2. 의사소통 과정에서 지켜야 할 규범

• 대화 상대를 동등한 인격의 소유자로 대하고 판단력과 지각이 있는 주체로 대한다.
• 모든 대화 참가자는 타인의 의견을 경청하고, 이들의 물음에 개방적으로 답변하고 토론에 임한다.
• 인종이나 계급적 편견이나 지위가 대화 상대의 의견을 제지하거나 막기 위한 억압적 수단으로 사용되어서는 안 된다.
• 대화 중에 제기된 물음이나 질문에는 그 어떤 금기도 적용되지 않으며, 누구도 질문에서 벗어나는 특권을 누릴 수 없다.

자료 분석

(1) 제시문은 하버마스가 의사소통의 합리성을 실현하기 위해 제시한 규범이다.
(2) 하버마스는 의사소통의 합리성을 실현해야 대화에 참여한 모든 사람이 합의 결과를 수용할 수 있다고 보았다.

대표기출로 유형 감잡기 정답 및 해설 • p.053

351

정답률 96% | 2024학년도 수능 ⓔ 연계

다음을 주장한 사상가의 입장으로 가장 적절한 것은?

의사소통 과정에서 발언의 합리성은 근거 제시 가능성에 있다. 또한 담론 참여자가 지닌 태도의 합리성은 자신을 비판에 노출하고, 필요시 논증에 적절히 참여하려는 자세에 있다. 이러한 비판 가능성으로 인해 합리적 발언은 개선될 수 있다.

① 담론 참여자는 자신의 오류 가능성을 인정하는 자세로 대화해야 한다.
② 담론 참여자는 타인의 의견에 비판적 이의를 제기해서는 안 된다.
③ 담론 참여자는 합의한 결론에 대해 다시 문제를 제기해서는 안 된다.
④ 담론 참여자의 전문성을 기준으로 발언의 기회를 제한해야 한다.
⑤ 담론 참여자는 자신의 개인적 이익이나 준칙을 주장해서는 안 된다.

352

정답률 93% | 2024학년도 9월 평가원

다음을 주장한 사상가의 입장에서 〈문제 상황〉 속 A에게 제시할 조언으로 가장 적절한 것은?

모든 경계가 무한하지만 모두 일심(一心) 안에 들어간다. 부처의 지혜는 모습을 떠나 마음의 원천으로 돌아가고, 지혜와 일심이 온전히 같아져 둘이 없다. 따라서 지극히 공정한 부처의 뜻을 토대로 여러 주장을 조화롭게 융합[和諍]해야 한다.

〈문제 상황〉
학급 회장인 A는 축제에서 학급 부스 운영 방안을 어떻게 결정해야 할지 고민하고 있다. 학급 친구들이 사진관, 오락실, 분식집 등 서로 다른 방안을 내세워 각자의 주장을 굽히지 않고 갈등하고 있기 때문이다.

① 옳고 그름을 가려 자신만의 입장을 정당화하도록 토론하세요.
② 각 주장이 타당할 수 있음을 인정하고 친구들과 의견을 조율하세요.
③ 모든 의견을 통합할 수 없으므로 회장의 직권으로 결정하세요.
④ 다른 학급의 사례에 따라 운영 방안을 결정하도록 유도하세요.
⑤ 모두 편협한 주장이므로 친구들 다수의 동의를 기초로 판단하세요.

353

정답률 92% : 2022학년도 9월 평가원

다음을 주장한 사상가의 입장에서 〈사례〉 속 학생 A에게 해 줄 수 있는 조언으로 가장 적절한 것은?

> 군자는 화합하지만[和] 주체를 잃지 않고 남들과 같아지지[同] 않으며, 소인은 주체를 잃어버리고 남들과 같아지며 화합하지 않는다. 군자는 두루 포용하고[周] 파벌을 이루지[比] 않으며, 소인은 파벌을 이루고 두루 포용하지 않는다.

〈사례〉

> 학생 A는 다른 문화권에서 온 친구의 독특한 행동이 비도덕적이라고 생각하지는 않지만 왠지 낯설게 느껴진다. 그래서 학생 A는 그 친구를 어떻게 대해야 할지 고민하고 있다.

① 그 친구가 우리나라 문화에 동화되도록 설득해 보세요.
② 그 친구의 문화를 이해하는 태도로 조화롭게 지내세요.
③ 친하게 지낼 경우 얻게 되는 이익을 계산하여 행동하세요.
④ 다수가 즐기는 문화가 우월하다는 생각을 갖고 행동하세요.
⑤ 선악의 분별없이 그 친구의 행동을 모두 포용하도록 하세요.

354

정답률 80% : 2022학년도 6월 평가원

다음을 주장한 사상가의 입장만을 〈보기〉에서 고른 것은?

> 화자의 의사소통의 의도에는 다음 사항들이 포함되어야 한다. 첫째, 화자가 자신과 청자 사이에 정당한 것으로 인정된 상호 관계가 성립하도록 규범적 맥락에 따라 올바른 의사소통 행위를 수행하는 것이다. 둘째, 화자가 자신의 지식을 청자가 받아들이며 공유하도록 참된 진술을 하는 것이다. 셋째, 화자가 자신이 말한 것을 청자가 믿도록 생각, 의도, 감정, 소망 등을 진실하게 표현하는 것이다.

〈보기〉

ㄱ. 의사소통 행위는 상호 이해를 지향해야 한다.
ㄴ. 오류 가능성이 있는 주장도 담론에 부칠 수 있다.
ㄷ. 발화(發話) 내용이 참되다면 어떠한 발화 자세도 허용된다.
ㄹ. 규범의 타당성은 참여자 대다수의 동의를 얻어야 확보된다.

① ㄱ, ㄴ　　② ㄱ, ㄷ　　③ ㄴ, ㄷ
④ ㄴ, ㄹ　　⑤ ㄷ, ㄹ

355

난이도 상 중 하

다음을 주장한 사상가가 긍정의 대답을 할 질문만을 〈보기〉에서 있는 대로 고른 것은?

> 인간은 공정성을 보장하는 의사소통의 형식인 이상적 담화 상황에서 모든 당사자들이 동의할 수 있는 도덕적 규칙을 도출할 수 있다. 돈이나 권력에 의한 왜곡이나 억압이 없이 자유롭고 합리적인 토론이 이루어지는 이상적인 의사소통이 중요하며, 이를 통해 보편적인 '원칙'을 이끌어 내야 한다. 서로가 의사소통을 하여 이해하는 가운데 정당화된 도덕규범을 의무적으로 실천해야 한다.

〈보기〉

ㄱ. 대화 상대를 동등한 인격체로 대해야 하는가?
ㄴ. 모든 대화 참가자는 타인의 의견을 경청해야 하는가?
ㄷ. 담론에 참여한 사람은 주관적인 표현을 하지 말아야 하는가?
ㄹ. 담론에 참여한 사람은 어떤 주장에도 의문을 제기할 수 있는가?

① ㄱ, ㄴ　　② ㄱ, ㄷ　　③ ㄷ, ㄹ
④ ㄱ, ㄴ, ㄹ　　⑤ ㄴ, ㄷ, ㄹ

356 Challenge 30% 신유형

난이도 상 중 하

밑줄 친 '이상적 담화 조건'으로 볼 수 없는 것은?

> 담론 윤리를 제창한 서양의 어느 사상가는 의사소통의 합리성을 실현해야 서로 갈등하는 다양한 의견을 합리적으로 논의하여 합의에 도달할 수 있고, 대화에 참여한 모든 사람이 합의 결과를 수용할 수 있다고 주장한다. 의사소통의 합리성을 실현하려면 담론에 참여한 사람들이 참되고 옳고 진실하며 서로 이해할 수 있는 말을 해야 하는데, 그는 이를 이상적 담화 조건이라고 하였다.

① 논쟁에서 타당한 주장은 원칙적으로 비판적 평가를 받아서는 안 된다.
② 대화 중에 제기된 물음이나 질문에는 그 어떤 금기도 적용되지 않는다.
③ 모든 대화 참가자는 타인의 물음에 개방적으로 답변하고 토론에 임해야 한다.
④ 어떤 상황이든 다른 대화 상대자를 기만하거나 속일 의도를 가져서는 안 된다.
⑤ 사회적 지위가 대화 상대의 의견을 제지하기 위한 수단으로 사용되어서는 안 된다.

02 민족 통합의 윤리, 지구촌 평화의 윤리

1 민족 통합의 윤리

1. 통일에 대한 찬반 논쟁

찬성 논거	• 민족의 통일성 회복과 민족 공동체의 실현 • 전쟁의 공포를 해소함으로써 평화 실현 • 인도적 차원에서 남북한 주민의 자유, 인권, 행복한 삶 보장 등
반대 논거	• 오랜 분단 상태로 인해 악화된 민족 동질성 • 통일 과정에서 발생할 정치적 혼란과 경제적 부담감 · 군사 도발 등으로 북한에 대한 심한 거부감 등

2. 통일의 의의와 방법

통일의 의의	이산가족의 고통 해소, 민족 정체성 회복, 한반도와 세계 평화에 기여
통일의 방법	평화적이고 점진적이고 단계적인 통일, 주변국과의 협력을 통한 통일, 국민적 이해와 합의를 토대로 한 민주적 통일

2 국제 분쟁의 해결과 평화

1. 국가 분쟁의 윤리적 해결

국가 분쟁의 유형	• 영토 분쟁, 인종 · 민족 분쟁, 종교 분쟁, 자원 분쟁 등 다양한 형태로 나타남 • 최근에는 무차별적으로 일반 시민을 공격하는 테러가 증가하고 있음
국가 분쟁의 해결 방법	• 모겐소 : 국가의 이익이 도덕성과 충돌할 때 도덕성보다 국가의 이익을 우선시해야 한다고 주장 (현실주의적 입장) • 웬트 : 국가는 상대국과 상호 작용을 통해서 정체성을 형성하고 관계를 정립한다고 주장(구성주의적 입장) • 칸트 : 분쟁 관계에서 국가는 도덕성을 고려해야 하며, 국가의 이익보다 인간의 존엄성, 자유, 평등 등 보편적인 가치를 우선하여 달성해야 한다고 주장(이상주의적 입장)

2. 국제 평화를 실현하기 위한 노력

칸트	• 평화에 이르기까지 전쟁을 없애야 한다고 주장 • 국내적으로 내정 간섭을 받지 않는 공화제를 도입하고, 국제적으로 보편적 우호관계에 따라 국제법을 적용하는 국제적 연맹 창설 구상
갈퉁	• 소극적 평화 : 테러, 범죄 전쟁과 같은 물리적 폭력이 없는 상태 • 적극적 평화 : 물리적 폭력은 물론 문화적 폭력과 구조적 폭력이 사라진 상태 • 갈퉁은 직접적 폭력뿐만 아니라 구조적 폭력, 문화적 폭력은 서로 연관되어 있으며, 이러한 모든 폭력을 극복한 상태를 평화라고 보았음

3 국제 사회에 대한 책임과 기여

	싱어	• 모든 사람의 고통을 감소시키고 쾌락을 증진시키는 것이 인류의 의무임 • 부유한 나라는 윤리적 의무 차원에서 약소국을 원조해야 한다고 주장함
의무의 관점	칸트	타인의 곤경에 무관심한 태도가 보편적인 윤리로 통용될 수 없음을 강조하며, 선행의 실천이야말로 도덕적 의무라고 주장함
	롤스	원조의 목적은 불리한 여건으로 인해 고통받는 사회를 질서 정연한 사회로 만드는 것이지, 모든 인류의 복지 수준을 향상시키는 것은 아니라고 주장함
자선의 관점	노직	개인이 사적인 차원에서 자발적으로 가난한 사람들을 도와줄 수는 있지만 이들에 대한 윤리적 의무는 존재하지 않는다고 주장함

칸트가 주장한 영구 평화를 위한 확정 조항

1. 모든 국가의 시민적 정치 체제는 공화정체이어야 한다.
2. 국제법은 자유로운 국가들의 연방 체제에 기초해야 한다.
3. 세계 시민법은 보편적 우호의 조건들에 국한되어야 한다.

약소국에 대한 원조의 윤리적 근거

• 의무의 관점 : 부유한 나라의 약소국에 대한 원조 그 자체가 윤리적 의무라고 봄
• 자선의 관점 : 부유한 나라의 약소국에 대한 원조는 자선의 형태로 이루어져야 한다고 봄→ 원조는 자유로운 선택의 문제

질서 정연한 사회

사회의 기본 제도가 공정으로서의 정의 원칙에 따라 만들어져 운영되고 있으며, 그런 사실을 사회 구성원들이 알고 있는 사회이다.

평화 비용, 분단 비용, 통일 비용

평화 비용	통일 이전에 한반도의 평화를 유지하고 정착시키기 위해 지불해야 하는 비용을 말함
분단 비용	분단으로 인해 발생하는 비용으로 유형적 비용(군사 비용, 외교 비용, 대북 관련 기관 유지 비용)과 무형적 비용(전쟁 가능성에 따른 공포, 이산가족의 고통, 이념적 갈등과 대립, 국토 이용의 제한, 외국인 투자 감소)이 있음
통일 비용	통일 이후 남북한이 하나의 통합 국가로 정치, 경제, 사회 시스템이 안정을 이루면서 정상 운영되기 위해 부담해야 되는 비용

수능 출제 패턴 분석 통일의 의의, 평화 비용, 분단 비용

유형보기

1. 통일의 필요성 교육청

남측 가족 94명과 북측 가족 203명이 만나는 남북 이산가족 2차 상봉 행사가 오늘 오전 작별 상봉을 끝으로 마무리되었다. 2박 3일 동안 이루어진 이번 상봉에서 가족들은 비공개 개별 상봉과 단체 상봉 등 모두 여섯 차례의 짧은 만남을 가졌다. 이번 상봉은 추석을 계기로 지난달 30일부터 1, 2차에 걸쳐 진행되었으며, 남측 이산가족 가운데 90세 이상의 고령자가 19명으로 역대 최대를 기록하였다.

자료 분석

(1) 제시문은 이산가족 상봉에 대한 보도 내용의 일부이다. 분단은 민족 분열과 함께 이산가족에게 많은 고통과 불행을 안겨 주었다.

(2) 통일은 인간적인 삶의 문제를 해결하고 민족 통합을 위해서라도 반드시 이루어져야 한다.

2. 독일 통일의 시사점 수능

갑작스럽게 통일이 이루어진 이후, 동서독 주민들은 통일 이전의 상이한 체제에서 비롯된 사고방식과 정서의 차이로 심각한 갈등을 겪었다. 서독인은 동독인을 가난하고 게으르다는 의미인 '오씨(Ossi)'로, 동독인은 서독인을 거만하고 잘났다는 의미인 '베씨(Wessi)'로 부르는 현상이 나타났다.

자료 분석

(1) 제시문은 독일이 제도적 차원의 통일 이후에도 옛 동독과 옛 서독 주민들 간의 갈등이 지속되었음을 보여 주고 있다.

(2) 독일 통일의 사례는 우리에게 외형적인 통일보다는 사회·문화적 교류의 확대를 통해 남북한의 이질성을 줄이는 일에 힘써야 한다는 시사점을 제공한다.

3. 통일을 위해 필요한 자세 교육청

통일은 반드시 이루어야 하는 민족 최대의 과업임에도 불구하고 우리 사회에서 통일의 필요성에 대한 부정적이고 회의적인 시각이 대두되고 있다. 분단의 장기화로 인해 국민들의 관심이 감소하고 통일 비용에 대한 부담감이 커지면서 통일의 당위성에 대한 논란이 가중되어 '남남(南南) 갈등'이 발생하고 있는 것이다. 그러므로 통일을 위해서는 이러한 '남남 갈등'을 극복하려는 노력이 우선되어야 한다. …(후략).

자료 분석

(1) 제시문은 우리 사회 내에서 일어나고 있는 남남 갈등의 문제를 설명하고 있다.

(2) 남남 갈등을 극복하고 통일을 이루기 위해서는 통일의 필요성에 대한 국민적 이해와 합의가 우선되어야 한다.

대표기출로 유형 감잡기

정답 및 해설 · p.054

357

정답률 85% 2023학년도 수능 ⓔ 연계

(가)의 입장에 비해 (나)의 입장이 갖는 상대적 특징을 그림의 ㉠~㉤ 중에서 고른 것은?

(가) 통일은 남한의 기술과 북한의 자원을 결합하여 경제 성장의 동력을 확보할 수 있기 때문에 필요하다. 그러나 통일을 해야 하는 보다 중요한 이유는, 통일이 군사적 위협을 해소하여 한반도 평화를 실현하고, 사회 복지 예산을 확충하여 사회적 불평등을 완화하고 사회 안전망을 강화할 수 있다는 점이다.

(나) 통일은 군사적 긴장을 해소하여 평화를 실현하고 분단 비용의 해소를 통해 사회 안전망의 토대를 마련할 수 있기 때문에 필요하다. 그러나 통일을 해야 하는 보다 중요한 이유는, 통일이 남북 경제권을 통합하여 경제 성장은 물론 동북아 경제 공동체 형성의 견인차 역할을 할 수 있다는 점이다.

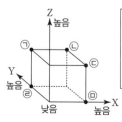

· X: 통일을 통한 경제 성장의 중요성을 강조하는 정도
· Y: 통일을 통한 한반도 평화 실현의 중요성을 강조하는 정도
· Z: 통일을 통한 사회 안전망 확대의 중요성을 강조하는 정도

① ㉠　　② ㉡　　③ ㉢　　④ ㉣　　⑤ ㉤

358

정답률 87% 2022학년도 수능 ⓔ 연계

다음 토론의 핵심 쟁점으로 가장 적절한 것은?

갑 : 현재의 분단 상황은 정전 상태로, 전쟁이 발생할 수 있는 불안정한 상태입니다. 따라서 이 상황이 끝나지 않는 한 한반도 평화와 지속 가능한 발전은 보장하기 어렵습니다.

을 : 맞습니다. 그래서 종전 선언이 필요합니다. 종전 선언은 남북한이 상호 적대 정책을 전환하는 신호탄이 될 것이며, 남북 교류의 물꼬를 트고 한반도 평화를 이끌어낼 것입니다.

갑 : 종전 선언으로 남북 교류가 확대될 수 있지만 북한의 대남 적대 정책은 유지될 것입니다. 따라서 종전 선언은 북한의 핵 폐기에 대한 반대급부로서 추진되어야 합니다.

을 : 종전 선언이 북한만을 위한 시혜는 아니므로 상호주의의 대상은 아닙니다. 오히려 종전 선언이 정전 상태를 명분으로 핵을 개발한다는 북한의 입장을 변화시킬 수 있습니다.

① 북한은 현재 대남 적대 정책을 취하고 있는가?
② 분단은 한반도의 지속 가능한 발전을 저해하는가?
③ 종전 선언을 통해 남북 교류가 활성화될 수 있는가?
④ 종전 선언은 상호주의 관점에서 이루어져야 하는가?
⑤ 현재의 한반도 상황은 전쟁이 종식되지 않은 상태인가?

359

난이도 상 중 하

남북 관계에 관한 다음의 입장이 반영된 진술로 가장 적절한 것은?

> 남북한은 반세기 동안 계속된 분단의 어려움을 겪고 있지만, 수천 년 간 동고동락해 온 민족 공동체라는 점에서 불신과 적대감을 해소할 수 있을 것이다. 통일 한국은 우리 민족의 바람을 달성하는 출발점이고, 세계로 향한 자주적 역량을 발휘할 수 있는 디딤돌이다.

① 자유 민주주의 체제의 우월성을 증명해야 한다.
② 냉전적 사고에 입각해서 북한을 평가해야 한다.
③ 통일 문제는 민족주의적 관점에서 다루어져야 한다.
④ 남한은 전적으로 옳고 북한은 그르다는 시각을 정립해야 한다.
⑤ '이데올로기적인 편향성'에 기초한 통일 정책을 마련해야 한다.

360

난이도 상 중 하

그림에서 밑줄 친 (가)에 들어갈 내용으로 가장 적절한 것은?

분단 상태를 유지하는 게 좋다고 생각해. 통일이 되면 남북한 격차를 줄이기 위해 너무나 많은 비용이 들어. 그러면 우리의 삶의 질이 지금보다 훨씬 더 떨어지게 될 거야.

나는 그렇게 생각하지 않아. 왜냐하면, ___(가)___

갑   을

① 통일 비용은 국가 경제 발전을 가로막는 장애물이 될 거야.
② 통일이 된다고 모든 사회적 문제가 해결되는 것은 아니야.
③ 분단 비용은 지속적 비용이지만 우리에게 큰 부담은 아니야.
④ 분단으로 인한 남북한 경쟁이 우리 삶의 질을 높여줄 거야.
⑤ 남북 경제 통합을 통한 시너지(synergy) 효과가 발생할 거야.

361

난이도 상 중 하

다음 탐구 내용으로 볼 때, ㉠에 들어갈 탐구 주제로 가장 적절한 것은?

> • 탐구 주제 : ___㉠___
> • 탐구 내용
>   – 경제 통합을 통한 시너지 효과 발생
>   – 장기적 관점에서 실용적 이득
>   – 전쟁 위협과 불안 제거
>   – 한반도 및 동북아시아 지역의 평화 정착
>   – 남북한 이산가족과 국민의 인권 보장

① 남북 분단의 원인은 무엇인가?
② 남북 통일 정책은 어떻게 다른가?
③ 남북 통일의 장애 요인은 무엇인가?
④ 남북의 사회 · 문화는 어떻게 다른가?
⑤ 남북 통일이 필요한 이유는 무엇인가?

362

난이도 상 중 하

(가)의 문제를 (나)의 입장에서 해결하고자 할 때 옳은 진술만을 〈보기〉에서 고른 것은?

(가)	• 2010년 북한 이탈 주민 1만 2,205가구를 대상으로 실시한 생활 실태 조사에 의하면, 탈북자 가구의 절반 이상이 월 평균 수입 100만 원 미만의 열악한 생활을 하고 있다. 월수입이 50만 원이 되지 않는 가구도 전체의 23.3%였다. • 경제 활동 인구는 21.4%에 불과했고, 대부분 일용직(31.2%), 비정규직(23.1%), 무직(24.3%)이었다. 정착 과정의 어려움을 꼽으라는 질문에 경제적 곤란이 39.1%로 가장 많았으며 문화적 이질감이 14.3%, 취업 곤란 13.6%, 주변의 무시나 편견이 11.3%로 나타났다.
(나)	사회 집단의 도덕성은 개인의 도덕성보다 현저하게 떨어진다. 따라서 복잡한 사회 문제를 해결하기 위해서는 사회적 차원의 정책과 제도적 접근이 필요하다.

〈보기〉
ㄱ. 북한 이탈 주민을 더불어 살아가야 하는 존재로 인식한다.
ㄴ. 북한 이탈 주민의 정착 지원을 확대하는 법안을 마련한다.
ㄷ. 북한 이탈 주민의 입장과 처지를 이해하기 위해 노력한다.
ㄹ. 북한 이탈 주민의 적응을 돕는 특성화된 교육 제도를 강화한다.

① ㄱ, ㄴ   ② ㄱ, ㄷ   ③ ㄴ, ㄷ
④ ㄴ, ㄹ   ⑤ ㄷ, ㄹ

국제 분쟁의 해결과 평화

수능 출제 패턴 분석 국제 관계에 대한 입장, 형사적 정의, 분배적 정의, 국제 평화

유형보기

1. 국제 관계에 대한 현실주의의 입장 수능

전쟁을 말하면서 전쟁의 비참함을 나열하는 것은 의미가 없다. 누구도 무지 때문에 전쟁을 벌이는 것이 아니라 싸우는 것이 이익이 될 것이라 생각하기 때문에 공포심이 들어도 전쟁을 피하지 않는 것이다. 국가는 전쟁을 통한 이익이 전쟁에 따른 손실보다 크다고 생각할 경우에는 전쟁의 위험을 기꺼이 감수한다.

자료 분석

(1) 제시문에는 국제 관계에 대한 현실주의의 입장이 담겨 있다.
(2) 현실주의는 인간의 이기적 본성에 주목하고, 국익을 극대화하려는 국가 정책에서 분쟁의 원인을 찾으며, 국가 간의 세력 균형을 통한 분쟁 억제를 주장한다.

2. 국제 관계에 대한 이론 교육청

(가) 국제 정치는 힘의 논리가 우선되며, 각 개별 국가들의 이익의 관점에서 정의된 권력을 위한 공간이다.
(나) 인간은 근본적으로 상호 협력할 수 있는 존재이므로 국가 간 이해관계도 협력을 통해 조정함으로써 평화를 달성할 수 있다.
(다) 국가는 자신의 정체성을 구성하는 개념적 틀을 바탕으로 상대 국가와의 관계를 규정한다. 국제 관계는 물적 자원, 이익, 제도뿐만 아니라 관념으로 구성된다.

자료 분석

(1) (가)는 현실주의, (나)는 이상주의, (다)는 구성주의이다.
(2) 현실주의는 국가 간 동맹을 통해 평화를 유지할 수 있다고 본다.
(3) 이상주의는 구성주의와 달리 국제법이나 국제기구의 역할을 통해 평화 구축이 가능하다고 본다.
(4) 구성주의는 국제 관계가 문화적 속성에 기초한 상호 작용에 의해 형성될 수 있다고 본다.

3. 칸트의 영구 평화론 교육청

타국과의 전쟁 중 미래의 평화를 고려하여 상호 신뢰를 불가능하게 만들 수 있는 적대 행위를 해서는 안 된다. 각 국가의 시민적 체제는 공화정이어야 하며 국제법은 자유로운 국가들의 연방제에 기초해야 한다.

자료 분석

(1) 제시문은 영구 평화론을 주장하는 칸트이다.
(2) 칸트는 국내적으로 내정 간섭을 받지 않는 공화제를 도입하고, 국제적으로 보편적 우호관계에 따라 국제법을 적용하는 국제적 연맹을 창설할 것을 주장한다.
(3) 칸트는 전쟁을 반대하고, 영구적인 평화를 위해 국가 간에 신뢰가 정착되어야 함을 강조한다.

대표기출로 유형 감잡기
정답 및 해설 · p.055

363
정답률 72% | 2024학년도 수능 ⓔ 연계

갑, 을 사상가들의 입장으로 옳지 <u>않은</u> 것은?

갑 : 국제 사회에서 평화 실현은 도덕적 의무이다. 국가는 세계 시민법에 따라 외국 방문객이 평화적으로 처신하는 한 적대적으로 대하면 안 된다. 세계 시민법의 이념은 공적인 인권과 영원한 평화를 위해 필요하다.

을 : 국제 정치에서 평화 유지는 세력 균형을 통해 가능하다. 모든 정치가 그러하듯 국제 정치도 권력을 얻기 위한 투쟁이다. 따라서 국제 정치의 본질상 평화 상태에서도 폭력 사용의 가능성은 항상 존재한다.

① 갑 : 국가는 모든 외국인에 대해 호의적으로 대할 필요는 없다.
② 갑 : 국가 간 신뢰를 불가능하게 하는 적대 행위를 해서는 안 된다.
③ 을 : 국제 정치에서 개별 국가들의 권력욕은 갈등의 원인이다.
④ 을 : 국제법에 근거한 세력 균형이 유일한 평화 유지 수단이다.
⑤ 갑과 을 : 국제 연맹은 독립된 국가처럼 주권을 행사할 수 없다.

364
정답률 71% | 2023학년도 10월 교육청

갑, 을 사상가들의 입장으로 가장 적절한 것은?

갑 : 직접적 폭력, 구조적 폭력, 문화적 폭력에 대한 진단, 예측, 처방이 필요하다. 진정한 평화는 직접적 폭력뿐만 아니라 구조적 폭력, 문화적 폭력이 모두 사라져야 실현된다.

을 : 이성이 전쟁을 탄핵하고 평화 상태를 의무로 부과해도 국가 간의 계약 없이는 영원한 평화가 보장될 수 없다. 모든 전쟁을 영원히 종식시키는 평화 연맹이 필요하다.

① 갑 : 문화적 폭력으로 인해 비의도적 차별이 정당화될 수 있다.
② 갑 : 평화적 수단과 과정으로는 진정한 평화를 실현할 수 없다.
③ 을 : 평화를 위해 국가 간 계약을 주도할 세계 정부가 필요하다.
④ 을 : 국가 간 적대 행위의 중단은 영원한 평화 상태를 보증한다.
⑤ 갑과 을 : 국가 정치 체제는 평화 실현에 영향을 주지 않는다.

365

정답률 73% | 2023학년도 6월 평가원

(가)의 입장에 비해 (나)의 입장이 갖는 상대적 특징을 그림의 ㉠~㉤ 중에서 고른 것은?

> (가) 오직 국익에 도움이 되는지 여부를 기준으로 국가의 대외 정책의 좋고 나쁨이 결정된다. 힘의 논리를 바탕으로 한 국익 추구로 인하여 국제 분쟁이 발생하며, 평화는 힘의 균형을 통해 전쟁을 예방 또는 억지함으로써 달성될 수 있다.
>
> (나) 국제 사회의 부정의는 국가들의 행동을 규제하는 국제기구나 국제적 규범을 통해 해결할 수 있다. 국제법은 국제 사회에서 매우 중요하며, 평화는 국가 간의 이성적 대화와 협력, 국제기구 등의 노력을 통해 달성될 수 있다.

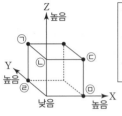

> · X: 국제법을 통한 평화 실현에 회의적인 정도
> · Y: 분쟁의 원인을 상대에 대한 오해에서 찾는 정도
> · Z: 다른 국가를 잠재적 위협으로 인식하는 정도

① ㉠　　② ㉡　　③ ㉢　　④ ㉣　　⑤ ㉤

366

정답률 74% | 2022학년도 9월 평가원

다음을 주장한 사상가의 입장으로 가장 적절한 것은?

> 국가들 사이의 영원한 평화를 위한 확정 조항은 다음과 같다. 첫째, 모든 국가의 시민적 정치 체제는 공화 정체여야 한다. 모든 입법은 근원적 계약의 이념에서 나오는 공화 정체에 기초해야만 한다. 둘째, 국제법은 자유로운 국가들의 연방 체제에 기초해야 한다. 국가들은 국제법의 이념에 따라 움직이지 않기에 전쟁을 방지하기 위하여 지속적인 연맹이 필요하다. 셋째, 세계 시민법은 보편적 우호의 조건들에 국한되어야 한다. 여기서 우호란 외국인이 타국의 영토에 도착했다고 해서 적대적으로 취급받지 않을 권리를 의미한다.

① 국제 관계에서는 국가가 유일한 행위자로 간주된다.
② 국제 연맹은 국가와 같은 주권적 권력으로 기능해야 한다.
③ 평화 조약을 통해 모든 전쟁들을 영원히 종식시킬 수 있다.
④ 국가 간 분쟁의 해소가 영원한 평화 실현의 충분조건은 아니다.
⑤ 정치 체제의 개선이 평화의 실현을 위한 전제 조건은 아니다.

367

정답률 77% | 2021학년도 10월 교육청

갑, 을, 병 사상가들의 입장으로 가장 적절한 것은?

> 갑 : 실천 이성이 평화 상태를 직접적 의무로 부과하더라도 국가 간의 계약 없이 영원한 평화는 있을 수 없다. 모든 전쟁의 종식을 추구하는 평화 연맹이 있어야 한다.
>
> 을 : 국제 관계에서 국가 간 평화를 유지하는 방법은 세력 균형이다. 한 국가가 세력 균형의 유지와 재수립을 위해 사용하는 가장 주된 방법은 군비 경쟁이다.
>
> 병 : 군비 경쟁이 초래하는 전쟁이 사라져야 평화가 실현될 수 있다. 나아가 전쟁과 같은 직접적 폭력뿐만 아니라 구조적·문화적 폭력까지 제거해야 진정한 평화가 실현된다.

① 갑 : 다수의 국제 연맹을 창설해야 항구적인 평화가 보장된다.
② 을 : 인간의 본성에 근거하여 국제 관계를 이해해서는 안 된다.
③ 병 : 구조적 폭력과 문화적 폭력은 항상 의도적으로 발생한다.
④ 갑, 을 : 국가들 간의 모든 분쟁은 국제법으로 해결해야 한다.
⑤ 갑, 병 : 진정한 평화의 실현을 위해 군비 경쟁을 삼가야 한다.

예상문제로 유형 익히기

정답 및 해설 • p.055

368

난이도 상 중 하

국제 관계에 대한 다음의 관점과 일치하지 않는 것은?

> · 인간은 상호 협력을 할 수 있는 존재로서, 국가 간 이해관계를 조정하여 조화와 평화를 달성할 수 있다.
> · 정보화, 세계화로 인해 국제 여론의 영향력이 강력해졌으므로, 윤리적으로 정당화될 수 없는 행위는 국제 여론의 비판 대상이 된다.
> · 환경 오염이나 자원 고갈, 국제 경제 문제들을 해결하기 위해서는 국가 간의 대화와 협력이 필수적이다.

① 국가 간의 분쟁은 잘못된 제도에서 비롯된 것이다.
② 세계 평화의 실현을 위해 국제 기구의 설립이 필요하다.
③ 국제 평화를 이루는 유일한 방법은 세력 균형을 달성하는 것이다.
④ 국제법과 국제 행위 규범을 통해 국제 관계의 갈등을 해결할 수 있다.
⑤ 국가는 이성을 가진 인간의 집합체이므로 국가 간의 균형은 자연스럽게 이루어질 수 있다.

369 Challenge 30% 고난도

(가), (나)의 문제를 해결하기 위해 강조해야 할 정의의 내용과 그 해결 방안이 옳게 짝지어진 것은?

> (가) 지난 반세기 동안 빈곤층은 크게 줄었지만 아프리카 사람들의 생활 조건은 크게 달라지지 않았다. 1870년에 가장 부유한 선진국 국민이 벌어들인 수입은 가장 가난한 나라의 국민이 벌어들인 수입보다 9배 정도 많았다. 그런데 이 격차는 이제 더 심해졌다. 2008년에 부유한 나라의 국민은 가난한 나라의 국민보다 평균 42배에 달하는 돈을 벌어들였다.
>
> (나) '카틴 숲 학살'은 1940년 제2차 세계 대전 당시 구소련군이 자행한 폴란드 인에 대한 집단 학살이다. 폴란드로 쳐들어간 구소련은 포로로 끌고 간 폴란드군과 시민 2만 2,000여 명을 러시아의 카틴 숲에서 학살하였다. 이 사건은 1943년 4월 집단 매장된 시신이 발견되면서 세상에 알려졌다.

① (가) : 분배적 정의 — 반인도주의적 범죄자를 공정하게 처벌한다.
② (가) : 분배적 정의 — 국가 간에 활발히 자유 무역 협정을 체결한다.
③ (나) : 형사적 정의 — 국제 형사 재판소의 수사 및 처벌 권한을 강화한다.
④ (나) : 형사적 정의 — 지리적으로 인접한 국가들끼리 경제적 유대와 협력을 강화한다.
⑤ (나) : 형사적 정의 — 부유한 국가가 개발 도상국에게 경제적 지원이나 기술 이전을 실시한다.

370

제시문은 어느 선언문의 일부이다. 이 선언을 실천하기 위한 자세로 적절하지 않은 것은?

> 우리가 모두 힘을 모으면 '전쟁과 폭력의 문화'를 '평화와 비폭력의 문화'로 바꿀 수 있다. 이를 위해 우리는 미래 세대에게 인간의 존엄성, 화합, 정의, 연대, 자유, 번영의 가치를 일깨우고자 한다. 평화와 비폭력의 문화는 인간의 자아실현, 지속 가능한 발전과 환경 보호를 가능하게 할 것이다.

① 내 시간과 물질적 자산을 이웃과 나눈다.
② 표현의 자유와 문화적 다양성을 옹호한다.
③ 차별이나 편견 없이 모든 사람을 존중한다.
④ 모든 생명을 존중하고 자연의 균형 보전을 위해 힘쓴다.
⑤ 모든 생산 수단의 공유가 실현된 정의로운 사회를 추구한다.

371

다음은 주관식 평가 문제와 어느 학생의 답안이다. 빈칸 ㉠에 들어갈 알맞은 진술만을 〈보기〉에서 있는 대로 고른 것은?

> ◎ 문제 : 빈칸에 들어갈 적합한 내용을 4가지 쓰시오.
>
> ◎ 학생 답안
> 세계는 서구권, 중화권, 일본권, 힌두교권, 이슬람교권, 슬라브권, 남아메리카권, 아프리카권 등의 문명 권역으로 나누어져 있으며, 각 문명권은 핵심국을 중심으로 이합집산을 계속한다. 비슷한 문화 배경을 지닌 민족이나 나라는 핵심국을 중심으로 뭉치게 되며, 뚜렷한 핵심국을 갖지 못한 이슬람권과 남아메리카권, 아프리카권은 세계 질서의 불안정 요소가 될 것이다. 이러한 우려는 문명의 충돌로 이어진다. 보편 문명을 자처하는 오만하고 편협한 서구 문명의 자세는 다른 문명, 특히 이슬람, 중국과 갈등을 빚게 될 것이다. 따라서 문명의 충돌로 생기는 분쟁을 해결하기 위해서는 ㉠

> 〈보기〉
> ㄱ. 다른 문화에 대해 개방적인 자세를 지녀야 한다.
> ㄴ. 자신의 종교를 다른 무엇보다 더 소중히 여겨야 한다.
> ㄷ. 문화의 공통점에 근거하여 하나의 문명으로 통일시켜야 한다.
> ㄹ. 서로의 차이와 다양성을 존중하는 관용의 자세를 가져야 한다.

① ㄱ, ㄴ
② ㄱ, ㄹ
③ ㄷ, ㄹ
④ ㄱ, ㄴ, ㄷ
⑤ ㄴ, ㄷ, ㄹ

국제 사회에 대한 책임과 기여

국제 원조, 의무의 관점(싱어, 칸트, 롤스), 자선의 관점(노직)

유형보기

1. 해외 원조에 대한 롤스와 싱어의 입장

갑 : 만민들의 사회의 기본 구조에서 일단 원조의 의무가 충족되고 모든 만민이 자유주의적 정부나 적정 수준의 정부가 작동하는 상황에 이르게 되면, 상이한 만민 간의 평균적 부의 차이를 다시 좁혀야 할 이유는 없다.

을 : 기아의 원인은 인구 과잉이 아니라 가난한 나라 사람들에 대한 무관심이다. 선진국 사람들은 기아로 고통받는 사람들과 자신들의 이익 관심을 동등하게 고려하여 넘쳐 나는 식량을 원조함으로써 인류 전체의 행복을 증진시켜야 한다.

자료 분석

공적 개발 원조란 선진국에서 개발 도상국이나 국제 기관에 도움을 주는 것을 말한다. 우리나라의 국민 총소득 대비 원조 비율은 선진국에 비해 높지 않으며, OECD 개발 원조 위원회 회원국 가운데 16위에 해당한다.

2. 싱어의 약소국에 대한 원조 – 의무의 관점

출근길 연못에서 허우적대는 아이가 보인다. 이제 겨우 걸음마를 하는 아주 어린아이다. 주위에는 아무도 없다. 뛰어 들어가 구하지 않으면 빠져 죽고 말 것이다. 물에 들어가기란 어렵지 않고 위험하지도 않다. 하지만 며칠 전에 산 새 신발이 더러워질 것이다. 양복도 젖고 진흙 투성이가 되리라. 아이를 보호자에게 넘겨주고 옷을 갈아입고 나면 틀림없이 지각이다. 이제 어떻게 할 것인가?

자료 분석

제시문은 싱어의 주장이다. 그는 공리주의의 관점에서 모든 사람의 고통을 감소시키고 쾌락을 증진시키는 것이 인류의 의무라고 보고, 빈곤으로 인해 고통받고 있는 약소국에 대한 원조를 강조하였다.

3. 노직의 약소국에 대한 원조 – 자선의 관점

개인이 정당하게 취득한 재산은 다른 개인이나 국가가 결코 침해할 수 없는 배타적 소유권을 가지며, 그 재산을 가지고 무엇을 할 것인지는 개인의 자유로운 선택에 달려 있다. 개인이 사적인 차원에서 자발적으로 가난한 사람들을 도와줄 수는 있지만, 이들에 대한 윤리적 의무는 존재하지 않는다.

자료 분석

제시문은 자유주의 사상가인 노직이다. 그는 부유한 나라의 약소국에 대한 원조는 부유한 개인이나 국가가 자율적으로 선택해야 할 문제라고 주장하였다.

대표기출로 유형 감잡기

정답 및 해설 • p.056

372

정답률 60% | 2024학년도 수능 ⓔ 연계

갑, 을 사상가들의 입장으로 적절한 것만을 〈보기〉에서 있는 대로 고른 것은?

갑 : 질서 정연한 사회의 장기 목표는 무법 국가와 마찬가지로 고통받는 사회들을 질서 정연한 만민의 사회에 가입시키는 것이어야 한다. 고통받는 사회가 적정 수준의 사회가 되면 더 이상의 원조는 필요하지 않다.

을 : 우리는 인류의 고통을 감소시키고 쾌락을 증진할 의무를 지닌다. 우리에게는 얼마 되지 않는 비용으로 곤궁한 타인의 복리에 중요한 변화를 일으킬 수 있을 때 발생하는 의무보다 우선할 수 있는 것은 없다.

〈보기〉
ㄱ. 갑 : 독재나 착취로 빈곤한 사회는 원조 대상이 될 수 없다.
ㄴ. 갑 : 고통받는 사회가 스스로 정치 문화를 개선하도록 원조해야 한다.
ㄷ. 을 : 지구촌의 절대 빈곤 해결을 위한 원조의 의무는 정언 명령이다.
ㄹ. 갑과 을 : 원조의 목적은 인류 복지 수준의 균등화가 아니다.

① ㄱ, ㄷ   ② ㄱ, ㄹ   ③ ㄴ, ㄹ
④ ㄱ, ㄴ, ㄷ   ⑤ ㄴ, ㄷ, ㄹ

373

정답률 53% | 2024학년도 6월 평가원

갑, 을 사상가들의 입장으로 적절한 것만을 〈보기〉에서 고른 것은?

갑 : 고통받는 사회들만 원조가 필요하다. 원조의 목표는 고통받는 사회들이 질서 정연한 국제 사회의 구성원이 되게 하는 것이다. 이러한 목표나 차단점을 넘어서면 원조는 필요 없다.

을 : 절대 빈곤은 매우 나쁜 것이다. 우리에게 그에 상응하는 도덕적으로 중요한 일을 희생시키지 않고 절대 빈곤을 감소시킬 힘이 있다면, 인류 복지의 최대화를 위해 우리는 마땅히 그렇게 해야 한다.

〈보기〉
ㄱ. 갑 : 공격적인 사회는 자원이 매우 부족해도 원조 대상이 아니다.
ㄴ. 을 : 절대 빈곤의 감소를 위한 원조는 예외 없는 도덕적 의무이다.
ㄷ. 을 : 원조는 이익 평등 고려의 원칙에 따른 전 지구적 의무이다.
ㄹ. 갑과 을 : 원조 대상의 경제력은 원조 결정의 고려 사항이 아니다.

① ㄱ, ㄴ   ② ㄱ, ㄷ   ③ ㄴ, ㄷ   ④ ㄴ, ㄹ   ⑤ ㄷ, ㄹ

374

정답률 47% | 2022학년도 10월 교육청

(가)의 갑, 을, 병 사상가들의 입장을 (나) 그림으로 표현할 때, A~D에 해당하는 적절한 진술만을 〈보기〉에서 있는 대로 고른 것은?

(가)	갑 : 우리는 절대 빈곤이 나쁜 것임을 안다. 도덕적으로 중요한 일을 희생하지 않고 절대 빈곤을 감소시킬 수 있는 사람은 마땅히 원조의 의무를 갖는다. 을 : 우리는 고통받는 사회의 구성원이 자유로운 사회의 자유롭고 평등한 시민 또는 적정 수준의 사회 구성원이 되도록 원조해야 한다. 병 : 우리는 각자의 삶을 영위하는 서로 다른 개인이다. 국가는 개인에게 사회적 선을 위한 희생을 요구하면서 개인의 소유 권리를 침해하면 안 된다.

(나)

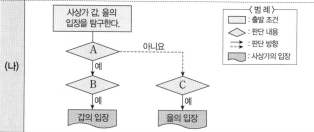

〈범례〉
A: 갑만의 입장
B: 갑과 을만의 공통 입장
C: 을과 병만의 공통 입장
D: 갑, 을, 병의 공통 입장

〈보기〉

ㄱ. A : 개인뿐만 아니라 국가도 인류의 복지 증진을 목적으로 원조를 해야 한다.

ㄴ. B : 원조는 주체와 대상의 친소 관계와는 무관하게 실천해야 할 윤리적 의무이다.

ㄷ. C : 원조를 위해 세금을 부과하는 것은 소유 권리를 침해하는 것이 아니다.

ㄹ. D : 국가가 원조를 통해 부국과 빈국의 경제적 평등을 실현해야 하는 것은 아니다.

① ㄱ, ㄷ　　　② ㄴ, ㄹ　　　③ ㄷ, ㄹ
④ ㄱ, ㄴ, ㄷ　　　⑤ ㄱ, ㄴ, ㄹ

375

정답률 63% | 2020학년도 9월 평가원

(가)의 갑, 을 사상가들의 입장을 (나) 그림으로 표현할 때, A~C에 해당하는 적절한 질문만을 〈보기〉에서 있는 대로 고른 것은?

(가)	갑 : 고통받는 사회는 정의로운 정치 체제를 만들 수 있는 전통을 결핍하고 있다. 질서 정연한 사회의 만민은 이러한 고통받는 사회를 원조해야 할 의무를 갖는다. 을 : 절대 빈곤은 나쁘다. 어떤 절대 빈곤이 그에 상당하는 도덕적으로 중요한 다른 일을 희생하지 않고서 방지될 수 있다면, 우리는 이 절대 빈곤을 막아야만 한다.

(나)

〈범례〉
□ : 출발 조건
◇ : 판단 내용
→ : 판단 방향
▨ : 사상가의 입장

사상가 갑, 을의 입장을 탐구한다.
→ A → 아니요 → C
예 ↓　　　예 ↓
B　　　을의 입장
예 ↓
갑의 입장

〈보기〉

ㄱ. A : 원조는 국가 간 복지 수준의 조정을 목표로 하는가?

ㄴ. B : 원조는 국가 간에 자원을 재분배하는 윤리적 의무인가?

ㄷ. C : 질서 정연한 사회의 구성원은 원조 대상이 될 수 있는가?

ㄹ. C : 원조 주체와 대상의 이익을 평등하게 고려해야 하는가?

① ㄱ, ㄴ　　　② ㄱ, ㄷ　　　③ ㄷ, ㄹ
④ ㄱ, ㄴ, ㄹ　　　⑤ ㄴ, ㄷ, ㄹ

376

정답률 59% | 2020학년도 6월 평가원

갑, 을 사상가들의 입장으로 적절한 것만을 〈보기〉에서 있는 대로 고른 것은?

갑 : 원조는 빈곤으로 고통을 받고 있는 전 세계 사람들을 위해 자신의 소득의 일부를 나누어 주는 것이다. 우리는 모든 존재의 이익을 평등하게 고려하여 원조를 해야 한다.

을 : 원조의 목적은 불리한 여건으로 인해 고통을 받고 있는 사회를 질서 정연한 만민들의 사회로 편입시켜 자유와 평등을 확립하도록 도와주는 것이다.

〈보기〉

ㄱ. 갑 : 공리의 원리에 따라 인류의 부가 균등할 때까지 원조해야 한다.

ㄴ. 갑 : 원조의 결과로 모든 사람이 경제적 이익을 얻어야만 한다.

ㄷ. 을 : 자립적인 정의 사회는 빈곤해도 원조 대상에서 제외될 수 있다.

ㄹ. 갑, 을 : 해외 원조는 자선의 차원을 넘어 윤리적 의무가 된다.

① ㄱ, ㄴ　　　② ㄱ, ㄷ　　　③ ㄷ, ㄹ
④ ㄱ, ㄴ, ㄹ　　　⑤ ㄴ, ㄷ, ㄹ

377

난이도 상 중 **하**

다음 내용을 토대로 해외 원조에 대한 바람직한 태도를 추론한 것으로 가장 적절한 것은?

> 우리는 '우리'라는 감각을 확장시키려는 노력을 끊임없이 해야 한다. 처음에는 이웃 동포의 가족을 '우리'에 포함시키고, 그 다음에는 강 건너의 부족, 그 다음에는 바다 건너의 이교도들을 포함시키는 등으로……. 이것은 우리가 지속적으로 이어가야 하는 과정이다. 우리는 주변화(周邊化)된 사람들, 즉 우리가 여전히 본능적으로 '우리'라기보다는 '그들'로 생각하는 사람들을 관심 있게 지켜보아야 한다. 우리는 그들과의 유사성에 주목해야 한다.

① 모든 인류의 동일한 생활 양식과 사고방식을 지향한다.
② 인류의 공존을 위해 전통 문화보다 외래문화를 중시한다.
③ 모든 인류가 하나의 세계에 있음을 깨닫고 해외 원조에 힘쓴다.
④ 모든 인류가 능력에 따라 일하고 필요에 의해 분배받는 사회를 추구한다.
⑤ 인류의 번영을 위해 개인의 자유와 경제적 효율성을 최고의 가치로 여긴다.

378

난이도 상 **중** 하

다음을 주장한 사람의 입장으로 옳은 것은?

> 전 세계의 모든 사람들을 하나의 공동체에 속한 것처럼 모두 동등하게 대우해야 한다는 것은 비현실적이다. 세계화 시대에도 국가의 테두리 내에서 대부분의 활동이 이루어지고 있으며 타국에 대한 지원은 제한적일 수밖에 없다. 극빈국에 대한 기부는 특별한 선행이고 권장해야 하는 자선 행위이다. 하지만 자선은 의무와 다른 것으로, 이것을 하지 않는다고 해서 도덕적 비난의 대상이 되지는 않는다.

① 부유한 나라는 약소국에 대해 원조 의무가 있다.
② 해외 원조는 자율적 선택의 문제로 보아야 한다.
③ 해외 원조를 하지 않으면 도덕적으로 비난해야 한다.
④ 가난한 국가들에 대한 해외 원조의 수준은 동일해야 한다.
⑤ 공동체 내부에 대한 원조보다는 외국에 대한 원조가 우선한다.

379

난이도 상 중 **하**

다음을 주장한 사상가가 지지할 입장만을 〈보기〉에서 있는 대로 고른 것은?

> 자기 가족의 기본적인 욕구를 충족하고도 남는 소득이 있는 모든 사람들은 세계의 극빈자들을 돕기 위한 단체에 자신의 소득 중에서 최소한 1%를 기부해야 한다. 이런 기준을 충족하지 못하는 사람들은 전 지구적인 의무를 공정하게 나누지 않은 것이며, 따라서 심각하게 도덕적으로 잘못된 일을 행하는 것으로 간주되어야 한다. 이것은 최소한의 기부액이지 최적의 기부액은 아니다.

〈보기〉
ㄱ. 해외 원조의 범위는 민족이나 국가를 초월한다.
ㄴ. 해외 원조는 의무의 차원에서 이루어져야 한다.
ㄷ. 해외 원조를 실천하지 않는 것은 비윤리적 행위이다.
ㄹ. 국내 원조와 달리 해외 원조는 자율적 선택의 문제이다.

① ㄱ, ㄴ ② ㄴ, ㄹ ③ ㄷ, ㄹ
④ ㄱ, ㄴ, ㄷ ⑤ ㄱ, ㄷ, ㄹ

380 Challenge 30% 고난도

난이도 **상** 중 하

(가)의 갑, 을 사상가들의 입장을 (나) 그림과 같이 탐구하고자 할 때, A~C에 들어갈 옳은 질문만을 〈보기〉에서 있는 대로 고른 것은?

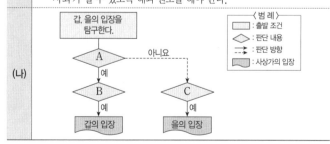

(가)	갑 : 물에 빠진 아이를 구하는데 이것저것 따질 필요가 없고 그러기 위해 상당한 손해를 보더라도 감수해야 마땅하듯이, '이익 평등 고려의 원칙'을 바탕으로 전 세계의 가난한 사람들에게 해외 원조를 해야 한다.
	을 : 빈곤의 문제는 주로 정치 체제의 결함으로 인해 발생하므로, 그로 인해 고통받는 사회가 적정 수준의 정치 체제를 형성하여 '질서 정연한 사회'가 될 수 있도록 해외 원조를 해야 한다.

〈보기〉
ㄱ. A : 해외 원조는 의무의 차원에서 이루어져야 하는가?
ㄴ. B : 해외 원조는 개개인보다 국가에 초점을 맞추어야 하는가?
ㄷ. C : 해외 원조에서 사회 제도의 개선이 중시되어야 하는가?
ㄹ. C : 해외 원조는 그 사회의 상황에 따라 다르게 이루어져야 하는가?

① ㄱ, ㄴ ② ㄴ, ㄷ ③ ㄷ, ㄹ
④ ㄱ, ㄴ, ㄹ ⑤ ㄱ, ㄷ, ㄹ

381

윤리학에 대한 (가), (나)의 입장으로 가장 적절한 것은?

(가)	윤리학은 다양한 윤리 이론을 토대로 적절한 윤리적 판단 기준을 적용하여 현대인의 삶의 영역에서 제기되는 다양한 윤리 문제를 해결하는 것을 목표로 해야 한다.
(나)	윤리학은 도덕 판단이 무엇인지를 파악해야 하고, '옳다'는 것과 '그르다'는 것의 의미, '선하다'고 하는 것과 '악하다'고 하는 것의 의미가 무엇인지를 파악해야 한다.

① (가) : 도덕적 추론의 규칙을 검토하고 연구하는 데 중점을 두어야 한다.
② (가) : 사회적 관습이나 관행으로서의 윤리를 과학적으로 연구해야 한다.
③ (나) : 도덕 언어의 분석을 윤리학적 탐구의 핵심 과제로 삼아야 한다.
④ (나) : 도덕적 행위에 대한 이론적 분석과 정당화를 주로 다루어야 한다.
⑤ (가), (나) : 도덕 원리를 응용하여 구체적 삶의 도덕 문제를 해결해야 한다.

382

갑은 부정, 을은 긍정의 대답을 할 질문으로 옳은 것은? [3점]

> **갑**: 바람직한 다문화 사회는 다양한 광석이 녹아 한 덩어리의 새로운 모습으로 탄생하는 용광로 모델을 지향해야 해.
>
> **을**: 아니야. 바람직한 다문화 사회는 다양한 재료가 어우러져 맛을 내는 샐러드 그릇 모델을 따라야 해.

① 비주류 문화를 주류 문화에 편입시켜야 하는가?
② 각 문화의 고유성과 다양성을 존중해야 하는가?
③ 단일한 문화에 바탕을 둔 민족 정체성을 지향해야 하는가?
④ 여러 문화를 통합하여 새로운 하나의 문화를 창출해야 하는가?
⑤ 다원주의를 전제로 하는 문화 간 위계질서를 확립해야 하는가?

383

다음을 주장한 사상가가 강조할 내용으로 옳은 것은?

> 개인들은 결정적인 행위의 문제에 있어서 자기 자신의 이익이 아닌 다른 사람의 이익을 고려할 수 있고, 또 때로는 자기의 유익보다 타인의 유익을 위할 수 있다는 의미에서 도덕적일 수 있다. 그러나 모든 인간 집단에는 집단을 형성하는 개인이 그들의 개인 관계에서 나타내는 것에 비해서 충동을 견제하고 지도할 만한 이성이 보다 적고, 자기 초월의 능력이 보다 적고, 다른 사람의 필요를 헤아릴 능력이 보다 적어서, 더 많은 무제한의 이기심이 나타난다.

① 개인의 도덕적 성찰은 정의 실현에 기여하지 못한다.
② 사회적 강제력을 통해서라도 사회 부정의를 해결해야 한다.
③ 현대 사회의 문제는 개인적인 수양을 통해서 해결될 수 있다.
④ 사회적 차원에서 추구하는 최고의 도덕적 이상은 이타성이다.
⑤ 개인의 행동은 사회 집단의 행동보다 도덕성이 떨어지고 저하된다.

384

갑, 을의 공통된 입장으로 가장 적절한 것은? [3점]

> **갑** : 모든 인간은 살인자에게 희생될 수 없다. 그러므로 살인자가 된다는 것은 자신이 죽임을 당해도 좋다고 동의한 것이다. 사회 계약은 생명을 처분하는 것이 아니라 생명을 보전하는 것이다. 시민은 국가에게 생명 박탈의 권리를 양도하였으므로 국가는 시민을 사형에 처할 권리가 있다.
> **을** : 살인범은 반드시 죽어야 한다. 정의를 실현하려면 다른 벌로 대체할 수 없다. 아무리 비참하더라도 삶은 죽음과 다르므로 범죄에 응당한 벌을 받으려면 가해자는 사형당해야 한다.

① 형벌은 죄에 대한 보복을 위해서 있는 것이 아니다.
② 질서 유지를 위한다는 이유로 사형을 집행해서는 안 된다.
③ 인간의 생명을 박탈하는 제도는 인간의 존엄성을 침해한다.
④ 사회 구조로 인해 일어난 범죄는 사회가 그 책임을 져야 한다.
⑤ 타인의 생명권을 침해한 사람은 그에 대한 정당한 대가를 지불해야 한다.

385

대화의 '스승'이 긍정의 대답을 할 질문으로 옳은 것은?

> 제자 : 스승님이 돌아가시면 후하게 장례를 치르고 싶습니다.
> 스승 : 내게는 하늘과 땅이 안팎 널이요, 해와 달이 한 쌍 옥이요, 별과 별자리가 둥근 구슬, 이지러진 구슬이요, 온갖 것들이 다 장례 선물이다. 내 장례를 위해 이처럼 모든 것이 갖추어져 모자라는 것이 없거늘 이에 무엇을 더한단 말인가?
> 제자 : 저희들은 까마귀나 솔개가 선생님의 시신을 먹을까봐 두렵습니다.
> 스승 : 땅 위에 있으면 까마귀나 솔개의 밥이 되고, 땅 속에 있으면 땅강아지와 개미의 밥이 되거늘 어찌 한쪽 것을 빼앗아 딴 쪽에 주려고 하는가?

① 죽음은 슬퍼할 필요가 없는 것인가?
② 죽음은 인간의 죄로 인해 생긴 형벌인가?
③ 죽음은 고통이 영원히 지속되는 상태인가?
④ 죽음은 불멸의 영혼이 신에게 돌아가는 것인가?
⑤ 죽음은 현실에서의 도덕적 삶보다 중요한 것인가?

386

(가), (나)의 입장에서 공통적으로 강조하는 내용을 <보기>에서 고른 것은?
[3점]

(가)	우리 모두는 인간이어야 하고, 그 다음 국민이어야 한다. 법에 대한 존경심보다는 먼저 정의에 대한 존경심을 지니는 것이 바람직하다. 불의가 당신으로 하여금 불의를 행하는 하수인이 되라고 요구한다면 그 법을 어겨라.
(나)	부당한 법률을 위반하는 사람은 솔직하고 겸허한 태도를 가져야 하며, 어떤 형벌도 달갑게 받아들여야 한다. 양심적으로 볼 때 부당하다고 판단되는 법률을 위반하되, 지역 사회의 양심에 그 법률의 부당성을 호소하기 위해 징역형도 불사하는 사람이야 말로 법률을 지극히 존중하는 사람이다.

<보기>
ㄱ. 합법적인 개혁 방법의 마지막 수단으로 사용해야 한다.
ㄴ. 부당한 정부 정책의 개선을 위해 처벌을 감수해야 한다.
ㄷ. 비폭력적인 방법을 사용해 부당한 정책에 저항해야 한다.
ㄹ. 부당한 정책일지라도 정책을 따르기 위해 노력해야 한다.

① ㄱ, ㄴ   ② ㄱ, ㄷ   ③ ㄴ, ㄷ
④ ㄴ, ㄹ   ⑤ ㄷ, ㄹ

387

밑줄 친 ㉠의 예로 적절하지 않은 것은?

> 상호 교류와 협력이 강조되는 지구촌 시대에 특별히 부각되는 가치가 있다. 그것은 다른 문화와 언어, 다른 피부색과 풍습, 다른 종교와 다른 사고방식에 대한 관용이다. 관용이란 새로운 것에 마음을 연다는 의미이다. 처음 보는 것이라고 해서 선입견을 가지거나 낯선 것이라고 해서 두려움을 가지지 않고, 이질적인 것을 다름 그 자체로 인정하고 받아들이는 것이다. 이미 다문화 사회로 접어든 우리나라에서도 ㉠관용의 자세를 갖출 수 있는 교육 활동을 마련하여 갈등과 대립을 화해와 협력으로 변화시켜야 할 것이다.

① 인종주의적 편견과 차별을 극복한 사례를 알아본다.
② 서로 다른 민족 간 교류와 체험의 기회를 확대한다.
③ 문화 갈등을 일으키는 생활 속 고정관념을 찾아본다.
④ 민족의 순수 혈통을 유지하기 위한 방안을 찾아본다.
⑤ 문화적 차별을 받는 사람을 도와줄 방법에 대해 알아본다.

388

(가), (나) 사상에 대한 설명으로 옳은 것은? [3점]

> (가) 덕은 전통과 서사적 맥락 속에 형성되는 것이다. 내면화된 덕은 일반화된 법칙으로부터의 추론 과정을 거쳐 표현되는 것이 아니라, 특수한 상황에서 행위자의 판단력으로 드러난다.
> (나) 여성은 다른 사람의 요구에 깊은 관심을 가지고 배려의 의무를 기꺼이 짊어지려는 특성이 있기 때문에, 자신과 견해를 달리하는 사람의 말에 귀를 기울이며 다른 관점들까지도 포함하여 판단한다.

① (가)는 인간에게 주어진 자연법을 도덕 원리로 추구한다.
② (가)는 이성, 권리, 공정성 등을 근거로 도덕 판단을 한다.
③ (나)는 유용성의 관점에서 배려의 의무를 실천하려고 한다.
④ (가)와 (나)는 보편적 도덕 원리보다 구체적 상황이나 맥락을 중시한다.
⑤ (나)는 (가) 사상이 남녀의 성차를 지나치게 강조하고 있다고 비판한다.

389

(가)의 갑, 을의 관점을 (나) 그림으로 나타내고자 할 때, (나)의 A, B에 들어갈 내용으로 적절한 것은? [3점]

(가)	갑 : 옳고 선한 결정을 위해 행위를 인도해 주는 어떤 규칙을 가지는 것도 도움이 되지만, 먼저 덕을 지향하는 유덕한 품성을 갖추는 것이 중요하다.
	을 : 어떤 행위가 좋은 결과를 도출하여 보다 많은 사람에게 더 많은 쾌락을 가져다준다면 그 행위는 도덕적으로 가치가 있는 것이다.

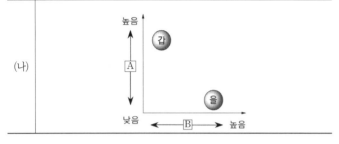

	A	B
①	행위의 결과를 강조하는 정도	도덕적 정서를 강조하는 정도
②	덕의 함양을 강조하는 정도	행위의 동기를 강조하는 정도
③	상황의 특수성을 강조하는 정도	의무 의식을 강조하는 정도
④	행위의 습관화를 강조하는 정도	행위의 결과를 강조하는 정도
⑤	의무 의식을 강조하는 정도	덕의 함양을 강조하는 정도

390

밑줄 친 ㉠의 근거에 해당하는 윤리적 입장을 〈보기〉에서 고른 것은?

> 과학자들이 주장하는 것처럼 생명 복제가 장밋빛 청사진만 제공하는 것은 아니다. 비록 난치병을 치료할 수 있을지는 모르지만 예상치 못한 문제에 직면할 가능성도 있다. 예를 들어 골수 이식이 필요한 난치병 환자를 살리기 위해서 새로운 아이를 복제하여 탄생시켰을 경우를 생각해 보자. 비록 그 아이를 통해서 환자를 살렸을지는 모르지만, 복제 인간으로 태어나는 아이는 단순히 치료 수단으로만 간주되는 문제가 발생한다. 그리고 복제 인간은 심각한 정체성 혼란에 빠질 가능성이 있다. 자신이 유전자를 제공한 사람의 자식인지, 아니면 그 사람과 쌍둥이인지에 대해 혼란을 겪을 수밖에 없다. 이러한 문제를 극복하기 위해서는 ㉠ 생명 복제 연구의 한계를 설정하여 경각심을 일깨우고 부정적 측면을 방지하기 위해 노력해야 한다.

〈보기〉
ㄱ. 과학을 통해 인간의 한계를 극복해야 한다.
ㄴ. 인간을 수단이 아닌 목적으로 대우해야 한다.
ㄷ. 효용성의 관점에서 인간의 가치를 판단해야 한다.
ㄹ. 어떤 상황에서도 인간 존엄성을 침해해서는 안 된다.

① ㄱ, ㄴ 　② ㄱ, ㄷ 　③ ㄴ, ㄷ
④ ㄴ, ㄹ 　⑤ ㄷ, ㄹ

391

갑의 입장에 대해 을이 제기할 수 있는 비판의 근거로 가장 적절한 것은?

> 갑 : 인공 임신 중절을 찬성하는 많은 여성들이 자기 결정권을 존중하라고 하는데, 태아도 하나의 생명인데 이들의 권리도 존중해야 하지 않을까?
>
> 을 : 하지만 임신과 출산은 여성에게 매우 중요한 문제야. 그런데 인공 임신 중절을 법적으로 금지하면 여성들은 자신의 인생을 선택할 수 있는 기본적인 권리를 잃게 돼.

① 여성은 태아의 생명을 존중하고 보호해야 한다.
② 여성은 태아를 자신의 전유물로 보아서는 안 된다.
③ 여성의 인권만큼 태아의 생명권을 존중해 주어야 한다.
④ 여성은 자신의 삶을 자율적으로 결정할 수 있어야 한다.
⑤ 태아는 성인으로 발달할 잠재적 인간으로서의 지위를 갖는다.

392

(가)의 갑, 을의 입장을 (나) 그림으로 완성하고자 할 때, A~C에 들어갈 적절한 질문만을 〈보기〉에서 있는 대로 고른 것은? [3점]

(가)	갑 : 태어나면서부터 혜택을 받은 사람은 그들이 누구든, 그런 혜택을 받지 못한 사람들의 상황을 개선한다는 전제에서만 자신의 행운을 이용해 이익을 얻을 수 있다. 태어나면서부터 혜택을 받은 사람들은 단지 재능이 많다는 이유만으로 이득을 얻어서는 안 되며, 그들을 훈련하고 교육하는 데 들어간 비용을 갚고 자신의 재능을 이용해 그러한 행운을 얻지 못한 사람들을 도와야 한다.
	을 : 오직 계약을 집행하고, 사람들을 무력과 절도와 사기에서 보호하는 기능을 수행하는 최소 국가만이 정당화될 수 있다. 거기서 더 나아가면, 어떤 일도 강요받지 말아야 하는 개인의 권리를 침해하게 되고 그런 국가는 정당화될 수 없다.
(나)	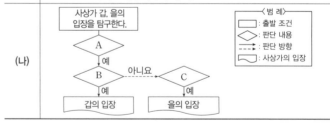

〈보기〉
ㄱ. A : 최소 수혜자에게 최대의 혜택을 주어야 하는가?
ㄴ. B : 타고난 재능을 공동의 자산으로 간주해야 하는가?
ㄷ. C : 개인의 소유권이 보장되면 균등 분배가 실현되는가?
ㄹ. C : 재화의 분배는 전적으로 개인의 자유에 위임해야 하는가?

① ㄱ, ㄷ 　② ㄴ, ㄹ 　③ ㄷ, ㄹ
④ ㄱ, ㄴ, ㄷ 　⑤ ㄱ, ㄴ, ㄹ

393

갑이 을에게 제기할 수 있는 반론으로 가장 적절한 것은?

> 갑 : 성은 부부간의 신뢰를 전제로 할 때만 도덕적이라고 할 수 있으며, 출산을 통해 가정에서의 안정된 자녀 양육으로 이어져야만 한다. 성의 가장 중요한 목표는 출산에 대한 책임과 양육의 안정성에 있다.
>
> 을 : 성에 관한 결정은 타인에게 피해를 주지 않는 범위 내에서 개인이 자유의사에 근거해야 한다. 따라서 강제아 무지, 기만에 의해 이루어진 성은 정당화될 수 없다.

① 성과 사랑을 결부시키는 것은 바람직하지 않다.
② 결혼을 통해 이루어지는 성적 관계만이 정당하다.
③ 성은 개인의 권리를 침해하지 않아야 정당화될 수 있다.
④ 성에 대한 개인의 자유로운 선택을 제한해서는 안 된다.
⑤ 성은 행위의 결과와는 무관한 개인 간 합의의 문제로 보아야 한다.

394

㉠, ㉡에 대한 옳은 설명만을 〈보기〉에서 있는 대로 고른 것은?

> • 천지(天地)가 생긴 다음에 만물이 있고, 만물이 생긴 다음에 남녀가 있으며, 남녀가 생긴 다음에 ⎡ ㉠ ⎤이/가 있고, 그 이후에 부자(父子)가 있다.
> • ⎡ ㉡ ⎤은/는 부모의 기운을 똑같이 받고 태어나서, 어릴 때부터 밥을 먹을 때에는 나란히 같은 밥상에서 먹고, 잠을 잘 때에도 한 이불 속에서 자며, 부모의 은혜를 똑같이 받는다.

〈보기〉

ㄱ. ㉠은 분별 있게 서로를 공경하는 관계이다.
ㄴ. ㉠은 음양의 원리에 따라 위계 서열이 강조되는 관계이다.
ㄷ. ㉡은 수직적이면서 수평적 성격도 갖는 관계이다.
ㄹ. ㉡은 동기간(同氣間)이라는 말로 표현되는 관계이다.

① ㄱ, ㄴ   ② ㄴ, ㄹ   ③ ㄷ, ㄹ
④ ㄱ, ㄴ, ㄷ   ⑤ ㄱ, ㄷ, ㄹ

395

갑, 을의 예술에 관한 입장으로 옳은 것은?

> 갑 : 참된 예술은 인간 정신의 고귀한 부분에 영향을 미쳐 감상자가 정신적 감동을 받고 조화로운 정신과 선한 심성을 갖게 해 준다.
>
> 을 : 시(詩)가 도덕적이라든가 혹은 비도덕적이라고 말하는 것은 정삼각형은 도덕적이고 이등변 삼각형은 비도덕적이라고 말하는 것과 마찬가지로 무 의미하다.

① 갑 : 예술 작품에 대한 검열을 허용해야 한다.
② 갑 : 예술 작품은 예술을 위한 예술을 지향해야 한다.
③ 을 : 예술가의 사회 참여를 적극 권장해야 한다.
④ 을 : 예술 활동은 도덕적 가치의 안내를 받아야 한다.
⑤ 갑, 을 : 예술의 독립성 확보를 위해 노력해야 한다.

396

다음의 가상 대화에서 ㉠에 들어갈 내용으로 가장 적절한 것은? [3점]

> 갑 : 식물은 동물을 위해 존재하고, 동물은 인간을 위해 존재합니다. 자연은 일정한 목적이나 의도를 위한 것이라는 우리의 믿음이 타당하다면, 그것은 다름 아닌 인간을 위한 것임에 틀림없습니다.
>
> 을 : 당신의 입장에는 문제가 있습니다. 저와 같은 견해를 지닌 어떤 사상가는 "어떤 개체가 쾌락과 고통의 감정을 갖고, 자기의 욕구와 목표를 위해 행위하며, 자신의 정체성을 느낄 수 있는 능력 등을 갖는다면, 그 개체는 삶의 주체이다."라고 주장합니다. 이러한 점에서 볼 때 저는 당신의 주장에 대해 ⎡ ㉠ ⎤고 생각합니다.

① 모든 생명은 그 자체로 가치가 있음을 강조하고 있다.
② 식물도 인간처럼 내재적 가치를 지니고 있음을 간과하고 있다.
③ 동물도 인간처럼 도덕적 고려의 대상이 될 수 있음을 강조하고 있다.
④ 쾌고 감수 능력은 동물의 이익 고려를 위한 충분조건임을 간과하고 있다.
⑤ 동물도 인간처럼 삶의 주체가 될 수 있으므로 존중받아야 함을 간과하고 있다.

397

다음을 주장한 사상가의 관점에만 모두 '✓'를 표시한 학생은? [3점]

회사의 임원이나 직원에게 자기 주주나 회사 구성원의 이익 제공을 넘어선 사회적 책임이 있다는 견해가 폭넓게 승인되고 있는 실정이다. 이런 견해는 자유 시장 경제의 특질과 본성에 대한 근본적 왜곡이다. 자유 시장 경제에서의 기업의 사회적 책임은 오로지 한 가지뿐이다. 그것은 기만이나 부정 이득의 발생 없이 공개된 자유 경쟁에 참여하라는 게임 규칙 안에서 기업의 이윤을 늘리는 활동을 하는 것과 그런 방식으로 자원을 사용하는 것뿐이다. 회사의 임원이 자기 주주를 위해 가능한 한 많은 돈을 벌어들이는 것 이상의 사회적 책임을 승인해야 한다는 사회적 풍조는 우리 자유 사회의 근간을 뿌리째 뒤흔드는 것이다.

관점 \ 학생	갑	을	병	정	무
기업은 부당한 이익을 추구해서는 안 된다.	✓			✓	✓
기업은 이윤을 극대화해야 하는 의무를 갖는다.		✓		✓	✓
기업은 사회봉사를 위해 투자 재원을 마련해야 한다.		✓	✓	✓	
기업의 목적에 위배되는 사회적 책임을 강요해서는 안 된다.	✓		✓		✓

① 갑　　　② 을　　　③ 병　　　④ 정　　　⑤ 무

398

서양 사상가 갑이 을에게 제시할 수 있는 견해로 가장 적절한 것은? [3점]

갑 : 의무! 너, 위대하고도 숭고한 이름이여! 너는 네 안에 환심을 살 만한 사랑받을 것을 어떠한 것도 지니지 않는데도 복종을 요구하는구나. 그럼에도 너는 의지를 실행하려는 사람의 마음속에 혐오와 공포를 안겨 주는 위협은 조금도 가하지 않은 채 오직 단 하나의 법칙만을 제시할 뿐이구나.

을 : 쾌락의 원천이 인간이나 돼지에게 있어서 동일하다고 한다면, 인간에게 있어서 선한 생활의 규칙은 돼지에게도 선한 것이 될 것이다. 인간은 동물의 욕정을 넘어 고도의 세련된 능력들을 소유하고 있고, 그런 능력을 한 번만 자각하게 되면 자신의 능력을 만족시키지 않는 그 어떤 것도 행복이라 생각하지 않는다.

① 인간의 자연적 경향성은 도덕의 근거가 될 수 없다.
② 개인적인 쾌락과 사회 전체의 쾌락을 함께 중시해야 한다.
③ 최대 다수에게 최대 행복을 가져오는 행위를 추구해야 한다.
④ 감각적 쾌락보다는 정신적 쾌락이 질적으로 우수한 쾌락이다.
⑤ 도덕적인 의지 그 자체로 도덕 법칙을 정립하는 것은 불가능하다.

399

다음 사상가의 입장만을 〈보기〉에서 있는 대로 고른 것은?

우리는 신이 우리 모두에게 우리 삶의 모든 행위를 할 때 그의 부르심에 주목할 것을 명령하고 계시다는 점을 기억해야 한다. 주님은 여러 가지 삶의 계층과 삶의 양식들을 구분해 놓으심으로써 각 사람이 해야 할 일의 순서를 정해 두셨다. 주님은 그 같은 삶의 양식들을 소명(召命)이라 명하셨다. 그러므로 각 사람들은 자기 자신의 위치를 주님께서 정해 주신 초소라고 생각해야 한다.

〈보기〉
ㄱ. 노동은 지상에서 신의 영광을 실현하는 수단이다.
ㄴ. 목사나 사제뿐 아니라 일반적인 직업도 거룩한 일이다.
ㄷ. 신자가 직업을 통해 부를 축적하는 것은 바람직하지 못하다.
ㄹ. 자기의 직업에 충실한 것이 바로 신의 부르심에 응하는 것이다.

① ㄱ, ㄴ　　　② ㄱ, ㄷ　　　③ ㄷ, ㄹ
④ ㄱ, ㄴ, ㄹ　　　⑤ ㄴ, ㄷ, ㄹ

400

(가)의 갑, 을의 입장을 (나) 그림으로 표현할 때, A～C에 해당하는 진술로 가장 적절한 것은? [3점]

(가)	갑 : 불리한 여건 때문에 고통을 겪고 있는 사회가 있다면, 그 사회가 질서 정연한 사회가 될 수 있도록 도와야 한다. 을 : 세계 모든 사람들의 이익이 평등하게 고려되어야 한다고 보는 세계 시민주의 입장에서 원조가 이루어져야 한다.
(나)	〈범례〉 A : 갑만의 입장 B : 갑, 을의 공통 입장 C : 을만의 입장

① A : 원조의 목표는 개인들의 복지 향상에 있다.
② A : 원조를 실천하지 않는 것은 비윤리적이다.
③ B : 원조는 의무의 차원에서 이루어져야 한다.
④ C : 원조의 최우선 과제는 사회 제도의 개선이다.
⑤ C : 원조는 자율적 선택의 문제로 보아야 한다.

메가스터디 N제

메가스터디 N제

메가스터디 N제

사회탐구영역 생활과 윤리

수능 완벽 대비 예상 문제집

정답 및 해설

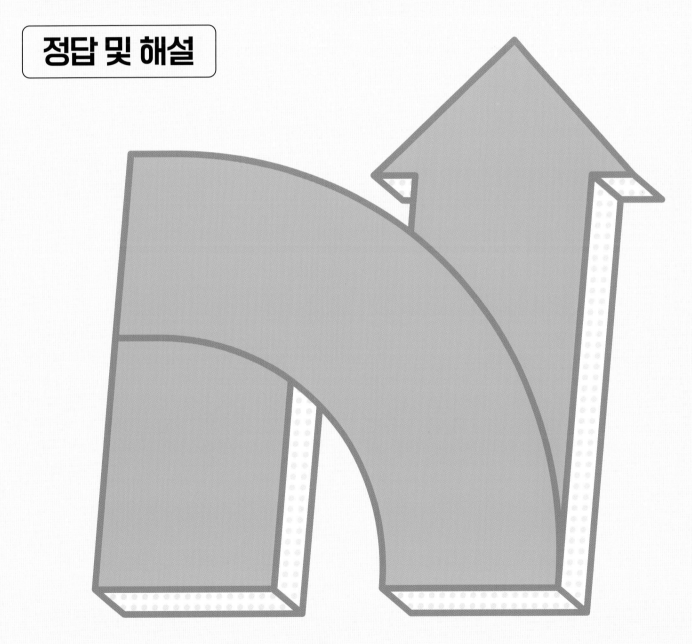

400제

메가스터디BOOKS

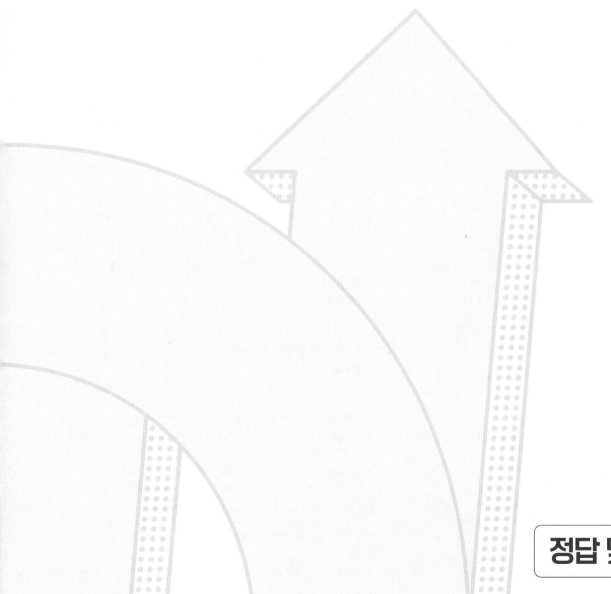

메가스터디 N제
사회탐구영역 생활과 윤리
400제

정답 및 해설

Ⅰ. 현대의 삶과 실천 윤리

01 실천 윤리와 윤리 문제에 대한 탐구

item 01 윤리학의 특징과 분야

001 ① 002 ④ 003 ② 004 ② 005 ④ 006 ②
007 ④ 008 ① 009 ④ 010 ③

---

001 이론 윤리학과 메타 윤리학의 입장 비교 / 답 ①

알짜풀이

(가)는 이론 윤리학, (나)는 메타 윤리학이다. 이론 윤리학은 도덕적 행위의 근거가 되는 도덕 원리나 인간의 성품에 관해 탐구하고, 이를 바탕으로 도덕적 문제의 해결과 실천 방안을 제시한다. 메타 윤리학은 도덕적 언어의 의미를 분석하고 도덕적 추론의 정당성을 검증하기 위한 논리를 분석한다.

① 이론 윤리학은 도덕규범의 정립이나 도덕적 삶의 지침이 되는 보편적 원리를 제시한다.

오답넘기

② 도덕 현상 간의 인과 관계를 가치 중립적으로 설명하는 것은 기술 윤리학이다.

③ 삶의 구체적 상황에서 발생하는 윤리 문제의 원인을 분석하고 이에 대한 해결책을 찾고자 하는 것은 실천 윤리학이다.

④ 도덕적인 현상과 문제에 대해 명확하게 기술하고 기술된 현상들 간의 인과 관계를 정확하게 설명하고자 하는 기술 윤리학에 해당하는 내용이다.

⑤ 도덕 추론 과정의 논리적 타당성 검증의 중요성을 강조하는 것은 메타 윤리학이다.

정답률 분석 ① 92% ② 3% ③ 2% ④ 2% ⑤ 1%

⊕ 더 알아보기

윤리학의 구분

이론 윤리학	도덕 원리에 대한 이론적 분석과 정당화를 다루어 윤리적 행위의 기준을 제공함
실천 윤리학	다양한 도덕 이론을 환경, 생명, 정보 등의 분야에서 발생하는 도덕 문제에 적용하여 해결책을 모색함
메타 윤리학	도덕 문제의 해결에 초점을 두기보다는 도덕적 언어의 분석에 주력함

002 메타 윤리학과 실천 윤리학의 입장 비교 / 답 ④

알짜풀이

(가)는 메타 윤리학, (나)는 실천 윤리학이다. 메타 윤리학은 도덕적 언어의 의미를 분석하고, 도덕적 추론의 정당성을 검증하기 위한 논리를 분석한다. 실천 윤리학은 삶에서 구체적으로 발생하는 윤리 문제에 대하여 도덕 원리를 근거로 하여 실제적이고 구체적인 해결책을 모색하는 데 주된 관심을 지닌다.

④ 실천 윤리학은 우리 삶에서 구체적으로 발생하는 다양한 윤리 문제에 도덕적 원리를 근거로 하여 인간의 삶에 구체적이고 실천적인 해결책을 모색하는 데 관심을 지닌다.

오답넘기

① 도덕적 관습에 대해 가치 중립적인 객관적 탐구의 필요성을 강조하는 것은 기

술 윤리학이다.

② 도덕 원리나 도덕적 정당화의 이론적인 근거를 제시하는 데 주된 관심을 갖는 것은 이론 윤리학이다.

③ 윤리학의 학문적 성립 가능성에 대한 탐구를 중시하는 메타 윤리학에 해당하는 내용이다.

⑤ 보편적, 객관적 도덕 원리의 정립을 주된 목표로 삼는 것은 이론 윤리학에 해당하는 내용이다.

정답률 분석 ① 2% ② 2% ③ 2% ④ 92% ⑤ 2%

003 실천 윤리학과 기술 윤리학의 비교 / 답 ②

알짜풀이

(가)는 실천 윤리학, (나)는 기술 윤리학에 해당한다.

② 실천 윤리학은 삶에서 구체적으로 발생하는 도덕적 딜레마 해결을 중시한다.

오답넘기

① 기술 윤리학은 도덕적인 현상과 문제에 대해 명확하게 기술하고 기술된 현상들 간의 인과 관계를 정확하게 설명하고자 한다.

③ 당위의 관점에서 이상적 덕이 무엇인지 모색하여 도덕 행위자의 올바른 선택을 이끌어 내고자 하는 것은 규범 윤리학이다.

④ 이론 규범 윤리학에 대한 설명이다.

⑤ 메타 윤리학에 대한 설명이다.

정답률 분석 ① 1% ② 92% ③ 1% ④ 4% ⑤ 0%

004 실천 윤리학과 기술 윤리학 비교 / 답 ②

알짜풀이

제시문의 '나'는 실천 윤리학의 입장이고, '어떤 사람'은 기술 윤리학의 입장이다.

② 실천 윤리학은 윤리를 사회 현상으로 보고 이에 대해 과학적으로 기술하고 설명하는 데 주력하는 기술 윤리학이 도덕 문제 해결을 위한 도덕 판단의 중요성을 간과하고 있다고 비판할 수 있다.

오답넘기

① 기술 윤리학은 도덕 현상에 대한 객관적 기술을 강조한다.

③ 도덕 언어의 의미를 분석하고 도덕 추론의 타당성을 검토하는 것은 메타 윤리학이다.

④ 우리 삶에서 발생하는 다양한 문제에 윤리적 원리를 적용하여 인간의 삶에 구체적이고 실천적인 지침을 제공하고자 하는 것은 실천 윤리학이다.

⑤ 기술 윤리학은 도덕을 경험적 사실의 집합으로 본다.

정답률 분석 ① 2% ② 90% ③ 2% ④ 1% ⑤ 2%

005 실천 윤리학의 분야 / 답 ④

알짜풀이

밑줄 친 '구체적인 윤리학'은 실천 윤리학을 가리킨다. 제시문에서 지적하고 있는 것처럼 실천 윤리학 분야의 강세가 현대 윤리학의 가장 뚜렷한 특징이다. 실천 윤리학 분야는 현대 사회에서 중요성이 부각되면서 그 영역이 확장되고 있다.

ㄱ. 동물 윤리, ㄷ. 생명 윤리, ㄹ. 정보 윤리에서 다루는 질문으로 모두 실천 윤리학에 해당한다.

오답넘기

ㄴ. 의미 분석을 주로 하는 것은 메타 윤리학의 주된 관심 분야에 해당한다.

006 규범 윤리학의 탐구 과제 / 답 ②

알짜풀이

제시문에는 규범 윤리학에 대한 비판으로부터 메타 윤리학이 등장했음이 나와 있

다. 전통적으로 윤리학은 규범 윤리학이었다. 그러나 전통적인 규범 윤리학이 인간의 현실적인 도덕 문제에 대해 실질적인 해답을 주지 못한다는 생각을 하게 되었고, 결국 윤리학적 회의론에 빠지게 되자 메타 윤리학이 등장하게 되었다.
② 규범 윤리학과 관련된 탐구 과제이다.

오답넘기

메타 윤리학은 규범 윤리적 물음에 대해서는 관심이 없고, 다만 규범 윤리학의 기초 자료가 되는 ①, ③, ④, ⑤ 같은 문제들에 대한 도덕적 언어의 의미 분석에만 관심을 가졌다.

007 메타 윤리학의 관심 주제 / 답 ④

알짜풀이

그림은 메타 윤리학을 탐구한 것이다. 메타 윤리학은 도덕적 언어 내지 의미의 분석을 윤리학적 탐구의 본질로 하는 학문이다.
④ 메타 윤리학의 관심 주제로는 "'옳다'는 것과 '그르다'는 것의 의미가 무엇인가?", "'선하다'는 것과 '악하다'는 것의 의미가 무엇인가?", "'해야 한다'는 것과 '해서는 안 된다'는 것의 의미가 무엇인가?", "도덕 판단이란 무엇인가?" 등이 있다.

오답넘기

①, ②, ③ 메타 윤리학의 관심 주제이다.
⑤ 규범 윤리학의 관심 주제이다.

008 윤리학의 구분 기준 이해 / 답 ①

알짜풀이

제시문의 (가)는 이론 윤리학, (나)는 실천 윤리학이다. 이론 윤리학은 객관적이며 보편적인 삶의 목적이나 법칙을 연구 과제로 삼는다. 이에 비해, 실천 윤리학은 삶의 구체적인 상황에서 발생하는 문제에 대한 도덕적 해결 방법을 제시한다.
① 메타 윤리학에 대한 설명이다.

009 이론 윤리학과 실천 윤리학 비교 / 답 ④

알짜풀이

갑은 이론 윤리학, 을은 실천 윤리학이다. 이론 윤리학은 도덕적 행위에 대한 이론적 분석과 정당화를 다루어 현실의 윤리적 문제 해결에 토대를 제공한다.
④ 실천 윤리학은 이론 윤리학의 내용을 구체적인 삶의 문제에 적용한다.

오답넘기

①, ⑤ 메타 윤리학에 대한 설명이다.
② 이론 윤리학에 대한 설명이다.
③ 실천 윤리학은 인접 학문의 도움이 필수적이다.

⊕ 더 알아보기

실천 윤리학의 윤리 이론 적용 시 유의점
이론 윤리학과 실천 윤리학은 서로 긴밀하게 연결되지만, 현대 생활의 다양하고 복잡한 윤리 문제를 해결하고자 할 때 윤리 이론을 해당 문제에 기계적으로 적용하면 안 된다. 특정 윤리 이론으로 현대 사회에서 발생하는 복잡하고 다양한 윤리 문제를 파악하는 것은 쉽지 않을 뿐만 아니라, 다양한 윤리 이론을 동시에 고려하더라도 새로운 적용 분야 혹은 독특한 상황과 맥락을 파악하여 적용해야 하기 때문이다.

010 실천 윤리학의 특징 파악 / 답 ③

알짜풀이

A 윤리학은 실천 윤리학이다.
③ 실천 윤리학은 현실 생활에서 윤리학적 판단을 요구하는 문제들을 다루는데 환경 문제, 정보 문제, 생명 문제 등이 이에 해당한다.

오답넘기

① 메타 윤리학, ② 기술 윤리학, ⑤ 이론 윤리학의 특징이다.
④ 실천 윤리 분야에서는 인접 학문과의 협력이 필수적이다.

011 ②　　012 ⑤　　013 ②　　014 ⑤　　015 ②　　016 ④

011 성찰에 대한 소크라테스의 입장 파악 / 답 ②

알짜풀이

제시문은 소크라테스의 주장이다. 소크라테스는 인간은 자신의 삶을 성찰하고 변화시킬 수 있는 존재라고 강조하였다. 윤리적 성찰은 생활 속에서 자신의 마음가짐, 행동 또는 그 속에 담긴 자신의 정체성과 가치관에 관하여 윤리적 관점에서 깊이 있게 반성하고 살피는 태도이다.
② 소크라테스는 인간 자신의 행동에서 지혜를 성찰해야 한다고 보았다. 다시 말해 자신의 행동에서 지혜롭지 못한 것은 없는지 지속적으로 성찰할 것을 강조하였다.

오답넘기

① 소크라테스는 명성이나 명예를 추구하는 데 마음을 쓰지 말고 영혼을 훌륭하게 하는 일에 마음을 쓸 것을 강조하였다.
③ 소크라테스는 쾌락이나 명성, 유용성만을 추구하고, 자신의 영혼에 대해 숙고하지 않는 삶은 가치가 없다고 본다.
④ 소크라테스는 직위와 결부된 책임을 이행할 때에도 그것이 옳은지 아닌지를 성찰하는 자세가 필요하다고 보았다.
⑤ 소크라테스는 국가가 정한 규범이라도 보편타당한 진리에 부합하는지 살펴보아야 하는 성찰의 대상이라고 보았다.

정답률 분석　① 2%　② 94%　③ 2%　④ 91%　⑤ 1%

012 토론의 자유에 대한 밀의 입장 이해 / 답 ⑤

알짜풀이

제시문은 토론의 자유를 주장한 서양 사상가 밀의 주장이다.
⑤ 밀은 소수의 의견이라 할지라도 무시하거나 억압하는 것은 옳지 않으며, 어떠한 의견이 토론 과정을 통해 오류라고 합의되더라도 진리 탐구에 기여할 수 있다고 본다.

오답넘기

① 밀은 의견을 표현하는 사람이 다수에 속하는지 소수에 속하는지와 상관없이 누구에게나 표현의 자유가 보장되어야 한다고 주장한다.
② 밀은 참이라고 검증된 진술만을 발언해야 한다고 주장하지 않는다.
③ 밀은 진리로 공인된 견해라 하더라도 오류 가능성으로부터 자유롭지 못하므로 비판할 수 있다고 본다.
④ 밀은 오류 가능성으로부터 자유롭지 못한 인간은 완벽한 지적 능력을 갖추고 있다고 보지 않는다.

정답률 분석　① 0%　② 0%　③ 1%　④ 2%　⑤ 95%

013 배려적 사고에 대한 이해 / 답 ②

알짜풀이

제시문은 배려적 사고를 해야 할 것을 강조하고 있다.
ㄱ. 풍부한 도덕적 상상력을 통해 타인의 입장을 이해하고 배려하는 자세를 기를 수 있다.
ㄷ. 역지사지는 처지를 바꾸어 생각해 보는 것으로, 타인의 입장에서 그들을 이해하는 것이다.

오답넘기

ㄴ, ㄹ. 배려적 사고를 하기 위해 필요한 요소로 보기 어렵다.

014 도덕 원리 검사 방법 이해 / 답 ⑤

알짜풀이

갑은 '전통은 지켜져야 한다'는 도덕 원리를 전제로 개고기 먹는 것을 정당화하고 있다. 이에 대해 을은 호주제 허용 문제를 반증 사례로 제시하며 갑의 주장을 반박하고 있다. 반증 사례 검사는 새로운 사례를 제시함으로써 상대방의 도덕 원리가 부적절함을 지적한다.

오답넘기
① 보편화 검사, ② 포섭 검사, ③ 역할 교환 검사 방법에 대한 설명이다.

015 도덕적 성찰과 바람직한 삶의 자세 / 답 ②

알짜풀이
제시문은 이황의 "성학십도" 중 제10도 '숙흥야매잠도'에서 발췌한 내용이다. '숙흥야매잠도'는 이른 아침부터 늦은 밤에 이르기까지 일상생활에서 지켜야 할 삶의 자세를 보여준다. 여기에는 지속적인 성찰을 통해 인격 완성에 힘쓰는 모습이 잘 나타나 있다.

오답넘기
①, ③, ④, ⑤ 성찰의 모습과 거리가 멀다.

016 윤리적 성찰과 토론을 위한 자세 파악 / 답 ④

알짜풀이
㉠은 윤리적 성찰이고, ㉡은 토론이다. 윤리적 성찰과 바람직한 토론을 위해서는 자신의 입장만을 고집하는 것이 아니라 상대의 처지나 입장에서 성찰하고 토론에 임해야 한다.

오답넘기
① 다수의 주장이라 하더라도 그 견해가 옳지 않다면 수용해서는 안 된다.
②, ⑤ 윤리적 성찰과 바람직한 토론에 장애가 되는 입장이다.
③ 소수의 견해를 존중해야 하지만, 그렇다고 다수보다 소수의 의견을 우선적으로 수용하는 것은 옳지 않다.

---

02 윤리 문제에 대한 접근

item 03 유교 윤리적 접근

017 ① 　018 ⑤ 　019 ② 　020 ④ 　021 ④ 　022 ②

017 맹자와 노자의 입장 비교 / 답 ①

알짜풀이
갑은 맹자, 을은 노자이다. 맹자는 성선설을 바탕으로 인간에게는 선한 도덕심인 사단(四端)이 갖추어져 있다고 보았고, 사단을 확충하여 사덕(四德)에 이르러야 한다고 주장하였다. 노자는 세속적인 가치에서 벗어나 자연의 질서에 따라 물 흐르듯 살아가는 무위자연(無爲自然)의 삶을 강조하였다.
① 맹자는 사단이라는 선한 마음이 누구에게나 주어져 있다고 보고, 충서(忠恕)와 같은 덕목의 실천을 통해 타인을 존중하고 배려하는 도덕적 인격 완성을 추구하였다.

오답넘기
② 맹자는 군자는 항산(恒産)이 없어도 항심(恒心)을 유지할 수 있다고 보았다.
③ 노자는 작은 나라에 적은 수의 백성이 자신의 삶에 만족하며 사는 소국과민을 이상적인 사회로 보았다.
④ 노자는 천지 만물의 근원인 도(道)에 따라 인위적으로 강제하지 않고 자연스러움을 따르는 무위자연의 삶을 강조하였다.
⑤ 맹자는 선악을 구별하고 악을 행하지 말아야 타고난 선한 본성대로 살아갈 수 있다고 보았지만, 노자는 옳고 그름을 가리는 태도가 인간의 그릇된 인식과 가치관이라고 보았다.

정답률 분석 ① 72% ② 12% ③ 2% ④ 3% ⑤ 11%

018 장자와 공자의 입장 비교 / 답 ⑤

알짜풀이
갑은 장자, 을은 공자이다. 장자는 외물(外物)에 대한 집착을 멀리하고 자연 그대로의 소박한 삶을 사는 것이 이상적이라고 주장하였다. 공자는 학문과 덕행이 고루 겸비된 도덕적 인격자를 군자(君子)라고 하였다.
⑤ 장자가 긍정, 공자가 부정의 대답을 할 질문이다. 장자는 세속의 모든 구속에서 해방되어 자연과 자신이 하나가 되는 삶을 살 것을 강조하였다. 반면 공자는 존비친소(尊卑親疏)의 구별을 전제로 하며 시비선악(是非善惡)을 분별하여 실천하는 지혜를 강조하였다.

오답넘기
① 공자가 긍정의 대답을 할 질문이다. 공자는 인의를 실천해 도덕적 삶을 추구해야 한다고 주장하였다.
② 공자가 긍정의 대답을 할 질문이다. 공자는 시비선악을 분별하여 도(道)를 따라야 한다고 주장하였다.
③ 공자가 긍정의 대답을 할 질문이다. 공자는 인간이 하늘로부터 도덕적 본성을 부여받은 존재라고 보았다.
④ 공자가 긍정의 대답을 할 질문이다. 군자란 자신을 수양하고 난 뒤 다른 사람과 백성을 편안하게 하는 수기안인(修己安人)을 실현하는 사람이라고 보았다.

정답률 분석 ① 1% ② 1% ③ 1% ④ 1% ⑤ 95%

019 유교 윤리의 이해 / 답 ②

알짜풀이
② 그림의 고대 사상가 공자는 도덕성의 타락으로 인해 발생하는 사회 문제를 해결하기 위해서는 사욕(私慾)을 극복하고 진정한 예(禮)를 회복해야 한다고 주장한다.

오답넘기
①, ④, ⑤ 도가에서 주장하는 내용이다.
③ 불교에서 주장하는 내용이다.

정답률 분석 ① 5% ② 78% ③ 6% ④ 6% ⑤ 2%

020 인(仁)의 실천 방법 / 답 ④

알짜풀이
강연자는 인(仁)을 실천하는 근본으로 효와 우애를 실천해야 한다는 공자의 주장을 강조하고 있다.
ㄱ, ㄴ, ㄷ. 유교에서 인(仁)은 사회적 존재로서 인간이 지향해야 할 완성된 인격체의 인간다움을 의미한다. 인은 사람을 사랑하는 행위를 통해 구체적으로 표현되며, 가정에서는 효제(孝悌)의 실천으로 실현된다.

정답률 분석 ① 16% ② 3% ③ 5% ④ 69% ⑤ 4%

021 부자유친의 윤리 이해 / 답 ④

알짜풀이
④ 가로 열쇠 (A)는 '부모(父母)', (B)는 '공자(孔子)', (C)는 '유용성(有用性)', (D)는 '친구(親舊)'이다. 세로 열쇠는 '부자유친(父子有親)'이다.

오답넘기
① 장유유서(長幼有序)이다.
② 부부유별(夫婦有別)이다.
③ 붕우유신(朋友有信)이다.
⑤ 군신유의(君臣有義)이다.

022 부자유친의 윤리 이해 / 답 ②

알짜풀이
② 유교에서는 인간이 하늘로부터 물려받은 본연의 성품을 그대로 보존하고 함양하기 위해 수양과 실천을 중시하였다.

ㄱ. 불교에서는 모든 것이 변화한다고 보고 고정불변의 실체는 없다고 보았다.
ㄹ. 인의(仁義)를 통해 도덕적 인격 완성과 도덕적 이상 사회의 실현을 추구하는 것은 유교 사상에 해당한다.

정답률 분석 ① 3% ② 2% ③ 86% ④ 7% ⑤ 1%

item 04 불교 윤리적 접근

023 ④　　024 ②　　025 ③　　026 ①　　027 ④　　028 ①

023 맹자와 석가모니의 입장 비교 / 답 ④

알짜풀이

갑은 맹자, 을은 석가모니이다. 맹자는 인간은 본래 선하다는 선하지만 나쁜 환경과 욕망 때문에 선한 마음을 잃어버릴 수 있으니 수양을 통해 본성을 지키고 키워 나가야 한다고 하였다. 석가모니는 모든 만물은 서로 상호 의존하면서 존재하는 것으로 독립된 실체가 없다는 것을 제대로 파악하지 못하면 탐욕과 집착이 생겨 고통이 발생하므로 수행을 통해 탐욕과 집착에서 벗어나야 한다고 보았다.
④ 석가모니는 나와 남이 둘이 아니라는 자타불이(自他不二)에 대한 자각에서 만물에 대한 사랑이 생긴다고 보았다.

오답넘기

① 맹자는 인간의 본성은 선하며, 나쁜 환경에 처한 사람이라고 해서 반드시 자신의 본성을 잃게 되는 것은 아니라고 보았다.
② 맹자는 다른 사람을 편안하게 하기 위해서는 자신을 먼저 수양해야 한다[修己安人]고 보았다.
③ 석가모니는 탐욕으로 생긴 번뇌는 어리석음 때문이므로 깨달음을 통해 소멸될 수 있다고 보았다.
⑤ 맹자는 인간 사이에 지켜야 할 도리인 인륜을 지킬 때 이상적 인간이 될 수 있다고 보았다.

정답률 분석 ① 4% ② 10% ③ 6% ④ 76% ⑤ 3%

024 유교 사상과 도가 사상의 입장 이해 / 답 ②

알짜풀이

갑은 공자, 을은 노자이다. 공자의 정명(正名)이란 '명분을 바로잡는 것'으로, 사회의 모든 구성원 각자가 자신의 신분과 지위에 알맞은 역할을 다할 때 바른 사회가 된다고 보았다. 노자는 천지만물의 근원인 도(道)에 따라 인위적으로 강제하지 않고 자연스러움을 따르는 무위자연의 삶을 강조하였다.
② 공자는 다른 사람의 마음을 헤아려 자기가 하고 싶지 않은 일을 남에게 시키지 않는다는 '서(恕)'를 실천하는 삶을 강조하였다.

오답넘기

① 공자는 사회 혼란을 극복하기 위해 내면적 도덕성인 인(仁)과 외면적 규범인 예(禮)를 회복해야 한다고 주장하였다.
③ 노자는 예를 혼란의 시초라고 보고, 예법에 대해 반대하였다. 직분과 지위에 따른 예법을 강조한 사상가는 공자이다.
④ 노자는 시비선악이 인간의 그릇된 인식과 가치관일 뿐이며, 도의 관점에서 보면 천지 만물은 상대적인 가치를 지닌다고 보았다.
⑤ 모든 사람에 대한 차별 없는 사랑인 겸애를 강조한 사상가는 묵자이다. 공자는 인(仁)은 존비친소가 있는 사랑이라고 하였고, 노자는 인(仁)과 의(義)를 대도(大道)가 사라져서 나타난 것이라고 비판하였다.

정답률 분석 ① 1% ② 88% ③ 4% ④ 2% ⑤ 4%

025 불교 사상과 도가 사상의 입장 파악 / 답 ③

알짜풀이

(가)는 불교 사상, (나)는 도가 사상이다. 불교는 모든 존재와 현상에는 원인과 조건이 있다는 연기의 법칙을 강조하였다. 도가는 인위적인 규범과 제도를 사회 혼란의 원인으로 보고 자연의 순리를 따르는 무위자연의 삶을 강조하였다.
ㄴ. 불교에서는 모든 것이 상호 관계 속에서 존재한다는 연기의 법칙을 깨달으면, 자기가 소중하듯이 다른 사람도 소중하다는 자비의 마음이 생길 뿐 아니라 고통의 원인인 탐욕에서 벗어날 수 있으므로 자비를 실천할 것을 강조하였다.
ㄷ. 도가에서는 천지 만물의 근원인 도(道)에 따라 인위적으로 강제하지 않고 자연스러움을 따르는 무위자연의 삶을 강조하였다.

026 불교 사상의 윤리적 성찰의 의미 파악 / 답 ①

알짜풀이

제시문은 불교 사상이다. 불교에서는 살아있는 모든 존재에는 불성(佛性)이 있어 평등하며, 수양을 통해 깨달음을 얻을 수 있다고 본다.
① 불교는 인간이 내면을 성찰하고 정신 수양을 하기 위해 참선과 같은 수양 방법을 중시한다.

오답넘기

② 좌망은 조용히 앉아서 자신을 구속하는 일체의 것들을 잊어버리는 것으로 장자가 제시한 수양 방법이다.
③ 거경은 삼가고 조심하는 태도를 가지는 것으로 유교 사상에서 제시하는 수양 방법이다.
④ 신독은 홀로 있을 때에도 도리에 어긋나지 않도록 몸과 마음을 바르게 하고 언행을 신중하게 하는 것으로 유교 사상에서 제시하는 수양 방법이다.
⑤ 심재는 마음을 비워서 깨끗이 하는 것으로 장자가 제시한 수양 방법이다.

정답률 분석 ① 84% ② 7% ③ 4% ④ 3% ⑤ 2%

⊕ **더 알아보기**

동양 사상에서 강조하는 수신의 방법

유교	• 극기복례(克己復禮) : 나를 이기고 예로 돌아가야 인간다울 수 있음 • 신독(愼獨) : 홀로 있을 때에도 도리에 어긋나지 않도록 몸가짐을 바르게 하고 언행을 삼가함 • 주일무적(主一無適) : 마음을 한곳에 집중하여 흐트러짐이 없음 • 거경(居敬) : 늘 한 가지를 주로 하고 다른 것으로 옮김이 없이, 심신이 긴장되고 순수한 상태를 유지함으로써 덕성을 함양함
불교	• 삼독(三毒)의 제거 : 탐욕, 성냄, 어리석음을 제거하고 망상과 집착에서 벗어남 • 바라밀의 실천 : 보시, 지계, 인욕, 정진, 선정, 지혜를 실천함 • 삼학(三學) : 진리를 깨닫기 위한 수행 방법으로 계율[戒]로 탐욕을 다스리고, 선정[定]으로 분노를 다스리고, 진리를 깨닫는 지혜[慧]로 어리석음을 다스림 • 간화선(看話禪) : 화두를 사용하여 진리를 깨닫고자 마음을 한곳에 모아 고요히 생각하는 것 • 지(止) : 적정의 상태에 도달하여 일체의 잡념을 떨어내는 것 • 염불(念佛) : 부처나 특정 보살을 염송함으로써 자기의 기원을 성취하고자 하는 것
도가	• 상선약수(上善若水) : 물과 같은 겸허와 부쟁(不爭)의 덕을 갖춤 • 좌망(坐忘)과 심재(心齋) : 조용히 앉아 잡념을 버리고, 마음을 비워 깨끗이 함 • 허심(虛心) : 마음을 정화하여 본래의 마음을 되찾는 것

027 유·불·도의 수양 방법 / 답 ④

알짜풀이

(가)는 유교, (나)는 불교 사상이다.
④ 외물에 얽매이지 않는 좌망을 중시하는 사상가는 도가의 장자이다.

오답넘기

① 유교는 인간은 누구나 하늘로부터 도덕적 본성인 사단을 부여받았지만, 이기적인 욕구로 선한 본성이 발휘되지 못하고 타락할 수 있으므로 욕망과 감정을 다스리기 위해 수양을 해야 한다고 강조한다.
② 불교에서는 해탈에 이르기 위해 바라밀(보시, 지계, 인욕, 정진, 선정, 지혜)의 실천을 강조한다.

③ 불교는 진리에 대한 깨달음을 얻어 고통에서 벗어나면 열반 혹은 해탈이라는 이상적 경지에 도달할 수 있다고 본다.

⑤ 삼독(三毒)은 불교에서 경계하는 탐욕, 분노, 어리석음을 말한다. 불교에서는 탐욕을 벗어나는 해탈을 강조하였고, 유교는 인간의 본성에 도덕성이 내재되어 있으며 본성을 실현하기 위해서는 지속적인 실천을 통한 수양이 중요함을 강조한다.

028 유·불·도의 이상적 인간상 / 답 ①

알짜 풀이

① 유학은 사덕(四德)이라는 선한 본성, 불교는 불성(佛性), 도가는 자연스러운 본성을 실현하는 삶을 강조한다.

오답넘기

② 도가의 입장에 해당한다.

③ 현실에서의 도덕적 본성을 발휘한다.

④ 순자의 화성기위(化性起僞)에 대한 설명이다. 화성기위는 인간의 본성이 악하다는 전제 아래 이를 성인(聖人)의 예의 법도에 의해 변화시켜야 한다는 의미이다.

⑤ 불교에서 주장하는 내용이다.

---

item 05   도가 윤리적 접근

029 ④   030 ①   031 ①   032 ③   033 ②   034 ③

---

029 노자와 석가모니의 입장 비교 / 답 ④

알짜풀이

갑은 노자, 을은 석가모니이다. 노자는 물이 가지고 있는 겸허와 부쟁의 덕이 무위자연을 나타낸다고 보았다. 석가모니는 모든 존재와 현상에는 원인과 조건이 있다는 연기(緣起)를 깨달아야 한다고 보았다.

ㄱ. 노자는 인의(仁義)는 도(道)가 무너져 생겨난 것으로 보고, 인의의 강조가 사회 혼란을 야기한다고 보았다.

ㄷ. 석가모니는 고통의 원인이 되는 집착과 번뇌의 제거를 통해 참된 깨달음에 이를 수 있다고 보고, 집착과 번뇌의 제거를 위한 수행이 필요하다고 보았다.

ㄹ. 노자와 석가모니는 차별하는 마음을 버려야 진리를 깨달을 수 있다고 보았다.

오답넘기

ㄴ. 석가모니는 세계는 끊임없이 변화한다고 보고, 세상 만물은 고정된 실체가 없다는 것을 깨달아야 한다고 하였다.

정답률 분석 ① 2% ② 20% ③ 3% ④ 69% ⑤ 5%

---

030 장자와 석가모니의 입장 비교 / 답 ①

알짜풀이

갑은 장자이고, 을은 석가모니이다. 장자는 세상 만물은 평등한 가치를 지닌다고 주장하면서, 도(道)와 일치되는 삶을 사는 사람이자 절대 자유의 경지에 도달한 사람인 지인, 진인, 성인 등을 이상적 인간상으로 제시하였다. 석가모니는 모든 존재와 현상에는 원인과 조건의 상호 관계에 의해서만 이루어진다는 연기적 세계관을 제시하였다.

① 장자는 조용히 앉아서 자신을 구속하는 일체의 것들을 잊어버리는 것, 즉 좌망을 통해 시비에 얽매이지 않는 절대 자유의 경지인 소요(逍遙)의 경지에 도달하는 삶을 살아야 한다고 주장한다.

오답넘기

② 유교의 입장이다. 공자는 사욕을 극복하고 예를 회복해야[克己復禮] 인(仁)을 실현할 수 있다고 주장하였다.

③ 불교는 세상의 모든 존재와 현상이 상호 관계 속에서 존재한다고 보고, 독립적으로 존재하는 것은 없다고 보았다.

④ 불교는 모든 것이 끊임없이 변화한다고 보고, 불변하는 자아는 없다고 보았다.

⑤ 인간을 하늘로부터 도덕적 본성을 부여받은 존재로 보는 것은 유교의 입장이다.

정답률 분석 ① 32% ② 49% ③ 3% ④ 9% ⑤ 8%

---

031 장자의 사상적 입장 이해 / 답 ①

알짜풀이

제시문의 사상가는 장자이다. 장자는 세상 만물은 평등한 가치를 가지고 있다고 보며, 주위 환경에 의해 본심을 어지럽히지 않고 도(道)와 일치하는 삶을 추구하였다.

① 장자는 시비와 선악을 분별하는 지식에서 벗어나 시비선악, 존비친소가 없는 도(道)의 경지를 지향해야 한다고 하였다.

오답넘기

② 장자는 도가 세상 만물 어디에나 있다고 하였으며, 도에 일치하는 삶을 살아야 한다고 보았다.

③ 장자는 잡념을 없애고 마음을 비워서 깨끗이 하는 심재(心齋)를 수양 방법으로 제시하였으며, 타고난 자연적 본성과 자연의 흐름을 따르는 삶을 강조하였다.

④ 장자는 어떠한 외물에도 얽매이지 않고 자유롭게 살아가는 절대 자유의 경지를 추구하였다.

⑤ 장자는 조용히 앉아서 자신을 구속하는 일체의 것들을 잊어버리는 좌망(坐忘)을 수양 방법으로 제시하였다.

정답률 분석 ① 85% ② 4% ③ 5% ④ 3% ⑤ 3%

---

032 유교와 도가의 사상적 입장 이해 / 답 ③

알짜풀이

(가)는 정명(正名)사상을 바탕으로 사회적 지위에 따른 예의와 규범을 중시해야 한다고 보는 유교 사상이다. 반면 (나)는 인위적인 규범과 제도에서 벗어나 무위자연(無爲自然)에 따라 살아갈 것을 강조하는 도가 사상이다.

③ 유교는 각자가 자신의 신분과 지위에 따라 그에 알맞은 역할을 해야 한다고 보지만, 도가에서는 인위적인 지식이 백성들이 자연스러움을 따를 것을 방해한다고 보았다. 따라서 유교 사상에서는 긍정, 도가 사상에서는 부정의 대답을 할 질문이다.

오답넘기

① 도가 사상은 만물을 차별하지 말고 평등하게 볼 것을 강조하는 도가 사상에서 긍정의 대답을 할 질문이다.

② 명예와 욕심을 버리고 소박한 삶을 살 것을 강조하는 도가 사상에서 긍정의 대답을 할 질문이다.

④ 연기의 법칙을 깨달아 자비의 정신을 실천할 것을 강조하는 불교 사상에서 긍정의 대답을 할 질문이다.

⑤ 예법에 집착하지 말고 자연의 흐름에 따라 살 것을 강조하는 도가 사상에서 긍정의 대답을 할 질문이다.

정답률 분석 ① 2% ② 3% ③ 83% ④ 10% ⑤ 2%

---

033 유교, 도가, 불교의 인격 도야 방법 / 답 ②

알짜풀이

(가)에는 유교, (나)에는 도가, (다)에는 불교에서 제시하는 인격 도야 방법이 들어가야 한다.

② 거경(居敬)은 항상 마음을 바르게 가지고 몸가짐을 조심하여 덕성을 닦는다는 뜻으로, 유교의 대표적인 수양 방법이다.

오답넘기

①, ④ 도가의 입장이다.

③ 불교의 입장이다.

⑤ 유교의 입장이다.

---

034 노자의 이상적 삶과 수양 방법 / 답 ③

알짜풀이

제시문 갑은 상선약수의 삶을 강조한 노자이다.

③ 노자는 물질적인 욕구를 극복하기 위해 물의 본성처럼 소박한 삶을 강조한다.

오답넘기
① ⑤ 유교의 입장이다.
② 불교의 입장이다.
④ 순자의 입장이다.

---

035 칸트의 의무론 이해 / 답 ④

알짜풀이

제시문의 사상가는 칸트이다. 칸트는 도덕성을 판단할 때 행위의 결과보다 동기를 중시하면서 오로지 의무 의식과 선의지에서 나온 행위만이 도덕적 가치를 지닌다고 보았다.
④ 칸트는 가능한 여러 행위 중에서 도덕 법칙을 따르려는 의무 의식과 옳은 행위를 실천하려는 선의지에서 나온 행위만이 도덕적 가치를 지닌다고 보았다.

오답넘기
① 칸트는 타인에게 인정받거나 명예를 얻기 위한 행위를 도덕적 행위라고 보지 않았다.
② 아리스토텔레스는 덕을 지성적 덕과 품성적 덕으로 구분하였는데, 이 중에서 품성적 덕을 갖추기 위해서는 중용의 실천을 습관화하고 실천 의지를 길러야 한다고 하였다.
③ 칸트는 경향성에 따른 행위는 그 결과가 의무에 부합한다 하더라도 도덕적 행위라고 보지 않았다.
⑤ 공리의 원리, 최대 행복의 원리가 옳은 행위를 결정하는 기준이 되는 것은 공리주의 입장에 해당하는 내용이다.

정답률 분석   ① 2%   ② 5%   ③ 4%   ④ 88%   ⑤ 1%

---

036 아리스토텔레스와 칸트의 사상적 입장 비교 / 답 ④

알짜풀이

갑은 아리스토텔레스, 을은 칸트이다. 아리스토텔레스는 중용에 해당하는 행동들을 반복적으로 실천할 때 품성적 덕을 갖출 수 있다고 보았다. 칸트는 이성적 존재인 인간은 고유한 도덕 법칙을 가지고 있는 존엄한 존재라는 점을 강조하였다.
④ 칸트는 이성적이고 자율적인 인간은 보편적인 도덕 법칙을 스스로 세우고 행위할 수 있다고 보았다.

오답넘기
① 아리스토텔레스는 국가라는 정치 공동체 속에서만 최선의 삶이 가능하다고 보았다.
② 아리스토텔레스는 품성적 덕은 타고나는 것이 아니라 실천과 노력을 통해 형성된다고 보았다.
③ 칸트는 단순히 의무에 맞는 행위가 아니라 의무에서 비롯된 행위를 도덕적 행위로 간주해야 한다고 주장한다. 즉 선의지를 따르려는 의무 의식에서 나온 행위만이 도덕적 행위라고 보았다.
⑤ 칸트는 자연적 경향성이 아닌 의무에서 비롯된 행위만을 도덕적 행위라고 보았다.

정답률 분석   ① 4%   ② 13%   ③ 17%   ④ 61%   ⑤ 5%

---

037 칸트 윤리 사상의 현실적 적용 / 답 ⑤

알짜풀이

제시문은 칸트의 정언 명령이다. 칸트는 "네 의지의 준칙이 언제나 동시에 보편적 입법의 원리가 될 수 있도록 행위하라."라는 정언 명령을 제시하면서 보편주의를

강조하였다.
⑤ 칸트가 제시한 정언 명령은 절대적이고 보편타당한 실천 법칙이므로 보편화가 가능해야 한다.

오답넘기
① 칸트는 보상을 기대하고 한 행동은 선의지에 따른 행위가 아니기 때문에 도덕적 행위가 될 수 없다고 보았다.
② 칸트는 동정심은 감각에서 비롯된 것이고 하나의 수동적 감정이며 때로는 악을 옹호할 수도 있는 것이기 때문에 도덕성의 근본 원리가 될 수 없다고 하였다.
③ 칸트는 자신과 타인의 고통을 고려한 행동은 도덕적 행위가 될 수 없다고 보았다.
④ 칸트는 거짓 약속을 하는 것은 어떤 경우에도 옳지 않으므로 정언 명령을 위반하는 것으로 보았다.

정답률 분석   ① 4%   ② 2%   ③ 3%   ④ 3%   ⑤ 88%

---

038 칸트 의무론의 적용 / 답 ⑤

알짜풀이

제시문의 사상가는 의무론자인 칸트이다. 칸트는 행위가 단지 의무에 일치한다고 해서 도덕적 가치를 가지는 것은 아니며, 행위는 그 자체로 선한 의지에서 비롯된 경우에만 도덕적 가치를 지닐 수 있다고 주장한다.
⑤ 칸트의 입장에 따른다면 상인 A에게 이익을 추구하는 자연적 경향성에서 벗어나 오직 의무 의식에서 비롯된 행위를 하라고 조언할 것이다.

오답넘기
① 도덕 법칙이나 원리보다 행위자의 내면적 도덕성이나 성품의 중요성을 강조하는 덕 윤리의 입장에서 제시할 조언이다.
② 칸트는 자연적 성향에 따른 행위는 도덕적 가치를 지니지 못한다고 보았다.
③ 행위의 옳고 그름을 판단할 때 관련된 이해 당사자들의 최대 행복을 가져오는 행위를 승인하는 공리의 원리를 기준으로 해야 한다고 보는 공리주의의 입장에서 제시할 조언이다.
④ 칸트는 도덕적 의무에 맞는 행위라도 의무로부터 일어난 것이 아니라면 도덕적 가치가 없다고 보았다. 따라서 칸트의 입장에서 제시할 조언으로 적절하지 않다.

정답률 분석   ① 3%   ② 5%   ③ 2%   ④ 11%   ⑤ 79%

---

039 칸트의 의무론적 윤리 이해 / 답 ⑤

알짜풀이

제시문 (가)는 칸트의 주장이다. 칸트는 도덕적으로 옳은 행위는 의무나 도덕 법칙에 부합하는 행위라고 주장하였다.
ㄷ. 칸트에 따르면 궁극적으로 선한 것은 선의지이며, 선의지에 따라 이루어진 행위이다.
ㄹ. 칸트는 우리로 하여금 행위를 할 때 항상 보편적 입장에 설 것을 요구하면서, 도덕적 원리는 모두에게 똑같이 적용될 수 있는 보편적 타당성을 지녀야 한다고 보았다.

오답넘기
ㄱ. 칸트는 도덕 법칙은 그 자체가 목적으로 행복 실현의 수단이 될 수 없다고 보았다.
ㄴ. 칸트에 의하면, 행위의 결과란 우리 의지의 능력 바깥에 놓여 있는 것으로서 너무나 많은 변수가 있기 때문에 도덕성의 척도가 될 수 없다.

⊕ 더 알아보기

칸트의 의무론적 윤리의 한계
칸트의 의무론적 윤리는 보편적인 도덕 법칙을 정립하는 데 이바지할 수 있지만, 의무가 충돌할 때 적절한 도덕 판단을 내리기 어렵다는 문제가 있다. 예를 들어, 불량배에게 쫓기는 사람을 집에 숨겨 주었는데, 불량배가 당신에게 그 사람이 어디에 있는지 추궁한다고 가정해 보자. 이 경우 "거짓말을 해서는 안 된다."라는 의무와 "곤경에 처한 사람을 도와주어야 한다."라는 의무가 충돌하는데, 어떤 의무를 따르는 것이 올바른 것인지 결정하기가 어렵다.

040 칸트의 의무론적 윤리의 현실 상황 적용 / 답 ②

알짜풀이

칸트는 도덕 법칙의 절대성과 보편성을 강조하면서 도덕 법칙에 따르는 것을 우리의 의무로 보았다. 그에 따르면 도덕적 행위는 도덕 법칙에 대한 자발적인 존중에서 비롯된 행위이자 의무 의식에서 나온 행위이다. 따라서 칸트는 K 씨가 인간으로서 마땅히 해야 할 일을 한다는 생각으로 지갑을 돌려주어야 한다고 조언할 것이다.

오답넘기

①, ③, ⑤ 공리주의에서 해 줄 수 있는 조언이다.
④ 자연법 윤리에서 내릴 수 있는 판단이다.

041 의무론적 윤리론과 공리주의적 윤리론 / 답 ①

알짜풀이

㉠ (가)는 도덕적 의무와 원칙을 중시하는 의무론적 윤리론이고, (나)는 행위의 결과를 중시하는 공리주의적 윤리론이다.
㉡ 윤리학은 그 대상에 따라 이론적 윤리학과 실천적 윤리학(응용 윤리학)으로 구분된다. 이론적 윤리학의 예로는 의무론적 윤리론, 공리주의적 윤리론, 덕 윤리론 등을 들 수 있는데, 이것은 도덕적인 행위에 대한 이론적 분석과 정당화를 다룬다.

오답넘기

㉢ 최선의 결과를 가져오는 행위를 선하고 옳은 행위로 보는 것은 공리주의적 윤리론이다.
㉣ 덕 윤리에 대한 설명이다.

042 칸트의 의무론 / 답 ⑤

알짜풀이

(가)는 정언 명령 중 인간성의 정식을 설명하고 있는 칸트이다.
⑤ 장기 매매와 성매매는 인격을 물건처럼 취급하는 것이므로 도덕적이지 않다.

오답넘기

① 선한 동기뿐만 아니라 선한 방법을 모두 취해야 도덕적인 행동이 성립한다. 동기가 선했지만 자신을 수단화한 것이므로 도덕적이지 않다.
② 결과론의 입장이다.
③ 자율적 행위는 보편타당한 법칙에 따른 것이라고 보는 것이 칸트의 관점이므로, 욕구를 좇은 행위는 도덕적이지 않다.
④ 칸트는 관습이 아니라 도덕 법칙에 따른 행위만을 도덕적이라고 본다.

043 칸트의 의무론 / 답 ④

알짜풀이

④ (가)는 칸트의 주장이다. 칸트의 관점에서 볼 때, 갑은 고통에서 벗어나기 위해 생명을 수단으로 다루고 있으므로 인격의 절대적 가치가 침해되는 것이다.

오답넘기

① 칸트는 자신의 행복을 극대화하는 방향이 아니라 의무에 따라 행동해야 한다고 본다.
② 칸트는 인간을 항상 존엄한 존재로 대우해야 한다고 본다.
③ 칸트의 주장과는 무관한 내용이다.
⑤ 스토아 학파가 추구하는 이상적 상태이다.

044 칸트의 의무론 / 답 ③

알짜풀이

제시문의 사상가는 의무론자 칸트이다. 칸트는 행위의 동기를 중시하여, 오로지 의무 의식에서 나온 행위만이 도덕적 가치를 지닌다고 본다.
③ 칸트는 쾌락을 추구하는 자연적 경향성이나 동정심 등은 도덕의 기반이 될 수 없다고 본다.

오답넘기

① 칸트는 행위의 결과를 고려하지 않는다.
② 규칙의 유용성을 강조하는 것은 규칙 공리주의의 입장이다.
④ 칸트는 동정심과 같은 감정이 아닌 의무 의식에서 나온 행위만이 도덕적이라고 주장한다.
⑤ 칸트는 종교적 가르침이 아닌 보편적 도덕 법칙에 따라 행동하라고 주장한다.

045 벤담의 윤리 사상 이해 / 답 ①

알짜풀이

제시문은 공리주의자 벤담의 주장이다. 벤담은 모든 쾌락이 질적으로 같으며 양적인 차이만 있다고 가정하고 쾌락을 계산할 수 있다고 보았다. 벤담은 쾌락의 계산 기준으로 강도, 지속성, 확실성, 근접성, 다산성, 순수성, 범위 등을 제시하였다.
① 양적 공리주의자인 벤담은 행위가 산출하는 쾌락의 양을 중시하여 그 행위의 결과가 가져올 이익의 총합을 극대화하는 것이 선이라고 주장한다. 따라서 로봇 개발자 A에게 로봇 개발이 가져올 해악과 편익의 총합을 계산하여 결정하라고 조언할 수 있다.

오답넘기

② 벤담은 문제 상황과 관련된 모든 사람의 이익을 계산할 때, 자신은 물론 어떠한 타인의 이익에 가중치를 두고 계산해서는 안 된다고 보았다.
③ 벤담은 쾌락의 질적 차이는 없으며, 오직 양적 차이만이 있다고 보았다.
④ 벤담은 행위의 옳고 그름은 결과적으로 그 행위가 얼마나 많은 행복을 산출하느냐에 따라 결정된다고 보았다.
⑤ 벤담은 문제 상황과 관련된 모든 사람의 이익을 고려해야 한다고 보았다.

정답률 분석 ① 92% ② 2% ③ 3% ④ 1% ⑤ 2%

046 칸트와 벤담의 사상 파악 / 답 ④

알짜풀이

갑은 칸트, 을은 벤담이다. 칸트는 이성적이고 자율적인 인간은 보편적인 도덕 법칙을 의식할 수 있으며, 도덕 법칙은 무조건적이고 절대적인 명령이라고 보았다. 벤담은 모든 쾌락이 양적인 차이만 있다고 보고 쾌락을 계산할 수 있다고 보았다.
④ 벤담은 모든 쾌락이 질적으로 같으며 양적인 차이만 있다고 가정하고, 모든 쾌락을 계산할 수 있다고 보았다.

오답넘기

① 칸트는 행위의 도덕적 가치는 그 행위의 결과와 무관하게 결정된다고 보았다. 칸트는 좋은 결과를 산출한 행위라도 도덕 법칙에 대한 존경심에 의한 행위가 아니라면 도덕적 가치가 없는 행위라고 보았다.
② 칸트는 오로지 의무 의식과 선의지에서 나온 행위만이 도덕적 가치를 지니며 옳은 행위라고 보았다.
③ 벤담은 쾌락을 산출하고 고통을 피하는 결과를 낳는 행위, 즉 유용한 결과를 낳는 행위를 옳은 행위라고 보았다.
⑤ 칸트는 보편적인 도덕 법칙이 존재한다고 보았고, 벤담은 최대 다수의 최대 행복을 추구하는 공리의 원리를 행위의 옳고 그름을 규정하는 보편적 원칙으로 보았다.

정답률 분석 ① 2% ② 3% ③ 4% ④ 88% ⑤ 3%

047 공리주의적 접근 이해 / 답 ②

알짜풀이

제시문은 공리주의를 대표하는 벤담의 주장이다. 벤담은 쾌락을 산출하고 고통을 피하는 결과를 낳는 행위를 선(善)이라고 보고, 최대 다수의 최대 행복을 추구하는 공리의 원리를 도덕과 입법의 원리로 제시하였다.

② 벤담은 공리의 원리가 옳은 행위를 결정하는 기준이 된다고 보았다. 따라서 〈문제 상황〉 속 A에게 탑승자와 보행자의 고통의 총합을 최소화하도록 설계하라는 조언을 할 것이다.

오답넘기

① 칸트의 입장에서 제시할 조언이다. 칸트는 그 자체로 선한 의지, 즉 선의지의 지배를 받는 행위를 도덕적 행위로 보았다.

③ 벤담은 유용성의 산출은 모든 이해 당사자의 쾌락과 고통을 고려하여 이루어진다고 본다. 따라서 탑승자의 안전뿐만 아니라 보행자의 안전도 고려해야 한다고 조언할 것이다.

④ 칸트의 입장에서 제시할 조언이다. 칸트는 인간의 인격을 수단이 아닌 목적으로 대우하라는 정언 명령을 강조하였다.

⑤ 사회적 관습에 내재한 선을 강조한 사상가는 덕 윤리를 주장한 매킨타이어이다.

정답률 분석 ① 1% ② 93% ③ 2% ④ 2% ⑤ 1%

048 칸트와 밀의 사상적 입장 비교 / 답 ①

알짜풀이

갑은 의무론자인 칸트, 을은 질적 공리주의자인 밀이다. 칸트는 도덕성을 판단할 때 행위의 동기를 중시하면서 오로지 의무 의식과 선의지에서 나온 행위만이 도덕적 가치를 지닌다고 보았다. 밀은 쾌락의 양뿐만 아니라 질적인 차이까지도 고려해야 한다고 보았다.

① 칸트는 보편화 가능한 준칙에 따라 행위해야 한다고 보았다. 칸트는 자신의 이익을 위해 거짓말을 하는 행위는 어떤 경우에도 옳지 않으므로 보편적 도덕 법칙으로 성립할 수 없다고 보았다.

오답넘기

② 칸트는 자연적 경향성에서 벗어나 보편적 도덕 법칙에 따라 행위해야 한다고 보았다.

③ 밀은 결과를 기준으로 행위의 도덕성을 판단해야 한다고 보았다.

④ 밀은 공리의 원리를 도덕의 원리로 보고 결과적으로 쾌락과 유용성을 가져오는 행위를 옳다고 보았다.

⑤ 칸트는 도덕 법칙은 인간이라면 누구나 어떤 상황에서도 예외없이 따라야 하는 무조건적이고 절대적인 명령이라고 보았다.

정답률 분석 ① 88% ② 5% ③ 2% ④ 2% ⑤ 3%

049 배려 윤리와 공리주의의 입장 파악 / 답 ①

알짜풀이

갑은 배려 윤리 사상가인 나딩스이고, 을은 공리주의 사상가인 벤담이다.

① 나딩스는 맥락에 대한 고려 없이 특정 덕목을 주입하려는 시도에 반대하며 관계를 중시한다.

오답넘기

② 나딩스는 도덕적 행위가 보편적 도덕 법칙을 따르려는 의무 의식에서 비롯된다는 칸트의 윤리 사상을 비판한다.

③ 벤담은 쾌락과 행복을 가져다주는 행위는 옳은 행위이며, 고통과 불행을 가져다주는 행위는 그릇된 행위로 본다.

④ 벤담은 나의 행복과 타인의 행복은 동등하게 고려해야 한다고 본다.

⑤ '최대 다수의 최대 행복'을 주장하는 벤담은 행위의 결과적 측면을 중시한다.

정답률 분석 ① 77% ② 6% ③ 4% ④ 9% ⑤ 2%

050 밀의 질적 공리주의 이해 / 답 ④

알짜풀이

제시문의 (가)는 공리주의자 밀이다. 밀은 쾌락의 질적인 차이도 고려해야 한다는 질적 공리주의 사상을 제시하였다. 그에 따르면 감각적 쾌락보다는 정신적 쾌락이 더 수준 높은 쾌락이며, 누구나 질적으로 높고 고상한 쾌락을 추구해야 한다고

본다.

ㄱ, ㄴ. 공리주의의 일반적 입장이다.

ㄹ. 밀은 쾌락의 양뿐만 아니라 질적 차이도 고려해야 한다고 주장하였다.

오답넘기

ㄷ. 의무감에 따라 행동할 것을 강조한 사상은 의무론이다.

051 규칙 공리주의에 대한 이해 / 답 ②

알짜풀이

규칙 공리주의의 특징을 묻는 문제이다.

ㄱ, ㄹ. 행위 공리주의는 행위 하나하나의 결과를 고려하여 올바른 행동을 해야 한다고 보는 데 비해 규칙 공리주의는 개별적 행위의 결과를 따지기보다는 행위가 보편화되었을 때의 결과를 고려하며 최선의 결과를 가져오는 행위의 규칙을 중시한다.

오답넘기

ㄴ. 규칙 공리주의에서는 최선의 결과를 가져다주는 규칙에 따라 유용한 행위를 할 것을 강조한다.

ㄷ. 규칙 공리주의에서는 도덕 규칙을 따른 행위의 결과가 다른 행위의 결과보다 더 좋으면, 이를 도덕적인 행동으로 간주한다.

052 의무론과 공리주의의 특징 이해 / 답 ②

알짜풀이

(가)의 갑은 의무론적 윤리의 대표 사상가인 칸트, 을은 공리주의 사상가이다. 칸트는 도덕성을 판단함에 있어 행위의 결과보다 동기를 중시하면서, 오로지 의무 의식에서 나온 행위만이 도덕적 가치를 지닌다고 보며, 도덕 법칙의 보편화 가능성을 중시한다. 이에 비해 공리주의에서는 행위의 결과가 가져다줄 쾌락과 행복을 중시하며 '최대 다수의 최대 행복'을 산출하는 행위가 옳다고 본다.

오답넘기

①, ③ 을만의 입장으로 C에 들어가야 할 내용이다.

④, ⑤ 갑의 입장으로 A에 들어가야 할 내용이다.

053 벤담과 밀의 공리주의 이해 / 답 ③

알짜풀이

갑은 벤담, 을은 밀이다. 벤담은 양적 공리주의, 밀은 질적 공리주의를 주장하였다.

③ 밀은 "배부른 돼지가 되기보다는 배고픈 인간이 되는 편이 낫고, 만족하는 바보가 되기보다는 만족하지 않는 소크라테스가 되는 편이 낫다."라고 하면서 정상적인 인간은 누구나 질적으로 높고 고상한 쾌락을 추구한다고 보았다.

오답넘기

① 벤담은 금욕보다 쾌락을 추구할 것을 강조하였다.

② 어떤 행위가 자연의 질서에 부합하는지 아니면 어긋나는지를 검토하는 것은 자연법 윤리의 주장이다.

④ 공리주의는 이기주의와 달리 자신의 쾌락을 우선적으로 추구할 것을 강조하지 않는다.

⑤ 쾌락을 추구하는 행위를 도덕적 행위로 간주하지 않는 것은 칸트의 입장이다.

054 공리주의의 이해 / 답 ①

알짜풀이

① 제시문은 행위의 결과가 유용성을 증진하는지의 여부를 따지는 공리주의의 입장이다. 따라서 사회적 효용이 증대되는 행위를 해야 하는가의 질문에 긍정의 대답을 할 것이다.

오답넘기

②, ③, ④, ⑤ 칸트의 입장에 해당한다.

055 매킨타이어의 덕 윤리 이해 / 답 ④

알짜풀이

제시문은 매킨타이어의 주장이다. 매킨타이어는 개인의 자유와 선택보다는 공동체의 전통과 역사를 더 중시하며, 도덕적 판단에서 구체적이며 맥락적인 사고를 중시할 것을 주장하였다.

ㄴ. 매킨타이어는 덕성 함양이 단절된 개인적 차원에서 이루어지는 것이 아니라 역사와 전통이라는 구체적 맥락을 지닌 공동체 안에서 가능하다는 점을 강조한다.

ㄹ. 매킨타이어는 공동체의 역사적 시간과 사회적 공간에서 펼쳐지는 삶의 구체적 모습이 도덕적 정체성을 형성하는 데 반영되어야 한다고 보았다.

오답넘기

ㄱ. 매킨타이어는 보편적인 도덕 원칙보다 공동체의 전통과 역사를 더 중시하였다.

ㄷ. 매킨타이어에 따르면 행위자의 성품을 먼저 평가하고, 이를 근거로 행위의 옳고 그름을 판단해야 한다고 보았다.

정답률 분석 ① 2% ② 6% ③ 3% ④ 75% ⑤ 14%

056 아리스토텔레스의 덕 윤리 이해 / 답 ①

알짜풀이

제시문을 주장한 사상가는 아리스토텔레스이다. 아리스토텔레스는 덕은 지성적 덕과 도덕적 덕으로 나눌 수 있다고 보았다. 그는 지성적 덕은 주로 교육을 통해 얻어지고 길러지며, 도덕적 덕은 올바른 행동의 습관화, 중용의 반복적 실천을 통해 형성된다고 보았다.

ㄱ. 아리스토텔레스는 이성적 인간이 공동체 안에서 자신의 본성, 즉 이성을 실현해야 한다고 보았다.

ㄴ. 아리스토텔레스에 따르면 도덕적 품성을 지닌 사람은 도덕적 덕이 있는 사람이고, 도덕적 덕은 지나침과 부족의 악덕 사이에서 상황에 따라 알맞게 행동하는 것을 습관화하여 형성되는 것으로 보았다.

오답넘기

ㄷ. 아리스토텔레스에게 행복은 완전한 덕에 따르는 영혼의 활동이므로 단지 옳고 그름에 관한 앎뿐만 아니라 아는 것을 실천에 옮기려는 의지도 있어야 한다고 보았다.

ㄹ. 아리스토텔레스에 따르면 어떠한 상황에서도 두려움의 감정을 느끼지 않는 사람은 무모한 사람으로서 용기의 덕을 갖추지 못한 사람이다.

정답률 분석 ① 64% ② 8% ③ 3% ④ 6% ⑤ 18%

057 덕 윤리 사상의 이해 / 답 ①

알짜풀이

제시문의 ㉠은 덕 윤리이다. 덕 윤리는 행위자의 품성을 강조하고, 의무론과 공리주의가 행위에 관련된 도덕 원리에만 관심을 가진다고 비판한다. 따라서 덕 윤리는 개인의 자유와 권리보다 공동체의 전통과 역사를 강조하며, 공동체 구성원으로서 지닌 자연적 감정인 우정, 사랑, 충성 등의 덕목을 길러야 한다고 본다.

오답넘기

② 공리주의의 입장이다.

③, ④, ⑤ 덕 윤리는 감정, 공동체의 전통, 행위의 결과를 고려한다.

058 덕 윤리의 특징 이해 / 답 ②

알짜풀이

② 제시문은 덕 윤리에 관한 내용이다. 아리스토텔레스의 윤리 사상적 전통을 따르고 있는 덕 윤리에서는 도덕적 품성을 갖추는 것이 중요하다고 본다. 또한 도덕적 품성을 갖추려면 옳고 선한 행위를 습관화하는 것이 중요하다고 본다.

오답넘기

①, ④ 공리주의에서 강조하는 내용이다.

③ 아리스토텔레스의 덕 윤리는 감정의 제거를 주장하지 않는다.

⑤ 책임 윤리에서 강조하는 내용이다.

059 배려 윤리의 특징 파악 / 답 ④

알짜풀이

제시문은 배려 윤리의 입장이다. 배려 윤리는 사람을 상호 의존적이며 관계적인 존재로 보고, 윤리적 결정을 내릴 때에는 상황의 특수성과 인간관계, 책임 등을 고려하여 판단한다.

오답넘기

ㄹ. 정의 윤리의 특징에 해당한다. 배려 윤리는 인간 본성인 감성을 우위에 두고, 사랑, 자비, 배려, 공감, 감수성 등을 중시한다.

060 덕 윤리와 배려 윤리 비교 / 답 ①

알짜풀이

(가)는 덕 윤리이고, (나)는 배려 윤리이다. 덕 윤리는 윤리적으로 옳은 결정을 하려면 먼저 유덕한 품성을 길러야 한다고 주장한다. 그래서 덕 윤리는 개인의 자유와 권리보다 공동체의 전통과 역사를 강조하며 공동선을 중시한다.

오답넘기

② 덕 윤리는 행위의 도덕성보다 행위자의 덕성을 중시한다.

③ 배려 윤리는 인간의 이성보다 감정을 중시한다.

④ 배려 윤리는 특수한 상황과 관계를 중시하는 반면, 정의 윤리는 보편적인 도덕 원리에 따른 판단을 중시한다.

⑤ 덕 윤리와 배려 윤리는 의무론적 접근의 필요성을 강조하지 않는다.

⊕ 더 알아보기

덕 윤리와 배려 윤리에 대한 의무론과 공리주의의 비판

덕 윤리와 배려 윤리는 인간의 내적 특성, 감정 등을 고려함으로써 도덕적 행위를 일으키는 데 도움을 주거나, 당면한 윤리 문제의 구체적인 맥락이나 인간관계의 중요성을 강조함으로써 윤리 문제에 관한 바람직한 해결 방안을 찾는 데 도움을 줄 수 있다. 그러나 의무론이나 공리주의와 같이 도덕 원리를 강조하는 윤리학자는 덕 윤리와 배려 윤리에서 행위자들이 특정 상황에서 옳다고 여기는 바가 다를 수 있다는 점을 지적하면서, 도덕 원리 또는 규칙은 어떤 행위를 해야만 하는지를 분명하게 알려 주지만 덕이나 도덕적 감정은 어떤 행위를 해야만 하는지를 분명하게 알려 주지 못한다고 비판한다.

II. 생명과 윤리

01 삶과 죽음의 윤리

061 ②   062 ④   063 ③   064 ②   065 ⑤   066 ①

061 죽음에 대한 장자와 맹자의 입장 비교 / 답 ②

알짜풀이

갑은 장자, 을은 맹자이다. 장자는 삶과 죽음이 사계절의 변화 같은 것이므로 삶에 얽매이지 않고 죽음을 걱정하지 않을 때 진정한 행복에 이를 수 있다고 주장하였다. 맹자는 죽음 이후보다 현실에서 인의(仁義)를 실현하는 도덕적 삶을 강조하였다.

② 장자는 삶과 죽음을 자연스러운 현상으로 보고, 죽음에 초연해야 한다고 주장하였다.

오답넘기

① 장자는 죽음을 걱정하지 말고 자연 그대로의 삶을 살아야 한다고 주장하였다.

③ 삶과 죽음의 순환 자체가 끝없는 고통의 연속이므로 열반에 들어 삶과 죽음의 순환 자체를 끊어내야 한다는 불교의 입장에 해당하는 내용이다.

④ 장자는 삶은 좋고 죽음은 나쁜 것이라는 분별을 초월해야 한다고 보았다.

⑤ 맹자는 죽음을 슬퍼할 대상으로 본 반면, 장자는 죽음을 슬퍼하거나 두려워할 대상으로 보지 않았다.

정답률 분석 ① 1% ② 78% ③ 5% ④ 4% ⑤ 12%

062 죽음에 대한 플라톤과 에피쿠로스의 입장 비교 / 답 ④

알짜풀이

갑은 플라톤, 을은 에피쿠로스이다. 플라톤은 죽음을 영혼이 육체로부터 해방되어 영원불멸하는 이데아의 세계로 들어가 자유를 얻는 것으로 보았다. 에피쿠로스는 인간이 살아 있는 한 죽음을 경험할 수 없기 때문에 죽음을 두려워 할 필요가 없다고 보았다.

④ 에피쿠로스는 육체가 소멸하면 모든 감각을 상실하기 때문에 죽음은 고통이 될 수 없고 두려워하거나 불안해할 필요가 없다고 하였다.

오답넘기

① 플라톤은 육체를 순수한 인식을 방해하는 감옥으로 생각하여 죽음을 육체로부터 해방되는 것으로 보았다.

② 플라톤은 지혜를 사랑하는 자와 달리 육신을 사랑하는 자는 죽음을 주저하는 태도를 보인다고 보았다.

③ 에피쿠로스는 모든 좋고 나쁜 것은 감각에 달려 있는데, 죽음은 감각의 상실이기 때문에 죽음은 아무것도 아니라고 주장하였다.

⑤ 플라톤은 육체에 대한 집착에서 벗어나 영혼의 순수성을 추구함으로써 죽음의 불안에서 벗어날 수 있다고 보았다. 에피쿠로스는 죽음은 우리에게 아무것도 아님을 알고, 불멸에 대한 열망을 제거함으로써 죽음의 불안에서 벗어나야 한다고 보았다.

정답률 분석 ① 2% ② 1% ③ 2% ④ 94% ⑤ 1%

063 출생의 윤리적 의미 / 답 ③

알짜풀이

출생이 갖는 윤리적 의미를 파악하는 문제이다.

ㄷ. 출생은 가족 및 사회 구성원으로서의 삶의 시작이다. 출생과 동시에 인간은 자식, 손주 등의 사회적 지위를 얻게 되고, 다양한 인간관계를 형성하게 된다.

ㄹ. 출생은 도덕적 주체로서 한 인간의 삶의 출발점이 된다. 출생을 통한 모체로부터의 생물학적 독립이 점차 정신적 독립으로 이어지면서 인간은 자신의 행위를 스스로 결정하고 책임지는 도덕적 주체로 성장해 간다.

오답넘기

ㄱ. 인간은 누구나 자신의 생명을 보전하고 종족을 보존하고자 하는 자연적 성향을 지닌다. 이러한 자연적 성향을 실현하는 것이 바로 출생이다.

ㄴ. 자기 존재의 주도권을 상실하게 만드는 것은 죽음이다.

064 플라톤의 죽음에 대한 입장 / 답 ②

알짜풀이

인터뷰의 사상가는 플라톤이다. 플라톤은 인간의 영혼이 육체로부터 벗어나는 죽음을 통해 참된 지혜를 얻을 수 있다고 본다.

오답넘기

① 플라톤은 죽음에 대해 두려워할 필요가 없다고 본다.

③, ④, ⑤ 죽음에 대한 플라톤의 입장과 거리가 멀다.

> **⊕ 더 알아보기**
>
> **서양 사상가들의 죽음에 대한 입장**
>
> | | |
> |---|---|
> | 플라톤 | 육체에 갇혀 있는 영혼이 죽음을 통해 영원불변한 이데아의 세계로 들어감 |
> | 에피쿠로스 | 살아 있는 동안에는 죽음을 경험할 수 없으므로 죽음을 두려워할 필요가 없음 |
> | 하이데거 | 죽음에 대한 자각을 통해 삶을 더욱 의미 있고 가치 있게 주체적으로 살 수 있음 |
> | 야스퍼스 | 죽음은 인간이 피할 수 없는 한계 상황임 |

065 죽음에 대한 장자와 에피쿠로스의 공통된 입장 / 답 ⑤

알짜풀이

갑은 장자이고, 을은 에피쿠로스이다. 장자는 삶과 죽음을 자연적이고 필연적인 것으로 보고 죽음에 초연하라고 하였다. 에피쿠로스는 인간이 죽음을 경험할 수 없기 때문에 죽음을 두려워할 필요가 없다고 하였다.

⑤ 두 사상가 모두 죽음을 두려움의 대상으로 보지 않았다.

오답넘기

①, ③ 장자나 에피쿠로스의 입장과 거리가 먼 내용이다.

② 장자는 죽음에 대해 슬퍼할 필요가 없다고 하였다.

④ 죽음에 대한 불교의 입장이다.

066 불교와 도가의 죽음관 비교 / 답 ①

알짜풀이

(가)는 불교, (나)는 도가 사상이다. 도가에서는 죽음을 자연스러운 것으로 이해하여 슬퍼하거나 두려워할 필요가 없다고 주장하며, 불교는 죽음을 인과응보의 윤회(輪廻)로 설명한다.

① 불교에서는 현세에서의 선행이 내세의 더 나은 삶을 가져온다고 본다.

오답넘기

② 불교에서는 삶과 죽음의 고통에서 벗어나기 위해 깨달음을 강조한다.

③, ④ 도가에서는 죽음을 고통으로 보지 않고, 삶과 죽음에 차별이 없다고 본다.

⑤ 불교에서 말하는 모든 고통에서 벗어난 상태는 열반이다.

> **⊕ 더 알아보기**
>
> **죽음의 일반적 특징**
>
> 모든 인간은 죽는다는 점에서 죽음은 보편성을 지니며, 죽음을 회피하고자 하는 어떤 노력도 실패하고 만다는 점에서 불가피성을 지닌다.

067 ③ 　068 ③ 　069 ① 　070 ① 　071 ② 　072 ⑤

067 태아의 지위에 대한 입장 비교 / 답 ③

알짜풀이

갑은 태아는 완전한 인격체가 아니므로 부분적인 도덕적 지위만을 가지므로 인공 임신 중절을 허용하는 입장이고, 을은 태아는 잠재적인 인간이므로 인공 임신 중절은 옳지 않다고 보는 입장이다.

ㄴ. 을은 태아는 특별한 방해가 없는 하나의 인격체로 발달할 잠재성이 있으므로 인간의 지위를 갖는다고 본다.

ㄹ. 갑, 을 모두 태아를 생명체로 인정하므로 태아를 단순한 세포 조직처럼 함부로 대우하는 것에 반대한다.

오답넘기

ㄱ. 갑은 태아는 여성 몸의 일부로 임신한 여성이 태아에 대한 권리를 가지므로 인공 임신 중절을 할 수 있다고 본다.

ㄷ. 을은 태아는 잠재적인 인간이라고 보고 있으므로 현재가 아닌 미래에 합리적 · 자의식적 존재가 될 수 있다고 본다.

정답률 분석 ① 2% ② 2% ③ 49% ④ 3% ⑤ 41%

068 인공 임신 중절의 쟁점 이해 / 답 ③

알짜풀이

그림은 인공 임신 중절에 대한 학생들의 대화이다.

③ 생명 옹호주의는 존엄성 근거, 잠재성 근거, 무고한 인간의 신성불가침 논거 등을 들어 인공 임신 중절을 반대한다.

오답넘기

①, ②, ④, ⑤ 선택 옹호주의는 소유권 논거, 정당방위 논거, 자율권 논거, 평등권 논거 등을 들어 인공 임신 중절을 찬성한다.

정답률 분석 ① 5% ② 4% ③ 79% ④ 6% ⑤ 3%

069 인공 임신 중절에 대한 윤리적 관점 / 답 ①

알짜풀이

(가)는 인간 생명의 존엄성을 근거로 하여 인공 임신 중절을 반대하는 입장이다.

① (나)의 사례에 대해 (가)는 생명은 존엄하므로 인공 임신 중절을 해서는 안 된다고 조언할 수 있다.

오답넘기

②, ③, ⑤ 인공 임신 중절을 옹호하는 근거들이다.

④ 비난을 감수하고서라도 인공 임신 중절을 할 수 있는 입장이므로, 인공 임신 중절을 반대하는 입장과는 거리가 멀다.

070 인공 임신 중절에 대한 윤리적 관점 / 답 ①

알짜풀이

그림은 인간 생명의 존엄성을 근거로 하여 인공 임신 중절을 반대하는 입장이다. A에는 인공 임신 중절을 옹호하는 논거가, B에는 인공 임신 중절을 반대하는 논거가 들어가야 한다.

ㄱ. 인공 임신 중절을 옹호하는 논거이므로 A에 적합한 내용이다.

ㄷ. 인공 임신 중절을 반대하는 잠재성 논거이다. 이 논거에 따르면 태아는 임신 순간부터 성인으로 발달할 잠재성이 있기 때문에 인간으로서의 지위를 갖는다.

오답넘기

ㄴ. 인공 임신 중절을 반대하는 논거이므로 A에 들어갈 수 없다.

ㄹ. 인공 임신 중절을 옹호하는 논거이므로 B에 들어갈 수 없다.

071 인공 임신 중절의 찬반 근거 / 답 ②

알짜풀이

제시된 도덕 추론 과정은 인공 임신 중절을 반대하는 내용으로, ㉠에 들어갈 내용은 "인공 임신 중절은 아무 죄도 없는 인간을 죽이는 행위이다."이다. 따라서 이에 대해 반론을 제기하기 위해서는 태아가 인간이 아니라는 주장을 제기해야 한다.

오답넘기

①, ③, ⑤ 인공 임신 중절을 반대하는 내용이다.

④ 인공 임신 중절을 찬성하는 입장이기는 하지만 소전제에 대한 반대 내용으로는 적절하지 않다.

072 자살에 대한 칸트의 입장 / 답 ⑤

알짜풀이

(가)를 주장한 사상가는 칸트, (나)의 ㉠은 자살이다. 칸트에 따르면, 우리는 자기 자신을 포함하여 모든 인간을 수단이 아닌 목적으로 대우해야 하고, 자신의 행위가 보편타당한 법칙에 부합하도록 해야 한다. 따라서 자살은 자율적 인간으로서의 의무를 위반하는 행위이다.

오답넘기

①, ②, ③ 칸트에 따르면, 자살은 자신을 한낱 '고통 완화의 수단'으로 대우하는 비도덕적인 행위이다.

④ 공리주의의 관점에서 자살을 비판할 수 있는 내용이다.

073 ② 　074 ④ 　075 ① 　076 ⑤ 　077 ⑤ 　078 ⑤

073 안락사의 윤리적 쟁점에 대한 입장 비교 / 답 ②

알짜풀이

갑은 연명 치료의 중단과 같은 소극적 안락사만을 허용해야 한다고 보고, 을은 소극적 안락사뿐만 아니라 약물 주입과 같은 적극적 안락사도 허용해야 한다고 본다.

② 갑은 소극적 안락사만 도덕적인 행위라고 보고, 을은 소극적 안락사뿐만 아니라 적극적 안락사도 도덕적인 행위라고 본다. 갑은 긍정, 을은 부정의 대답을 할 질문이므로 토론의 핵심 쟁점이 될 수 있다.

오답넘기

① 갑과 을은 환자가 요청한다면 연명 치료의 중단으로 죽음을 맞이할 수 있도록 허용해야 한다고 주장한다.

③ 갑은 소극적 안락사를, 을은 소극적 안락사뿐 아니라 적극적 안락사도 허용해야 한다고 보므로, 둘다 긍정의 대답을 할 질문이다.

④ 환자의 요청이 있다면 연명 치료의 중단으로 죽음을 맞이할 수 있다고 보는 갑, 을 모두 부정의 대답을 할 질문이다.

⑤ 갑, 을 모두 긍정의 대답을 할 질문이다.

정답률 분석 ① 3% ② 80% ③ 5% ④ 3% ⑤ 9%

074 안락사에 대한 칼럼의 입장 파악 / 답 ④

알짜풀이

칼럼은 회생 불가능한 환자의 인간으로서의 존엄성을 보호하기 위해 연명 치료를 하지 말아야 한다는 입장이다.

ㄱ. 칼럼은 인간의 존엄성에는 죽어가는 사람의 존엄성도 포함된다고 주장하면서 환자의 존엄성 유지를 위해 연명 치료를 하지 말아야 한다고 보았다.

ㄷ. 칼럼은 회생 불가능한 환자의 생명을 인위적으로 지속시키거나 단축시키는 것은 인간답게 죽을 권리를 침해하는 일이라고 본다.

ㄹ. 칼럼은 회생 불가능한 환자에게 심폐 소생 장치를 연결하여 연명 치료를 지속하는 것보다 심폐 소생 장치를 연결하지 않는 것이 바람직하다고 주장하면서 연명

치료에 반대하고 있다.

오답넘기
ㄴ. 칼럼은 회생 불가능한 환자에게 심폐 소생 장치를 연결하지 않는 것이 바람직하다는 소극적 안락사의 입장에 해당한다.

정답률 분석 ① 1% ② 3% ③ 1% ④ 90% ⑤ 5%

075 안락사의 정당화 조건 / 답 ①

알짜풀이
자료의 ㉠은 안락사이다.
ㄱ. 안락사는 환자 본인의 입장에서 죽지 않고 생명 연장 시술을 받는 것이 죽는 것보다 오히려 더 큰 고통을 받는 등의 손해를 입기 때문에 선택하는 것이어야 한다. 즉, 환자의 죽음은 그 환자에게 가장 큰 이익을 안겨 주어야 한다.
ㄴ. 안락사가 정당화되기 위해서는 환자 자신으로부터 그 죽음에 대한 자발적 동의를 받아야 한다. 이를 위해 환자 본인에게 충분한 의료 정보를 미리 제공해야 한다.

오답넘기
ㄷ, ㄹ. 안락사를 반대하는 입장이다. 안락사는 인위적 방법으로 자연적인 사망 시기보다 앞서 환자를 사망에 이르게 하는 행위이다

076 안락사를 옹호하는 입장 / 답 ⑤

알짜풀이
제시문은 안락사를 옹호하는 입장이다. 안락사란 극심한 고통을 받고 있는 불치의 환자에 대하여, 본인 또는 가족의 요구에 따라 고통이 적은 방법으로 생명을 단축하는 행위를 말한다.
ㄷ, ㄹ. 안락사를 옹호하는 입장에서는 무의미한 연명 치료를 반대하고, 환자의 자율성을 존중한다. 이들은 안락사가 환자의 극심한 고통을 줄여 인간다운 죽음을 맞게 한다고 본다.

오답넘기
ㄱ, ㄴ. 안락사에 대한 반대 입장이다.

077 안락사에 대한 공리주의적 평가 / 답 ⑤

알짜풀이
갑은 도덕 판단의 기준으로 행위의 결과를 중시하는 공리주의의 관점을 가지고 있다.
⑤ 공리주의 관점에서는 치유 불가능한 환자에게 과다한 경비를 사용하는 것은 환자의 가족에게 경제적으로 큰 부담이며, 환자 본인에게 심리적으로나 신체적으로 큰 고통을 주는 것이기 때문에 사회 전체의 이익에 부합하지 않는다고 본다.

오답넘기
① 자연법 윤리에서 내릴 수 있는 평가이다.
② 공리주의는 인간의 의무보다 유용성을 중시한다.
③ 유용성에 근거한 평가가 아니다.
④ 의무론의 관점에서 내릴 수 있는 평가이다

078 안락사를 반대하는 입장 / 답 ⑤

알짜풀이
⑤ 안락사는 환자의 극심한 고통을 없애기 위해 환자를 죽음에 이르도록 하는 의도적인 행위이다. 안락사를 반대하는 사람들은 생명의 존엄성 훼손을 그 근거로 제시한다.

오답넘기
①, ②, ③, ④ 안락사를 찬성하는 사람들의 입장이다. 안락사를 찬성하는 사람들은 안락사가 환자를 고통에서 해방시켜 주고 환자 가족의 육체적 · 정신적 · 경제적 고통을 경감시켜 줄 수 있다고 주장한다.

item 12 뇌사의 윤리적 쟁점

079 ② 　080 ① 　081 ② 　082 ⑤ 　083 ⑤ 　084 ③

079 뇌사의 윤리적 쟁점 파악 / 답 ②

알짜풀이
죽음에 대한 판정 기준으로 (가)는 심폐사, (나)는 뇌사를 주장하고 있다. (가)는 심장 박동이 멈추고 호흡이 정지해야 사망한 것으로 판정한다. (나)는 뇌사자의 인간 존엄성을 지키고 의료 자원의 효율적 이용을 위해 뇌사를 죽음으로 인정해야 한다고 본다.
② (가)는 죽음의 판정 기준으로 심폐사를 주장하며, 뇌사가 완결된 죽음이 아니며 죽음에 이르는 과도기적 상태라고 주장한다.

오답넘기
① 뇌사를 죽음으로 인정하면 한정된 의료 자원을 효율적으로 이용할 수 있다고 주장한다.
③ 심폐사를 주장하는 입장은 뇌사 인정이 뇌사자의 생명권을 침해한다고 본다.
④ 뇌사를 죽음으로 인정하면 뇌사자의 장기를 장기 이식에 활용하여 사회적 선을 실현할 수 있다고 주장한다.
⑤ 뇌사를 주장하는 입장은 무의미한 연명 치료가 인간 존엄성을 훼손한다고 본다.

정답률 분석 ① 6% ② 76% ③ 11% ④ 3% ⑤ 4%

⊕ 더 알아보기

뇌사 상태와 식물인간 상태의 비교

상태	뇌사	식물인간
손상 부위	뇌간을 포함한 뇌 전체	대뇌
기능 장애	심장 박동(인공호흡기 도움) 외의 모든 기능	기억, 사고, 운동 감각
운동 능력	강한 자극에도 전혀 움직이지 않음	손발은 약간 움직일 수 있음
호흡, 순환	자체적으로는 불가능	가능
존속 기간	인공호흡기 부착 시에도 대개 2주 이내 사망	수개월, 수년 생존하다 회복 또는 사망
장기 이식	합법	불법

080 뇌사와 장기 이식에 대한 입장 이해 / 답 ①

알짜풀이
제시문은 뇌사를 죽음으로 인정하고 뇌사자의 사전 동의를 통해 장기 이식을 허용해야 한다는 입장이다.
ㄱ. 생명체의 활동에 있어서 뇌가 결정적 기능을 담당한다는 주장은 뇌사를 죽음의 기준으로 인정하는 것을 정당화하는 근거가 될 수 있다.
ㄴ. 뇌사 판정 위원회를 통해 뇌사의 오판 가능성을 최소화할 수 있는 제도적 절차가 있다고 볼 것이다.

오답넘기
ㄷ. 제시문은 뇌사를 인정하면 뇌사자의 장기 이식을 통해 많은 인명을 구해 공익 실현에 기여한다는 입장이다.
ㄹ. 제시문은 심폐사만을 죽음으로 보는 것이 아니라, 뇌사를 죽음의 판정 기준으로 삼는 것에 찬성하는 입장이다.

정답률 분석 ① 96% ② 1% ③ 1% ④ 1% ⑤ 0%

081 뇌사와 심폐사 논쟁 / 답 ②

알짜풀이
갑은 죽음의 기준으로 뇌사를, 을은 심폐사를 주장하고 있다. 장기 이식에 대한 관

심이 높아지면서 의학계에서는 뇌사를 죽음의 결정 기준으로 주장하기 시작하였다. 하지만 심폐사 인정론자는 이에 반대한다.

ㄴ, ㄷ. 을은 갑에게 인간의 죽음을 실용적 동기에서 바라보아서는 안 되며, 심장 자체가 뇌의 명령 없이도 자발적으로 박동한다고 비판을 할 수 있다.

오답넘기

ㄱ, ㄹ. 뇌사를 죽음의 결정 기준으로 보는 입장이다. 심폐사 인정론은 삶의 신체적 기능만을, 뇌사 인정론은 인간의 사고 능력만을 중시하는 경향이 있다.

082 뇌사와 장기 이식에 대한 공리주의 입장 / 답 ⑤

알짜풀이

⑤ 갑은 되도록 많은 사람들에게 행복을 가져다주어야 한다는 공리주의적 관점을 가지고 있다. 결과적으로 많은 사람들에게 이익이 된다면 거짓말을 할 수 있다거나 난치병으로 고생하는 많은 사람들에게 도움이 된다면 장기 이식을 위해 뇌사를 인정하자는 것이 공리주의적 선택이 될 수 있다.

오답넘기

① 공리주의에는 유용성을 행위의 판단 근거로 중시한다.

②, ④ 의무론적 접근이다.

083 심폐사와 뇌사 비교 / 답 ⑤

알짜풀이

갑은 심폐사, 을은 뇌사의 입장이다. 심폐사 인정론자는 뇌의 명령 없이도 심장 자체가 자발적으로 박동하는 것으로 본다. 따라서 심폐사 인정론자는 인간의 죽음을 실용적 동기에서 바라보아서는 안 된다고 강조한다. 반면 뇌사 인정론자는 죽음의 결정 기준을 뇌의 정지로 본다. 그리고 다른 사람의 생명을 살릴 수 있는 장기 이식의 가능성을 고려하여 죽음을 판단하기도 한다.

⑤는 자발적 안락사의 전제 조건이다. 자발적 안락사는 충분한 정보에 의거한 자발적 동의, 즉 인간의 죽음에 대한 자기 결정권을 중시한다.

084 뇌사 문제에 대한 사회 윤리적 접근 / 답 ③

알짜풀이

(가)는 사회 문제의 해결을 위해서는 사회 정책과 제도의 개선이 필요하다는 입장이다. 따라서 죽음과 관련된 (나)의 문제는 사회 정책과 제도의 개선을 통하여 해결되어야 한다.

③ 법 제정을 주장하고 있으므로 사회 정책과 제도의 개선을 통한 해결책이다.

오답넘기

①, ②, ④ 개인의 양심과 도덕성에 호소하여 문제를 해결하려는 것으로 개인 윤리적 관점에 해당한다.

---

02 생명 윤리

---

085 인간 배아 복제 연구에 대한 입장 비교 / 답 ⑤

알짜풀이

(가)는 인간 배아 복제를 반대하는 입장이다. (나)의 ㉠에 들어갈 내용은 '인간 배아를 파괴하는 인간 배아 복제는 인간의 생명권을 침해하는 행위이다.'이다. 따라서 인간 인간 배아 복제를 찬성하는 입장의 근거를 찾아야 한다.

⑤ ㉠에 대한 반론은 '인간 배아 복제는 인간의 생명권을 침해하는 행위가 아니다.'이다. 따라서 '인간 배아는 도덕적 지위가 없는 단순한 세포 덩어리이다.'는 ㉠에 대한 반론의 근거로 가장 적절하다.

오답넘기

①, ②, ③, ④ 인간 배아 복제에 대한 반대 입장이므로 적절하지 않다.

정답률 분석 ① 11% ② 1% ③ 4% ④ 1% ⑤ 83%

086 유전 공학 연구에 대한 쟁점 파악 / 답 ⑤

알짜풀이

갑은 치료를 목적은 물론 자연적 능력을 강화시킬 수 있는 유전자 강화 연구도 허용되어야 한다고 주장하는 반면, 을은 치료 목적의 유전 공학 연구만 허용되어야 한다고 주장한다.

⑤ 갑은 유전자 강화를 목적으로 하는 유전 공학 연구를 허용해야 한다고 보지만, 을은 인간의 고유성과 정체성을 훼손하는 유전자 강화 연구는 중단되어야 한다고 본다. 따라서 갑은 부정의 대답을, 을은 긍정의 대답을 할 질문이므로 토론의 핵심 쟁점으로 적절하다.

오답넘기

① 갑과 을 모두 긍정의 대답을 할 질문이다. 갑과 을은 모두 선을 추구하는 유전 공학 연구에 동의한다.

② 갑과 을 모두 긍정의 대답을 할 질문이다. 갑과 을은 모두 치료를 목적으로 하는 유전 공학의 발전에 동의한다.

③ 갑과 을 모두 부정의 대답을 할 질문이다. 갑과 을은 모두 유전자 강화 기술의 목적을 질병의 치료가 아니라 자연적 능력의 강화라고 본다.

④ 갑과 을 모두 긍정의 대답을 할 질문이다. 갑과 을은 모두 유전자 강화 기술이 인간의 자연적 능력을 강화시킨다고 본다.

정답률 분석 ① 3% ② 3% ③ 2% ④ 2% ⑤ 90%

087 생명 복제에 대한 쟁점 / 답 ③

알짜풀이

자료의 (가)는 생명 복제에 대한 찬성론, (나)는 반대론의 근거를 제시하고 있다. 생명 복제를 찬성하는 사람들은 생명 복제가 난치병 치료 연구에 돌파구를 제시해 주고 아기를 가질 수 없는 부부에게 생명 복제 방법을 통해서 아기를 제공해 줄 수 있다고 주장한다. 반면 생명 복제를 반대하는 사람들은 배아가 인간이 될 수 있는 잠재적인 가능성이 있으므로 인간으로서의 존엄성을 갖는다고 주장한다. 그리고 복제 인간으로 태어나는 아이는 존엄한 인격체가 아닌 치료 수단으로 간주되는 문제가 발생한다고 주장한다.

③ 생명 복제를 찬성하는 입장에서는 공동의 이익 증진을, 반대하는 입장에서는 인간의 존엄성 존중을 근거로 제시한다.

오답넘기

②, ④ 생명의 위계성을 중시할 경우 생명의 동등성이 부정된다.

088 생명 공학 기술에 대한 윤리적 검토 / 답 ①

알짜풀이

대화에서 갑은 인간 복제 기술의 긍정적 측면을 강조하고 있으나, 을은 생명 공학 기술의 부작용을 염려하고 있다. 갑의 입장을 지지하는 근거에는 생명 공학 기술의 허용을 통해 얻을 수 있는 여러 가지 이점이 해당될 수 있다. 예를 들면 식량 위기 해결, 난치병 치료, 환경 오염 문제 해결 등이다.

ㄱ, ㄷ. 을의 입장을 지지하는 근거에는 주로 생명 공학 기술의 무제한적인 허용으로 인한 부작용이 해당될 수 있다. 예를 들면 생명과 인간의 존엄성 훼손, 생명의 상업적 이용, 생명의 경시 등이다.

오답넘기

ㄴ. 생명 공학 기술을 제한 없이 허용한다고 해서 과학 기술 발전이 저해되지는 않는다.

ㄹ. 생명 공학 기술은 난치병 치료에 기여할 수 있다.

089 배아의 도덕적 지위 / 답 ④

알짜풀이

갑은 배아 복제에 대해 비판적인 입장을 취하고 있으며, 을은 지지하는 입장을 보이고 있다. 특히 갑은 인간의 존엄성에 근거한 배아의 도덕적 지위를 주장하고 있다.

ㄴ, ㄹ. 배아의 도덕적 지위를 주장하는 논거이다. 인간이라는 종(種)에 속하는 배아 세포는 도덕적인 주체가 될 수 있으므로 인간으로서의 존엄성을 갖는다. 또한 인간의 발달 과정은 결코 선명한 경계선이 없는 연속적인 과정이므로 배아 세포는 인간으로서의 존엄성을 갖는다.

오답넘기

ㄱ, ㄷ. 인간 배아 세포의 도덕적 지위를 인정하지 않는 입장이다. 따라서 인간 배아 세포는 단순한 세포 덩어리이므로 얼마든지 실험 대상이 될 수 있다.

090 유전자 조작에 대한 관점 / 답 ⑤

알짜풀이

유전자 조작이란 생명 공학 기술을 이용하여 특정 동식물의 유용한 유전자를 다른 동식물에 삽입하여 재조합하는 것을 말한다. 제시문에 따르면 유전자 조작에 대한 연구는 인간을 위해 올바르게 사용될 수 있는 방향으로 진행되어야 한다.

⑤ 밑줄 친 부분은 유전자 조작 기술을 적용할 때에 윤리적 검토가 필요함을 지적한 것이다.

---

item 14 · 동물 실험과 동물의 권리에 대한 다양한 관점

| 091 ⑤ | 092 ④ | 093 ① | 094 ⑤ | 095 ④ | 096 ⑤ |

091 동물 실험에 대한 윤리적 쟁점 이해 / 답 ⑤

알짜풀이

갑은 인간의 이익 여부와 상관없이 모든 동물 실험을 반대하는 입장이다. 을은 동물이 겪는 고통에도 불구하고 인간에게 큰 이익을 주는 경우에는 도덕적 정당성을 확보할 수 있다고 보아 동물 실험을 조건부로 찬성하는 입장이다.

⑤ 갑은 부정, 을은 긍정의 대답을 할 질문이다. 갑은 동물 실험이 고통받지 않을 권리를 침해하는 것이기 때문에 금지되어야 한다고 하지만, 을은 동물의 권리와 이익보다 인간의 그것이 더 중요하기 때문에 인간에게 큰 이익을 주는 경우에는 동물 실험이 정당할 수 있다고 본다.

오답넘기

①, ②, ③ 갑과 을이 긍정의 대답을 할 질문이다.

④ 갑과 을이 부정의 대답을 할 질문이다. 갑은 동물이 인간과 동등한 권리를 갖는다고 주장하고, 을은 동물의 권리보다 인간의 권리가 중요하다고 주장한다.

정답률 분석 ① 3% ② 2% ③ 4% ④ 11% ⑤ 80%

092 동물 실험의 쟁점 파악 / 답 ④

알짜풀이

(가)는 신약 개발 과정에서 신약의 부작용을 최소화하기 위해서는 동물 실험이 불가피하다고 보면서도 동물 실험을 할 경우에 동물의 고통을 최소화해야 한다고 본다. (나)는 동물 실험은 효과가 매우 의심스럽다고 하면서 동물 실험을 금지하고 대안을 강구해야 한다고 본다.

ㄴ. (가)는 인간의 이익을 위해서 동물에게 고통을 주는 동물 실험이 불가피하다고 본다.

ㄹ. (가)는 고통을 악이라고 보고 있고, (나)는 쾌고 감수 능력이 있는 동물에게 고통을 주는 실험을 해서는 안 된다고 본다.

오답넘기

ㄱ. (가)는 인간의 행복을 위해 동물에게 고통을 준다 해도 동물 실험이 불가피하다고 본다.

ㄷ. (나)는 인간과 동물은 질병의 종류와 증상이 매우 다르다고 본다.

정답률 분석 ① 3% ② 2% ③ 3% ④ 90% ⑤ 2%

093 동물 실험과 동물 권리 이해 / 답 ①

알짜풀이

갑은 동물도 인간과 마찬가지로 삶의 주체임을 주장하는 레건이다.

ㄱ. 레건은 삶이 주체인 동물이 도덕적 권리가 있으므로 침해하지 말아야 한다고 본다.

ㄴ. 레건은 삶의 주체 기준을 만족시키는 존재들은 내재적 가치를 지닌다고 본다.

오답넘기

ㄷ. 레건과 싱어가 도덕적으로 고려하는 동물은 쾌고 감수 능력을 가진 동물이다. 하지만 쾌고 감수 능력을 필요 충분 조건으로 보는 싱어와 달리 레건은 필요 조건으로 보았다.

ㄹ. 레건은 한 살 정도의 포유류는 삶의 주체가 될 수 있으므로, 인간처럼 내재적 가치를 지닌다고 주장한다.

정답률 분석 ① 25% ② 22% ③ 6% ④ 33% ⑤ 12%

094 동물 중심주의의 이해 / 답 ⑤

알짜풀이

(가)의 갑은 일부 동물도 삶의 주체로서 도덕적 권리를 갖는다고 보는 레건, 을은 이익 평등 고려의 원칙에 근거해 동물을 차별하는 태도를 비판하는 싱어이다.

⑤ 레건과 싱어는 모두 인간이 도덕적 행위의 주체로 유일하고 인간은 동물을 배려해야 한다고 본다.

오답넘기

①, ② 레건은 동물을 인간을 위한 수단으로 취급하는 것은 옳지 않다고 본다.

③ 싱어는 쾌고 감수 능력을 지닌 동물의 이익을 인간의 이익과 동등하게 고려해야 한다고 보았다.

④ 싱어는 동물에게 고통을 주는 공장식 동물 사육과 동물 실험에 반대하였다.

정답률 분석 ① 10% ② 15% ③ 22% ④ 24% ⑤ 26%

> **⊕ 더 알아보기**
>
> **싱어의 동물 해방론**
> - 도덕적 고려 대상에 쾌락과 고통을 감수할 수 있는 모든 존재를 포함시킴
> - '이익의 평등한 고려 원칙'에 근거하여 인간과 동일한 쾌고 감수 능력(쾌락과 고통을 느낄 수 있는 능력)을 지닌 동물을 인간과 다르게 대우하는 것은 종(種) 차별주의라고 주장함

095 동물 실험에 대한 찬반 논쟁 이해 / 답 ④

알짜풀이

④ 동물 실험에 반대하는 입장은 인간과 동물의 존재 지위는 별 차이가 없으므로, 동물이 어떤 다른 목적을 위해 희생되거나 고통받아서는 안 된다고 본다.

오답넘기

① 동물 실험은 의료, 교육, 실험 및 생물학적 약품의 생산 등을 위해 살아 있는 동물을 대상으로 시행하는 실험 또는 그 과학적 절차를 말한다.

②, ③ 동물 실험을 찬성하는 입장에서는 동물 실험으로 인간의 생명과 건강을 보호할 이익을 얻을 수 있다고 본다.

⑤ 동물 실험에 반대하는 입장은 인간과 동물은 생물학적으로 차이가 있어 동물 실험 결과를 인간에게 그대로 적용하는 데 한계가 있다고 본다.

096 동물의 권리에 대한 이해 / 답 ⑤

알짜풀이

제시문의 사상가는 동물을 고통으로부터 해방시켜야 한다고 주장한 싱어이다.
ㄴ. 싱어는 동물에게 고통을 주는 공장식 사육과 동물 실험에 반대하였다.
ㄷ, ㄹ. 싱어는 '종 차별주의'를 비판하면서 쾌고 감수 능력을 지닌 동물의 이익을 인간의 이익과 동등하게 고려해야 한다고 보았다.

오답넘기

ㄱ. 생명 중심주의 윤리의 입장이다.

---

03 사랑과 성 윤리

item 15 사랑과 성의 관계

097 ⑤   098 ④   099 ⑤   100 ②   101 ②   102 ①

---

097 사랑에 대한 프롬의 입장 이해 / 답 ⑤

알짜풀이

가상 편지는 사랑에 대한 프롬의 주장이다. 프롬은 사랑이 하나의 기술이라고 주장하며, 사랑의 요소로서 보호, 책임, 존경, 이해 등을 제시하였다.
⑤ 프롬은 삶이 일종의 기술인 것처럼 참된 사랑도 기술이라는 것을 깨닫고, 이론적 학습과 실천적 노력을 해야 한다고 보았다.

오답넘기

① 프롬은 진정한 사랑은 상대를 소유 대상으로 보지 않으며, 상대의 고유한 개성을 존중하고 성장에 관심을 갖는 것이라고 보았다.
② 프롬은 참된 사랑은 자신이 사랑할 대상을 찾아낸다고 해서 완성되는 것은 아니라고 보았다.
③ 프롬은 자신의 관점에서 상대의 입장을 이해하는 것은 참된 사랑이 아니라고 보았다.
④ 프롬은 사랑을 수동적 감정이 아니라 능동적 활동이라고 보았다.

정답률 분석 ① 8% ② 2% ③ 4% ④ 2% ⑤ 85%

---

098 프롬의 사랑의 자세에 대한 이해 / 답 ④

알짜풀이

그림의 강연자는 프롬이다. 프롬은 사랑이 지배의 관계가 되지 않기 위해 존경이 필요하며, 존경이란 상대방을 있는 그대로 보고 개성을 존중하는 능력이라고 주장하였다.
④ 프롬은 사랑은 상대방을 지배하고 소유하는 것이 아니라 상대방의 있는 그대로의 모습과 고유성을 존중하는 방식으로 표현되어야 한다고 보았다.

오답넘기

① 프롬은 사랑은 받는 것이 아니라 주는 것이라고 보았다.
② 프롬은 사랑은 상대방을 변화시키려고 하는 것이 아니라 있는 그대로 보는 것이라고 보았다.
③ 프롬은 사랑은 상대방을 존경하는 것이지 복종하는 것이 아니라고 보았다.
⑤ 프롬은 존경은 외경이 아니라 상대를 있는 그대로 보는 것이라고 보았다.

정답률 분석 ① 1% ② 1% ③ 2% ④ 94% ⑤ 2%

---

099 성에 대한 자유주의와 보수주의의 입장 비교 / 답 ⑤

알짜풀이

성과 사랑의 관계에 대해 (가)는 자유주의, (나)는 보수주의이다. 자유주의는 사랑

없는 성적 관계가 가능하다고 보며 성의 본질은 쾌락을 추구하는 것이라고 본다. 반면 보수주의는 성이 부부간의 신뢰와 사랑을 전제로 할 때 도덕적으로 정당화될 수 있다고 주장한다.
⑤ 자유주의의 입장과 비교해 볼 때 보수주의의 입장이 지닌 상대적 특징은 '성적 관계에서 쾌락적 가치보다 생식적 가치를 강조하는 정도(X)'는 높고, '사랑과 무관한 성적 관계가 정당함을 강조하는 정도(Y)'는 낮고, '혼전(婚前) 성적 관계의 도덕적 허용을 강조하는 정도(Z)'는 낮다. 따라서 ⑪이 옳은 위치이다.

오답넘기

①, ②, ③, ④ 모두 옳은 위치가 아니다.

정답률 분석 ① 3% ② 3% ③ 7% ④ 3% ⑤ 84%

---

100 칸트의 성 윤리 파악 / 답 ②

알짜풀이

제시문을 주장한 사상가는 칸트이다. 칸트는 결혼이라는 두 사람 간의 계약을 통해 상대방의 전인격에 대한 권리를 가질 수 있으며, 도덕적으로 정당한 성관계가 가능하다고 보았다.
② 칸트는 결혼이라는 조건이 충족될 때 서로 성을 향유하면서 인격체로서 존재할 수 있다고 보았다.

오답넘기

① 칸트는 결혼한 부부 관계에서의 성적 관계만이 정당화된다고 보았다.
③ 칸트는 결혼이라는 계약을 전제로 할 때 도덕적으로 정당한 성관계가 가능하다고 보았다.
④ 칸트는 인격적 만남인 결혼이라는 조건이 충족될 때 성관계가 정당화될 수 있다고 보았다.
⑤ 칸트는 결혼이라는 조건이 충족될 때 도덕적으로 정당한 성관계가 가능하다고 보았다.

정답률 분석 ① 2% ② 82% ③ 2% ④ 3% ⑤ 10%

---

101 성(性)과 사랑에 대한 입장 비교 / 답 ②

알짜풀이

성(性)과 사랑에 대해서 갑은 중도주의 성 윤리, 을은 보수주의 성 윤리, 병은 자유주의 성 윤리의 입장이다.
② 성적 쾌락만을 추구하는 사랑은 자신은 물론이고 타인들에게도 해를 끼칠 수 있다고 비판한다.

오답넘기

①, ⑤ 결혼과 출산 중심의 보수주의 성 윤리에서는 결혼과 무관한 성, 출산과 무관한 성은 옳지 않다고 본다.
③, ④ 중도주의 성 윤리는 사랑만이 인간적 성의 고유한 가치이고, 인간의 성이 특별한 가치와 존엄성을 가지도록 만들어 준다고 주장한다.

---

102 사랑과 성에 대한 다양한 관점 비교 / 답 ①

알짜풀이

갑은 성에 대한 자유주의적 입장, 을은 성에 대한 보수주의적 입장을 가지고 있다.
① 자유주의적 성 윤리는 다른 사람에게 피해를 주지 않는 한 개인의 자발적 의지와 선택에 따라 이루어지는 성적 관계는 최대한의 자유를 지향해야 함을 주장한다.

오답넘기

② 종족 보존이라는 생식적 가치를 중시하여 결혼을 통해 이루어지는 성적 관계만 도덕적이라고 보는 것은 보수주의적 입장이다.
③ 생리적 욕구보다 성이 인격적 교감을 강조하는 것은 사랑이 동반된 성적 관계만을 허용하는 중도주의의 입장이다.
④, ⑤ 보수주의적 입장은 남녀의 혼인을 통한 성만을 허용해야 한다고 본다.

103 ③　　104 ④　　105 ⑤　　106 ②　　107 ③　　108 ①

103 성차별에 대한 보부아르의 입장 파악 / 답 ③

알짜풀이

그림의 강연자는 보부아르이다. 보부아르는 "제2의 성"이라는 책에서 여성의 성 정체성은 자연적인 것이 아니라 사회적으로 학습되는 것이라고 주장하였다.
③ 보부아르는 "여성은 태어나는 것이 아니라 만들어지는 것이다."라고 주장하면서 여성성을 남성 중심의 가치관이 반영된 사회의 산물로 보았다.

오답넘기

① 보부아르는 여성은 여성으로 태어나는 것이 아니라 사회적으로 만들어진 것이라고 보았다.
② 보부아르는 여성의 의무가 생물학적 요소에 의해 결정되어서는 안 된다고 보았다.
④ 보부아르는 여성이 자유롭고 주체적인 존재로서 남성과 동등한 관계임을 깨닫고 실존적 자유를 회복해야 한다고 보았다.
⑤ 보부아르는 여성을 속박에서 해방시키기 위해서 여성을 남성과 동등한 자율적 존재로 인정해야 한다고 주장하였다.

정답률 분석　① 2%　② 4%　③ 84%　④ 7%　⑤ 3%

104 남녀평등에 대한 입장 파악 / 답 ④

알짜풀이

④ 신문 칼럼에서는 남녀 간의 지적 능력 차이는 선천적인 것이 아니라 사회적이고 환경적인 요인에 의한 것이므로, 성차별을 하는 것은 잘못이라고 본다.

오답넘기

① 칼럼은 여성을 존중하면 인간 본성에도 유익한 영향을 줄 것이라고 본다.
② 칼럼은 가정이나 사회에서의 차별적인 관습과 제도로부터 여성을 해방시켜야 한다고 본다.
③ 칼럼은 여성의 지위 향상은 사회 전체에 유익한 결과를 가져올 것이라고 본다.
⑤ 칼럼은 여성이 자신의 생각을 피력할 수 있게 되면 사회 전체의 생각과 감정을 발전시킬 것이라고 본다.

정답률 분석　① 3%　② 2%　③ 3%　④ 86%　⑤ 2%

105 성의 자기 결정권의 의미 / 답 ⑤

알짜풀이

㉠은 성의 자기 결정권이다. 성의 자기 결정권이란 개인이 사회적 관행이나 타인에 의해 강요받거나 지배받지 않으면서, 자신의 의지나 판단에 의해 자율적이고 책임있게 자신의 성적인 행동을 결정하고 선택할 권리를 의미한다.
ㄷ. 성의 자기 결정권은 타인의 자유와 권리를 해치지 않는 선에서 행사되어야 할 뿐만 아니라, 자기 자신의 인격을 손상하지 않는 범위 안에서 사용되어야 한다.
ㄹ. 성의 자기 결정권을 지니는 주체로서 모든 인간은 자신이 원하지 않는 성적 행위를 분명하게 거부하고 반대할 수 있는 권리를 지니며, 이러한 권리는 존중받아야 한다.

오답넘기

ㄱ. 성의 자기 결정권은 성적인 방종을 의미하지 않으며, 타인의 인격과 권리를 침해하지 않는 범위 안에서 행사되어야 한다.
ㄴ. 단지 출산이나 결혼과 관련된 행위뿐만 아니라 성적 호기심이나 성 정체성 등에 관한 것도 모두 포함된다.

106 성의 상품화로 인한 문제점 / 답 ②

알짜풀이

자료는 우리 사회에 성의 상품화가 나타나고 있음을 지적하고 있다. 성의 상품화

를 통한 상업적 이윤 추구와 그에 편승하는 대중문화는 여성 혹은 남성을 성적 상품으로 포장하여 비인격적 존재로 비하한다. 이러한 사회적 분위기에 무비판적으로 휩쓸리는 경우, 인간의 육체를 상품화하는 데 관심을 갖게 된다.

오답넘기

ㄴ. 성의 상품화는 인간의 성이 지닌 본래의 가치와 의미를 변질시킨다.
ㄹ. 성의 상품화로 인해, 타인이 자신에 대해 내리는 성적인 평가에 따라 자신의 가치를 판단하는 어리석음에 빠질 우려가 있다.

107 외모에 대한 관점 / 답 ③

알짜풀이

제시문은 도가 사상가인 장자의 주장이다. 장자는 모든 것은 평등하기 때문에 사물을 차별해서는 안 된다고 보았다.
ㄴ. 장자의 입장에 따르면 만물이 평등하므로 외모를 기준으로 아름다움과 추함을 구별해서는 안 된다.
ㄷ. 장자의 입장에 따르면 외모 지상주의는 바람직하지 못한 사회적 선입견이나 편견에 의해 나타나는 것이다.

오답넘기

ㄱ, ㄹ. 외모 지상주의의 입장이다.

108 성형 수술에 대한 도가의 입장 / 답 ①

알짜풀이

① 장자는 우리가 알고 있는 선악, 미추 등의 구분은 우리의 마음이 지어낸 허상이기 때문에 순수한 본래 모습대로 살아갈 것을 강조하였다.

오답넘기

② 장자가 할 수 있는 조언이 아니다.
③, ④ 장자는 자연스러움을 거스르는 인위적인 성형 수술을 반대할 것이다.
⑤ 장자는 아름다움과 추함을 구별하지 않는다.

109 ⑤　　110 ③　　111 ①　　112 ⑤　　113 ④　　114 ④

109 부부 윤리에 대한 유교의 입장 파악 / 답 ⑤

알짜풀이

제시문은 유교의 오륜(五倫) 중 '부부유별(夫婦有別)' 조목을 중심으로 부부간에 지켜야 할 윤리에 대해 말하고 있다.
⑤ 유교의 입장에 따르면 부부의 관계도 옳고 그름이나 예절의 규제로부터 자유롭지 않다.

오답넘기

① 제시문은 부부가 화목하면 부모께서 편안하고 즐거우실 것이라고 하고 있다.
② 제시문은 부부의 역할이 조화를 이루어야 집안이 바르게 된다고 하고 있다.
③ 제시문은 부부의 역할을 구별하고 서로 존중해야 한다고 하고 있다.
④ 제시문은 부부는 백성을 낳는 시작이며 모든 행복의 근원이라고 하고 있다.

정답률 분석　① 1%　② 1%　③ 1%　④ 1%　⑤ 96%

110 유교의 효(孝)의 의미 / 답 ③

알짜풀이

(가)는 유교 사상이고, (나)의 ㉠은 효(孝)이다.
③ 유교 사상은 인을 실천하는 덕목으로서 효제충신(孝悌忠信) 등을 제시하였으며, 특히 효와 제를 인을 실천하는 시작으로 보고 매우 중시하였다.

오답넘기

① 올바른 효의 자세는 물질적 봉양보다 정신적 공경을 우선하는 것이다.

② 효의 완성은 후세에 자신의 이름을 떨쳐 부모를 영광되게 해 드리는 입신양명이다.

④ 효의 시작은 부모로부터 물려받은 몸을 깨끗하고 온전하게 하는 불감훼상(不敢毀傷)이다.

⑤ 효는 부모가 돌아가신 후에도 상례와 제례를 통해 지속된다.

정답률 분석 ① 1% ② 2% ③ 86% ④ 8% ⑤ 1%

111 음양론에 입각한 남녀관의 특징 / 답 ①

알짜풀이

제시문은 음양 사상에 입각한 동양의 남녀관이다. 동양의 남녀관은 음양 사상에 기초를 두고 있다. 이 사상에 따르면, 천지만물은 음과 양의 결합에 의해 생겨난다. 음과 양 어느 하나만으로는 아무것도 생성할 수 없으므로, 각각은 반드시 다른 하나를 만나야 한다. 따라서 음양은 두 가지가 독립된 존재라기보다는 하나의 본질을 양 측면에서 관찰한 상대적인 것이다. 따라서 남녀는 두 성(性) 간의 '차별'이 아닌 '차이'를 전제로 상호 협력하고 조화를 이루어야 한다.

오답넘기

ㄷ. 음양론에 따르면 남성이나 여성 중 어느 하나가 우세하지 않다.

ㄹ. 음양론에서는 음과 양이 각기 고유한 특성을 가지고 있듯이, 남녀 역시 고유한 기질을 가지고 있다고 본다.

> ⊕ **더 알아보기**
>
> **음양론(陰陽論)에서 본 부부간의 윤리**
> 음양론의 관점에서 보면 남성이나 여성은 독립하여 존재할 수 없는 불완전한 존재이다. 음양론에 따르면 남녀 어느 쪽도 혼자만으로는 완전한 존재가 될 수 없으며 상호 결합하여 조화를 이룰 때 비로소 완전한 존재가 될 수 있다. 이러한 음양론을 단지 전통 사회의 낡은 잔재로 무시할 것이 아니라 부부간의 윤리에 적용하여 현대적으로 재해석할 필요가 있다. 즉, 음양은 상호 의존적이며 보완적인 관계라는 음양론의 교훈을 되살려 부부가 서로 존중하고 협력할 수 있도록 노력해야 한다.

112 유교에서의 부부 관계 / 답 ⑤

알짜풀이

(가)는 음양론이고, (나)는 전통 혼례의 절차이다. 음양론에서는 부부를 서로의 부족한 점을 보완해 주는 관계로 파악한다.

오답넘기

② 부모 자녀 관계, ③ 친족 관계, ④ 형제자매 관계의 도리를 설명한 것이다.

113 우애의 사회적 의미 / 답 ④

알짜풀이

제시문은 형제자매 관계에서의 행동 양식이 다른 인간 관계에서도 지켜야 할 도리의 토대가 된다고 본다.

④ 우애를 사회로 확대하면 모든 인간관계에 적용할 수 있음을 주장하고 있다. 즉, 어른과 아이의 관계로 확대되면 장유의 윤리로, 친구 사이로 확대되면 붕우의 윤리로 나타난다.

오답넘기

② 형제자매가 우애 있게 지내는 것은 부모에 대한 효를 실천하는 길이 된다.

③ 형제자매는 같은 부모의 살과 피를 나눈 동기간(同氣間)이다.

114 형제자매 관계의 특징 / 답 ④

알짜풀이

자료는 조선 시대에 아동용 교과서로 사용된 "계몽편"과 "동몽선습"에 나오는 내용

으로, 형제자매의 관계에 대해서 말하고 있다. 형제자매 관계는 운명적으로 서로 사랑하면서도 구체적인 일에서는 경쟁하는 경우가 많은 관계이다. 이를테면 부모의 사랑과 관심, 또는 집에 있는 여러 자원을 더 많이 차지하려고 경쟁할 때가 적지 않다.

ㄴ, ㄹ. 우리나라에서는 형제자매를 '동기간(同氣間)'이라고도 불렀는데, 이는 '부모의 기운을 똑같이 받고 태어난 사이'라는 뜻이다. 즉, 동기간은 혈연적 관계 속에서 동일한 성장 체험을 통해 서로에게 친밀감을 느끼고 사랑하는 관계이다.

오답넘기

ㄱ. 형제자매 관계는 순서로 볼 때 가정에서의 인간관계 중에서 부부 관계나 부자 관계 이후에 형성된다.

ㄷ. 동기간이라 하더라도 남녀의 유별은 매우 중요하며, 이성을 이해하고 존중하는 성 윤리가 필요하다.

III. 사회와 윤리

01 직업과 청렴의 윤리

item 18 직업 생활과 행복한 삶

115 직업관에 대한 순자와 플라톤의 입장 비교 / 답 ⑤

알짜풀이

갑은 순자, 을은 플라톤이다. 순자는 각자의 적성과 능력에 따라 사회적 역할을 분담하는 예(禮)에 따를 것을 강조하였다. 플라톤은 각자가 자신의 직분에 충실하고, 다른 구성원의 일에 간섭하지 않아야 정의가 실현될 수 있다고 보았다.

ㄴ. 순자는 사회 구성원의 직분을 나누는 도덕적 기준으로 예를 제시하였다.

ㄷ. 플라톤은 국가는 세 계층(통치자, 방위자, 생산자)이 각각의 본분에 맞는 탁월성을 발휘하여 조화를 이룰 때 정의로울 수 있다고 주장하였다.

ㄹ. 순자와 플라톤은 직분의 구분이 공동체 이익 증진에 도움이 된다고 보았다. 순자는 모든 사람들이 직분을 올바로 수행하면 천하가 태평해진다고 보았고, 플라톤은 이상 국가에서 구성원 각자가 본분에 맞는 덕을 발휘하여 조화를 이룬다고 보았다.

오답넘기

ㄱ. 순자는 군주가 모든 직분에 통달할 필요는 없고, 다스리는 일에 능통하면 된다고 보았다.

정답률 분석　① 2%　② 2%　③ 2%　④ 7%　⑤ 87%

116 맹자와 순자의 직업관 파악 / 답 ③

알짜풀이

갑은 맹자, 을은 순자이다. 맹자는 백성에게 일정한 소득이 없으면 바른 마음을 지키기 어렵다고 보아 일정한 생업이 있어야 한다고 보았다. 순자는 예법과 능력에 따라 사회적 신분과 직업을 분담하여 역할을 수행할 것을 주장한다.

③ 순자는 각 구성원의 선호가 아니라 적성과 능력에 따라 사회적 역할이 결정되어야 함을 강조하였다.

오답넘기

① 맹자는 백성이 직업을 통해 기본적 생계를 유지할 수 있어야 한다고 보았다.

② 맹자는 직업을 통한 경제적 안정[恒産(항산)]이 도덕적 삶[恒心(항심)]의 기반이 된다고 보았다.

④ 순자는 각 구성원의 적성과 능력에 따라 사회적 역할을 분담하는 예(禮)에 따라 사회적 역할이 결정되어야 한다고 보았다.

⑤ 맹자, 순자는 모두 사람들이 각자의 사회적 역할에 최선을 다할 때 사회 질서를 유지할 수 있다고 보았다.

정답률 분석　① 2%　② 2%　③ 93%　④ 2%　⑤ 2%

117 순자와 맹자의 직업 윤리 비교 / 답 ④

알짜풀이

갑은 순자, 을은 맹자이다.

④ 맹자는 항산(恒産)이 없어도 항심(恒心)을 갖는 것은 오직 선비만이 할 수 있고, 일반 백성은 항산이 없으면 그로 인해 항심도 없어지게 된다고 본다.

오답넘기

① 순자는 각자의 적성과 능력에 따라 사회적 역할을 분담하는 예(禮)를 중시한다.

② 순자는 군자는 도에 정통하면 자신의 직분을 잘 수행할 수 있다고 본다.

③ 맹자는 정신노동과 육체노동을 구분하고, 이들은 서로 상호 보완적인 관계가 성립한다고 본다.

⑤ 순자와 맹자 모두 모든 사람은 각자가 맡은 직분과 역할에 충실해야 함을 강조한다.

정답률 분석　① 1%　② 9%　③ 2%　④ 84%　⑤ 1%

118 프로테스탄트 윤리에 대한 베버의 관점 이해 / 답 ⑤

알짜풀이

제시문은 베버의 주장이다.

⑤ 베버에 의하면 프로테스탄트는 세속적 삶을 위해서가 아니라 자신의 구원의 확신을 위해 부를 추구한다고 보았다.

오답넘기

① 베버에 의하면 프로테스탄트는 근면·성실하게 일해 직업적 성공을 거두고 부를 축적하는 것을 구원의 징표로 보았다.

② 베버에 의하면 프로테스탄트는 직업이 정신적 가치와 관련 없게 될 경우 영혼은 타락한다고 보았다.

③ 베버에 의하면 프로테스탄트의 직업윤리는 자본주의의 정신적 바탕이 되도록 했다고 보았다.

④ 베버에 의하면 프로테스탄트는 직업을 신으로부터 부름을 받은 자기 몫의 일이라고 보았다.

정답률 분석　① 6%　② 7%　③ 9%　④ 4%　⑤ 71%

119 동서양의 직업관 비교 이해 / 답 ③

알짜풀이

갑은 칼뱅, 을은 맹자이다. 맹자는 사회적 분업의 필요성을 제시하면서 정신노동과 육체노동의 구분이 있어야 한다고 보았다.

③ 맹자는 노동의 분업이 필요하다고 주장하고 있다.

오답넘기

① 갑은 직업의 목적은 신의 소명을 완성하고 신의 영광을 드러내는 것이라고 본다.

② 중세의 직업관이다.

④ 을은 역할 교환이 아니라 자신의 직업에 충실할 것을 강조한다.

⑤ 갑, 을은 모두 직업 선택의 자유가 아니라 주어진 직업에 충실할 것을 강조한다.

➕ 더 알아보기

동서양의 직업관

동양	맹자	• 생계유지의 수단 및 사회적 분업 강조 • 직업을 통해 백성에게 일정한 생활 근거를 마련해 주어야 함
	순자	각 사람의 적성과 능력에 따른 사회적 역할 분담 강조
	실학	개인의 재능과 학식에 따른 사회적 분업 강조
서양	그리스	• 직업의 전문적 측면을 강조함 • 덕 : 사람이나 사물이 지닌 고유한 기능을 유감없이 발휘하는 탁월성
	중세 기독교	노동은 속죄의 의미를 가짐
	칼뱅	• 직업은 신의 거룩한 부름에 따라 행하는 것임(직업 소명설) • 베버 : 서구에서 자본주의가 발달한 원동력을 칼뱅 사상과 같은 프로테스탄티즘의 윤리가 자본주의 정신과 결합했기 때문이라고 이해함

120 마르크스의 노동관 이해 / 답 ①

알짜풀이

제시문은 마르크스가 소외 문제를 지적하는 내용이다. 소외 문제는 직업 생활에서 극복해야 할 문제점 중 하나이다. 마르크스는 필요와 무관하게 배분되는 공동체보다는 개인의 사회적 필요에 따라 분배되는 공동체가 더 휴머니즘적인 사회라고 생각하였다. 그래서 '각자로부터 그의 능력에 따라, 각자에게는 그의 필요에 따라' 분배가 이루어지는 공산주의 사회를 강조하였다. 이처럼 능력에 따라 일하고 필요에 따라 분배받는 사회에서 인간 각자는 노동의 긍정적 모습에 따라 진정으로 자아가 실현되는 상태에 이르게 된다고 보았다.
① 마르크스는 모든 사람들이 자유롭고 창의적인 노동을 통해 자아를 실현할 수 있도록 해야 한다고 주장하였다.

오답넘기
② 분업의 과정에서 노동자는 기계적인 작업을 반복하게 되어 소외된 활동을 하게 된다. 따라서 철저한 분업화는 오히려 소외 문제를 악화시킬 것이다.
③ 마르크스는 사유 재산 제도를 소외를 일으키는 원인으로 본다.
④ 마르크스는 업적에 따른 분배가 아니라 필요에 따른 분배를 주장한다. 만약 업적을 기준으로 분배를 한다면 경쟁이 더욱 심화되어 소외 현상이 더 악화될 수 있다.
⑤ 마르크스에 따르면 자본주의 사회에서 노동자들이 소외되는 것은 전문성이 부족해서 나타나는 현상이 아니다.

121 맹자와 순자의 직업관 / 답 ⑤

알짜풀이
제시문의 (가)는 맹자, (나)는 순자이다. 맹자와 순자는 직업을 사회적 분업의 관점에서 해석하였다. 즉, 직업은 귀천이나 우열을 가릴 수 있는 것이 아니며, 각자의 적성과 능력에 따라 다른 일을 분담하는 것이라는 의미이다.

오답넘기
③ 직업 소명설에 대한 설명이다.

122 순자의 직업관 파악 / 답 ③

알짜풀이
제시문은 순자의 주장이다. 순자는 인간의 욕망을 인정하면서 그것을 적절하게 절제할 필요성을 강조하였다. 이를 위해 성인이 제정한 예(禮)를 따를 것을 강조하였다. 예는 각 사람의 적성과 능력에 따라 사회적 역할 분담을 규정해 주는 규범이다.
③ 순자는 사람이 지닌 덕성과 능력에 따라 사회적 역할을 분담해야 한다고 보았다.

123 미래 사회에서의 직업의 의미 / 답 ④

알짜풀이
제시문은 미래 사회에서의 직업관에 대해서 설명하고 있다. 미래 사회에서는 다양한 가치관이 등장함에 따라 직업의 종류도 다양해지고, 자아실현과 자기실현, 상호 독립성과 기쁨을 추구하는 행위 등이 강화될 것으로 예상된다. 이러한 점은 전통 사회에서의 획일적인 직업관에서 탈피하는 것을 의미한다.
④는 제시문에서 추론할 수 없는 내용이다.

124 베버의 칼뱅 직업관 분석 / 답 ④

알짜풀이
제시문은 베버의 주장이다. 그는 프로테스탄트의 금욕주의 윤리가 부단하고 지속적인 직업 노동을 가능하게 하여 자본주의 정신의 발전에 막대한 영향을 미쳤음을 강조하고 있다.
ㄱ. 베버는 프로테스탄트의 금욕주의 윤리가 자본주의 발전에 기여했다고 본다.
ㄷ. 베버는 직업을 성실하게 수행하여 봉사를 적극적으로 실천하는 것이 자본주의의 발전에 기여했다고 본다.
ㄹ. 베버는 부의 추구를 긍정하는 종교적 신념이 자본주의 발전에 기여했다고 본다.

오답넘기
ㄴ. 베버는 칼뱅이 가난한 사람이건 부자이건 간에 자신의 직업 생활에 성실하게 임해야 할 것을 강조했다고 본다.

item 19   기업가와 근로자의 윤리

| 125 ② | 126 ① | 127 ③ | 128 ① | 129 ④ | 130 ⑤ |
| 131 ⑤ | 132 ⑤ | | | | |

125 기업의 사회적 책임에 대한 입장 비교 / 답 ②

알짜풀이
갑은 기업이 사회적 책임을 이행하면 기업의 이윤 추구와 소비자들의 지지를 얻는 데 유리하다고 보는 보겔이다. 을은 기업의 사회적 책임은 오로지 기업의 이윤 극대화라고 주장하는 프리드먼이다.
ㄱ. 갑, 을 모두 기업은 사회적 책임으로부터 자유로울 수 없다고 본다.
ㄷ. 갑, 을 모두 기업은 공익 증진이 아니라 이윤 극대화를 본질적 목적으로 삼는다고 본다.

오답넘기
ㄴ. 갑, 을 모두 긍정의 대답을 할 것이다.
ㄹ. 갑이 긍정의 대답을 할 질문이다.
정답률 분석 ① 10% ② 76% ③ 4% ④ 5% ⑤ 2%

126 노동과 기업에 대한 입장 비교 / 답 ①

알짜풀이
갑은 마르크스, 을은 프리드먼이다.
① 마르크스는 자본주의 사회에서 노동자의 노동은 자아실현을 이루기 위한 노동이 아니라 자본가를 위해 더 많은 가치를 창출하기 위한 노동이라고 주장한다.

오답넘기
② 마르크스는 자본주의 사회의 분업화된 노동으로 인해 노동 소외 문제와 노동력 착취 문제가 발생한다고 주장한다.
③ 프리드먼은 기업이 사회 공익 추구보다 기업 이익 추구에 전념해야 한다고 주장한다.
④ 프리드먼은 기업이 게임의 규칙을 준수하고 속임수나 기망 행위 없이 기업의 고유 업무에 충실해야 한다고 주장한다.
⑤ 마르크스는 자본주의 사회에서 자본가와 노동자의 이해관계는 융화할 수 없는 적대적 관계라고 본다.
정답률 분석 ① 59% ② 4% ③ 10% ④ 22% ⑤ 4%

127 기업의 사회적 책임 이해 / 답 ③

알짜풀이
갑은 법을 준수하는 한에서 기업의 이익 극대화를 강조하고, 을은 기업이 경제적 이익에만 몰두할 것이 아니라 사회적 책임을 적극적으로 이행할 것을 강조하는 입장이다.
③ 을은 기업의 경제적 이익 추구에만 몰두할 것이 아니라 사회적 책임도 적극적으로 이행할 것을 강조하고 있다.

오답넘기
① 갑은 기업의 이익 극대화를 강조하는 입장이다.
② 갑은 법을 준수하는 한에서의 이익 추구 활동을 해야 한다는 입장이다.
④ 을은 기업이 자선 활동, 장애인 고용, 소외 지역 내 공장 설립 등의 사회적 책임을 자발적으로 이행할 때, 장기적으로 기업 이윤 추구에 도움이 된다고 본다.
⑤ 갑, 을 모두 법을 준수해야 한다고 본다.
정답률 분석 ① 4% ② 4% ③ 81% ④ 6% ⑤ 2%

128 노동에 대한 마르크스와 베버의 입장 비교 / 답 ①

알짜풀이
갑은 마르크스, 을은 베버이다.

① 마르크스는 자본주의 사회에서는 노동자가 노동을 통한 자아실현을 이루지 못하는 노동 소외가 발생한다고 본다.

오답넘기
② 마르크스는 분업은 정신적 능력을 쇠퇴시키고 노동 소외 문제와 노동력 착취 문제가 발생한다고 주장한다.
③ 베버는 프로테스탄트가 금욕과 결합된 직업 노동을 의무로 여기게 하여 노동 생산성을 촉진시켰다고 본다.
④ 베버는 신의 소명과 예정에 입각한 프로테스탄트의 직업관은 이윤을 추구하는 경제 활동을 정당화시켜 직업 노동을 종교적 실천으로 간주하도록 했다고 본다.
⑤ 마르크스는 분업이 생산성을 대폭 향상시켰다고 보았고, 베버는 소명 의식에 기반을 둔 노동이 자본주의 발전에 토대를 마련했다고 보았다.

정답률 분석 ① 85% ② 1% ③ 2% ④ 2% ⑤ 8%

129 기업의 책임에 대한 이해 / 답 ④

알짜풀이
제시문은 프리드먼의 주장이다.
ㄱ. 프리드먼의 기본 입장이다.
ㄴ, ㄷ. 프리드먼이 긍정할 내용이다.

오답넘기
ㄹ. 프리드먼은 기업에 이윤 추구 이외의 사회적 책임을 부과하는 것이 잘못이라고 본다.

130 건전한 노사 관계의 정립 / 답 ⑤

알짜풀이
제시문은 기업가와 근로자가 상보적인 관계이므로 각자가 자신의 역할과 의무를 성실하게 수행해야 한다는 주장이다. 기업가와 근로자의 상호 관계 성립의 기초가 되는 것은 서로에 대한 신뢰와 자율성, 상호 존중 그리고 공동의 이익 창출과 이에 대한 합당한 분배이다. 만약 상호 간의 관계가 한쪽의 일방적인 이익 추구로 치닫거나 서로의 신뢰가 깨지는 경우 이들의 관계는 지속되지 않는다. 따라서 호혜성의 원칙에 따라 상생의 관계를 유지할 때 기업가와 근로자 사이의 건전한 관계가 유지될 수 있다.

오답넘기
ㄱ. 잘못된 노사 문화이다.
ㄴ. 이익을 균등, 즉 똑같이 나누는 것이 아니라 합당하게(합리적으로) 나누어야 한다.

131 바람직한 노사 관계 형성 방안 / 답 ⑤

알짜풀이
그림은 어느 회사의 노사화합 선언 결의문이다. 회사가 기업의 투명성과 건전성을 확보하고 상호 신뢰를 바탕으로 상생의 노사 문화를 만들어 나갈 것을 결의하고 있다. 이러한 기업의 노력이 있을 때 노사 간의 신뢰가 쌓이고 노사 협력이 다져질 것이다.
⑤ 서로 win—win하는 상생의 노사 문화 전통을 만들어 나간다는 표현에서 오답임을 알 수 있다.

132 기업의 사회적 책임에 대한 입장 비교 / 답 ⑤

알짜풀이
갑은 기업의 사회적 책임 수행이 기업의 이익 증대에 기여한다고 본다. 한편 을은 기업이 이익 극대화에 매진해야 한다고 본다.
⑤ 갑의 입장에서 을에게 의견을 제시한다면, 기업이 사회적 책임을 이행하는 것이 장기적인 관점에서 기업의 이윤 극대화에도 도움이 된다는 점을 지적할 수 있다.

---

item 20 **전문직과 공직자의 윤리**

133 ③ 134 ① 135 ③ 136 ④ 137 ② 138 ①

---

133 공직자 윤리에 대한 정약용의 입장 이해 / 답 ③

알짜풀이
제시문은 정약용의 주장이다. 정약용은 공직자 윤리로 절용(節用)과 청렴(淸廉)을 강조하였고, 공직자가 절약하지 않고 욕심을 부리면 부정부패하게 된다고 주장하였다.
③ 정약용은 청백리가 되려면 가족뿐만 아니라 자신의 행실에도 엄격해야 한다고 주장하였다.

오답넘기
① 정약용은 자기 자신 또는 자신과 관련된 사람의 이익을 도모해서는 안 되며 청렴해야 한다고 주장하였다.
② 정약용은 공직자가 백성에게 자애로워야 하고[愛民], 자애롭기 위해서는 반드시 절용해야 한다고 보았다.
④ 정약용은 세금을 공적으로 사용할 때에도 공직자는 그 쓰임을 살피고 아낄 것을 강조하였다.
⑤ 정약용은 세금은 백성의 땀과 노력에서 나온 것이니 아껴 써서 국민들의 경제적 부담을 줄여야 한다고 보았다.

정답률 분석 ① 1% ② 2% ③ 95% ④ 1% ⑤ 1%

134 공직자 윤리의 이해 / 답 ①

알짜풀이
① 제시문에서 통치자는 농사를 지으면서 통치를 함께할 수 없으므로 통치 자체에 충실해야 한다는 입장이다.

오답넘기
②, ③ 제시문은 백성들이 모여 살면 갈등과 투쟁이 생겨 서로 죽이기까지 하므로 통치자가 법으로 다스려 평화롭게 해주어야만 민생이 편안해진다는 입장이다.
④ 제시문에서는 통치자가 백성으로부터 세금을 거두어 들이는 만큼 백성에 대한 보답도 무거운 것이라고 하였다.
⑤ 제시문에서는 세금 제도를 만든 의의를 모르고 통치자가 탐욕과 수탈을 하게 되면 백성들도 그 영향을 받아 국가가 혼란스러워진다고 보았다.

정답률 분석 ① 88% ② 1% ③ 4% ④ 5% ⑤ 0%

135 공직자의 바람직한 자세 / 답 ③

알짜풀이
제시문은 공직자의 바람직한 자세를 설명하고 있다. 공직자의 행동 양식은 정부의 정책 수행과 사회 부패 및 도덕성에 영향을 준다. 공직자가 부정부패를 저지르면 국가 발전을 저해하며, 사회 전체의 통합과 안정을 방해하고 국민과 정부 간의 불신 풍조를 조장하게 된다. 따라서 공직자는 높은 도덕성과 함께 나눔, 배려, 솔선수범, 청빈과 같은 청백리의 삶을 추구할 수 있어야 한다.
ㄴ, ㄷ. 공직자의 바람직한 자세에 해당한다.

오답넘기
ㄱ. 공직자는 민주성과 효율성의 조화를 추구해야 한다.
ㄹ. 공직자 권한의 근원은 국민에게 있음을 깨달아야 한다.

136 주인-대리인 문제와 정보의 비대칭성 / 답 ④

알짜풀이
빈칸에 들어갈 개념은 '정보의 비대칭성'이다. 제시문은 주인-대리인 문제가 발생하는 원인이 정보의 비대칭성에 있다는 주장이다. 즉, 공직자가 자신의 특권과 정보력을 가지고 공직자 자신의 이익을 추구함으로써 도덕적 해이가 발생하게 된다는 것이다.

오답넘기

ㄱ. 자신의 직무와 관련된 모든 정보를 항상 공개하는 것은 공직자의 바람직한 태도가 아니다.

ㄷ. 정보의 비대칭성을 해결하는 문제와 직접적인 관련이 없다.

137 전문직 윤리의 이해 / 답 ②

알짜풀이

제시문은 전문직 종사자들이 비도덕적 행위를 했을 경우에는 그 파급 효과가 막대하다는 것을 나타내고 있다. 이를 통해 볼 때, 전문직 종사자들은 일반 사람보다 더 높은 도덕성을 지녀야 한다는 점을 알 수 있다.

오답넘기

①, ③, ④, ⑤ 제시문과 관련이 없는 진술이다. 제시문은 전문직 종사자들에게 더 높은 윤리 의식이 요구됨을 보여 주는 사례이다.

138 공직자가 지녀야 할 태도 이해 / 답 ①

알짜풀이

제시문은 정약용의 "목민심서"에 나오는 내용이다. 이 글에서 정약용은 목민관이 탐욕스럽게 되어 사치와 낭비하는 것을 경계하고 있다. 정약용은 백성을 위하는 목민관은 탐욕을 경계하고, 절용을 추구해야 함을 강조하였다. 그는 "목민심서"에서 "위엄은 청렴에서 생기고 신의는 진실한 충성심에 기반한다. 충성되고 청렴하면 백성이 이를 따를 것이다."라고 하면서, 공직자가 지녀야 할 도덕성으로 근면성, 성실성, 청렴성을 제시하였다.

오답넘기

현실 정치를 멀리하는 것은 목민관이 지녀야 할 자세가 아니다.
공직자는 이(利)보다 의(義)를 중시해야 한다.

139 사회 부패 문제의 해결 방안 / 답 ②

알짜풀이

사회 부패 문제 해결을 위해서는 시민들의 부패에 대한 저항 의식을 높이고, 개인의 도덕성을 높은 차원으로 함양해야 하며, 시민 단체의 감시와 견제 활동이 활발히 전개되어야 한다. 따라서 x, y, z가 모두 높아야 한다.

정답률 분석 ① 4% ② 86% ③ 2% ④ 3% ⑤ 2%

140 공직자의 청렴 의식 이해 / 답 ①

알짜풀이

제시문의 맹사성과 박수량은 물질적 이익보다 의리를 중시하고 사적인 일보다 공적인 일을 우선시하면서 청렴한 청백리의 삶을 지향하였다.

오답넘기

ㄷ. 공(公)보다 사(私)를 더 중시하면 청렴 의식을 지닐 수 없다.
ㄹ. 현실을 벗어나는 것은 공직자로서의 올바른 삶의 자세가 아니다.

정답률 분석 ① 85% ② 2% ③ 1% ④ 7% ⑤ 2%

141 정약용의 청렴관 / 답 ②

알짜풀이

갑은 정약용의 주장으로, 수령의 청렴함을 강조하고 있으며, 문제 상황의 K 씨는

친한 친구의 불법적인 내용을 허가해 달라는 부탁을 받고 고민하고 있다.

ㄱ, ㄹ. 정약용은 K 씨에게 선공후사와 멸사봉공의 자세를 지니고, 사회 통합을 해치는 행위를 하지 말라고 조언할 수 있다.

오답넘기

ㄴ. 연고주의는 일차 집단적 연고를 다른 사회관계에까지 확장하려는 잘못된 태도이다.

ㄷ. 친구의 부탁이라도 잘못된 것이라면 거절하는 것이 진정한 우정이다.

142 부패 문제 해결을 위한 사회 윤리적 관점 / 답 ③

알짜풀이

갑은 부정부패를 해결하기 위한 사회 제도적 노력을 강조하는 니부어이다.

③ 니부어의 관점에 따르면 부정부패 문제를 해결하기 위해서는 사회 제도 및 정책의 개선이 요구된다.

오답넘기

①, ②, ⑤ 모두 부정부패를 해결하기 위한 개인 윤리적 차원의 접근이다.

143 부패 방지를 위한 노력 / 답 ②

알짜풀이

부패란 불법적이거나 부당한 방법으로 재물, 사회적 지위, 기회 등과 같은 금전적·사회적 이득을 얻거나 또는 다른 사람이 그것을 얻도록 돕는 일탈 행위를 말한다.

ㄴ 청백리 정신은 청빈한 생활 태도를 유지하면서 국가의 일에 충심을 다하려는 정신을 의미한다.

오답넘기

ㄱ 부패는 개인과 사회의 도덕성을 훼손하여 시민 의식의 발달을 저해한다.

ㄷ 봉공 정신은 사익보다 공익을 우선시하는 정신이다.

ㄹ, ㅁ 청렴 사회 실현을 위해서는 개인적 노력과 함께 사회적 노력도 필요하다.

144 청렴 사회를 위한 개인 윤리적 접근과 사회 윤리적 접근 / 답 ⑤

알짜풀이

제시문에서 갑은 개인 윤리적 접근, 을은 사회 윤리적 접근을 강조하고 있다.

⑤ 사회 윤리적 접근에서는 개인 윤리에 호소하는 것만으로 사회 부패 문제를 해결할 수 없다고 본다.

오답넘기

①, ②, ③, ④ 모두 갑이 긍정의 대답을 할 질문이다.

02 사회 정의와 윤리

145 니부어의 사회 윤리 이해 / 답 ④

알짜풀이

제시문은 니부어의 주장이다. 니부어는 개인적으로는 도덕적인 사람도 자신이 속한 집단의 이익을 위해 비도덕적으로 행동하기 쉽다고 본다

④ 니부어는 집단의 이기성을 견제하기 위해서는 도덕적·합리적 설득에 강제적 수단이 추가되어야 사회 정의를 실현할 수 있다고 본다.

오답넘기

① 니부어는 집단 간 힘의 차이를 사회 구조의 개선 등 정치적 방법으로 조정해야 한다고 본다.

② 니부어는 개인과 사회의 도덕적 이상은 조화를 이루기는 쉽지 않지만 서로 배타적이지 않다고 본다.

③ 니부어는 집단이 커질수록 도덕적 목적 실현은 어려워진다고 보았다. 즉, 그 집단은 이기적으로 되기 쉽고, 도덕적 목적 실현은 곤란해진다.

⑤ 니부어는 집단 간 관계는 각 집단이 갖는 힘의 비율에 따라 수립된다고 본다.

정답률 분석 ① 4% ② 10% ③ 1% ④ 78% ⑤ 4%

146 칸트와 니부어의 선의지 개념 / 답 ⑤

알짜풀이

갑은 칸트, 을은 니부어이다.

⑤ 칸트는 도덕적 행위에서 그 자체로 선한 것은 선의지밖에 없다고 보았으며, 니부어도 사회 정의 실현을 위해 정치적 방법을 사용하기 위해서는 도덕적 선의지를 통한 적절한 통제가 필요하다고 주장한다.

오답넘기

① 칸트는 행위의 결과가 아닌 도덕 법칙을 준수하려는 의무 의식에서 나온 행위만이 도덕적 행위가 될 수 있다고 보았다.

② 니부어는 집단의 이기성은 합리성과 선의지만으로는 견제가 불가능하다고 보고 사회 구조와 제도를 개선하려는 사회 윤리적 노력이 필요하다고 주장한다.

③ 니부어는 사회 구조가 개인 행위의 도덕성을 좌우할 수 있으므로 사회 구조를 정의롭게 할 수 있는 제도, 구조, 정책 등을 마련해야 한다고 하였다.

④ 칸트는 이성과 도덕 입법 능력 같은 천부적 자질도 선의지의 통제가 있어야 선한 행위로 연결된다고 본다.

정답률 분석 ① 1% ② 1% ③ 2% ④ 4% ⑤ 89%

147 정의의 의미 파악 / 답 ③

알짜풀이

제시문의 밑줄 친 '이것'은 정의이다. 정의란 개인 간의 올바른 도리 또는 사회를 구성하고 유지하는 공정한 도리로서, 사회를 공정하게 운영하기 위해 필요한 사회적 덕목이다.

ㄴ. 정의는 개인 간의 올바른 도리, 사회를 구성하고 유지하는 공정한 도리이다.

ㄷ. 정의는 현대 사회의 윤리적 문제를 해결하는 도덕적 기준이 되며, 법이나 사회 규범과 관련된 사회 제도를 정당화하는 역할을 한다.

오답넘기

ㄱ. 정의는 기본적으로 개인의 자유와 권리, 인간 존엄성의 보장을 전제로 한다.

ㄹ. 사회 제도에 대한 설명이다.

148 공정한 분배의 기준 파악 / 답 ③

알짜풀이

갑은 정의로운 분배의 기준으로 더 많은 판매량을 기록한 사람에게 더 많은 임금을 지급해야 함을 강조하고 있고, 을은 부양가족이 있는 사람에게 더 많은 임금을 지급해야 함을 강조하고 있다.

③ 을의 입장은 재화가 한정되어 있어 모든 사람의 필요를 충족시킬 수 없다는 한계가 있다.

오답넘기

①, ② 갑의 입장은 사회적 약자를 배려할 수 없으며, 다른 종류의 업적이 있을 경우에 하나의 척도로 비교하여 평가하기가 어렵다.

④ 을의 입장은 필요에 의해 분배할 경우에 경제적 효율성이 떨어지는 문제가 발생할 수 있다.

⑤ 갑은 분배의 기준으로 업적을, 을은 필요를 중시한다.

⊕ 더 알아보기

공정한 분배의 여러 가지 기준

절대적 평등	모든 구성원에게 기회와 혜택을 골고루 나눔→생산 의욕 저하와 책임 의식 약화의 우려가 있음
필요	사회적 약자나 소외된 사람을 보호할 수 있음→모든 사람의 필요를 충족시킬 수 없고, 경제적 효율성을 높이기 어려움
능력	개인의 자유와 책임의식, 창의성 등을 고취시킬 수 있음→능력은 선천적인 영향을 받는 부분, 능력을 평가하는 정확한 기준 설정이 어려움
업적	객관적 평가와 측정이 용이하며, 생산성을 높이는 동기를 제공할 수 있음→서로 다른 종류의 업적에 대한 평가가 어려움, 사회적 약자를 배려하기 어려움
노동	일한 만큼 임금을 더 받을 수 있음→생산성이 노동 시간과 비례하지 않는 경우 적용이 어려움

149 공자와 맹자의 분배 정의론 비교 / 답 ③

알짜풀이

갑은 맹자, 을은 공자이다. 맹자는 국가가 백성들의 최소 생활 기반을 적극적으로 보장해야 한다고 보았다. 공자는 백성들의 물질적 삶의 보장과 사회적 약자의 부양을 강조하였다.

오답넘기

ㄱ. 공자는 분배의 형평성을 강조하고 있다.

ㄷ. 공자와 맹자는 모두 재화의 균등 분배를 주장하는 것이 아니다.

150 정의에 대한 여러 가지 입장 비교 / 답 ⑤

알짜풀이

갑은 플라톤, 을은 아리스토텔레스, 병은 벤담이다.

⑤ 벤담의 공리주의는 전체의 행복을 위해 소수에게 희생을 강요함으로써 불평등을 심화시킬 수 있다는 문제점이 있다.

오답넘기

① 플라톤은 각 개인의 영혼의 세 부분인 이성, 기개, 욕망이 제 기능을 발휘하여 조화를 이룬 상태를 정의라고 하고, 국가에서도 통치자, 방위자, 생산자가 각자 자신의 일을 함으로써 조화를 이룬 상태를 정의라고 본다.

② 아리스토텔레스는 각자에게 합당한 몫을 주는 것을 정의라고 본다.

③ 공리주의에서는 유용성을 증대시키는 행위를 바람직하다고 본다.

④ 결과적 평등은 갑, 을, 병 모두 동의하지 않는 분배 방식이다.

item 23	분배적 정의

151 분배 정의에 대한 롤스와 노직의 입장 비교 / 답 ②

알짜풀이

갑은 롤스, 을은 노직이다. 롤스는 사회 기본 구조를 규제하는 정의 원칙은 원초적 상황에서 합의되어야 한다고 보며, 정의가 사회 재화를 분배하는 방식일 뿐만 아니라 구성원에게 권리와 의무를 배분하는 방식이라고 보았다. 노직은 취득과 이전의 과정이 정당하면 그 과정을 통해 얻은 소유물에 대해서는 배타적 권리를 가진다고 보았다.

ㄱ. 롤스는 차등의 원칙을 통해 천부적 능력의 차이로 인한 불평등을 조정해야 한다고 보았다.

ㄹ. 롤스는 각자가 사유 재산권을 포함한 기본적 자유들의 체계에 대해 불가침의 권리를 갖는다고 주장한다. 노직은 개인이 자신의 천부적 자산이나 정당하게 소유한 소유물에 대해 배타적이고 절대적인 권리를 지닌다고 보았다.

오답넘기

ㄴ. 노직은 국가에 의한 재분배는 개인의 소유권을 침해하는 것으로 부당하다고 주장하였다.

ㄷ. 노직은 타인의 처지 개선이 아니라 타인의 처지를 악화시키지 않는 한 자신의 노동이 투입된 결과물에 대해 소유권을 갖는다고 주장하였다.

152 분배적 정의에 대한 노직과 롤스의 입장 비교 / 답 ④

알짜풀이

갑은 노직, 을은 롤스이다. 노직은 재화의 취득, 이전의 과정이 공정하다면 그 과정을 통해 얻은 소유물에 대해서는 배타적·절대적 소유 권리를 지닌다고 본다. 롤스는 자연적·사회적 우연성을 배제하기 위해 가정한 가상적 상황인 원초적 입장에서 합의한 정의의 원칙에 따라 공정한 분배가 이루어진다고 보았다.

ㄴ. 롤스는 사유 재산을 소유할 권리를 모든 사람이 평등하게 누려야 할 기본적 자유로 보면서 제1원칙(평등한 자유의 원칙)에 의해 평등하게 보장받아야 한다고 보았다.

ㄹ. 노직과 롤스 모두 자연적·사회적 우연성에 의한 결과물에 대해 정당한 자격을 지닐 수 있다고 보고, 이에 따른 경제적 불평등은 허용될 수 있다고 보았다.

오답넘기

ㄱ. 노직은 지능 지수에 의한 분배 원리를 비역사적 원리이자 정형적 원리라고 보았다. 노직은 정형화된 원칙으로 도덕적 공과, 사회에 대한 유용도, 지능 지수에 따른 분배를 들었으며, 정형화된 분배 원칙에 대해 비판하였다.

ㄷ. 롤스는 분배의 몫을 결정하는 데 있어 사회적·자연적 여건이 유리하게 작용하지 않도록 하기 위해 원초적 상황에서 무지의 베일 속에 있다고 가정하고 정의의 원칙을 도출해야 한다고 보았다.

⊕ 더 알아보기

롤스의 정의의 원칙

제1원칙	모든 사람은 기본적 자유에 대해 동등한 권리를 가져야 함
제2원칙	차등의 원칙 : 사회적·경제적 불평등은 최소 수혜자에게 최대의 이익이 되도록 편성될 때 정당화됨
	기회균등의 원칙 : 사회적·경제적 불평등의 계기가 되는 지위와 직책은 모든 사람들에게 열려 있어야 함
무지의 베일	롤스가 가상으로 설정한 원초적 입장에서 사람들이 쓰게 되는 것으로 자신의 신분, 사회적 지위, 능력, 재산 등에 관해 알지 못하게 하는 천을 말함
최소 수혜자	사회적 약자, 사회 내에서 혜택을 적게 받는 가장 불리한 위치에 놓인 사람을 말함

153 분배적 정의에 대한 롤스와 노직의 입장 비교 / 답 ④

알짜풀이

갑은 롤스, 을은 노직이다. 롤스는 원초적 입장에서 채택한 정의의 원칙들에 의해 사회적 가치들이 분배되어야 정의롭다고 보았다. 노직은 재화의 취득, 이전의 과정이 부당하지 않다면 개인은 재화에 대한 배타적·절대적 권리를 지닌다고 주장하였다.

ㄱ. 롤스는 우연성에 따른 산물이 최소 수혜자에게 최대 이익이 되는 방식으로 분배되어야 한다고 주장하였다.

ㄴ. 롤스는 경제적 이익이 최소 수혜자를 포함한 모든 구성원에게 이익이 되는 방식, 즉 모든 구성원의 처지를 개선하는 방식으로 분배되는 것은 정당하다고 보았다.

ㄷ. 노직은 분배 결과가 아니라 역사적 원리에 따른 소유 과정의 정당성이 소유 권리를 창출한다고 보았다.

154 마르크스, 노직, 롤스의 정의관 파악 / 답 ②

알짜풀이

갑은 마르크스, 을은 노직, 병은 롤스이다.

ㄱ. 마르크스는 국가가 소멸된 공산 사회를 가장 바람직한 사회의 형태로 보았다. 따라서 마르크스의 입장에서 가장 바람직한 분배는 국가가 없는 공산 사회에서 가능하다. 이와 달리 노직, 롤스는 모두 국가 상태에서 정의로운 분배가 가능하다고 보았다.

ㄷ. 노직은 재화를 취득하거나 양도받는 과정에서 과오나 잘못된 절차에 의한 소유가 발생했을 때는 이를 바로잡기 위해 최소 국가가 개입하여 이를 교정할 수 있다고 보았다.

오답넘기

ㄴ. 노직은 합법적 수단으로 정당하게 취득한 재화뿐 아니라 타인에 의해 자유로이 양도받은 재화에 대해서도 정당한 소유 권리가 있다고 보았다.

ㄹ. 롤스는 재산에 대한 사적 소유권을 기본적 자유라고 보고 모든 구성원이 기본적 자유들을 평등하게 누려야 한다고 보았다.

155 노직과 롤스의 분배 정의의 입장 비교 / 답 ③

알짜풀이

갑은 노직, 을은 롤스이다. 노직은 개인의 완전한 소유권이 보장되고 분배가 전적으로 개인 간의 자발적 교환에 맡겨지는 사회가 정의롭다고 보았다. 반면 롤스는 원초적 입장에서 도출된 정의의 원칙에 따라 최소 수혜자를 배려하는 사회가 정의롭다고 보았다.

오답넘기

ㄱ. 노직과 롤스는 국가의 역할을 인정하였다.

ㄹ. 노직과 롤스는 모두 사회 전체의 이익 증진을 위한 명목으로도 기본적 자유를 제한할 수 없다고 보았다.

⊕ 더 알아보기

자유 지상주의자들이 보는 분배적 정의

노직(Nozick, R.)으로 대표되는 '자유 지상주의'자들은 각 개인이 자기 자신에 대한 완전한 소유권을 지니고 있다고 주장한다. 즉 노직은 개인이 정당하게 획득한 소유물에 대해서는 배타적 권리를 갖는다고 본다. 배타적 권리는 누구도 개인의 허락 없이 자신이 소유하고 있는 재산을 함부로 빼앗거나 나누어 줄 수 없는 것이다. 따라서 올바른 재화의 분배는 개인의 자유에 전적으로 위임해야 하며, 국가는 재화나 거래자의 안전 보장, 부정한 계약에 대한 감시 등과 같은 최소한의 임무만을 수행해야 한다.

156 노직과 롤스의 분배론 비교 / 답 ④

알짜풀이

갑은 롤스, 을은 노직이다. 롤스는 사회적 약자를 우선적으로 배려하는 차등의 원칙이 지켜질 때 정의로운 사회가 가능하며, 이 경우에 발생하는 사회·경제적 불평등은 허용될 수 있다고 본다. 반면 노직은 개인의 완전한 소유권이 보장되고 분배가 전적으로 개인의 자유에 맡겨질 때 정의가 실현된다고 본다. 한편 롤스와 노직은 모두 개인의 기본적 자유를 보장해야 한다는 점에서 공통적이다. ㉣ 노직은 국가가 재화의 분배 과정에 개입하는 것은 옳지 않다고 보았다.

오답넘기

㉠ 롤스는 산술적 균등 분배를 주장하지 않았다.

㉡ 노직이 아닌 롤스의 입장이다.

ⓒ 최소 국가가 이상적인 국가라고 본 사상가는 노직이다.
ⓜ 롤스와 노직은 모두 사회 질서를 위한다는 명목으로 개인의 기본적 자유를 침해할 수 없다고 보았다.

157 롤스의 정의론 / 답 ④

알짜풀이

제시문은 롤스의 정의론이다. 롤스는 개인의 존엄성과 절차적 정의를 강조하였다. 어떤 목적을 위해서도 개인의 존엄성은 훼손될 수 없으며 공정한 절차에 의해 합의된 것은 정의롭다고 보았다. 이를 도출하기 위한 장치로 자신의 개인적 특성이나 상대적인 사회적 위치를 모르고 서로에게 무관심하며 합리적으로 자신의 이익을 추구하는 가상적 상황인 '원초적 입장'을 설정하였다.

158 롤스의 정의론 / 답 ②

알짜풀이

㉠은 '평등한 자유의 원칙'이고, ㉡은 '차등의 원칙'과 '기회균등의 원칙'이다. ㉠은 동등한 기본적 자유를 제한할 수 없다는 것이고, ㉡은 실질적 정의를 실현하기 위해 최소 수혜자를 우선적으로 배려하는 것이다.

159 롤스의 정의론 / 답 ①

알짜풀이

제시문에서 '이 사상가'는 롤스이다. 롤스가 주장하는 분배적 정의는 사회에서 발생하는 불평등에 대해 형식적인 의미에서뿐만 아니라 실질적인 의미에서의 평등을 추구하고자 했다는 점에서 의미가 있다.

오답넘기

⑤ 롤스는 평등한 자유의 원칙이 차등의 원칙보다 우선한다고 주장하였다.

160 롤스와 노직의 사상 비교 / 답 ①

알짜풀이

갑은 절차적 공정성에 따른 차등의 원칙을 주장한 롤스이고, 을은 자유 지상주의를 주장한 노직이다.
ㄱ. 롤스는 정의로운 사회에서도 사회적·경제적 불평등이 존재하지만 절차적 공정성이 보장된다면 정당하다고 본다.
ㄴ. 롤스는 사회적·자연적 우연성이 배제된 상태에서 직접 분배 원칙을 결정해야 한다고 본다.

오답넘기

ㄷ. 공리주의의 관점이다.
ㄹ. 롤스의 입장이며, 노직은 국가가 재화의 재분배에 개입해서는 안 된다고 본다.

---

item 24	소수자 우대 정책과 역차별

---

161 우대 정책에 대한 입장 비교 / 답 ⑤

알짜풀이

갑은 사회적 약자에 대한 우대 정책에 찬성하는 입장, 을은 반대하는 입장이다.
갑은 사회적 약자는 차별로 인한 고통을 보상받을 권리가 있음을 강조하고, 을은 우대 정책으로 사회적 약자에게 기회를 주는 것은 개인의 업적에 따른 분배에 위배되며 또 다른 역차별과 부정의를 초래한다고 본다.

정답률 분석 ① 6% ② 4% ③ 5% ④ 16% ⑤ 66%

162 사회적 약자에 대한 우대 정책의 쟁점 이해 / 답 ⑤

알짜풀이

사회적 약자에 대한 우대 정책에 대해 갑은 찬성하는 입장, 을은 반대하는 입장이다.
ㄱ. '노력이나 성취를 무시하여 공정성을 저해할 수 있다'는 업적주의 원칙 위배 논리를 들어 우대 정책에 반대하는 입장이다.
ㄷ. '사회적 약자를 위한 정책은 또 다른 차별을 발생시킬 수 있다'는 역차별의 논리를 들어 우대 정책에 반대하는 입장이다.
ㄹ. '과거의 차별과 관련이 없는 현세대에게 책임을 전가할 수 있다'는 보상 책임의 부당성 논리를 들어 우대 정책에 반대하는 입장이다.

오답넘기

ㄴ. '사회적 약자에게 실질적인 기회균등이 보장되어야 한다'는 재분배의 논리를 들어 우대 정책에 찬성하는 입장이다.

정답률 분석 ① 3% ② 3% ③ 7% ④ 7% ⑤ 77%

163 우대 정책의 윤리적 쟁점 이해 / 답 ①

알짜풀이

① 갑은 교육 환경 같은 우연적 요인에 의해 실질적 평등이 실현되지 못하는 것은 부당하므로 불리한 특정 지역의 학생들에게 대학 입학 할당제를 실시해야 한다고 주장한다.

오답넘기

② 을은 대학 입학 할당제는 교육 환경과 같은 우연적 요인을 고려함으로써, 학업 능력을 기준으로 부여되어야 하는 입학 권리를 침해하게 된다고 본다.
③ 병은 대학 입학 할당제는 개인의 학업 능력보다는 사회 전체의 이익을 입학 전형의 기준으로 삼아야 한다고 본다.
④ 갑은 대학 입학 할당제를 실시함으로써 교육 환경과 같은 우연적 요인을 고려한 대학 입학 전형을 실시해야 한다고 본다. 반면 을은 교육 환경이 아닌 학업 능력을 기준으로 대학 입학의 권리를 부여해야 한다고 본다.
⑤ 을은 학업 능력을 대학 입학 전형의 기준으로 삼지만, 병은 개인의 학업 능력보다 사회 전체의 이익을 기준으로 삼는다.

정답률 분석 ① 91% ② 2% ③ 3% ④ 1% ⑤ 1%

164 소수 집단 우대 정책 / 답 ⑤

알짜풀이

제시문의 갑은 소수 집단 우대 정책에 대해 찬성하는 입장이며, 을은 반대하는 입장이다.
⑤ 갑과 달리 을은 업적주의의 위반, 인간의 기본 권리 침해, 새로운 부당한 역차별의 초래를 근거로 소수 집단 우대 정책에 반대한다.

오답넘기

① 갑은 소수자들이 받은 과거의 차별에 대한 보상 차원에서 그들의 몫을 할당하는 것이 정당하다고 본다.
② 갑은 소수자에 대한 입학 우대 정책이 실질적인 평등을 실현하는 데 기여한다고 본다.
③ 을은 소수자를 우대하는 입학 정책이 공정한 경쟁의 원칙에 어긋난다고 주장한다.
④ 을은 소수자를 우대하는 입학 정책이 인간의 기본적 권리를 침해해서는 안 된다고 주장한다.

정답률 분석 ① 3% ② 3% ③ 4% ④ 4% ⑤ 84%

165 인권을 보장하기 위한 자세 / 답 ①

알짜풀이

갑은 사회적 약자에 대한 적극적인 우대 조치가 역차별이라고 하고, 을은 사회적 약자에 대한 우대 조치가 필요하다고 보고 있다.
① 사회적 약자에 대한 우대 조치가 역차별이라고 인식하는 갑의 입장에서는 대입

전형 지역 할당제가 기회균등의 원칙에 어긋나는 역차별이라고 비판할 수 있다.

오답넘기
② 갑은 사회적 약자를 적극적으로 배려해서는 안 된다고 본다.
③ 을은 자유로운 경쟁만으로는 사회적 약자를 배려할 수 없다고 본다.
④ 을은 국가가 사회적 약자를 배려하는 정책을 시행해야 한다고 본다.
⑤ 갑의 입장에만 해당한다.

166 우대 정책과 역차별의 논점 비교 / 답 ②

알짜풀이
(가)는 사회적 약자를 배려하기 위한 우대 정책에 반대하며 이를 역차별이라고 간주하고 있다.
ㄴ. (가)는 사회적 약자를 배려함으로써 그들에게 도움을 주는 정책에 반대한다. 그러나 순서도에서 '아니요'로 연결되어 있으므로 정답이다.
ㄹ. (가)는 과거의 차별을 시정하기 위한 현재의 보상은 부당하다고 본다.

오답넘기
ㄱ. (가)는 사회적 약자를 배려하는 것이 공정한 경쟁을 해치는 불합리한 것이라고 본다. 그러나 순서도에서 '아니요'로 연결되어 있으므로 오답이다.
ㄷ. 우대 정책을 찬성하는 입장에서 긍정의 대답을 할 질문이다.

➕ 더 알아보기

소수 집단 우대 정책에 대한 찬반 논거

찬성 논거	반대 논거
• 과거의 차별에 대한 보상 • 사회적 약자에 대한 실질적 기회 부여 • 사회적 긴장 완화와 사회 전체의 행복 증진	• 다른 집단에 대한 또 다른 차별 • 차별에 대한 책임의 부적절성 • 소수를 위한 다수의 권리 침해

---

item 25　교정적 정의의 의미와 공정한 처벌

167 ④　　168 ④　　169 ④　　170 ⑤　　171 ②　　172 ②

167 형벌에 대한 베카리아와 루소의 입장 비교 / 답 ④

알짜풀이
갑은 베카리아, 을은 루소이다. 베카리아는 공리주의 관점과 사회 계약론의 관점에 근거해 사형 제도를 반대하였다. 루소는 사회 계약의 관점에서 시민의 안전과 생명을 보호하기 위해서 사형 제도가 필요하다고 보았다.
ㄴ. 베카리아는 법으로 일반인의 살인을 금지하면서 법에 의해 사형에 처하는 것은 법의 이름으로 생명을 빼앗는 것과 다르지 않다며 사형 제도의 부당함을 주장하였다.
ㄹ. 베카리아와 루소는 모두 사형의 정당성을 사회 계약론의 입장에서 판단할 수 있다고 보았다. 따라서 베카리아와 루소 모두 사회 계약의 목적에 반하는 형벌은 정당성이 없다고 보았다.

오답넘기
ㄱ. 베카리아는 한순간에 고통을 집중시키는 사형보다는 지속적으로 고통을 주는 종신 노역형이 범죄 예방에 더 효과적이라고 보았다.
ㄷ. 루소는 사회 계약을 위반한 살인자는 시민의 일원이 아니라 공공의 적으로 간주하여 처벌하는 것이라고 보았다.

정답률 분석　① 1%　② 1%　③ 9%　④ 84%　⑤ 4%

168 교정적 정의에 대한 베카리아, 루소, 칸트의 입장 비교 / 답 ④

알짜풀이
(가)의 갑은 베카리아, 을은 루소, 병은 칸트이다. 베카리아는 생명을 빼앗는 사형을 사회 계약으로 성립될 수 없다고 보았다. 루소는 자연 상태의 사람들이 자신의 생명과 안전을 확보하기 위해 자발적으로 계약을 맺어 국가를 형성하였으며, 타인의 생명을 희생시킨 살인범은 스스로 사회의 구성원이기를 포기한 것이기에 국가는 살인범에게 사형을 집행할 권한을 갖는다고 보았다. 칸트는 응보주의적 관점에서 살인자에 대한 사형은 정당하며 사형 이외의 형벌은 정의에 부합하지 않는다고 보았다.
④ 루소는 법에 의해 집행되는 모든 형벌은 공공의 이익을 위해서 집행되어야 한다고 보았다. 반면에 칸트는 형벌은 어떠한 선, 즉 이익을 위한 한낱 수단으로서 가해질 수 없고, 항상 오직 범죄자가 범죄를 저질렀기 때문에만 형벌이 가해져야 한다고 보았다. 따라서 루소는 칸트에게 모든 형벌은 공공의 이익을 위해서 집행되어야 함을 간과한다고 비판할 수 있다.

오답넘기
① 베카리아는 사형이 한순간 강렬한 인상만 주고 종신 노역형에 비해 지속성이 떨어져 범죄 예방 효과가 적다고 보았다. 따라서 베카리아가 루소와 칸트에게 제기할 수 있는 비판이 아니다.
② 루소와 베카리아는 생명권 양도 여부가 사형제의 정당성을 판단하는 근거가 될 수 있다고 보았다. 루소는 사회 계약 시 계약자가 생명권을 양도했으므로 사형제는 정당하다고 보는 반면, 베카리아는 계약자가 생명권을 양도하지 않았으므로 사형제는 부당하다고 보았다. 따라서 루소가 베카리아에게 제기할 수 있는 비판이 아니다.
③ 칸트는 응보주의에 따른 형벌은 범죄자의 자유 의지를 존중하여, 범죄자 자신에게 실현시켜 주는 것이라고 보았다. 따라서 칸트가 루소에게 할 비판이 아니다.
⑤ 칸트와 베카리아는 형벌의 목적은 범죄자에게 고통을 주는 데 있지 않다고 보았다. 형벌의 목적은 칸트에게는 응보이고, 베카리아에게는 범죄 예방이다. 따라서 칸트가 베카리아에게 제기할 수 있는 비판이 아니다.

정답률 분석　① 18%　② 17%　③ 6%　④ 47%　⑤ 13%

169 처벌에 대한 응보주의 관점 / 답 ④

알짜풀이
갑은 칸트이다. 칸트는 정언 명령과 비례의 원칙에 입각하여 인간 존엄성을 훼손한 범죄에 대하여 그에 걸맞게 응보적으로 처벌하는 것을 정당한 것으로 본다.

오답넘기
ㄷ. 처벌에 대한 공리주의적 관점이다.

170 공리주의의 응보주의에 대한 비판 이해 / 답 ⑤

알짜풀이
을은 공리주의자이다. 공리주의적 관점에서 칸트의 응보주의적 관점을 비판하는 문제이다.
⑤ 공리주의에서 볼 때, 칸트는 처벌 자체에 목적을 두어 처벌의 결과나 사회 이익 증진은 경시하고 있다고 비판할 수 있다.

오답넘기
① 처벌을 범죄 예방적 차원에서 고려하는 것은 공리주의이다.
② 칸트는 범죄에 상응하는 처벌의 필요성을 강조하고 있다.
③ 칸트는 인간을 사회 안정을 위한 수단으로 생각하지 않는다.
④ 처벌을 통한 범죄자의 교화를 중시하는 것은 공리주의이다.

171 공정한 처벌의 조건 / 답 ②

알짜풀이
공정한 처벌을 하기 위해서는 유죄 조건과 비례 조건을 만족해야 한다. 유죄 조건은 유죄 조건에 부합하는지를 따져 보고 죄가 있다는 것이 확실한 경우에만 처벌하는 것을 말한다. 비례 조건은 처벌이 범죄의 심각성, 기간, 범위 등에 비례해서

정해져야 함을 의미한다.

오답넘기

ㄴ. 사회적으로 비난받지 않는 행위에 대해서도 범법 행위라면 처벌해야 한다.

ㄷ. 범죄의 해악에 비례해서 처벌을 해야 한다.

172 처벌에 대한 응보주의와 공리주의 입장 비교 / 답 ②

알짜풀이

처벌에 대하여 갑은 응보주의, 을은 공리주의적 관점이다. 응보주의는 처벌의 본질은 범죄 행위에 상응하는 처벌을 가하는 것이라고 본다. 공리주의는 처벌은 사회 이익 증진을 위한 수단이라고 본다.

ㄱ. 응보주의와 공리주의 모두 동의할 수 있는 내용이다.

ㄹ. 공리주의적 입장에서만 동의할 수 있는 내용이다.

오답넘기

ㄱ, ㄷ. 모두 공리주의적 관점이므로 C에 해당한다.

---

item 26   사형 제도와 교정적 정의

173 ④   174 ⑤   175 ③   176 ⑤   177 ⑤   178 ④
179 ②   180 ①

---

173 사형 제도에 대한 칸트, 베카리아, 루소의 입장 비교 / 답 ④

알짜풀이

갑은 칸트, 을은 베카리아, 병은 루소이다. 칸트는 사형은 살인자의 고통받는 인격을 해방하여 인간의 존엄성을 실현하게 한다고 보았다. 베카리아는 순식간에 끝나는 사형보다 종신 노역형이 오랫동안 고통의 본보기가 되어 예방 효과가 크다고 보았다. 루소는 살인자는 사회 계약을 어긴 것이므로 더 이상 사회 구성원이 아닌 공공의 적으로 간주되어야 한다고 보았다.

④ 칸트는 사형이 범죄 그 자체에 대한 응보 차원에서 이루어진다고 본 반면, 루소는 사형이 시민들의 생명을 지키기 위해 실행되는 것이라고 보았다. 따라서 루소는 칸트에게 사형이 시민들의 생명을 지키기 위해 실행되는 형벌임을 간과한다는 비판을 제기할 수 있다.

오답넘기

① 베카리아는 형벌이 주는 공포, 즉 형벌의 예방 효과는 형벌의 강도보다 지속성에서 나온다고 보았다.

② 베카리아는 종신 노역형을 범죄자를 목적으로 대우하는 형벌이라고 보지 않았다.

③ 베카리아는 사형이 시민의 범죄 의욕을 전혀 억제할 수 없어서가 아니라 사형보다 종신 노역형이 오랫동안 고통의 본보기가 될 수 있어 더 바람직하다고 보았다.

⑤ 칸트는 범죄자를 처벌하는 것은 범죄자가 처벌을 의욕했기 때문이 아니라 처벌받을 행위를 의욕했기 때문이라고 보았다.

정답률 분석 ① 3% ② 9% ③ 10% ④ 70% ⑤ 8%

174 형벌에 대한 칸트, 루소, 베카리아의 입장 비교 / 답 ⑤

알짜풀이

갑은 칸트, 을은 루소, 병은 베카리아이다. 칸트는 응보주의적 관점에서 사형 제도를 찬성한다. 루소는 사회 계약론적 관점에서 사형 제도를 찬성한다. 베카리아는 사회 계약론의 관점에서 개인이 국가에 생명권을 위임하지 않았고 국가도 개인의 생명을 빼앗을 권리가 없다고 보고, 또한 사회적 효용성의 관점에서 사형보다 종신 노역형이 범죄 예방에 효과적이라고 주장하며 사형 제도에 반대한다.

⑤ 칸트는 베카리아와 달리 형벌이 공리 증진의 수단으로 가해져서는 안 된다고 본다.

오답넘기

① 루소는 계약을 통해 생명을 박탈할 권리를 국가에 양도했다고 주장한다.

② 칸트는 살인자에 대해서는 사형만이 인간 존엄성을 지켜주는 것이라고 본다.

③ 베카리아는 형벌의 정의는 사회 계약에 근거해야 한다고 본다.

④ 칸트는 형벌의 목적은 교화가 아니라 응보에 있다고 본다.

정답률 분석 ① 3% ② 4% ③ 9% ④ 3% ⑤ 79%

175 형벌에 대한 다양한 입장 비교 / 답 ③

알짜풀이

갑은 칸트, 을은 벤담, 병은 베카리아이다.

ㄷ, ㄹ. 벤담과 베카리아는 공리주의적 관점에서 형벌이 방지할 해악이 형벌의 해악보다 크다면 그 형벌은 정당하며, 형벌의 목적은 범죄 예방에 있다고 본다.

오답넘기

ㄱ. 사형은 살인범의 인격을 존중하기 위해 실시해야 한다는 것은 칸트만의 입장이다.

ㄴ. 칸트는 응보주의적 관점에서 살인 행위에 동등성을 지닌 형벌은 사형 밖에 없다고 본다.

정답률 분석 ① 3% ② 9% ③ 76% ④ 5% ⑤ 5%

176 칸트와 베카리아의 처벌에 관한 입장 비교 / 답 ⑤

알짜풀이

갑은 칸트, 을은 베카리아이다.

⑤ 칸트와 베카리아 모두 형벌은 공적인 정의의 실현 수단으로 본다.

오답넘기

① 칸트는 범죄자는 처벌을 원했기 때문이 아니라 처벌받아야 할 행동을 원했기 때문에 처벌받는 것이라고 본다.

② 칸트에 따르면 응보주의에 바탕을 둔 사형은 인간을 다른 목적을 위한 수단으로 취급하는 것이 아니라 살인 행위에 대한 응분의 책임을 지우는 것이다.

③ 베카리아는 처벌을 목격하는 사람들이 지속적인 인상을 받아야 처벌의 효과가 높아지므로 종신 노역형은 공개적으로 집행하는 것이 범죄 예방에 효과적이라고 본다.

④ 베카리아는 사형이 국가가 저지르는 살인이며 범죄 예방 효과가 미흡하기 때문에 사형 제도를 폐지해야 한다고 본다.

정답률 분석 ① 7% ② 5% ③ 1% ④ 1% ⑤ 84%

177 루소와 칸트의 사형 제도 존치론 / 답 ⑤

알짜풀이

갑은 루소, 을은 칸트이다. 루소와 칸트는 인간 존엄성을 강조하면서도 사형 제도를 옹호하였다. 왜냐하면 타인의 천부적 생명권을 침해한 살인범의 생명권은 박탈하는 것이 당연하다고 생각하기 때문이다. 이는 타인의 생명권을 침해한 사람은 그에 대한 정당한 대가를 치러야 한다는 응보 이론으로서, 사형 제도 존치론의 대표적인 근거 이론이다.

오답넘기

①, ②, ③, ④ 사형 제도를 반대하는 입장이다.

178 사형 제도에 대한 논쟁 / 답 ④

알짜풀이

사형 제도 폐지를 주장하는 입장과 사형 제도 유지를 주장하는 입장 간의 도덕 논쟁에서 제시문의 주장처럼 다양한 논리적 근거가 제시될 수 있다.

④ 살인범의 생명도 피해자의 생명처럼 취급되어야 한다는 입장으로, 사형 제도를 찬성하는 논거에 해당한다.

오답넘기

①, ②, ③, ⑤ 사형 제도 폐지론의 논거이다.

179 칸트의 사형 제도에 대한 관점 / 답 ②

알짜풀이

칸트는 사형 제도의 시행이 가져올 결과나 유용성을 기준으로 사형 제도의 유지를 강조한 것이 아니라 인간을 그 자체로 존중할 것을 강조하면서 인간의 생명을 살해한 자를 처벌하는 것이 마땅하다는 응보적 관점에서 사형 제도의 유지를 강조하였다.

② 칸트는 응보주의적 관점에서 사형 제도가 존치되어야 한다고 본다.

180 칸트와 공리주의의 사형 제도에 대한 관점 비교 / 답 ①

알짜풀이

갑은 칸트의 응보주의, 을은 공리주의이다. 칸트는 등가성의 원리에 따라 처벌이 응보주의적으로 이루어져야 한다고 본다. 공리주의는 처벌을 함에 있어서 처벌의 효과와 범죄자의 교화를 중시한다.

오답넘기

ㄴ, ㄷ. 처벌을 범죄 예방이나 범죄자 교화의 차원에서 고려하는 것은 공리주의이다.

03 국가와 시민의 윤리

item 27 국가의 권위의 정당성

| 181 | ③ | 182 | ④ | 183 | ① | 184 | ④ | 185 | ④ | 186 | ① |

181 국가에 대한 홉스와 로크의 입장 비교 / 답 ③

알짜풀이

갑은 홉스, 을은 로크이다. 홉스는 만인의 만인에 대한 투쟁 상태인 자연 상태에서 벗어나기 위해 계약을 통해 국가를 형성하고 법규 위반자를 엄격히 제재하기 위해 군주에게 절대권을 부여해야 한다고 보았다. 로크는 국가의 최고 권력은 입법권이지만, 이 권력은 구성원들이 신탁한 권력이므로 입법권이 신탁의 목적에 어긋나면 신탁을 철회할 수 있다고 보았다.

ㄷ. 홉스는 국가가 형성되기 이전인 자연 상태에서는 개인의 소유권 개념은 존재하지 않는다고 보았다.

ㄹ. 로크는 국가의 통치자는 시민으로부터 신탁된 권력을 부여받았을 뿐 국가의 주권자는 시민이라고 보았다.

오답넘기

ㄱ. 홉스는 통치자는 사회 계약의 당사자가 아니기 때문에 통치자가 사회 계약을 위반하는 것이 불가능하다고 보았다. 또한 로크는 통치자가 사회 계약을 위반해서는 안 된다고 보았다. 통치자가 가지는 권력은 구성원들이 신탁한 권력일 뿐이기 때문이다.

ㄴ. 홉스는 국가를 신의 계약으로 형성되는 인위적인 인격으로 보았다.

정답률 분석 ① 4% ② 9% ③ 68% ④ 8% ⑤ 10%

182 국가에 대한 아리스토텔레스, 루소, 홉스의 입장 비교 / 답 ④

알짜풀이

갑은 아리스토텔레스, 을은 루소, 병은 홉스이다. 아리스토텔레스는 국가를 구성원들의 훌륭하고 행복한 삶을 살기 위한 가장 포괄적인 도덕 공동체로 보았다. 루소는 인간이 자연 상태에서는 평화롭게 살았지만, 차츰 사유 재산이 증가하면서 사회적 불평등과 같은 갈등이 생겨났다고 보고, 사회 계약을 통해 국가를 형성함

으로써 불평등과 예속에서 벗어나 자유로운 삶을 누릴 수 있게 된다고 주장하였다. 홉스는 인간이 만인의 만인에 대한 투쟁 상태인 자연 상태에서 벗어나기 위해 사회 계약을 맺으면서 국가가 형성된다고 보았다.

④ 루소는 국가 구성원인 개인은 법을 따르는 동시에 법의 제정자여야 한다고 본 반면, 홉스는 개인은 법을 따르는 자이고, 법의 제정자는 주권자인 리바이어던이라고 보았다.

오답넘기

① 루소는 국가의 행위는 오직 공공의 이익만을 대상으로 한다고 보았으므로, 아리스토텔레스가 루소에게 제기할 비판으로 적절하지 않다.

② 아리스토텔레스는 인간이 국가 밖에서는 행복한 삶을 살 수 없다고 보고, 국가 밖에서 살 수 있는 사람은 짐승 아니면 신이라고 보았으므로 루소와 홉스가 아리스토텔레스에게 제기할 비판으로 적절하지 않다.

③ 홉스와 루소는 자기 보존을 사회 계약의 목적이라고 보고, 국가 구성원의 생명권 보장은 국가의 목적이라고 보았다.

⑤ 아리스토텔레스는 국가는 자연 발생적으로 존재하는 것이라고 보고, 국가 권위에 대한 복종의 의무는 자연적 의무라고 보았다. 홉스는 국가 권위에 대한 복종의 의무는 상호 계약에 의해 발생된 의무라고 보았다.

정답률 분석 ① 9% ② 4% ③ 14% ④ 65% ⑤ 9%

183 로크의 동의론 / 답 ①

알짜풀이

제시문은 로크의 주장이다. 로크는 시민이 자발적으로 국가의 명령에 복종하기로 약속하는 것에서 정치적 의무가 비롯된다고 본다.

① 로크는 정부에 대한 정치적 의무는 어떤 정치 공동체의 구성원이 되겠다고 명시적이거나 묵시적으로 동의함으로써 부여받는다고 본다.

오답넘기

② 로크는 명시적 동의뿐만 아니라 묵시적 동의에 의해서도 정치적 의무가 성립한다고 본다.

③ 로크는 정치적 의무는 개인의 자발적 동의에 근거한다고 본다.

④ 로크는 국가에 대한 국민의 저항권을 인정한다.

⑤ 로크는 국가의 목표가 개인의 권리 보장과 공동선 실현에 있다고 본다.

184 아리스토텔레스, 로크, 흄의 국가에 대한 입장 / 답 ④

알짜풀이

갑은 아리스토텔레스, 을은 로크, 병은 흄이다.

④ 흄은 국가의 궁극적 목적은 국민에게 안전과 보호를 제공하는 것이라고 본다.

오답넘기

① 아리스토텔레스는 국가를 최상의 공동체로 본다. 그는 모든 공동체는 어떤 선을 목적으로 성립하는데, 모든 공동체 가운데 가장 상위이며 나머지 공동체들을 모두 포함하는 국가는 다른 공동체보다 더 나은 선 혹은 최상위의 선을 목표로 한다고 주장한다.

② 로크는 명시적 동의뿐만 아니라 묵시적 동의를 통해서도 정치적 의무가 발생한다고 본다.

③ 흄은 정부로부터 얻는 이익이 있을 때에만 정치적 복종의 의무가 부여된다고 본다.

⑤ 로크와 흄은 국가가 제 역할을 수행하지 못하면 국민은 국가에 복종할 의무가 없다고 본다.

185 롤스의 자연적 의무론 / 답 ④

알짜풀이

제시문은 롤스의 주장이다. 그는 생명을 보존하고 존중할 의무, 타인에게 해를 끼치지 않고 곤경에 처한 사람을 도울 의무 등은 인간이면 누구나 따라야 할 자연적 의무라고 본다.

④ 롤스의 입장은 인간이 효율성과 편의성 때문에 정치적 의무를 이행하는 현상을 설명하기 어렵다는 한계를 지닌다.

오답넘기

①, ③, ⑤ 롤스는 인간이 국가를 구성하고 국가를 통해서 정의를 실현하고 공동선을 증진하는 것은 자연스러운 일이므로, 인간이 국가에 충성하고 복종해야 하는 정치적 의무 또한 정의와 공동선을 실현하기 위해 지켜야 하는 자연적 의무라고 본다.

② 롤스는 인간의 가장 중대한 자연적 의무는 정의로운 제도를 유지하고 발전시키는 것이라고 본다.

186 로크와 흄이 입장 파악 / 답 ①

알짜풀이

갑은 로크, 을은 흄이다. 로크는 동의로부터 정치적 의무가 발생한다고 보는 입장이고, 흄은 국가로부터 얻는 이익이 있기 때문에 정치적 의무가 발생한다고 보는 입장이다.

① 로크만의 입장에 해당한다. 흄은 정치적 의무는 동의나 약속과 무관하게 국가로부터 혜택을 받는 모든 사람에게 부여된다고 본다.

오답넘기

② 로크와 흄은 국가가 제 역할을 못할 경우에는 정치적 의무를 다할 필요가 없다고 본다.

③ 로크는 개인의 생명과 자유, 재산 보호를, 흄은 국민들에게 이득과 혜택을 제공하는 것을 국가의 주된 역할이라고 본다.

④ 흄은 국가가 혜택을 제공하지 못할 경우에 국민은 정치적 의무를 수행할 필요가 없다고 본다.

⑤ 로크가 동의할 내용이므로 오답이다.

---

item 28	**시민에 대한 국가의 의무**

187 ④	188 ③	189 ①	190 ②	191 ④	192 ⑤

187 국가의 역할과 의무에 대한 로크의 입장 파악 / 답 ④

알짜풀이

제시문의 사상가는 로크이다. 로크는 사람들이 자연 상태에서 해결하기 힘든 분쟁을 해결하기 위해 공정한 재판관이자 집행관으로서 국가를 만든 것이므로, 국가는 시민들 간의 분쟁을 해결하고 생명, 자유, 재산을 보호하여 평화롭고 안전한 사회를 유지해야 한다고 보았다.

ㄴ. 로크는 국가가 개인들의 필요, 즉 생명, 자유, 재산과 같은 기본적 권리 보장을 목적으로 한 계약에 의해 수립되었다고 보았다.

ㄹ. 로크는 국가는 구성원들에게 생명과 자유, 재산을 보호받을 수 있는 권리를 동등하게 보장해 주어야 한다고 보았다.

오답넘기

ㄱ. 로크는 국가를 가족 공동체 의식이 전제된 정치적 공동체가 아니라, 개인들이 자연 상태에서 해결하기 힘든 분쟁을 해결하기 위해 계약에 의해 형성한 정치적 공동체라고 보았다.

ㄷ. 로크는 국가가 자연적으로 형성된 것이 아니라 공공의 안전과 개인의 생명 보호를 위해 계약에 의해 형성되었다고 보았다. 국가를 인간의 정치적 본성으로 형성되는 자연적 공동체로 본 사상가는 아리스토텔레스이다.

정답률 분석 ① 4% ② 3% ③ 4% ④ 86% ⑤ 3%

188 민본주의와 민주주의 비교 / 답 ③

알짜풀이

(가)에서 민본 사상을 제시한 갑은 맹자이며, 사회 계약론의 입장에서 민주주의를 주장한 을은 로크이다.

ㄴ. 민본(民本) 사상이란 백성을 나라의 근본으로 여기는 사상으로, 맹자는 "백성이 가장 귀하고, 사직(社稷)이 그 다음이며, 임금이 가장 가볍다. 그래서 백성의 마음을 얻으면 천자가 되고, 천자에게 신임을 얻으면 제후가 되고, 제후에게 신임을 얻으면 대부가 된다."라고 주장하였다. 즉, 군주는 통치의 주체로서 덕으로 백성을 다스려야 한다고 보았다.

ㄷ. 맹자와 로크의 공통점, 즉 민본 사상과 민주주의의 공통점을 나타내는 B에는 인간의 존엄성을 존중한다는 점과 인도적 가치 실현, 국민을 위한 정치 등이 들어갈 수 있다. 따라서 바람직한 정치는 민의를 존중하는 데 있다고 볼 수 있다.

오답넘기

ㄱ. 맹자는 군주가 백성의 대리인에 해당하지 않는다고 본다.

ㄹ. 로크는 군주가 절대 권력을 가지는 것을 인정하지 않았으며, 이는 홉스와 관련된 내용이다.

정답률 분석 ① 13% ② 19% ③ 32% ④ 18% ⑤ 16%

⊕ 더 알아보기

민본주의와 민주주의

민본주의	• 민본 사상 : 백성을 나라의 근본으로 여기는 사상 • 수기치인, 수기안인의 정치 원리 : 통치자가 먼저 자신을 도덕적으로 완성한 후 백성들을 편안하게 해야 한다는 유교의 정치 원리
민주주의	• 인민이 권력을 가지는 동시에 권력을 행사함을 뜻하며, 주권이 국민에게 있다는 정치사상 • 민주주의의 이상을 실현하기 위한 제도 : 입헌 제도, 대의 제도, 권력 분립 제도, 선거 제도, 복수 정당 제도 등

189 맹자와 한비자의 국가에 대한 입장 / 답 ①

알짜풀이

갑은 맹자, 을은 한비자이다. 맹자는 군주가 덕을 바탕으로 왕도 정치를 추구해야 한다고 본다. 한비자는 천하의 혼란이 인간들의 이기적인 본성 때문이라고 보아 군주는 힘과 계략을 통해 이기적인 인간들을 다스려야 한다고 본다.

① 맹자는 민본주의를 강조하면서, 군주가 먼저 도덕적 인격을 갖춘 이후에 백성을 통치해야 한다고 본다.

오답넘기

② 묵자의 주장이다. 맹자는 분별적인 사랑을 강조한다.

③ 한비자는 군주가 강력한 법으로 나라를 다스려야 한다고 본다.

④ 한비자는 인간의 본성을 이기적이라고 본다.

⑤ 한비자의 입장에만 해당하는 내용이다.

190 묵자의 국가에 대한 입장 파악 / 답 ②

알짜풀이

제시문은 묵자의 주장이다. 묵자는 남의 나라와 나의 나라, 남의 가족과 나의 가족을 차별하지 않고 서로 돌보고 상호 이익을 추구하여 천하에 혼란이 일어나지 않게 할 것을 강조한다.

② 묵자는 차별 없이 사랑하고 서로 이익을 나눌 것을 강조한다.

오답넘기

① 묵자는 분별적인 사랑이 아닌 차별 없는 사랑을 강조한다.

③ 묵자는 군주가 대의명분보다 이익을 중시해야 한다고 본다.

④ 묵자는 군주가 자국의 이익과 타국의 이익을 똑같이 중시해야 한다고 본다.

⑤ 묵자는 백성들이 각자 자신의 이익을 추구하는 것을 비판한다.

191 홉스의 국가에 대한 입장 파악 / 답 ④

알짜풀이

제시문은 홉스의 주장이다. 그는 사회 계약을 통해 형성된 국가는 시민들의 생명과 재산을 보호하고 질서를 유지해야 한다고 본다.
④ 홉스는 사람들이 '만인의 만인에 대한 투쟁' 상태에서 벗어나기 위해 국가를 만들었다고 본다.

오답넘기

① 홉스는 자연 상태에서는 선과 악을 분별할 수 없다고 본다.
② 홉스는 국민의 군주에 대한 저항권을 인정하지 않는다.
③ 홉스는 주권은 국민이 아닌 군주에게 있다고 본다.
⑤ 홉스는 인간을 악한 본성을 지닌 존재로 본다.

192 맹자의 민본주의 / 답 ⑤

알짜풀이

제시문은 맹자의 주장이다. 맹자는 '백성은 귀하고 임금은 하찮다'는 민귀군경(民貴君輕)을 주장하였고, 민생의 안정을 왕도의 출발점으로 보았다.
⑤ 맹자는 인간의 본성이 선하다고 본다.

오답넘기

① 맹자는 백성을 근본으로 하는 통치인 민본주의를 주장한다.
② 맹자는 공자의 사상을 이어받아 정명(正名)을 강조한다. 그는 군주가 마땅히 따라야 하는 직분과 도리는 인의(仁義)의 덕으로 백성을 사랑하는 것이며, 이를 어기고 백성을 도탄에 빠뜨리는 군주는 바람직하지 못하다고 본다.
③, ④ 맹자는 군주가 인의(仁義)의 덕을 갖춘 뒤 이를 베풀어 민생을 안정시키는 위민(爲民)의 노력을 다할 것을 강조한다.

item 29 | 민주 시민의 정의

193 ②   194 ②

193 대의 민주주의의 특징 / 답 ②

알짜풀이

㉠은 대의 민주주의이다. 대의 민주주의는 시민들이 직접 정치에 참여하여 의사 결정을 하지 않고 대표를 뽑아 정치를 대신하는 간접 민주 정치이다.
② 고대 그리스의 민주주의는 직접 민주주의, 대의 민주주의는 간접 민주주의이다.

오답넘기

① 대의 민주주의는 시민들이 선출한 대표를 통해 운영된다.
③, ⑤ 대의 민주주의가 지닌 한계점이다.
④ 대의 민주주의하에서는 시민들이 직접 정치에 참여하여 의사 결정을 하지 않는다.

194 민본주의의 특징 / 답 ②

알짜풀이

대화에서 을은 맹자이다. 맹자는 군주가 덕치(德治)를 시행하지 않고 백성을 위하지 않으면 역성혁명(易姓革命)이 가능하다고 본다.
② 민본주의가 백성에 의한 정치를 지향하는 것은 아니다.

오답넘기

① 맹자는 백성이 군주를 부모와 같이 섬겨야 한다고 본다.
③ 맹자는 백성을 나라의 근본으로 여기는 정치를 강조한다
④ 맹자는 군주가 백성을 위하지 않으면 역성혁명을 할 수 있다고 본다.
⑤ 맹자는 군주가 백성의 기본적인 삶의 조건을 마련해 주어야 한다고 본다.

item 30 | 시민 불복종

195 ①   196 ④   197 ⑤   198 ④   199 ③   200 ①
201 ①   202 ⑤   203 ④   204 ①

195 시민 불복종에 대한 롤스의 입장 이해 / 답 ①

알짜풀이

제시문은 롤스의 주장이다. 롤스는 시민 불복종이 법의 충실성의 한계 내에서 부정의한 법에 대한 불복종을 나타낸다고 보았다.
ㄱ. 롤스는 시민 불복종은 다수가 공유한 정의관으로 보았으며, 다수자의 정의감을 나타내는 양심적인 행위라고 보았다.

오답넘기

ㄴ. 롤스는 시민 불복종이 법의 경계선 밖에서 행해지는 정치적 행위이지만, 법에 대한 충실성의 한계 내에서 법에 대한 행해지는 정치적 행위라고 보았다.
ㄷ. 롤스는 시민 불복종을 부정의한 법이나 정부 정책에 변혁을 가져올 목적으로 행해지는 법에 반하는 정치적 행위라고 주장하였다.

정답률 분석 ① 50% ② 19% ③ 13% ④ 5% ⑤ 12%

196 시민 불복종에 대한 싱어와 롤스의 입장 비교 / 답 ④

알짜풀이

갑은 싱어, 을은 롤스이다. 싱어는 공리주의 입장에서 시민 불복종의 결과가 가져올 이익과 손해를 따져 보고 시민 불복종을 전개해야 한다고 주장하였다. 롤스는 시민 불복종이란 부정의한 법이나 정책에 변화를 가져오기 위한 행위로 다수의 정의관에 근거해야 한다고 보았다.
ㄴ. 롤스는 합법적인 민주적 권위에 대한 시민 불복종은 가능하며, 시민 불복종은 거의 정의로운 사회의 안정에 기여할 수 있다고 보았다.
ㄹ. 싱어는 시민 불복종을 통해 중단시키려고 하는 악의 크기와 이를 통해 가져올 법과 민주주의에 대한 존중의 심각한 감소 정도를 저울질해 봐야 한다고 보았다. 롤스는 시민 불복종이 동시에 발생할 경우, 정의로운 체제의 효율성을 침해하게 될 가능성이 발생할 수 있으므로 이를 신중히 고려해야 한다고 보았다.

오답넘기

ㄱ. 싱어는 시민 불복종은 불법적이기는 하지만 시민 불복종의 수단은 사회 부정의를 해결하고자 하는 목적에 의해 정당화될 수 있다고 보았다.
ㄷ. 롤스는 시민 불복종은 다수의 정의감이 상실될 때 요청되는 것이 아니라, 다수의 정의감이 존재하는 사회에서 심각한 부정의가 발생할 때 시민 불복종이 발생한다고 보았다.

정답률 분석 ① 4% ② 3% ③ 5% ④ 68% ⑤ 20%

197 롤스의 시민 불복종 / 답 ⑤

알짜풀이

제시문은 롤스의 주장이다. 롤스는 시민 불복종이 거의 정의로운 사회에서 부정의한 법이나 정부 정책에 변혁을 가져올 목적으로 행해져야 하며, 사회적 다수에 의해 공유된 공공적 정의관에 근거해서 시민 불복종을 전개해야 한다고 주장한다.
⑤ 롤스는 시민 불복종을 비폭력적인 방법으로 전개해야 한다고 본다.

오답넘기

① 시민 불복종은 정의의 원칙을 기반으로 하는 행위이다.
② 롤스는 시민 불복종의 근거는 다수의 정의감이라고 본다.
③ 시민 불복종은 처벌을 감수하는 정치적 행위이다.
④ 롤스는 정치 체제를 변혁하기 위한 폭력 행위는 시민 불복종이 될 수 없다고 본다.

198 소로의 시민 불복종 / 답 ④

알짜풀이

갑은 롤스, 을은 소로이다. 소로는 헌법을 넘어선 개인의 양심이 저항 판단의 최종 근거라고 보지만, 롤스는 개인적 양심이 아니라 사회적 다수의 정의관이 저항의 기준이 되어야 한다고 본다.

④ 소로는 롤스와 달리 사소하게 부정의한 법률에 대해서도 불복종을 전개할 수 있다고 본다.

오답넘기

①, ②, ③, ⑤ 롤스가 동의할 내용이므로 롤스에 대한 비판으로 적절하지 않다.

199 싱어의 시민 불복종 / 답 ③

알짜풀이

제시문은 싱어의 주장이다. 싱어는 시민 불복종이 법적·제도적·도덕적 측면 등의 모든 영역에서 전개되어야 한다고 보며, 시민 불복종으로 인한 처벌에 저항함으로써 국가 행동의 부당함을 폭로해야 한다고 주장한다.

③ 싱어는 시민 불복종을 전개함에 있어 법률이나 정책의 해악 정도와 시민 불복종으로 나타날 결과를 고려해야 한다고 본다.

오답넘기

① 싱어는 시민 불복종으로 인한 처벌에 저항해야 한다고 본다.

② 싱어는 시민 불복종이 국가 행동의 부당함을 폭로하는 위법 행위라고 본다.

④ 싱어는 지금 당장 해악이 없다고 하더라도 미래에 해로운 결과를 가져올 수 있는 정책은 시민 불복종의 대상이 될 수 있다고 본다.

⑤ 싱어는 시민 불복종은 법적·제도적·도덕적 측면 등 모든 영역에서 전개되어야 한다고 본다.

200 토론의 핵심 쟁점 파악 / 답 ①

알짜풀이

갑, 을은 모두 시민 불복종이 부정의한 법률이나 정책을 개선하는 데 기여한다고 본다. 다만, 갑은 시민 불복종이 합법적인 방법을 모두 사용한 뒤에 마지막 수단으로 사용되어야 한다고 주장하는 반면, 을은 개인의 양심에 비추어 부정의한 법률이나 정책에 대해서 즉각 시민 불복종을 전개해야 한다고 본다.

① 시민 불복종이 합법적인 수단을 모두 사용한 뒤에 전개되어야 하는지 여부는 토론의 핵심 쟁점이 될 수 있다.

오답넘기

②, ④ 갑, 을이 모두 긍정의 대답을 할 질문이므로 토론의 핵심 쟁점이 될 수 없다.

③, ⑤ 토론에서 직접적으로 언급되지 않은 내용이므로 토론의 핵심 쟁점이 될 수 없다.

201 시민 불복종의 정당화 조건 / 답 ①

알짜풀이

시민 불복종의 정당화 조건으로는 공익성, 공개성, 비폭력성, 최후의 수단, 처벌 감수 등을 들 수 있다.

ㄱ. 시민 불복종은 개인의 이익이 아니라 공동선을 추구해야 한다.

ㄷ. 시민 불복종은 정의로운 사회 실현을 목표로 하는 양심적인 행동이어야 한다.

오답넘기

ㄴ. 시민 불복종은 폭력적이거나 파괴적인 방법을 사용하지 않아야 한다.

ㄹ. 시민 불복종은 합법적인 방법을 모두 사용했으나, 효과가 없을 경우에 마지막 수단으로 사용해야 한다.

202 시민 불복종에 관한 여러 가지 입장 / 답 ⑤

알짜풀이

갑은 드워킨, 을은 소로, 병은 롤스, 정은 싱어이다. 이들은 모두 시민 불복종에 관한 이론적 근거를 제공하였다.

⑤ 시민 불복종이란 잘못된 법률이나 정의롭지 못한 정책에 대해서 복종의 의무를 철회하고 공개적인 방법으로 위법을 저지르며 저항하는 것을 의미한다.

오답넘기

① 실정법을 지키는 것보다 개인의 양심을 우선해야 한다.

② 시민 불복종은 국민으로서의 삶보다도 인간으로서의 삶을 중시한다.

③ 처벌을 감수하는 것은 시민 불복종의 정당화 조건이다.

④ 시민 불복종은 은밀한 방법이 아닌 공개적인 방법으로 이루어진다.

203 간디의 시민 불복종 운동 파악 / 답 ④

알짜풀이

제시문에서 간디는 영국의 부당한 법률을 거부하고 자국민의 이익을 증진할 목적으로 소금 법 폐지 행진을 전개하였다. 간디의 이러한 행동은 소금 법을 폐지하기 위한 합법적 노력이 수포로 돌아가자 최후의 수단으로 불복종 운동을 선택한 것이다.

④ 시민 불복종은 최후의 수단으로 사용되어야 한다.

오답넘기

① 시민 불복종은 법을 어기는 운동이다.

② 시민 불복종은 공개적인 방식으로 추진되어야 한다.

③ 시민 불복종은 개인의 자유와 권리보다 공동선을 중시해야 한다.

⑤ 시민 불복종은 비폭력적으로 전개되어야 한다.

204 킹 목사와 소로의 시민 불복종 운동 파악 / 답 ①

알짜풀이

갑은 마틴 루서 킹 목사이고, 을은 소로이다. 이들 사상가들은 모두 시민 불복종을 옹호하고 있다.

① 시민 불복종은 실정법보다 정의나 인간의 존엄성 등 더 높은 상위의 가치가 있음을 인정하고, 부당한 법률이나 정책에 대해서 공개적으로 저항해야 한다고 본다.

오답넘기

시민 불복종은 무장 투쟁이 아니라 비폭력적 방법을 강조한다.

시민 불복종은 불복종의 결과 나타나는 처벌을 감수해야 한다고 본다.

Ⅳ. 과학과 윤리

01 과학 기술과 윤리

item 31 과학 기술을 바라보는 관점

205 기술에 대한 야스퍼스와 하이데거의 입장 비교 / 답 ①

알짜풀이

갑은 야스퍼스, 을은 하이데거이다. 야스퍼스는 기술을 선도 아니고 악도 아닌 가치 중립적인 것으로 보며, 이를 활용하는 인간의 판단이 중요하다고 본다. 하이데거는 기술을 가치 중립적인 도구로만 보았을 때 인간이 오히려 기술에 조종당할 수 있다고 보았다.

① 야스퍼스는 기술은 인간이 설정한 목적에 대한 수단일 뿐이라고 보고, 인간의 행위가 없다면 기술은 선도 악도 아닌 공허한 힘이라고 보았다.

오답넘기

② 야스퍼스는 기술은 인간의 결정으로부터 독립적일 수 없고, 인간의 의도와 목적에 영향을 받는다고 본다.

③ 하이데거는 기술이 가치 판단의 영향을 받는다고 보았으며, 인간이 무방비 상태로 기술에 종속되지 않도록 적절히 통제해야 한다고 주장한다.

④ 하이데거는 기술이 인간이 자연과 관계 맺는 방식을 변화시킬 수 있다고 보았다.

⑤ 야스퍼스는 기술이 인간의 개입 없이 독자적으로 인간에게 해악을 입힐 수 없다고, 즉 기술이 인간과 무관하게 인간에게 이익을 주거나 해악을 줄 수 없다고 보았다.

정답률 분석 ① 82%　② 5%　③ 9%　④ 2%　⑤ 1%

206 과학 기술과 윤리 이해 / 답 ③

알짜풀이

갑은 베이컨, 을은 하이데거이다.

③ 하이데거에 따르면 현대 기술의 본질적 특성은 인간을 하나의 부품으로 전락시키는 것이다. 그러므로 기술의 본질에 대한 성찰을 통해 인간과 존재 사이의 올바른 관계를 회복시킬 수 있다고 본다.

오답넘기

① 베이컨은 관찰과 실험으로부터 유용한 지식을 얻을 수 있다고 본다.

② 베이컨은 과학의 목적은 지식을 활용해서 삶을 개선하는 것이라고 본다.

④ 하이데거는 현대 기술에 인간이 종속되어 있다고 본다.

⑤ 하이데거는 기술은 단순한 가치 중립적 도구가 아니며 감추어져 있는 존재의 모습을 드러내 주는 수단이라고 파악한다. 그는 기술을 가치 중립적 도구로만 보게 될 경우 인간이 기술에 종속당할 것이라고 본다.

정답률 분석 ① 0%　② 2%　③ 93%　④ 1%　⑤ 1%

207 과학 탐구의 윤리적 과제 / 답 ④

알짜풀이

④ 갑과 을은 과학은 가치 중립적이지 않다고 보며, 연구 과정에서 과학자는 연구 윤리를 준수해야 한다고 본다. 다만, 갑은 연구 과정에서 내적 책임만을 주장하는 반면, 을은 내적 책임뿐만 아니라 자신의 연구 결과가 미칠 사회적 책임까지 져야 한다고 주장한다. 따라서 '과학자에게 내적 책임과 더불어 사회적 책임도 부과해야 하는가?'가 토론의 핵심 쟁점이 될 것이다.

오답넘기

① 갑, 을 모두 연구 과정에서의 연구 윤리를 준수해야 한다는 입장이므로 토론 주제로 적절하지 않다.

② 갑, 을 모두 '과학자는 연구 주제를 설정할 때 가치 중립적 태도를 취하는가?'에 동의하지 않으므로 토론 주제로 적절하지 않다.

③ 갑은 과학자의 내적 책임을, 을은 내적 책임뿐 아니라 사회적 책임까지 인정하므로 토론 주제로 적절하지 않다.

⑤ 갑, 을 모두 과학자에게 사회적 책임을 부과할 경우 과학 발전이 지체될 수 있다고 보므로 토론 주제로 적절하지 않다.

정답률 분석 ① 2%　② 1%　③ 2%　④ 92%　⑤ 1%

208 과학 기술 정책의 정당성 확보를 위한 토론 / 답 ⑤

알짜풀이

갑과 을은 기술 정책 결정과 관련하여 시민들에게 기술 시민권을 보장해야 한다고 본다.

⑤ 갑과 을은 기술 정책의 정당성 확보를 위해 기술 시민권의 범위를 어디까지 설정해야 하는지에 대해 토론하고 있다.

오답넘기

① 갑, 을 모두 기술 시민권이 보장되어야 한다고 본다.

② 갑, 을 모두 기술의 사회적 영향력을 인정하고 있다.

③ 갑, 을 모두 기술 정책 결정에 시민이 참여하면 많은 비용이 든다는 것을 인정하고 있다.

④ 갑, 을 모두 기술 정책은 적절한 의사 결정 과정을 통해 수립되어야 한다고 주장한다.

정답률 분석 ① 20%　② 3%　③ 3%　④ 5%　⑤ 66%

209 과학 기술 지상주의의 이해 / 답 ①

알짜풀이

빈칸 (가)에 들어갈 개념은 과학 기술 지상주의이다. 과학 기술 지상주의는 모든 과학의 산물, 과학적 인식과 사고방식을 지나치게 높이 평가한 나머지, 그 외의 모든 사고방식이나 의식 구조를 무시하는 입장을 말한다.

오답넘기

ㄷ. 과학 기술 지상주의는 인간이 자연을 너무나 잘 통제할 수 있다고 믿기 때문에 발생한다.

ㄹ. 과학 기술 지상주의는 인간의 내면적 문제까지도 자연 과학적 방법으로 분석할 수 있다고 믿는다.

210 과학 기술 지상주의의 특징 / 답 ④

알짜풀이

제시문은 베이컨의 주장으로 과학 기술 지상주의의 입장을 지니고 있다. 베이컨은 "뉴 아틀란티스"에서 과학 기술에 대한 무한한 신뢰를 바탕으로 이상 사회를 제시했는데, 이러한 베이컨의 입장을 과학 기술 지상주의라고 한다.

오답넘기

ㄹ. 과학 기술 지상주의는 과학과 기술을 윤리적 기준으로 평가하는 것에 반대한다.

⊕ 더 알아보기

과학 기술의 성과에 대한 잘못된 시각

과학 기술 지상주의	과학 기술의 성과를 지나치게 긍정적으로 바라보려는 태도
과학 기술 혐오주의	과학 기술로 인한 윤리적 문제에만 주목하여 과학 기술을 모두 부정하는 태도

과학 기술의 가치 중립성 논쟁

211 ④　　212 ⑤　　213 ④　　214 ②　　215 ⑤　　216 ④

211 과학 기술의 가치 중립성 논쟁 / 답 ④

알짜풀이

갑은 하이데거, 을은 요나스이다. 하이데거는 과학 기술에 대한 가치 중립적 입장을 비판하는 입장이고, 요나스는 과학 기술로 인한 새로운 윤리 문제 해결을 위해 다른 존재에 대한 인간의 책임을 강조하는 입장이다.

④ 요나스는 인간에게 자신을 포함하여 다른 사람, 다른 존재에 대한 연대 책임이 있다고 보면서 인간만이 책임을 질 수 있는 유일한 존재로 본다.

오답넘기

① 하이데거는 기술은 자연이 지닌 내재적 가치를 간과한다고 본다.

② 하이데거는 과학 기술이 인간과 자연에 미치는 영향이 커졌으므로, 과학 기술의 발전 방향에 대한 심사숙고가 필요하다고 본다.

③ 요나스는 과학 기술 문명이 초래한 위기를 극복하는 방안으로 책임 윤리를 제시하였으며, 윤리적 책임의 범위를 자연과 미래 세대까지 확장할 것을 주장하였다.

⑤ 하이데거는 기술을 가치 중립적인 도구로만 본다면 인간이 기술에 종속당할 것이라고 본다. 요나스는 인간은 과학 기술의 발전이 미래에 끼치게 될 결과를 예측하여 도덕적 책임을 져야 한다고 보므로 기술을 단순히 가치 중립적인 도구로 보는 것에 반대한다.

정답률 분석　① 2%　② 2%　③ 4%　④ 90%　⑤ 2%

212 과학 기술에 관한 상이한 두 입장의 비교 이해 / 답 ⑤

알짜풀이

(가)는 과학 기술의 가치 중립성을 부정하는 입장, (나)는 과학 기술의 가치 중립성을 긍정하는 입장이다.

⑤ (나)는 (가)에 비해 X와 Y는 상대적으로 높고, Z는 상대적으로 낮다.

오답넘기

①, ②, ③, ④ 모두 (가)의 입장에 비해 (나)의 입장이 갖고 있는 상대적 특징이라고 할 수 없다.

정답률 분석　① 1%　② 4%　③ 2%　④ 5%　⑤ 86%

213 과학 탐구의 객관성 / 답 ④

알짜풀이

갑은 과학자의 연구가 사회적으로 부정적인 결과를 낳았다 하더라도 그것은 이용한 사람들의 잘못이지 과학자는 책임질 이유가 없다는 입장이다. 이러한 입장은 과학자는 자연을 탐구하여 과학적 진리를 발견하는 사람일 뿐, 연구 결과가 사회에 어떤 영향을 미칠지는 따질 필요가 없다고 생각한다. 이에 반해 을은 과학적 사실이 객관적이거나 가치 판단으로부터 자유로운 것은 아니며 사회와 개인에게 해를 끼칠 수 있다면 과학 기술의 사회적 책임을 묻는 것은 당연하다고 주장한다.

오답넘기

①, ②, ③, ⑤ 모두 갑의 입장에 해당한다.

214 과학자의 사회적 책임 / 답 ②

알짜풀이

제시문은 과학 연구 결과가 사회에 미치는 영향을 고려할 필요가 없다는 가치 중립적 입장을 비판하고 있다. 또한 과학자는 자신의 연구 결과가 가져올 사회적 영향을 고려하여 사회적 책임을 가지고 연구에 임해야 함을 강조하고 있다.

오답넘기

ㄴ, ㄷ. ㉠에 들어갈 내용과 상반된다.

215 과학 기술의 가치 중립성에 관한 찬반 입장 비교 / 답 ⑤

알짜풀이

갑은 과학 기술을 가치 중립적 관점에서 보고 있으며, 과학 기술에 대한 책임은 사용자에게 있다고 생각한다. 을은 과학 기술이 가치 판단에서 자유로울 수 없다고 보고 있으며, 과학 기술이 윤리적 가치 평가의 대상이라고 간주한다.

⑤ 을은 갑에게 과학 기술을 가치 중립적 시각으로 평가하는 것은 잘못이라고 비판할 수 있다.

오답넘기

① 갑, 을 모두 과학 기술이 인류에게 필요하다고 본다.

② 을이 갑에게 제기할 비판이다.

③ 갑은 과학 기술을 가치 중립적 시각에서 평가한다.

④ 갑은 과학 기술의 본질이 진리의 발견이라는 점을 수용하고 있다.

216 과학 기술의 가치 중립성에 대한 입장 비교 / 답 ④

알짜풀이

갑은 과학 기술에 대하여 가치 중립적인 입장이고, 을은 과학 기술에 가치가 개입될 수밖에 없다고 본다.

④ 을은 과학 연구가 사회에 미칠 영향을 면밀하게 검토해야 한다고 본다.

오답넘기

① 과학자가 과학 기술의 활용에 책임을 져야 한다는 것은 을의 입장이므로, C에 해당한다.

② 과학 기술을 검증하는 단계에 가치가 개입되어서는 안 된다는 것은 갑과 을의 공통된 입장이다. 따라서 B에 해당한다.

③ 과학 연구의 독립성을 강조하는 것은 갑의 입장이므로 A에 해당한다.

⑤ 과학 기술자가 사회적 책임으로부터 자유로워야 한다는 것은 갑의 입장이므로 A에 해당한다.

과학 기술의 사회적 책임

217 ①　　218 ②　　219 ②　　220 ②　　221 ③　　222 ③
223 ④　　224 ④　　225 ③　　226 ③

217 요나스의 책임 윤리 이해 / 답 ①

알짜풀이

제시문은 요나스의 주장이다. 요나스는 책임의 범위를 현세대로 한정하는 전통적 윤리관으로는 현대 과학 기술의 발달에 따른 문제를 해결하는 데 한계가 있다고 보고, 자연과 미래 세대를 포함하는 새로운 책임 윤리의 필요성을 주장하였다.

① 요나스는 인간이 삶을 지속할 수 있도록 하기 위해 과학 기술의 힘을 억제해야 한다고 보았다.

오답넘기

② 요나스는 과학 기술의 단기적 효과보다는 장기적으로 발생할 위험성에 대해 숙고해야 한다고 주장한다.

③ 요나스는 과학 기술을 윤리적으로 통제해야 한다는 입장이므로 윤리학이 과학 기술의 정당성을 판단하는 기준이 되어야 한다고 본다.

④ 요나스는 책임의 대상을 인간으로 한정하는 데서 더 나아가 자연까지 포함시켰다.

⑤ 요나스는 도구적 이성에 따른 현대 과학 기술의 발달이 새로운 윤리 문제들을 발생시켰다고 보았다.

정답률 분석　① 81%　② 2%　③ 9%　④ 4%　⑤ 5%

218 과학자의 사회적 책임에 대한 입장 비교 / 답 ②

알짜풀이

갑은 과학자 집단의 내적 책임만을 강조하는 입장이고, 을은 과학자 집단의 내적 책임과 함께 외적 책임도 강조하는 입장이다. 과학자 집단의 내적 책임은 연구 과정에서 연구 윤리를 준수하는 것으로, 자신의 연구 결과의 활용에 대한 책임까지 질 필요는 없다고 본다. 과학자 집단의 외적 책임은 연구 결과가 사회에 미칠 영향까지 책임을 져야 한다는 것이다.
② 갑은 과학자 집단에게 외적 책임, 즉 사회적 책임을 강조할 경우 연구의 범위가 확대되지 못해 연구 활성화가 저해된다고 본다.

오답넘기
① 을은 연구 대상 선정과 결과 활용에 가치가 반영된다고 본다.
③ 갑과 을은 과학자 집단이 준수해야 하는 윤리가 존재한다고 본다.
④ 을은 과학 지식의 활용은 삶의 질을 향상시키는 데 기여해야 한다고 본다.
⑤ 을은 과학 연구에 사회적 필요와 정치적 목적이 개입될 수 있다고 본다.

정답률 분석 ① 2% ② 89% ③ 2% ④ 2% ⑤ 4%

219 요나스의 책임 윤리 이해 / 답 ②

알짜풀이
제시문은 책임 윤리를 강조하는 요나스의 주장이다. 요나스는 기존의 전통 윤리로는 현대 과학 기술이 산출한 새로운 윤리 문제들을 해결할 수 없다고 보고, 자연과 미래 세대를 포함하는 새로운 책임 윤리의 필요성을 제기하였다.
② 요나스는 인간이 과학 기술의 힘으로 자신을 포함한 모든 것을 위험에 빠뜨렸다고 보고, 과학 기술의 결과가 의도적이든 비의도적이든 인간이 그 결과에 대해 책임을 져야 한다고 보았다.

오답넘기
① 요나스는 인간이 가진 권력이 영향을 미치는 범위가 넓어질수록 인간이 져야 하는 책임의 범위도 넓어져야 한다고 보았다.
③ 요나스는 희망보다는 공포를 논의의 대상으로 삼아야 한다고 보고, 경험하지 못한 미래의 위협으로부터 책임을 도출해야 한다고 보았다.
④ 요나스는 현세대가 책임져야 할 대상에 권리를 주장하는 현세대뿐만 아니라 권리를 주장하지 못하는 자연과 미래 세대도 포함시켜야 한다고 보았다.
⑤ 요나스는 인간은 책임질 수 있는 능력을 지녔다는 것 자체에서 책임을 져야 한다는 당위가 도출된다고 보았다.

정답률 분석 ① 3% ② 90% ③ 2% ④ 2% ⑤ 2%

220 요나스와 베이컨의 입장 비교 / 답 ②

알짜풀이
갑은 요나스, 을은 베이컨이다. 요나스는 과학 기술이 인간에게 가져올 위험에 주목하여 고찰해야 한다고 보았다. 베이컨은 경험적 지식을 바탕으로 자연에 대한 지배력을 높여야 한다고 강조하였다.
② 요나스는 인간의 책임 대상에 현세대와 미래 세대, 더 나아가 자연까지 포함시켰다. 따라서 자연을 인간의 이익을 위한 이용의 대상으로만 간주하는 베이컨에게 제기할 수 있는 비판이다.

오답넘기
① 요나스는 과학 기술자는 과학 기술이 초래할 영향에 대해 윤리적 책임을 다해야 한다고 보았다.
③ 요나스는 과학 기술에 대해 희망보다 공포로부터 논의를 시작해야 한다고 보고 과학 기술의 사용이 제한될 필요가 있다고 보았다.
④ 요나스는 오직 인간만이 책임질 수 있는 능력이 있으며, 인간이 아닌 자연에게는 책임을 질 능력이 없다고 보았다. 인간이 미래 세대와 자연에 지는 책임은 일방적이기에 비호혜적이고, 비상호적인 특징을 지닌다.
⑤ 요나스는 인간이 현대 과학 기술이 산출할 부정적인 결과에 대한 두려움을 갖고 겸손히 책임을 지는 태도를 지녀야 한다고 보았다.

정답률 분석 ① 3% ② 83% ③ 3% ④ 9% ⑤ 3%

221 요나스의 책임 윤리 이해 / 답 ③

알짜풀이
제시문의 사상가는 요나스이다. 요나스는 우리가 실제로 무엇을 보호해야 하는가

를 알아내기 위해 도덕 철학은 공포를 논의의 대상으로 삼아야 한다고 주장하였다. 공포를 탐지하는 발견술은 현세대가 자연, 미래 세대 등과 같은 새로운 대상을 찾아내어 특별한 도덕적 관심을 가질 수 있게 해준다고 보았다.
ㄴ. 요나스는 오직 인간만이 책임질 수 있는 능력이 있기 때문에 미래 세대와 환경에 대해 마땅히 책임을 져야 한다고 보았다.
ㄷ. 요나스는 인간의 힘이 자연으로 확장될수록 자연 파괴가 심각해지고 지구가 황량해질 가능성이 높아진다고 보았다.

오답넘기
ㄱ. 요나스는 악을 인식하는 것이 선을 인식하는 것보다 훨씬 쉽다고 보았으며, 도덕 철학은 희망보다는 공포를 논의의 대상으로 삼아야 한다고 보았다.
ㄹ. 요나스는 현세대는 미래 세대에 대해 일방적인 책임을 져야 한다고 보았다.

정답률 분석 ① 1% ② 1% ③ 83% ④ 8% ⑤ 7%

222 과학자의 책임 한계에 대한 입장 이해 / 답 ③

알짜풀이
제시문은 과학자에게 과학적 지식에 대한 책임만 있다는 입장이다.
ㄴ. 제시문은 과학자에게 연구의 외적 책임, 즉 과학자로서 자신의 연구 활동이 사회에 미칠 영향력을 인식해 사회적 책임을 질 필요는 없다고 본다.
ㄷ. 제시문은 과학자에게 과학적 연구 방법의 객관성에 대한 책임이 있다고 본다.

오답넘기
ㄱ. 제시문은 연구 결과의 모든 활용에 대한 책임은 과학자가 져야 할 것이 아니라고 본다.
ㄹ. 제시문은 과학자에게 연구 주제의 사회적 파급 효과를 고려하는 등의 외적 책임은 없다고 본다.

정답률 분석 ① 2% ② 2% ③ 90% ④ 2% ⑤ 1%

223 요나스의 책임 윤리 / 답 ④

알짜풀이
제시문은 요나스의 주장이다. 요나스는 현대 과학 기술의 문제를 해결하는 데 인간만을 고려하는 전통 윤리로는 한계가 있다고 본다. 그는 윤리적 책임의 범위를 확대해 자연 전체와 미래 세대에 대한 책임을 중시하는 새로운 윤리가 필요하다고 주장하였다.

오답넘기
ㄷ. 인간 중심주의적 입장에 해당한다.

224 요나스의 책임 윤리 / 답 ④

알짜풀이
제시문은 요나스의 주장이다. 요나스는 지구상에서 인류의 생존에 빙해되는 어떠한 행위도 하지 말아야 하며, 그 행동의 결과가 생명이 살 수 있는 미래를 파괴하지 않도록 해야 한다고 보았다. 또한 과학 기술의 무분별한 이용을 비판하며 과학 기술에 대한 반성적 성찰을 강조하였다.

오답넘기
요나스는 윤리적 책임의 범위를 확대해 인간뿐만 아니라 자연, 그리고 미래 세대에 대한 책임까지 고려해야 한다고 보았다.

225 과학 기술에 대한 바람직한 태도 / 답 ③

알짜풀이
갑, 을은 모두 인간 중심적 태도로 환경 파괴가 나타날 수 있음을 지적하면서, 모든 생명과 미래 세대까지 과학 기술에 대한 윤리적 책임을 확대해야 한다고 본다. 그리고 소급적 책임만이 아니라 아직 일어나지 않은 일에 대해서도 책임을 지는 예견적 책임을 강조한다.
③ 과학 연구가 최대 다수의 최대 행복을 실현하고자 한다면 생태주의적 사고방식의 부재로 인하여 많은 부작용이 나타날 수 있다.

226 인간 책임의 범위 / 답 ③

알짜풀이

제시문의 요나스는 인간이 책임질 수 있는 유일한 존재라고 보면서, 모든 생명과 환경 및 미래 세대에 대해서까지 책임 의식을 확장할 것을 주장하였다.

오답넘기

ㄱ. 요나스의 입장으로 옳은 진술이지만, 순서도에서 '아니요'로 연결되어 있으므로 오답이다.

ㄹ. 유용성의 관점에서 생명과 자연의 가치를 평가한다면 유용하지 않은 생명이나 자연을 무가치한 것으로 간주하게 되는 문제점이 나타날 수 있다.

---

02 정보 사회와 윤리

---

227 SNS를 통한 광고에 대한 윤리적 쟁점 파악 / 답 ②

알짜풀이

갑은 SNS를 통한 광고는 허위·과장 광고의 수단으로 악용될 수 있으므로 이를 전면 금지해야 한다는 입장이다. 을은 SNS를 통한 광고가 윤리적 소비로 이어질 수 있으므로 이를 허용하되 적극적인 단속을 실시해야 한다는 입장이다. 토론의 핵심 쟁점을 찾기 위해서는 갑과 을이 모두 동의하거나 부정할 내용, 제시문에 나타나지 않은 내용을 배제해야 한다.

② 갑은 SNS를 통한 광고는 전면 금지되어야 한다는 입장이며, 을은 SNS를 통한 광고를 허용하되 적극적인 단속과 규제를 해야 한다는 입장이다. 따라서 갑은 긍정, 을은 부정할 질문이다.

오답넘기

①, ③, ⑤ 갑과 을이 모두 긍정의 대답을 할 질문이다.

④ SNS는 기업의 광고 수단으로만 이용되어야 한다는 입장은 찾을 수 없다.

정답률 분석 ① 10% ② 85% ③ 1% ④ 1% ⑤ 3%

---

228 정보 기술의 발달에 따른 윤리적 문제 이해 / 답 ②

알짜풀이

칼럼은 정보 사회가 접속의 시대라고 하면서 정보의 생산 능력이 중요해지면서도 정보 격차에 따른 불평등이 사회적·경제적 불평등으로 나타날 수 있다고 본다. 이 문제를 해결하기 위해 정보 활용 능력의 중요성을 언급하며, 정보에 대한 동등한 접근권 보장이 선결되어야 한다고 본다.

② 칼럼에 따르면 정보 불평등을 해소하기 위해 정보 접근권이 누구에게나 똑같이 보장되어야 하며, 정보 접속의 사회적 인프라 구축이 필요하다고 주장한다.

오답넘기

① 칼럼에 따르면 정보 기술이 발달하더라도 정보 부자와 정보 빈자 간의 격차가 상존한다고 본다.

③ 칼럼에 따르면 네트워크 시대에는 정보도 새로운 자산이 된다.

④ 칼럼에 따르면 정보의 창조적 생산에는 지적 능력보다 정보 활용 능력이 더 중요한 요소이다.

⑤ 칼럼에 따르면 누구든지 정보 생산의 자유를 지님에도 불구하고 정보 불평등이 생긴다고 보면서, 정보 생산에서의 지적 능력 평준화는 불가능하다고 본다.

정답률 분석 ① 2% ② 92% ③ 2% ④ 2% ⑤ 2%

---

229 인공 지능과 관련된 윤리적 쟁점 파악 / 답 ③

알짜풀이

제시문은 인공지능이 행하는 혐오와 차별적 표현의 문제점이 심각하며 이러한 문제점은 인공지능이 학습한 데이터에서 비롯된다고 주장하고 있다.

③ 제시된 인공지능의 문제점을 해결하기 위해서는 적절한 여과 과정을 거친 데이터를 제공할 필요가 있다.

오답넘기

① 데이터 처리 속도를 높이는 것은 제시된 문제점을 해결하는 것과 관련이 없다.

② 제시된 문제점을 해결하기 위해서는 인공지능에 대한 관용적 태도가 아니라 인공지능이 혐오와 차별의 표현을 하지 못하도록 할 필요가 있다.

④ 제시문은 인공지능이 인간 수준의 윤리적 판단력을 갖추는 것은 불가능하다고 보고 있다.

⑤ 제시문은 인간의 일상 언어가 인공지능에 그대로 입력됨으로써 문제가 나타났다고 보고 있다.

정답률 분석 ① 2% ② 3% ③ 91% ④ 2% ⑤ 2%

---

230 사이버 공간에서의 윤리 이해 / 답 ③

알짜풀이

칼럼에서는 뉴 미디어의 발달 과정에서 발생하는 허위 정보 유포, 사이버 공간에서의 익명성으로 인한 문제점을 제시하고, 사이버 공간에서도 윤리와 책임 의식이 요구됨을 강조하고 있다.

③ 칼럼에서는 사이버 공간의 익명성으로 인해 허위 정보나 유해 정보가 유포되고 선의의 피해자가 발생한다고 본다.

오답넘기

① 칼럼에서는 사이버 공간의 참여자가 책임 있는 존재로 활동해야 함을 주장함으로써 현실 세계에서처럼 사이버 공간에서도 윤리가 필요하다고 본다.

② 칼럼에서는 사이버 공간의 참여자를 정보의 소비뿐 아니라 유통과 생산에도 적극 참여하는 주체라고 본다.

④ 칼럼에서는 사이버 공간에서 허위 정보나 유해 정보의 생산자는 그로 인한 피해에 대해 책임져야 한다고 본다.

⑤ 칼럼에서는 잘못된 정보의 희생자가 되지 않으려면 정보를 비판적으로 수용하는 지혜가 필요하다고 본다.

정답률 분석 ① 1% ② 1% ③ 96% ④ 1% ⑤ 1%

---

231 현대 정보 사회의 문제점 이해 / 답 ②

알짜풀이

제시문은 현대 정보 사회의 문제점에 대한 사례이다. 이러한 사례가 일반화된다면 사회 구성원들의 사생활이 침해되거나, 사회 곳곳에서 감시와 통제가 이루어질 것이다.

오답넘기

ㄴ. 제시된 현상들로 인해 구성원들의 의사소통이 원활해질 것이라고 추론할 수 없다.

ㄷ. 제시된 사례들은 익명성을 보장하는 것이 아니다.

---

232 사이버 불링의 문제와 해결 방안 / 답 ①

알짜풀이

사이버 불링은 사이버 공간에서 다른 사람을 괴롭히는 행위로 피해자들에게 회복하기 어려운 피해를 준다는 점에서 심각한 범죄 행위라고 볼 수 있다. 이러한 사이버 불링을 예방하기 위해서는 글이나 사진, 동영상을 올리기 전에 상대가 어떻게 받아들일지를 먼저 생각하고, 상대방을 존중해야 나도 존중받는다는 사실을 명심한다. 또한 꼭 필요한 경우에만 나의 개인 정보나 사진을 공개하며, 거짓된 내용이나 개인의 사생활에 관한 내용을 함부로 올리거나 퍼 나르지 않는다.

오답넘기

ㄷ. 상대방의 인격권보다 다른 사람들의 알 권리를 우선하게 되면 상대방의 사생

활을 침해하는 행동을 할 수 있다.

ㄹ. 거짓된 정보가 아니더라도 개인의 사생활과 관련된 내용이라면 그것을 함부로 공개해서는 안 된다.

item 35 정보 공유론과 정보 사유론

233 ②　　234 ①　　235 ②　　236 ④　　237 ②　　238 ①

233 저작권 문제의 이해 / 답 ②

알짜풀이

칼럼은 정보 독점으로 인해 정보 격차가 심화되고 있는 문제를 제기하며, 카피레프트라는 정보 공유 운동을 통해 이러한 문제를 해결할 수 있다고 본다.

② 칼럼에 따르면 저작자가 자신의 저작물 이용에 대한 배타적 권리를 포기함으로써 카피레프트는 가능해진다.

오답넘기

① 칼럼에 따르면 카피레프트는 정보 공유 확대를 중시하고 있지만, 저작자의 저작권을 부정하거나 폐기하지는 않는다.

③ 칼럼에 따르면 카피레프트가 저작권의 상업적 거래를 활성화하지는 않는다.

④ 칼럼에 따르면 카피레프트는 정보 공유 운동으로 정보의 개방성을 추구한다. 따라서 정보의 폐쇄성을 조장하지 않는다.

⑤ 칼럼에 따르면 카피레프트는 정보 접근 권한을 모든 사람에게 평등하게 분배하자는 운동이다.

정답률 분석　① 7%　② 69%　③ 19%　④ 2%　⑤ 2%

234 정보 사유론과 정보 공유론 이해 / 답 ①

알짜풀이

갑은 정보 공유론의 입장이고, 을은 정보 사유론의 입장이다.

① 갑은 정보는 공공적 가치를 지니기 때문에 공동체 전체의 이익 신장을 위해 사용되어야 한다고 본다.

오답넘기

② 갑은 정보를 공유해야 한다는 입장이다.

③ 을은 정보와 정보를 통해서 나온 것들을 개인의 재산으로 인정하고 보호해야 한다고 본다.

④ 을은 정보에 대한 소유권은 개인의 노력에 근거하여 발생한다고 본다.

⑤ 을은 정보를 생산한 자에게 노력에 대한 경제적 이익을 보장해야 한다고 본다.

정답률 분석　① 91%　② 2%　③ 2%　④ 1%　⑤ 1%

235 정보 사유론과 정보 공유론의 입장 비교 / 답 ②

알짜풀이

갑은 정보 공유론, 을은 정보 사유론의 입장이다.

ㄴ. 정보 공유론에서는 정보가 공공재적 성격을 지니므로 공유되어야 한다고 본다.

ㄷ. 정보 공유론은 정보 사유론과는 달리 정보가 공유될수록 그 가치는 상승한다고 본다.

오답넘기

ㄱ, ㄹ. 정보의 공유가 정보의 소모를 초래하므로 저작권을 보호해야 한다는 것은 정보 사유론의 입장이다.

236 정보 공유론의 도덕적 추론 과정 / 답 ④

알짜풀이

여학생은 정보 공유론의 입장에서 정보 공유가 정보 격차를 줄이기 때문에 바람직

하다고 본다. 빈칸 ㉠에 들어갈 소전제는 "정보 공유는 정보 격차를 줄인다."이다. 이에 대한 반론을 묻는 문제이므로, "정보를 공유한다고 해서 정보 격차가 줄어들지는 않는다."가 정답이다.

237 정보 사유론과 정보 공유론 논점 비교 / 답 ②

알짜풀이

제시문은 정보 공유론의 입장이다. 정보 공유론은 더 많은 사람이 쉽게 사용할 수 있도록 정보를 공유하여 정보의 가치를 증대하자는 입장이다.

정보 공유론에서는 지식과 정보의 공유를 강조하며, 생산된 정보를 공공재로 간주해야 한다고 본다.

오답넘기

정보 사유론에서는 지적 재산권 보장을 강조하며, 창작자의 권리를 보장해야 한다고 본다.

238 정보 사유론과 정보 공유론 논점 비교 / 답 ①

알짜풀이

갑은 정보 공유론, 을은 정보 사유론의 입장이다.

ㄱ. 정보 공유론에서는 모든 정보를 인류의 공동 소유물이라고 본다.

ㄴ. 정보 공유론과 정보 사유론은 정보와 지식의 실용적 가치를 인정한다.

오답넘기

ㄷ. 정보 사유론의 입장으로 C에 들어가야 한다.

ㄹ. 정보 사유론이 정보 격차 해소를 핵심 과제로 삼는다고 보기는 어렵다.

item 36 정보 사회에서의 매체 윤리

239 ②　　240 ⑤　　241 ⑤　　242 ②　　243 ②　　244 ③

239 정보 사회의 잊힐 권리 이해 / 답 ②

알짜풀이

칼럼에서는 뉴 미디어 세대의 육아 방식으로 인해 자녀의 사생활과 정보 자기 결정권이 침해되고 자녀가 사이버 범죄에 노출될 위험성이 증가하고 있으므로 이들의 잊힐 권리가 보장되어야 한다고 주장한다.

② 칼럼에서는 아동 · 청소년이 개인 정보의 보호 대상이면서 주체가 되어야 한다고 강조하고 있다.

오답넘기

① 칼럼에서는 잊힐 권리는 게시물 작성자에게만이 아니라, 게시물 작성자가 아닌 사람에게도 보장되어야 한다고 주장하고 있다.

③ 칼럼에서는 악의 없이 공유한 게시물이라도 자녀의 사생활과 정보 자기 결정권이 침해되고 사이버 범죄에 노출될 위험성이 있다면 개인의 권리를 내세워 삭제 요구를 할 수 있다고 주장하고 있다.

④ 칼럼에서는 자녀의 정보 자기 결정권은 부모의 동의를 통해서만이 아니라, 자녀 자신의 의사만으로도 행사할 수 있어야 한다고 주장하고 있다.

⑤ 칼럼에서는 게시된 정보의 유용성과 무관하게 게시물의 당사자가 삭제 요청을 할 수 있도록 해야 한다고 주장하고 있다.

정답률 분석　① 3%　② 95%　③ 1%　④ 1%　⑤ 0%

240 뉴 미디어 시대의 매체 윤리 이해 / 답 ⑤

알짜풀이

칼럼은 뉴 미디어 시대의 정보량 증가와 접근성 개선으로 양산되고 있는 검증되지 않은 거짓 정보의 확산을 경계하고, 뉴 미디어 시대의 새로운 시민성으로서 미디어 리터러시(media literacy)를 제시하고 있다.

⑤ 제시문은 뉴 미디어 시대에 매체가 제공하는 정보를 제대로 평가하기 위해 비판적 사고 능력을 길러야 함을 강조하고 있다.

①, ④ 뉴 미디어 시대의 특성을 설명하고 있지만 제시문에서 강조하고 있는 내용이 아니다.

②, ③ 뉴 미디어 시대의 과제를 설명하고 있지만 제시문에서 강조하고 있는 내용이 아니다.

정답률 분석 ① 2% ② 1% ③ 2% ④ 2% ⑤ 93%

241 가상 공간에서의 표현의 자유 문제 이해 / 답 ⑤

알짜풀이

갑 사상가는 밀이다. 공리주의자인 밀은 모든 사람은 각자 최대한의 자유를 누릴 수 있지만, 개인의 자유가 다른 사람에게 해악을 끼칠 때에는 제한될 수 있다고 보았다.

⑤ 밀은 모든 윤리적 문제에 최대 행복의 원리를 적용해야 한다고 주장하였다. 이러한 점을 고려해 볼 때, 밀은 가상 공간에서도 최대 행복의 원리에 따라 행동해야 한다고 주장할 것이다.

오답넘기

① 밀은 가상 공간에서도 타인의 자유가 존중되어야 함을 강조할 것이다.

② 공리주의자인 밀은 가상 공간에서도 유용성의 원리가 적용되어야 함을 강조할 것이다.

③ 공리주의자인 밀은 가상 공간에서 자신의 행동이 초래하게 될 결과를 고려해 행동해야 함을 강조할 것이다.

④ 밀은 가상 공간에서도 해악 금지의 원칙에 따라 자유가 제한될 수 있음을 강조할 것이다.

정답률 분석 ① 4% ② 9% ③ 3% ④ 5% ⑤ 78%

242 인터넷상에서 표현의 자유 문제 이해 / 답 ②

알짜풀이

제시문의 '나'는 인터넷상에서 각 개인이 양심과 도덕성에 따라 스스로 규제하려는 노력으로 악성 댓글 문제를 해결할 수 있다고 본다.

② 어떤 사람들은 제도적 장치로만 악성 댓글 문제를 해결할 수 있다고 주장한다. 따라서 ㉠에는 "제도적 규제보다 자율적 규제가 적절한 해결책임을 간과한다."라는 내용이 들어가야 한다.

오답넘기

① 어떤 사람들은 익명성으로 인해 악성 댓글을 다는 비도덕적 행동을 할 수 있음을 강조한다.

③ 어떤 사람들은 해악 금지의 원칙이 우선되어야 함을 강조한다.

④ 어떤 사람들은 법적 규제의 필요성을 강조한다.

⑤ 어떤 사람들은 표현의 자유를 강제적으로 제한해야 악성 댓글이 예방될 수 있음을 강조한다.

정답률 분석 ① 3% ② 87% ③ 4% ④ 3% ⑤ 2%

243 정보 접근에 대한 입장 비교 / 답 ②

알짜풀이

갑은 정보에 대한 접근은 자유로워야 하지만 생산과 유통은 국가의 규제되어야 한다는 입장이다. 반면 을은 정보에 대한 접근뿐 아니라 정보에 대한 생산과 유통도 개인의 자율에 맡겨야 한다는 입장이다.

② 갑은 정보에 대한 접근은 자유로워야 하지만 생산과 유통에 대해서는 국가가 규제할 수 있다고 보며, 국가가 혐오표현의 유해성에 대해 법적 기준을 정해야 한다고 주장한다.

오답넘기

① 갑은 정보에 대한 개인의 접근은 자유로워야 한다고 주장한다.

③ 을은 정보에의 접근, 생산과 유통도 개인의 자율에 맡겨야 한다고 주장한다.

④ 을은 정보의 생산에 대해 국가가 규제하는 것에 반대한다.

⑤ 을은 혐오표현에 대한 국가 규제는 표현의 자유를 침해하는 것이라고 본다.

정답률 분석 ① 1% ② 96% ③ 1% ④ 1% ⑤ 1%

244 언론의 자유와 국민의 알 권리 / 답 ③

알짜풀이

제시문은 언론이 권력에 굴복하지 않고 진실을 보도하는 사례와 그 정당성을 말하고 있다.

③ 언론은 진실을 밝히고 그 진실을 알리는 것이 언론 활동의 핵심이고, 국익에 배치된다는 이유로 보도를 하지 않는 것은 국민의 알 권리를 침해하는 것이라고 주장하고 있다.

오답넘기

①, ②, ④, ⑤ 제시문의 내용과 무관하거나 주장과 상반된 내용이다.

---

03 자연과 윤리

item 37 동양의 자연관

245 ② 246 ④ 247 ④ 248 ④ 249 ③ 250 ⑤

245 동서양의 자연관 이해 / 답 ②

알짜풀이

(가)는 도가, (나)는 아리스토텔레스의 주장이다.

② 도가에서는 무위자연의 삶을 지향하며, 인간과 자연은 상호 조화를 이루어야 하며, 인위적으로 자연을 통제하거나 조작해서는 안 된다고 본다.

오답넘기

①은 인간 중심주의, ③은 유교 ④는 불교 ⑤는 인간 중심주의이다.

정답률 분석 ① 5% ② 83% ③ 6% ④ 3% ⑤ 1%

246 불교와 유교의 자연관 / 답 ④

알짜풀이

제시문 (가)는 연기의 원리를 강조한 불교 사상, (나)는 하늘의 명(命)인 성(性)을 따를 것을 강조하는 유교 사상이다.

④ 만물이 무위(無爲)의 자연스러움을 따라야 함을 강조하는 것은 도가 사상이다.

오답넘기

① 불교는 자연 만물에 고정된 실체가 없다고 본다.

② 불교는 살아 있는 모든 생명에 대한 존중과 자비의 실천을 강조한다.

③ 유교는 하늘[天]을 도덕 원리의 원천으로 간주한다.

⑤ 불교와 유교는 모두 자연 만물이 서로 의지하고, 조화롭게 어울리는 관계에 놓여 있다고 본다.

정답률 분석 ① 1% ② 1% ③ 12% ④ 77% ⑤ 5%

247 환경 문제와 동양 사상 / 답 ④

알짜풀이

제시된 자료는 서구인의 자연에 대한 대립적이고 이원론적인 사고를 비판하고 있다. 서구인들은 인간과 자연의 관계를 이원론적으로 파악한 데 비하여 동양인들은 인간과 자연 간의 전체적 조화와 균형을 중시하였다.

④ 서구의 근대적 자연관이다.

주의 윤리를 제시하였다.
④ 서구의 기계론적·환원론적 자연관의 견해이다. 이 입장에서는 자연을 기계론적 인과 관계로 파악하여 자연의 모든 현상을 물리적 개념으로 설명한다.

오답넘기
① 아리스토텔레스는 인간이 다른 생명보다 우월한 존재라고 본다.
② 아퀴나스는 신의 섭리에 따라 동물은 자연의 과정에서 인간이 사용하도록 운명 지어진 존재라고 파악하였다.
③ 칸트는 이성적 능력을 지닌 인간만이 도덕적 주체라고 보았다. 따라서 인간은 동물에 대해 간접적인 도덕적 의무만을 지닌다고 주장하였다.
⑤ 갑, 을, 병은 모두 인간 중심주의자로 자연의 내재적 가치를 인정하지 않는 입장이다.

---

254 인간 중심주의 윤리의 특징 / 답 ④

알짜풀이
㉠에 들어갈 개념은 '인간 중심주의'이다. 인간 중심주의는 자연의 도덕적 가치를 인정하지 않고, 자연을 순전히 인간의 욕구·이익·필요에 따라 평가한다.
④ 인간 중심주의는 인간만이 도덕적 권리를 지닌다고 본다.

오답넘기
①, ②, ③ 자연의 내재적 가치를 인정하고, 인간을 자연의 한 구성원일 뿐이라고 주장하는 것은 생태 중심주의와 같은 탈인간 중심주의의 특징이다.
⑤ 쾌락과 고통을 느끼는 동물을 도덕적 고려의 대상이라고 주장하는 것은 동물 중심주의의 입장이다.

---

255 베이컨과 데카르트의 인간 중심주의 / 답 ④

알짜풀이
갑은 베이컨, 을은 데카르트이다. 베이컨은 자연 정복을 위한 도구로서의 지식을 강조하였다. 데카르트는 인간과 자연을 분리하는 이분법을 전개하였다.
④ 데카르트는 자연을 기계적 인과 법칙에 종속된 물질로 간주하였다.

오답넘기
① 베이컨은 자연을 인간을 위한 수단으로 간주하였다.
② 데카르트는 이분법적 사유를 전개하였다.
③ 베이컨은 경험론, 데카르트는 합리론에 속하는 철학자이다.
⑤ 베이컨과 데카르트는 모두 정복 지향적 자연관의 이론적 토대를 제공하였다.

⊕ 더 알아보기

데카르트의 이분법적 사고

> 신체는 본질적으로 언제나 분할될 수 있지만, 정신은 어떤 경우에도 분할될 수 없다는 점에서 신체와 정신 사이에는 큰 차이가 존재한다. 실제로 정신, 즉 사유하는 실체로서의 나 자신을 고찰할 때 나는 내 안에서 어떤 부분도 구분할 수 없으며, 나 자신을 전체적이고 통일적인 대상으로 인식한다. 정신 전체가 몸 전체와 하나로 합쳐져 있는 것으로 보이지만, 나의 발이나 팔 또는 다른 신체 부분이 절단될 때에도 나의 정신으로부터 떨어져 나가는 것은 아무것도 없다는 것을 나는 인식한다.

데카르트는 정신과 육체는 서로 의존하거나 관계하는 것이 아니고 서로 완전히 독립된 두 개의 실체이며, 이성적 지식은 확실한 것이고 경험적 지식은 불확실한 것이라는 심신 이원론을 주장하였다. 이러한 틀에 맞춰 이성을 지닌 인간과 그렇지 못한 자연을 구분하였으며, 자연을 사유하는 능력이 없고 고통을 느끼지 못하는 하나의 기계로 간주하고, 사유하는 능력을 지닌 인간의 우월성을 강조하였다.

---

256 인간 중심주의 윤리의 특징 / 답 ④

알짜풀이
(가)는 인간 중심주의 윤리이다. 인간 중심주의 윤리는 인간 존재만을 가치 있게 여기고 인간 이외의 다른 모든 존재는 인간의 목적을 이루기 위한 수단으로 간주

한다.
ㄴ. 인간 중심주의는 동물의 내재적 가치를 인정하지 않는다. 그러나 순서도에서 '아니요'로 연결되어 있으므로 정답이다.
ㄹ. 인간 중심주의는 이성과 자율성을 지닌 인간만이 도덕적 지위를 지닌다고 본다.

오답넘기
ㄱ. 인간 중심주의는 인간을 자연에 비해 우월적인 존재라고 간주한다. 그러나 순서도에서 '아니요'로 연결되어 있으므로, 오답이다.
ㄷ. 인간 중심주의는 인간이 자연에 비해 우월적 존재이므로, 인간과 자연이 평등한 관계를 이룰 수 있다고 보지 않는다.

---

item 39	동물 중심주의 윤리

257 ③	258 ④	259 ⑤	260 ③	261 ④	262 ④

---

257 싱어, 레건, 칸트의 입장 이해 / 답 ③

알짜풀이
갑은 싱어, 을은 레건, 병은 칸트이다. 싱어는 쾌락과 고통을 느끼는 존재의 이익을 동등하게 고려해야 한다는 이익 평등 고려의 원칙을 제시하였다. 레건은 인간이 아닌 삶의 주체인 동물은 도덕적 무능력자이지만 내재적 가치를 지니므로 이들을 단순한 도구로 여기거나 다루어서는 안 된다고 주장하였다. 칸트는 이성적 존재만이 자율적으로 행동하는 도덕적 주체가 될 수 있으며, 이성이 결여된 동물은 도덕의 주체가 될 수 없다고 보았으며, 동물이 수행한 봉사에 대한 감사는 간접적으로 인간의 의무에 속한다고 주장하였다.
ㄷ. 칸트는 동물 학대와 같은 행위는 인간의 자기 자신에 대한 의무에 어긋난다고 보았다.
ㄹ. 싱어는 쾌고 감수 능력 여부, 레건은 쾌고 감수 능력과 희망과 목적을 추구할 수 있는 삶의 주체 여부가 도덕적 지위를 부여하는 기준이 된다고 보았다.

오답넘기
ㄱ. 싱어는 이익 관심을 지닌 모든 개체를 '동등하게 고려해야' 한다고 본다.
ㄴ. 레건과 칸트의 공통점이다.

정답률 분석 ① 7% ② 20% ③ 47% ④ 7% ⑤ 18%

---

258 레건, 테일러, 칸트의 환경 윤리 이해 / 답 ④

알짜풀이
갑은 동물 중심주의 레건, 을은 생명 중심주의 테일러, 병은 인간 중심주의 칸트이다.
④ 칸트는 이성을 지닌 인간을 목적 그 자체로 대우할 것을 강조하지만, 레건은 이성이 없더라도 삶의 주체인 동물을 단순한 인간의 수단으로 이용해서는 안 된다고 본다.

오답넘기
① 테일러는 모든 생명체 각각이 지닌 고유한 선이 도덕 행위자에 의해 보호되고 증진되어야 한다고 보는 입장이므로, 레건이 테일러에게 제기할 수 있는 적절한 비판은 아니다.
② 레건은 의무론의 입장에서 일부 동물도 삶의 주체로서 도덕적 권리를 가지므로 그 개체들을 도덕적으로 존중해야 한다고 보는 입장이므로, 테일러가 레건에게 제기할 수 있는 적절한 비판이 아니다.
③ 테일러는 도덕적 행위 능력이 없는 존재 중 생명체만이 내재적 가치를 지닌다고 보는 입장이므로, 테일러가 칸트에게 제기할 수 있는 적절한 비판이 아니다.
⑤ 레건, 테일러, 칸트 모두 도덕적 행위 주체들의 도덕적 지위는 평등하다고 본다.

정답률 분석 ① 1% ② 11% ③ 40% ④ 45% ⑤ 1%

259 싱어의 동물 중심주의 논점 이해 / 답 ⑤

알짜풀이

(가)는 싱어의 동물 중심주의이다. 싱어는 인종 차별이나 성차별이 옳지 않은 것과 마찬가지로 종(種)이 다르다는 이유로 동물을 차별하는 것을 '종 차별주의'로 규정한다. 그리고 '이익의 평등한 고려 원칙'에 따라 쾌고 감수 능력을 지닌 인간 이외의 동물도 도덕적 고려의 대상이라고 주장한다. (나)는 모피를 만들기 위해서 많은 수의 동물들이 죽는 현상을 비판하고 있다. 따라서 싱어의 입장에서 이를 비판할 수 있는 이유를 찾아야 한다.

⑤ 싱어의 '이익 평등 고려의 원칙'은 단순하게 인간과 동물 그 자체를 동등하게 대하라는 의미가 아니라 쾌고 감수 능력을 지닌 동물의 이익을 인간의 이익과 평등하게 고려해서 작은 이익을 위해 더 큰 이익을 희생시키지 말라는 의미이다.

오답넘기

① 싱어는 동물도 쾌락을 경험할 수 있다고 보았다.
②, ④ 인간 중심주의 입장, ③ 생태 중심주의 입장에 해당한다.

260 생명 중심주의와 싱어의 윤리 비교 / 답 ③

알짜풀이

갑은 슈바이처의 주장으로 생명 중심주의 윤리를 담고 있다. 을은 공장식 동물 사육을 중단해야 한다는 싱어의 주장이다. 싱어는 동물에게 끔찍한 고통을 주는 행위를 반대하는 동물 중심주의 윤리를 제시했다. 따라서 슈바이처가 싱어에게 제기할 수 있는 비판을 생각할 수 있어야 한다.

③ 슈바이처는 모든 생명체의 내재적 가치를 인정하므로, 싱어에 대하여 고통을 느낄 수 없는 생명체도 내재적 가치가 있다고 비판할 수 있다.

오답넘기

① 생태 중심주의에서 제기할 수 있는 비판이다.
② 동물 권리론을 주장한 레건의 입장이다.
④ 인간 중심주의의 입장, ⑤ 싱어의 주장이다.

261 환경 윤리 이론의 비교 / 답 ④

알짜풀이

갑은 베이컨의 주장으로 인간 중심주의 윤리를 담고 있고, 을은 싱어의 주장으로 동물 중심주의 윤리를 담고 있으며, 병은 레건의 주장으로 동물 권리론의 내용을 담고 있다.

④ 싱어는 동물도 인간처럼 고통을 싫어하고 쾌락을 좋아하는 이익 관심을 갖기 때문에 도덕적으로 인간과 동물을 동등하게 고려해야 한다고 본다.

오답넘기

① 인간 중심주의의 주장으로 B에 들어가면 정답이다.
② 생명 중심주의 사상가인 슈바이처의 주장이다.
③ 인간 중심주의는 동물의 도덕적 지위를 인정하지 않는다.
⑤ 생태 중심주의의 주장이므로 옳지 않다.

262 싱어와 레건의 동물 중심주의 윤리 이론 비교 / 답 ④

알짜풀이

레건은 의무론에 근거하여 동물 권리론을 주장하였다. 레건은 동물도 삶의 주체로서 자신만을 고유한 삶을 영위할 권리를 가지므로, 동물을 인간을 위한 수단으로 취급해서는 안 된다고 보았다.

④ 싱어가 쾌고 감수 능력을 바탕으로 동물의 도덕적 고려를 주장하는 것에 대해, 레건은 이러한 입장이 지나치게 협소한 개념이라고 비판할 수 있다. 왜냐하면 레건에 의하면 동물은 쾌고 감수 능력뿐만 아니라, 믿음, 욕구, 지각, 기억, 정체성 등을 지닌 존재이기 때문이다.

오답넘기

① 인간 중심주의는 생명체 간의 위계질서를 인정한다.
② 레건은 생태계 전체보다 개별 생명체를 우선시한다.
③ 싱어와 레건 모두 동물을 인간을 위한 수단으로 취급해서는 안 된다고 본다.
⑤ 이익 관심을 지닌 동물을 차별하지 말아야 한다는 것은 싱어의 주장이다.

⊕ **더 알아보기**

레건(Regan, T.)의 동물 권리론

> 삶의 주체(subject of a life)라는 것은 단지 살아 있다는 것, 또는 의식을 갖고 있다는 것 이상을 의미한다. 삶의 주체가 된다는 것은 믿음, 욕구, 지각, 기억, 자신의 미래를 포함해 미래에 대한 의식, 쾌락과 고통을 동물이 느낄 수 있다는 것, 즉 선호와 복지에 대한 이익 관심, 자기의 욕구와 목표를 위해 행위할 수 있는 능력, 순간순간의 시간을 넘어서 자신의 정체성을 느낄 수 있고, 타자와는 별개로 자신의 삶이 좋을 수도 나쁠 수도 있다는 의미에서 자신의 복지를 갖고 있다는 것이다.

레건은 위의 주장을 바탕으로 인간을 포함한 몇몇 포유류들은 삶의 주체로서 고유한 가치를 지니며, 도덕적인 권리를 가진다고 주장한다. 그의 주장에 따르면 동물들은 기쁨과 통증을 느끼는 감정적인 생활을 할뿐만 아니라 희망과 목적을 추구할 수 있는 삶의 주체이기 때문에 도덕적 무능력자로서의 지위를 지닌다.

---

item 40 생명 중심주의 윤리

| 263 ② | 264 ⑤ | 265 ③ | 266 ④ | 267 ⑤ | 268 ⑤ |

263 자연에 대한 테일러, 칸트, 레오폴드의 입장 비교 / 답 ②

알짜풀이

갑은 테일러, 을은 칸트, 병은 레오폴드의 주장이다. 테일러는 모든 유기체가 각각 자신의 방식으로 고유한 선을 추구하는 유일한 개체로 목적론적 삶의 중심이라고 보았다. 칸트는 이성이 없지만 생명이 있는 동물을 잔혹하게 다루는 것은 인간의 자기 자신에 대한 의무에 어긋난다고 주장했다. 레오폴드는 대지는 인간을 비롯한 자연의 모든 존재가 한데 어울려 살아가는 생명 공동체이며, 인간은 대지의 지배자가 아니라 한 구성원일 뿐이라고 보았다.

ㄱ. 테일러는 모든 생명체가 고유한 자신의 선을 지닌 존재이기 때문에 도덕적 지위를 갖는다고 보았던 반면, 칸트는 동물을 학대하는 행위가 다른 사람을 대하는 태도에 악영향을 미칠 수 있기 때문에 그러한 행위를 삼가야 한다고 보았다. 또한 레오폴드는 생태계의 안정성이 개별 생명체의 보존보다 중요하다고 보았다. 따라서 테일러는 긍정, 칸트와 레오폴드는 부정할 내용이다.

ㄷ. 레오폴드는 전일론적 입장에서 개체의 선보다 생명 공동체의 선을 우선해야 한다고 보았다. 따라서 테일러와 칸트는 부정, 레오폴드는 긍정할 내용이다.

오답넘기

ㄴ. 테일러와 레오폴드는 인간이 생명체에 대해 도덕적 의무가 있다고 보았던 반면, 칸트는 오직 인간에게만 도덕적 의무를 지닌다고 보았다.

ㄹ. 테일러는 생명 공동체에 대한 도덕적 의무가 생명체가 지닌 고유한 가치에서 나온다고 보았다. 칸트는 이성을 지닌 존재만이 도덕적 지위를 가진다고 보았는데, 이성적 존재는 생명을 지녔음을 의미한다고 할 수 있다. 레오폴드는 생명 공동체 구성원 모두 존속할 가치가 있다고 보았다.

정답률 분석 ① 8% ② 42% ③ 18% ④ 10% ⑤ 21%

⊕ **더 알아보기**

테일러의 생명체에 대한 네 가지 의무

성실의 의무	덫을 놓는 등 생명체를 속이는 행위를 해서는 안 됨
불간섭의 의무	개별 유기체의 자유를 제약하는 것을 금지하고, 생태계의 진행 과정에 간섭하지 말아야 함
악행 금지의 의무	생명체에 해를 끼쳐서는 안 됨
보상적 정의의 의무	다른 종의 개체들에게 해를 입혔을 경우 이를 보상해야 함

264 환경 윤리에 대한 테일러, 칸트, 싱어의 입장 비교 / 답 ⑤

알짜풀이

갑은 테일러, 을은 칸트, 병은 싱어이다. 테일러는 모든 생명체가 의식의 유무나 유용성에 관계없이 고유한 선을 지니며, 인간은 이처럼 고유한 선을 지니는 생명체를 도덕적으로 고려해야 할 의무를 지닌다고 보았다. 칸트는 동물을 잔혹하게 대하는 것은 도덕성에 이로운 소질을 약화시키는 것으로 인간의 자신에 대한 의무에 위배된다고 주장하였다. 싱어는 이익 평등 고려의 원칙에 근거하여 동물을 죽이거나 무시하는 행위는 종 차별주의라고 비판하였다.

ㄷ. 테일러와 싱어만의 공통 입장이다. 칸트는 인간에 대한 의무의 근거를 이성이라고 보고, 이성을 지니지 않은 동물에 대한 의무는 없다고 보았다. 칸트가 말하는 동물에 관련된 의무는 인간에 대한 의무로부터 나온 간접적 의무일 뿐이다. 테일러는 인간에 대한 의무의 근거를 내재적 존엄성이라고 보고, 내재적 존엄성을 지닌 동물과 식물이 도덕적 의무의 대상이라고 보았다. 싱어는 인간에 대한 의무의 근거를 쾌고 감수 능력이라고 보고, 쾌고 감수 능력을 지닌 동물도 도덕적 의무의 대상이라고 보았다.

ㄹ. 칸트와 싱어만의 공통 입장이다. 인간 아닌 감각 없는 개체는 무생물, 식물, 쾌고 감수 능력이 없는 동물이다. 칸트와 싱어는 무생물, 식물, 쾌고 감수 능력이 없는 동물 중 도덕적 지위를 지닌 존재는 없다고 보았다. 반면 테일러는 식물, 쾌고 감수 능력이 없는 동물도 도덕적 지위를 지닌 존재라고 보았다.

오답넘기

ㄱ. 테일러의 입장이 아니다. 테일러는 인간의 생존을 위해 필요한 경우에는 동물을 죽이는 것이 허용된다고 보았다. 테일러는 인간이 생명체를 해치지 않아야 할 의무를 절대적 의무라고 보지 않았다.

ㄴ. 칸트만의 입장이 아니다. 칸트는 종이 다른 개체를, 예를 들어 종이 다른 인간과 동물을 서로 다르게 대우하는 것이 정당화될 수 있다고 보았다. 싱어는 종이 다르다고 해도 인간과 동물의 이익을 평등하게 고려하라고 할 뿐, 인간과 동물을 동등하게 대우하라고 하지는 않았다. 싱어는 종이 다른 개체를 서로 다르게 대우하는 것은 정당화될 수 있다고 보았다.

정답률 분석 ① 11% ② 8% ③ 12% ④ 26% ⑤ 43%

265 환경 윤리에 대한 레오폴드, 테일러, 레건의 입장 비교 / 답 ③

알짜풀이

갑은 레오폴드, 을은 테일러, 병은 레건이다. 레오폴드는 도덕 공동체의 범위를 대지까지 확대해야 하며, 인간은 그러한 도덕 공동체의 평범한 구성원으로서 공동체 자체를 존중해야 한다고 주장하였다. 테일러는 모든 생명체가 목적론적 삶의 중심으로서 내재적 가치를 지닌다고 주장하였다. 레건은 삶의 주체인 동물은 도덕적 권리를 지니므로 부당하게 해를 입혀서는 안 된다고 주장하였다.

ㄴ. 레오폴드와 테일러는 어떤 생명체와 비교하든 인간이 본질적으로 우월하지는 않다고 보았다. 반면 레건은 인간이 내재적 가치를 지닌 동물과 비교하여 본질적으로 우월하지는 않다고 볼 뿐, 식물과 비교해서 인간이 본질적으로 우월하지는 않다는 입장은 아니다.

ㄷ. 테일러와 레건은 개체의 선에 우선하는 생명 공동체의 선은 존재할 수 없다고 보는 개체론의 입장이다. 반면 레오폴드는 생명 공동체의 선이 개체의 선에 우선한다고 보는 전체론의 입장이다.

오답넘기

ㄱ. 레오폴드는 생명 공동체의 보전을 위한 인간의 개입을 정당한 것으로 보았다. 한편 테일러는 생명 개체의 선 증진을 목적으로 하는 생명 공동체에 대한 인간의 개입을 허용하였다.

ㄹ. 레오폴드는 비도구적 가치를 지닌 비이성적 존재, 예를 들어 인간 이외의 동물이나 식물 등을 자원으로 사용하는 것을 막을 수 없다고 보았다.

정답률 분석 ① 13% ② 18% ③ 51% ④ 10% ⑤ 9%

266 테일러의 환경 윤리 논점 파악 / 답 ④

알짜풀이

제시문은 테일러의 주장이다. 그는 모든 생명체는 목적론적 삶의 중심이라고 주장하였다. 테일러에 의하면, 모든 생명체는 의식의 유무에 상관없이 자기의 생존, 성

장, 번식, 발전이라는 목적을 추구하고, 이를 위해 환경에 적응하려고 애쓰는 존재이다. 테일러의 생명 중심적 관점은 네 가지 핵심 신념으로 구성되어 있다. 첫째, 인간은 다른 생명체와 똑같은 이유에서 지구 공동체의 구성원이다. 둘째, 인간을 포함하여 모든 종은 상호 의존 체계의 일부이다. 셋째, 모든 생명체는 자기 고유의 방식으로 자기 고유의 선(善)을 추구한다. 넷째, 인간이 다른 생명체보다 더 우월한 존재는 아니다.

오답넘기

생명 중심주의는 인간이 다른 생명체의 삶에 개입해서는 안 된다고 본다. 다른 생명체가 위험에 처해 있는 등 개입이 필요한 상황에서도 다른 생명체가 필요로 하는 범위에서 최소한의 개입만을 해야 한다고 본다.

267 슈바이처와 싱어의 환경 윤리 비교 / 답 ⑤

알짜풀이

갑은 슈바이처이다. 슈바이처는 생명이 그 자체로 선이며 본래적 가치를 지니므로 모든 생명을 존중해야 한다고 주장하였다. 을은 싱어이다. 그는 동물은 인간과 마찬가지로 즐거움과 고통을 느낄 수 있는 능력을 지니고 있기 때문에 도덕적 고려의 대상이 되어야 한다고 주장하였다.

⑤ 갑은 모든 생명체를, 을은 고통을 느낄 수 있는 동물을 도덕적으로 고려해야 한다고 본다.

오답넘기

① 슈바이처는 인간이 살아남으려면 다른 생명을 해치는 것이 불가피할 때도 있음을 인정하였다. 그러나 이러한 상황에서도 생명을 함부로 죽여서는 안 된다고 주장하였다.

② 갑의 주장이다.

③ 갑, 을은 모두 인간 중심주의에 비판적 입장을 취한다.

④ 갑, 을은 모두 생명체보다 생태계를 우선시해야 한다고 생각하지 않는다.

268 슈바이처와 인간 중심주의 환경 윤리 비교 / 답 ⑤

알짜풀이

(가)는 슈바이처, (나)는 아리스토텔레스이다. 슈바이처는 생명 중심주의 입장에서 인간뿐만 아니라 모든 생명체의 내재적 가치를 인정한다. 이에 반하여 아리스토텔레스는 인간 중심주의 입장에서 인간은 자연의 주인이고 자연은 인간의 욕구 충족을 위한 도구에 불과하다고 본다.

⑤의 질문에 대하여 슈바이처는 '예', 아리스토텔레스는 '아니요'의 대답을 할 것이다.

오답넘기

슈바이처와 아리스토텔레스는 각각 ①의 질문에 '예', '아니요', ②의 질문에 '아니요', '아니요', ③의 질문에 '아니요', '예', ④의 질문에 '아니요', '아니요'의 대답을 할 것이다.

---

item 41	생태 중심주의 윤리

269 ②	270 ③	271 ④	272 ⑤	273 ②	274 ③

269 자연에 대한 칸트, 싱어, 레오폴드의 입장 비교 / 답 ②

알짜풀이

갑은 칸트, 을은 싱어, 병은 레오폴드이다. 칸트는 도덕적 의무의 대상은 인간이라고 보았지만, 싱어는 공리주의 관점에서 쾌고 감수 능력이 있는 인간과 동물을 도덕적으로 고려해야 한다고 주장하였다. 레오폴드는 인간, 동물, 식물, 무생물을 대지 공동체의 구성원으로 보고 대지 공동체 자체의 도덕적 가치를 인정하였다.

ㄱ. 칸트는 긍정, 싱어와 레오폴드는 부정할 내용이다. 칸트는 동물을 잔혹하게 대하는 것은 인간의 자신에 대한 의무에 위배되므로 인간은 동물을 학대해서는 안 된다고 보았다. 반면 싱어는 쾌락과 고통을 느끼는 존재의 이익을 동등하게 고려

해야 하기 때문에 동물을 학대하지 않는 것이라고 보았으며, 레오폴드는 도덕 공동체의 범위를 흙, 물, 식물과 동물 등을 포함한 대지까지 확장해야 하므로 동물을 학대해서는 안 된다고 보았다.

ㄷ. 레오폴드는 긍정, 칸트와 싱어는 부정할 내용이다. 레오폴드는 개별 생명체뿐만 아니라 무생물을 포함한 생태계 전체를 도덕적 고려의 대상으로 여겨야 한다고 보았다. 하지만 칸트는 이성적 존재, 싱어는 쾌고 감수 능력을 가진 존재를 도덕적 고려의 대상으로 보았다.

오답넘기

ㄴ. 싱어가 부정할 내용이다. 싱어는 쾌고 감수 능력을 도덕적 고려의 대상의 기준이지만 쾌고 감수 능력을 지닌 모든 존재를 도덕적 행위자라고 주장하지 않았다.

ㄹ. 싱어가 부정할 내용이다. 싱어는 식물이나 무생물은 도덕적 고려의 대상이 아니며 인간이 더 우월한 존재라고 보았다.

정답률 분석 ① 22% ② 50% ③ 10% ④ 8% ⑤ 11%

---

270 데카르트, 레건, 레오폴드의 입장 파악 / 답 ③

알짜풀이

갑은 데카르트, 을은 레건, 병은 레오폴드이다. 데카르트는 인간의 정신을 물질로 환원할 수 없는 존엄한 것으로 본 반면, 자연을 단순한 물질 또는 기계로 파악하였다. 레건은 일부 동물은 도덕적으로 무능할지라도 자기의 삶을 영위할 수 있는 삶의 주체로서 내재적 가치를 지니기 때문에 도덕적으로 존중받을 권리가 있다고 보았다. 레오폴드는 도덕 공동체의 범위를 토양, 물, 식물, 동물 등을 포함한 대지까지 확대하는 대지 윤리를 제시하였다.

ㄷ. 레오폴드는 공동체 자체를 도덕적 고려 대상으로 간주하였고, 살아 있는 모든 존재가 이러한 공동체의 평등한 구성원이라고 보았다.

ㄹ. 레건과 레오폴드는 데카르트와 달리 인간이 아닌 존재도 생명에 대한 권리를 지닐 수 있다고 보았다.

오답넘기

ㄱ. 레오폴드는 인간의 삶의 유지를 위해 동물을 자원으로 사용하는 것을 전면 금지해야 한다고 주장하지 않는다. 반면 레건은 삶의 주체로 인정되는 동물의 경우 자원으로 활용할 수 없다고 본다.

ㄴ. 레오폴드도 사유 능력 여부로 어떤 존재의 도덕적 지위가 결정된다고 보지 않았다.

정답률 분석 ① 2% ② 13% ③ 64% ④ 14% ⑤ 6%

---

271 슈바이처와 레오폴드의 이론 비교 / 답 ④

알짜풀이

갑은 슈바이처, 을은 레오폴드이다. 슈바이처는 모든 생명에 대한 외경이 도덕의 근본 원리라고 하면서, 생명을 유지하고 고양하는 것은 선이고 생명을 파괴하고 억압하는 것은 악이라고 주장하였다. 레오폴드는 토양과 물과 식물과 동물이 모여 있는 대지는 존중받아야 한다고 주장하였다. 그는 토양과 물과 식물과 동물로 이루어진 공동체 자체를 존중해야 한다고 주장히였다.

④ 레오폴드는 동식물을 포함하여 자연의 모든 존재를 도덕적 배려의 대상으로 간주해야 한다고 주장하였다.

오답넘기

① 슈바이처, 레오폴드가 모두 긍정의 대답을 할 질문이다.

② 슈바이처가 부정, 레오폴드가 긍정의 대답을 할 질문이다.

③ 슈바이처가 부정의 대답을 할 질문이다. 슈바이처는 생명의 동등성을 주장하였다.

⑤ 레오폴드가 부정의 대답을 할 질문이다.

⊕ 더 알아보기

개체론과 전일론

개체론	개별 생명체들의 존중에 초점을 맞추는 환경 윤리 이론→동물 중심주의, 생명 중심주의
전일론	종과 생태계의 보존에 초점을 맞추는 환경 윤리 이론 · 생태 중심주의

---

272 탈인간 중심주의 환경 윤리 이해 / 답 ⑤

알짜풀이

갑은 생태 중심주의를 강조한 레오폴드, 을은 생명 중심주의를 강조한 슈바이처, 병은 동물 중심주의를 강조한 싱어이다.

⑤ 레오폴드와 슈바이처는 모든 생명체가 고유한 가치를 지닌다고 본다.

오답넘기

①, ② 인간 중심주의의 입장으로, 생태 중심주의, 생명 중심주의, 동물 중심주의는 모두 탈인간 중심주의적 관점에 해당한다. 따라서 갑, 을, 병 모두 부정의 대답을 할 질문이다.

③ 싱어가 긍정의 대답을 할 질문이다.

④ 전일론적 관점에 해당하는 생태 중심주의의 주장이다. 동물 중심주의와 생명 중심주의는 개체론적 관점에 해당한다. 따라서 갑은 긍정, 을, 병은 부정의 대답을 할 질문이다.

---

273 슈바이처와 레오폴드의 환경 윤리 입장 비교 / 답 ②

알짜풀이

갑은 생명 외경을 주장한 슈바이처, 을은 대지의 윤리를 주장한 레오폴드이다.

② 슈바이처는 생명 중심주의이므로, "도덕 공동체의 범위를 모든 존재까지 확대해야 하는가?"의 질문에는 '아니요', "인간이 다른 생명체에 대한 책임이 있는가?"라는 질문에는 '예'의 대답을 할 것이다(B). 레오폴드는 생태 중심주의이므로, 위 두 질문에 모두 '예'의 대답을 할 것이다(A).

---

274 싱어와 레오폴드의 환경 윤리 입장 비교 / 답 ③

알짜풀이

갑은 싱어, 을은 레오폴드이다. 싱어는 쾌고 감수 능력을 도덕적 고려의 기준으로 삼았다. 레오폴드는 대지가 인간을 비롯한 자연의 모든 존재들이 서로 그물망처럼 얽혀 있는 생명 공동체라고 주장하며 이를 존중할 것을 강조하였다.

ㄴ. 싱어와 레오폴드는 인간만이 도덕적 행위의 주체가 될 수 있다고 본다.

ㄹ. 레오폴드는 생태계 전체를 하나의 도덕적 공동체로 보아 이를 존중해야 한다고 강조한다.

오답넘기

ㄱ. 싱어의 입장으로 옳은 진술이지만, 레오폴드도 동의할 수 있는 내용이므로 오답이다.

ㄷ. 싱어는 모든 생명체들이 인간과 동일한 권리를 지니고 있다고 간주하지 않는다.

---

item 42	환경 문제와 기후 변화

| 275 ④ | 276 ④ | 277 ① | 278 ⑤ | 279 ③ | 280 ④ |

---

275 기후 변화 문제 / 답 ④

알짜풀이

제시문은 '망가뜨린 자가 고친다.'는 원칙에 따른 기후 변화 해결 방법에 대해 말하고 있다.

ㄴ. 오래전부터 산업화를 진행해 온 선진국이 기후 변화 문제 해결에 앞장서야 한다고 강조한다.

ㄹ. 각 나라의 탄소 배출이 기후 변화에 끼친 정도에 따라 탄소 배출 감소 목표를 정해야 한다고 강조한다.

오답넘기

ㄱ. 기후 변화 문제를 해결하기 위해 환경 오염 문제를 발생시킨 자가 책임을 져야 한다고 본다.

ㄷ. 각 나라는 지구 기온 상승에 영향을 끼친 정도에 따라 책임을 져야 한다고 본다.

정답률 분석 ① 0% ② 2% ③ 2% ④ 90% ⑤ 4%

276 탄소 배출권 거래 제도의 문제점 / 답 ④

알짜풀이

탄소 배출 거래 제도는 선진국에게 온실가스 배출 감축량을 정해 할당하고 할당된 온실가스 감축을 이행하지 못할 경우, 다른 나라의 탄소 배출권을 살 수 있도록 한 제도이다.

④ 탄소 배출권 거래 제도는 시장 논리에 바탕을 두고 있기 때문에 비용만 지불한다면 환경 파괴도 정당화할 수 있다는 비판을 받기노 안다.

오답넘기

① 탄소 배출을 금지하는 것이 아니라 탄소 배출을 감축하자는 것으로 개발을 부정하는 것이 아니다.

②, ⑤ 탄소 배출 거래 제도는 기후 변화 협약의 의무적 이행을 위해 채택한 것이다.

③ 생태 중심주의의 설명이다.

정답률 분석 ① 6% ② 2% ③ 2% ④ 85% ⑤ 2%

277 생태계 보전 협력금 제도 / 답 ①

알짜풀이

생태계 보전 협력금 제도의 주요 목적은 개발의 필요성은 인정하지만, 중요한 경제적 가치를 지닌 생태계를 보존해 다음 세대도 개발할 수 있는 여지를 남겨 주자는 것이다. 따라서 지속 가능한 개발을 염두에 두고 있음을 알 수 있다. '환경적으로 건전하고 지속 가능한 개발'이라는 개념은 우리가 물려 줄 환경과 자연 자원의 여건 속에서 우리의 미래 세대도 최소한 우리 세대만큼 잘 살 수 있도록 담보하는 범위 안에서 우리에게 주어진 환경을 이용하고 자연 자원을 이용함을 의미한다.

오답넘기

③ 극단적인 인간 중심주의의 견해이다.

④ 생태계 보전 협력금 제도는 정부가 추진하는 생태계 보전 대책이므로, 시장 기능에 의한 환경 문제 해결을 중시하는 것은 아니다.

⑤ 오염자 부담 원칙을 강조하고 있으므로, 정부 예산을 사용하는 것이 아니다.

278 지구촌 환경 문제의 해결에 대한 관점 / 답 ⑤

알짜풀이

'리우 선언'의 핵심 내용은 '환경적으로 건전하고 지속 가능한 개발을 위해 세계 각 국가가 함께 노력한다.'라는 것이다. 이러한 선언의 밑바탕에는 국가 간의 협력이나 국제법, 국제기구, 국제 여론 등을 통해 국가와 국가 간의 문제, 혹은 지구촌 문제를 해결할 수 있고, 또 그런 방식으로 해결해야 한다는 관점을 내포하고 있다. 또한 사회 문제 해결을 위해서는 정책과 제도의 개선이 반드시 필요하다는 사회 윤리적 관점도 반영되어 있다.

⑤ 국제 관계를 힘의 논리로 파악하는 현실주의적 관점이다.

279 기후 변화 방지를 위한 국제적 대응 이해 / 답 ③

알짜풀이

기후 변화 협약과 교토 의정서는 기후 변화 방지를 위한 국제적 대응과 협력의 사례이다.

오답넘기

ㄱ. 기후 변화 협약이 선진국에 비해 아직 발전이 이루어지지 않은 개발 도상국의 개발을 활성화시키려고 등장한 것은 아니다.

ㄴ. 기후 변화 협약과 교토 의정서 등은 현세대의 필요를 충족시키면서도 미래 세대의 지속 가능성을 보장하기 위함이다.

280 탄소 배출권 거래제의 문제점 / 답 ④

알짜풀이

탄소 배출권 거래제를 반대하는 사람들은 이 제도가 지나치게 시장 논리에 의존하고 있다고 비판한다.

ㄱ. 시장에서 오염시킬 권리를 사고팔 수 있게 함으로써, 경제적 능력에 따라 환경을 오염시킬 권리를 인정하는 것이라고 비판한다.

ㄴ. 이들은 이런 식의 접근법은 비용을 지불한다면 환경 파괴도 정당화된다는 인간 중심주의적 사고방식을 보여 주는 전형적인 예라고 본다.

ㄷ. 탄소 배출권을 거래할 수 있도록 허용함으로써 환경 문제에 대한 인류 공동의 책임감을 약화시킨다고 주장한다.

오답넘기

ㄹ. 탄소 배출권 거래제는 탄소 배출권을 사고팔 수 있기 때문에 현실적으로 실현 가능한 방안이 될 수 있다.

281 요나스의 책임 윤리 이해 / 답 ②

알짜풀이

제시문은 요나스의 주장이다. 요나스는 '공포의 원칙'에 우선성을 바탕으로 한 책임 윤리를 주장한다.

② 요나스는 자녀에 대한 부모의 책임에 비유하여 인간이 지녀야 할 책임의 원칙을 주장하였다. 즉, 요나스는 자연에 대한 일방적이고 절대적인 책임이 현세대에 요청된다고 본다.

오답넘기

① 요나스는 자연에 대한 책임은 인간의 일방적 책임이라고 본다.

③ 요나스는 자연에 대한 주인 의식을 토대로 한 책임이 아니라 내재적이고 본질적인 가치를 지니는 생명에 대한 책임을 강조한다.

④ 현대의 과학 기술이 갖는 힘에 주목하고 과학 기술의 힘이 모든 생명의 터전을 파괴할 수 있다고 보고, 과학 기술에 대한 반성적 성찰을 강조한다.

⑤ 요나스는 행위의 직접적 영향만이 아니라 그 행위가 미래에 끼칠 영향까지 예견하여 책임을 져야 한다고 강조한다.

정답률 분석 ① 10% ② 71% ③ 7% ④ 7% ⑤ 3%

➕ 더 알아보기

요나스의 책임 윤리

요나스는 독일의 생태 철학자로, 그의 대표작인 "책임의 원칙"은 생산력의 발달을 통해 유토피아를 건설하려고 하는 마르크스주의적 기획을 비판한다. 그는 인간 중심적 자연관은 도구적 기술관과 맞물려 환경 파괴와 기술 유토피아라는 신화를 낳게 되었으며, 이러한 변화에 따라 새로운 책임의 윤리가 필요함을 역설하였다. 요나스는 전통적인 윤리가 동시대의 인간과 인간 간의 관계에만 관심을 가졌다고 진단한 후 현시대에 요청되는 윤리는 이와 달리 미래 세대와 자연에 대한 책임을 포함하는 윤리가 되어야 한다고 주장한다. 그는 현대의 과학 기술이 갖는 힘에 주목하고 과학 기술의 힘이 모든 생명의 터전을 파괴할 수 있다고 보고, 과학 기술에 대한 반성적 성찰을 강조한다. 그가 말하는 책임은 자연 존재 그 자체에 대한 책임이다.

요나스는 칸트의 정언 명법을 자신의 존재론적 책임 이론에 맞게 수정함으로써 미래 윤리의 토대를 마련하였다. 요나스의 책임 원리는 "너의 행위의 결과가 지구 위에서의 진정한 인간 삶의 지속과 일치되도록 행위하라."와 "너의 행위의 결과가 인간 삶의 미래 가능성에 대하여 파괴적이지 않도록 행위하라."라는 생태학적 정언 명법으로 정식화될 수 있다.

282 요나스의 책임 윤리 이해 / 답 ②

알짜풀이

(가)를 주장한 사상가는 요나스이다.

② 요나스는 과학 기술이 미치는 사회적 영향을 고려할 때 현세대, 미래 세대와 생태계 전체를 책임의 대상에 포함시키는 태도가 요구된다고 보았다.

오답넘기

① 요나스는 현재뿐만 아니라 미래의 위험까지 고려해야 한다고 본다.

③ 요나스는 연구의 위험이 확실할 때뿐만 아니라 예견할 수 있는 모든 결과에 대해서도 책임지려는 자세가 필요하다고 보았다.

④ 요나스는 책임질 수 있는 유일한 존재는 인간이며, 인류가 존재해야 한다는 당위적 요청을 근거로 현세대는 앞으로 다가올 미래 세대까지 책임져야 한다고 주장한다.

⑤ 요나스는 과학 기술의 성과보다는 과학 기술이 미치는 사회적 영향과 그에 대해 책임지는 자세를 중시한다.

정답률 분석 ① 3% ② 71% ③ 3% ④ 18% ⑤ 1%

283 개발론과 보존론의 입장 비교 / 답 ④

알짜풀이

(가)는 개발론, (나)는 보전론의 입장이다. 개발론은 인간의 경제 성장과 복지 향상을 중시한다. 이에 비하여 보전론은 인간의 장기적 이익이나 정신적 안식처로서 자연의 역할을 고려하여 보전해야 한다고 주장한다.

오답넘기

ㄷ. 인간의 풍요로운 삶을 자연 보전보다 중시하는 것은 (가)의 개발론이다.

284 요나스와 레오폴드 환경 윤리의 입장 비교 / 답 ⑤

알짜풀이

갑은 요나스, 을은 레오폴드이다. 요나스는 "인류는 지구상에 계속 존재해야 한다."라는 정언 명법에 입각하여 현세대는 미래 세대가 살아갈 수 있도록 현재의 환경을 보전해야 할 책임이 있다고 본다. 레오폴드는 그동안 '죽은 것'으로 간주해 왔던 지구도 생명체이며 지구 자체를 직관적으로 존중할 것을 강조하였다.

⑤ 요나스는 자신의 과거의 행위에 대한 책임뿐만 아니라, 미래의 예견되는 결과에 대한 책임도 져야 한다고 주장하였다.

285 미래 세대에 대한 책임과 지속 가능한 발전 이해 / 답 ②

알짜풀이

② 환경적으로 건전하고 지속 가능한 발전은 자연의 자정 능력 범위 내에서 환경을 개발하여 인간과 자연이 더불어 살아갈 수 있게 하는 것으로, 현세대와 미래세대이 욕구를 동시에 충족시킴으로써 보존과 개발의 조화를 도모하려는 것이다.

286 요나스의 환경 윤리에 대한 관점 이해 / 답 ①

알짜풀이

제시문은 요나스의 주장이다.

① 요나스는 칸트의 정언 명법을 수용하여 "네 행위의 결과가 지구상의 인간의 삶에 대한 미래 가능성을 파괴하지 않도록 행위하라."라는 생태학적 정언 명법을 통해 현세대에게 미래세대의 존재에 대한 의무를 다해야 한다고 보았다.

V. 문화와 윤리

01 예술과 대중문화 윤리

287 ④	288 ③	289 ⑤	290 ③	291 ②	292 ②
293 ②	294 ⑤	295 ②	296 ②		

287 예술에 대한 칸트의 입장 이해 / 답 ④

알짜풀이

제시문은 칸트의 주장이다. 칸트는 자유로운 미적 체험이나 자유로운 도덕적 행위가 이기적인 욕구를 추구하는 것이 아니라는 점에서 미와 도덕성은 유사성을 가지며 미는 도덕성의 상징이라고 보았다. 또한 미는 도덕성의 실현에 기여한다고 보았다.

④ 칸트는 미는 도덕성의 상징이라고 보았으며 미적 대상에 대한 감각적 경험이 도덕성의 고양에 기여할 수 있다고 보았다.

오답넘기

① 칸트는 미적 판단과 도덕 판단이 모두 이해 관심과 무관하게 이루어져야 한다고 보았다.

② 칸트는 미적 판단은 다른 사람들에게도 똑같은 만족을 요구하므로 공통감을 불러일으키고 보편화될 수 있다고 보았다.

③ 칸트는 미적 판단의 대상인 예술은 독자적인 자율성을 지닌다고 보았다.

⑤ 칸트는 미적인 것은 도덕적인 것의 상징이 되지만 미적 판단 능력이 도덕 능력에 종속되는 것은 아니라고 보았다.

정답률 분석 ① 7% ② 3% ③ 5% ④ 77% ⑤ 9%

288 플라톤의 도덕주의 이해 / 답 ③

알짜풀이

제시문은 플라톤의 주장이다. 플라톤은 도덕주의적 입장에서 예술이 올바른 품성 함양을 위한 삶의 모범을 제공해야 하며, 예술가는 도덕적 이상을 모방하여 영혼의 조화를 추구해야 한다고 보았다.

③ 플라톤은 예술 작품 속에 사람의 선한 성품을 표현해냄으로써 구성원들에게 선을 권장하고 덕성을 장려해야 한다고 보았다.

오답넘기

① 플라톤은 예술가가 예술을 위한 예술 활동에 전념해야 한다고 보지 않았다.

② 플라톤은 예술 작품이 도덕적 가치를 담고 있는지를 국가가 판단해야 한다고 보았다.

④ 플라톤은 예술가가 선한 내용만을 그려야 하고, 추한 모습은 표현하지 못하도록 해야 한다고 보았다.

⑤ 플라톤은 예술가가 사물을 모방할 수 있을 뿐, 이데아를 새롭게 창조할 수는 없다고 보았다.

정답률 분석 ① 8% ② 3% ③ 76% ④ 3% ⑤ 9%

⊕ 더 알아보기

예술과 윤리

플라톤(Platon)	와일드(Wild, O.)
좋은 리듬, 좋은 말씨, 조화로움이 담겨 있는 예술 작품은 청소년에게 좋은 성격을 갖게 하지만 나쁜 리듬, 나쁜 말씨, 부조화가 담겨 있는 예술 작품은 나쁜 성격을 짓게 한다. → 실내적 도덕주의 입장	예술가 다른 사람의 욕구를 만족시키려는 순간, 그는 예술가이기를 포기한 것이다. 예술가에게 윤리적 공감은 독창성을 잃게 하는 것이므로 필요 없나. → 심내적 심미주의 입장

289 음악에 대한 순자와 묵자의 입장 비교 / 답 ⑤

알짜풀이

가상 편지에서 '당신'은 순자이고, '나'는 묵자이다. 순자는 음악으로 올바른 도를 터득하여 욕망을 통제하면 백성들은 올바른 길로 향하게 될 것이라고 보았다. 이와 달리 묵자는 악기 제조와 연주로 인해 백성에게 많은 세금을 거두게 되고, 백성이 먹고 입을 재물을 구하기가 어려워지므로 음악을 금지해야 한다고 보았다.
⑤ 음악은 정치를 어지럽게 하고 백성들에게 이롭지 않다고 주장하는 묵자의 입장에서 볼 때 순자의 견해는 음악을 장려하는 것이 백성들의 이익과 부합하지 않음을 간과하고 있는 것으로 볼 수 있다.

오답넘기

① 순자는 음악과 예의의 조화를 통해 사회 혼란을 바로잡을 수 있다고 보았다.
② 순자는 인간의 악한 본성을 교화하여 화합하는 데 음악이 필요하다고 보았다.
③ 순자는 간사하고 사악한 음악은 천하를 혼란에 빠지게 하므로 선왕이 제정한 음악으로 백성을 이끌어야 한다고 보았다.
④ 순자는 선왕이 제정한 음악을 통해 백성의 악한 본성이 변화되고 마음과 행동이 올바르게 될 수 있다고 주장함으로써 음악이 이상적 공동체를 구현하는 수단이 될 수 있다고 보았다.

정답률 분석 ① 2% ② 2% ③ 30% ④ 3% ⑤ 63%

290 칸트와 플라톤의 예술에 대한 입장 파악 / 답 ③

알짜풀이

갑은 칸트, 을은 플라톤이다. 칸트는 미와 선은 형식이 유사하므로, 미는 도덕성의 상징이 될 수 있다고 보았다. 플라톤은 예술이 올바른 품성 함양을 위한 삶의 모범을 제공해야 한다고 보았다.
③ 플라톤은 예술 작품은 무절제, 야비함, 추함과 같은 것을 제외하고 인간의 덕성을 장려하는 아름다움을 표현해야 한다고 보았다.

오답넘기

① 칸트는 예술 작품의 가치는 내용이 아니라 예술 자체의 형식에서 찾을 수 있다고 보았다.
② 칸트는 미적인 것에 대한 판단은 형식에 달려 있으므로 이해 관심의 구속으로부터 자유롭다고 보았다.
④ 플라톤은 나쁜 리듬과 부조화는 나쁜 성품을 닮는다고 주장하면서, 미적 가치가 무질서한 리듬과 운율 안에서는 존재할 수 없다고 보았다.
⑤ 칸트는 미를 도덕성의 상징으로 여기고, 플라톤은 올바른 미의 추구를 도덕성 함양의 수단으로 여기기 때문에 칸트와 플라톤은 모두 예술이 도덕성 촉진에 기여할 수 있다고 보았다.

정답률 분석 ① 3% ② 14% ③ 73% ④ 6% ⑤ 4%

291 절대적 도덕주의의 입장 이해 / 답 ②

알짜풀이

제시문은 예술에 대한 절대적 도덕주의적 관점에 해당한다.
ㄱ. 절대적 도덕주의는 예술이 도덕적 품성 함양에 기여해야 한다고 본다.
ㄹ. 절대적 도덕주의는 예술이 사회를 바람직한 방향으로 이끌어야 한다고 본다.

오답넘기

ㄴ, ㄷ. 모두 절대적 심미주의의 관점이다.

292 절대적 도덕주의의 입장에서 절대적 심미주의 비판 / 답 ②

알짜풀이

제시문의 어떤 사람들은 절대적 심미주의의 입장을 지닌 사람들이다.
② 절대적 도덕주의에서는 절대적 심미주의에 대하여 예술이 도덕적인 사회를 실현하는 데 기여해야 함을 간과하고 있다고 비판할 수 있다.

오답넘기

①, ③, ④ 절대적 심미주의의 입장이다. ⑤ 제시문의 논점과 관련이 없다.

293 예술과 도덕의 관계 / 답 ②

알짜풀이

자료는 예술과 도덕의 관계에 대한 설명으로 예술이 도덕과 무관하다는 입장과 예술의 아름다움은 도덕적 선과 일치한다는 입장의 두 가지 견해를 제시하고 있다.
② 공자의 사상으로, (나)의 입장과 관련이 있다. 공자는 예술이 인간의 도덕적 감수성에 영향을 준다고 보고, 음악이 민심을 착하게 하며, 사람을 깊이 감동시켜 풍속을 좋은 방향으로 바꾼다고 주장하였다.

오답넘기

④ 예술이 도덕과 관련되어 있다는 (나)의 주장은 예술을 통해서 사람들 사이에 정서적이고 도덕적인 공감대를 형성할 수 있다는 입장에 있다.
⑤ 러스킨(Ruskin, J. 1819~1900)이 한 말로 예술에 관한 도덕적 관점을 표방하고 있다.

294 예술 활동을 추구하는 목적 / 답 ⑤

알짜풀이

제시문은 예술이 아름다움을 추구하는 인간의 본질적 욕구에서 비롯되었다는 주장이다. 인간은 본질적으로 아름다움을 추구하는 존재인데, 이러한 인간의 본질적인 욕구가 자연스럽게 표현된 것이 예술이라는 것이다. 이러한 입장은 인간의 예술 활동이 인간의 본질적인 성품에서 비롯되었다는 것을 함축하는 것으로 ⑤와 일맥상통한다.

295 예술 지상주의 / 답 ②

알짜풀이

제시문은 예술 지상주의의 입장이다. 예술 지상주의는 예술의 유일한 목적은 예술 자체 및 미(美)에 있으며, 도덕적·사회적 또는 그 밖의 모든 효용성을 배제해야 한다고 본다.

오답넘기

ㄴ, ㄷ. 예술과 도덕의 관련성을 중시하는 도덕주의의 입장이다.

296 절대적 도덕주의와 절대적 심미주의 / 답 ②

알짜풀이

(가)와 (나)는 예술이 도덕과 관련된다는 절대적 도덕주의의 입장이고, (다)는 예술이 도덕과 관련되어서는 안 된다는 절대적 심미주의의 입장이다.
② (다)는 예술과 도덕을 분리시킨다는 점에서 순수 예술적인 측면이 강하다.

오답넘기

③, ④, ⑤ (가)와 (나)는 예술이 도덕과 연결된다고 보는 반면 (다)는 예술이 도덕과 관계 없는 고유한 가치를 갖는 것으로 본다.

---

item 45 예술의 상업화

297 ① 298 ③ 299 ② 300 ③ 301 ③ 302 ②

---

297 문화 산업에 대한 아도르노의 입장 파악 / 답 ①

알짜풀이

(가)의 사상가는 아도르노이다. 아도르노는 상업화된 예술을 문화 산업이라고 비판하면서, 현대 예술은 자본에 종속되어 문화 산업으로 획일화되었다고 보았다.
① 아도르노는 이윤 추구를 목적으로 하는 문화 산업이 대량 생산, 대량 소비를 추구하는 과정에서 획일적이고 규격화된 문화 상품만을 생산하여 대중들에게 제공한다고 보았다.

오답넘기

② 아도르노는 현대 예술이 자본주의에 종속되어 문화 상품이 됨에 따라 독창성을

잃고 획일화 되었다고 주장한다.
③ 아도르노는 문화 산업은 문화 상품을 통해 경제적 이익을 얻는 것에 주력한다고 보았다.
④ 아도르노에 따르면 문화 산업의 생산자는 자신들이 어떤 문화 상품을 제공하든 소비자는 그것에 만족해야 한다는 것을 주입시킨다고 보았다.
⑤ 아도르노에 따르면 문화 상품은 표준화된 양식에 맞추어 생산된다고 보았다.

정답률 분석 ① 93% ② 2% ③ 2% ④ 2% ⑤ 2%

298 예술에 대한 워홀과 아도르노의 입장 비교 / 답 ③

알짜풀이

갑은 워홀, 을은 아도르노이다. 워홀은 대중 예술과 순수 예술의 경계를 무너뜨렸으며 예술의 상업화가 필요하다고 보았고, 아도르노는 현대의 문화 산업이 자본에 종속되어 대중문화를 지배하고, 개인들의 의식을 통제하고 있다는 점을 제시하고 있다.
③ 아도르노는 이윤 추구의 수단이 된 문화 산업이 대중의 자율성을 저해하고 상상력을 위축시킨다고 보았다.

오답넘기

① 워홀은 가장 상업적인 것이 가장 예술적이라고 주장하면서 대중의 취향과 가치를 반영할 때 다양한 예술 분야가 발전할 수 있다고 보고 예술 작품의 대중화를 추구하였다.
② 워홀은 예술의 상업화와 이윤 창출이 예술 발전에 기여한다고 보고 예술의 상업성을 옹호하였다.
④ 아도르노는 문화 산업이 문화 소비자들의 적극적인 사유를 불가능하게 만들고 대중의 비판적 사고를 어렵게 한다고 보았다.
⑤ 워홀은 예술 작품의 교환 가치를 긍정하는 입장이다.

정답률 분석 ① 5% ② 4% ③ 81% ④ 6% ⑤ 4%

299 예술의 상업화 현상 / 답 ②

알짜풀이

제시된 워홀과 뒤샹의 사례는 예술의 상업화 현상을 보여 주는 사례이다. 대체로 현대 자본주의 사회에서는 예술의 가치가 시장의 원리와 상업적 가치에 의해서 평가된다.

오답넘기

①, ③ 워홀과 뒤샹의 사례를 통해서도 알 수 있듯이 예술의 상업화는 예술 작품의 경계를 사라지게 만들었다.
④ 예술의 상품화 현상이 더욱 심화되고 있다.

300 예술의 상업화 현상의 긍정적 측면과 부정적 측면 / 답 ③

알짜풀이

제시문은 예술의 상업화 현상을 가리킨다. 예술의 상업화는 과거의 일부 계층만이 누리던 고급문화를 상업적으로 대중화시켜 많은 사람들이 향유할 수 있도록 해 주었다. 그러나 한편으로 작가 정신보다 예술의 대중성을 중시하고, 고유한 미적 가치보다 상업성을 강조함으로써 예술의 자율성을 훼손시키기도 하였다.
③ 현대 예술은 일부 고급 계층이 독점하는 것이 아니라 대중과 함께 호흡하는 것이 되었다.

301 예술 상업화의 문제점 / 답 ③

알짜풀이

㉠에 들어갈 개념은 예술의 상업화이다. 예술의 상업화는 예술 작품을 대중들이 얼마나 소비하느냐에 따라 그 가치를 평가하게 한다. 따라서 인기를 얻고 이윤을 추구하기 위해서 대중의 취향에 따라 폭력적이고 외설적인 표현이 많아지게 되었다. 또한 대중의 취향에 맞게 예술을 창작하다보니 예술이 상품처럼 표준화되어 미적 취향을 획일화하는 경향이 나타나게 되었다.

ㄱ. 예술의 상업화는 예술을 상품처럼 표준화함으로써 미적 취향을 획일화한다.
ㄴ. 예술의 상업화는 예술을 하나의 상품으로 취급함으로써 예술가 정신을 약화시킨다.
ㄹ. 예술의 상업화는 자극적·감각적 표현에 치중함으로써 예술을 질적으로 저하시킨다.

오답넘기

ㄷ. 예술의 상업화는 대중들의 관심을 끌기 위하여 선정적이고 외설적인 것에 의존하는 경향이 강하다.

302 예술의 상업화에 대한 평가 / 답 ②

알짜풀이

갑은 앤디 워홀, 을은 마르셀 뒤샹이다. 이들은 모두 현대 예술에서 예술의 상업화를 추구하였다.
② 예술의 상업화는 예술을 상업적 가치를 바탕으로 평가하는 것으로, 예술 작품과 상품 사이의 경계를 모호하게 만든다.

오답넘기

① 예술의 상업화는 대중이 쉽게 예술에 접할 수 있게 한다.
③ 예술의 상업화는 예술의 경계를 넓힌다.
④ 예술의 상업화는 순수 예술과는 관련이 적다.
⑤ 예술의 상업화는 고급문화가 아니라 대중문화를 발전시킨다.

---

item 46 대중문화의 윤리적 문제

| 303 ③ | 304 ① | 305 ④ | 306 ⑤ | 307 ① | 308 ④ |

303 문화 산업에 대한 아도르노의 입장 이해 / 답 ③

알짜풀이

그림의 강연자는 아도르노이다. 아도르노는 현대 예술이 자본에 종속되어 문화 산업으로 획일화되었다고 보았다. 따라서 하나의 상품으로 전락한 예술 작품을 감상하는 것은 감상자에게 고유한 체험이 아니라 표준화된 소비 양식이 될 뿐이라고 보았다.
③ 아도르노는 문화 산업의 소비자인 대중은 자신이 주체적으로 대중문화를 향유한다고 착각하지만 대중문화에 대한 소비 욕구와 체계 역시 문화 산업에 의해 기획된 것이라고 보았다.

오답넘기

① 아도르노는 문화 사업이 획일화된 문화 상품을 양산하여 사람들에게 다양한 미적 체험의 기회를 박탈한다고 보았다.
② 아도르노는 문화 산업이 획일화된 대중문화를 제공하여 사물화를 거부하는 정신의 속성을 약화시킨다고 보았다.
④ 아도르노는 문화 산업이 발달하면서 예술이 이윤 추구의 도구로 전락했고, 이로 인해 예술의 고유한 보편성이 훼손된다고 보았다.
⑤ 아도르노는 예술이 자본에 종속되고 교환 가치로 평가받게 되는 문화 산업에 대해 부정적인 입장을 취했다.

정답률 분석 ① 2% ② 4% ③ 87% ④ 4% ⑤ 3%

304 대중문화와 관련된 윤리적 문제 / 답 ①

알짜풀이

제시문은 자본에 종속된 대중문화를 비판하는 내용이다.
① 제시문은 대중문화가 자본에 종속되어 획일적인 모습을 하게 된다고 본다. 이처럼 하나의 상품으로 전락한 대중문화는 감상자에게 고유한 체험이 아니라 표준화된 소비 양식이 될 뿐이다.

오답넘기

② 제시문은 자본에 종속된 대중문화의 상황을 설명하고 있다.

③ 제시문은 자본에 종속된 대중문화가 사람들에게 문화에 대한 고유한 체험의 기회를 제공하지 못하고 획일적인 모습을 하게 된다고 본다.

④ 제시문은 자본에 종속된 대중문화의 획일화를 설명하고 있다. 이러한 상황에서 대중문화는 예술가들에게 자신들의 개성을 발휘할 기회를 제공하기 어렵다.

⑤ 제시문은 대중문화의 획일화 현상을 설명하고 있으므로 대중문화가 예술의 다양성을 확대시킨다는 주장은 옳지 않다.

305 대중문화의 윤리적 규제에 대한 찬반 입장 파악 / 답 ④

알짜풀이

제시문은 대중문화의 윤리적 규제에 대한 찬성과 반대의 입장을 소개하고 있다. ㉠에는 대중문화에 대한 윤리적 규제에 반대하는 입장이 들어가야 한다.

ㄱ. 대중문화에 대한 윤리적 규제에 반대하는 사람들은 대중문화에 대한 윤리적 규제가 예술가들의 자율성과 표현의 자유를 침해할 수 있다고 본다.

ㄷ. 대중문화에 대한 윤리적 규제에 반대하는 사람들은 대중문화에 대한 윤리적 규제가 대중문화의 다양성을 해침으로써 대중이 다양한 대중문화를 즐길 문화적 권리를 침해할 수 있다고 본다.

ㄹ. 대중문화에 대한 윤리적 규제에 반대하는 사람들은 대중문화에 대한 윤리적 규제가 개인들이 자신들이 누리고 싶은 대중문화를 비윤리적이라는 이유로 규제함으로써 개인들이 대중문화를 누릴 기회를 제한하고 대중문화를 위축시킬 수 있다고 본다.

오답넘기

ㄴ. 대중문화에 대한 윤리적 규제를 찬성하는 입장의 주장이다.

306 대중문화의 자본 종속으로 인한 문제점 이해 / 답 ⑤

알짜풀이

제시문은 대중문화가 자본에 종속됨으로써 개인들의 주체성이 사라지는 문제점을 지적하고 있다.

ㄴ. 제시문은 산업의 각 영역이 경제적으로 서로 얽혀 있는 현대 사회에서 대중문화가 자본에 종속되는 현상을 설명하고 있다.

ㄷ. 자본이 이윤 극대화를 목적으로 대중문화의 전 과정에 개입하는 것이 바로 대중문화의 자본 종속 현상이다.

ㄹ. 대중문화의 자본 종속으로 인하여 개인들은 대중문화를 주체적으로 소비하지 못하고 수동적으로 대중문화를 수용하고 소비하는 존재로 전락하게 된다.

오답넘기

ㄱ. 제시문은 대중문화의 자본 종속으로 인해 대중들이 비판적 사고로 대중문화를 형성하는 것이 아니라 주체성이 상실되어 수동적으로 대중문화를 받아들이게 된다고 설명한다.

307 대중문화의 폭력성과 선정성에 대한 윤리적 쟁점 / 답 ①

알짜풀이

갑은 대중문화의 폭력성과 선정성이 지니는 긍정적 측면을 주장하고 있는 반면, 을은 대중문화의 폭력성과 선정성으로 인한 문제점을 주장하고 있다.

① 갑은 대중문화의 폭력성과 선정성으로 인한 부작용이 있다고 보고, 이러한 부작용은 개인들의 자율적 규제를 통해 해결할 수 있다고 본다.

오답넘기

② 갑은 대중문화의 폭력성과 선정성이 개인의 분노나 성적 욕구 등을 해소해 주고 폭력과 일탈 행위를 줄일 수 있는 긍정적인 측면이 있다고 본다.

③ 을은 대중문화의 선정성이 인간의 육체와 성을 욕구 충족의 수단으로만 삼게 한다는 문제점을 지적하고 있다.

④ 을은 대중문화의 폭력성이 대중으로 하여금 폭력에 대한 그릇된 인식을 심어준다고 주장한다.

⑤ 갑과 을은 대중문화의 폭력성과 선정성으로 인한 부작용 해결을 위한 자율적 노력이 필요성을 인정한다.

308 대중문화의 긍정적 효과 이해 / 답 ④

알짜풀이

제시문은 대중문화가 지니는 긍정적 효과에 대해 설명하고 있다.

ㄱ. 제시문은 개인들이 대중문화 속에 내포된 가치의 영향을 받아 새로운 가치관이나 삶의 형태 등을 형성한다고 본다.

ㄷ. 제시문은 대중문화가 현실의 문제를 비판하고 풍자함으로써 사회 변화를 이끌어내는 수단으로 이용된다고 본다.

ㄹ. 제시문은 대중문화가 과거에 소수의 사람들만이 누리던 문화적 자산을 더 많은 사람이 향유할 수 있도록 한다고 본다.

오답넘기

ㄴ. 제시문은 대중문화를 물질적 필요에 따라 이용되는 소비재라고 주장하지 않는다.

02 의식주 윤리와 다문화 사회 윤리

item 47 의식주의 윤리

309 ⑤	310 ④	311 ④	312 ③	313 ④	314 ④

309 음식 윤리에 대한 유교와 불교의 입장 파악 / 답 ⑤

알짜풀이

(가)는 음식 윤리에 대한 유교, (나)는 음식 윤리에 대한 불교의 입장이다. 유교에서는 음식을 먹을 때 절제와 공경의 자세를 지녀야 한다고 보고, 불교에서는 음식을 먹는 것을 수행의 연장으로 보며 음식을 먹을 때 자기 절제의 자세를 강조한다.

⑤ 유교와 불교 모두 음식을 섭취할 때 윤리적 태도가 필요하다고 보았으며, 음식에 대한 욕망이 탐식으로 빠지지 않도록 절제해야 함을 강조한다.

오답넘기

① 유교에서는 음식 섭취에 있어 지나침을 경계해야 한다고 본다.

② 유교는 음식 섭취에 있어 절제하지 못하는 태도를 비판하고 있는 것이지, 금식을 요구하는 것은 아니다.

③ 불교에서는 음식이 지닌 영양적 가치보다 윤리적 가치를 중시한다.

④ 불교에서는 음식을 건강을 유지하고 수행에 도움이 되고자 하는 것으로 보아 음식 섭취에서 절제의 자세를 강조한다.

정답률 분석 ① 4% ② 2% ③ 3% ④ 14% ⑤ 77%

310 거주에 대한 볼노브의 입장 이해 / 답 ④

알짜풀이

제시문을 주장한 사상가는 볼노브이다. 볼노브는 참다운 삶을 위한 거주는 노력해야만 얻을 수 있고 실현할 수 있다고 주장하였다.

④ 볼노브는 인간의 참다운 삶을 위한 거주는 인간이 자신의 존재를 쏟아부어 온전히 노력해야만 얻을 수 있다고 주장하였다. 따라서 거주 공간을 소유하는 것만으로는 참다운 인간의 삶을 실현하기에 충분하지 않다고 보았다.

오답넘기

① 볼노브는 인간이 인간다운 삶을 살기 위해서는 외부 세계에서 분리된 편안함의 영역으로서의 거주 공간이 필요하다고 보았다.

② 볼노브는 거주는 주어지는 것이 아니라 인간이 자신의 존재를 쏟아부어 온전히 노력해야만 얻을 수 있고 실현할 수 있다고 보았다.

③ 볼노브는 집은 인간이 사는 체험 공간의 구체적인 중심이자 개인이 활동하는 세계의 중심이라고 보았다.

⑤ 볼노브는 인간은 거주를 통해 위협적인 외부 세계로부터 도피하여 안정을 얻을 수 있다고 보았다.

정답률 분석 ① 2% ② 5% ③ 9% ④ 83% ⑤ 1%

311 의복 윤리에 대한 싱어의 관점 이해 / 답 ④

알짜풀이

갑은 동물 중심주의 윤리학을 제시한 싱어이다. 싱어는 '이익 평등 고려 원칙'을 바탕으로 고등 동물을 인간과 같이 동등하게 대우해야 한다고 주장하였다.
④ 싱어의 관점에서 볼 때, 밍크코트는 수많은 동물들이 고통스럽게 죽어감으로써 만들어진 것이므로, '이익 평등 고려 원칙'에 따라 구입해서는 안 된다.

312 주거의 의미에 대한 이해 / 답 ③

알짜풀이

제시문은 주거의 의미를 재발견하여 지금까지 공간에 대한 편리성과 효율성만을 중시하는 데에서 벗어나, 생태학적으로 건강하고 역사성을 지닌 공동체로서의 거주 공간을 만들어야 한다는 주장이다.

오답넘기

ㄱ, ㄹ. 모두 주거의 효율성만을 중시하는 관점이다.

313 건전한 식생활 문화에 대한 이해 / 답 ④

알짜풀이

제시문은 건전한 식생활 문화를 바탕으로 지속 가능한 발전과 함께 생태주의적 삶을 영위해야 한다는 주장이다.
④ 푸드 마일리지(food mileage)는 식품이 생산·운송·유통 단계를 거쳐 소비자의 식탁에 오르는 과정에서 소요된 거리를 말한다. 푸드 마일리지 값이 클수록 식품의 신선도가 떨어진다.

오답넘기

맛과 가격과 편리함을 기준으로 선택한다면 패스트푸드가 선택될 가능성이 높다.

314 명품 선호 현상의 이해 / 답 ④

알짜풀이

(가) 제시문은 명품 선호 현상에 대해서 비판적인 입장을 취하고 있다.
ㄴ. (가) 제시문은 명품 선호 현상이 개인의 품위를 표현할 수 없다고 본다. 그러나 순서도에서 '아니요'로 연결되어 있으므로 정답이다.
ㄹ. (가) 제시문은 명품 소비가 자기를 과시하려는 그릇된 욕망의 표현이라고 본다.

오답넘기

ㄱ. (가) 제시문의 논점은 명품이 사회 계층 간 위화감을 조성할 수 있다고 본다. 그러나 순서도에서 '아니요'로 연결되어 있으므로 오답이다.
ㄷ. (가) 제시문은 명품 소비를 개인이 전적으로 선택할 수 있는 자유의 영역으로 간주하는 데에 비판적이다.

---

item 48 윤리적 소비

---

315 현대인의 소비 생활에 대한 보드리아르의 입장 이해 / 답 ②

알짜풀이

가상 대담의 사상가는 보드리아르이다. 보드리아르는 현대인이 사회적 지위 및 명성에 있어서의 차이를 드러내고자 사물 및 재화 그 자체가 아닌 기호(記號)를 소비하지만, 대(大) 부르주아의 경우 검소함을 추구하기도 한다고 보았다.
② 보드리아르는 현대 사회의 소비자는 타인과의 차이를 드러내기 위해 소비한다고 보았다.

오답넘기

① 보드리아르는 현대 사회의 소비자는 경제적 합리성을 최우선으로 고려하는 합

리적 소비가 아니라 사회적 위세를 표현하기 위해 소비를 한다고 보았다.
③ 보드리아르는 현대 사회에서는 경제적 상위 계층, 즉 부유층만이 아니라 다른 계층의 사람들도 사회적 위세를 표현하기 위해 전반적인 소비 패턴이 과시적이라고 보았다.
④ 보드리아르는 현대인은 사물의 기능을 중시하는 합리적 소비가 아니라 타인과의 차이를 드러내기 위해 소비한다고 보았다.
⑤ 보드리아르는 현대인은 자신의 선호가 아니라 사회적 시선을 의식하며 소비한다고 보았다.

정답률 분석 ① 2% ② 91% ③ 2% ④ 2% ⑤ 3%

316 합리적 소비와 윤리적 소비의 비교 / 답 ⑤

알짜풀이

갑은 합리적 소비, 을은 윤리적 소비를 주장하고 있다.
⑤ 합리적 소비는 경제적 측면에 초점을 맞추지만, 윤리적 소비는 평화, 인권, 사회 정의, 환경 등 인류의 보편 가치를 중시한다.

오답넘기

① 합리적 소비는 자신의 경제력 안에서 최선의 제품을 구매하는 것을 권장한다.
② 합리적 소비는 충동적 소비나 과시적 소비는 비효율적이므로 반대한다.
③ 윤리적 소비는 생산 지역의 주민의 삶에 해악을 끼치는 제품의 구입을 반대한다.
④ 윤리적 소비는 생태계에 악영향을 주는 제품의 구입을 반대한다.

정답률 분석 ① 3% ② 2% ③ 3% ④ 2% ⑤ 88%

317 과소비의 문제점 파악 / 답 ④

알짜풀이

과소비는 자신을 과시하고자 하는 욕망(과시 소비)이나 물질적인 것을 중시하는 풍토(물질주의) 때문에 나타난다. 과소비는 위화감을 조성하고 물질만을 중시하며 자원 고갈 및 환경오염을 유발한다는 등의 윤리적 문제를 지니고 있다.
ㄹ. 과소비는 계층 간의 위화감을 조성하고 근로 의욕을 약화시킨다.

➕ 더 알아보기

과소비

과소비는 자본주의 사회에서 필요 이상의 돈이나 물품을 소비하는 경향을 말한다. 과소비는 자신을 과시하고자 하는 욕망(과시 소비)이나 물질적인 것을 중시하는 풍토(물질주의) 때문에 나타난다. 과소비는 위화감을 조성하고 물질만을 중시하며 자원 고갈 및 환경 오염을 유발한다는 등의 윤리적 문제를 지니고 있다.

318 현대 소비문화의 특징 파악 / 답 ③

일짜풀이

제시문은 대량 소비를 특징으로 하는 현대 소비문화가 과소비 문제로 이어지고, 환경 파괴, 개발도상국 주민에 대한 인권 침해, 부의 불균형 문제 등을 야기한다는 것을 보여 준다.

오답넘기

ㄱ. 제시된 사례는 대량 생산 체제에서 비롯된 것이다.
ㄴ. 제시문은 반(反) 생태주의적 사고방식의 사례이다.

319 녹색 소비의 의미 파악 / 답 ②

알짜풀이

윤리적 소비의 하나인 녹색 소비는 환경, 노동, 인권과 같은 인류의 보편적 가치를 추구하게 하며, 지속 가능한 발전을 촉진하고, 지구촌 환경 문제 등을 해결하는 데 도움을 준다.

오답넘기

ㄴ. 녹색 소비는 상품의 가치를 이미지로 판단해서는 안 된다고 본다.
ㄷ. 합리적 소비에 대한 설명이다.

320 윤리적 소비의 긍정적 역할 / 답 ①

알짜풀이

제시문은 윤리적 소비를 주장하고 있으므로 ㉠에는 경제적 효율성만을 따지는 합리적 소비에 대한 비판이 들어가야 한다. 윤리적 소비란 소비자가 상품이나 서비스를 구매할 때 윤리적인 가치 판단에 따라 사회적 책임을 실천하는 소비 행동을 말한다.

ㄱ. 윤리적 소비는 환경적으로 건전하고 지속 가능한 개발에 기여한다.
ㄴ. 윤리적 소비는 생산자의 정당한 임금을 중시함으로써 정의로운 경제 체제를 구축하는 데 기여한다.

오답넘기

ㄷ, ㄹ. 모두 합리적 소비로 경제적 효용성을 중시한다.

---

item 49 문화의 다양성과 존중

321 ③   322 ③   323 ③   324 ⑤   325 ④   326 ①

---

321 문화에 대한 포퍼의 입장 파악 / 답 ③

알짜풀이

제시문은 포퍼의 주장이다. 포퍼는 이상적인 사회는 점진적인 개선을 통해 실현될 수 있으며, 무제한의 관용은 관용의 상실을 가져올 것이라고 주장하고 있다.

ㄴ. 포퍼는 합리주의적 태도를 강조하였다. 합리주의적 태도란 누가 옳은지 그른지를 따지기보다 자신의 생각에 대한 다른 사람의 비판을 흔쾌히 받아들이고, 남의 생각도 신중히 비판함으로써 진리에 더 가까이 다가서려는 태도를 말한다. 따라서 포퍼는 다른 문화뿐만 아니라 자기 문화를 비판하는 것에 대해서도 열린 태도가 필요하다고 보았다.

ㄷ. 포퍼는 관용적이지 않은 사람들에게까지 무제한의 관용을 베푼다면, 관용적인 사람들은 파멸하게 될 것이라고 보았다.

오답넘기

ㄱ. 포퍼는 인간의 기본적 가치를 상실하게 하는 비도덕적인 문화에 대해서는 관용해서는 안 된다고 보았다.

ㄹ. 포퍼는 사회와 문화의 가치를 판단할 수 있는 기준이 존재한다고 보았다.

정답률 분석 ① 3% ② 4% ③ 80% ④ 5% ⑤ 7%

---

322 킴리카의 다문화주의에 대한 이해 / 답 ③

알짜풀이

제시문은 자유주의적 다문화주의의 관점을 가진 킴리카의 주장이다.

③ 신문 칼럼에서는 이주민이 그들 자신의 집단적 문화를 표현할 여지를 확보해 주어야 한다고 주장한다.

오답넘기

① 신문 칼럼에서는 통합을 위해서는 다수가 오랫동안 공유해 온 관행과 규범을 고수하지 않으려는 태도가 필요하다고 주장한다.

② 신문 칼럼에서는 공용어 사용을 강조할 경우 통합이 어려워질 수 있다고 주장한다.

④ 신문 칼럼에서는 통합은 몇 세대에 걸쳐 진행된다는 점에 유념해야 함을 주장한다.

⑤ 신문 칼럼에서는 기본적 시민권은 보장하되 관습과 신앙 및 삶의 양식의 통일까지 요구해서는 안 된다고 주장한다.

정답률 분석 ① 1% ② 1% ③ 95% ④ 1% ⑤ 0%

---

323 윤리 상대주의의 문제점 / 답 ③

알짜풀이

제시문은 윤리 상대주의에 대한 설명이다.

ㄴ. 윤리 상대주의는 보편 윤리를 위배하는 문화도 무조건 인정해야 하는 문제점을 지니고 있다.

ㄹ. 윤리 상대주의는 자문화와 타 문화를 비판적으로 성찰할 수 없게 한다.

오답넘기

ㄱ. 윤리 상대주의는 자문화 중심주의적 사고방식을 비판한다.

ㄷ. 윤리 상대주의는 타 문화에 대한 선입견이나 편견을 버릴 것을 강조한다.

---

324 세계 문화 다양성 선언 이해 / 답 ⑤

알짜풀이

제시문은 '세계 문화 다양성 선언'의 제4조이다. 이 선언은 문화 다양성 보호를 "인간 존엄성을 존중하기 위해 반드시 이행되어야 하는 윤리적 의무"로 규정하고 "누구도 국제법으로 보장하는 인권을 침해하거나 제한하는 데 문화 다양성을 이용할 수 없다."라고 명시하였다.

ㄴ. 자신의 민족적 관점에서 다른 민족을 평가하는 것은 잘못이다. 그러나 순서도에서 '아니요'로 연결되어 있으므로 정답이다.

ㄷ, ㄹ. 모두 세계 문화 다양성 선언에 포함된 내용이다.

오답넘기

ㄱ. 소수 민족의 정체성을 무시하는 것은 잘못이다. 그러나 순서도에서 '아니요'로 연결되어 있으므로 오답이다.

---

325 문화 상대주의의 논점 파악 / 답 ④

알짜풀이

(가)는 문화 상대주의이다. 문화 상대주의는 문화의 다양성을 존중하는 태도이지만, 윤리 판단의 다양성까지 인정하는 것은 아니다. 따라서 문화 상대주의의 관점을 취한다고 하더라도 다른 문화를 보편 윤리적 관점에서 비판적으로 성찰할 수 있어야 한다.

④ 문화 상대주의의 입장에서도 어떤 문화의 관습이 인류의 보편 가치를 심각하게 훼손한다면, 이를 비판할 수 있어야 한다.

---

326 문화 상대주의와 윤리 상대주의 비교 / 답 ①

알짜풀이

(가)는 문화 상대주의, (나)는 윤리 상대주의이다.

문화 상대주의와 윤리 상대주의는 모두 자문화 중심주의에서 벗어날 것을 강조한다. 그러나 문화 상대주의는 윤리 상대주의와 달리 보편 윤리의 관점에서 타 문화를 성찰할 수 있어야 한다고 본다.

---

item 50 다문화 이론

327 ②   328 ④   329 ②   330 ⑤   331 ②   332 ③

---

327 다문화 사회에 대한 다양한 입장 비교 / 답 ②

알짜풀이

갑은 동화주의, 을은 샐러드 볼 이론, 병은 국수 대접 이론의 입장이다. 동화주의는 이주민 문화를 주류 문화로 통합시켜야 한다고 보고, 샐러드 볼 이론은 서로 다른 문화들이 평등하게 공존해야 한다고 본다. 국수 대접 이론은 문화의 다양성을 인정하면서도 그 사회의 지배력을 가진 주류 문화의 존재를 인정해야 한다고 본다.

ㄱ. 을만이 긍정의 대답을 할 질문이다. 샐러드 볼 이론은 다양한 문화가 대등하게 조화가 이루어질 때 갈등이 해소된다고 본다.

ㄷ. 갑만이 긍정의 대답을 할 질문이다. 동화주의는 이주민의 문화를 포기하고 주류 사회에 편입되어 단일 문화를 형성해야 집단 간 결속력이 강화된다고 본다.

ㄴ. 을과 병이 긍정의 대답을 할 질문이다. 샐러드 볼 이론과 국수 대접 이론은 서로 다른 문화적 정체성을 인정하지만, 동화주의는 이주민의 문화 정체성이 주류 문화에 통합되어야 한다고 보므로 서로 다른 문화적 정체성을 인정하지 않는다.

ㄹ. 갑과 병이 긍정의 대답을 할 질문이다. 동화주의와 국수 대접 이론은 한 사회의 구심점이 되는 주류 문화의 존재를 인정한다.

정답률 분석 ① 3% ② 82% ③ 2% ④ 10% ⑤ 3%

---

328 다문화 사회에 대한 다양한 입장 비교 / 답 ④

알짜풀이

갑은 샐러드 볼 이론, 을은 국수 대접 이론의 입장이다.

ㄱ. 샐러드 볼 이론의 입장에서는 다양한 문화가 서로 대등하게 조화를 이루어야 한다고 본다.

ㄴ. 국수 대접 이론의 입장에서는 각 문화가 정체성을 유지하면서 조화를 이루어야 한다고 본다.

ㄹ. 샐러드 볼 이론과 국수 대접 이론은 서로 다른 문화의 정체성을 인정하는 관용의 자세가 필요하다고 본다.

오답넘기

ㄷ. 샐러드 볼 이론의 입장에서는 다양한 채소와 과일이 그 특성을 유지하면서 조화롭게 맛을 내듯이, 다양한 문화가 서로 대등하게 조화를 이루어야 한다고 본다.

정답률 분석 ① 3% ② 2% ③ 3% ④ 89% ⑤ 2%

---

329 동화주의와 다문화주의적 접근 비교 / 답 ②

알짜풀이

갑은 동화주의, 을은 다문화주의적 입장이다. 동화주의적 접근은 사회 통합에 유리하나 소수 민족의 문화가 소실되는 문제점이 있다. 다문화주의적 접근은 소수 민족의 문화를 존중하지만, 다양한 문화의 공존으로 사회 혼란이 야기될 수도 있다.

ㄱ. 동화주의의 입장, ㄹ. 다문화주의의 입장이다.

오답넘기

ㄴ. 다문화주의의 입장으로 C에 들어가야 한다.

ㄷ. 용광로 모델의 입장에 해당한다.

⊕ 더 알아보기

다문화 사회의 모델

동화주의 이론	비주류 문화를 주류 문화에 편입시켜야 한다고 봄 → 소수 문화 무시, 문화의 다양성 훼손
용광로 이론	다양한 문화가 하나로 융해되어 새로운 문화를 만들어야 한다고 봄
샐러드 그릇 이론	각각의 문화를 보존하면서 조화를 이루어야 한다는 다문화주의 입장
국수 대접 이론	주류(국수, 국물) 문화와 함께 비주류(고명) 문화가 공존해야 한다고 봄

---

330 관용의 한계에 대한 인식 / 답 ⑤

알짜풀이

제시문은 관용의 역설과 프랑스의 불관용의 사례에 대한 설명이다.

⑤ 관용은 무제한으로 허용될 수 있는 것이 아니라, 보편적 가치와 타인의 자유, 권리를 훼손하지 않는 범위 내에서 이루어져야 한다.

⊕ 더 알아보기

소극적 관용과 적극적 관용

소극적 관용	자신과 다른 생각이나 문화에 대해 반대나 간섭 등의 배타적 반응을 억제하는 것으로, 자신은 그렇게 하지 않겠지만 타인이 하는 것을 용인하는 것을 의미
적극적 관용	대상에 대한 권리를 인정하고 존중하는 데 필요한 조건을 창출하기 위해 책임 있는 행동을 하는 것과 남을 나와 같은 상태나 처지로 만들고자 노력하는 것을 의미

---

331 다문화주의 모델과 동화주의 모델 접근 비교 / 답 ②

알짜풀이

제시문은 샐러드 그릇 이론과 같은 다문화 모형의 접근을 지지하고 있다. 제시문의 어떤 사람들은 용광로 이론과 같은 동화주의 모델을 지지하는 사람들이다. 따라서 ㉠에는 다문화주의의 입장에서 동화주의의 입장을 비판하는 내용이 들어가야 한다.

ㄱ, ㄹ. 동화주의는 소수자의 문화를 존중하지 못하며, 따라서 각 문화의 고유성과 다양성을 존중하지 못하는 문제점이 있다.

오답넘기

ㄴ. 동화주의는 소수의 비주류 문화를 주류 문화에 통합시키고자 하는 입장이다.

---

332 다문화 정책 모델 비교 / 답 ③

알짜풀이

(가)의 갑은 다문화 모형(샐러드 그릇 이론), 을은 동화 모형(용광로 이론)이다. 다문화 모형은 다양한 문화를 평등하게 인정하는 반면에, 동화 모형은 소수 문화를 주류 문화로 편입하여 통합하고자 한다.

ㄴ. 다문화 모형은 정책의 목표를 동화가 아닌 공존에 둔다.

ㄹ. 동화 모형은 이민자가 출신국의 언어나 문화를 포기하고 주류 사회의 일원이 되는 정책을 지지한다.

오답넘기

ㄱ. 다문화 모형에만 해당한다.

ㄷ. 차별·배제 모형으로 갑, 을 모두와 관련이 없다.

---

item 51   종교의 보편적 가치

333 ④	334 ④	335 ③	336 ②	337 ①	338 ③

---

333 종교에 대한 엘리아데의 입장 이해 / 답 ④

알짜풀이

제시문은 엘리아데의 주장이다. 엘리아데는 종교라는 현상을 근원적으로 일상 속에서 성스러움과의 만남으로 파악하였다. 그리고 일상적인 삶 자체가 성스러움의 드러남이라고 보았으며, 세속과 성스러움이 조화롭게 공존할 수 있다고 보았다.

ㄱ. 엘리아데는 종교적 인간에게 우주는 단순한 자연 현상을 넘어 성스러움을 갖춘 유기체라고 보며, 신성성의 여러 양태를 드러내 준다고 주장한다.

ㄷ. 엘리아데는 비종교적 인간은 자기 자신과 세계를 탈신성화하고자 한다. 엘리아데는 비종교적 인간은 자신을 역사의 주체로 생각하며 초월적인 것을 모두 거부하고, 성스러운 것은 인간이 자유를 획득하는 데 최대의 장애물이라고 보았다.

오답넘기

ㄴ. 엘리아데는 성스러움 그 자체는 현상이나 사물이 아니라 초월적인 것이라고 보았다. 엘리아데는 종교적 인간은 자연물 그 자체가 아닌 자연물에 깃든 절대적 실재, 성스러운 존재를 숭배하고자 한다고 보았다.

정답률 분석 ① 3% ② 9% ③ 5% ④ 77% ⑤ 6%

334 종교의 본질에 대한 이해 / 답 ④

알짜풀이

강연자는 틸리히이다. 틸리히는 참된 종교란 궁극적 관심을 갖고 무한한 존재로서의 존재 그 자체로서의 존재를 대면하는 것으로 파악된다고 본다.

ㄱ. 틸리히는 종교는 삶과 죽음의 의미를 묻고 답하는 것이라고 본다.

ㄷ. 틸리히는 종교는 존재 그 자체로서의 존재를 대면하는 것이라고 본다.

ㄹ. 틸리히는 궁극적 관심은 절대성을 갖지만, 그 관심의 개별적 표현은 다양한 종교에서 서로 다른 방식으로 나타난다고 본다.

오답넘기

ㄴ. 틸리히는 종교는 유한한 실재를 하나의 신으로 만들면 안 된다고 본다.

정답률 분석 ① 3% ② 4% ③ 4% ④ 83% ⑤ 3%

335 볼테르의 관용론 / 답 ③

알짜풀이

제시문은 볼테르의 "관용론"에 나오는 내용이다. 볼테르의 "관용론"은 1762년에 재판에 의해 억울하게 죽은 장 칼라스 사건을 계기로 쓴 책인데, 이 책에서 볼테르는 장 칼라스가 억울하게 죽은 근본 원인을 인간의 종교적 편견과 맹신에서 찾고 인도주의의 이름으로 관용을 실천할 것을 호소하였다.

336 종교에서의 황금률 / 답 ②

알짜풀이

제시문의 황금률은 불교, 기독교, 힌두교, 이슬람교, 유교, 도교, 유대교, 자이나교, 조로아스터교 등의 많은 종교의 경전에서 발견되는 공통적인 부분이다. 황금률은 서로 다른 종교 사이에서 공유될 수 있는 윤리적 규범이 존재함을 보여 주는 중요한 근거이다.

337 종교의 공통점 파악 / 답 ①

알짜풀이

제시문은 한스 큉의 주장이다. 큉은 종교들이 서로 다른 교리와 윤리적 원칙들을 지니고 있지만 황금률과 같은 규범을 공통적으로 가지고 있다고 본다.

ㄱ. 제시문은 종교와 윤리가 조화될 수 있다고 본다.

ㄴ. 큉은 모든 세계 종교들이 정언적이고 절대적인 규범인 황금률을 지니고 있다는 점에서 종교 간의 소통이 가능하고, 공유될 수 있는 규범이 있다고 본다.

오답넘기

ㄷ, ㄹ. 제시문의 내용과 직접적인 관련이 없다.

> **더 알아보기**
>
> **종교와 윤리의 상호 보완성**
> 종교와 윤리는 상반된 개념이 아니다. 모든 종교는 윤리적 요소를 포함하고 있기 때문이다. 종교에 따라서 윤리에 비중을 많이 두는 경우도 있고 종교가 가지는 본래적 성격을 강조하기도 한다. 하지만 종교에서 윤리성이 배제되면 그것은 진정한 의미에서 종교라고 보기 어렵다. 종교가 가지는 윤리적 체계는 그 시대의 집단의식으로 제도화되기도 한다. 즉 종교가 가지는 선과 악의 기준이 사회적으로 공유되어 체계화된 윤리는 도덕 공동체 의식으로 이어지며 사회를 통합시키는 역할을 하게 된다.

338 '성(聖)'과 '속(俗)'의 관계 이해 / 답 ③

알짜풀이

제시문에는 엘리아데의 '성(聖)'과 '속(俗)'의 관계에 대한 기본 관점이 잘 드러나 있다. 엘리아데는 초자연적인 것[聖]은 자연적인 것[俗]과 불가분의 관계를 맺으며, 인간은 현실 또는 현실적인 경험 속에서 성스러움을 체험할 수 있기 때문에, 현실의 삶 속에서 성스러움의 실현이 가능하며, 성스러움의 경험을 가지되 현실을 떠나서는 안 된다고 본다.

item 52 종교와 관련된 갈등 문제

339 ⑤   340 ②   341 ①   342 ④   343 ③   344 ⑤

339 종교 간 갈등 완화를 위한 한스 큉의 입장 이해 / 답 ⑤

알짜풀이

제시문은 한스 큉의 주장이다. 큉은 세계 윤리를 바탕으로 한 세계 평화를 강조한다. 특히 타 종교에 대한 관용과 이해를 강조하며 종교 간의 대화와 관용의 태도를 강조하였다. 큉은 종교 간 대화를 위해서는 각 종교가 자신의 잘못에 대해 성찰하고, 각 종교가 지닌 진리의 일면을 존중하면서 인간 존중과 같은 보편적 가치에 토대를 두어야 한다고 주장하였다.

⑤ 큉은 세계 평화를 위해서는 종교 간 평화가 요구되며, 종교 간 평화를 위해서는 종교 간 대화가 필요하다고 보았다. 즉 종교 간의 공존을 위해서는 타 종교를 이해하는 것이 필요하며, 편견을 버리고 각 종교가 지닌 보편적 가치를 이해해야 한다고 보았다.

오답넘기

① 한스 큉은 종교 간의 평화 실현을 위해 다른 사람과의 대화 역량이 필요하다고 보았다.

② 한스 큉은 종교인들이 자신들의 종교가 지닌 정체성과 진리를 포기하지 않으면서 다른 종교의 진리를 용납할 수도 있어야 한다고 보았다.

③ 한스 큉은 종교 간의 평화를 위해 종교 간 대화를 강조했지만 하나의 참된 종교를 수립해야 한다거나 각 종교의 차이점을 무시해도 된다고 주장하지 않았다.

④ 한스 큉은 세계의 주요 종교에는 비폭력과 생명 존중, 관용과 진실성, 연대와 정의로운 경제 질서 등의 가치가 들어 있어 사회와 국가의 발전과 연관되어 있다고 보았다.

정답률 분석 ① 1% ② 1% ③ 2% ④ 1% ⑤ 94%

340 종교 윤리 이해 / 답 ②

알짜풀이

가상 편지에서는 다종교 시대에 자신의 종교만 옳다고 믿는 독선에서 벗어나지 못하면 종교 간에 갈등이 생길 수 있다고 본다.

② 종교 간 갈등을 해결하기 위해서는 각 종교가 자신의 종교만이 절대적이라고 생각하는 자세에서 벗어나 종교 간 상호 이해와 공존을 모색하려는 자세가 필요하다고 본다.

오답넘기

① 종교와 과학 모두 인간의 삶에서 진리를 추구하므로 어느 한쪽만 절대적이라는 생각을 버려야 한다.

③ 다른 종교인에 대해 관용의 자세를 지녀, 내 것만이 옳다는 태도로 자신이 믿는 종교를 남에게 강요해서는 안 된다.

④ 다른 종교를 이해하려는 노력이 종교 간 분쟁을 해결하는 방법 중 하나이다.

⑤ 인간 존중과 도덕을 전제로 하여 삶의 의미와 가치를 신장하면서 초월적 세계와 관계를 맺는 것은 바람직한 종교의 모습이다.

정답률 분석 ① 2% ② 89% ③ 2% ④ 3% ⑤ 1%

341 종교 갈등의 해결과 윤리 / 답 ①

알짜풀이

신문 기사에서 종교 간의 갈등이 심각하게 나타나고 있음을 지적하고, 이를 해결하기 위해서는 종교 간에 존재하는 윤리의 공통 분모를 바탕으로 종교 간의 소통이 원활하게 이루어져야 한다는 것을 강조하고 있다. 이러한 내용에 부합하는 신문 제목은 ①이다.

VI. 평화와 공존의 윤리

01 갈등 해결과 소통의 윤리

item 53 사회 갈등과 사회 통합

345 ④   346 ③   347 ①   348 ②   349 ③   350 ③

+ 더 알아보기

종교 간의 갈등

종교는 기본적으로 개인적인 체험을 바탕으로 한 신념의 체계이므로, 그 종교의 초월적 절대자나 교리 체계 및 관련된 종교 의식에 대한 절대적 믿음을 강조한다. 그러나 자기 종교의 절대성을 지나치게 강조할 경우 종교 간의 갈등이 초래될 수 있으며, 현실적으로 서로 다른 종교 사이에 이해관계가 상충할 경우에 갈등이 발생할 수 있다. 그러므로 다른 종교를 배척하지 않고 끊임없는 자기반성과 비판을 통해 다른 종교를 이해하는 관용의 정신을 가질 때 종교 간의 갈등이 극복될 수 있다.

342 종교의 역기능에 대한 해결 방안 / 답 ④

알짜풀이

자료는 종교의 편협성과 닫힌 마음에 따른 문제점을 지적하고 있다. 대부분의 종교는 보수적이고 절대적인 특성을 지니기 때문에 다른 종교에 대해 배타적인 태도를 지니기 쉽다. 서로 조화를 이루지 못하는 여러 종교가 혼재할 때 종교적 갈등을 겪게 된다. 종교 간의 갈등이 심화된다면 종교가 인간의 복지를 구현하기보다는 오히려 그것을 저해하고, 사회적 혼란을 가져올 수 있다. 이러한 문제를 해결하기 위해서는 종교 간의 소통과 종교적 목적을 달성하기 위한 윤리적 실천에 주목할 필요가 있다.

오답넘기

①, ②, ③ 타 종교에 대한 비관용적 자세에 해당하며, 이를 통해 제시된 역기능을 해결하는 데에는 한계가 있다.
⑤ 과학과 종교에 관한 내용은 제시된 자료에 나와 있지 않다.

343 종교인의 관용 / 답 ③

알짜풀이

㉠에 들어갈 개념은 관용이다. 관용은 남의 잘못을 너그럽게 받아들이거나 용서하는 것을 말한다. 종교인이 자기 종교에 심취하여 다른 종교에 대해서 배타적 태도를 취한다면, 커다란 사회 문제를 일으키게 되고, 종교 본래의 정신에서도 멀어지게 된다. 따라서 종교인은 종교의 다양성을 인정하고, 이를 이해하는 관용의 태도를 지녀야 한다.

344 과학과 종교 간의 갈등 / 답 ⑤

알짜풀이

제시된 내용은 과학과 종교의 갈등 사례이다. 과학과 종교의 갈등은 근대 이후 합리성과 객관성에 기반을 둔 과학이 종교의 권위에 도전하면서부터 시작되었다. 그러나 언뜻 보면 과학과 종교는 조화될 수 없는 것처럼 보이지만, 충분히 서로의 영역을 존중하며 공존할 수 있다. 즉 과학 시대의 종교는 과학적 진리를 겸허하게 수용하고, 과학은 여전히 과학으로 설명하기 어려운 초월적인 부분을 종교에게 내어 줌으로써 서로 공존을 모색할 수 있다.

345 사회 갈등의 발생 원인 이해 / 답 ④

알짜풀이

제시문은 사회 갈등이 발생하게 되는 원인들에 대해 설명하고 있다.
ㄱ. 제시문은 사회 갈등이 사회에서 첨예하게 대립하는 주제를 두고 소통이 원활하게 이루어지지 않아 발생하게 된다고 본다.
ㄴ. 제시문은 사회 갈등이 인간의 욕망은 무한한 데 사회적 가치는 유한하여 발생한다고 본다.
ㄹ. 제시문은 사회 갈등이 각자의 주장이나 가치관 등이 충돌할 때 타인의 생각을 무시하게 되면 발생하게 된다고 본다.

오답넘기

ㄷ. 제시문에는 권위주의적 체제의 종식으로 인해 갈등이 발생한다는 내용이 없다.

346 사회 갈등의 순기능과 역기능에 대한 입장 파악 / 답 ③

알짜풀이

갑은 사회 갈등의 역기능을 강조하는 입장인 반면, 을은 사회 갈등의 순기능을 강조하는 입장이다.
③ 갑은 사회 갈등이 사회 통합과 발전에 걸림돌이 된다고 주장하고 있는 반면, 을은 사회 갈등이 사회 통합과 발전의 계기가 될 수 있다고 본다.

오답넘기

① 사회 갈등이 없는 사회가 존재할 수 있는가는 토론의 주제가 아니다.
② 갑, 을 모두 사회 갈등이 사회 통합에 걸림돌이 될 수 있다고 보기 때문에 토론의 주제가 될 수 없다.
④, ⑤ 갑, 을은 사회 갈등의 발생 원인에 대해 언급하고 있지 않다.

347 사회 갈등의 순기능 이해 / 답 ①

알짜풀이

ㄱ. 제시문은 외부 집단과의 갈등이 집단에 대한 성원들의 동일화를 강화시켜 사회 통합에 기여할 수 있다고 본다.
ㄴ. 제시문은 사회 갈등이 실제 문제의 소재를 명확히 하여 실제 문제를 파악하는 데 도움이 된다고 본다.

오답넘기

ㄷ, ㄹ. 제시문은 사회 갈등의 역기능이 아니라 순기능에 대해 설명하고 있다.

348 이념 갈등의 해결 방안 파악 / 답 ②

알짜풀이

제시문은 이념 갈등의 발생 원인에 대해 설명하고 있다. ㉠에는 이념 갈등의 해결 방안이 들어가야 한다.
② 자기 입장에는 오류가 없다는 주장은 자기 입장만이 옳다고 고집하는 것으로, 서로 다른 이념을 가진 사람들 간의 갈등을 해결하는 것이 아니라 오히려 갈등을 심화시킬 수 있다.

① 이념이 다른 사람들 간의 소통을 통해 이념 갈등을 해결할 수 있다.

③ 이념이 다른 사람들이 상대방의 가치관을 인정하고 합리적 의견을 수용함으로써 이념 갈등을 해결할 수 있다.

④ 이념 갈등의 원인 중 하나는 서로의 가치관을 이분법적으로 구분하여 적대시하는 데 있다. 따라서 이러한 이분법적 구분에서 벗어날 때 이념 갈등을 해결할 수 있다.

⑤ 사회의 이념 갈등은 주로 자유와 평등, 질서와 변화, 성장과 분배에 대한 서로 다른 입장으로 인해 발생한다. 따라서 이러한 상반된 입장들 간의 균형 추구를 통해 이념 갈등을 해결할 수 있다.

349 뒤르켐의 입장 이해 / 답 ③

알짜풀이

제시문은 뒤르켐의 주장이다. 뒤르켐은 연대를 기계적 연대와 유기적 연대로 구분하였다.

③ 뒤르켐은 유기적 연대가 개인들이 개별성을 유지하면서도 상호 의존적으로 결속한 상태라고 보았다.

오답넘기

① 뒤르켐은 기계적 연대보다 유기적 연대를 바탕으로 한 사회 통합이 적절하다고 보았다.

② 뒤르켐은 기계적 연대가 구성원들이 동일한 가치와 규범을 공유하여 결속한 상태이기 때문에 기계적 연대의 상태에서는 개인들의 개성이 상실된다고 보았다.

④ 뒤르켐은 기계적 연대는 개인들의 개성이 사라지고 구성원들이 동일한 가치와 규범을 공유한 상태라고 보았다.

⑤ 뒤르켐은 유기적 연대는 각 개인이 고유한 행동의 영역을 가지고 있을 때에만 가능하다고 보았다.

350 사회 통합 방안 파악 / 답 ③

알짜풀이

제시문은 '공유지의 비극'의 사례를 보여 주면서 이를 통한 사회 통합 방안을 제시하고 있다.

③ 공유지의 비극은 개인들이 자신들의 이익만을 추구한 나머지 공동선을 이루지 못하고 공공의 공간을 황폐화시킨 사례를 보여 준다. 따라서 진정한 사회 통합을 위해서는 개인들이 자신의 이익과 공동선이 조화를 이루도록 노력해야 한다.

오답넘기

①, ② 사회 통합 방안에 해당하지만 ㉠에 들어갈 내용으로는 적절하지 않다.

④ 집단의 이익을 개인의 인권보다 우선할 경우 사회 통합이 저해될 수 있다.

⑤ 공유지의 비극은 개인의 이익을 지나치게 추구한 나머지 발생한 사례를 보여 주는 것이므로 개인의 자유와 권리를 최대한 보장하는 것은 ㉠에 들어갈 내용으로 적절하지 않다.

---

item 54   소통과 담론 윤리

| 351 | ① | 352 | ② | 353 | ② | 354 | ① | 355 | ④ | 356 | ① |

---

351 하버마스의 담론 윤리 이해 / 답 ①

알짜풀이

제시문의 사상가는 담론 윤리를 주장한 하버마스이다. 하버마스는 개인의 주관적인 판단만으로는 보편타당한 규범이 성립될 수 없기 때문에 대화가 필요하고, 대화의 당사자들이 합의한 결과를 수용하고 그것을 의무로 받아들이기 위해서는 합리적인 의사소통이 필요하다고 보았다.

① 하버마스는 담론 참여자들은 자신의 오류 가능성을 인정하고 개방적인 태도로 담론에 임해야 하며, 합리적인 의사소통의 과정을 거쳐 보편적인 합의에 도달할 수 있다고 보았다.

② 하버마스는 담론 참여자들은 타인의 의견에 논증적 형식으로 비판을 제기할 수 있다고 보았다.

③ 하버마스는 담론 참여자들은 문제 상황이 변했거나 타당한 근거가 있을 때는 합의한 결론에 대해서도 재반박하거나 문제 제기를 할 수 있다고 보았다.

④ 하버마스는 담론 과정에서 전문가의 의견을 활용할 수는 있지만, 전문성을 기준으로 발언 기회를 제한할 수는 없다고 보았다.

⑤ 하버마스는 담론 참여자들은 자신의 개인적 이익이나 준칙뿐만 아니라 개인적인 희망이나 욕구도 표현할 수 있다고 보았다.

정답률 분석 ① 96% ② 1% ③ 1% ④ 1% ⑤ 1%

352 소통과 담론의 윤리에 대한 원효의 입장 이해 / 답 ②

알짜풀이

제시문은 원효의 주장이다. 원효는 특수하고 상대적인 각자의 입장에서 벗어나 대승적으로 융합해야 함을 강조하였다.

② 원효는 모든 종파와 사상이 타당할 수 있음을 인정하고 일심을 토대로 더 높은 차원에서 하나로 종합해야 한다는 화쟁 사상을 주장하였다. 따라서 〈문제 상황〉 속 A에게 각 주장의 타당성을 인정하고 의견을 조율하여 더 높은 차원에서 조화를 이루는 것이 바람직하다고 조언할 것이다.

오답넘기

① 원효는 자신만의 입장에서 벗어나 대승적으로 융합해야 함을 강조하였다.

③ 원효는 모든 의견이나 입장을 일심을 토대로 더 높은 차원에서 하나로 통합할 수 있다고 보았다.

④ 원효의 화쟁 사상에 따르면 제시된 의견을 조율하지 않고 무조건 다른 학급의 사례를 따라 하는 것은 바람직하지 않다.

⑤ 원효는 다양한 주장이 타당할 수 있다고 보았다.

정답률 분석 ① 2% ② 93% ③ 2% ④ 2% ⑤ 1%

353 소통에 대한 공자의 입장 이해 / 답 ②

알짜풀이

제시문의 사상가는 공자이다. 공자는 '화이부동(和而不同)'을 제시하면서 조화의 중요성을 강조하였다. 화이부동이란 군자는 도덕 원칙을 지키면서 주변과 조화를 이루지만, 소인은 자신의 원칙을 버리고 남과 같아지는 데만 급급해하는 태도를 지닌다는 뜻이다.

② 공자는 도덕 원칙을 지키면서도 주변과 조화를 이루는 군자의 모습을 제시하며 조화의 중요성을 강조하였다.

오답넘기

① 공자는 화합하지만 자신의 중심과 주체를 잃지 않는 군자를 이상적 인간상으로 제시하였다.

③ 공자는 이익을 추구하기보다 덕 있는 삶을 추구해야 한다고 보았다.

④ 공자는 두루 포용하는 자세를 지닌 군자를 이상적 인간상으로 제시하였다.

⑤ 공자는 시비와 선악의 분별을 중시하였다.

정답률 분석 ① 2% ② 92% ③ 2% ④ 1% ⑤ 3%

354 하버마스의 담론 윤리 이해 / 답 ①

알짜풀이

제시문의 사상가는 하버마스이다. 하버마스는 담론 윤리를 통해 서로 이해하여 합의를 이루어 나가는 과정을 중시하였다. 하버마스는 의사소통의 합리성을 실현하기 위한 이상적 담화의 조건은 의사소통 과정에 참여하는 사람이 참되고 옳고 진실하며 서로 이해할 수 있는 말을 해야 한다는 것이라고 보았다.

ㄱ. 하버마스의 의사소통 행위는 상호 간 이해에 있기 때문에 진실에 근거하여 거짓 없는 소통을 할 것을 주장하였다.

ㄴ. 하버마스는 담론에 참여하는 사람들이 자신의 오류 가능성을 인정하고 대화에 참여해야 한다고 주장하였다.

ㄷ. 하버마스는 이상적인 의사소통이 되려면 화자나 청자 모두 서로를 존중하면서 열린 자세로 임해야 한다고 주장하였다.
ㄹ. 하버마스는 규범의 타당성은 그 규범의 영향을 받는 모든 사람들이 합리적 토론을 통해 동의할 경우에만 보장된다고 주장하였다.

정답률 분석 ① 80% ② 13% ③ 2% ④ 3% ⑤ 2%

355 하버마스의 담론 윤리에 대한 이해 / 답 ④

알짜풀이

제시문은 담론 윤리의 대표자 격인 하버마스의 주장이다. 그는 의사소통의 합리성에 내포된 보편적 의무를 환기함으로써 도덕성에 따른 의무와 보편성을 강조한다. ㄱ, ㄴ, ㄹ은 합리적 의사소통을 위해 필요한 자세이다.

오답넘기

ㄷ. 이상적 의사소통 상황을 실현하려면 발언자가 자신의 주관으로 이야기할 수 있어야 하며, 그 주관성을 다른 사람이 인정할 수 있어야 한다.

356 하버마스의 이상적 담화의 조건 / 답 ①

알짜풀이

제시문에서 설명하는 '서양의 어느 사상가'는 하버마스이다. 하버마스는 이상적인 사회를 이루기 위한 기본적인 조건으로서 합리적인 의사소통을 강조하였다. 그에 따르면 합리적인 의사소통을 위해서는 의사소통에 참여하는 사람들이 참되고 정당하고 진실하며 이해 가능한 말을 해야 한다.
① 하버마스는 논쟁에서 어떤 타당한 주장도 원칙적으로 비판적 평가를 받을 수 있다고 하였다.

오답넘기

②, ③, ④, ⑤는 하버마스가 제시한 이상적 담화 조건에 해당한다.

02 민족 통합의 윤리, 지구촌 평화의 윤리

item 55 민족 통합의 윤리

357 ⑤	358 ④	359 ③	360 ⑤	361 ⑤	362 ④

357 통일에 대한 입장 비교 / 답 ⑤

알짜풀이

(가)는 통일을 통한 경제 성장보다 한반도 평화 실현과 사회 안전망 확대의 중요성을 강조하는 입장이다. (나)는 통일을 통한 한반도 평화 실현과 사회 안전망 확대보다 경제 성장의 중요성을 강조하는 입장이다.
⑤ X는 높고, Y는 낮고, Z는 낮으므로 정답은 ⑩이다.

오답넘기

X : '통일을 통한 경제 성장의 중요성을 강조하는 정도'는 (나)가 (가)보다 높다.
Y : '통일을 통한 한반도 평화 실현의 중요성을 강조하는 정도'는 (나)의 입장에서 낮다.
Z : '통일을 통한 사회 안전망 확대의 중요성을 강조하는 정도'는 (나)가 (가)보다 낮다.

정답률 분석 ① 3% ② 3% ③ 6% ④ 2% ⑤ 85%

358 남북한 종전 선언에 대한 토론의 핵심 쟁점 파악 / 답 ④

알짜풀이

제시문의 갑은 종전 선언으로 남북 교류가 확대될 수 있지만 북한의 대남 적대 정책은 유지될 것이므로 종전 선언이 북한의 핵 폐기에 대한 반대급부로서 추진되어야 한다고 주장한다. 이에 비해 을은 종전 선언이 북한만을 위한 시혜는 아니므로 상호주의의 대상이 아니며, 종전 선언이 정전 상태를 명분으로 핵을 개발한다는 북한의 입장을 변화시킬 수 있다고 주장한다.
④ 갑은 종전 선언을 상호주의의 대상이라고 보지만 을은 종전 선언이 상호주의의 대상이 아니라고 보므로 종전 선언은 상호주의 관점에서 이루어져야 하는가가 토론의 핵심 쟁점이 될 수 있다.

오답넘기

① 갑, 을 모두 북한이 현재 대남 적대 정책을 취하고 있다고 보므로 토론의 핵심 쟁점이 될 수 없다.
② 갑, 을 모두 분단이 한반도의 지속 가능한 발전을 저해한다고 보므로 토론의 핵심 쟁점이 될 수 없다.
③ 갑, 을 모두 종전 선언을 통해 남북 교류가 활성화될 수 있다고 보므로 토론의 핵심 쟁점이 될 수 없다.
⑤ 갑, 을 모두 현재의 한반도 상황이 전쟁이 종식되지 않은 정전 상태라고 보므로 토론의 핵심 쟁점이 될 수 없다.

정답률 분석 ① 1% ② 3% ③ 7% ④ 87% ⑤ 2%

359 통일에 대한 민족주의적 관점 / 답 ③

알짜풀이

자료는 냉전적 사고 방식에서 벗어나 민족 공동체의 차원에서 적극적으로 통일 문제에 접근할 것을 주장하고 있다.
③ 민족 통일과 민족 번영을 동시에 추구하는 민족주의적인 접근을 하고 있는 것으로 볼 수 있다.

오답넘기

①, ②, ④는 북한을 대립과 투쟁의 관계로 보는 진술들이다.
⑤ 남북 상호 간의 동질성을 회복하기 위해서는 '이데올로기적인 편향성'을 최대한 배제하고 인도주의적 가치를 중시해야 한다.

360 분단 비용과 통일 비용 / 답 ⑤

알짜풀이

을은 통일 비용이 많이 들기 때문에 분단을 유지하자는 갑의 주장에 대해 반론을 제기하고 있다. 통일 비용은 통일 과정에서 남북한의 정치, 사회, 경제, 문화적 격차를 줄여 어느 정도 동질적인 상태에 도달하기 위해 소요되는 비용을 말하며, 분단 비용은 분단이 지속됨으로써 남북한이 지불해야 하는 비용을 말한다. 분단 비용은 남북한이 서로를 견제하기 위해 지출하는 군사비나 외교비 등으로 소모적인 성격이 강하며, 통일 비용은 통일 이후 우리 민족의 발전을 위한 비용으로 건설적이고 생산적인 성격이 강하다.
⑤ 남북 분단이 해소된다면 막대한 분단 비용의 지출을 막고 남북 경제 통합을 통한 시너지 효과가 발생하는 등 장기적 관점에서 실용적 이득을 얻을 수 있다. 시너지 효과란 '1+1'이 2 이상의 효과를 낼 경우를 가리키는 말이다.

361 남북 통일의 필요성 / 답 ⑤

알짜풀이

남북 분단이 해소된다면 막대한 분단 비용의 지출을 막고 남북 경제 통합을 통한 시너지 효과가 발생하는 등 장기적 관점에서 실용적 이득을 얻을 수 있다. 또한 남한과 북한 사이에 전쟁의 위협과 불안을 제거하여 한반도 및 동북아시아에 평화를 가져올 수 있으며, 남북한 이산가족과 국민이 인권을 보장해 줄 수 있다. 이러한 평화와 인권의 보장은 실리적 효용성으로 측정할 수 없는 통일의 진정한 가치라고 할 수 있다.

362 북한 이탈 주민에 대한 제도적 지원 / 답 ④

알짜풀이

(가)는 북한 이탈 주민의 어려움을 제시하고 있고, (나)는 사회적 차원의 정책과 제도의 지원을 강조하고 있다. 이러한 입장은 개인의 도덕성만으로는 사회 정의(正義)를 실현할 수 없다고 보고, 정책과 제도의 개선을 통한 사회의 도덕성 회복을 중시한다.

ㄴ. 법안 마련, ㄹ. 교육 제도 강화 등은 사회적 차원의 정책과 제도의 지원에 해당한다.

오답넘기

ㄱ. 의식 개혁, ㄷ. 자세 변화는 개인의 도덕성을 강조하는 입장이다.

---

item 56 **국제 분쟁의 해결과 평화**

| 363 ④ | 364 ① | 365 ④ | 366 ④ | 367 ⑤ | 368 ③ |
| 369 ③ | 370 ⑤ | 371 ② | | | |

---

363 국제 관계에 대한 칸트와 모겐소의 입장 비교 / 답 ④

알짜풀이

갑은 칸트, 을은 모겐소이다. 칸트는 어떤 이방인이 다른 나라의 영토에 도착했을 때 이 사람이 평화적으로 행동하는 한 적대적으로 대우받지 않을 권리인 환대권을 주장하였다. 모겐소는 국제 관계를 자국의 이익을 우선적으로 추구하는 국가 간의 관계로 보며, 국가 간의 평화 상태 유지는 세력 균형에 의해서 가능하다고 보았다.
④ 모겐소는 국제법에 근거한 세력 균형이 유일한 평화 유지 수단이라고 주장하지 않았다. 그는 국가 간의 평화 상태 유지가 국제법이나 국제도덕이 아니라 세력 균형에 의해 가능하다고 보았다.

오답넘기

① 칸트는 평화적으로 행동하는 외국인에 대한 환대를 강조하지만 적대적으로 행동하는 외국인까지 환대하라고 한 것은 아니다. 따라서 칸트는 국가가 모든 외국인에 대해 호의적으로 대할 필요는 없다고 보았다.
② 칸트는 어떠한 경우에도 암살자나 독살자의 고용, 항복 조약 파기 등과 같이 다른 국가와의 전쟁 중에 장래의 평화 시에 상호 신뢰를 불가능하게 만들 것이 틀림없는 적대 행위들을 해서는 안 된다고 보았다.
③ 모겐소는 국제 정치나 국내 정치 모두 권력을 위한 투쟁이라고 보았다. 따라서 모겐소는 개별 국가들의 권력욕이 국제 정치에서 갈등의 원인이 된다고 보았다.
⑤ 칸트와 모겐소 모두 국제 연맹이 독립된 국가처럼 주권을 지닐 수는 없다고 보았다. 칸트는 독립 국가를 하나의 인격으로 존중해야 한다고 보면서 평화 연맹이 주권적 권력을 행사해서는 안 되며, 오직 주권 국가들의 자유를 보장하는 것에만 관여해야 한다고 보았다. 모겐소는 국제 연맹의 주권 행사를 인정하지 않으며 주권 국가의 정책이 국제 연맹이라는 세계 정부보다 상위에 있다고 보았다.

정답률 분석 ① 9% ② 2% ③ 4% ④ 72% ⑤ 14%

---

364 평화에 대한 갈퉁과 칸트의 입장 비교 / 답 ①

알짜풀이

갑은 갈퉁, 을은 칸트이다. 갈퉁은 진정한 평화를 이루기 위해서는 모든 폭력이 사라져야 하며, 평화적 수단만이 동원되어야 한다고 주장하였다. 칸트는 영구 평화를 실현하기 위해 국내적으로는 공화제, 국제적으로는 자유로운 연맹 체제를 기반으로 한 국제법, 보편적 우호의 조건에 국한된 세계 시민법이 요청된다고 주장하였다. 칸트는 영원한 평화를 실현하기 위해서는 자유로운 국가들의 연합체인 국제 연맹의 역할을 강조하였다.
① 갈퉁은 문화적 폭력이 직접적 폭력뿐만 아니라 비의도적 차별과 같은 구조적 폭력을 정당화할 수 있다고 보았다.

오답넘기

② 갈퉁은 진정한 평화는 평화적 수단과 과정을 통해서만 실현할 수 있다고 보았다.

---

③ 칸트는 국제 사회의 영구 평화를 실현하기 위해서 국가들은 주권 국가들의 연합체로서 평화 연맹을 결성해야 한다고 보았다.
④ 칸트는 영원한 평화 상태의 보증은 모든 전쟁을 영원히 종식시키는 평화 연맹을 통해 가능하다고 보았다.
⑤ 칸트와 갈퉁은 모두 국가 정치 체제가 평화 실현에 영향을 준다고 보았다. 갈퉁은 정치 제도의 개선을 통해 구조적 폭력을 제거해야 한다고 보았다. 칸트는 모든 국가의 시민적 정치 체제가 공화 정체가 되어야 한다고 보았다.

정답률 분석 ① 71% ② 7% ③ 18% ④ 3% ⑤ 1%

---

365 현실주의와 이상주의의 입장 비교 / 답 ④

알짜풀이

(가)는 현실주의, (나)는 이상주의이다. 현실주의 입장에서는 국가 간 관계에서 도덕적 고려보다는 자국의 이익 고려가 우선한다고 보며, 힘의 균형을 통해 일시적 평화가 가능하다고 본다. 이상주의에서는 국가 간에 이성적이고 합리적인 관계 형성이 가능하며, 협력과 제도적 보완을 통해 평화가 가능하다고 본다.
④ X는 낮고, Y는 높고, Z는 낮으므로 정답은 ㉣이다.

오답넘기

X: '국제법을 통한 평화 실현에 회의적인 정도'는 (나)가 (가)보다 낮다.
Y: '분쟁의 원인을 상대에 대한 오해에서 찾는 정도'는 (나)가 (가)보다 높다.
Z: '다른 국가를 잠재적 위협으로 인식하는 정도'는 (나)가 (가)보다 낮다.

정답률 분석 ① 6% ② 6% ③ 5% ④ 73% ⑤ 11%

---

366 칸트의 영구 평화론 파악 / 답 ④

알짜풀이

제시문을 주장한 사상가는 칸트이다. 칸트는 국가 간 영구 평화를 위해서 국제 연맹에 참여하는 국가의 시민적 정치 체제는 공화 정체여야 하며 국제법은 자유로운 국가들의 연방 체제에 기초해야 한다고 주장하였다.
④ 칸트는 국가 간 분쟁이 해소되었다고 해도 영원한 평화가 실현되지 않을 수 있다고 보고 영원한 평화를 위해 확정 조항과 예비 조항을 제시하였다.

오답넘기

① 칸트는 국가만이 아니라 국제 연맹도 국제 관계에서 행위자로 간주된다고 보았다. 국제 관계에서 국가만을 유일한 행위자로 보는 것은 현실주의의 입장이다.
② 칸트는 국제 연맹은 개별 국가와 같은 주권적 권력으로 기능하지 않는다고 보았다.
③ 칸트는 장차 전쟁의 화근이 될 수 있는 내용을 유보한 채 맺은 평화 조약으로는 항구적인 평화가 보장될 수 없다고 주장한다.
⑤ 칸트는 영원한 평화 실현을 위해 모든 국가의 시민적 정치 체제는 공화 정체로 개선되어야 한다고 보았다.

정답률 분석 ① 8% ② 8% ③ 7% ④ 74% ⑤ 3%

---

367 국제 평화에 대한 칸트, 모겐소, 갈퉁의 입장 비교 / 답 ⑤

알짜풀이

갑은 칸트, 을은 모겐소, 병은 갈퉁이다. 칸트는 국내적으로 내정 간섭을 받지 않는 공화제를 도입하고, 국제적으로 보편적 우호 관계에 따라 국제법을 적용하는 국제적 연맹의 창설을 구상하였다. 모겐소는 국가 간의 관계에는 도덕적 관계가 없으며, 자국의 이익만 있을 뿐이라고 본다. 갈퉁은 전쟁이나 물리적 폭력이 없는 소극적 평화를 넘어 구조적 폭력과 문화적 폭력을 해결하는 것이 적극적 평화 실현을 위해 중요하다고 강조한다.
⑤ 칸트와 갈퉁은 국제 평화를 실현하기 위해서는 전쟁이 사라지고 군비 경쟁도 삼가야 한다고 보았다. 칸트는 영구적 평화를 위해 상비군의 점진적 폐지를 주장하였고, 갈퉁은 군비 경쟁이 초래하는 전쟁이 사라져야 평화가 실현될 수 있다고 보았다.

오답넘기

① 칸트는 다수의 국제 연맹이 창설된다면 전쟁 가능성을 배제할 수 없다고 보았다.

② 모겐소는 인간의 본성을 이기적으로 보기 때문에 국제 정치에서 도덕적 이상을 추구하는 것은 평화 유지에 도움이 되지 않는다고 보았다.
③ 갈퉁은 직접적 폭력과 달리 구조적 폭력과 문화적 폭력 같은 간접적 폭력은 비의도적으로 발생할 수도 있다고 보았다.
④ 모겐소는 국가들 간의 분쟁을 국제법만으로는 해결할 수 없고, 세력 균형과 같은 힘의 균형에 의존할 수밖에 없다고 보았다.

정답률 분석 ① 11% ② 6% ③ 3% ④ 3% ⑤ 77%

368 국제 관계에 대한 이상주의의 관점 / 답 ③

알짜풀이

국제 관계에는 두 가지의 대립된 관점, 즉 이상주의와 현실주의의 관점이 있다. 제시된 글은 국제 관계에 대한 이상주의적 관점이다. 이상주의는 인간은 근본적으로 선하며 상호 협력을 할 수 있는 존재라고 여긴다. 그에 반해 현실주의자들은 국가 간의 문제는 힘에 의해서 해결될 수밖에 없으며, 결국 강자만이 자기 이익을 관철할 수 있다는 홉스식의 자연 상태를 주장한다.

369 국제 정의의 의미 파악 / 답 ③

알짜풀이

제시문의 문제를 해결하고 진정한 지구촌을 실현하기 위해서는 국제 정의의 실현이 절실하다. 국제 정의는 형사적 정의와 분배적 정의의 실현을 통해 이루어질 수 있다. 형사적 정의란 반인도주의적 범죄의 가해자를 처벌함으로써 실현되는 정의이며, 분배적 정의란 재화의 공정한 분배를 통해 실현되는 정의이다.
③ (가)의 문제를 해결하기 위해서는 분배적 정의가, (나)의 문제를 해결하기 위해서는 형사적 정의가 필요하다.

오답넘기

① 반인도주의적 범죄의 가해자를 공정하게 처벌하는 형사적 정의에 해당한다.
⑤ 개발 도상국에 대한 지원은 분배적 정의에 해당한다.

370 평화와 비폭력 문화의 실현 / 답 ⑤

알짜풀이

제시문은 유네스코에서 선포한 '평화의 문화와 비폭력을 위한 선언 2000'의 일부이다. 이 선언은 인간 존엄성, 화합, 정의, 연대, 자유, 번영의 가치를 실현하는 평화와 비폭력의 문화를 함께 만들어 갈 것을 촉구하고 있다.
⑤ 공산주의에서 모든 생산 수단의 공유가 실현된 사회를 추구한다.

371 문명 충돌의 해결 방안 / 답 ②

알짜풀이

제시문의 헌팅턴에 따르면 문명과 문명의 충돌이 세계 평화에 가장 큰 위협이 되며, 문명의 조화에 바탕을 둔 국제 질서만이 갈등을 막는 확실한 방어 수단이 된다. 따라서 문명의 충돌로 생기는 분쟁을 해결하기 위해서는 서로의 차이와 다양성을 존중하는 관용의 자세를 가져야 한다.

오답넘기

ㄴ, ㄷ. 문명의 충돌로 생기는 분쟁을 해결하려면 문명과 종교의 차이와 다양성을 인정해야 한다.

<table>
<tr><td>item 57</td><td colspan="2">국제 사회에 대한 책임과 기여</td></tr>
<tr><td>372 ③</td><td>373 ②</td><td>374 ⑤</td><td>375 ③</td><td>376 ③</td><td>377 ③</td></tr>
<tr><td>378 ②</td><td>379 ④</td><td>380 ⑤</td><td></td><td></td><td></td></tr>
</table>

372 원조에 대한 롤스, 싱어의 입장 비교 / 답 ③

알짜풀이

갑은 롤스, 을은 싱어이다. 롤스에 따르면 원조는 무법 국가와 마찬가지로 고통받는 사회들을 질서 정연한 만민의 사회에 가입시키는 것이어야 한다. 싱어는 도덕적인 큰 희생이 없다면 우리는 인류의 고통을 감소시키고 쾌락을 증진할 의무를 지닌다고 보았다.
ㄴ. 롤스는 고통받는 사회가 스스로 정치 문화를 개선하도록 원조가 이루어져야 한다고 보았다.
ㄹ. 롤스와 싱어 모두 원조의 목적은 인류 복지 수준의 균등화가 아니라고 보았다. 롤스는 원조의 목적이 불리한 여건으로 고통받는 사회를 질서 정연한 사회가 되도록 돕는 것이라고 보았고, 싱어는 원조의 목적이 인류 전체의 복리를 증진하는 것이라고 보았다.

오답넘기

ㄱ. 롤스는 원조를 통해 무법 국가가 아니면서 독재나 착취로 빈곤한 사회가 적정 수준의 문화를 형성하여 질서 정연한 사회가 되도록 원조해야 한다고 주장하였다.
ㄷ. 싱어는 지구촌의 절대 빈곤 해결을 위한 원조는 보편적인 의무로 여겨야 한다고 보았지만 정언 명령이 아니라 조건부적 명령이라고 주장하였다.

정답률 분석 ① 3% ② 7% ③ 60% ④ 6% ⑤ 23%

373 해외 원조에 대한 롤스와 싱어의 입장 비교 / 답 ②

알짜풀이

갑은 롤스, 을은 싱어의 주장이다. 롤스는 원조의 목적이 불리한 여건으로 고통받는 사회를 질서 정연한 사회가 되도록 돕는 것이고, 질서 정연한 사회로 진입한 이후에는 그 사회가 여전히 상대적으로 빈곤할지라도 더 이상의 원조는 요구되지 않는다고 보았다. 싱어는 큰 희생 없이 타국의 빈민을 도울 수 있다면 도와야 하고, 인류 전체의 공리 증진이라는 공리주의적 입장에서 원조를 실천해야 한다고 주장하였다.
ㄱ. 롤스가 원조 대상으로 말하는 고통받는 사회는 정치 문화적 전통이 결핍되어 있지만 대외적으로 공격적 팽창 정책을 펼치지 않는 사회를 의미한다. 롤스는 고통받는 사회를 질서 정연한 사회가 되도록 돕는 것을 의무로 보았다.
ㄷ. 싱어는 도덕적으로 중요한 다른 일을 희생하지 않고 막을 수 있는 어떤 절대 빈곤이 있다면 인류 전체의 행복 증진을 위해 원조를 해야 한다고 보았다.

오답넘기

ㄴ. 싱어는 원조를 통해 수혜자의 근로 의욕이 감퇴되고, 그 결과 사회 전체의 부가 감소함으로써 전체적인 복지 수준이 저하될 수 있다면 원조를 하지 않을 수 있다고 보았다.
ㄹ. 롤스는 사회 간의 부와 복지의 수준이 다양하기 때문에 이를 조정하는 것이 원조의 고려 사항은 아니라고 보았다.

정답률 분석 ① 11% ② 53% ③ 28% ④ 4% ⑤ 4%

374 원조에 대한 싱어, 롤스, 노직의 입장 비교 / 답 ⑤

알짜풀이

(가)의 갑은 싱어, 을은 롤스, 병은 노직이다. 싱어는 고통을 감소시키고 쾌락을 증진하는 것이 인류의 의무라는 공리주의 관점에서 절대 빈곤에 처한 사람들을 마땅히 도와주어야 한다고 보았다. 롤스는 고통받는 사회가 질서 정연한 사회가 되도록 돕는 것이 원조의 목적이라고 보았다. 노직은 자유 지상주의의 입장에서 정당한 절차를 통해 취득한 재산에 대해 개인은 배타적 소유권을 지니고 있으며, 처분권 또한 개인의 자유로운 선택에 달려 있다고 보았다.
ㄱ. 싱어는 개인뿐만 아니라 단체나 국가도 인류의 복지 증진을 위해 원조를 해야 한다고 보았다. 롤스는 정치 문화 개선을 위해 원조를 해야 한다고 보았다.
ㄴ. 싱어와 롤스는 모두 원조를 주체와 대상의 친소 관계와는 무관하게 실천해야 할 윤리적 의무로 보았다. 노직은 원조를 의무가 아닌 자율적 선택의 문제라고 보았다.
ㄹ. 싱어는 원조의 목적을 경제적 평등의 실현이 아니라 사람들의 고통을 줄이고 기본 욕구를 충족시키는 데 있다고 보았다. 롤스는 원조의 목적을 인류의 복지 수준을 향상시키는 것에 두지 않았다. 노직은 원조를 자율적 선택의 문제로 보았다.

ㄷ. 노직은 소유권으로서의 정의를 주장하면서 개인에게 원조를 실천해야 할 의무가 없다고 보았다. 노직에 따르면 원조를 위해 세금을 부과하는 것은 소유 권리를 침해하는 것이다.

정답률 분석 ① 2% ② 42% ③ 3% ④ 7% ⑤ 47%

375 롤스와 싱어의 해외 원조 입장 비교 / 답 ③

알짜풀이

갑은 롤스, 을은 싱어이다. 롤스는 원조의 목적이 부의 불평등한 문제의 해결이 아니라 고통받는 사회가 질서 정연한 사회가 되도록 하는 것이라고 본다. 싱어는 인류 전체의 공리 증진이라는 공리주의적 입장에서 원조를 실천해야 한다고 본다.
ㄷ. 싱어는 세계의 모든 빈곤한 사람들이 원조의 대상이 되어야 한다고 본다.
ㄹ. 싱어는 '이익 평등 고려의 원칙'을 보편적으로 적용하여, 우리가 커다란 희생 없이 어려운 처지에 있는 다른 사람을 도울 수 있다면 적극적으로 돕는 것이 우리의 의무라고 본다.

오답넘기

ㄱ, ㄴ. 롤스는 해외 원조가 국가 간 복지 수준을 조정하거나 자원을 재분배하기 위한 것이 아니라고 본다.

정답률 분석 ① 6% ② 11% ③ 63% ④ 6% ⑤ 11%

376 싱어와 롤스의 해외 원조 입장 비교 / 답 ③

알짜풀이

갑은 싱어, 을은 롤스이다.
ㄷ. 롤스는 빈곤하지만 자립적인 정의 사회는 원조의 대상이 아니라고 본다.
ㄹ. 싱어와 롤스는 해외 원조를 자선이 아닌 의무의 관점에서 접근해야 한다고 본다.

오답넘기

ㄱ. 싱어는 공리의 원리에 따라 해외 원조를 해야 한다고 주장하기는 하지만, 인류의 부가 균등해질 때까지 원조를 해야 한다고 주장하지는 않는다.
ㄴ. 싱어는 원조를 통해 얻는 이익이 비용보다 클 경우 어떤 공동체의 구성원인지에 관계없이 도움을 주어야 한다고 주장하지만, 원조가 모든 사람의 경제적 이익을 증진해야 한다고 주장하지는 않는다.

정답률 분석 ① 5% ② 13% ③ 59% ④ 8% ⑤ 13%

⊕ **더 알아보기**

롤스의 차등의 원칙
차등의 원칙은 사회적 자원의 분배 문제에만 적용된다. 개인의 기본적 권리에 해당하는 정치적·법적 권리들은 그 어떤 이유에서라도 불평등이 허용될 수 없다. 사회가 허용할 수 있는 불평등은 사회적 자원에 대한 불평등뿐이다. 이와 같이 롤스가 사회적 자원의 분배에만 차등의 원칙을 적용한 것은 사회의 최소 수혜자에게 인간다운 삶을 유지할 수 있도록 하자는 의미이다. 분배는 자유 경쟁 시장에서 자유롭게 이루어지되, 모두에게 실질적으로 공정한 기회가 주어지고, 누구나 최소한의 인간다운 삶을 살 수 있도록 소득의 재분배를 하자는 것이다.

377 해외 원조의 필요성 / 답 ③

알짜풀이

제시문은 '우리'라는 의식을 전 세계 모든 사람에게 확장시켜 나갈 것을 주장하고 있다. 이러한 입장에 따른다면 부유한 나라는 모든 인류가 하나의 세계에 있음을 깨닫고 해외 원조에 힘써야 한다.

오답넘기

① 인류 모두가 동일한 생활 양식과 동일한 사고방식을 갖는 것은 불가능한 일일 뿐 아니라, 가능하다고 하더라도 바람직한 모습은 아니다.
② 전통 문화를 키우고 발전시키면서, 양질의 외래문화를 받아들여야 한다.
④ '능력에 따라 일하고 필요에 의해 분배받는 사회'는 공산주의에서 추구하는 이

상 사회이다. 완전한 복지와 경제적 평등의 실현은 사회주의 사상의 목적이다.
⑤ 제시문과 거리가 먼 내용이다.

378 해외 원조에 대한 입장 파악 / 답 ②

알짜풀이

해외 원조에 대한 관점은 크게 의무의 관점과 자선의 관점이 있다. 제시문은 해외 원조를 자선의 관점에서 보고 있다. 자선의 관점에서는 해외 원조를 자율적 선택의 문제로 본다.

오답넘기

① 제시문은 부유한 나라는 약소국에 대한 원조 의무가 없음을 강조하고 있다.
③ 제시문에 따르면, 해외 원조를 하지 않는다고 해서 도덕적으로 비난해서는 안된다.
④ 제시문에서 부정하는 입장이다.
⑤ 제시문과 거리가 먼 내용이다.

379 싱어의 해외 원조에 대한 입장 파악 / 답 ④

알짜풀이

제시문은 싱어의 주장이다.
ㄱ. 싱어는 '이익 평등 고려의 원칙'을 바탕으로 민족이나 국가에 상관없이 가난한 사람들 개개인에 대한 원조가 필요하다고 보았다.
ㄴ. 싱어는 해외 원조는 자선이 아닌 의무의 차원에서 이루어져야 한다고 보았다.
ㄷ. 해외 원조를 의무의 관점에서 파악한 싱어의 입장에 따르면 약소국 원조를 실천하지 않는 것은 비윤리적 행위이다.

오답넘기

ㄹ. 싱어는 해외 원조를 자율적 선택의 문제가 아닌 의무의 관점에서 본다.

⊕ **더 알아보기**

해외 원조에 대한 윤리적 근거

의무의 관점	• 부유한 나라의 약소국에 대한 원조 그 자체가 윤리적 의무라고 보는 입장 • 싱어 : 모든 사람의 고통을 감소시키고 쾌락을 증진시키는 것이 인류의 의무라고 보는 공리주의적 관점에서 원조의 필요성을 강조함 • 칸트 : 타인의 곤경에 무관심한 태도는 보편적 윤리에 어긋남 • 롤스 : 질서 정연한 사회에 살고 있는 사람들은 불리한 여건의 사회에 살고 있는 다른 사람들을 돕는 것이 윤리적 의무임
자선의 관점	• 부유한 나라의 약소국에 대한 원조는 자선의 형식에 따라 자율적으로 선택해야 할 문제임 • 노직 : 자유주의를 바탕으로 개인적 차원에서 가난한 사람들을 도와줄 수는 있지만 이들을 꼭 도와주어야 할 윤리적 의무는 존재하지 않음 → 약소국에 대한 원조는 부유한 나라가 선택할 문제라고 봄

380 해외 원조의 다양한 입장 파악 / 답 ⑤

알짜풀이

(가)의 갑은 싱어이며, 을은 롤스이다. 싱어는 '이익 평등 고려의 원칙'을 바탕으로 해외 원조를 해야 한다고 주장한 데 비해, 롤스는 '질서 정연한 사회'가 될 수 있도록 해외 원조를 해야 한다고 주장하였다.
ㄱ. 싱어와 롤스 모두 해외 원조가 자선이 아닌 의무의 차원에서 이루어져야 한다고 보았다.
ㄷ, ㄹ. 롤스는 빈곤국의 사회 구조의 개선이 중요하므로 해외 원조는 그 사회의 상황에 따라 다르게 이루어져야 한다고 보았다.

오답넘기

ㄴ. 싱어는 가난한 사람들 개개인에 대한 원조를 강조하였다.

381 ③	382 ②	383 ②	384 ⑤	385 ①	386 ③
387 ④	388 ④	389 ④	390 ④	391 ④	392 ②
393 ②	394 ⑤	395 ①	396 ⑤	397 ⑤	398 ①
399 ④	400 ③				

381 실천 윤리학과 메타 윤리학의 특징 / 답 ③

알짜풀이

(가)는 실천 윤리학, (나)는 메타 윤리학이다. 실천 윤리학은 이론 윤리학에서 제시된 다양한 윤리 이론을 토대로 적절한 윤리적 판단 기준을 적용하여 윤리 문제를 해결하고자 한다. 메타 윤리학은 도덕적 언어 내지 의미의 분석을 윤리학적 탐구의 본질로 삼는다.

오답넘기

① 메타 윤리학의 특징, ② 기술 윤리학의 특징, ④ 이론 윤리학의 특징, ⑤ 실천 윤리학의 특징이다.

382 다문화 사회에 대한 입장 / 답 ②

알짜풀이

갑은 용광로 모델, 을은 샐러드 그릇 모델의 입장에 해당한다. 용광로 모델이 여러 문화를 하나의 새로운 문화로 종합할 것을 강조하는 데 비해, 샐러드 그릇 모델은 각 문화의 정체성을 유지하면서 조화로운 공존을 추구한다.

오답넘기

③, ④ 갑은 긍정, 을은 부정의 대답을 할 질문이다.

①, ⑤ 샐러드 그릇 모델은 모든 문화가 대등하다고 보며, 주류 문화와 비주류 문화의 구분을 강조하지 않는다.

383 니부어의 사회 윤리 / 답 ②

알짜풀이

제시문은 개인 윤리와 사회 윤리를 구별할 필요가 있다는 니부어의 주장이다.

② 니부어는 법이나 공권력과 같은 사회적 강제력을 통해서라도 사회 부정의를 해결해야 한다고 보았다.

오답넘기

① 니부어는 개인의 양심에 바탕을 둔 도덕적 성찰이 정의 실현에 중요한 기여를 한다고 보았다.

③ 현대 사회의 문제는 개인적인 수양만으로는 해결될 수 없다.

④ 니부어에 따르면 사회적 차원에서 생각할 때 최고의 도덕적 이상은 정의이고, 개인의 차원에서는 이타성이다.

⑤ 니부어는 사회 집단의 행동이 개인의 행동보다 도덕성이 떨어진다고 보았다.

384 사형 제도 존치론 / 답 ⑤

알짜풀이

갑은 루소, 을은 칸트이다. 루소와 칸트는 인간 존엄성을 강조하면서도 사형 제도를 옹호하였다. 왜냐하면 타인의 천부적 생명권을 침해한 살인범의 생명권은 박탈하는 것이 당연하다고 생각했기 때문이다. 이는 타인의 생명권을 침해한 사람은 그에 대한 정당한 대가를 치러야 한다는 응보 이론으로, 사형 제도 존치론의 대표적인 근거이다.

오답넘기

①, ②, ③, ④ 사형 제도를 반대하는 입장이다.

385 장자의 생사관 / 답 ①

알짜풀이

대화에 등장한 스승은 도가 사상가인 장자이다. 장자는 기본적으로 삶과 죽음을 서로 연결된 순환 과정으로 보았다. 그러므로 죽음에 임하여 슬퍼하지 말며, 삶에 대해서도 지나치게 집착하지 말라고 하였다.

오답넘기

② 그리스도교에서 긍정의 대답을 한 질문이다.

④ 플라톤이 긍정의 대답을 할 질문이다.

⑤ 장자가 부정의 대답을 할 질문으로, 그는 삶과 죽음의 구별이 무의미하다고 보았다.

386 시민 불복종의 정당화 조건 / 답 ③

알짜풀이

제시문의 (가)는 소로, (나)는 루서 킹 목사의 글이다. 이들은 모두 부당한 법을 개선하기 위해 시민 불복종을 실천한 인물이다. 시민 불복종은 '법과 정부 정책에 변화를 가져 오기 위해 공개적·비폭력적·양심적으로 법을 위반하는 행위'이다.

ㄴ. 시민 불복종은 법체계에 대한 존중을 바탕으로 하므로, 불복종에 따른 처벌도 감수해야 한다.

ㄷ. 시민 불복종은 공익적인 목표를 가지고, 공개적이고 비폭력적인 방법을 통해 이루어져야 하며, 합법적인 개혁의 방법을 모두 동원했지만 효과가 없을 때 최후의 수단으로 사용되어야 한다.

오답넘기

ㄱ. 시민 불복종은 합법적인 개혁 방법이 아니라 합법적인 수단을 모두 동원한 후 효과가 없을 때 사용되는 마지막 수단이다.

ㄹ. 시민 불복종은 부정의한 법이나 정책을 교정하기 위해 이를 위반하는 것이다.

387 다문화 사회의 올바른 자세 / 답 ④

알짜풀이

제시문은 서로 다른 민족과 문화 간에 조화를 이루기 위해 노력하는 사례를 담고 있다.

④ 민족의 순수 혈통을 강조하는 것은 관용을 통한 조화로운 다문화 사회 건설에 도움이 되지 않는다.

오답넘기

①, ②, ③, ⑤와 같이 편견을 제거하고, 열린 마음을 가질 수 있는 여러 활동을 통해 다문화 사회에서 필요한 공존의 자세를 배울 수 있다.

388 덕 윤리와 배려 윤리 / 답 ④

알짜풀이

(가)는 덕 윤리, (나)는 배려 윤리에 해당한다. 덕 윤리는 의무론이나 결과론이 행위에만 초점을 맞추고 있다고 비판하며 행위자 중심의 윤리를 주장하였다. 덕 윤리는 좋은 행동의 습관화를 통해 훌륭한 인격을 내면화할 것을 강조한다. 반면 배려 윤리는 기존의 윤리가 공정성, 정의, 개인의 권리 등을 강조하는 남성 중심적 가치관을 반영하고 있다고 보고, 배려와 공감 등을 존중하는 새로운 윤리적 기준을 제시하였다.

④ 덕 윤리와 배려 윤리는 도덕 원리나 규칙에 따른 판단보다 상황이나, 정서를 중요시한다는 공통점을 지니고 있다.

오답넘기

① 자연법 윤리에 대한 설명이다.

② 정의 윤리에 대한 설명이다.

③ 배려 윤리는 유용성이 아니라 상황의 특수성과 인간관계, 책임 등을 고려하여 판단한다.

⑤ 정의 윤리는 배려 윤리가 남녀의 성차를 지나치게 강조하고 있다고 비판한다.

389 덕 윤리와 공리주의 윤리 / 답 ④

알짜풀이

(가)의 갑은 덕 윤리, 을은 공리주의 윤리이다. 덕 윤리는 사람의 성품에 초점을 맞추는 행위자 중심의 윤리이며, 공리주의 윤리는 행위의 결과에 초점을 두는 행위 중심의 윤리에 해당한다.

④ 덕 윤리는 덕을 내면화하기 위한 반복적인 행동의 습관화를 강조하며, 도덕 원리나 규칙에 따른 판단보다는 특수한 상황, 정서 등을 고려하여 판단한다. 반면 공리주의 윤리는 행위의 동기보다는 결과를 강조하며, '최대 다수의 최대 행복'이라는 도덕 규칙에 따라 도덕적 옳고 그름을 판단한다.

오답 넘기

배려, 사랑, 자비, 공감 등의 도덕적 정서를 중시하는 것은 배려의 윤리에 해당한다. 의무 의식을 강조하는 것은 의무 윤리이다.

390 생명 복제 기술에 대한 윤리적 자세 / 답 ④

알짜풀이

ㄴ, ㄹ. 제시문은 생명 공학의 발전으로 복제 기술을 활용한 인간의 난치병 치료가 가능해짐에 따라, 인간을 질병 치료의 수단으로 간주하게 되어 심각한 윤리적 문제가 나타날 수 있다고 주장한다. 따라서 이와 같은 부정적 측면을 방지하기 위해서는 인간을 수단이 아닌 목적으로 대우하고 인간의 존엄성을 존중해야 한다.

오답넘기

ㄱ, ㄷ. 과학 기술 지상주의나 생명 복제 기술의 효용성을 강조하면, 인간의 존엄성을 훼손할 수 있다.

391 인공 임신 중절에 대한 윤리적 관점 / 답 ④

알짜풀이

대화의 갑은 생명 옹호주의의 입장이며, 을은 선택 옹호주의의 입장이다. 인공 임신 중절을 둘러싼 도덕적 논쟁은 주로 임산부의 권리와 태아의 권리가 상충하여 발생하게 된다. 선택 옹호주의는 여성은 자신의 삶을 자율적으로 영위할 수 있기 때문에 인공 임신 중절을 자유롭게 결정할 권리가 있다고 주장한다. 또한 여성은 태아를 생산하는 사람으로, 자신의 일부인 태아에 대해서도 선택권을 가질 수 있다고 주장한다. 반면 인공 임신 중절을 반대하는 생명 옹호주의는 인간의 생명은 소중한 것으로, 인공 임신 중절도 일종의 살인 행위라고 주장한다. 또한 태아는 임신의 순간부터 성인으로 발달할 잠재성을 지닌 존재로 인간과 같은 지위를 갖는다고 본다.

오답넘기

①, ②, ③, ⑤ 모두 생명 옹호주의의 입장과 관련이 있다.

392 롤스와 노직의 관점 비교 / 답 ②

알짜풀이

갑은 롤스이고, 을은 노직이다.

ㄴ. 롤스만 '예'라고 대답할 질문이다. 롤스는 태어나면서부터 혜택을 받은 사람은 그런 혜택을 받지 못한 사람들의 상황을 개선하는 데 힘써야 한다고 주장하였다.

ㄹ. 노직은 최소 국가를 이상적인 국가 형태라고 보면서, 재화의 분배는 전적으로 개인의 자유에 위임해야 한다고 주장하였다.

오답넘기

ㄱ. 롤스는 '예', 노직은 '아니요'라고 대답할 질문이다. 노직은 최소 수혜자의 상황을 개선하기 위한 국가의 재분배 정책이 개인의 권리를 침해한다고 본다.

ㄷ. 노직은 균등 분배를 추구하지 않는다.

393 보수주의적 성 윤리와 자유주의적 성 윤리 / 답 ②

알짜풀이

성과 사랑에 대해 갑은 보수주의, 을은 자유주의적 입장을 보이고 있다. 보수주의적 성 윤리는 종족 보존이라는 생식적 가치를 중시하며, 혼인 관계 내에서만 성행위가 도덕적으로 정당화될 수 있다고 주장한다. 이에 비해 자유주의적 성 윤리는 개인의 자발적 의지와 선택이 전제되고, 타인의 권리를 침해하지 않는다면 최대한의 성적 자유를 허용해야 한다고 주장한다.

② 보수주의적 성 윤리의 입장에서 자유주의적 성 윤리의 입장에 대해 제기할 수 있는 반론이다.

오답넘기

①, ⑤ 보수주의적 성 윤리의 입장에서 제기할 내용이 아니다.

③, ④ 을은 성에 관한 결정은 타인에게 피해를 주지 않는 범위 내에서 개인의 자유의사에 근거해야 한다고 본다.

394 부부 관계와 형제자매 관계의 특징 / 답 ⑤

알짜풀이

㉠은 '부부', ㉡은 '형제'이다.

ㄱ. 부부는 서로 부족한 부분을 채워가며, 분별 있게 서로를 공경하며 하나가 되기 위해 노력하는 관계이다.

ㄷ, ㄹ. 형제는 위아래가 있는 수직적 성격을 가지면서도 동기(同氣)라는 점에서는 수평적 성격을 가진다. 동기간(同氣間)은 같은 기운을 가지고 태어난 사이, 즉 한 부모의 같은 기운을 가지고 태어난 형제자매를 가리키는 말이다.

오답넘기

ㄴ. 음양의 원리에 따르면 부부는 위계 서열이 강조되는 관계가 아니라 상호 대등한 보완적인 관계이다.

395 절대적 도덕주의와 절대적 심미주의 / 답 ①

알짜풀이

갑은 절대적 도덕주의자인 플라톤의 주장이고, 을은 절대적 심미주의자인 스핑건의 주장이다. 플라톤은 모든 예술 작품은 도덕적 교훈이나 본보기를 제공하여야 한다고 보았으며, 더 나아가 예술 작품에 대한 엄격한 선별 작업과 검열까지도 주장하였다.

오답넘기

②, ⑤ 절대적 심미주의의 입장이다.

④ 절대적 도덕주의의 입장이다.

396 레건의 환경 윤리 / 답 ⑤

알짜풀이

갑은 아리스토텔레스이고, 을이 언급한 '어떤 사상가'는 레건으로 ㉠에는 갑의 관점을 비판하는 내용이 들어가야 한다. 환경 윤리와 관련해서 아리스토텔레스는 인간 중심주의의 입장을, 레건은 동물 중심주의의 입장을 보인다. 레건은 동물도 사람처럼 삶의 주체가 될 수 있으므로 똑같이 존중받아야 한다고 강조하였다. 동물 역시 고통과 기쁨을 느끼고 지각과 기억을 하는 등 고유한 가치를 갖고 있다고 보았기 때문이다.

오답넘기

①, ② 생명 중심주의의 관점이다.

③ 갑은 동물도 인간처럼 도덕적 고려의 대상이 될 수 있음을 간과하고 있다.

④ 싱어의 입장이다. 레건은 싱어와 달리 의무론의 입장에서 동물도 존중받아야 할 '권리'가 있다고 주장하였다. 그는 성장한 포유동물은 삶의 주체로서의 권리가 있다고 보았다.

397 기업의 사회적 책임 / 답 ⑤

알짜풀이

제시문은 프리드먼의 주장이다. 프리드먼에 따르면 기업은 기만이나 부정 이득의 발생 없이 공개된 자유 경쟁에서 정당한 이익을 추구해야 한다. 프리드먼은 기업의 목적과 존재 이유를 이윤 극대화에 두었으며, 기업의 사회 공헌활동이나 복지

사업 등 적극적 사회적 책임에 대해서는 부정적인 입장을 보였다.

오답넘기

기업의 적극적 사회 책임을 강조하는 입장이다.

398 공리주의자에 대한 칸트의 견해 / 답 ①

알짜풀이

갑은 의무론자인 칸트이고, 을은 공리주의 사상가인 밀이다. 밀은 사람들이 쾌락을 좋아하고 고통을 싫어한다는 자연적 경향성을 수용하고, 쾌락은 선이고 고통은 악이라고 본다. 반면 칸트는 자연적 경향성은 도덕 법칙의 근거가 될 수 없다고 하면서 자율적이면서도 도덕적인 의지 그 자체로 도덕 법칙을 정립하고자 하였다.

오답넘기

②, ③ 공리주의의 기본 입장이다.

④ 쾌락의 질적 차이를 중시한 밀의 입장이다.

399 칼뱅의 직업 소명설에 대한 이해 / 답 ④

알짜풀이

제시문은 직업 소명설이 담긴 칼뱅의 주장이다. 직업 소명설은 모든 직업이 신의 부름에 의한 거룩한 직업이라는 칼뱅의 직업윤리이다.

ㄱ, ㄹ. 칼뱅에 따르면 직업은 신이 우리에게 내린 '소명'이며, 인간의 노동은 지상에서 신의 영광을 실현하는 수단이다.

ㄴ. 목사나 사제 등의 성직만 거룩한 게 아니라 일반 직업도 신이 허락한 거룩한 일이라는 것이 직업 소명설의 핵심이다.

오답넘기

ㄷ. 칼뱅은 자신의 직업에서 성실하고 근면하게 부를 축적하여 성공하는 것이 신의 거룩한 부름에 응답하는 것으로 본다.

400 해외 원조에 대한 롤스와 싱어의 입장 / 답 ③

알짜풀이

(가)의 갑은 롤스이고, 을은 싱어이다. 롤스는 '질서 정연한 사회'가 될 수 있도록 원조를 해야 한다고 주장한 데 비해, 싱어는 '이익 평등 고려의 원칙'을 바탕으로 원조를 해야 한다고 주장하였다.

③ 싱어와 롤스 모두 해외 원조가 자선이 아닌 의무의 차원에서 이루어져야 한다고 보았다.

오답넘기

① 싱어가 강조한 입장이다.

② 롤스와 싱어의 공통된 입장이다.

④ 롤스가 강조한 입장이다.

⑤ 싱어와 롤스는 원조가 자선이 아닌 의무라고 주장하였다.

메가스터디 고등학습 시리즈

메가스터디 N제

사회탐구영역 생활과 윤리

정답 및 해설

메가스터디BOOKS

내용 문의 02-6984-6915 ㅣ 구입 문의 02-6984-6868,9 ㅣ www.megastudybooks.com